CB140891

AFA
Academia da Força Aérea

EDITORA
AlfaCon
Concursos Públicos

Proteção de direitos
Todos os direitos autorais desta obra são reservados e protegidos pela Lei nº 9.610/1998. É proibida a reprodução de qualquer parte deste material didático, sem autorização prévia expressa por escrito do autor e da editora, por quaisquer meios empregados, sejam eletrônicos, mecânicos, videográficos, fonográficos, reprográficos, microfílmicos, fotográficos, gráficos ou quaisquer outros que possam vir a ser criados. Essas proibições também se aplicam à editoração da obra, bem como às suas características gráficas.

Diretor Geral: Jadson Siqueira
Diretor Editorial: Javert Falco
Editor(a): Mateus Ruhmke Vazzoller
Gerente de Editoração: Alexandre Rossa

Língua Portuguesa
Caio Fábio

Matemática
Daniel Lustosa e André Arruda

Língua Inglesa
Eli Cuimbra, Guilherme Figura e Henrique Ferreira

Língua Portuguesa
Adriano Paccielo, Giancarla Bombonato, Glaucia Cansian, Pablo Jamilk e Priscila Conte

Redação
Rachel Ribeiro

Questões
Patricia Caroline de Freitas Quero, Livian Cristina de Carvalho, Alessandra Karl Rodrigues da Silva, Ellen Roberta Braga Bosso e Jefferson de Oliveira da Costa Teixeira

Dados Internacionais de Catalogação na Publicação (CIP)
Angélica Ilacqua CRB-8/7057

C986

Curso de formação de oficiais de infantaria, intendentes e aviadores / Equipe de professores Alfacon. -- Cascavel, PR : AlfaCon, 2024.
328 p.

Bibliografia
ISBN 978-65-5918-739-3

1. Serviço público - Concursos – Brasil 2. Polícia militar 3. Física 4. Matemática 5. Língua portuguesa 6. Língua inglesa 7. Redação

24-0478 **CDD 351.81076**

Índices para catálogo sistemático:
1. Serviço público - Brasil - Concursos

Dúvidas?
Acesse: www.alfaconcursos.com.br/atendimento

Núcleo Editorial:
Rua: Paraná, nº 3193, Centro - Cascavel/PR
CEP: 85810-010

Núcleo Comercial/Centro de Distribuição:
Rua: Dias Leme, nº 489, Mooca - São Paulo/SP
CEP: 03118-040

SAC: (45) 3037-8888

Data de fechamento
1ª impressão:
19/02/2024

EDITORA AlfaCon Concursos Públicos

www.alfaconcursos.com.br/apostilas

Atualizações e erratas
Esta obra é vendida como se apresenta. Atualizações - definidas a critério exclusivo da Editora AlfaCon, mediante análise pedagógica – e erratas serão disponibilizadas no site www.alfaconcursos.com.br/codigo, por meio do código disponível no final do material didático Ressaltamos que há a preocupação de oferecer ao leitor uma obra com a melhor qualidade possível, sem a incidência de erros técnicos e/ou de conteúdo. Caso ocorra alguma incorreção, solicitamos que o leitor, atenciosamente, colabore com sugestões, por meio do setor de atendimento do AlfaCon Concursos Públicos.

APRESENTAÇÃO

Chegou o momento de conquistar seu lugar no serviço público, e a chave para isso está na preparação certa com a obra elaborada pelo AlfaCon. Em um universo tão competitivo como o dos concursos públicos, a diferença está na qualidade da sua preparação. Para trilhar com sucesso sua jornada rumo a essa carreira tão desejada, é crucial contar com os materiais do AlfaCon.

Nesse material são abordados os seguintes assuntos:

- Física
- Matemática
- Língua Inglesa
- Língua Portuguesa
- Redação

Nosso compromisso é proporcionar a você um material completo e de qualidade, estruturado com explicações claras e objetivas. Destacamos os tópicos mais frequentemente cobrados nas provas, garantindo que você esteja preparado para enfrentar qualquer desafio.

Além disso o AlfaCon também te ajuda com:

- Atualizações (sempre que necessárias) no Site: mantemos nosso conteúdo sempre atualizado, alinhado às últimas novidades e mudanças nos editais, para que você esteja sempre à frente da concorrência.
- Conteúdo Complementar: oferecemos material adicional para aprofundar seus estudos, proporcionando uma compreensão abrangente e sólida dos temas abordados.
- Curso Gratuito: como parte do nosso compromisso com o seu sucesso, você terá acesso a um curso gratuito que complementa sua preparação, proporcionando uma experiência ainda mais completa.

Acesse o Conteúdo Online com o
Código de Resgate e Desperte o Seu Potencial!

Estamos ao seu lado nessa jornada de conquistas. Desfrute ao máximo do seu material, e lembre-se: **cada momento de estudo é um passo rumo à sua aprovação!**

Bons estudos e rumo à sua aprovação

EDITORA
AlfaCon
Concursos Públicos

COMO ESTUDAR PARA UM CONCURSO PÚBLICO!

AlfaCon Concursos Públicos

Para se preparar para um concurso público, não basta somente estudar o conteúdo. É preciso adotar metodologias e ferramentas, como plano de estudo, que ajudem o concurseiro em sua organização.

As informações disponibilizadas são resultado de anos de experiência nesta área e apontam que estudar de forma direcionada traz ótimos resultados ao aluno.

Curso on-line GRATUITO

- Como montar caderno
- Como estudar
- Como e quando fazer simulados
- O que fazer antes, durante e depois de uma prova!

Ou pelo link: alfaconcursos.com.br/cursos/material-didatico-como-estudar

ORGANIZAÇÃO

Organização é o primeiro passo para quem deseja se preparar para um concurso público.

Conhecer o conteúdo programático é fundamental para um estudo eficiente, pois os concursos seguem uma tendência e as matérias são previsíveis. Usar o edital anterior - que apresenta pouca variação de um para outro - como base é uma boa opção.

Quem estuda a partir desse núcleo comum precisa somente ajustar os estudos quando os editais são publicados.

PLANO DE ESTUDO

Depois de verificar as disciplinas apresentadas no edital, as regras determinadas para o concurso e as características da banca examinadora, é hora de construir uma tabela com seus horários de estudo, na qual todas as matérias e atividades desenvolvidas na fase preparatória estejam dispostas.

PASSO A PASSO

VEJA AS ETAPAS FUNDAMENTAIS PARA ORGANIZAR SEUS ESTUDOS

PASSO 1	PASSO 2	PASSO 3	PASSO 4	PASSO 5
Selecionar as disciplinas que serão estudadas.	Organizar sua rotina diária: marcar pontualmente tudo o que é feito durante 24 horas, inclusive o tempo que é destinado para dormir, por exemplo.	Organizar a tabela semanal: dividir o horário para que você estude 2 matérias por dia e também destine um tempo para a resolução de exercícios e/ou revisão de conteúdos.	Seguir rigorosamente o que está na tabela, ou seja, destinar o mesmo tempo de estudo para cada matéria. Por exemplo: 2h/dia para cada disciplina.	Reservar um dia por semana para fazer exercícios, redação e também simulados.

Esta tabela é uma sugestão de como você pode organizar seu plano de estudo. Para cada dia, você deve reservar um tempo para duas disciplinas e também para a resolução de exercícios e/ou revisão de conteúdos. Fique atento ao fato de que o horário precisa ser determinado por você, ou seja, a duração e o momento do dia em que será feito o estudo é você quem escolhe.

AlfaCon Concursos Públicos

TABELA SEMANAL

SEMANA	SEGUNDA	TERÇA	QUARTA	QUINTA	SEXTA	SÁBADO	DOMINGO
1							
2							
3							
4							

SUMÁRIO

Sumário

Sumário

Sumário

Sumário

Sumário

FÍSICA

1 INTRODUÇÃO À FÍSICA

A Física (a palavra "física", do grego *physis*, significa natureza) é a ciência que se preocupa em descrever e explicar os fenômenos naturais. Para isso, cria modelos idealizados das situações reais, em que apenas os fatores que interessam são considerados. A partir de conclusões sobre o comportamento de um modelo, generaliza o resultado de forma a explicar a situação real, e é capaz de prever circunstâncias futuras para o mesmo fenômeno.

1.1 Sistemas de unidades

Para medir uma grandeza, devemos compará-la com um padrão arbitrariamente escolhido, o qual denominamos unidade. O número resultante dessa comparação é chamado de valor numérico.

> Podemos escrever 12 Newtons ou, usando o símbolo N, 12 N. Nesse caso, 12 é o valor numérico da força, e Newton é a unidade.

1.1.1 Sistema Internacional de unidades (SI)

Sete unidades básicas

Unidade	Símbolo	Grandeza
metro	m	comprimento
quilograma	kg	massa
segundo	s	tempo
ampère	A	corrente elétrica
kelvin	K	temperatura termodinâmica
mol	mol	quantidade metéria
candela	cd	intensidade luminosa

Algumas unidades derivadas

Unidade	Símbolo	Grandeza
metro por segundo	m/s	velocidade
newton	N	força
joule	J	trabalho
ohm	Ω	resistência elétrica
lúmen	lm	fluxo luminoso
pascal	Pa	pressão

Múltiplos e submúltiplos decimais das unidades

Nome	Símbolo	Fator
exa	E	10^{18} = 1.000.000.000.000.000.000
peta	P	10^{15} = 1.000.000.000.000.000
tera	T	10_{12} = 1.000.000.000.000
giga	G	10^{9} = 1.000.000.000
mega	M	10^{6} = 1.000.000
quilo	k	10^{3} = 1.000 (letra k minúscula)
hecto	h	10^{2} = 100
deca	da	10
deci	d	10^{-1} = 0,1
centi	c	10^{-2} = 0,01
mili	m	10^{-3} = 0,001
micro	µ	10^{-6} = 0,000,001
nano	n	10^{-9} = 0,000,000,001
pico	p	10^{-12} = 0,000,000,000,001
femto	f	10^{-15} = 0,000,000,000,000,001
atto	a	10^{-18} = 0,000,000,000,000,000,001

1.2 Grandezas escalares e vetoriais

- Escalares: ficam totalmente definidas por um número, que fornece a medida, e por uma unidade.
  > Massa, tempo e energia.
- Vetoriais: necessitam, além de medida e unidade, de uma orientação para ficarem totalmente definidas. A orientação é estabelecida por uma direção e um sentido.
  > Velocidade, força e campo elétrico.

1.3 Notação científica

Uma maneira prática de manipular números com grande quantidade de zeros é a notação científica, na qual se utiliza a potência de 10.

Qualquer número real K pode ser escrito como o produto de um número a, cujo módulo está entre 1 e 10 (incluindo o 1), por outro, que é uma potência de 10 com expoente inteiro (10^n):

$$K = a \cdot 10^n\text{, sendo } 1 \leq |a| < 10$$

> Colocar 2.000 na notação científica é escrevê-lo como $2 \cdot 10^3$
> Colocar 0,0052 na notação científica é escrevê-lo como $5{,}2 \cdot 10^{-3}$

1.4 Ordem de grandeza

Determinar a ordem de grandeza de uma medida consiste em fornecer, como resultado, a potência de 10 mais próxima do valor encontrado para a grandeza.

Como obter a ordem de grandeza (OG)?

Regra prática:

$a \geq \sqrt{10}$ ($\approx 3{,}162$) → ordem de grandeza: 10^{n+1}

$a < \sqrt{10}$ ($\approx 3{,}162$) → ordem de grandeza: 10^{n}

> A ordem de grandeza do raio da Terra ($6{,}37 \cdot 10^6$m).
> $6{,}37 > \sqrt{10}$, a ordem de grandeza do raio da Terra é dada por: 10^{6+1}m = 10^7
> A ordem de grandeza da distância da Terra ao Sol ($1{,}49 \cdot 10^{11}$m)
> $1{,}49 < \sqrt{10}$, a ordem de grandeza da distância da Terra ao Sol é dada por: 10^{11}m

1.5 Algarismos significativos

Imagine que você esteja realizando uma medida qualquer, por exemplo a medida do comprimento de uma barra (ver figura). Observe que a menor divisão da régua utilizada é de 1 mm. Ao tentar expressar o resultado dessa medida, você percebe que ela está compreendida entre 14,3 cm e 14,4 cm. A fração de milímetro que deverá ser acrescentada a 14,3 cm terá de ser avaliada, pois a régua não apresenta divisões inferiores a 1 mm.

Para fazer essa avaliação, você deverá imaginar o intervalo entre 14,3 cm e 14,4 cm, subdividido em 10 partes iguais, e com isso, a fração de milímetros, que deverá ser acrescentada a 14,3 cm, poderá ser obtida com razoável aproximação. Na figura podemos estimar a fração mencionada como sendo 5 décimos de milímetro, e o resultado da medida poderá ser expresso como 14,35 cm.

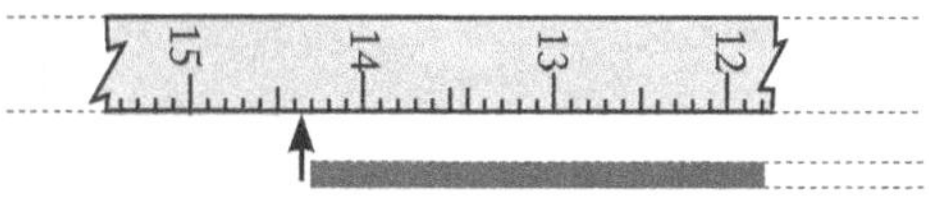

Observe que estamos seguros em relação aos algarismos 1, 4 e 3, pois eles foram obtidos por meio das divisões inteiras da régua, ou seja, eles são algarismos corretos. Entretanto, o algarismo 5 foi avaliado, isto é, você não tem muita certeza sobre seu valor e outra pessoa poderia avaliá-lo como sendo 4 ou 6, por exemplo. Por isso, esse algarismo avaliado é denominado de duvidoso ou algarismo incorreto.

Algarismos significativos de uma medida são os algarismos corretos e o primeiro algarismo duvidoso.

1.5.1 Operações com algarismos significativos

Na adição e na subtração, o resultado deve conter um número de casas decimais igual ao da parcela com menos casas decimais.

> $3{,}32 + 3{,}1 = 6{,}42 \rightarrow$ apresentamos o resultado com apenas uma casa decimal: 6,4.
>
> $3{,}37 + 3{,}1 = 6{,}47 \rightarrow$ apresentamos o resultado com uma casa decimal e, levando em conta a regra do arredondamento, obtemos: 6,5.

Na multiplicação ou na divisão, devemos apresentar o resultado com o número de algarismos significativos igual ao do fator que possui o menor número de algarismos significativos.

> $2{,}31 \cdot 1{,}4 = 3{,}234 \rightarrow$ apresentamos o resultado com dois algarismos significativos: 3,2.

Como se faz o arredondamento?

Sendo o primeiro algarismo abandonado menor que 5, mantemos o valor do último algarismo significativo; caso o primeiro algarismo a ser abandonado seja maior ou igual a 5, acrescentamos uma unidade ao último algarismo significativo.

2 CINEMÁTICA

2.1 Bases da cinemática escalar

2.1.1 Movimento e repouso

Ao iniciarmos o estudo de Mecânica, devemos ter em mente que precisamos ter um referencial para dizer se o corpo está em movimento ou em repouso.

Nota-se que o motorista do automóvel está em movimento em relação ao policial e, simultaneamente, em repouso em relação ao automóvel.

| Como isso pode cair em sua prova, envolvendo cálculos?

Em relação a M, qual a velocidade de F?

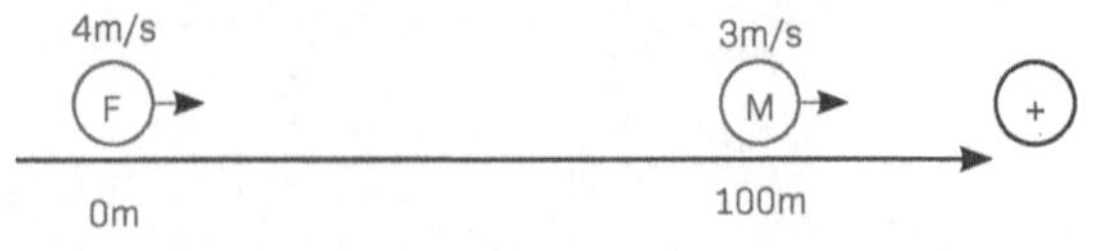

Para "parar" M devemos subtrair 3 m/s.

$V_{M/M}$ = 3 m/s – 3 m/s = 0 m/s

Como subtraímos 3 m/s no M, subtraímos 3 m/s no F; isso está dizendo que estamos passando o referencial, que antes era a Terra e agora é o M. É uma forma rápida e prática de mudar o referencial.

$V_{F/M}$ = 4 m/s – 3 m/s = 1 m/s

Qual é o significado desse resultado?

O carro F se aproxima com 1 m/s do carro M.

Mas em relação à Terra, a velocidade de F é 4 m/s e de M é 3 m/s.

Conclusão: para estar em movimento ou em repouso, depende do referencial!

Dois carros de corrida, A e B, estão em um trecho retilíneo de uma pista, andando juntos, lado a lado, durante uma prova.

I) É correto afirmar que ambos os carros estão em movimento?

Ao dizer que os dois carros estão em movimento ou em repouso sem falar "em relação a algo", a questão se torna errada. Não existe movimento absoluto ou repouso absoluto. Como poderia reescrever? Ambos os carros estão em movimento em relação à Terra.

II) Os pilotos dos carros A e B estão em repouso um em relação ao outro?

Estão com as mesmas velocidades em relação ao outro. A velocidade relativa entre eles é zero.

2.1.2 Trajetória

A linha determinada pelas diversas posições que o corpo ocupa no decorrer do tempo é chamada de trajetória.

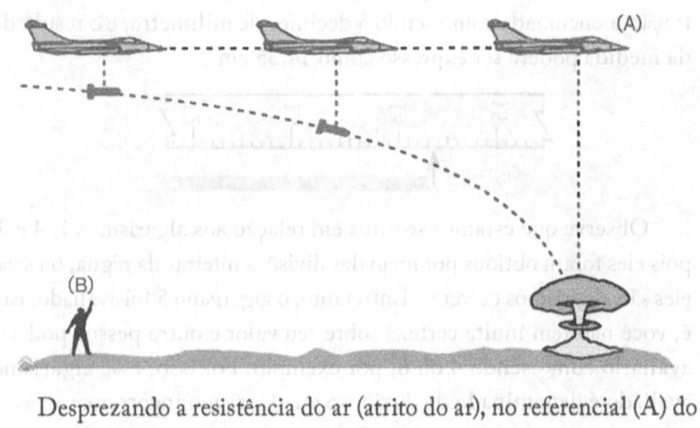

Desprezando a resistência do ar (atrito do ar), no referencial (A) do piloto, a bomba descreve uma trajetória retilínea; porém, no referencial (B) do observador no solo, a bomba descreve uma trajetóri-2 curvilínea.

2.1.3 Conceitos básicos

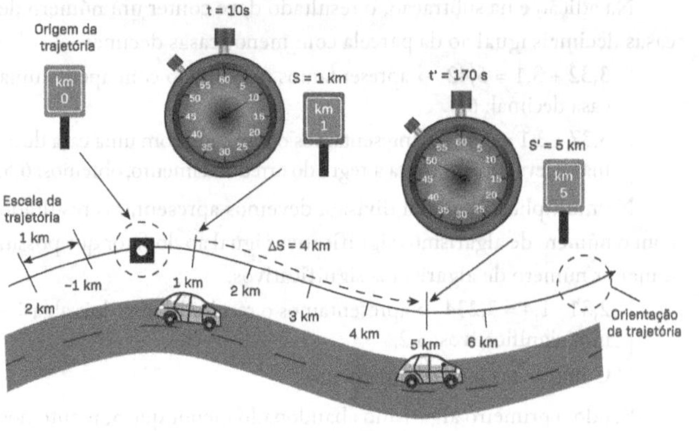

Percebe-se nessa figura que aparecem grandezas fundamentais para o estudo da Cinemática, como: tempo e espaço. Mas não podemos esquecer a trajetória, que é a linha por onde o móvel (ponto material, corpo extenso) se movimenta.

- Espaço (S): é uma grandeza física que indica a posição em que o corpo se encontra em determinado instante (t). No Sistema Internacional de Unidades (SI), [S] = m.
- Intervalo de tempo ($\Delta t = t_{final} - t_{inicial}$): é definido como a diferença entre dois instantes. No SI, [Δt] = s.
- Unidades de tempo:

  Minuto (min): 1 min = 60 s;

  Hora (h): 1 h = 60 min = 3.600 s;

  Dia: 1 dia = 24 h = 86.400 s.
- Deslocamento escalar ($\Delta s = s_{final} - s_{inicial}$): é definido como a diferença entre dois espaços. No SI, [Δs] = m.
- Distância efetivamente percorrida ($d=|\Delta s_1|+|\Delta s_2|+ \cdots +|\Delta s_n|$): é definida como a soma algébrica de todos os deslocamentos escalares efetuados, não considerando deslocamentos escalares negativos. No SI, [d] = m.

Observação: o deslocamento escalar é zero quando o corpo avança e, em seguida, recua, voltando ao ponto de partida, seguindo a mesma trajetória.

Uma esfera é atirada verticalmente para cima: ela sobe 1,0 m, para, desce 1,0 m e retorna ao ponto de partida. A distância total percorrida foi de 2,0 m, porém o deslocamento foi 0 (zero).

Se o móvel voltar ao ponto de partida, através de uma trajetória fechada, sem inverter o sentido de seu movimento, então Δs não será nulo, e sim igual ao perímetro. Se, por exemplo, a trajetória fechada for uma circunferência, percorrida sempre no mesmo sentido, ao completar uma volta, teremos $\Delta s = 2 \cdot \pi \cdot R$.

▹ Unidades de comprimento:

Quilômetro (km): 1 km = 1.000 m = 10^3 m.

Centímetro (cm): 1 cm = 0,01 m = 10^{-2} m.

Milímetro (mm): 1 mm = 0,001 m = 10^{-3} m.

Exemplo:

O esquema a seguir representa algumas saídas da rodovia BR-101, também conhecida nesse trecho como rodovia Rio – Santos. As distâncias, em quilômetros, estão medidas em relação à cidade do Rio de Janeiro.

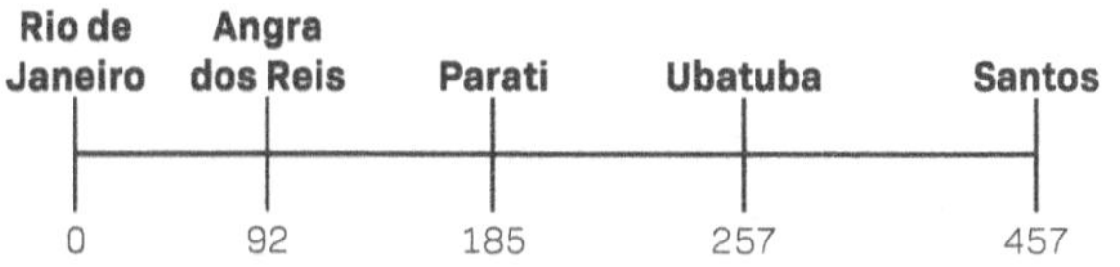

Adotando a origem dos espaços na cidade do Rio de Janeiro e orientando a trajetória no sentido de Santos, caso um carro saia de Angra dos Reis, vá até Santos e volte para Parati, vamos calcular seu deslocamento escalar e sua distância total percorrida.

A definição de deslocamento escalar é:

$\Delta s = s_{Parati} - s_{0Angra} = 185 - 92 = 93$ km

Como o deslocamento escalar ficou positivo, o corpo anda mais a favor do que contra a orientação da trajetória. Se o deslocamento escalar fosse negativo, o corpo andaria mais contra do que a favor da orientação da trajetória.

Já a distância total percorrida (distância efetivamente percorrida) é:

$\Delta s_{(Angra-Santos)} = 457 - 92 = 365$ km

$\Delta s_{(Santos-Parati)} = 185 - 457 = -272$ km

$d = |\Delta s_{(Angra-Santos)}| + |\Delta s_{(Santos-Parati)}| = 365 + 272 = 637$ km

2.1.4 Velocidade escalar média (v_m)

Para qualquer movimento, a velocidade escalar média é definida como:

$$V_m = \frac{\Delta s}{\Delta t} = \frac{s - s_0}{t - t_0}; \quad [V_m] = \frac{m}{s} \quad (SI)$$

Divide por 3,6

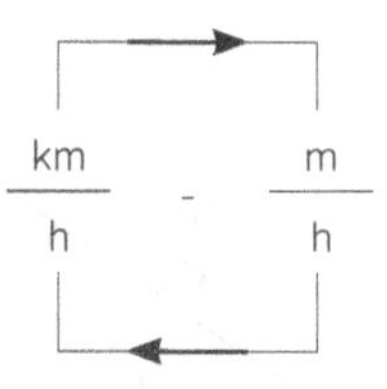

Multiplica por 3,6

▹ Velocidades notáveis (as mais cobradas):

108 km/h → 30 m/s

90 km/h → 25 m/s

72 km/h → 20 m/s

54 km/h → 15 m/s

18 km/h → 5 m/s

▹ Observações sobre $\frac{\Delta s}{\Delta t}$:

- A expressão $v_m = \frac{\Delta s}{\Delta t}$ pode ser empregada para qualquer tipo de movimento.
- Se a velocidade é constante, o quociente $\frac{\Delta s}{\Delta t}$ é também constante e denominado velocidade escalar do movimento.
- Se a velocidade não é constante, o quociente $\frac{\Delta s}{\Delta t}$ é denominado velocidade escalar média no intervalo de tempo Δt.

Em um intervalo de tempo muito pequeno, a velocidade média é praticamente igual à velocidade em qualquer instante do intervalo (velocidade instantânea). Um exemplo disso é o controle da velocidade nas estradas. Os radares dos policiais rodoviários medem a velocidade instantânea (velocidade medida naquele instante de tempo). É comum o estudante confundir com velocidade média, cuidado!

Exemplos:

Numa competição, Felipe nadou 6,0 km e, em seguida, correu outros 6,0 km. Na etapa de natação, conseguiu uma velocidade escalar média de 4,0 km/h. Na corrida, sua velocidade escalar média foi de 12,0 km/h.

I) Calcule o tempo gasto por Felipe para nadar os 6 km.

Pela definição, temos:

$$V_m = \frac{\Delta s}{\Delta t} \rightarrow 4 = \frac{6}{t} \quad \therefore t = 1{,}5h$$

II) Calcule a velocidade escalar média de Felipe no percurso total da prova.

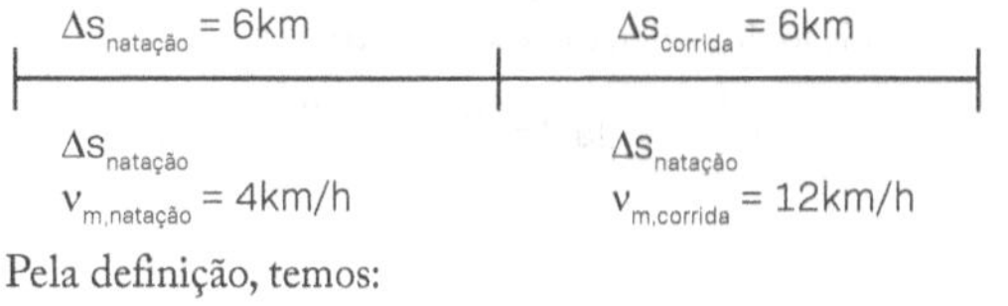

Pela definição, temos:

$$vm = \frac{\Delta s}{\Delta t} = \frac{\Delta s_{natação} + \Delta s_{corrida}}{\frac{\Delta s_{natação}}{\Delta_{m,natação}} + \frac{\Delta s_{corrida}}{\Delta_{m,corrida}}} = \frac{6+6}{\frac{6}{4} + \frac{6}{12}} = \frac{12}{\frac{18}{12} + \frac{6}{12}} = \frac{12}{\frac{24}{12}} = \frac{12}{2} = 6km/h$$

Observação: em regra, a velocidade escalar média não é a média aritmética das velocidades em um percurso total no Movimento Retilíneo Uniforme (MRU). Existe apenas um caso em que isso acontece, quando todas as velocidades em um percurso total são iguais.

Uma estrada de 500 km de extensão nos leva de uma cidade A para outra cidade B. Uma família saiu de carro da cidade A exatamente às 10 h da manhã. Pelo caminho, pararam duas vezes: 15 minutos para abastecer e depois 45 minutos para um lanchinho. Finalmente, às 18 h, chegaram à cidade B.

Determine a velocidade escalar média.

O tempo de parada já está incluso entre $\Delta t = 18\ h - 10\ h = 8\ h$, portanto não é necessário somar mais o tempo de parada.

Pela definição, temos:

$$v_m = \frac{\Delta s}{\Delta t} = \frac{500\ km}{8h} = 62{,}5\ km/h$$

Da lavoura a um restaurante de estrada, um caminhão percorre 84 km com velocidade média de 70 km/h. Após uma pausa de 48 minutos para o lanche do motorista, a viagem é retomada, sendo percorridos 120 km/h com velocidade média de 60 km/h, até a chegada ao porto.

Qual a velocidade média de toda a viagem, em km/h?

Pela leitura atenta do enunciado, fazemos esse croqui:

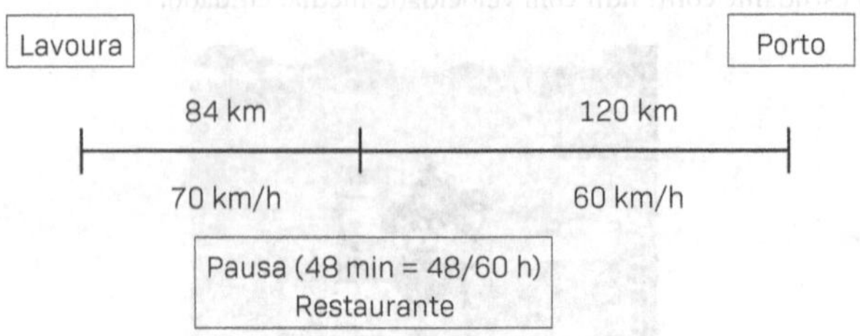

Neste caso, nós contamos o tempo de parada.

Pela definição, temos:

$$vm = \frac{\Delta s}{\Delta t} = \frac{84 + 120}{\frac{84}{70} + \frac{120}{60} + \frac{48}{60}} = 51\ km/h$$

2.1.5 Aceleração escalar média (a_m)

A aceleração é uma taxa que mede a variação da velocidade pelo tempo.

Quando afirmamos que o carro aumenta 30 km/h a cada segundo, nada mais é do que a aceleração. E quando diminui 5 m/s a cada segundo, nada mais é do que aceleração.

A definição de aceleração escalar média é:

$$a_m = \frac{\Delta v}{\Delta t} = \frac{v - v_0}{t - t_0}; [a_m] = \frac{m/s}{s} = \frac{m}{s^2} \quad (SI)$$

Exemplo:

O gráfico a seguir apresenta a velocidade de um objeto em função do tempo.

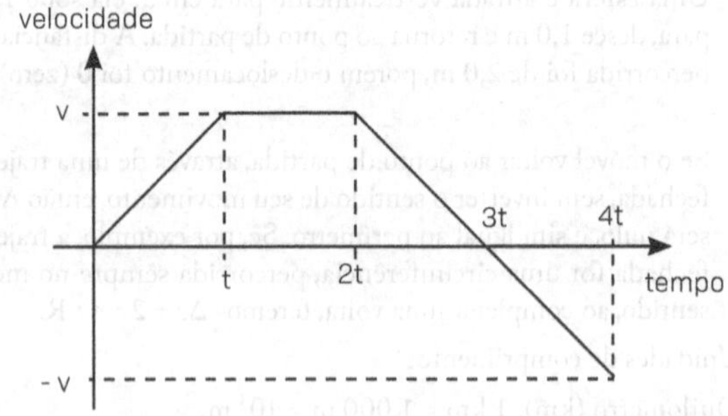

Calcule a aceleração média do objeto no intervalo de tempo de 0 a 4 t.

Pela definição de aceleração escalar média, temos:

$$a_m = \frac{v - v_0}{t - t_0} = \frac{-v - 0}{4 \cdot t - 0} \therefore am = -\frac{v}{4 \cdot t}$$

2.1.6 Movimento acelerado e movimento retardado

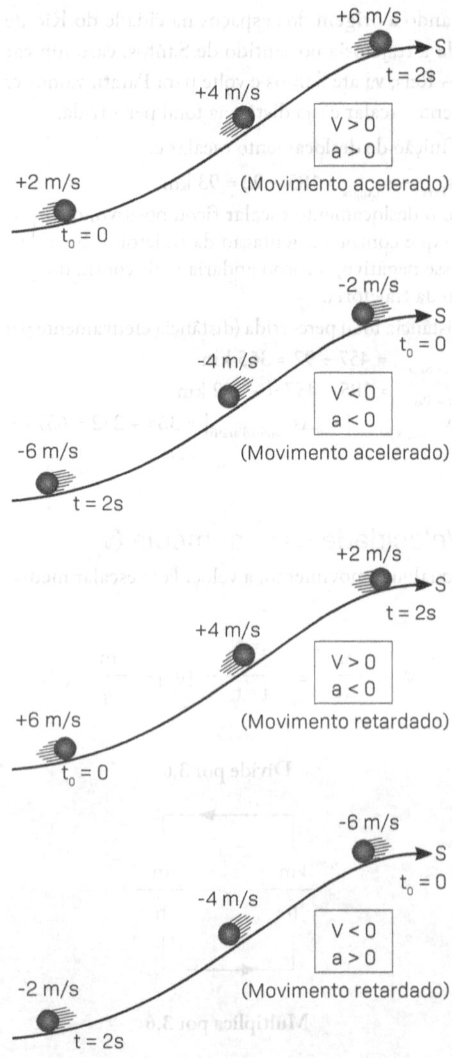

Observação: não olhe apenas para a aceleração para dizer se é um movimento acelerado ou retardado; deve-se olhar sempre para as duas grandezas em conjunto.

- Quando velocidade e aceleração têm sinais iguais, o movimento é acelerado.
- Quando velocidade e aceleração têm sinais opostos, o movimento é retardado.
- A análise realizada acima também é válida para movimentos em que a aceleração escalar não é constante.
- A velocidade depende do referencial adotado para ser positiva (movimento progressivo) ou negativa (movimento retrógrado).

2.2 Movimento Uniforme (MU)

Para ser um movimento uniforme, é necessário atender às seguintes características:

- Velocidade escalar constante e diferente de zero.
- Aceleração escalar é zero.
- Velocidade escalar média = velocidade instantânea.

▹ Representação gráfica do movimento uniforme (MU):

- **Movimento Retilíneo Uniforme (MRU):**

- **Movimento Circular Uniforme (MCU):**

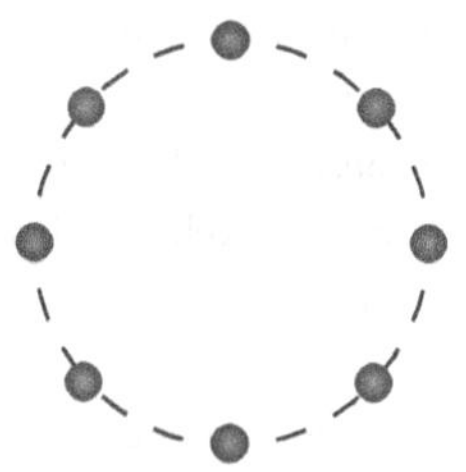

2.2.1 Função horária do espaço

$s = s_0 + v \cdot (t - t_0)$

Se $t_0 = 0$, então:

$s = s_0 + v \cdot (t)$

s_0: espaço inicial.

$v_m = v$ (se a velocidade instantânea for a mesma em todos os instantes, ela irá coincidir com a velocidade escalar média).

Basta observarmos o velocímetro para sabermos o valor de sua velocidade instantânea.

$t - t_0$: intervalo de tempo, na grande parte dos exercícios $t_0 = 0$.

2.2.2 Gráficos do Movimento Uniforme (MU)

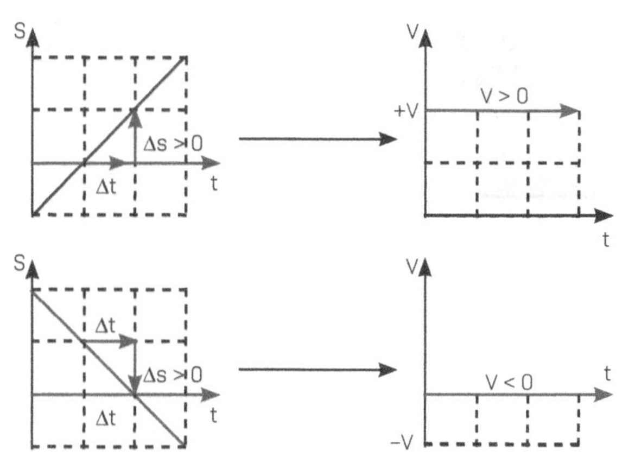

2.2.3 Propriedade do gráfico velocidade x tempo

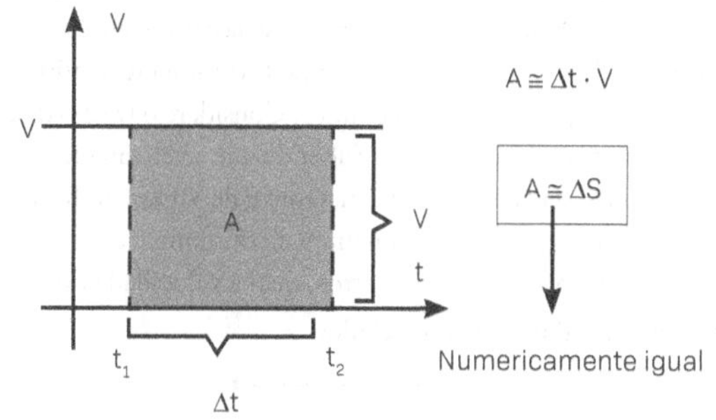

2.2.4 Propriedade do gráfico espaço x tempo

Quanto maior a inclinação em relação ao eixo horizontal maior será sua velocidade.

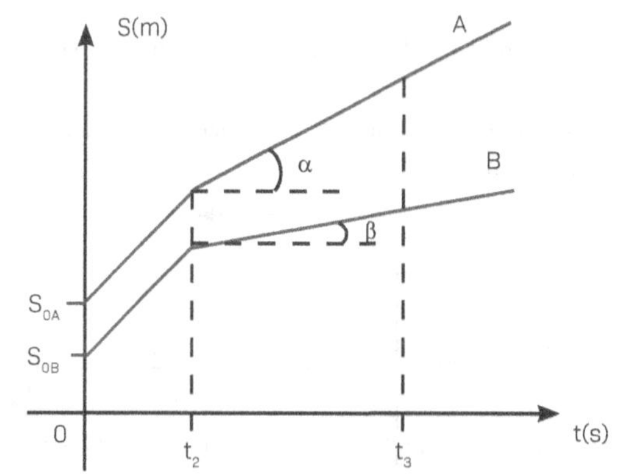

- Entre 0 e t_2 a velocidade do móvel A e B são iguais, pois as retas são paralelas.
- Entre t_2 e t_3 a velocidade escalar do móvel A e maior que o móvel B.

| Exemplos:

Considere que dois automóveis, separados a uma distância de 375 km inicialmente, deslocam-se um ao encontro do outro com velocidades constantes e iguais a 60 km/h e 90 km/h, respectivamente.

Após quanto tempo esses automóveis se encontrarão?

Ao reproduzir o que se lê e ao marcar o referencial positivo para a direita, temos:

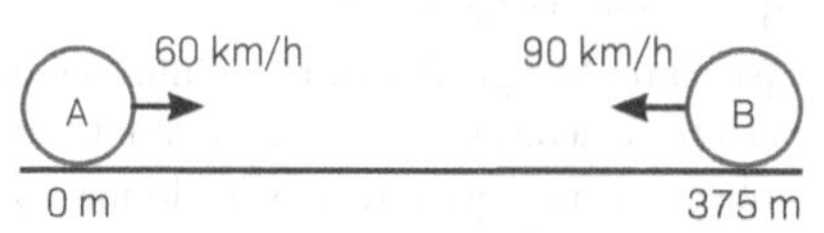

Para haver encontro, temos uma condição:

$s_A = s_B$

Como os dois carros estão executando movimento uniforme, usamos:

$s = s_0 + v \cdot (t)$

$s_{0;A} + v_A \cdot t = s_{0;B} + v_B \cdot t \to 0 + 60 \cdot t = 375 - 90 \cdot t$

$60 \cdot t = 375 - 90 \cdot t \to t = 2{,}5$ h ou 2 horas e 30 minutos

Muitos estudantes perguntam: "posso fazer por velocidade relativa?"

Sim! Mas é preciso ter um cuidado: fazer por velocidade relativa só é possível quando o movimento for uniforme.

$$v_{relativa} = \frac{\Delta s_{relativo}}{\Delta t} \to 60 + 90 = \frac{375}{\Delta t} \therefore \Delta t = 2{,}5h$$

Durante a ultrapassagem de um ônibus por uma camionete, um passageiro da camionete mede o tempo de duração da ultrapassagem com o seu cronômetro. Do instante em que a frente da camionete está alinhada com a traseira do ônibus até que a traseira da camionete se alinhe com a frente do ônibus, passam-se 10 segundos. Considere o trecho de estrada retilíneo durante a ultrapassagem. Sabendo que a velocidade registrada pelo velocímetro da camionete é constante e de 90 km/h durante toda a ultrapassagem e que os comprimentos da camionete e do ônibus são, respectivamente, 5 metros e 20 metros, qual a velocidade do ônibus?

A partir dos dados do enunciado:

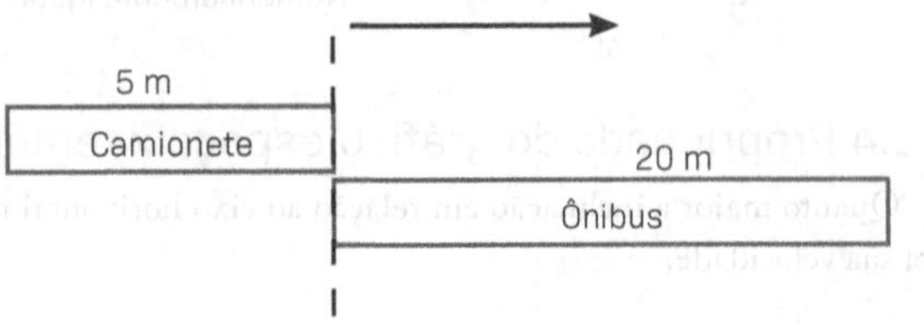

Este é um problema de corpo extenso, e as dimensões importam para o problema.

É preciso transformar em algo que sabemos resolver, o que seria um ponto material.

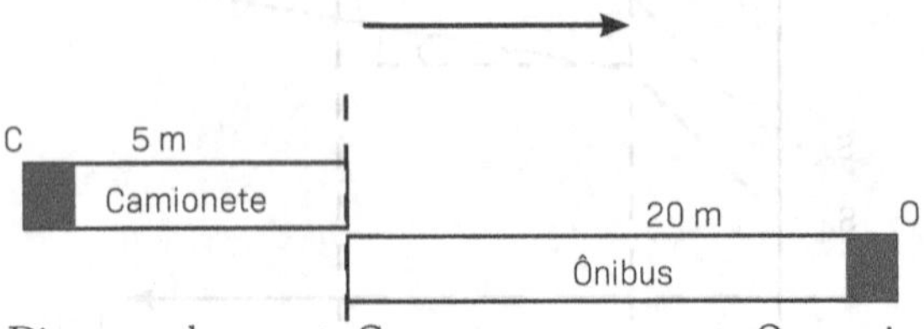

Dica: quando o ponto C encontrar com o ponto O a camionete terá ultrapassado por completo o ônibus.

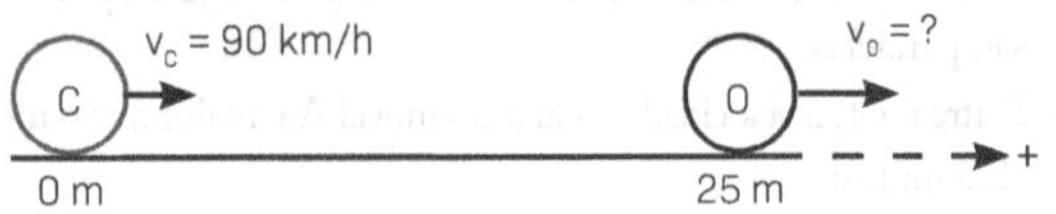

Para haver encontro, temos uma condição:

$s_C = s_O$

Como os dois carros estão executando movimento uniforme, usamos:

$s = s_0 + v \cdot (t)$

$s_{0;C} + v_C \cdot t = s_{0;O} + v_O \cdot t \rightarrow 0 + 25 \cdot t = 25 + v_O \cdot t$

Observe que 90 km/h é igual a 25 m/s.

Como se passaram 10 segundos entre o alinhamento da frente da camionete com a traseira do ônibus e o da traseira da camionete com a frente do ônibus, sabemos que o tempo de ultrapassagem consiste em 10 segundos.

$$25 \cdot 10 + v_0 \cdot 10 \therefore v_0 = 22{,}5 = \frac{m}{s} \text{ ou } 81\frac{km}{h}$$

Por ser um MU, poderia também ser feito por velocidade relativa:

$$v_{relativa} = \frac{\Delta s_{relativo}}{\Delta t} \rightarrow 25 - v_0 = \frac{25}{10} \therefore v_0 = 22{,}5\frac{m}{s} \text{ ou } 81\frac{km}{h}$$

Você pode estar se perguntando: por que fizemos $25 - v_0$, e não $v_0 - 25$? É sempre o maior menos o menor. E, nesse caso, o menor é quem está na frente, porque queremos o encontro.

Um projétil é disparado horizontalmente com uma velocidade de 200 m/se em direção a um alvo. O impacto do projétil no alvo é ouvido 2,7 s depois do disparo. Sabendo que a velocidade do som no ar é de 340 m/s, qual a distância entre o atirador e o alvo?

Se o impacto do projétil no alvo é ouvido 2,7 s depois do disparo, isso quer dizer que o $t_{projétil} + t_{som} = 2{,}7$.

$t_{projétil}$: o tempo que o projétil demora para atingir o alvo.

t_{som}: o tempo que a onda sonora demora para se propagar do alvo até o aparelho auditivo.

Lembrando:

$$v = \frac{\text{distância}}{\text{tempo}} \rightarrow \text{tempo} = \frac{\text{distância}}{v}$$

Temos:

$$\frac{d}{v_p} + \frac{d}{v_{som}} = 2{,}7 \rightarrow \frac{d}{200} + \frac{d}{340} = 2{,}7 \therefore d = 340m$$

Portanto, a distância entre o atirador e o alvo era de 340 metros.

2.3 Movimento Uniformemente Variado (MUV)

As características do movimento uniformemente variado são:

- Velocidade escalar variável.
- Aceleração escalar constante e diferente de zero.
- Aceleração escalar média = aceleração instantânea.

O corpo apresenta variações iguais de velocidade (v) em iguais intervalos de tempo (t).

▷ Representação gráfica do movimento uniformemente variado (MUV):

- **Movimento uniformemente acelerado:**

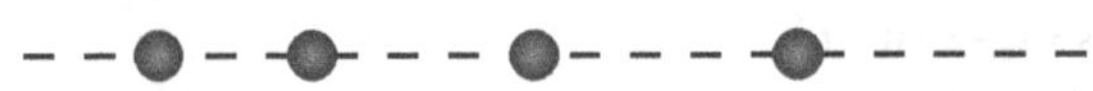

- **Movimento uniformemente retardado:**

- **Retardado na subida e acelerado na descida:**

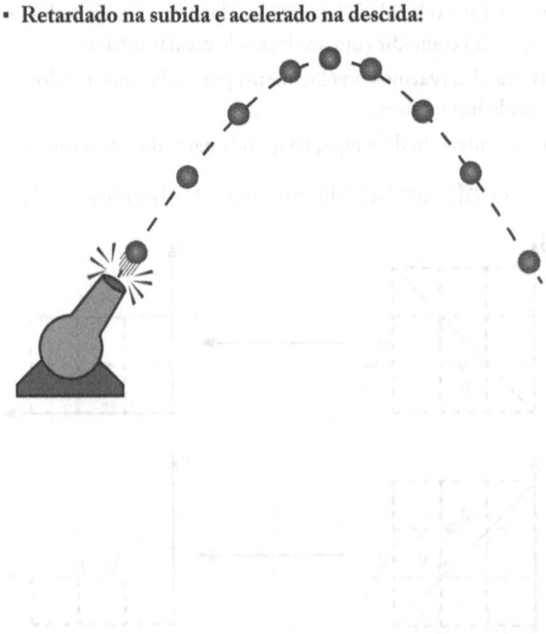

▹ **Função horária dos espaços (S) para o MUV:**

$$S = s_0 + v_0 \cdot (t - t_0) + \frac{a}{2} \cdot (t - t_0)^2$$

- Para $t_a = 0$, temos:

$$S = s_0 + v_0 \cdot (t) + \frac{a}{2} \cdot (t)^2$$

▹ **Função horária das velocidades (V) para o MUV:**

$v = v_0 + a \cdot (t - t_0)$

- Para $t_0 = 0$, temos:

$v = v_0 + a \cdot (t)$

▹ **Gráficos do espaço (S), da velocidade (V) e da aceleração (a) em função do tempo (t):**

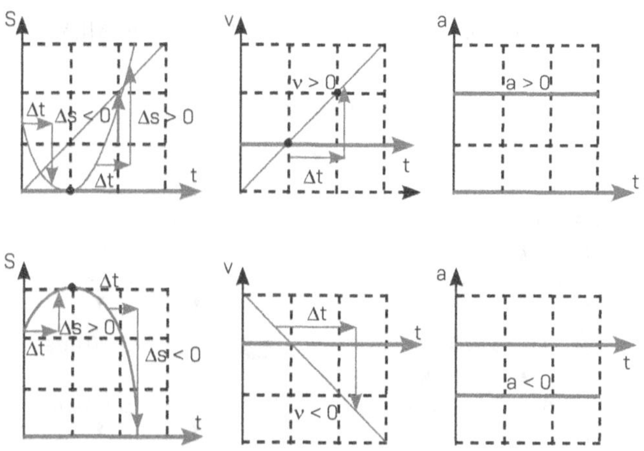

▹ **Equação de Torricelli para o MUV:**

$$v^2 = v_0^2 + 2 \cdot a \cdot (s - s_0) \rightarrow v^2 = v_0^2 + 2 \cdot a \cdot (\Delta s)$$

▹ **Equação auxiliar – quando não temos a variável "aceleração":**

$$v_m = \frac{v_1 + v_2}{2} \rightarrow \frac{\Delta s}{\Delta t} \frac{v_1 + v_2}{2}$$

▹ **Propriedade gráfica para MU e MUV:**

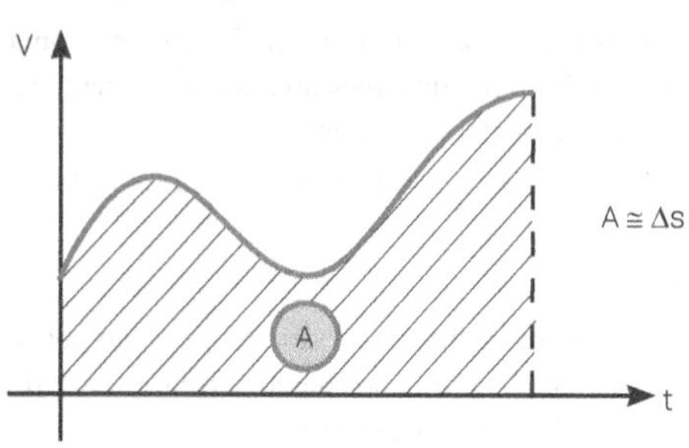

Observação:

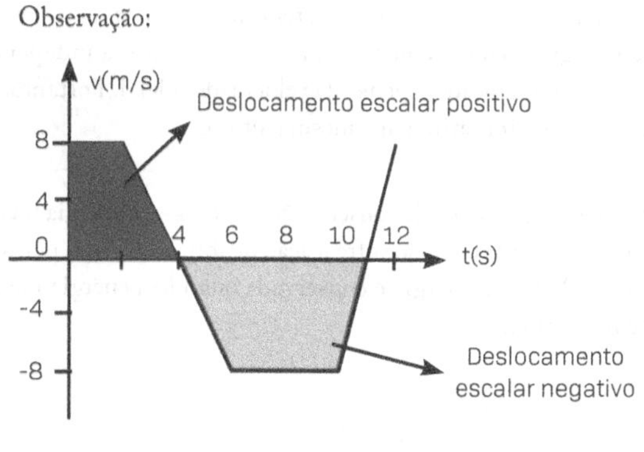

Exemplos:

Um objeto tem a sua posição (x) em função do tempo (t) descrito pela parábola, conforme o gráfico:

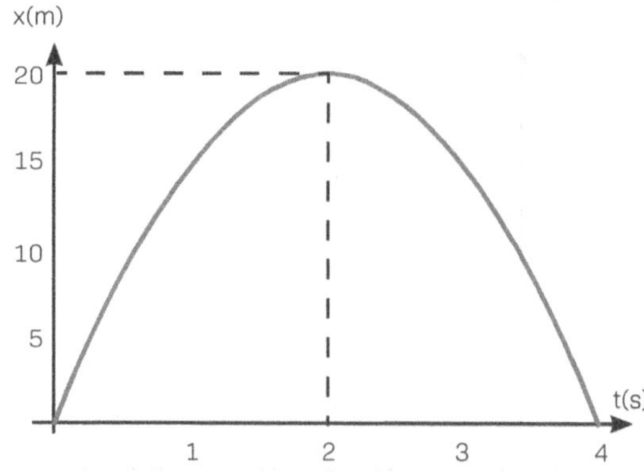

Analisando-se esse movimento, qual a razão entre o módulo da velocidade inicial e da aceleração?

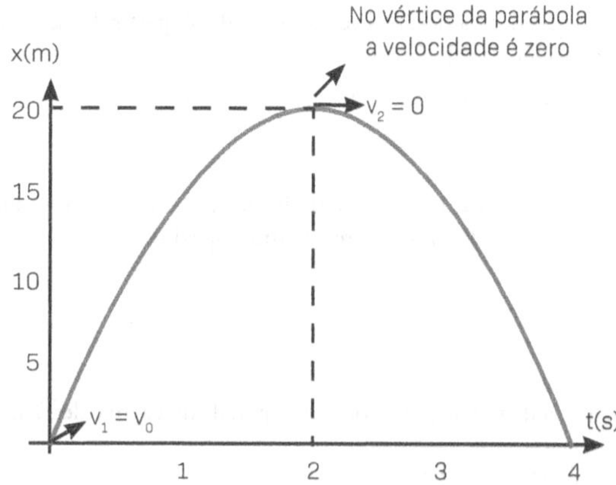

Sendo:

v_1 a velocidade inicial ($v_1 = v_0$)

v_2 a velocidade no ponto mais alto ($v_2 = 0$)

Como o gráfico (s x t) é um arco de parábola, o movimento é uniformemente variado. Podemos utilizar a expressão:

$$v_m = \frac{v_1 + v_2}{2} \rightarrow \frac{\Delta s}{\Delta t} = \frac{v_1 + v_2}{2} \rightarrow \frac{20}{2} = \frac{v_0 + 0}{2} \therefore v_0 = 20\text{m/s}$$

Como a concavidade é para baixo, o valor da aceleração é negativo.

$$v = v_0 = a \cdot t \rightarrow 0 = 20 - 2 \cdot a \therefore a = 10 \text{ m/s}^2$$

A razão é $\frac{v_0}{a} \rightarrow \frac{20}{10} = 2$.

Um dos grandes problemas descritos pela legislação brasileira para a renovação da Carteira Nacional de Habilitação (CNH) para idosos, acima de 65 anos, refere-se ao seu tempo de reação. Como sabemos, o tempo médio de reação de um motorista é da ordem de 0,7 s (tempo de reação é o intervalo entre a percepção do sinal vermelho, por exemplo, e o momento de apertar os freios). Se um automóvel pode ser desacelerado à razão de 5 m/s^2, qual a distância percorrida entre a percepção do sinal vermelho e a parada do carro que vinha com uma velocidade de 36 km/h?

Este é um problema que envolve dois tipos de movimento: MU e MUV.

Resolvemos problemas assim usando o método gráfico (v x t). Vejamos:

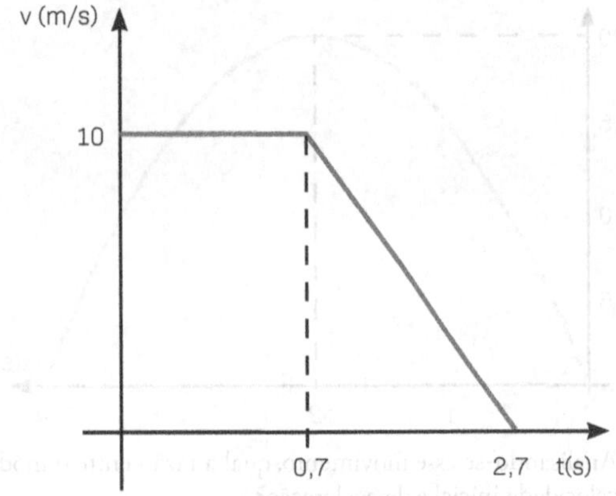

Como marcamos os valores no gráfico?

A partir da leitura atenta do enunciado e ao observar 0,7 s, nota-se que se está desenvolvendo um MU. A partir daí se tem uma desaceleração de 5 m/s².

Agora, o valor de 2,7 s encontramos assim:

$$v = v_0 + a \cdot (t - t_0) \rightarrow 0 = 10 - 5 \cdot (t - 0{,}7)\ t = 2{,}7s$$

Para descobrir quanto foi o deslocamento escalar, temos que calcular a área do gráfico (área de um trapézio):

$$\Delta s \cong A \rightarrow \Delta s = \frac{(B + b) \cdot h}{2} \rightarrow \frac{(2{,}7 + 0{,}7) \cdot 10}{2} = 17\ m$$

Assim, a distância percorrida até a parada do carro é de 17 metros.

2.3.1 Queda livre

Ocorre quando o corpo é abandonado no vácuo (despreza-se qualquer influência do ar).

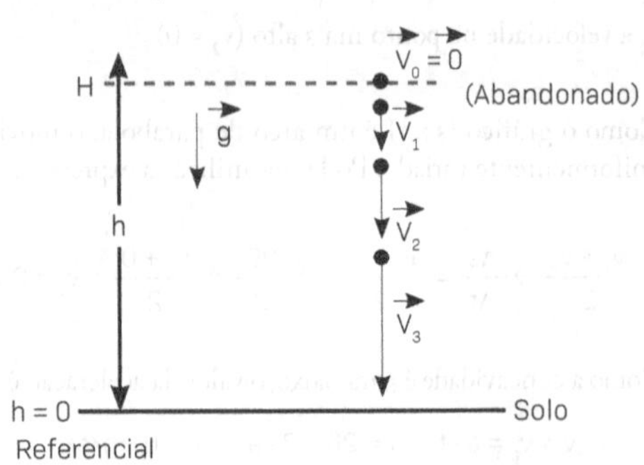

Corpo abandonado de uma altura H acima do solo

Qualquer corpo que esteja caindo em queda livre, isto é, caindo sob ação exclusiva do seu próprio peso, deverá se mover com a mesma aceleração g, característica de cada planeta. Essa aceleração independe da massa m do corpo que está caindo.

2.3.2 Lançamento vertical

O lançamento vertical difere da queda livre somente por apresentar uma velocidade inicial na vertical.

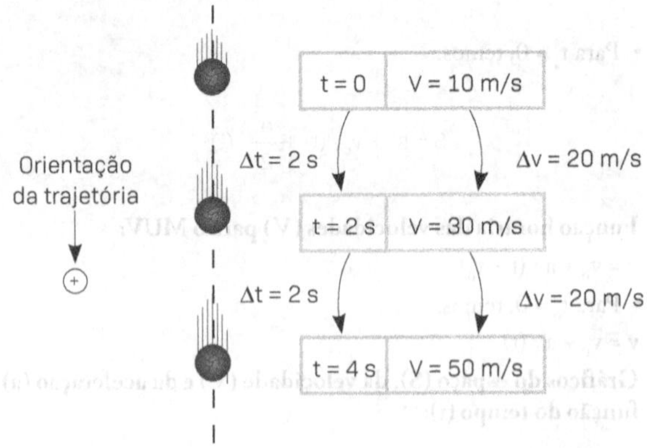

- Um corpo lançado verticalmente e para baixo executa MUV:

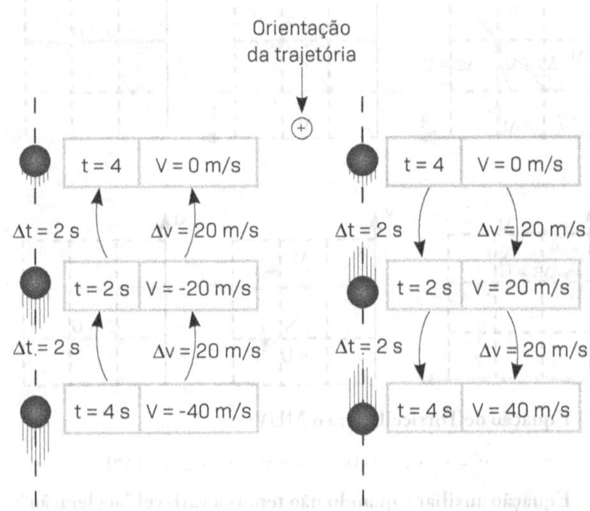

Observações:

- Tanto no lançamento vertical quanto na queda livre apresentam aceleração (denominada aceleração da gravidade "g"), portanto, usamos as equações do movimento uniformemente variado (MUV).
- Corpos abandonados de um mesmo local e na mesma altura em relação ao solo demoram o mesmo intervalo de tempo para chegar ao solo, não importando suas massas.
- Quando o corpo chega à altura máxima, a velocidade é zero.

| Exemplos:

Duas pedras de pesos diferentes são arremessadas para cima e com a mesma velocidade. A pedra mais pesada atingirá uma altura menor que a alcançada pela pedra mais leve?

Em lançamento vertical cujo efeito do ar é desprezível e a aceleração da gravidade é constante, a altura alcançada independe da massa do objeto lançado, apenas da velocidade inicial. Portanto, nesse caso, as duas pedras atingem a mesma altura.

Segundo o princípio da conservação da energia, a energia mecânica total de um sistema que não sofre a ação de forças externas permanece constante. Assim, a energia é conservada quando a energia mecânica total é inalterada.

Uma bola de 380 g foi arremessada verticalmente, de baixo para cima, com velocidade inicial de módulo igual a 10 m/s. Qual a altura máxima (h), em metros, que a bola atinge, supondo que a resistência do ar seja desprezível?

Considere aceleração da gravidade (g) = 10 m/s².

O importante é marcar o sistema de referência, e tentar sempre marcar positivo para onde o corpo está indo.

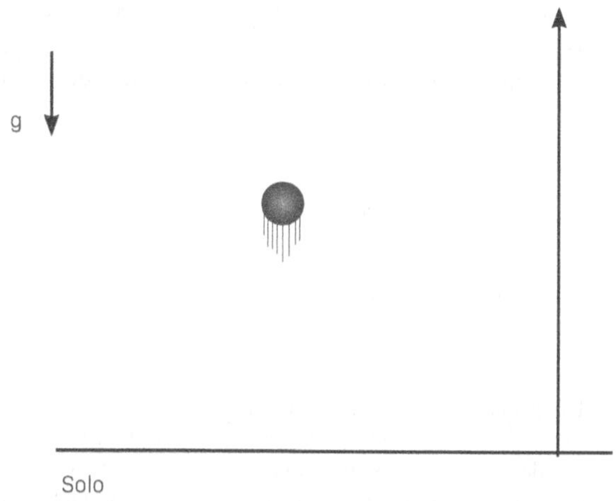

Quando atinge a altura máxima, a sua velocidade é zero.

$$v^2 = v_0^2 + 2 \cdot a \cdot \Delta s \ (0)^2 = (10)^2 + 2 \cdot (-10) \cdot h_{máx} \rightarrow h_{máx} = \frac{100}{20} = 5 \text{ m}$$

A massa não importa nesse caso. Assim, a altura máxima que a bola atinge é de 5 metros.

2.4 Movimento Circular Uniforme (MCU)

No movimento circular uniforme, o corpo descreve uma trajetória que é uma circunferência de raio R, com velocidade escalar constante, ou seja, seu vetor velocidade tem módulo constante, mas é variável em direção, conforme mostra a figura.

Como o módulo da velocidade do corpo é constante, a aceleração tangencial é nula. No entanto, como a direção dessa velocidade varia, o movimento circular uniforme apresenta aceleração centrípeta, de módulo constante $a_c = \frac{v^2}{r}$ e direção variável, com sentido para o centro da circunferência.

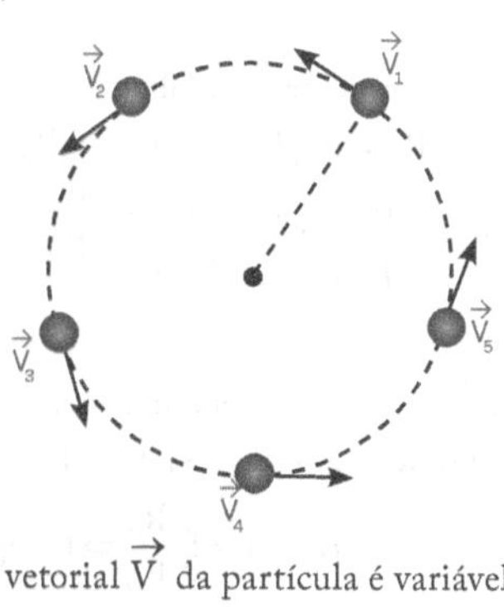

A velocidade vetorial $\vec{V}$ da partícula é variável em direção, mas seu módulo é constante.

▹ Grandezas básicas na descrição do MCU:

- **Período (T):** intervalo de tempo para uma volta ser completada (unidade de tempo: segundos, horas etc.).
- **Frequência (f):** número de voltas por unidade de tempo (unidade: rpm – rotação por minuto; rps = Hz (hertz) – rotação por segundo). 1 Hz = 60 rpm

  Relação T com f → $T = \frac{1}{f}$ ou $f = \frac{1}{T}$
- **Velocidade angular (ω):** razão entre o deslocamento angular e o intervalo de tempo.

$$\omega = \frac{\Delta\varphi}{\Delta t}$$

Unidade no sistema internacional (SI): rad/s.

- **Velocidade escalar = velocidade linear = velocidade tangencial (v):** razão entre o deslocamento escalar e o intervalo de tempo.

$$v = \frac{\Delta s}{\Delta t}$$

Unidade no sistema internacional (SI): m/s.

- **Relações importantes:**

$v = \frac{\Delta s}{\Delta t} = \frac{2 \cdot \pi \cdot r}{T}$ para 1 volta em uma circunferência

$\omega = \frac{\Delta\varphi}{\Delta t} = \frac{2 \cdot \pi}{T}$ para 1 volta em uma circunferência

Lembrando que π rad = 180°.

Relação entre velocidade linear e velocidade angular: $v = \omega \cdot r$

Observação: no MCU existe aceleração – aceleração centrípeta.

2.4.1 Transmissão do movimento circular: acoplamento de polias e de engrenagens

Por meio de correias	Por contato direto	Por eixo comum

▹ Acoplamento de polias por correias:

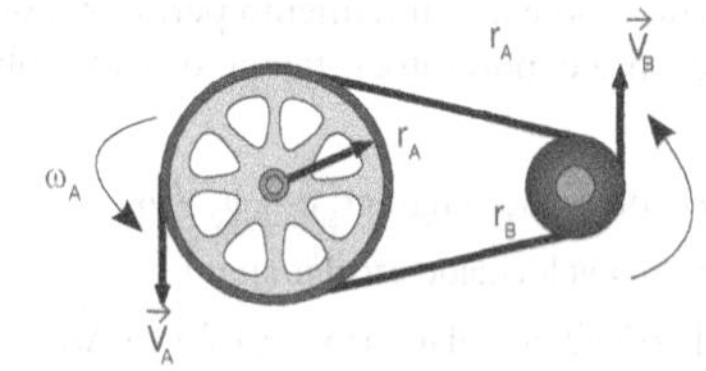

As polias giram no mesmo sentido.

A maior polia gira mais lentamente: $\omega_A < \omega_B$ e $f_A < f_B$.

Velocidade escalar dos pontos periféricos: $v_A = v_B$.

Relação entre as velocidades angulares: $\omega_A \cdot r_A = \omega_B \cdot r_B$.

▹ Acoplamento de engrenagens por dentes em contato:

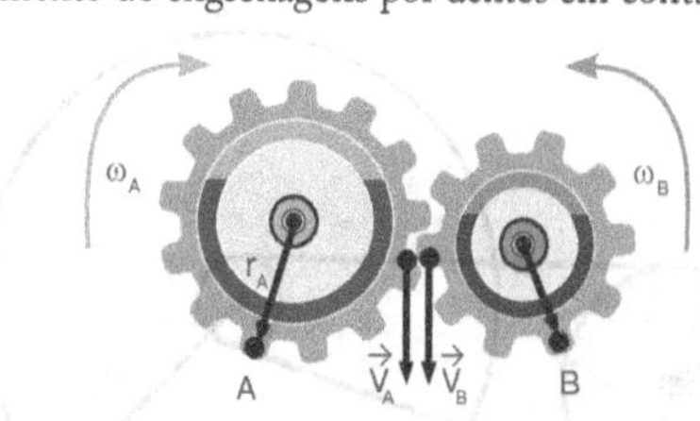

As engrenagens giram em sentidos opostos.

A maior engrenagem gira mais lentamente: $\omega_A < \omega_B$ e $f_A < f_B$.

Velocidade escalar dos pontos periféricos: $v_A = v_B$.

Relação entre as velocidades angulares: $\omega_A \cdot r_A = \omega_B \cdot r_B$.

▹ Acoplamento de engrenagens ou polias por eixo comum:

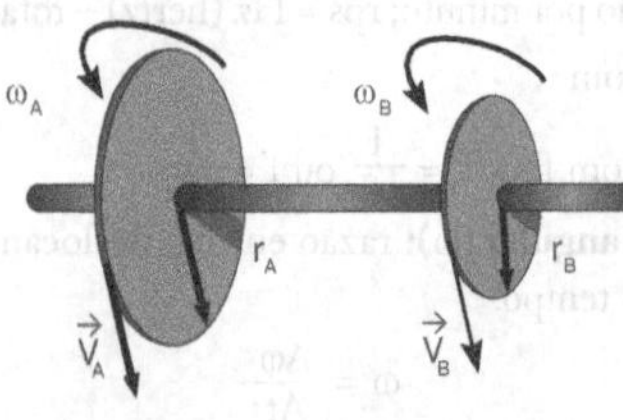

As polias giram no mesmo sentido.

As polias giram juntas e possuem a mesma frequência angular: $\omega_A = \omega_B$ e $f_A = f_B$.

Velocidade escalar dos pontos periféricos: $v_A > v_B$.

Relação entre as velocidades escalares: $\frac{v_A}{r_A} = \frac{v_B}{r_B}$

2.4.2 Transmissão do MCU e o funcionamento da bicicleta/motocicleta

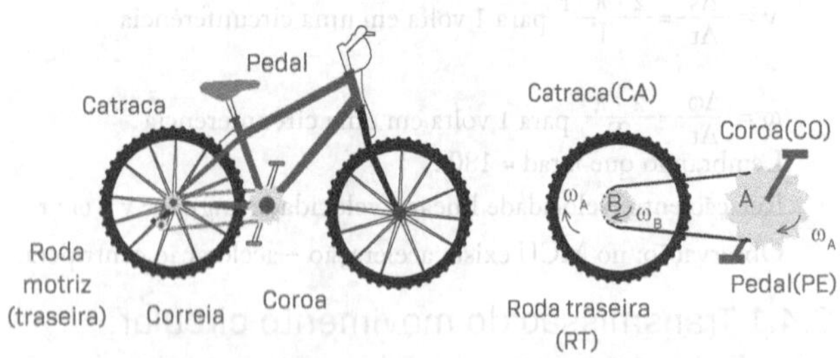

Sobre o movimento da bicicleta: pedais (PE), coroa (CO), catraca (CA) e roda traseira (RT) giram no mesmo sentido.

▹ Transmissão de movimento da coroa para a catraca: $\omega_A \cdot r_A = \omega_B \cdot r_B$.

▹ Transmissão de movimento da catraca para a roda traseira: $\omega_A = \omega_R$.

▹ Cálculo da velocidade da bicicleta: $v_{bicicleta} = \omega_R \cdot r_R$, em que r_R é o raio da roda traseira.

2.5 Movimento Circular Uniformemente Variado (MCUV)

Este movimento não é um movimento periódico, pois o módulo de sua velocidade varia e, portanto, o tempo de cada volta na circunferência é variável.

▹ Função horária do espaço angular: $\varphi = \varphi_0 + \omega_0 \cdot t + \gamma \cdot \frac{t^2}{2}$

▹ Função horária da velocidade escalar angular: $\omega = \omega_0 + \gamma \cdot t$

▹ Equação de Torricelli angular: $\omega^2 = \omega^2 + 2 \cdot \gamma \cdot \Delta\varphi$

| Exemplos:

Considere a figura a seguir e utilize as seguintes dimensões das engrenagens e do pneu de uma bicicleta: R_a = 18cm, R_b = 6cm, R_c = 20cm.

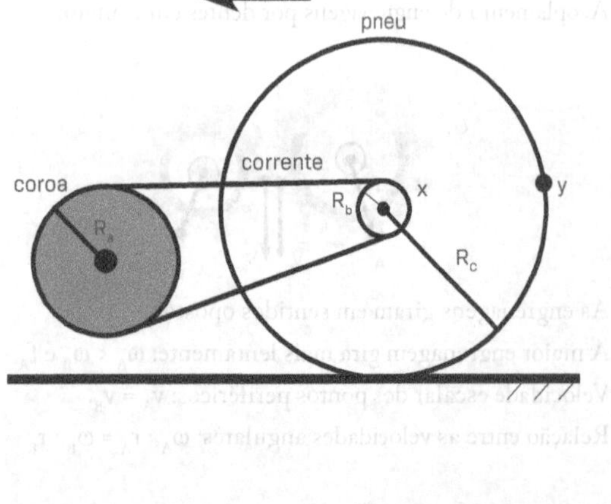

I) Considerando-se os pontos x e y indicados na figura, qual deles terá menor velocidade linear?

Os pontos x e y encontram-se sobre discos que giram com a mesma velocidade angular por terem o mesmo eixo de rotação. Sendo assim:

$$\omega_b = \omega_c \Rightarrow \frac{V_b}{R_b} = \frac{V_c}{R_c}$$

Como $R_c > R_b \Rightarrow v_c > v_b$, o ponto y terá maior velocidade linear.

II) Em uma bicicleta com as dimensões descritas, qual o número de pedaladas por segundo necessárias para se manter a velocidade constante de 65 km/h?

Da relação anterior, temos:

$$\frac{V_b}{R_b} = \frac{v_c}{R_c} \Rightarrow \frac{v_b}{6} = \frac{65/3,6}{20}$$

$b_v = v_a \cong 5,42$m/s

$v_a = 2\pi f_a R_a \Rightarrow 5,42 = 2 \cdot 3,14 \cdot f_a \cdot 0,18$

$\therefore f_a \cong 4,8$ Hz

Um pequeno motor a pilha é utilizado para movimentar um carrinho de brinquedo. Um sistema de engrenagens transforma a velocidade de rotação desse motor na velocidade de rotação adequada às rodas do carrinho. Esse sistema é formado por quatro engrenagens, A, B, C e D, sendo que A está presa ao eixo do motor, B e C estão presas a um segundo eixo e D a um terceiro eixo, no qual também estão presas duas das quatro rodas do carrinho.

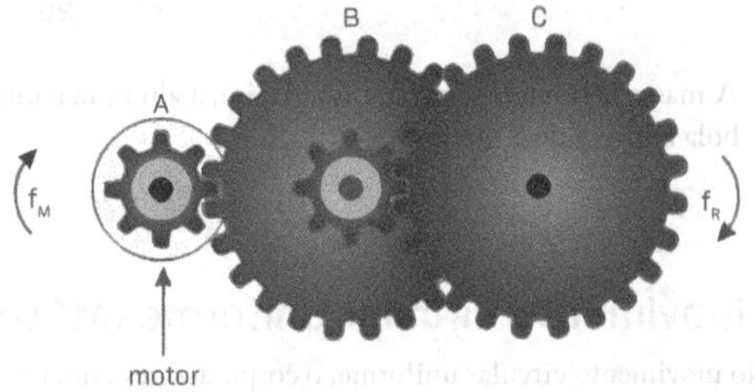

Nessas condições, quando o motor girar com frequência fM, as duas rodas do carrinho girarão com frequência fR. Sabendo que as engrenagens A e C possuem 8 dentes, que as engrenagens B e D possuem 24 dentes, que não há escorregamento entre elas e que f_M = 13,5 Hz, qual o valor de fR, em Hz?

Os raios das engrenagens (R) e os números de dentes (n) são diretamente proporcionais. Assim:

$$\frac{R_A}{R_B} = \frac{R_C}{R_D} = \frac{n_A}{n_B} = \frac{8}{24} = \frac{1}{3}$$

- A e B estão acopladas tangencialmente:

$V_A = V_B \Rightarrow 2\pi f_A R_A = 2\pi f_B R_B \Rightarrow f_A R_A = f_B R_B$

Mas: $f_A = f_M \Rightarrow f_M R_A = f_B R_B \Rightarrow f_B = f_M \frac{R_A}{R_B} = f_M \frac{1}{3} \Rightarrow f_B = \frac{f_M}{3}$

- B e C estão acopladas coaxialmente:

$f_C = f_B = \frac{f_M}{3}$

- C e D estão acopladas tangencialmente:

$V_C = V_D \Rightarrow 2\pi f_C R_C = 2\pi f_D R_D \Rightarrow f_C R_C = f_D R_D$

Mas: $f_D = f_R \Rightarrow f_C R_C = f_R R_D \Rightarrow f_R = f_C \frac{R_C}{R_D} \Rightarrow F_R \frac{13,5}{9} \Rightarrow \boxed{f_R = 1,5 \text{ Hz}}$

Considere um sistema formado por dois pares de polias coaxiais, AB e CD, acoplados por meio de uma correia ideal e inextensível e que não desliza sobre as polias C e B, tendo, respectivamente, raios $R_A = 1$ m, $R_B = 2$ m, $R_C = 10$ m e $R_D = 0{,}5$ m:

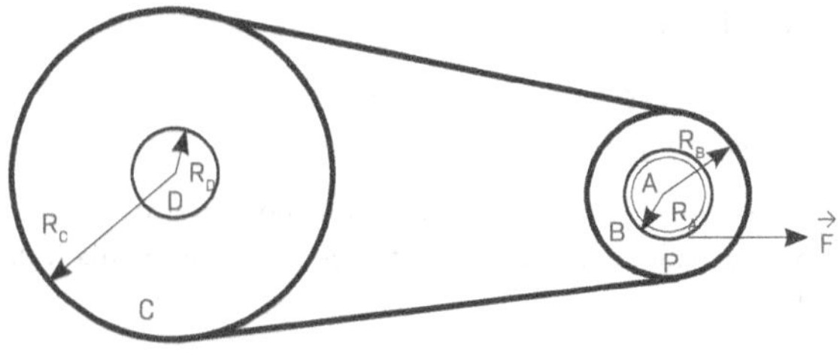

A polia A tem a forma de um cilindro, no qual está enrolado um fio ideal e inextensível de comprimento $L = 10\pi$ m em uma única camada, como mostra a figura:

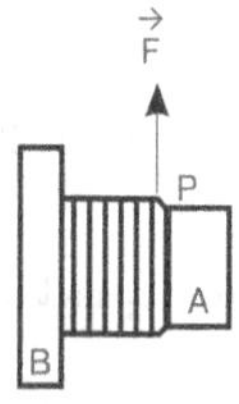

Num dado momento, a partir do repouso, o fio é puxado pela ponta P, por uma força $\vec{F}$ constante que imprime uma aceleração linear a, também constante, na periferia da polia A, até que o fio se solte por completo desta polia. A partir desse momento, a polia C gira até parar após n voltas, sob a ação de uma aceleração angular constante, de tal forma que o gráfico da velocidade angular da polia D em função do tempo é apresentado na figura a seguir.

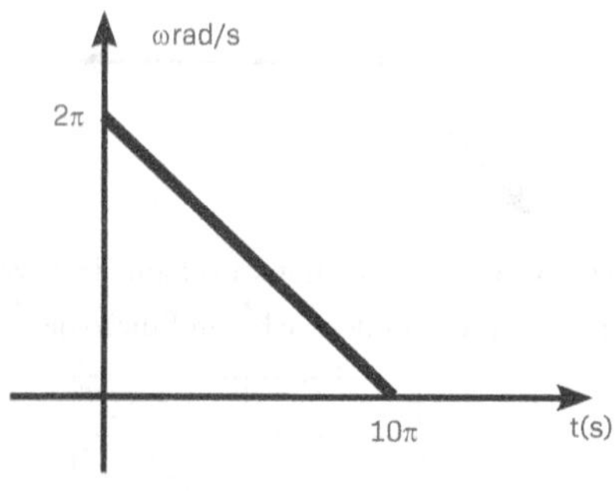

Nessas condições, qual é o número total de voltas dadas pela polia A até parar e qual é o módulo da aceleração a, em m/s^2?

De início, destaquemos que:

- para acoplamentos coaxiais, as grandezas angulares correlatas são iguais ($\omega_D = \omega_C$; $\omega_B = \omega_A$ e $\alpha_D = \alpha_C$; $\alpha_B = \alpha_A$);
- e, para acoplamentos tangenciais, as grandezas lineares correlatas são iguais ($v_C = v_B$; $a_C = a_C$)

O número de voltas dadas pela polia A (n1) nessa primeira etapa de aceleração é:

$$n_1 = \frac{L}{2\pi R_A} = \frac{10\pi}{2\pi(1)} \Rightarrow n_1 = 5$$

Na etapa de desaceleração, após o fio se soltar por completo, a polia C dá n voltas. Fazendo as sucessivas correlações, calculemos o número de voltas (n_2) dadas pela polia A nessa segunda etapa.

$n_C R_C = n_B R_B \Rightarrow n(10) = n_B (2) \Rightarrow n_B = 5\,n$

$n_2 = n_B \Rightarrow n_2 = 5n$

O número total de voltas (N_A) dadas pela polia A é:

$N_A = n_2 + n_1 = 5\,n + 5 \Rightarrow N_A = 5(n + 1)$

Na primeira etapa, a velocidade angular inicial das quatro polias é nula ($\omega_0 = 0$); a velocidade angular final de cada uma delas é igual à inicial da segunda etapa. O gráfico mostra que, para a polia D, a velocidade angular inicial da segunda etapa é $\omega = 2\,\pi$ rad/s.

Fazendo novamente as sucessivas correlações:

$\omega_C = \omega_D = 2\pi$

$\omega_C\, R_C = \omega_B\, R_B \Rightarrow 2\pi(10) = \omega_B\,(2) \Rightarrow \omega_B = 10\pi$

$\omega_A = \omega_B = 10\pi$ rad/s

$V_A = \omega_A\, R_A = 10\pi(1)\; V_A = 10$ m/s

Aplicando a Equação de Torricelli para a etapa de aceleração, até o fio se soltar por completo:

$$V_A^2 = V_0^2 + 2\,a\,L\;\; (10\pi)^2 = 2\,a\,(10\pi) \Rightarrow \frac{100\pi^2}{20\pi} \Rightarrow a = 5\pi \text{ m/s}^2$$

2.6 Vetores

Há dois tipos de grandezas físicas: grandezas escalares e grandezas vetoriais.

- Grandezas escalares: quando o número com a respectiva unidade de medida já satisfaz.

  | Temperatura → 27 °C; apenas esse dado já diz tudo.

- Grandeza vetorial: para estudá-la, foi criado o conceito de vetor.

Vetor é um segmento de reta orientado, não nulo. Para caracterizar um vetor, é preciso ter sentido, direção e módulo (intensidade ou valor).

| Um corpo se desloca 2 m na direção horizontal e para direita.

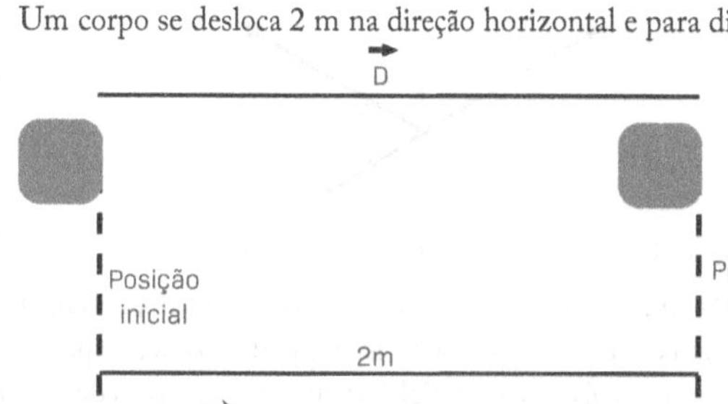

Característica $\vec{D}$ (vetor deslocamento):

Módulo: D = 2 m **Sentido**: Para direita **Direção**: Horizontal

2.6.1 Operações com vetores – soma vetorial

A adição vetorial segue o processo indicado na figura:

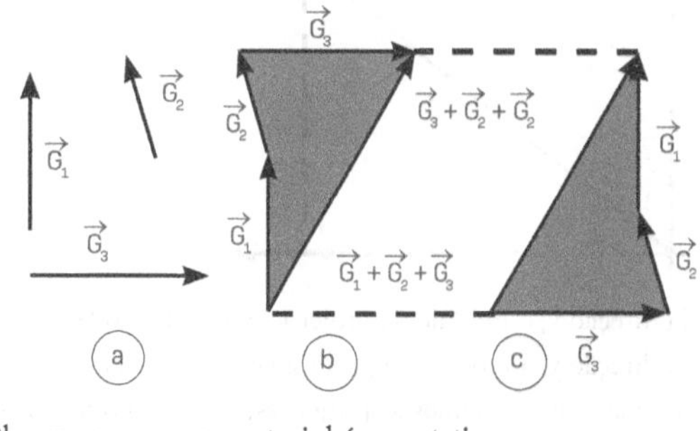

Observe que a soma vetorial é comutativa.

2.6.2 Multiplicação de um número real por um vetor

Consideremos uma grandeza escalar n e uma grandeza vetorial $\vec{E}$.

A multiplicação $n \cdot \vec{E}$ tem como resultado uma grandeza vetorial $\vec{F} = n \cdot \vec{E}$ com as seguintes características:

$F = n \cdot E$

Direção: a mesma de $\vec{E}$.

Sentido: depende do sinal de n.

$n > 0$: mesmo sentido de $\vec{E}$.

$n < 0$: sentido oposto ao de $\vec{E}$.

2.6.3 Vetores opostos e vetores iguais

Dado um vetor $\vec{a_1}$, define-se vetor oposto a $\vec{a_1}$ como sendo um vetor $\vec{a_2}$ que resulta do produto do número -1 pelo vetor $\vec{a_1}$:

$$\vec{a_1} = (-1) \cdot \vec{a_2} = -\vec{a_2}$$

Dois vetores são iguais quando apresentarem o mesmo módulo, a mesma direção e o mesmo sentido ($\vec{a} = \vec{b}$)

2.6.4 Operação com vetores – subtração de vetores

A subtração entre dois vetores, $\vec{v_2}$ e $\vec{v_1}$, pode ser transformada em uma adição:

$\Delta\vec{v} = \vec{v_2} - \vec{v_1} = \vec{v_2} + (-\vec{v_1})$

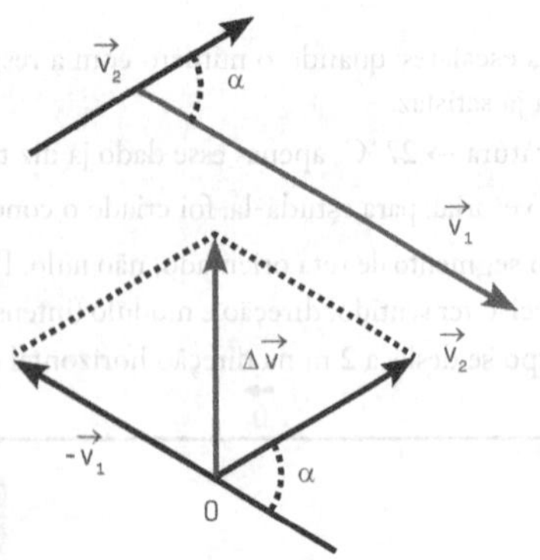

2.6.5 Decomposição de vetores

Toda representação vetorial, como estamos vendo, está pautada em um sistema de referências. Sendo assim, podemos decompor um vetor em dois outros, cuja soma vetorial é o vetor original. Essa decomposição será feita em nosso estudo apenas em direções perpendiculares, apesar de não ser essa uma condição necessária.

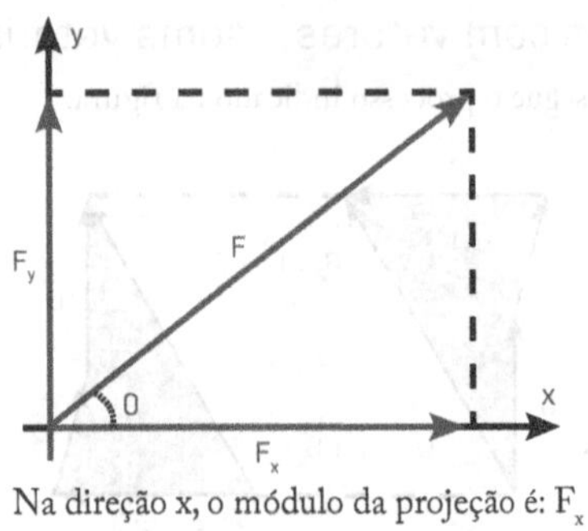

Na direção x, o módulo da projeção é: $F_x = F \cdot \cos\theta$.

Na direção y, o módulo da projeção é: $F_y = F \cdot \text{sen}\theta$.

Inversamente, se temos as projeções, podemos obter o módulo do vetor resultante pelo Teorema de Pitágoras.

$F^2 = F_x^2 + F_y^2$

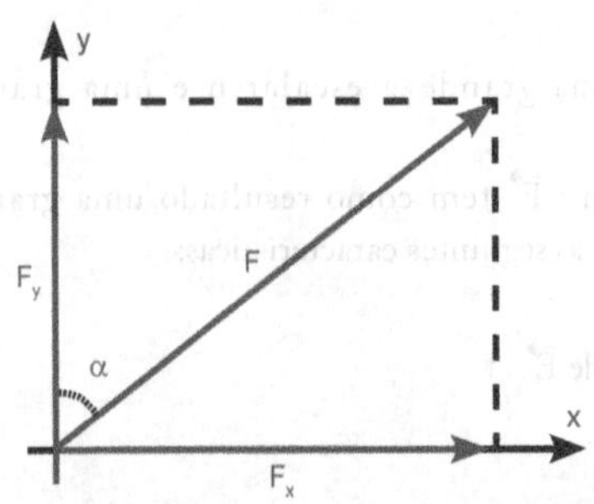

Na direção x, o módulo da componente é: $F_x = F \cdot \text{sen}\alpha$.

Na direção y, o módulo da componente é: $F_y = F \cdot \cos\alpha$.

Inversamente, se temos as projeções, podemos obter o módulo do vetor resultante pelo Teorema de Pitágoras.

$F^2 = F_x^2 + F_y^2$

2.6.6 Propriedade do polígono fechado de vetores

Se n vetores, dispostos em série, um após o outro, formam um polígono fechado, então a resultante desses vetores é nula (está em equilíbrio).

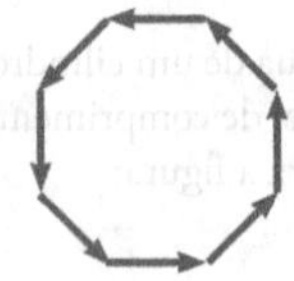

- Equilíbrio dinâmico: movimento retilíneo uniforme – $\vec{R} = \vec{0}$ – polígono fechado.
- Equilíbrio estático: o corpo está parado em relação à Terra – $\vec{R} = \vec{0}$ – polígono fechado.

2.6.7 Versor

Todo vetor de módulo 1 (vetor unitário) recebe o nome de vetor.

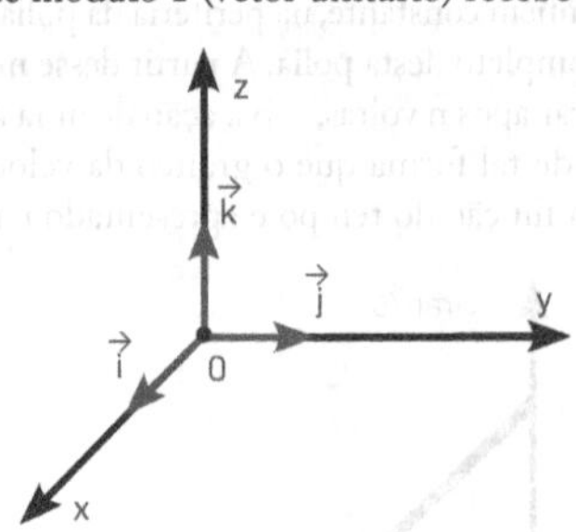

Perceba como trabalhar essa notação chamada de versor.

Determine as expressões de $\vec{a}$ e $\vec{b}$ em função de $\vec{i}$ e $\vec{j}$.

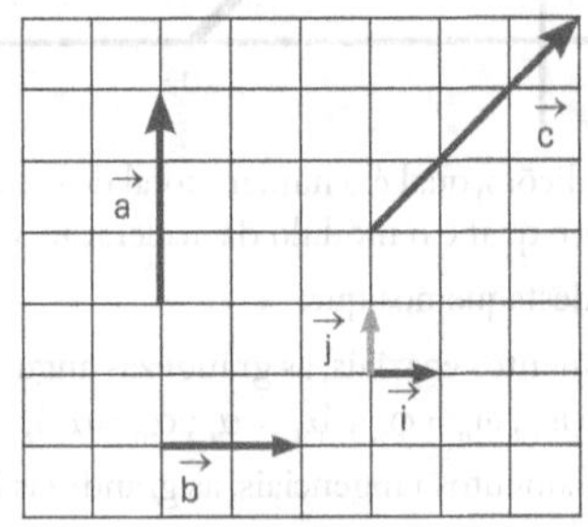

$\vec{a} = 3\vec{j}$

$\vec{b} = 2\vec{i}$

$\vec{c} = 3\vec{i} + 3\vec{j}$

Cujo o módulo de $\vec{a}$, $\vec{b}$ e $\vec{c}$ é:

a = 3 unidades b = 2 unidades

$$c = \sqrt{(3)^2 + (3)^2} = \sqrt{18} = 3\sqrt{2} \text{ unidades}$$

| Exemplo:

Se o vetor resultante do sistema de vetores mostrado na figura é o vetor nulo, então: $|\vec{F_1}| = ?$

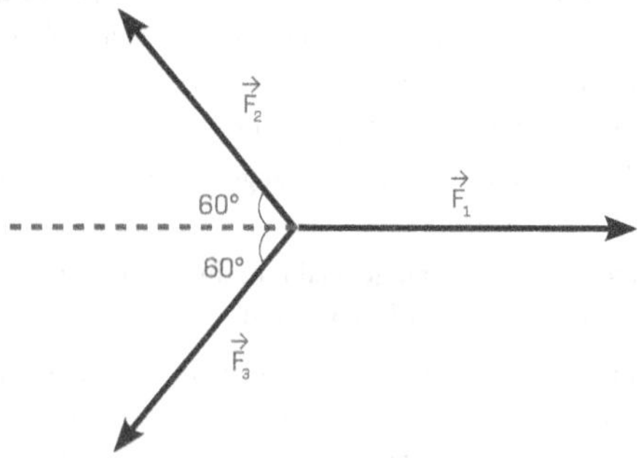

Nesse caso:

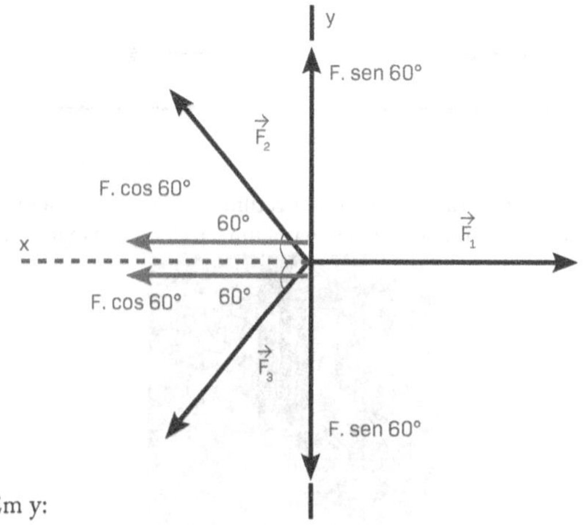

Em y:

$$F_2 \cdot \text{sen } 60° = F_3 \cdot \text{sen } 60° \therefore F_2 = F_3 = F$$

Em x:

$$F_1 = F \cdot \cos 60° + F \cdot \cos 60° \rightarrow F_1 = 2 \cdot F \cdot \cos 60° \rightarrow$$

$$F_1 = 2 \cdot F \cdot \frac{1}{2} \therefore F_1 = F = F_2 = F_3$$

Dica: cos - **com** o ângulo; sen - **sem** o ângulo.

2.7 Cinemática vetorial

Na cinemática escalar, as grandezas deslocamento, velocidade e aceleração são tratadas como grandezas escalares. A direção dos movimentos é considerada no instante em que se conhece a trajetória, sendo ela a própria direção do movimento. Isso significa que, ao dizermos que um automóvel se move sobre a Via Dutra, do Rio de Janeiro para São Paulo, a 90 km/h, direção e sentido já estavam determinados.

Já em cinemática vetorial, deslocamento, velocidade e aceleração são caracterizados como grandezas vetoriais.

2.7.1 Deslocamento vetorial e velocidade vetorial média

O deslocamento escalar é o caminho "real" que o móvel percorre, já o deslocamento vetorial é o "atalho" que o móvel percorre, que seria um segmento de reta ligando as duas cidades.

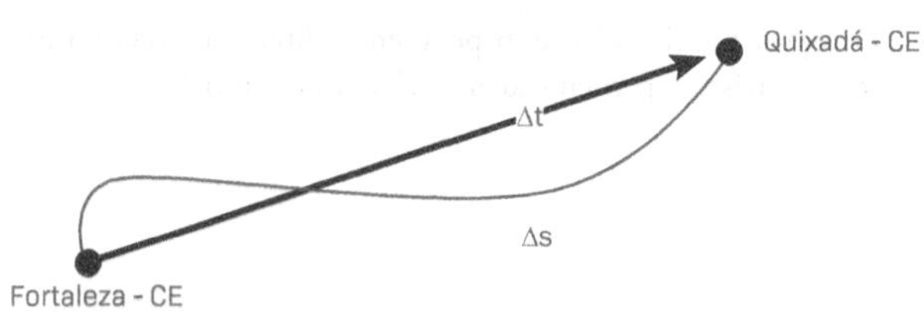

A velocidade vetorial média é definida por:

$$\vec{v}_m = \frac{\Delta \vec{r}}{\Delta t}$$

Observação: como Δt >, o vetor $\vec{v}_m$ deve ter a mesma direção e o mesmo sentido de $\Delta\vec{r}$.

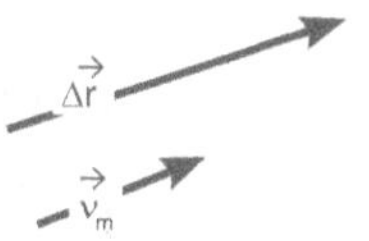

| Exemplo:

Um móvel percorre a metade de uma pista circular de raio igual a 10,0m em 10,0s. Qual o módulo da velocidade vetorial média do móvel? Considere $\sqrt{2} = 1{,}4$ e $\pi = 3$.

A figura mostra os deslocamentos escalar e vetorial em meia volta.

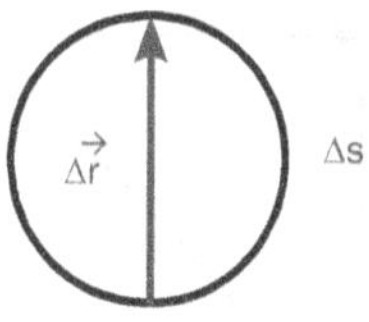

$$\Delta S = \pi R = 30\text{m} \rightarrow Vm = \frac{\Delta S}{\Delta t} = \frac{30}{10} = 3{,}0\text{m/s}$$

$$|\Delta\vec{r}| = 2R = 20\text{m} \rightarrow |\vec{V}_m| = \frac{|\Delta\vec{r}|}{\Delta t} = \frac{20}{10} = 2{,}0\text{m/s}$$

2.7.2 Velocidade vetorial instantânea (velocidade vetorial ou velocidade)

A velocidade vetorial $\vec{v}$ apresenta as seguintes características:

- Intensidade ou módulo: igual ao valor absoluto da velocidade escalar.
- Direção: a mesma da reta que tangencia a trajetória na posição do móvel.
- Sentido: coincidente com o sentido do movimento.

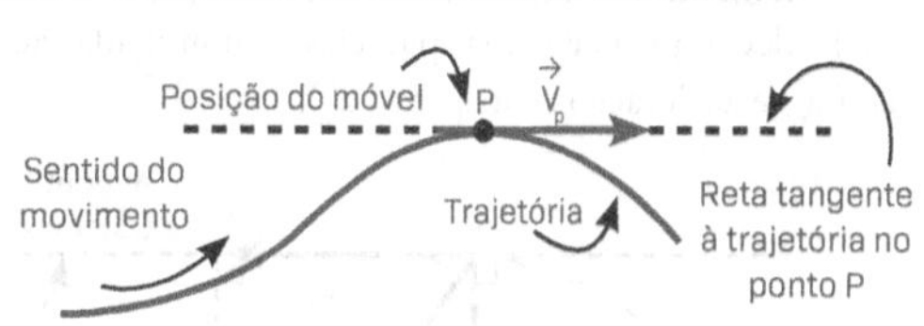

Observações:

- A velocidade vetorial de uma partícula em movimento somente será constante se o movimento for retilíneo e uniforme.
- Se o movimento for uniforme, em trajetória curva, a velocidade vetorial terá módulo constante, porém direção variável.

2.7.3 Aceleração vetorial média

A aceleração vetorial média entre os instantes t_1 e t_2 é definida por:

$$\vec{a}_m = \frac{\Delta\vec{v}}{\Delta t} = \frac{\vec{v}_2 - \vec{v}_1}{t_2 - t_1}$$

| Exemplo:

Um carro percorre uma curva circular com velocidade linear constante de 15 m/s, completando-a em $5\sqrt{2}$s, conforme a figura:

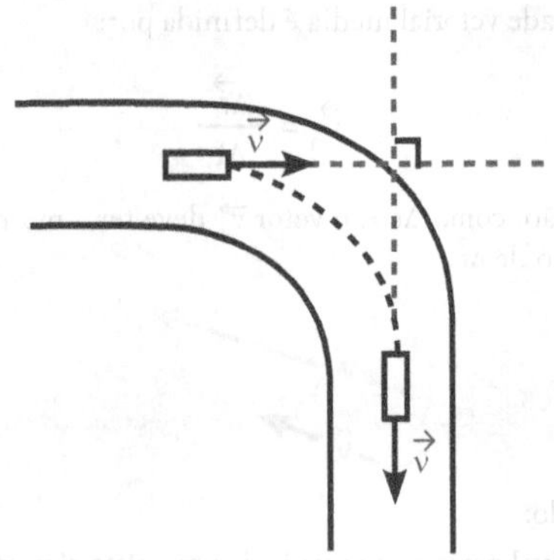

Qual o módulo da aceleração média experimentada pelo carro nesse trecho, em m/s²?

$$\vec{a}_m = \frac{\vec{v}_{final} - \vec{v}_{inicial}}{\Delta t} = \frac{\vec{v}_{final} + (-\vec{v}_{inicial})}{\Delta t} = \frac{\vec{v} + (-\vec{v}')}{\Delta t}$$

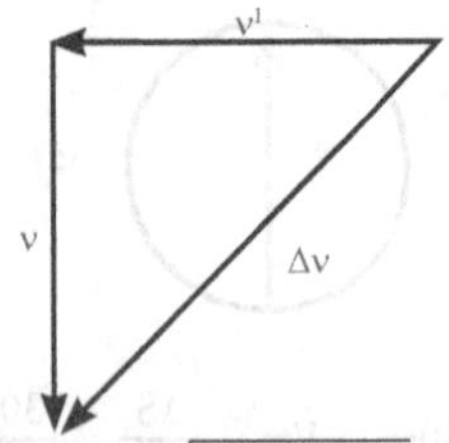

$$\Delta v^2 = (v')^2 + (v)^2 \rightarrow \Delta v = \sqrt{(15)^2 + (15)^2} \therefore \Delta v = \sqrt{450} \text{ m/s}$$

$$a_m = \frac{\Delta v}{\Delta t} = \frac{\sqrt{450}}{5\sqrt{2}} = 3 \text{ m/s}^2$$

2.7.4 Aceleração vetorial instantânea (aceleração vetorial ou aceleração)

O conceito de aceleração está sempre ligado à ideia de variação de velocidade.

Qualquer alteração na velocidade vetorial ($\vec{v}$), seja em módulo, seja em orientação (direção e sentido), implicará a existência de uma aceleração vetorial ($\vec{a}$).

Para facilidade de estudo, deve-se considerar que a aceleração vetorial ($\vec{a}$) é decomposta em duas parcelas, denominadas aceleração tangencial ($\vec{a}_t$) e aceleração centrípeta ($\vec{a}_{cp}$).

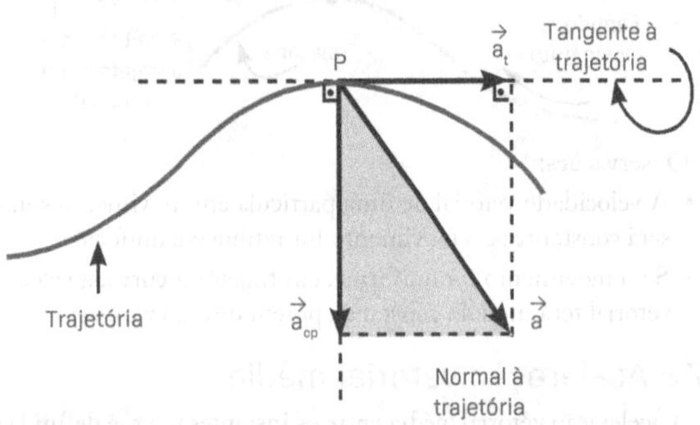

A aceleração jetorial ($\vec{a}$) é a soma vetorial de suas componentes tangencial e centrípeta:

$$\vec{a} = \vec{a}_t + \vec{a}_{cp}$$

Aplicando-se o Teorema de Pitágoras no triângulo indicado na figura, podemos relacionar as intensidades da aceleração vetorial e de suas componentes:

$$a^2 = a_t^2 + a_{cp}^2$$

2.7.5 Aceleração tangencial ($\vec{a}_t$)

A componente tangencial $\vec{a}_t$ da aceleração vetorial está ligada à variação do módulo da velocidade vetorial $\vec{v}$, isto é, está ligada ao ato de acelerar ou frear o móvel. A aceleração tangencial $\vec{a}_t$ está presente nos movimentos variados e é nula nos movimentos uniformes, não importando a trajetória descrita pelo móvel.

- **Módulo:** o módulo da aceleração tangencial é igual ao valor absoluto da aceleração escalar.
- **Direção:** a aceleração tangencial tem direção tangente à trajetória, isto é, é paralela à velocidade vetorial.
- **Sentido:** quando o movimento é acelerado ($|\vec{v}|$ aumenta), a aceleração tangencial tem o mesmo sentido da velocidade vetorial. Quando o movimento é retardado ($|\vec{v}|$ diminui), a aceleração tangencial tem sentido oposto ao da velocidade retorial.

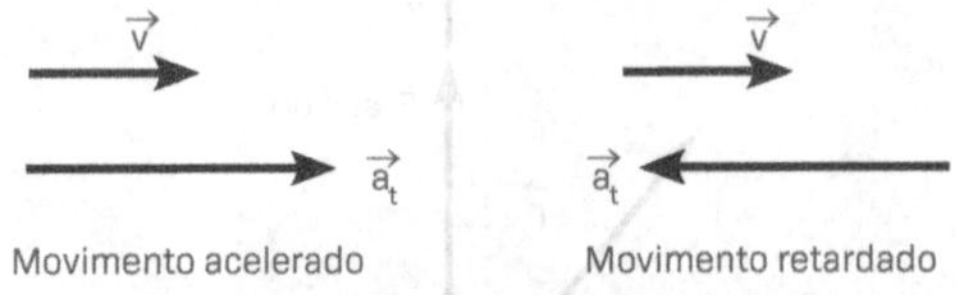

Se a trajetória do foguete for retilínea e o seu movimento acelerado, ele estará sujeito apenas a uma aceleração tangencia.

2.7.6 Aceleração centrípeta ($\vec{a}_{cp}$)

A componente centrípeta da aceleração vetorial ($\vec{a}_{cp}$) está ligada à variação da direção da velocidade vetorial $\vec{v}$, isto é, estáaligada ao ato de curvar a trajetória. A aceleração centrípeta ($\vec{a}_{cp}$) está presente nos movimentos com trajetória curva e é nula nos movimentos retilíneos.

Quando um corpo descreve uma curva, a direção de sua velocidade vetorial varia e o corpo está sujeito a uma aceleração centrípeta.

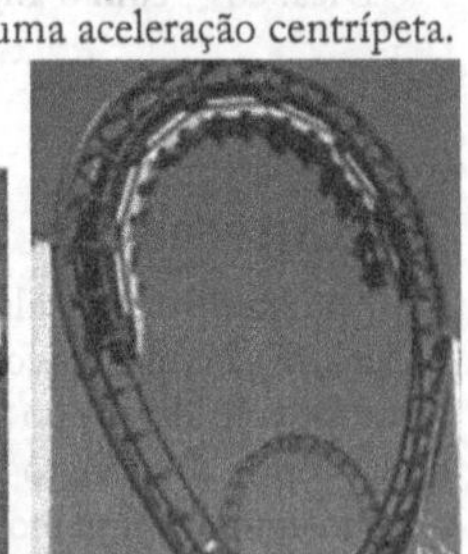

- **Módulo:** sendo v a velocidade escalar e R o raio de curvatura da trajetória, o módulo da aceleração centrípeta é dado por:

$$a_{cp} = \frac{v^2}{R}$$

- **Direção:** a aceleração centrípeta tem a direção da reta normal à trajetória, isto é, perpendicular à velocidade vetorial.

- **Sentido:** a aceleração centrípeta é dirigida para o centro da curva descrita pelo móvel.

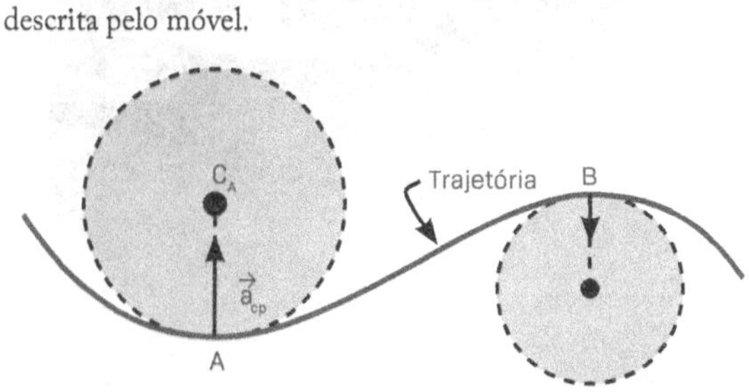

Na figura, representamos as circunferências que "tangenciam" a trajetória nos pontos A e B. Os raios dessa circunferência são os raios de curvatura da trajetória nos pontos A e B.

A aceleração centrípeta é dirigida para o centro da circunferência que "tangencia" a trajetória.

Análise vetorial dos principais movimentos:

- MRU: Movimento Retilíneo Uniforme.
- MRV: Movimento Retilíneo Variado.
- MCU: Movimento Curvo Uniforme.
- MCV: Movimento Curvo Variado.

Movimento	$\vec{v}$	$\vec{a}_t$	$\vec{a}_{cp}$
MRU	Módulo: constante Direção: constante	Nula	Nula
MRV	Módulo: variável Direção: constante	Não nula	Nula
MCU	Módulo: constante Direção: variável	Nula	Não nula
MCV	Módulo: variável Direção: variável	Não nula	Não nula

Exemplo:

A figura mostra a posição ocupada por uma partícula que está percorrendo uma trajetória circular de centro C e de raio R, no instante em que sua velocidade e sua aceleração fazem um ângulo de 30°.

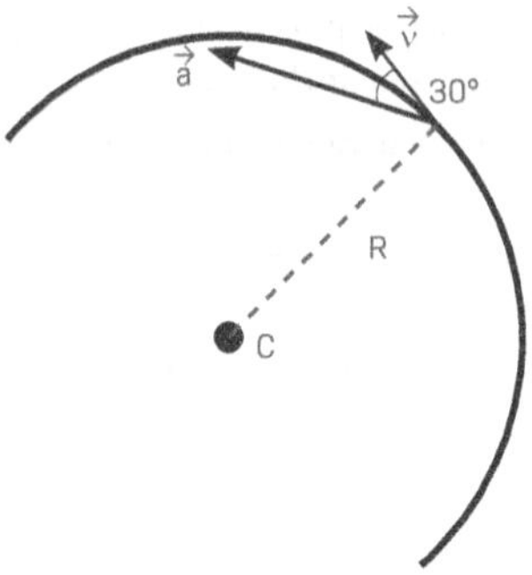

Sendo $|\vec{v}|$ 4, 0 m/s e $|\vec{a}|$ 40 m/s², qual o raio R da trajetória?

$$a_t = 40 \cdot \cos 30° = 40 \cdot \frac{\sqrt{3}}{2} = 20\sqrt{3}\ \frac{m}{s^2}$$

Mesmo sentido e mesma direção que a velocidade – movimento acelerado.

$$a_c = 40 \cdot \text{sen } 30° = 40 \cdot \frac{1}{2} = 20\ m/s^2$$

Direção radial e sentido para o centro.

$$a_c = \frac{v^2}{R} \rightarrow = \frac{(4{,}0)^2}{R} \therefore R = 0{,}8\ m \text{ ou } 80\ cm$$

2.7.7 Composição de movimento

Nos problemas de Cinemática analisados até agora, temos em geral utilizado um único referencial: a Terra. No entanto, já vimos que em Física as características de um movimento dependem do referencial usado para descrevê-lo. Vamos agora considerar algumas situações em que o movimento de um corpo é analisado por observadores em diferentes referenciais.

Devido à frequência com que aparecem problemas de composição de movimento envolvendo barcos atravessando rios, aviões que percorrem regiões com vento e pessoas andando na chuva, convém estudar esses casos separados e cuidadosamente.

Caso 1: "Descer o rio" significa "ir a favor da correnteza", isto é, $\vec{v}_c$ e $\vec{v}_b$ têm o mesmo sentido (podemos dizer também que o barco vai a jusante).

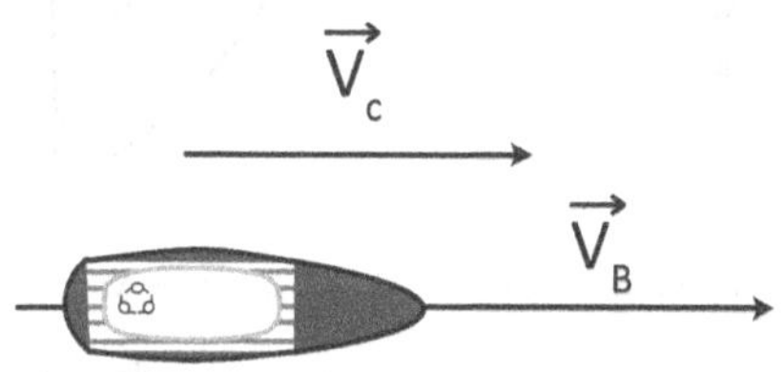

$$v_{barco/Terra} = v_{barco/correnteza} + v_{correnteza/Terra}$$

Alguns autores representam desta outra forma:

$$v_{Resultante} = v_{Relativa} + v_{Arrastamento}$$

Caso 2: "Subir o rio" significa "ir contra a correnteza", isto é, $\vec{v}_c$ e $\vec{v}_b$ têm sentidos opostos (para afirmar que o barco sobe o rio, podemos dizer que o barco vai a montante).

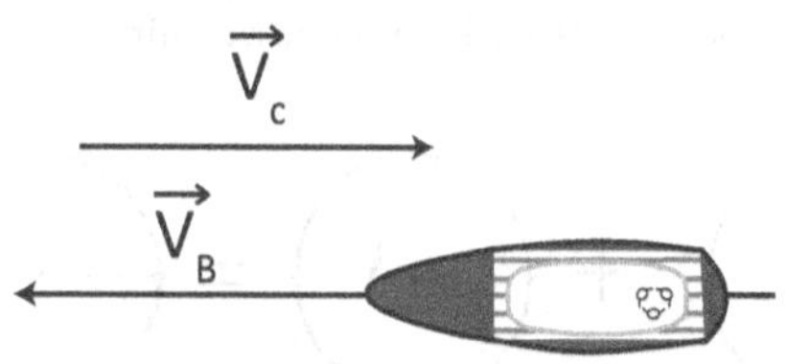

$$v_{barco/Terra} = v_{barco/correnteza} - v_{correnteza/Terra}$$

Alguns autores representam desta outra forma:

$$v_{Resultante} = v_{Relativa} - v_{Arrastamento}$$

Caso 3: Tempo mínimo – Velocidade relativa (velocidade do barco em relação à correnteza) é perpendicular à velocidade da correnteza.

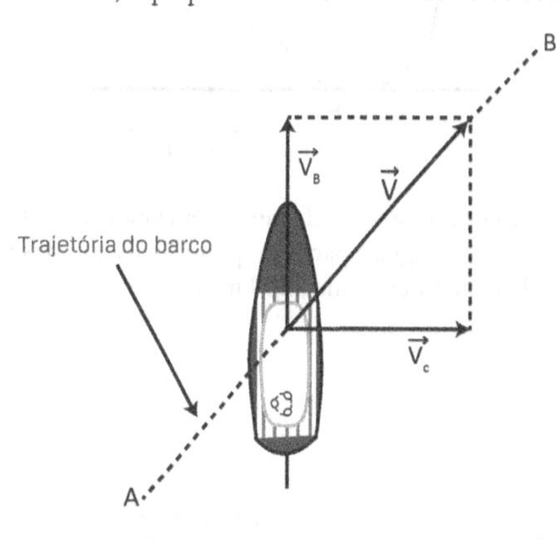

FÍSICA

Os dois movimentos, do barco em relação à correnteza e da correnteza em relação à margem, são simultâneos, isto é, ocorrem ao mesmo tempo. Assim, o tempo que o barco demora para travessar o rio, de A até B, é o mesmo tempo que ele demoraria para ir de A até C se não houvesse correnteza. Nesse mesmo tempo, a correnteza produz o deslocamento do barco de C para B.

$$\Delta t_{AB} = \Delta t_{AC} = \Delta t_{CB}$$

Caso 4: A menor distância possível – velocidade resultante (velocidade do barco em relação à Terra) é mantida perpendicular à velocidade da correnteza.

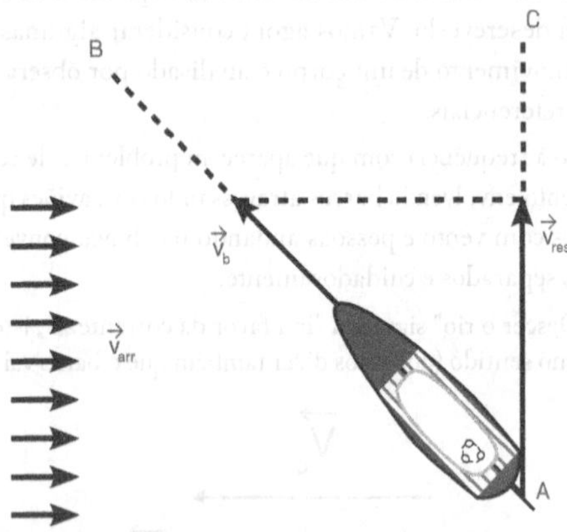

Nesse caso, o tempo de travessia é dado por: $\Delta t = \dfrac{\Delta s_{AC}}{v_{res}}$.

Aqui, o tempo de travessia é maior do que a situação anterior, em que o barco atravessa o rio mantendo sua velocidade em relação à água perpendicular à correnteza.

2.7.8 Rolamento

Movimentos de corpos que rolam sem escorregar são chamados de rolamento puro.

| Movimentos das rodas de uma bicicleta ou de um automóvel.

A composição do movimento, tanto o movimento de translação como de rotação, é apresentado na figura a seguir:

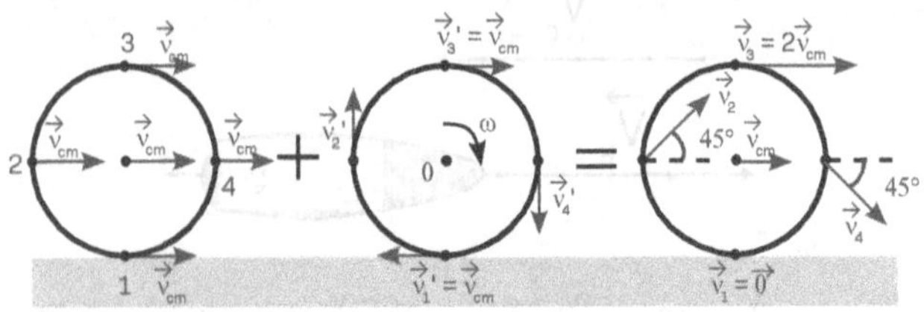

Resumindo, temos:

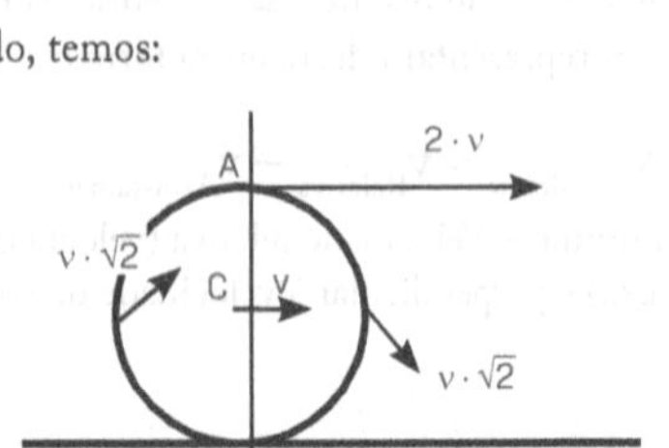

| Se o automóvel estiver trafegando com velocidade de 110 km/h, lançará gotas d'água a partir do ponto mais alto dos pneus, com velocidade de intensidade 220 km/h.

2.7.9 Lançamento oblíquo

É um movimento composto nas direções horizontal (x) e vertical (y), sob ação exclusiva da força peso, no qual a velocidade inicial tem direção horizontal e vertical.

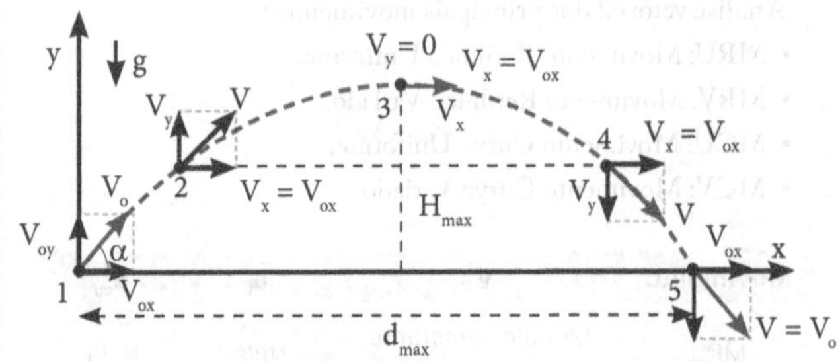

$v_{o,x} = v_o \cdot \cos\alpha$ (componente da velocidade da direção x)

$v_{o,y} = v_o \cdot \operatorname{sen}\alpha$ (componente da velocidade na direção y)

$v = \sqrt{v_{o,x}^2 + v_{o,y}^2}$ (módulo da velocidade de lançamento)

Observando a figura anterior, temos:

- Movimento vertical sujeito à aceleração constante da gravidade e, portanto, uniformemente variado (MUV):

  $s = s_o + v_o \cdot \operatorname{sen}\alpha \cdot t + g \cdot t^2/2$

  $v_y = v_o \cdot \operatorname{sen}\alpha + g \cdot t$

  $v_y^2 = (v_o \cdot \operatorname{sen}\alpha)^2 + 2 \cdot g \cdot \Delta s$

- Movimento horizontal livre de acelerações e, portanto, uniforme (MU):

  $s = s_0 + v \cdot \cos\alpha \cdot t$

A trajetória descrita pelo projétil lançado obliquamente em campo gravitacional uniforme, sem influência do ar, é realmente parabólica.

Observe a seguir a equação da trajetória:

$$y = \operatorname{tg}a \cdot x - \frac{g}{2 \cdot v_0^2 \cdot \cos^2\alpha} \cdot x^2$$

Se o ângulo formado entre a horizontal e a velocidade de lançamento for de 45°, o alcance é máximo.

Na altura máxima há velocidade (componente x).

A aceleração da gravidade é constante (diferente de zero) em toda a trajetória. Na maioria das questões, a intensidade da aceleração gravitacional é 10 m/s².

2.7.10 Lançamento horizontal

É um movimento composto nas direções horizontal (x) e vertical (y), sob ação exclusiva da força peso, em que a velocidade inicial tem direção horizontal; a velocidade na direção vertical é zero.

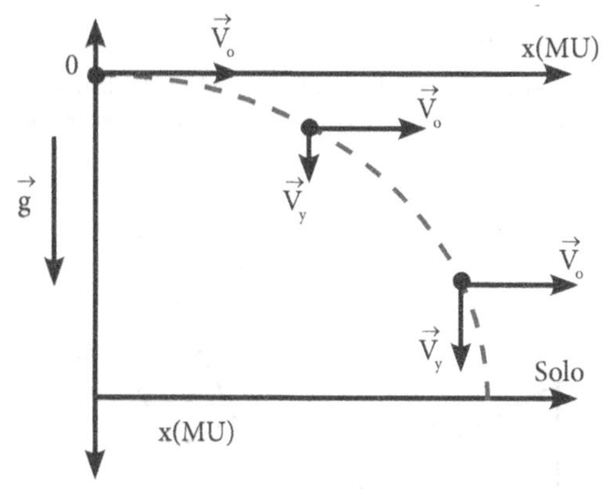

Corpo lançado horizontalmente de uma altura H acima do solo

| Exemplos:

Uma pedra é lançada para cima a partir do topo e da borda de um edifício de 16,8m de altura a uma velocidade inicial v_0 = 10 m/s e faz um ângulo de 53,1° com a horizontal. A pedra sobe e em seguida desce em direção ao solo. Qual é o tempo, em segundos, para que a mesma chegue ao solo?

Dados: v_0 = 10m/s; θ = 53,1°; senθ = 0,8; cosθ = 0,6; h = 16,8m.

Adotando referencial no solo e orientando o eixo y para cima, conforme a figura, temos: y_0 = h = 16,8 m.

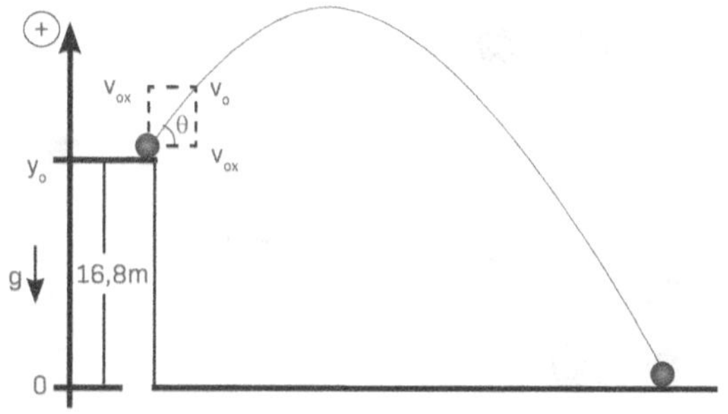

Calculando as componentes da velocidade inicial:

$$\begin{cases} v_{ox} = v_o \cos\theta = 10(0{,}6) \Rightarrow v_{0x} = 6 \text{ m/s} \\ v_{ox} = v_o \operatorname{sen}\theta = 10(0{,}8) \Rightarrow v_{0x} = 8 \text{ m/s} \end{cases}$$

Equacionando o movimento no eixo y e destacando quando a pedra atinge o solo y = 0, temos:

$$y = y_o + v_{oy}t - \frac{g}{2}t^2 \Rightarrow y = 16{,}8 + 8t - 5t^2 \Rightarrow 0 = 16{,}8 + 8t - 5t^2$$

$$5t^2 - 8t - 16{,}8 = 0$$

$$t = \frac{\pm 8\sqrt{64 + 4 \cdot 5 \cdot 16{,}8}}{2 \cdot 5} \Rightarrow t = \frac{8 \pm 20}{10} \quad t = 2{,}8 \text{ s.}$$

Um bote de assalto deve atravessar um rio de largura igual a 800m, numa trajetória perpendicular à sua margem, num intervalo de tempo de 1 minuto e 40 segundos, com velocidade constante.

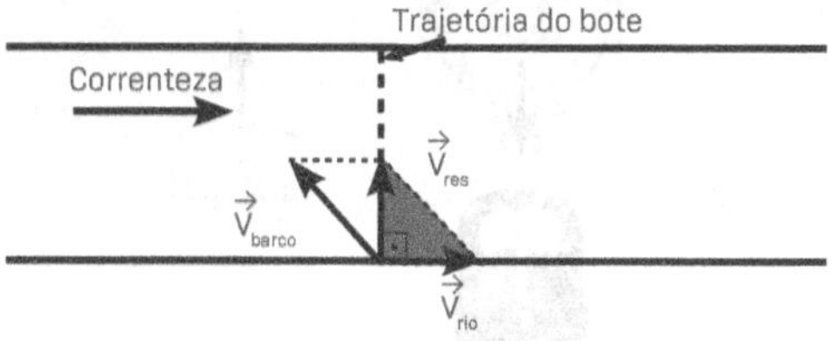

Considerando o bote como uma partícula, desprezando a resistência do ar e sendo constante e igual a 6 m/s a velocidade da correnteza do rio em relação à sua margem, qual deverá ser o módulo da velocidade do bote em relação à água do rio?

A figura mostra as velocidades do barco em relação ao rio, do rio em relação à margem e a resultante das duas.

$$V_{resultante} = \frac{\Delta S}{\Delta t} = \frac{800}{100} = 8{,}0 \text{ m/s}$$

Aplicando Pitágoras ao triângulo sombreado, temos:

$V_B^2 = 8^2 + 6^2 = 100 \rightarrow V_B = 10$ m/s

Um homem parado numa escada rolante leva 10 s para descê-la em sua totalidade. O mesmo homem leva 15 s para subir toda a escada rolante de volta, caminhando contra o movimento dela. Quanto tempo o homem levará para descer a mesma escada rolante, caminhando com a mesma velocidade com que subiu

Levando-se em conta que a velocidade relativa constante é igual à razão entre a distância percorrida e o intervalo de tempo correspondente, ou seja, v = d/t, teremos:

Descendo com a velocidade da escada:

$$u = \frac{d}{10}$$

Subindo contra a escada:

$$v - u = \frac{d}{15}$$

Usando a primeira expressão na segunda:

$$v - \frac{d}{10} = \frac{d}{15} \Rightarrow v = \frac{d}{10} + \frac{d}{15} = d/6$$

Na descida com a escada:

$$v + u = \frac{d}{t} \Rightarrow \frac{d}{6} + \frac{d}{10} = d/t$$

$$\frac{1}{6} + \frac{1}{10} = \frac{1}{t} \Rightarrow \frac{(5+3)}{30} = 1/t$$

$$t = \frac{30}{8} = 3{,}7.$$

3 DINÂMICA

3.1 Princípios fundamentais da dinâmica

Força é uma grandeza vetorial que caracteriza a ação (puxão, empurrão, esfregação, atração, repulsão) de um corpo sobre outro e que tem como efeito a deformação e/ou a alteração da velocidade do corpo ao qual está aplicada. Em homenagem a Isaac Newton, a unidade de força no Sistema Internacional de Unidades (SI) é o Newton, cujo símbolo é dado pela letra N (maiúscula). O instrumento que permite determinar a intensidade de uma força é o dinamômetro. O nosso objeto de estudo corresponde às causas do movimento.

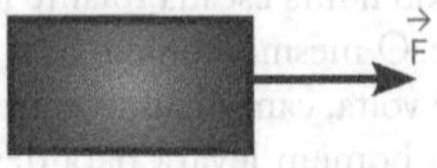

$\vec{F}$ representa a força aplicada ao corpo e não a força que ele aplica.

- Inércia: capacidade que os corpos têm de resistir a mudanças de velocidades. Não depende do tamanho, mas da massa do corpo.
- Massa (propriedade do corpo): medida quantitativa da inércia de um corpo.

  Massa ≠ Peso (interação gravitacional entre a Terra e o corpo)

  1 kgf ≅ 10 N

3.1.1 Tipos de forças

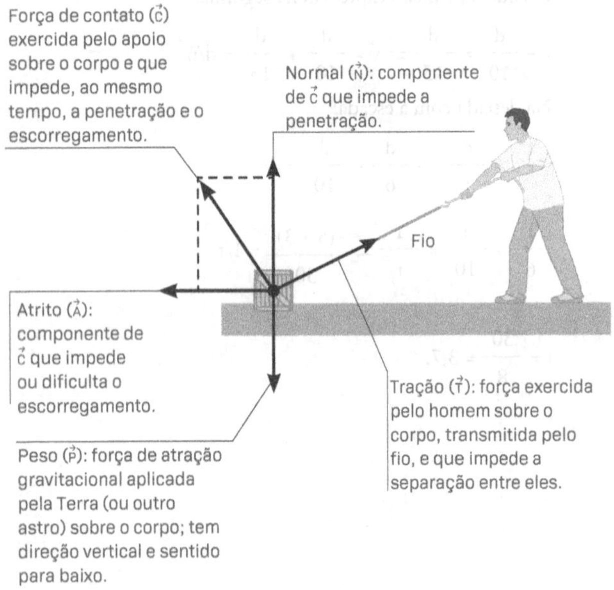

Dica: Força é o resultado da interação entre um par de corpos. Assim, é incorreto dizer que um corpo possui força.

3.1.2 Plano inclinado

Uma possível maneira de estudar o movimento de um corpo sobre plano inclinado é decompondo a força peso nas direções paralela (x) e perpendicular (y) ao plano.

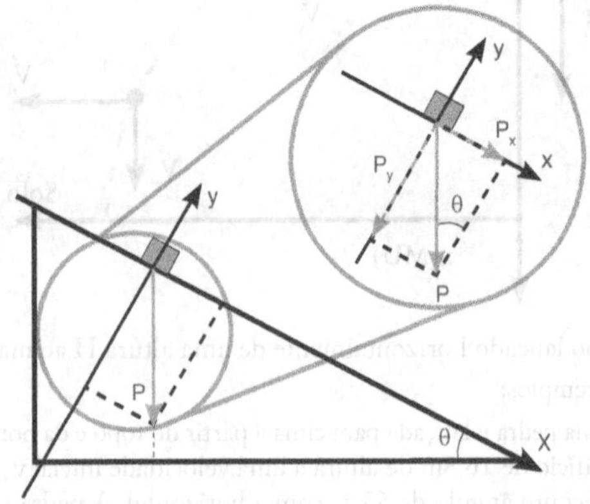

3.1.3 Forças de tração

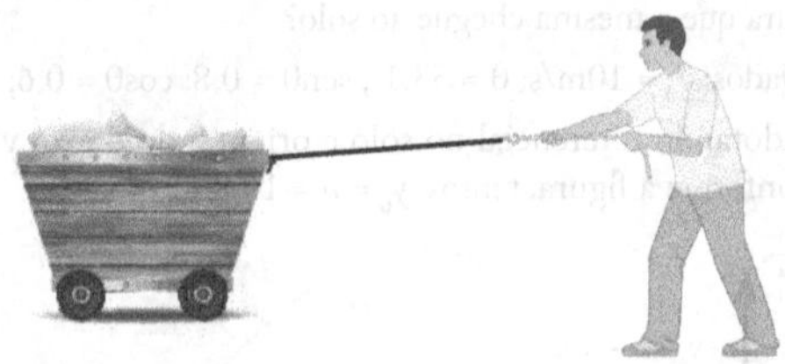

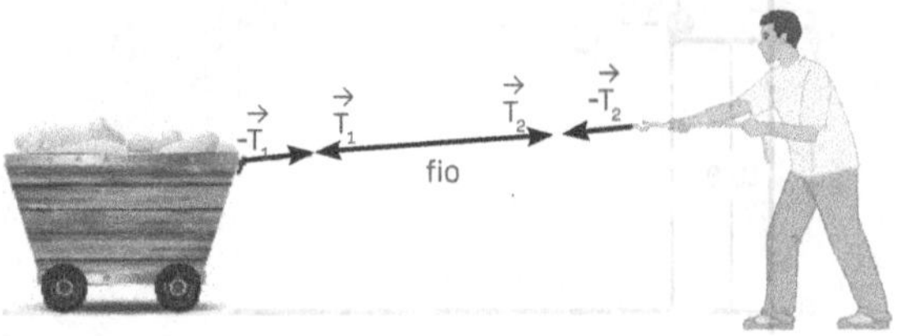

Fio ideal:

- Tem massa desprezível.
- É inextensível, independentemente do quanto for tracionado.
- Apenas transmite a força de tração aplicada a ele sem alterar sua intensidade ($T_1 = T_2$).

3.1.4 Polias ideais

Polias ideais têm massa desprezível e não apresentam atrito em seu eixo ao girar.

A resultante das forças aplicadas às polias ideais é nula.

O fio em contato com a polia aplica-lhe forças de intensidade igual à da tração transmitida por ele.

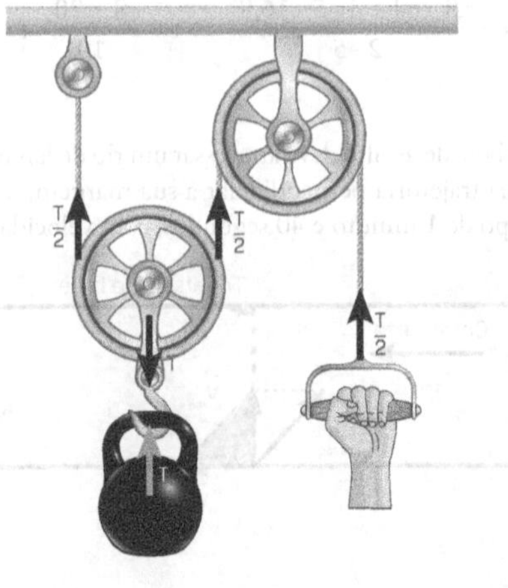

Polia móvel: dividindo a intensidade da tração.

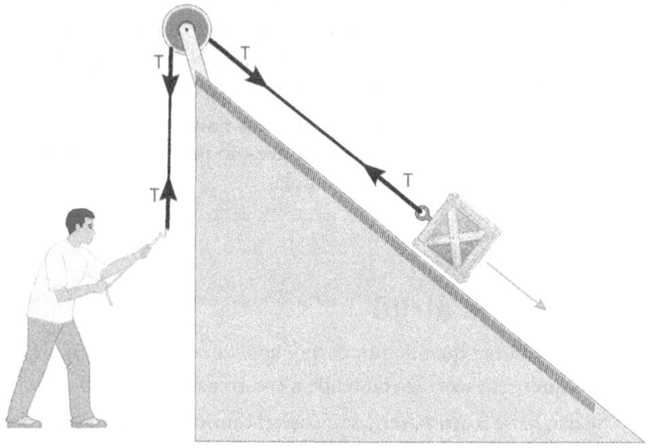

Polia ideal fixa: alterando a direção da tração e mantendo sua intensidade.

3.1.5 Força elástica

Aparecerá uma força elástica ($\vec{F}_{el}$) quando houver uma deformação na mola.

Em regime elástico, a deformação sofrida por uma mola é diretamente proporcional à intensidade da força que a provoca.

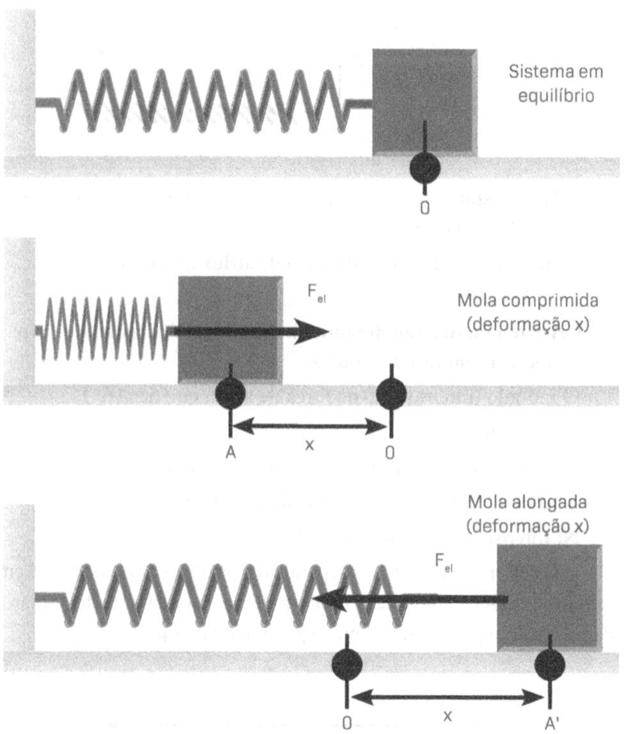

A expressão matemática da Lei de Hooke é dada a seguir:

$F_{el} = K \cdot \Delta x$

Em que:

F: é a intensidade da força elástica (força deformadora).

K: é a constante de proporcionalidade – depende do material de que é feita a mola e das dimensões que ela possui.

x: deformação – alongamento ou encurtamento sofrido pela mola.

| Exemplo:

Um corpo desliza sem atrito ao longo de uma trajetória circular no plano vertical (looping), passando pelos pontos 1, 2, 3 e 4, conforme figura a seguir. Considerando que o corpo não perde contato com a superfície em momento algum, quais são as direções e os sentidos das forças que agem sobre o corpo nos pontos 1, 2, 3 e 4?

Se não há atrito, as únicas forças que agem sobre o corpo são seu próprio peso ($\vec{P}$) vertical para baixo, e a normal ($\vec{N}$) perpendicular à trajetória em cada ponto.

A figura a seguir ilustra essas forças em cada um dos pontos citados.

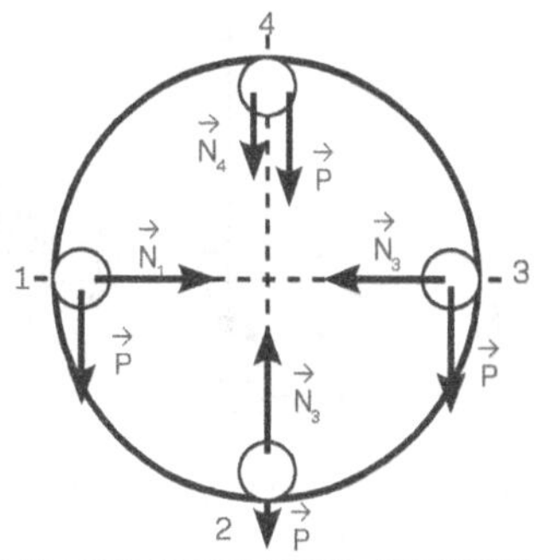

3.2 Leis de Newton

3.2.1 Princípio da inércia (1ª Lei de Newton)

Caso a resultante das forças atuantes sobre o corpo seja nula, o corpo mantém-se em repouso ou em movimento retilíneo uniforme, ou seja, sua velocidade vetorial é constante.

$\vec{R} = \vec{0} \rightarrow \vec{v} = \text{constante}$

| No carro, quando o motorista freia subitamente, o passageiro tende a continuar em movimento e colide contra o para-brisa.

Todo corpo em repouso tende a continuar em repouso; todo corpo em movimento tende a continuar em movimento retilíneo e uniforme, desde que a resultante das forças aplicadas sobre ele seja nula.

Dica: algumas bancas podem abordar o cinto de segurança e o airbag relacionados à 1ª Lei de Newton.

3.2.2 Princípio fundamental da dinâmica (2ª Lei de Newton)

Consideremos uma partícula submetida à ação de uma resultante de forças. O que devemos esperar que aconteça com essa partícula? Ela adquirirá uma aceleração, isto é, experimentará variações de velocidade com o decorrer do tempo.

$\vec{R} = m \cdot \vec{a}$

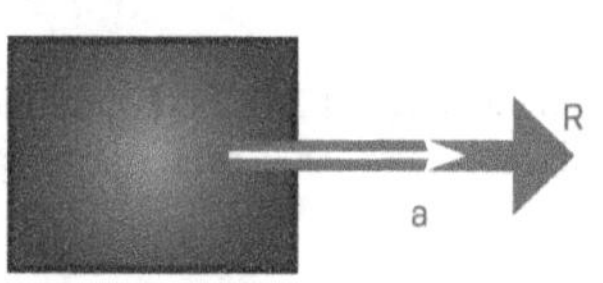

3.2.3 Princípio da ação e da reação (3ª Lei de Newton)

A toda força aplicada por um corpo A em um corpo B (ação) corresponde outra força de igual direção e intensidade, mas em sentido oposto (reação), aplicada pelo corpo B no corpo A.

As turbinas empurram o ar para trás e o avião é empurrado para a frente

A figura a seguir ilustra um vaso apoiado sobre uma mesa e todas as forças associadas às interações vaso com a mesa e vaso com a Terra. À interação com a mesa associa-se a normal aplicada no vaso (e sua reação, aplicada na mesa) e, à interação com a Terra, associa-se o peso do vaso (e sua reação, aplicada no centro da Terra). Para fins didáticos, as interações entre a mesa e a Terra foram omitidas.

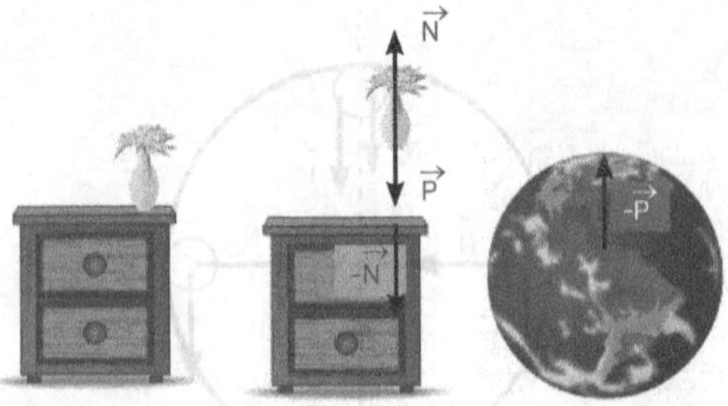

Observação: ação e reação são forças sempre de mesma natureza (ambas elétricas, ou ambas gravitacionais, ou ambas de contato etc.) e agem em corpos distintos. Logo, não tem sentido físico dizer que ação e reação se equilibram.

Ação e reação ocorrem sempre simultaneamente.

Um fato curioso é: como pode ser que o carro tenha mais deformação que o caminhão, se as forças que são trocadas são iguais em módulos, como prevê a 3ª Lei de Newton?

O fato de o carro ter um estrago maior se deve a sua massa menor (menor inércia), portanto ele tem uma tendência menor de manter o seu estado natural. Mas uma coisa é certa: a 3ª Lei de Newton é respeitada sempre!

Exemplos:

Considere que as forças F1, F2 e F3, de mesma intensidade, sejam aplicadas sobre um barco, conforme mostra a figura a seguir.

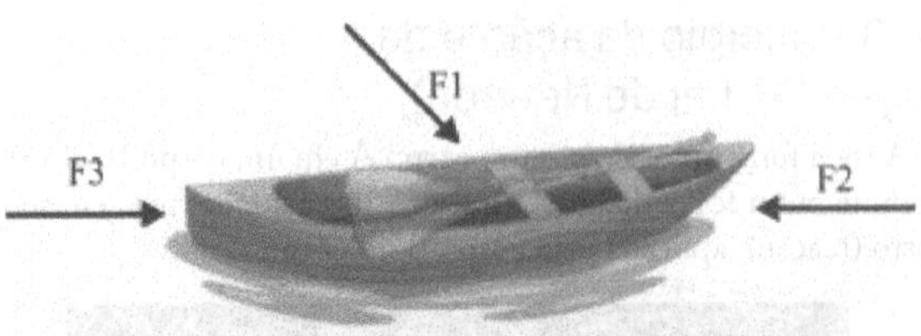

Nessa situação, o barco vai acelerar na direção de qual força?

Pela 2ª Lei de Newton, o sentido da aceleração é o mesmo que o sentido resultante. Como nesse caso F3 e F2 têm mesma intensidade, mesma direção e sentidos contrários, a soma desses vetores é nula. Portanto, a resultante é F1; com isso, o barco vai acelerar na direção e no sentido da força F1.

Considere que um carro esteja se movendo em linha reta e com velocidade constante e igual a 100 km/h. Nesse caso, qual a força resultante que atua sobre o carro?

Como o carro se move em linha reta e sua velocidade escalar é constante diferente de zero, a aceleração tangencial é zero e, com isso, a resultante das forças é nula.

3.3 Força de atrito

O atrito surge quando um corpo, apoiado sobre uma superfície, comprimindo-a, escorrega ou tende a escorregar em relação a ela.

Se não fosse o atrito, seria impossível caminhar sobre o solo, bem como seria impraticável o movimento de um carro convencional sobre o asfalto.

O atrito deve-se às rugosidades das duas superfícies em contato (corpo e apoio) que se interpenetram, dificultando o escorregamento.

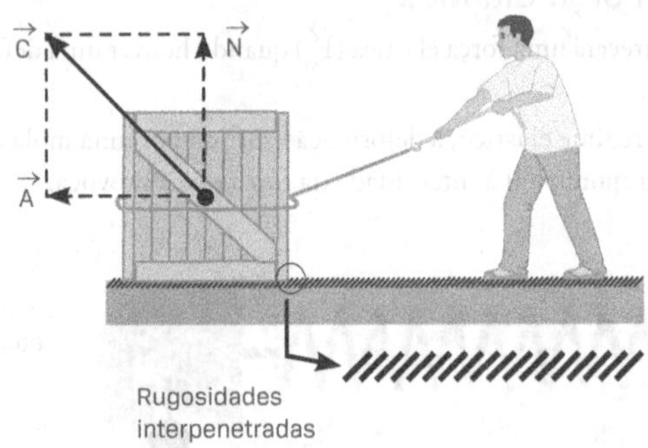

- **Atrito estático:** quando não há deslizamento de uma superfície em relação à outra.

O módulo (intensidade) da força de atrito estático ($f_{at;e}$)

$f_{at;e} \le N \cdot \mu_{estático}$

- **Atrito cinético (ou dinâmico):** quando há deslizamento entre a superfície em relação à outra.

O módulo (intensidade) da força de atrito cinético ($f_{at;c}$)

$f_{at;c} = N \cdot \mu_{estático}$

Direção é sempre paralela à superfície de apoio.

Sentido é contrário à tendência de escorregamento.

N: Intensidade da força normal.

μ: Coeficiente de atrito – depende da natureza das superfícies em contato e do seu estado de polimento – mas não da área de contato. Para o mesmo par de superfícies, geralmente $\mu_e > \mu_c$.

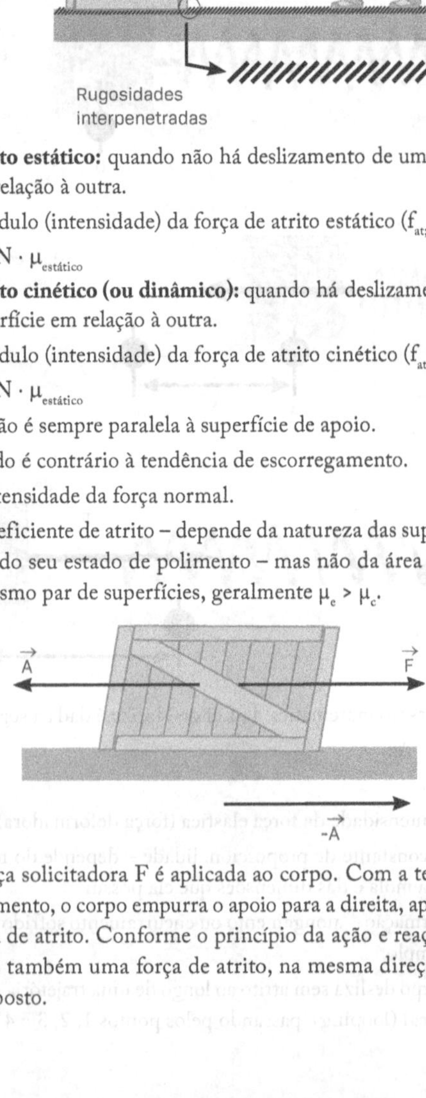

A força solicitadora F é aplicada ao corpo. Com a tendência ao escorregamento, o corpo empurra o apoio para a direita, aplicando-lhe uma força de atrito. Conforme o princípio da ação e reação, o apoio aplica-lhe também uma força de atrito, na mesma direção, mas em sentido oposto.

Gráfico da intensidade da força de atrito

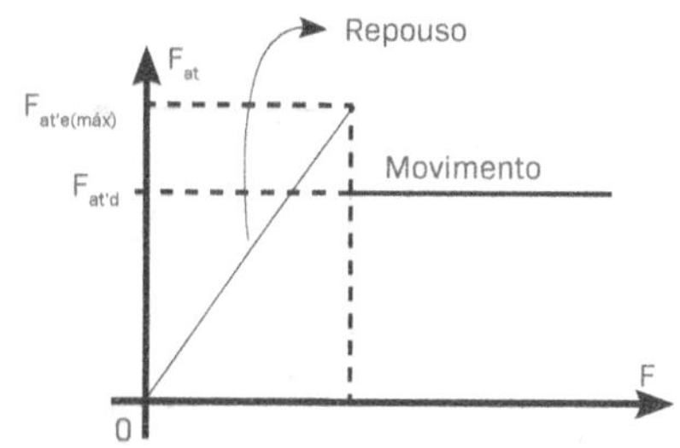

Os freios ABS são uma importante medida de segurança no trânsito, funcionando para impedir o travamento das rodas do carro quando o sistema de freios é acionado, liberando as rodas quando estão no limiar do deslizamento. Quando as rodas travam, a força de frenagem é governada pelo atrito cinético. As representações esquemáticas da força de atrito F_{at} entre os pneus e a pista, em função da pressão p aplicada no pedal de freio, para carros sem ABS e com ABS, respectivamente, são:

- **Para o carro sem ABS:** em freios comuns, a força de atrito estático aumenta linearmente com o aumento da pressão, até atingir o seu valor máximo na iminência de escorregamento; ao travar as rodas, os pneus deslizam e o atrito passa a ser cinético, com valor constante e menor que o atrito estático máximo:

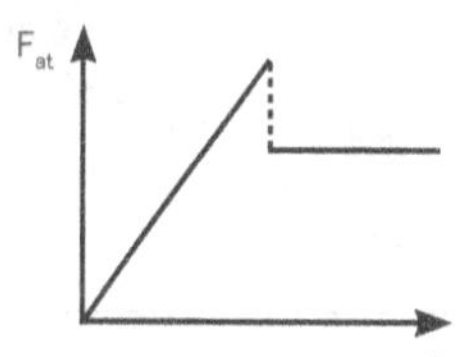

- **Para o carro com ABS:** o comportamento inicial é o mesmo do carro sem ABS, até atingir a iminência de deslizamento. Porém, como não há travamento das rodas, o atrito continua estático, variando seu módulo com valores próximos ao do atrito estático máximo:

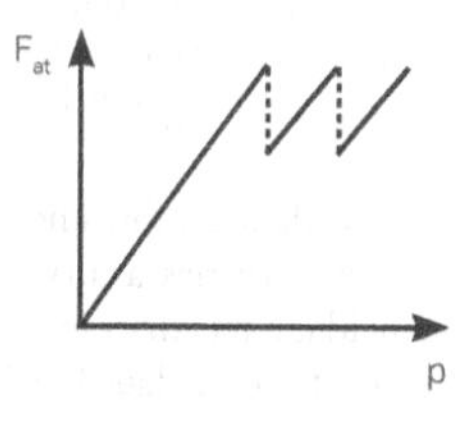

Exemplos:

Veja as figuras:

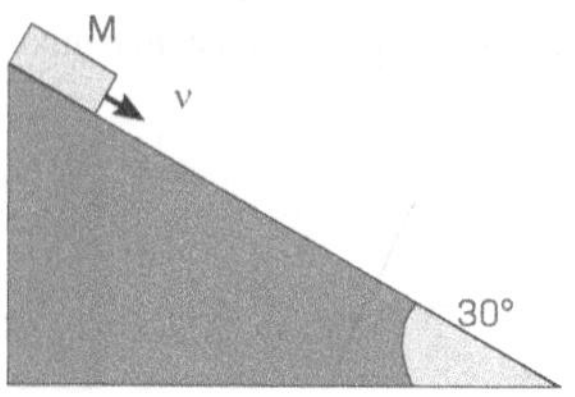

Figura I

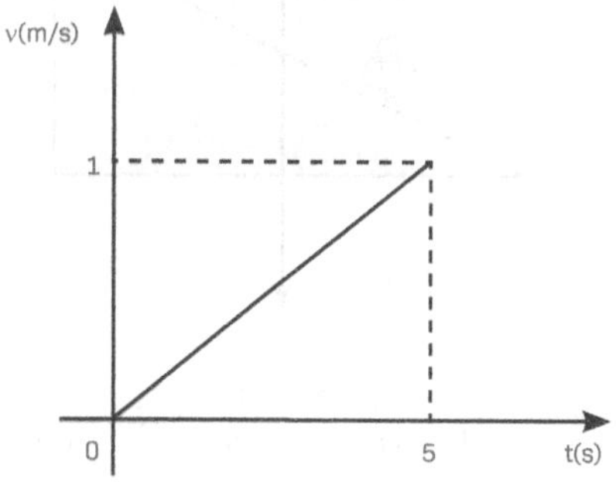

Figura II

A figura I ilustra um bloco de massa M que parte do repouso e desliza sobre um plano inclinado de 30°, com atrito, durante 5 s, até atingir sua base. A figura II mostra o gráfico do módulo da velocidade, v, do bloco nesse intervalo de tempo. Qual a força de atrito atuante ao se dobrar a massa desse bloco? (Considere sen 30° = 0,5)

Antes de dobrar a massa:

$f_{at} = N \cdot \mu = P\cos 30° \cdot \mu$

$f_{at} = m \cdot g \cdot \cos 30° \cdot \mu$

Após dobrar a massa:

$f_{at} = N \cdot \mu = P\cos 30° \cdot \mu$

$f_{at'} = 2 \cdot m \cdot g \cdot \cos 30° \cdot \mu$

Ao dividirmos a expressão 2 por 1, temos:

$$\frac{f_{at'}}{f_{at}} = \frac{2 \cdot m \cdot g \cdot \cos 30° \cdot \mu}{m \cdot g \cdot \cos 30° \cdot \mu} \therefore f_{at'} = 2 \cdot f_{at}$$

Sobre uma caixa de massa 120 kg, atua uma força horizontal constante F de intensidade 600 N. A caixa encontra-se sobre uma superfície horizontal em um local no qual a aceleração gravitacional é 10 m/s². Para que a aceleração da caixa seja constante, com módulo igual a 2 m/s² e tenha a mesma orientação da força F, qual deve ser o coeficiente de atrito cinético entre a superfície e a caixa?

Diagrama de corpo livre:

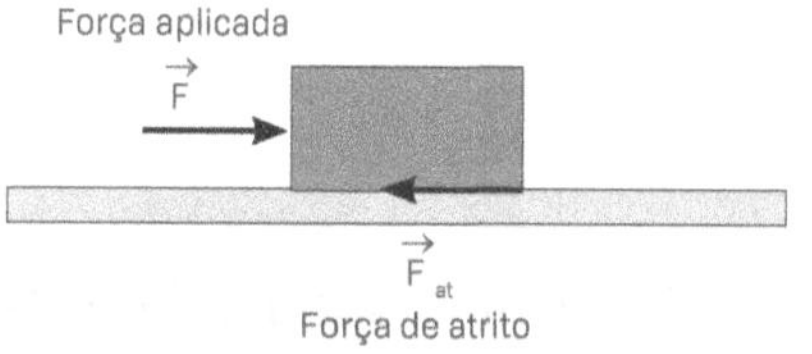

Aplicando-se a 2ª Lei de Newton: $F_{res} = m \cdot a$

$F - F_{at} = m \cdot a \Rightarrow f - \mu \cdot N = m \cdot a$

Como o deslocamento é horizontal, o módulo da força normal é igual ao peso, devido à inexistência de forças extras na vertical.

$F - \mu \cdot P - m \cdot a \Rightarrow F - \mu \cdot m \cdot g = m \cdot a$

Isolando o coeficiente de atrito cinético e substituindo os valores fornecidos, ficamos com:

$$\mu = \frac{F - m \cdot a}{m \cdot g} \Rightarrow \mu = \frac{600N - 120\ kg \cdot 2\ m/s^2}{120\ kg \cdot 10\ m/s^2} \therefore \mu = 0{,}3$$

Um corpo de massa m está apoiado sobre a superfície vertical de um carro de massa M, como mostra a figura:

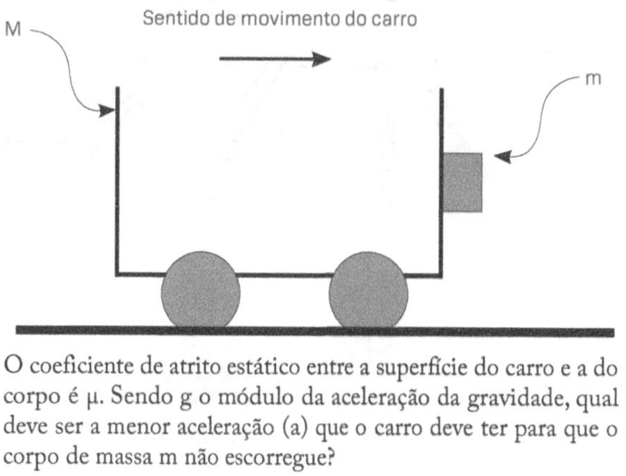

O coeficiente de atrito estático entre a superfície do carro e a do corpo é μ. Sendo g o módulo da aceleração da gravidade, qual deve ser a menor aceleração (a) que o carro deve ter para que o corpo de massa m não escorregue?

Para o corpo apoiado na superfície vertical do carro, o diagrama de corpo livre mostra as forças envolvidas na situação:

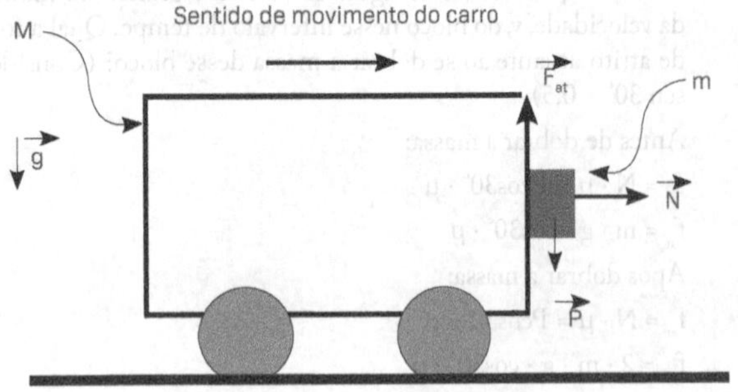

Na horizontal, a força resultante é a força normal:

$\vec{N} = m \cdot \vec{a}$ (1)

Na vertical, temos que:

$\vec{F}_{at} = \vec{P} \Rightarrow \vec{F}_{at} = m \cdot \vec{g}$ (2)

Mas para que o corpo permaneça equilibrado na vertical, é necessário que o atrito estático não seja ultrapassado.

$Fat \leq \mu \cdot N$ (3)

Combinando as equações (1) e (2) em (3):

$\cancel{m}g \leq \mu \cdot \cancel{m}a$

$a \geq \frac{g}{\mu}$

3.4 Leis de Newton e suas aplicações

3.4.1 Problemas de elevadores

- A força que a pessoa aplica na balança de mola é uma normal, e não seu peso.
- A indicação balança de mola é a intensidade da normal.
- A normal e o peso da pessoa podem ou não ter a mesma intensidade.
- A leitura da balança sempre difere da intensidade do peso da pessoa quando o elevador apresenta aceleração.

3.4.2 Um corpo empurrando outro corpo

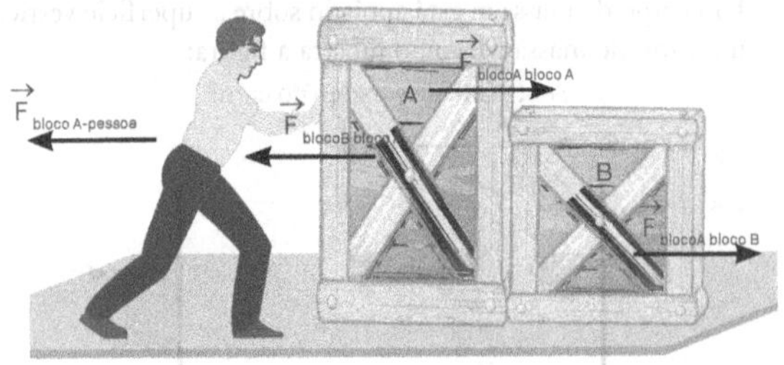

3.4.3 Dinâmica do movimento circular e uniforme

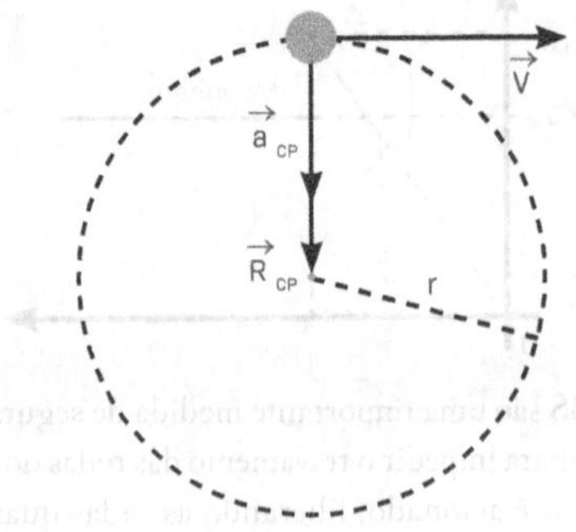

Intensidade: $R_{cp} = m \cdot a_{cp} = m \cdot \frac{v^2}{R} = m \cdot \omega^2$

| Exemplos:

Em um autódromo, cuja pista tem 5.400 m de comprimento, há uma curva de raio 120 m, em superfície plana inclinada, na qual a borda externa é mais elevada que a interna, como mostra a figura. O ângulo de inclinação θ é tal que senθ = 0,60.

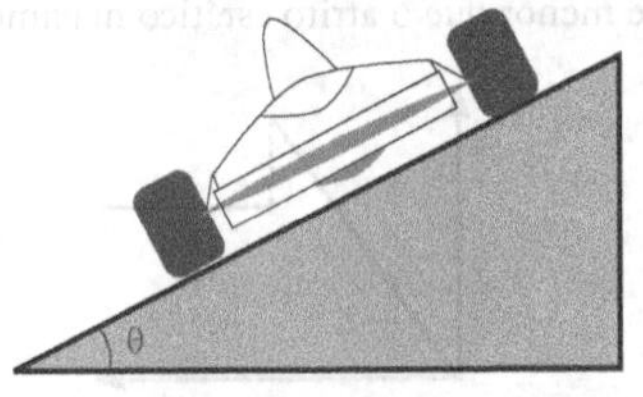

I) Determine o intervalo de tempo, em segundos, que um carro de competição completa a volta nessa pista, considerando que ele desenvolva uma velocidade média de 216 km/h.

Cálculo do intervalo de tempo por meio da velocidade média:

$$v_m = \frac{\Delta s}{\Delta t} \Rightarrow \Delta t = \frac{\Delta s}{v_m} \Rightarrow \Delta t = \frac{5400\ m}{\frac{216\ km/h}{3{,}6\frac{km/h}{m/s}}} = \frac{5400\ m}{60\ m/s} \therefore \Delta t = 90s$$

II) Determine a intensidade da força normal, em Newtons, aplicada pela pista sobre o carro, nessa curva, considerando massa do carro = 600 kg, velocidade na curva inclinada = 30 m/s e a componente horizontal desta velocidade igual à resultante centrípeta.

Sendo a componente horizontal a resultante centrípeta, conforme a figura a seguir, podemos determinar um triângulo retângulo e, a partir deste, resolver o problema com o auxílio da trigonometria:

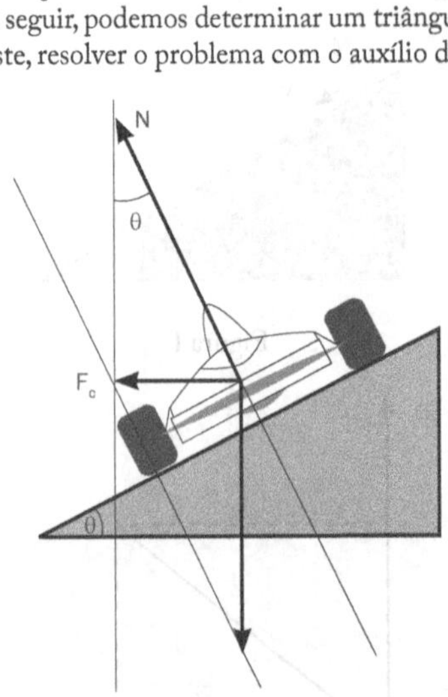

$$sen\theta = \frac{\text{cateto oposto}}{\text{hitotenusa}} = \frac{F_c}{N} \Rightarrow N = \frac{F_c}{sen\theta}$$

Assim, pelo triângulo retângulo, obtemos:

Como a resultante centrípeta é: $F_c = \dfrac{m \cdot v^2}{r}$ então:

$$N = \frac{\dfrac{m \cdot v^2}{r}}{\text{sen } \theta} \Rightarrow N = \frac{600 \text{ kg} \cdot (30 \text{ m/s})^2}{120 \text{ m} \cdot 0{,}60} \quad \boxed{\therefore N = 7500 \text{ N}}$$

Dois blocos, 1 e 2, são arranjados de duas maneiras distintas e empurrados sobre uma superfície sem atrito, por uma mesma força horizontal F.

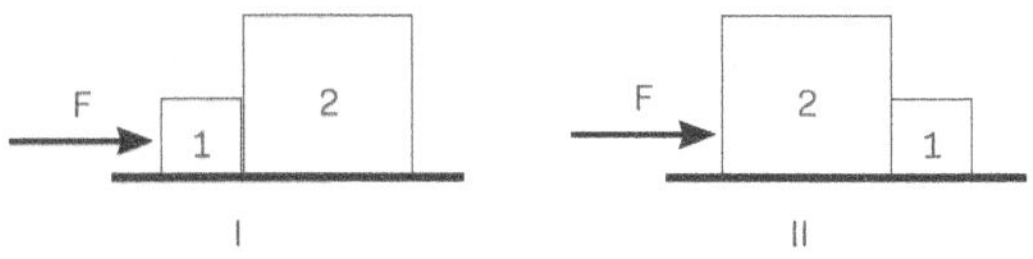

Considerando que a massa do bloco 1 é m_1 e que a massa do bloco 2 é $m_2 = 3m_1$, qual a intensidade da força que atua entre blocos, nas situações I e II?

Nos dois casos, a aceleração tem mesmo módulo:

$$F = (m_1 + m_2)a \Rightarrow F = (m_1 + 3m_1)a \Rightarrow F = 4m_1a \Rightarrow a = \frac{F}{4m_1}$$

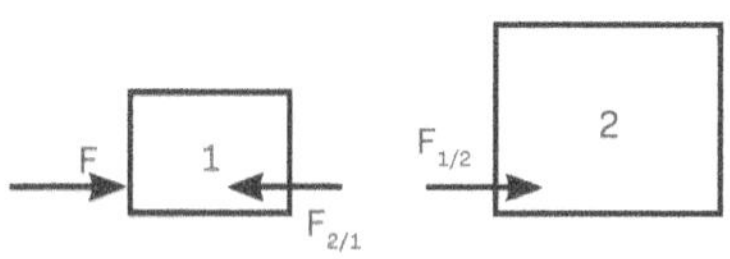

Calculando as forças de contato:

$$\begin{cases} F_{12} = m_2a \Rightarrow F_{12} = 3m_1 \dfrac{F}{4m_1} \Rightarrow \boxed{F_{12} = \dfrac{3F}{4}} \\ F_{21} = m_1a \Rightarrow F_{21} = m_1 \dfrac{F}{4m_1} \Rightarrow \boxed{F_{21} = \dfrac{F}{4}} \end{cases}$$

Um homem de massa 70 kg está apoiado numa balança calibrada em Newtons no interior de um elevador que desce à razão de 2 m/s². Qual será a intensidade da força indicada pela balança, em Newtons? Considere g = 10 m/s².

A figura ilustra a situação física:

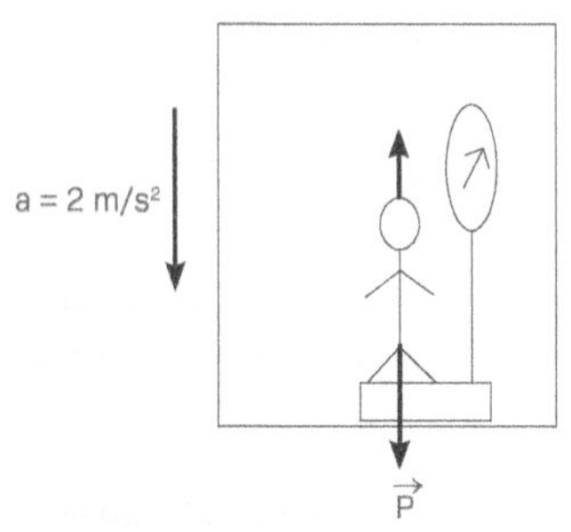

Como o diagrama de corpo livre nos mostra, a força resultante a pessoa é:

$F_R = P - N$

Usando o princípio fundamental da dinâmica (2ª Lei de Newton):

$F_R = m \cdot a$

Igualando as duas equações e isolando a força normal, temos:

$P - N = m \cdot a$

$N = m(g - a)$

$N = 70 \text{ kg}(10 \text{ m/s}^2 - 2 \text{ m/s}^2) = 560 \text{ N}$

A figura a seguir ilustra uma máquina de Atwood:

Supondo-se que essa máquina possua uma polia e um cabo de massas insignificantes e que os atritos também são desprezíveis, qual o módulo da aceleração dos blocos de massas iguais a m_1 = 1,0 kg e m_2 = 3,0 kg, em m/s²?

De acordo com o diagrama de corpo livre a seguir:

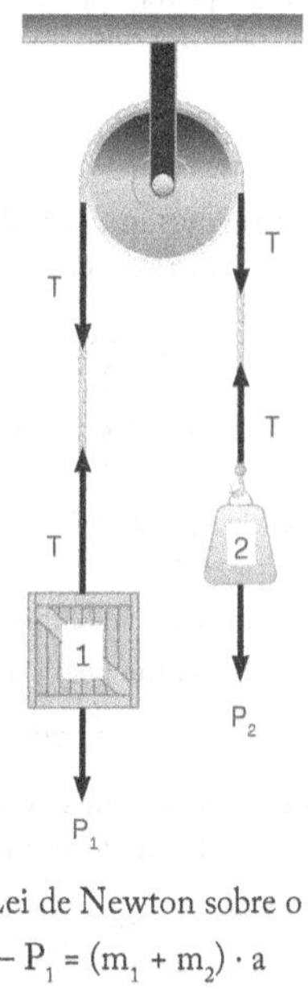

Aplicando a 2ª Lei de Newton sobre o sistema, temos:

$F_R - m \cdot a \Rightarrow P_2 - P_1 = (m_1 + m_2) \cdot a$

Como $P = m \cdot g \rightarrow P_1 = 10$ N e $P_2 = 30$ N, substituindo na equação:

$$P_2 - P_1 = (m_1 + m_2) \cdot a \Rightarrow 30 - 10 = (1 + 3) \cdot a \Rightarrow a = \frac{20}{4} \therefore a = 5 \text{ m/s}^2$$

3.5 Trabalho e potência

3.5.1 Trabalho de uma força constante

Medida de transformação, transferência e variação de energia.

- Para calcular o trabalho de uma força constante:

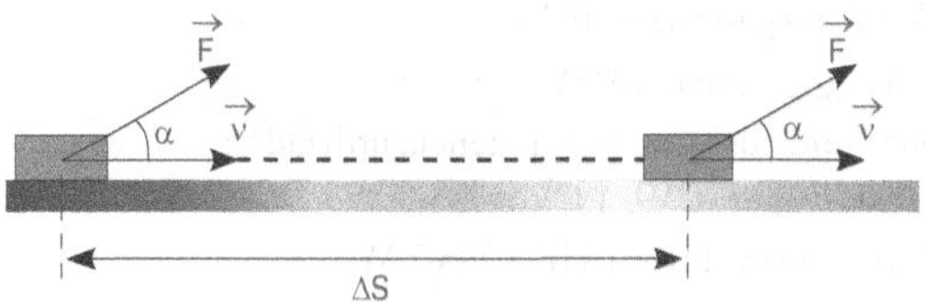

$$\tau_F = F \cdot \Delta s \cdot \cos\alpha$$

- Se $\alpha = 0°$ o trabalho é o maior possível.
- Se $0 < \alpha \leq 90°$ o trabalho é positivo.
- Se $90° < \alpha \leq 180°$ o trabalho é negativo.

Observação: sempre que uma $\vec{F}$ for perpendicular à velocidade, seu trabalho será nulo – resultante centrípeta (na sua prova pode aparecer "força centrípeta") nunca realiza trabalho; seu trabalho é sempre nulo.

▹ Para calcular o trabalho de uma força constante em direção, mas de intensidade variável:

O sinal do trabalho pode ser associado ao fato de a área calculada estar "acima" ou "abaixo" do eixo S.

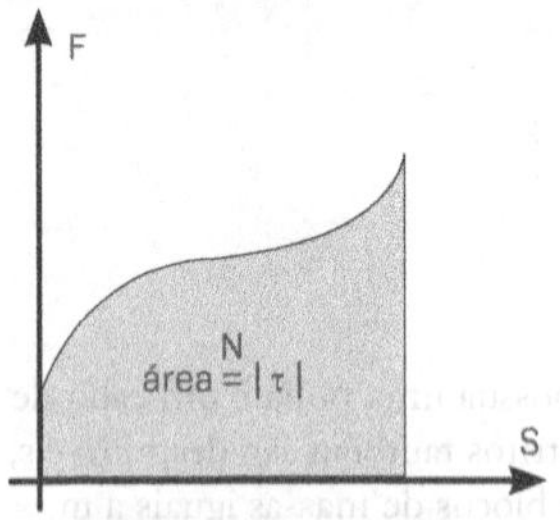

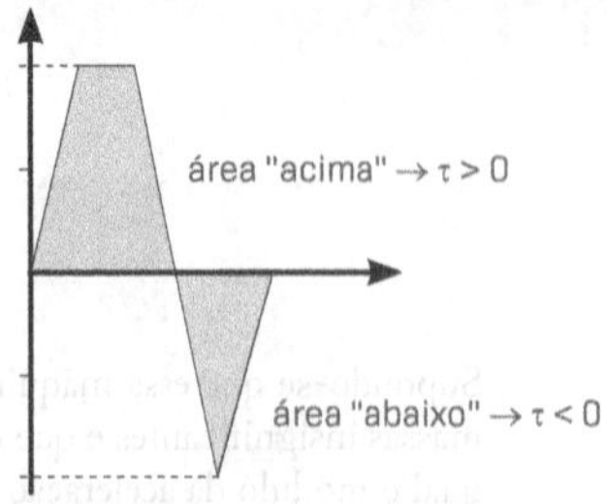

Trabalho da força peso (τ_{peso})

É uma força conservativa, portanto, o trabalho de uma força conservativa não depende da trajetória descrita.

$\tau_{peso} = m \cdot g \cdot h$

Trabalho da força elástica ($\tau_{elást.}$)

É uma força conservativa, portanto, o trabalho de uma força conservativa não depende da trajetória descrita.

$$\tau_{elást.} = \frac{k \cdot x^2}{2}$$

Na natureza existem apenas 3 tipos de forças conservativas, que são: força peso, força elástica e força elétrica.

Para as forças conservativas, o trabalho realizado ao longo de um trajeto fechado é nulo.

Nas forças não conservativas, o trabalho depende da trajetória.

Não podem ser associadas a uma energia potencial.

Teorema da Energia Cinética (TEC)

Usamos o TEC para situações que envolvem as variáveis força, deslocamento e mudança de velocidade sem envolver tempo.

$$\tau_{resultante} = \frac{m \cdot v^2_{final}}{2} - \frac{m \cdot v^2_{inicial}}{2} = E^{final}_{cin.} - E^{inicial}_{cin.} = \Delta E_{cin.}$$

3.5.2 Potência e rendimento

Potência

A rapidez com que essa transferência ou transformação de energia ocorrem.

Definição de potência média: $P_m = \frac{\Delta E}{\Delta t} = \frac{\tau_F}{\Delta t}$

O sistema preferencial de unidades utilizado é o SI. Nesse sistema, tem-se: $[P] = \frac{J}{S} = W$ (watt)

Em algumas situações podem ser utilizados múltiplos dessa unidade:

1 kW (quilowatt) = 10^3 W

1MW (megawatt) = 10^6 W

1GW (gigawatt) =10^9 W

Duas unidades usuais de potência utilizadas:

Cavalo-vapor (CV): 1 CV = 735,5 W

Horse power (HP): 1 HP = 745,7 W

Rendimento

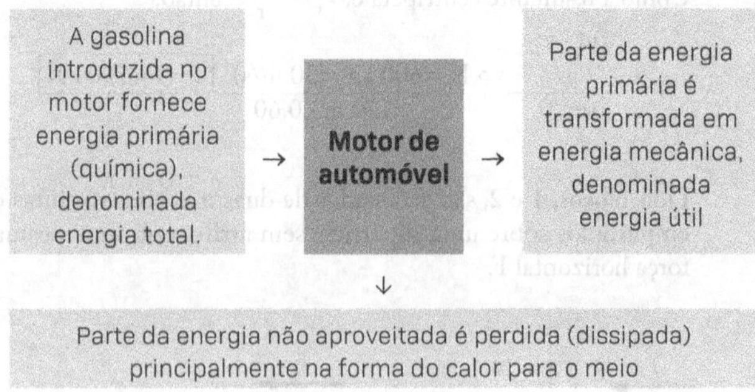

A energia total associa-se à potência total.

A energia não aproveitada associa-se à potência dissipada.

A energia aproveitada na forma mecânica, proporcionando o movimento do veículo, associa-se à potência útil.

O princípio da conservação da energia permite escrever a seguinte relação: $P_t = P_u + P_d$

Pode-se avaliar o índice de aproveitamento ou a eficiência desse motor por meio de uma grandeza denominada rendimento, definido como: $\eta = \frac{P_u}{P_t}$

Potência de uma máquina, força constante e velocidade

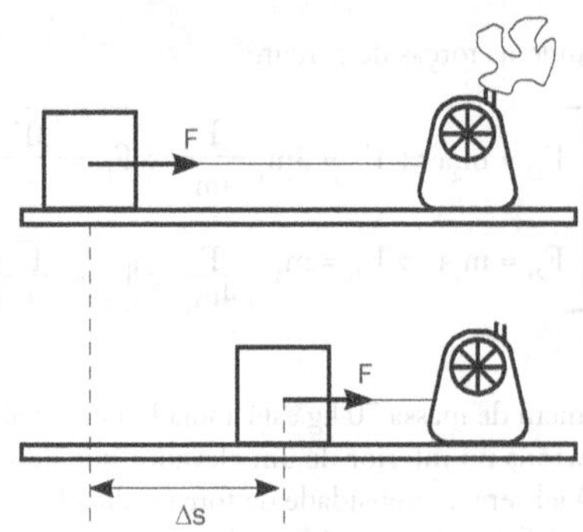

$$P = \frac{\Delta E}{\Delta t} = \frac{\tau_F}{\Delta t} = \frac{F \cdot \Delta s \cdot \cos\alpha}{\Delta t}$$

Sabendo que: $v_m = \frac{\Delta s}{\Delta t}$ (I)

$\therefore F \cdot v_m \cdot \cos\alpha$

É possível utilizar a expressão (I) para intervalos de tempo muito pequenos, tão pequenos que tendem a um certo instante (velocidade instantânea).

$P = F \cdot v \cdot \cos\alpha$

Potência de uma força de intensidade variável – a área do gráfico é numericamente o trabalho da força.

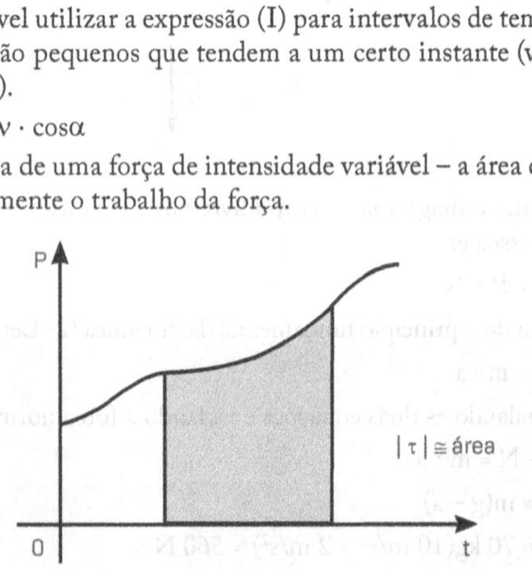

Exemplos:

A figura mostra três trajetórias, 1, 2 e 3, através das quais um corpo de massa m, no campo gravitacional terrestre, é levado da posição inicial i para a posição final f, mais abaixo.

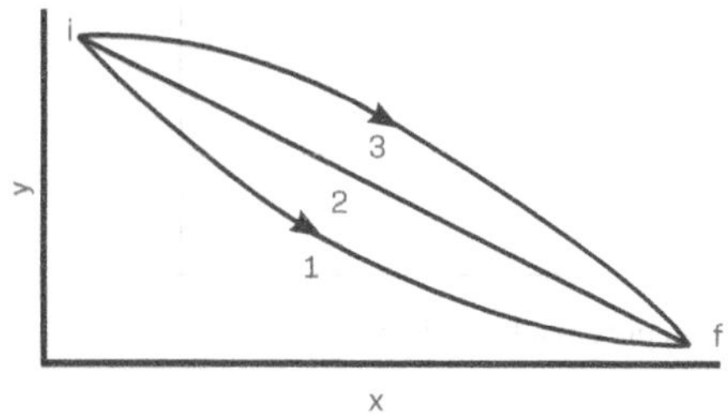

Sejam W_1, W_2 e W_3, respectivamente, os trabalhos realizados pela força gravitacional nas trajetórias mostradas, faça a correlação entre os trabalhos realizados, indicando se são maiores, menores ou iguais em relação ao outro.

Como o ponto inicial dos três trajetos coincide e o ponto final também, os trabalhos da força gravitacional para os três trajetos são exatamente iguais, pois o trabalho depende apenas dos estados inicial e final, independendo do caminho realizado.

Portanto, $W_1 = W_2 = W_3$.

A figura mostra o deslocamento horizontal de um bloco preso a uma mola, a partir da posição A, até atingir a posição C.

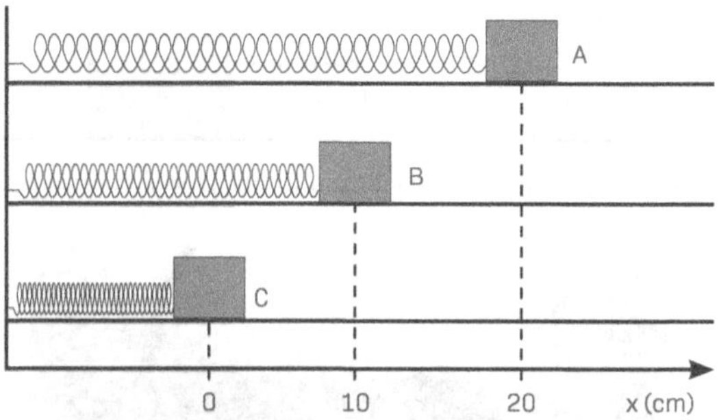

O gráfico representa o módulo da força que a mola exerce sobre o bloco em função da posição deste.

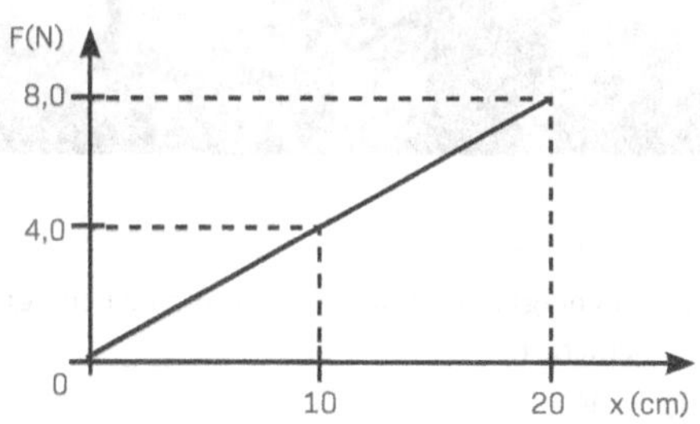

Qual é o trabalho realizado pela força elástica aplicada pela mola sobre o bloco, quando este se desloca da posição A até a posição B?

O trabalho realizado pela força elástica será a área sob a curva entre o deslocamento da posição A até a posição B, de acordo com o gráfico a seguir:

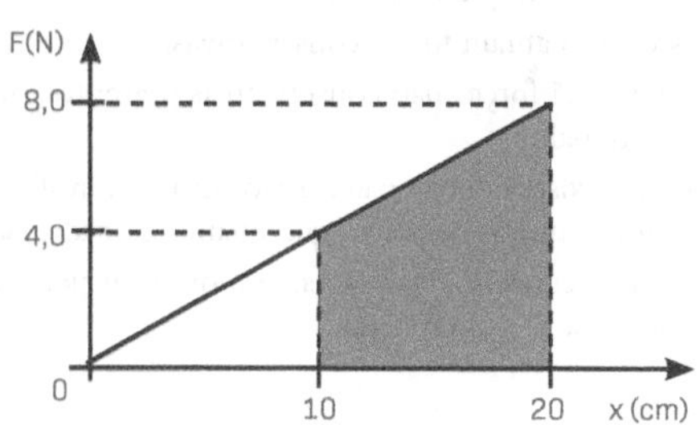

A área hachurada é de:

$$W = \text{Área} = (8 + 4)\,N \cdot \frac{(0{,}20 - 0{,}10)\,m}{2} \;\therefore\; W = 0{,}60\,J$$

Um prédio em construção, de 20 m de altura, possui, na parte externa da obra, um elevador de carga com massa total de 6 ton, suspenso por um cabo inextensível e de massa desprezível.

O elevador se desloca, com velocidade constante, do piso térreo até a altura de 20 m, em um intervalo de tempo igual a 10 s. Desprezando as forças dissipativas e considerando a intensidade da aceleração da gravidade igual a 10 m/s², qual a potência média útil desenvolvida por esse elevador?

Vejamos a figura:

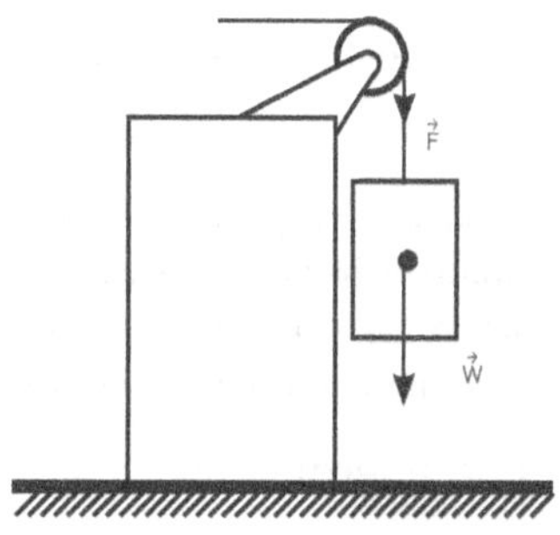

Seja o plano térreo o nível de referência para a energia potencial. As forças atuantes sobre a carga do elevador são as forças de tração $\vec{F}$ e peso $\vec{W}$.

Sendo $\vec{R} = \vec{F} + \vec{W}$ a resultante das forças sobre a carga do elevador, então:

$\tau_R = \tau_F + \tau_W$ (I)

com τ_R sendo o trabalho da força resultante $\vec{R}$, τ_F o trabalho da força $\vec{F}$ e τ_W o trabalho da força peso $\vec{W}$.

O teorema do trabalho e energia diz que o trabalho realizado pela força resultante sobre um corpo é igual à variação da energia cinética do corpo, ou seja,

$\tau_R = \Delta E_C = E_{Cf} - E_{Co}$ (II)

Como o elevador subiu a uma velocidade v_0 constante da equação (II), tem-se que:

$$\tau_R = E_{Cf} - E_{Co} = \frac{m_{elev} v_0^2}{2} - \frac{m_{elev} v_0^2}{2} = 0$$

ou seja, não houve variação da energia cinética e $\tau_R = 0$.

Aplicando-se esse resultado na equação (I), tem-se que:

$\tau_F + \tau_W = \tau_R = 0 \rightarrow \tau_F = -\tau_W$ (III)

Como $\vec{W}$ é uma força conservativa (a única força conservativa), então:

$\tau_W = E_{Po} - E_{Pf} = 0 - m_{elev} gh = -m_{elev} gh$ (IV)

sendo m_{elev} a massa da carga do elevador, g a aceleração da gravidade e h a altura percorrida pelo elevador.

Outra forma de calcular τ_W, nesse caso particular, por definição:

$\tau_W = |w|\,|\vec{d}|\cos\theta$

sendo $\vec{d}$ o vetor deslocamento da carga e θ o ângulo entre o vetor deslocamento e a força $\vec{W}$

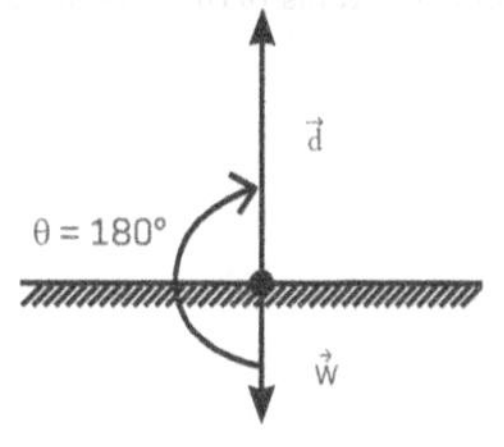

Assim, $\tau_W = |\vec{W}|\,|\vec{d}|\cos\theta = (m_{elev}g)\,h\cos 180°$ ou seja, $\tau_W = mgh$ que foi o mesmo resultado em (IV).

Das equações (III) e (IV), conclui-se que:

$\tau_F = -\tau_W = -(-m_{elev}gh) = m_{elev}gh$

$\tau_F = 6 \times 10^3\,[kg] \times 10[m/s^2] \times 20[m]$

$\tau_F = 1{,}2 \times 10^6\,J$

A potência média útil desenvolvida pelo elevador é:

$P_{útil} = \dfrac{\tau_F}{\Delta t} = \dfrac{1{,}2 \times 10^6\,[J]}{10[s]} = 1{,}2 \times 10^5 N$, ou seja,

$P_{útil} = 120$ kw.

3.6 Energia mecânica e suas conservações

3.6.1 Energia

Energia é uma grandeza que permanece constante em qualquer processo físico, químico ou biológico. Essa grandeza não pode ser criada ou destruída, mas sim transformada ou transferida.

A unidade utilizada no sistema internacional é joule (J).

3.6.2 Formas de energia

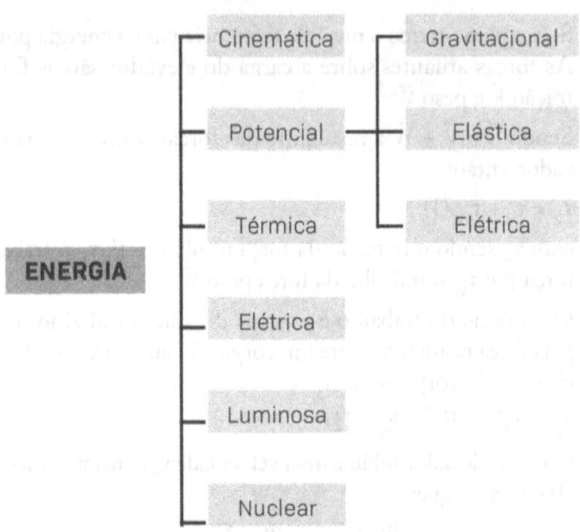

As mais relevantes são a energia cinética e a energia potencial.

Energia cinética (E_{cin})

Qualquer corpo ou conjunto de corpos em movimento tem energia, denominada energia cinética ou energia de movimento.

$$E_{cin} = \frac{m \cdot v^2}{2}$$

Convém notar que a energia cinética está intimamente relacionada com o movimento. Quanto mais movimento (velocidade) o corpo desenvolver, maior a energia cinética.

Energia potencial (E_{pot})

Essa modalidade de energia é dividida em três tipos (gravitacional, elástica e elétrica), sendo as duas primeiras mais relevantes.

- **Energia potencial gravitacional:**

$$E_{pot;grav} = m \cdot g \cdot h$$

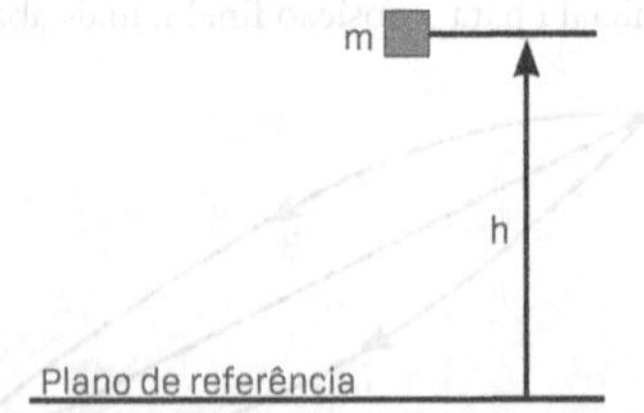

- **Energia potencial elástica:**

$$E_{pot;elást} = \frac{k \cdot x^2}{2}$$

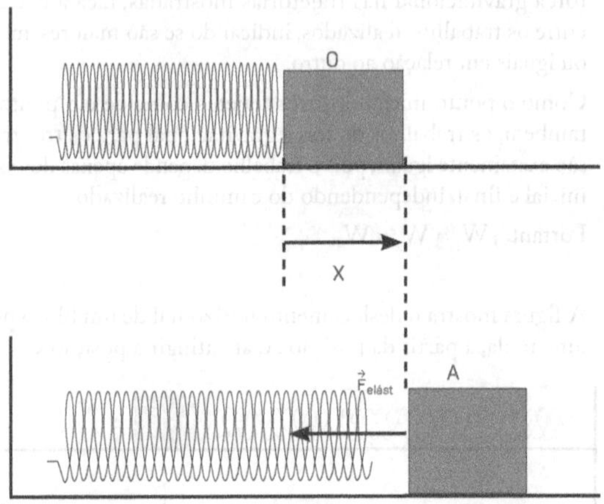

O arco, na iminência de lançar a flecha, possui energia potencial elástica.

Energia mecânica (E_{mec})

Define-se a energia mecânica como a soma da energia potencial com a energia cinética.

$E_{mec} = E_{cin} + E_{pot}$

Princípio da conservação da energia mecânica

A conservação da energia mecânica está associada à capacidade das forças conservativas de realizarem trabalho sem alterar a energia mecânica (ou total) do sistema.

Há 3 situações em que $E_{mec}^{inicial} = E_{mec}^{final}$:

- No sistema só atuam forças conservativas.
- No sistema há forças não conservativas presentes, mas elas não realizam trabalho.
- No sistema existem forças não conservativas, elas realizam trabalho, uns positivos, outros negativos que, quando somados, se anulam.

As forças não conservativas são as responsáveis pelo aumento ou pela diminuição da E_{mec} do sistema.

Exemplos:

Uma esfera sólida, homogênea e de massa 0,8 kg é abandonada de um ponto a 4 m de altura do solo em uma rampa curva.

Uma mola ideal de constante elástica k = 400 N/m é colocada no fim dessa rampa, conforme desenho a seguir. A esfera colide com a mola e provoca uma compressão.

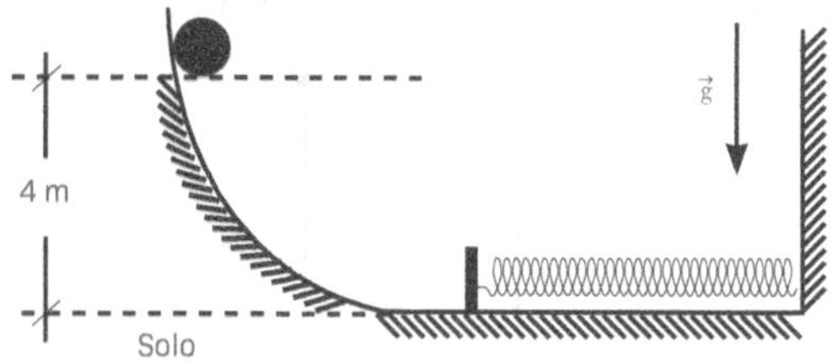

Desprezando as forças dissipativas, considerando a intensidade da aceleração da gravidade $g = 10\ m/s^2$ e que a esfera apenas desliza e não rola, qual é a máxima deformação sofrida pela mola?

Sejam t_1 o instante em que a esfera é abandonada, a uma altura de 4 m sobre a rampa, e t_2 o instante em que ocorre a máxima compressão da mola pela esfera, e sabendo que as forças dissipativas foram desprezadas, então:

$E_{M1} = E_{M2}$ (1)

sendo E_{M1} a energia mecânica do sistema no instante t_1, e E_{M2} a energia mecânica do sistema no instante t_2.

Em t_1, $E_{M1} = E_{P1} = mgh$, pois a velocidade da esfera v1 = 0 (a energia mecânica é apenas a potencial gravitacional).

Em t_2, $E_{m2} = \frac{kx^2}{2}$, ou seja, a energia mecânica do sistema constitui-se apenas da energia potencial elástica acumulada na mola deformada.

Substituindo as expressões de E_{M1} e E_{M2} na equação (1), tem-se que:

$$mgh = \frac{kx^2}{2} \Rightarrow$$

$$\Rightarrow x^2 = \frac{2mgh}{k} = \frac{2 \times 0,8 \times 10 \times 4}{400} = 0,16$$

$$x = \sqrt{0,16} = 0,4\ m = 40\ cm$$

Um corpo de massa 2 kg é abandonado de uma altura de 50 cm, acima do solo. Ao chocar-se com o solo, ocorre uma perda de 40% de sua energia. Adotando a aceleração da gravidade local igual a $10\ m/s^2$, qual é a energia cinética do corpo logo após o choque parcialmente elástico com o solo?

Usando o princípio da conservação de energia mecânica para o ponto inicial (A) e para o ponto final (B):

$$E_A = E_B \Rightarrow E_{pg} = E_C + E_D \Rightarrow E_C = E_{pg} - E_d$$

$$E_C = E_{pg} - 0,4 \cdot E_{pg} \Rightarrow E_C = 0,6 \cdot E_{pg} = 0,6 \cdot m \cdot g \cdot h \Rightarrow$$

$$E_{pg} = 0,6 \cdot 2\ kg \cdot 10\ m/s^2 \cdot 0.5 \therefore\ E_{pg} = 6\ J$$

3.7 Quantidade de movimento e sua conservação

3.7.1 Impulso de uma força

Quando aplicamos uma força a um corpo, o efeito produzido depende de dois fatores:

- as características da força;
- o tempo de aplicação da força.

Para estudarmos o efeito da força, levando-se em consideração o tempo de aplicação, foi criada a grandeza vetorial de nome impulso, que dependeda força aplicada e do tempo de aplicação.

3.7.2 Impulso de uma força constante ($\vec{I}_F$)

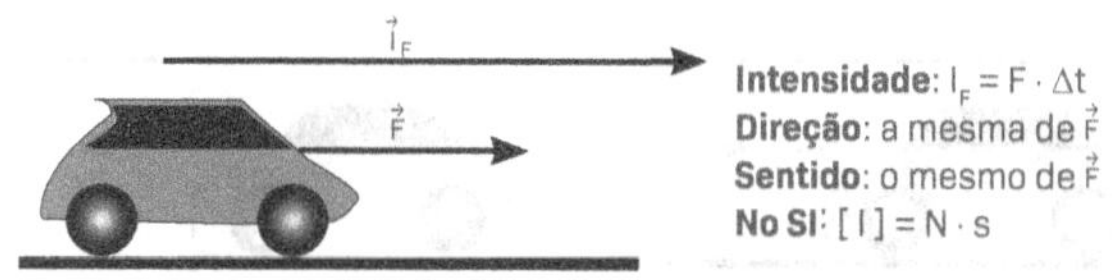

3.7.3 Impulso de uma força variável ($\vec{I}_F$)

O valor algébrico do impulso pode ser medido pela área sob o gráfico. Área é igual numericamente ao impulso.

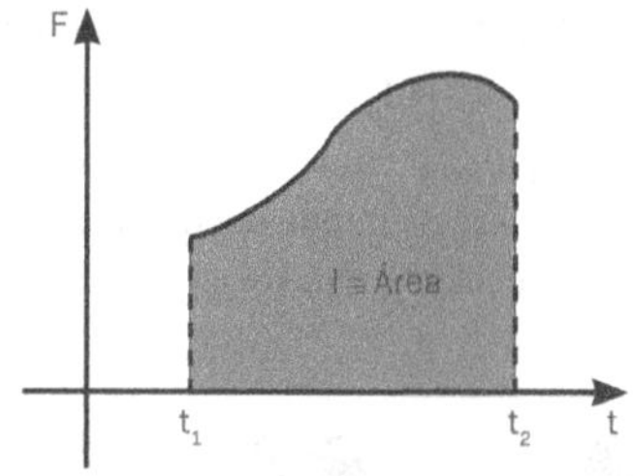

3.7.4 Quantidade de movimento (momento linear ou momentum) ($\vec{Q}$)

Quantidade de movimento é uma grandeza vetorial e instantânea, isto é, definida para um dado instante, ao passo que o impulso é uma grandeza definida para um certo intervalo de tempo, isto é, entre dois instantes.

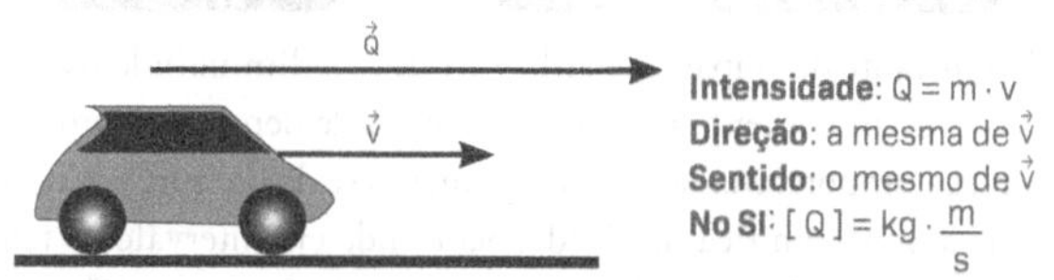

Quanto maior for a intensidade da quantidade de movimento de um corpo, maior será seu "poder de impacto".

Imaginemos um caminhão a 50 km/h que vai colidir frontalmente com um poste: esse veículo provocará um dano muito maior ao poste. Se fosse um carro popular igualmente rígido, à mesma velocidade, o dano seria menor ao poste. O caminhão tem maior "poder de impacto".

3.7.5 Relação entre energia cinética e o módulo da quantidade de movimento

$$Q = m \cdot v \rightarrow v = \frac{Q}{m}\ \text{(I)}\quad E_{cin} = \frac{m \cdot v^2}{2}\ \text{(II)}$$

Substituindo (I) em (II), temos:

$$E_{cin} = \frac{Q^2}{2 \cdot m}$$

Em particular, se duas partículas, A e B, tiverem quantidades de movimento com o mesmo módulo ($Q_A = Q_B$), então suas energias cinéticas serão inversamente proporcionais às respectivas massas.

$$Q_A = Q_B \rightarrow \frac{E_{cin;A}}{E_{cin;B}} = \frac{m_A}{m_B}$$

3.7.6 Teorema do Impulso (TI)

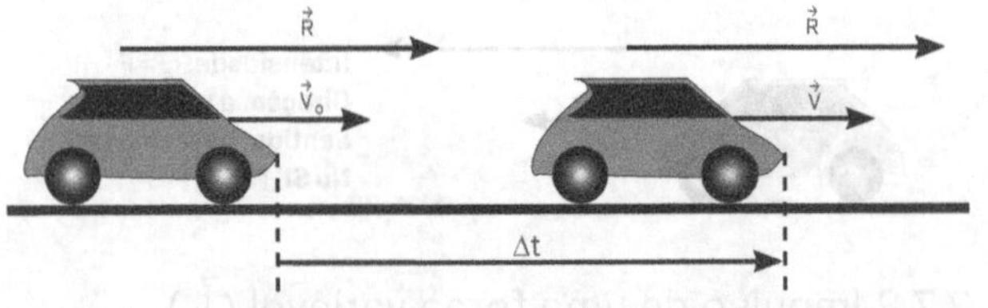

O impulso resultante (ou impulso total) sobre uma partícula, corpo extenso ou sistema de partículas, para um dado intervalo de tempo, é igual à variação da quantidade de movimento da partícula, corpo extenso ou sistema de partículas, naquele intervalo de tempo.

$R \cdot \Delta t = m \cdot \vec{v} - m \cdot \vec{v}_0 \rightarrow I_{\text{total(ou resultante)}} = \Delta\vec{Q}$

O teorema do impulso permite concluir que as unidades N · s e kg · m/s, respectivamente de impulso e quantidade de movimento, são equivalentes. Isso ocorre porque essas grandezas têm as mesmas dimensões físicas.

Airbag

No instante do impacto, o airbag é inflado, diminuindo os efeitos da inércia do movimento inerente aos corpos de dentro do automóvel. A proteção proporcionada pelo equipamento se dá porque, em contato com ele, a frenagem fica suavizada, ocorrendo em intervalo de tempo maior do que aquele no qual ocorreria sem o equipamento. Com isso, uma mesma variação de quantidade de movimento, obtida em um intervalo de tempo maior, requer uma força de intensidade menor, o que reduz os possíveis danos.

O impacto da colisão de um veículo a 80 km/h contra um muro é igual ao de um carro que despenca do 10º andar ao bater no chão.

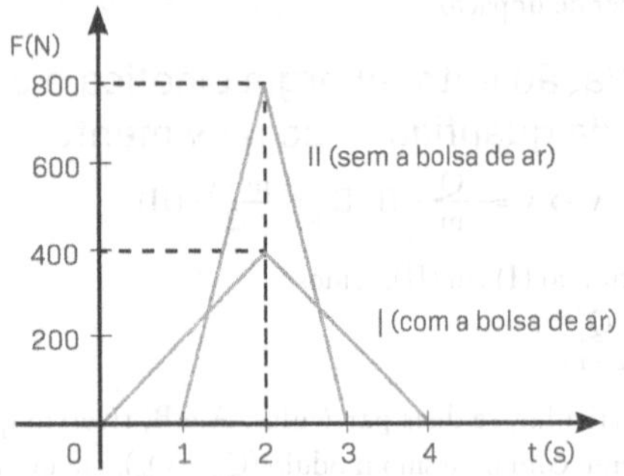

Percebe-se que a área que corresponde ao impulso é igual para os dois, portanto, a bolsa aumenta o intervalo de tempo da desaceleração da cabeça do motorista, diminuindo, portanto, a intensidade da força média que atua sobre a cabeça.

3.7.7 Conceito de sistema

Todos os corpos que estejam livres para se mover, que não estejam travados nem possuam massa infinitamente grande, comparada aos demais corpos do sistema.

3.7.8 Sistemas mecanicamente isolados

Um sistema é denominado mecanicamente isolado quando a resultante das forças externas é nula ou a intensidade das forças externas é tal que pode ser desprezada no fenômeno em estudo. Considerando os patinadores como sendo o sistema de corpos a ser estudado, a normal e o peso são considerados forças externas (se equilibram), e o empurrão que A faz em B e B faz em A são forças internas.

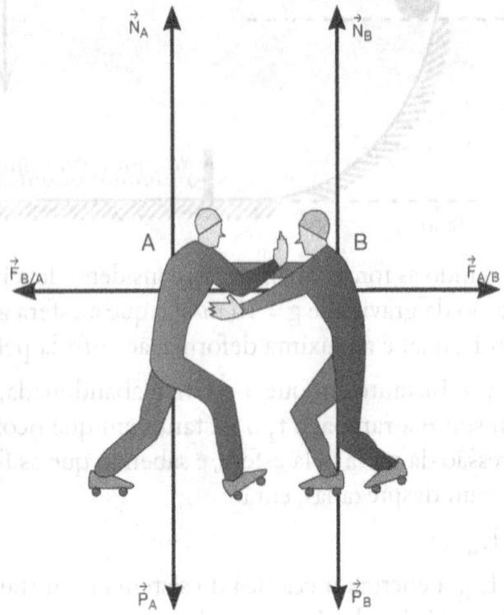

3.7.9 Conservação da quantidade de movimento

$\vec{R} = \vec{0}$ – Resultante das forças externas é nula.

Consequentemente:

$I_{\text{resultante (ou total)}} = \vec{0}$

Mas:

$I_{\text{total}} = \Delta\vec{Q} \rightarrow \Delta\vec{Q} = 0 \rightarrow \vec{Q}_{\text{após}} - \vec{Q}_{\text{antes}} = \vec{0}$

Portanto:

$\vec{Q}^{\text{após}}_{\text{sistema}} = \vec{Q}^{\text{antes}}_{\text{sistema}}$

Logo, em um sistema em que a resultante de forças é nula, a quantidade de movimento total é constante.

3.7.10 Centro de massa

O ponto onde se admite concentrada, para efeito de cálculo, toda a sua massa.

Para determinar a posição do centro de massa:

$$x_{cm} = \frac{m_1 \cdot x_1 + m_2 \cdot x_2 + m_3 \cdot x_3 + \cdots + m_n \cdot x_n}{m_1 + m_2 + \cdots + m_n}$$

Para determinar a velocidade do centro de massa:

$$\vec{v}_{cm} = \frac{m_1 \cdot \vec{v}_1 + m_2 \cdot \vec{v}_2 + m_3 \cdot \vec{v}_3 + \cdots + m_n \cdot \vec{v}_n}{m_1 + m_2 + m_3 \cdots + m_n}$$

Convém lembrar que o produto massa pela velocidade corresponde à quantidade de movimento. Assim:

$$\vec{v}_{cm} = \frac{\vec{Q}_1 \cdot \vec{Q}_2 + \vec{Q}_3 + \cdots + \vec{Q}_n}{m_1 + m_2 + m_3 \cdots + m_n} = \frac{\vec{Q}_{total}}{M_{total}}$$

O centro de massa de um sistema isolado tem velocidade vetorial constante, permanecendo em repouso ou em movimento retilíneo uniforme – forças externas são nulas.

Para determinar a aceleração do centro de massa:

$$\vec{A}_{cm} = \frac{m_1 \cdot \vec{A}_1 + m_2 \cdot \vec{A}_2 + m_3 \cdot \vec{A}_3 + \cdots + m_n \cdot \vec{A}_n}{m_1 + m_2 + m_3 \cdots + m_n} = \frac{\vec{F}_2 + \vec{F}_2 + \vec{F}_3 + \ldots + \vec{F}_n}{m_1 + m_2 + m_3 \cdots + m_n}$$

Portanto:

$$\vec{A}_{cm} = \frac{\vec{F}_{externa}}{M_{total}}$$

| Exemplos:

Um canhão, juntamente com o carrinho que lhe serve de suporte, tem massa M. Com o conjunto em repouso, dispara-se obliquamente um projétil de massa m, que, em relação ao solo, desliga-se do canhão com uma velocidade de módulo v_0, inclinada de um ângulo θ com a horizontal. A figura retrata o evento:

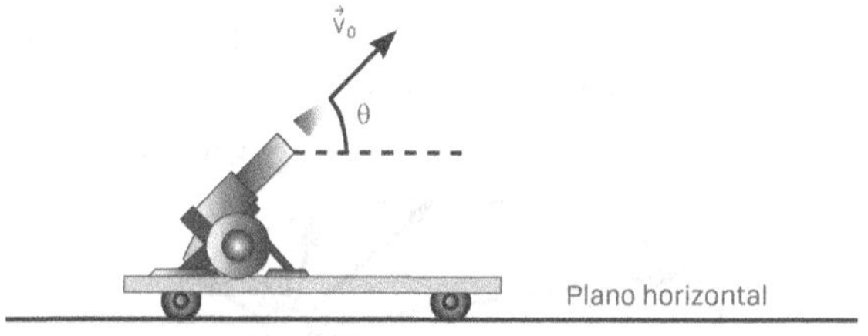

Desprezando os atritos, determine o módulo da velocidade de recuo do conjunto canhão-carrinho.

Quem faz parte do sistema? Projétil e canhão + carrinho.

Quem não faz parte do sistema? Terra.

A direção y não interessa para o problema, pois sistema canhão--projétil não é isolado de forças externas (força peso).

$$\vec{Q}^{\,antes}_{sis;x} = \vec{Q}^{\,após}_{sist,x} \rightarrow 0 + 0 = m \cdot v_0 \cdot \cos\theta - M \cdot v' \therefore v' = \frac{m \cdot v_0 \cdot \cos\theta}{M}$$

O esquema seguinte representa dois carrinhos A e B, que percorrem uma reta orientada com as velocidades indicadas:

Sabendo que as massas de A e de B valem, respectivamente, 4,0 kg e 6,0 kg, calcule a velocidade do centro de massa do sistema.

Como os movimentos têm a mesma direção, podemos raciocinar em termos escalares:

$$v_{cm} = \frac{v_A \cdot m_A + v_B \cdot m_B}{m_A + m_B} = \frac{20 \cdot (4) + 10 \cdot (6)}{4 + 6} = 14 \frac{m}{s}$$

3.8 Colisões

Uma interação entre dois corpos é uma colisão ou choque, quando a interação ocorre em um intervalo de tempo relativamente curto.

Em qualquer tipo de colisão mecânica, a quantidade de movimento total do sistema mantém-se constante. A quantidade de movimento imediatamente após a interação é igual à quantidade de movimento imediatamente antes:

$$\vec{Q}^{\,após}_{sistema} = \vec{Q}^{\,antes}_{sistema}$$

3.8.1 Coeficiente de restituição numa colisão

É o fator que avalia o grau de elasticidade de uma colisão. Além de depender dos materiais de que são feitos os corpos, o coeficiente de restituição depende também da forma dos corpos.

$$e = \frac{|\,v_{relativa\text{-}após}\,|}{|\,v_{relativa\text{-}antes}\,|}$$

Colisão 1

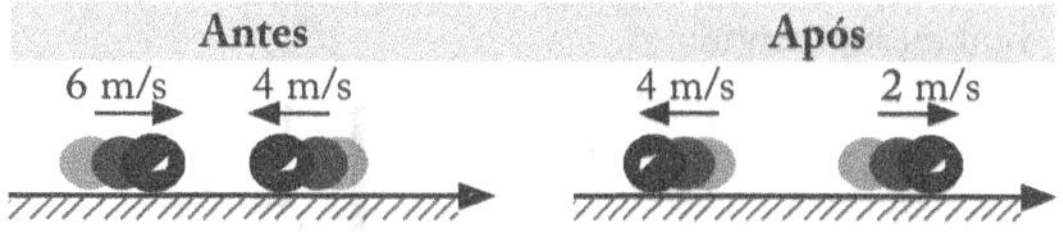

$$e = \frac{|\,v_{relativa\text{-}após}\,|}{|\,v_{relativa\text{-}antes}\,|} = \frac{4+2}{6+4} = 0{,}6$$

Colisão 2

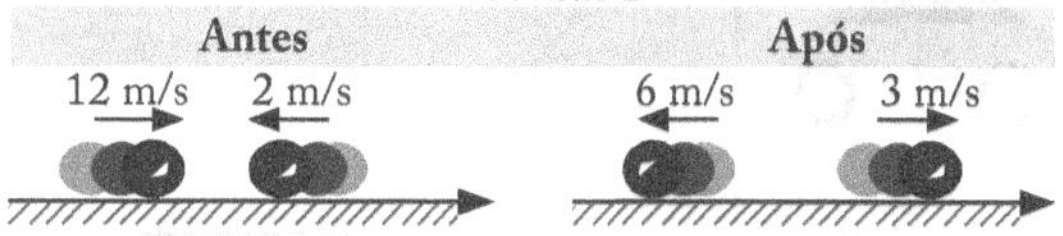

$$e = \frac{|\,v_{relativa\text{-}após}\,|}{|\,v_{relativa\text{-}antes}\,|} = \frac{6+3}{12-2} = 0{,}9$$

Colisão 3

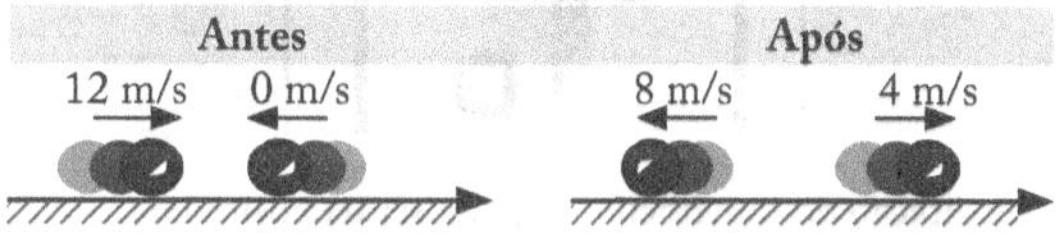

$$e = \frac{|\,v_{relativa\text{-}após}\,|}{|\,v_{relativa\text{-}antes}\,|} = \frac{8+4}{12-0} = 1$$

O quadro a seguir resume as principais propriedades das colisões:

Tipo de colisão	Quantidade de movimento	Energia mecânica	Coeficiente de restituição (e)
Inelástica	se conserva	não conversa	e = 0
Parcialmente elástica	se conserva	não conserva	0 < e < 1
Elástica	se conserva	se conserva	e = 1

| Exemplos:

Dois veículos, movendo-se ao centro de duas vias perpendiculares de mesma largura, chocaram-se no centro de um cruzamento, mantendo-se unidos após o choque. Sabe-se que o veículo A tinha o dobro da massa do veículo B, e que o veículo A movia-se com a metade da velocidade do veículo B.

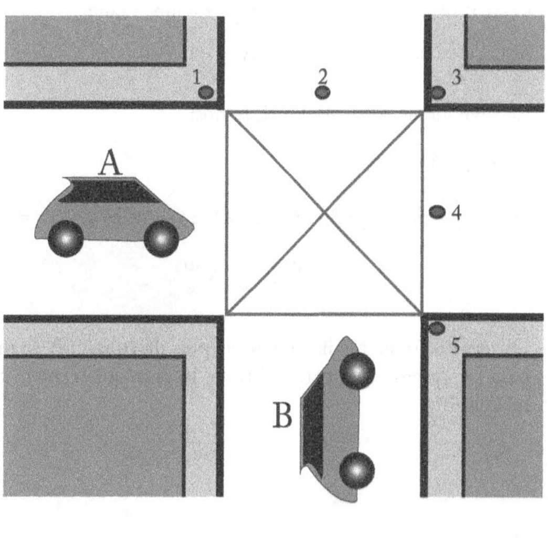

Após o choque, desconsiderando o atrito e outras forças resistentes ao movimento, e admitindo que os carros possam ser associados a pontos materiais, a direção do movimento dos veículos unidos tem sentido orientado para qual posição (de 1 a 5 na figura)?

Quando afirmamos que

$\vec{Q}^{antes}_{sist.} = \vec{Q}^{após}_{sist.}$

- Têm mesmo módulo.
- Têm mesma direção.
- Têm mesmo sentido

$\vec{Q}_A = m_A \cdot v_A = 2 \cdot m_B \cdot \frac{1}{2} \cdot v_B = m_B \cdot v_B$

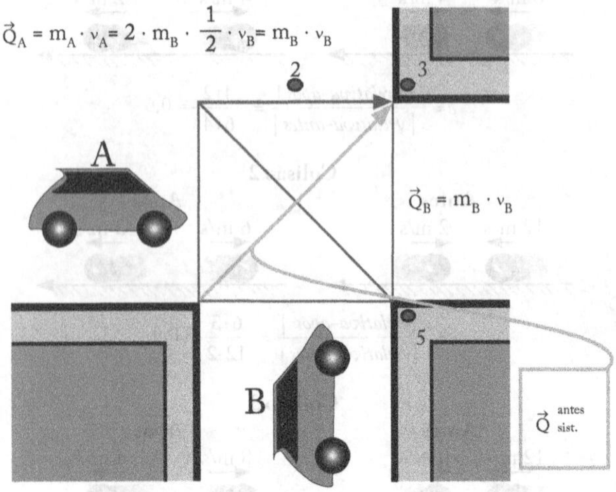

A direção do movimento só pode ser na posição 3.

A figura representa a situação imediatamente anterior à colisão unidimensional entre duas partículas A e B:

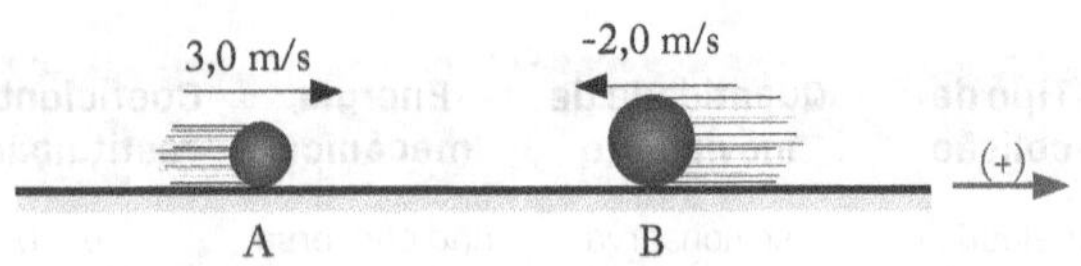

Sabendo que a massa de B é o dobro da de A e que o coeficiente de restituição da colisão vale 0,8, calcule as velocidades escalares de A e B imediatamente após o choque.

Deve-se usar o princípio da conservação da quantidade de movimento.

Como os movimentos têm a mesma direção, podemos raciocinar em termos escalares:

$\vec{Q}^{antes}_{sist.} = \vec{Q}^{após}_{sist.}$

$m_A \cdot (3) + m_B \cdot (-2) = m_B \cdot (v'_B) + m_A \cdot (-v'_A)$ (I)

O sinal negativo na segunda etapa foi um "chute".

$08 = \frac{v'_A + v'_B}{3+2} \rightarrow v'_A + v'_B = 4$ (II)

Resolvendo as equações I e II, temos:

$v'_A + v'_B = 4$

$2 \cdot m_A \cdot v'_B - m_A \cdot v'_A = 3 \cdot m_A - 2 \cdot (2 \cdot m_A) \rightarrow 2 \cdot v'_B - v'_A = -1$

$v'_B = 1 \ \frac{m}{s}$ e $v'_A = 3 \ \frac{m}{s}$

Observa-se que, imediatamente depois da colisão, A se moverá para a esquerda e B, para a direita. Repare que o meu "chute" foi certeiro.

3.9 Leis de Kepler e gravitação universal

3.9.1 Leis de Kepler

1ª Lei – lei das órbitas

Em relação a um referencial no Sol, os planetas movimentam-se descrevendo órbitas elípticas, ocupando o Sol um dos focos da elipse.

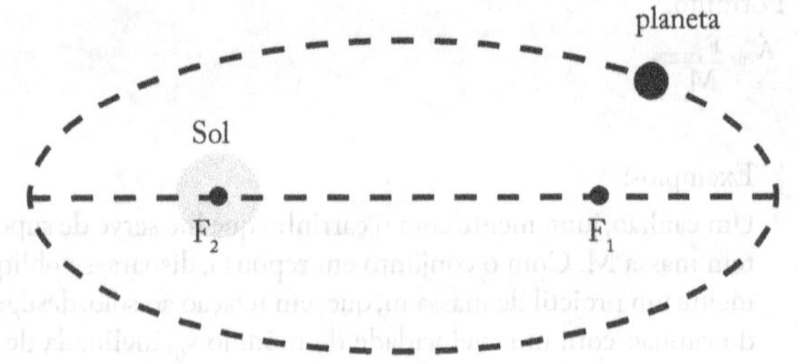

2ª Lei – lei das áreas

O segmento imaginário que une o Sol ao planeta descreve áreas proporcionais aos tempos gastos em percorrê-las.

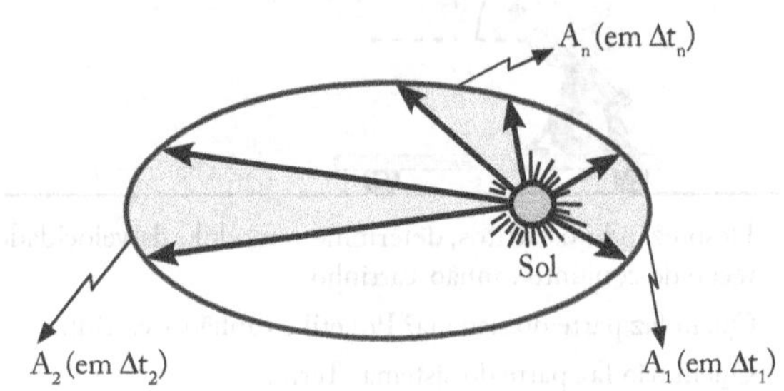

$$\frac{A_1}{\Delta_1} = \frac{A_2}{\Delta t_2} = \dots = \frac{A_n}{\Delta t_t}$$

Decorre que, se duas áreas são iguais, elas certamente são varridas em intervalos de tempos iguais.

Uma consequência da lei das áreas é que a velocidade de translação do planeta nas proximidades do Sol é maior do que em pontos mais afastados.

$$V_{periélio} > V_{afélio}$$

3ª Lei – lei dos períodos

Para qualquer planeta do Sistema Solar, é constante o quociente do cubo do raio médio da órbita, R^3, pelo quadrado do período de revolução (ou translação), T^2, em torno do Sol.

$$\frac{R^3}{T^2} = K \text{ (constante de Kepler)}$$

A seguir, uma tabela mostra as massas dos planetas em relação à da Terra, os raios médios das órbitas e o período de translação ao redor do Sol. As três leis de Kepler são válidas para quaisquer sistemas em que corpos gravitam em torno de um corpo central, tais como planetas em torno de uma estrela, a Lua em torno da Terra, satélites artificiais em torno da Terra.

Planeta	Massa relativa	Raio médio (UA)	Período
Mercúrio	0,055	0,387	88,0 dias
Vênus	0,815	0,713	224,6 dias
Terra	1,0	1,00	365,2 dias
Marte	0,108	1,52	1,88 ano
Júpiter	317,9	5,20	11,8 anos
Saturno	95,2	9,54	29,6 anos
Urano	14,6	19,2	84,0 anos
Netuno	17,2	30,1	165 anos
Plutão	0,01	39,4	248 anos

3.9.2 Gravitação universal

Entre dois corpos quaisquer, pelo simples fato de terem massa, existe uma força de atração, denominada força gravitacional.

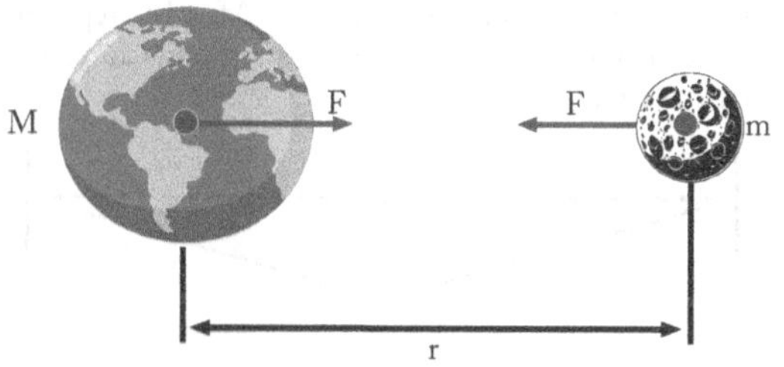

A força gravitacional entre dois pontos materiais tem intensidade diretamente proporcional ao produto de suas massas e inversamente proporcional ao quadrado da distância que os separa.

$$F = \frac{G \cdot M \cdot m}{r^2}$$

$$G = 6{,}7 \cdot 10^{-11} N \cdot \frac{m^2}{kg^2} \cong \frac{20}{3} \cdot 10^{-11} N \cdot \frac{m^2}{kg^2}$$

Campo gravitacional

Um corpo colocado nas proximidades da Terra fica sujeito a uma força de atração gravitacional.

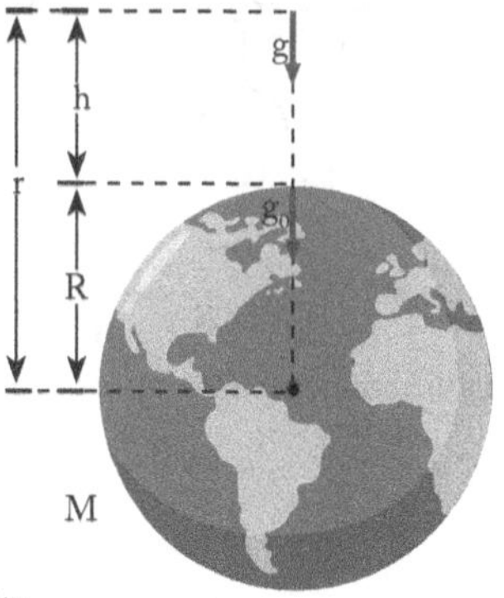

r: raio da órbita

R: raio da Terra

h: altura em relação à superfície terrestre

Para h = 0 (na superfície), temos:

$$g_0 = \frac{GM}{R^2}$$

4 HIDROSTÁTICA

4.1 Estática dos corpos rígidos

De maneira geral, a estática é o ramo da física que estuda e analisa a estabilidade e o equilíbrio dos corpos.

4.1.1 Estática do ponto material

As dimensões são desprezíveis em comparação com as distâncias percorridas e não há possibilidade de movimento de rotação.

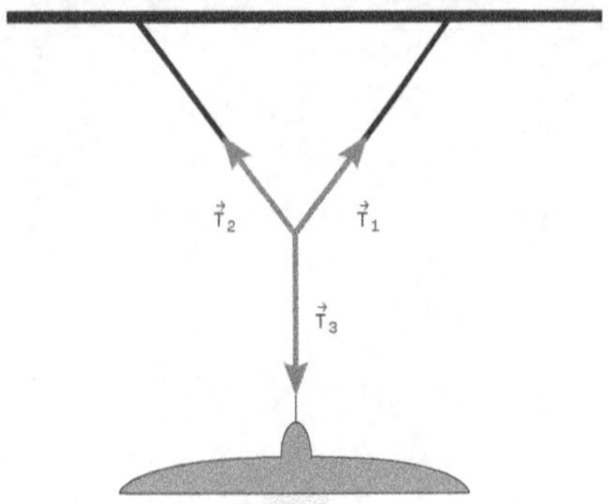

Para que um ponto material esteja em equilíbrio, a resultante das forças deve ser nula. Logo, $\vec{R} = \vec{0}$

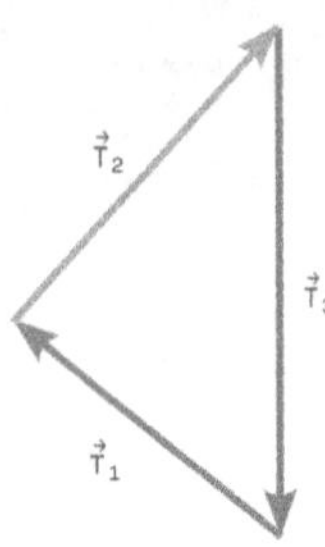

$\vec{T}_1 + \vec{T}_2 + \vec{T}_3 = \vec{0}$

Como, para equilíbrio, a resultante das forças deve ser nula, o polígono de forças deve ser fechado.

4.1.2 Estática do corpo extenso

As dimensões são relevantes no problema considerado e existe a possibilidade de rotação.

O corpo extenso, por sua vez, pode apresentar tanto o movimento de translação como o de rotação, por esse motivo abordaremos a grandeza física – momento de uma força (ou torque).

O momento, ou torque, de uma força expressa a capacidade que uma força tem de imprimir uma rotação em um corpo. Imagine uma barra de comprimento L que pode girar em torno do polo 0, como mostrado na figura a seguir.

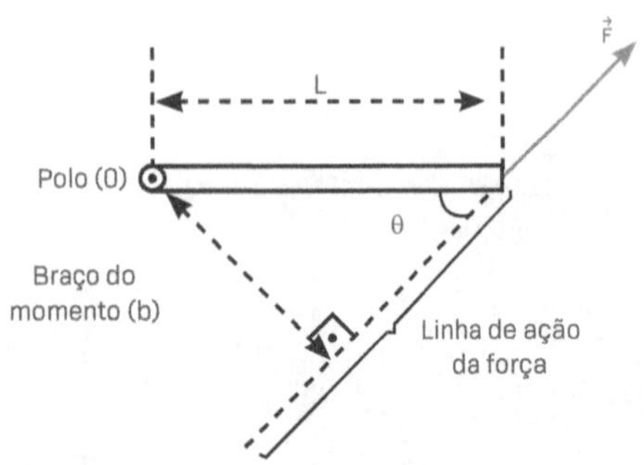

Define-se momento de uma força o produto da intensidade da força perpendicular pelo braço do momento.

Algebricamente: $M_0 = F \cdot b$ (I)

$\text{sen}\theta = \frac{b}{L} \therefore b = \text{sen}\theta \cdot L$ (II)

Substituindo (II) em (I), temos:

$M_0 = F \cdot \text{sen}\theta \cdot L$

Momento máximo: quando a força fizer um ângulo de 90° com a barra.

Momento mínimo: quando a força fizer um ângulo de 0° com a barra.

$[M] = N \cdot m$ (sistema internacional – SI)

Aplicação: a porta se abre mais facilmente onde o momento da força aplicada é maior.

Condição de equilíbrio de um corpo extenso:

$\Sigma M = 0$ (rotação – a soma dos momentos de todas as forças externas atuantes no corpo, em relação a qualquer polo, é nula.)

$\vec{R}_{externas} = \vec{0}$ (translação – a resultante de todas as forças externas atuantes no corpo é nula.)

| Exemplos:

Uma luminária com peso de 76N está suspensa por um aro e por dois fios ideais. No esquema, as retas AB e BC representam os fios, cada um medindo 3 m, e D corresponde ao ponto médio entre A e C.

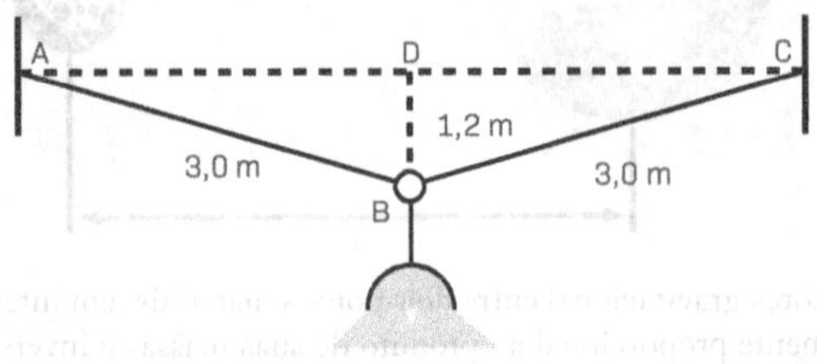

Sendo BC = 1,2 m e A, C e D pontos situados na mesma horizontal, qual a tração no fio AB, em Newtons?

Decompondo as trações nos eixos vertical e horizontal, de acordo com o diagrama a seguir, temos:

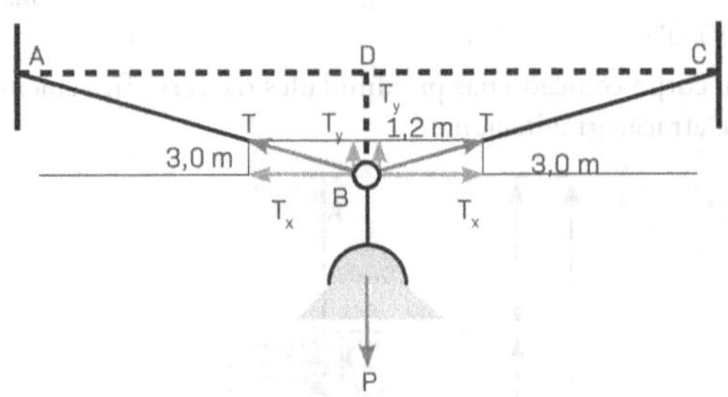

$2\,T_y = P \Rightarrow T_y = \frac{76N}{2} \therefore T_y = 38N$

Pela trigonometria sabemos que $\text{sen}\,\theta = \frac{1{,}2}{3}$ e que $T_y = T \cdot \text{sen}\,\theta$, assim:

$T_y = T \cdot \text{sen}\theta \Rightarrow T = \frac{38N}{\frac{1{,}2}{3}} \therefore T = 95N$

A barra homogênea, de peso desprezível, está sob a ação de três forças de intensidades $F_1 = 20$ N, $F_2 = 40$ N e $F_3 = 60$ N. Qual o sentido e qual o momento resultante da rotação produzida na barra em torno do ponto x?

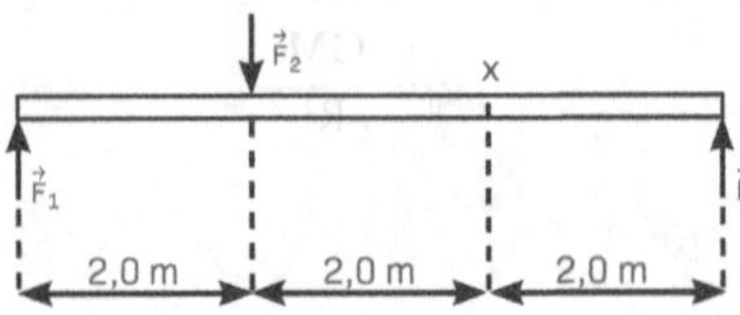

O momento resultante, usando a convenção de sinais para os momentos conforme figura a seguir, será:

Convenção dos sinais para cálculo do momento

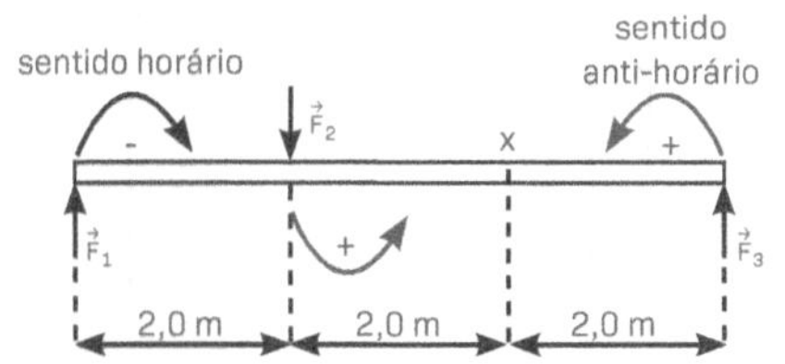

$M_{resultante} = M_{F_1} + M_{F_2} + M_{F_3} = -F_1 \cdot d_1 + F_2 \cdot d_2 + F_3 \cdot d_3$

$M_{resultante} = -20\ N \cdot 4\ m + 40\ N \cdot 2\ m + 60\ N \cdot 2\ m$

$M_{resultante} = -80\ NM + 200Nm$

$M_{resultante} = 120\ Nm = 1{,}2 \cdot 10^2\ Nm$ (anti-horário)

4.2 Estática dos fluidos

4.2.1 Massa específica (ou densidade absoluta) de uma substância x densidade de um corpo

Apesar do cálculo parecer igual, são conceitos diferentes, portanto apresentaremos a explicação de cada um.

- **Massa específica de uma substância:** é calculada dividindo-se a massa de uma porção dessa substância pelo volume que ela ocupa. Não são considerados os espaços vazios.

Algebricamente: $\mu = \frac{m}{V}$

- **Densidade de um corpo:** é calculada dividindo-se a massa de um corpo (mesmo que composto por vários materiais de diferentes massas específicas) pelo volume total que ele ocupa (incluindo espaços vazios).

$d = \frac{m}{V}$

| Exemplos:

Determine a densidade de um bloco maciço, constituído apenas da substância ferro, de 15 kg de massa e que ocupa um volume de 2 L, como mostra a figura a seguir:

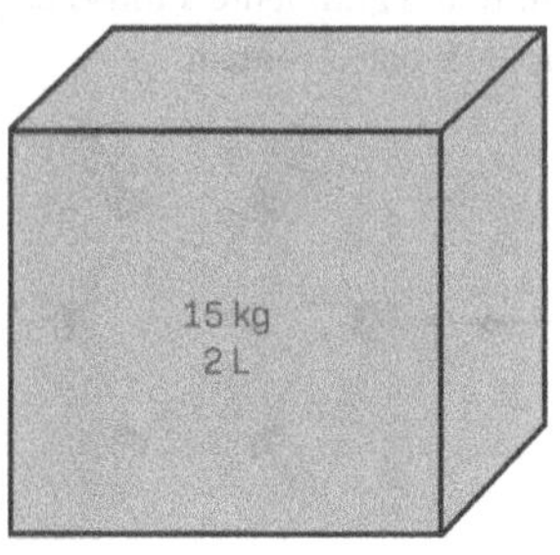

$$d = \mu = \frac{15\ kg}{2\ L} = 7{,}5\ kg/L$$

Pelo fato de o corpo ser constituído apenas com a substância ferro e ser maciço, a densidade do bloco de ferro coincide com a massa específica da substância ferro.

Considere uma esfera oca com um volume vazio de 28 L em seu interior.

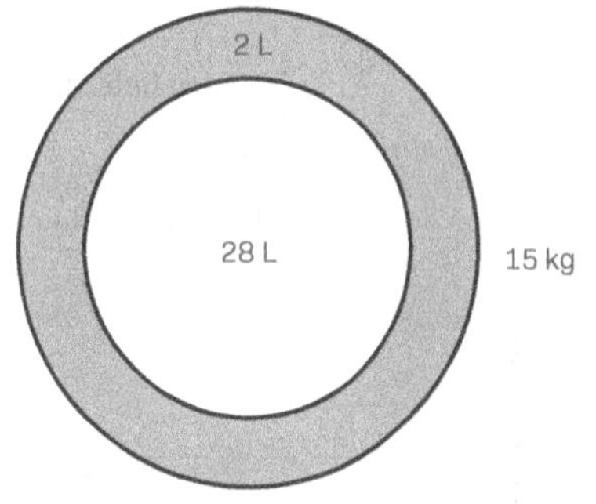

$$d = \frac{15\ kg}{(28 + 2)\ L} = 0{,}5\ \frac{kg}{L};\ \mu = \frac{15\ kg}{2\ L} = 7{,}5\ kg/L$$

A massa específica da substância ferro e a densidade da esfera neste caso, devido aos espaços vazios, não coincidem.

Unidades usadas – $\frac{kg}{L}$; $\frac{g}{cm^3}$; $\frac{kg}{m^3}$

No sistema internacional à kg/m^3

$1\ m^3 = 1000\ L$

$1\ cm^3 = 1\ mL$

1 tonelada = 1000 kg

1 kg = 1000 g

$1\ L = 1000\ cm^3$

$1\ g/cm^3 = 1\ kg/L = 1000\ kg/m^3$

4.2.2 Pressão

Grandeza física escalar definida pela razão entre a intensidade da força (F) exercida perpendicularmente sobre uma superfície de contato e a área (A) dessa superfície: $P = \frac{F}{A}$

No SI, a unidade de medida de pressão é N/m^2 ou Pascal (símbolo Pa).

$1\ N/m^2 = 1\ Pa$

$1\ bar = 10^5\ Pa$

$1\ atm = 1{,}01.10^5\ Pa$

$1\ psi \cong 7.10^3\ Pa$

$Patm = 1\ atm = 760\ mm\ Hg \cong 10^5\ Pa$

4.2.3 Teorema de Stevin

O teorema de Stevin (ou lei de Stevin, por razões históricas) permite calcular a diferença de pressão entre dois pontos x e y de um líquido em equilíbrio, conhecendo o desnível vertical h entre eles.

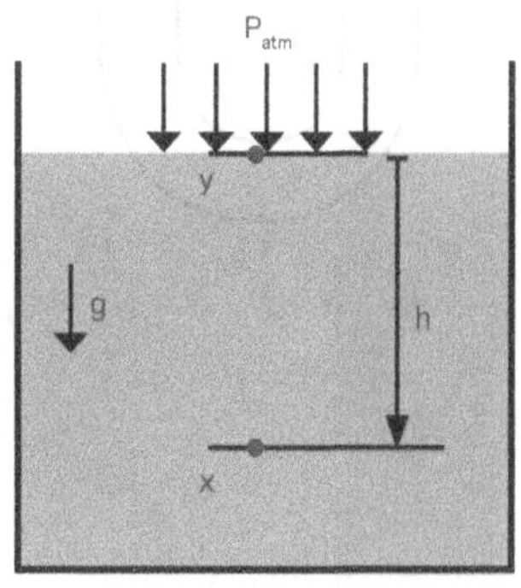

$$P_x = P_y + d \cdot g \cdot h$$

No caso apresentado na figura, temos:

$$P_x = P_{atm} + d \cdot g \cdot h$$

- Pressão atmosférica: P_{atm}
- Pressão efetiva (ou hidrostática): $d \cdot g \cdot h$
- Pressão absoluta (total): P_x

A pressão, no interior de um líquido, aumenta linearmente com a profundidade.

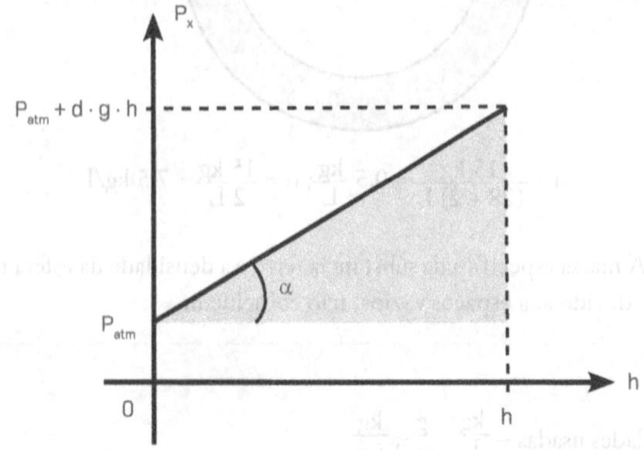

Todos os pontos de um líquido em equilíbrio sob a ação da gravidade, situados em um mesmo nível horizontal, suportam a mesma pressão, constituindo uma região isobárica.

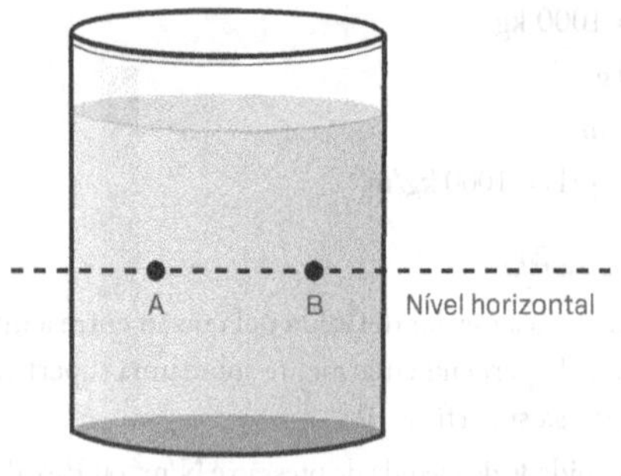

Aplicação:

Considere um tubo em U (vaso comunicante) contendo dois líquidos não miscíveis (água e óleo, por exemplo). Neste caso, considerando a situação em equilíbrio, pode-se verificar que o líquido na camada inferior é mais denso que o líquido da camada superior.

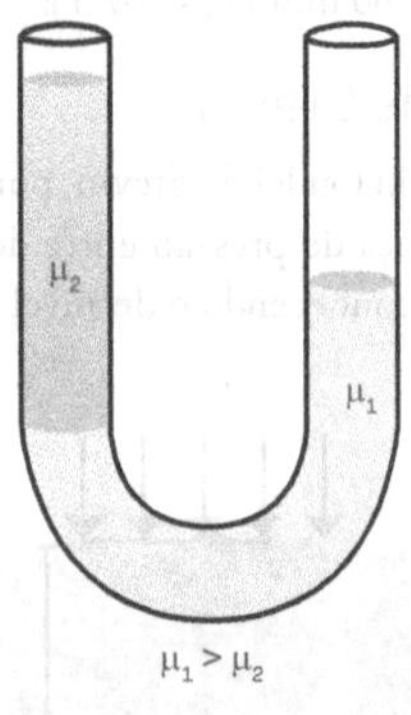

Utilizando-se como nível horizontal de referência a superfície de separação dos dois líquidos, verifica-se que as duas colunas devem exercer a mesma pressão nos pontos A e B. Observe:

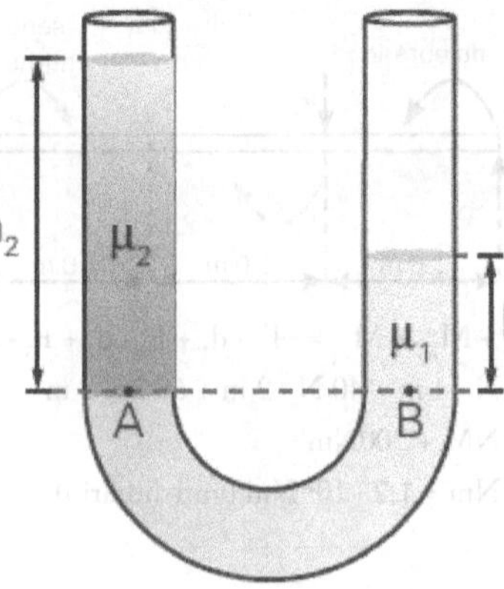

Segundo o teorema de Stevin, a pressão no ponto A é igual à do ponto B, pois se encontram no mesmo líquido na mesma horizontal. Logo,

$$P_A = P_B \rightarrow P_{atm} + \mu_2 \cdot g \ h_2 = P_{atm} + \mu_1 \cdot g \cdot h_2 \therefore \mu_2 \cdot h_2 = \mu_1 \cdot h_1$$

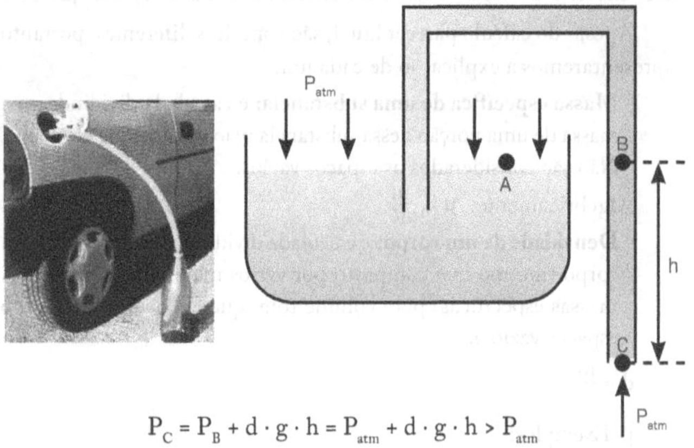

$$P_C = P_B + d \cdot g \cdot h = P_{atm} + d \cdot g \cdot h > P_{atm}$$

4.2.4 Princípio de Pascal

A variação de pressão provocada em um ponto de um líquido em equilíbrio se transmite integralmente a todos os pontos do líquido e das paredes do recipiente que o contém.

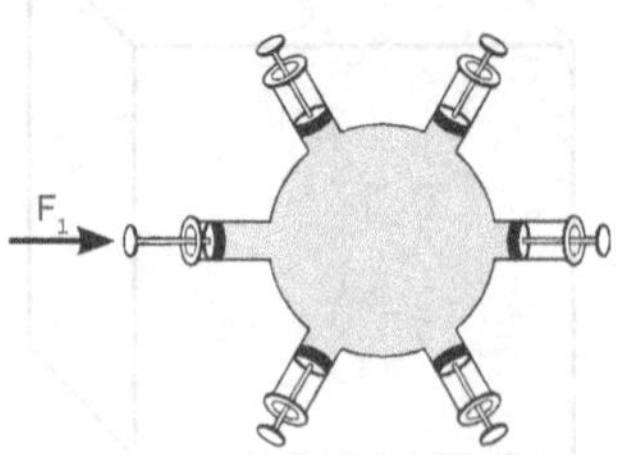

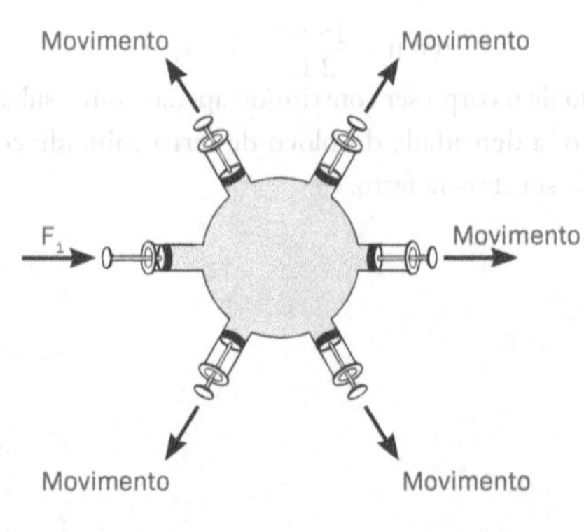

A força não foi transmitida apenas na direção aplicada, uma vez que aplicamos uma força em uma certa direção e a transmissão se deu em diversas direções. Portanto, segundo o princípio de Pascal, observa-se que o acréscimo de pressão é transmitido integralmente para todos os pontos do líquido.

Aplicação:

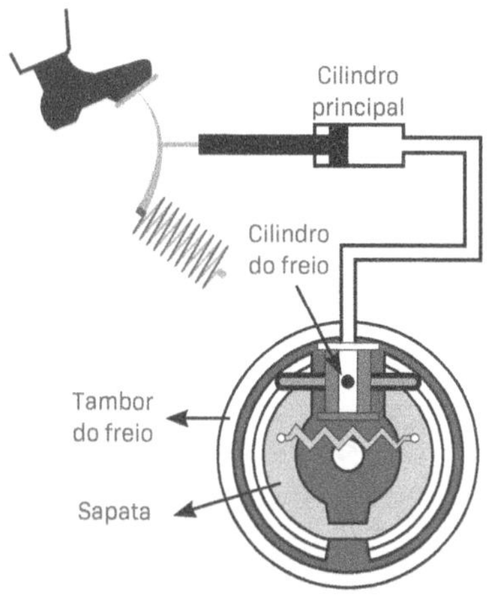

Sistema de freios

Macaco hidráulico

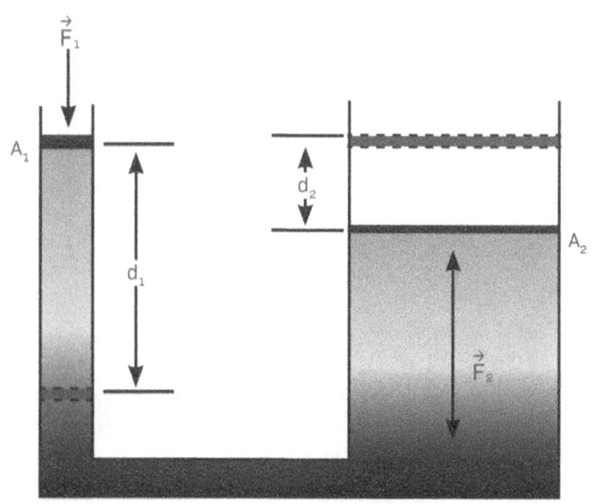

Prensa hidráulica

De acordo com o princípio de Pascal: $\Delta p_1 = \Delta p_2 \rightarrow \frac{F_1}{F_2} = \frac{F_2}{F_1}$

Vantagem mecânica: $V_m = \frac{F_2}{F_1} = \frac{A_2}{A_1}$

Conservação do trabalho: em uma prensa hidráulica, o trabalho da força aplicada ao êmbolo menor é igual ao trabalho da força transmitida ao êmbolo maior.

$F_B \cdot d_B = F_A \cdot d_A$

4.2.5 Princípio de Arquimedes

Quando um corpo é imerso total ou parcialmente em um fluido em equilíbrio sob a ação da gravidade, ele recebe do fluido uma força denominada empuxo. Tal força tem sempre direção vertical, sentido de baixo para cima e intensidade igual à do peso do fluido deslocado pelo corpo.

Empuxo = Peso do líquido deslocado pelo corpo

$E = M_{\text{Líquido deslocado}} \cdot g$

$E = \text{densidade}_{\text{líquido deslocado}} \cdot \text{Volume}_{\text{líquido deslocado}} \cdot g$

$E = d_{\text{líquido}} \cdot V_{\text{submerso}} \cdot g$

4.2.6 Empuxo e densidade

- **O corpo afunda:** $P > E$; $d_{\text{corpo}} > d_{\text{líquido}}$
- **O corpo permanece em equilíbrio completamente imerso:** $P = E$; $d_{\text{corpo}} = d_{\text{líquido}}$
- **O corpo acelera para cima e passa a boiar:** $P < E$; $d_{\text{corpo}} < d_{\text{líquido}}$

| Exemplos:

A figura a seguir mostra um tubo aberto em suas extremidades, contendo um único líquido em equilíbrio.

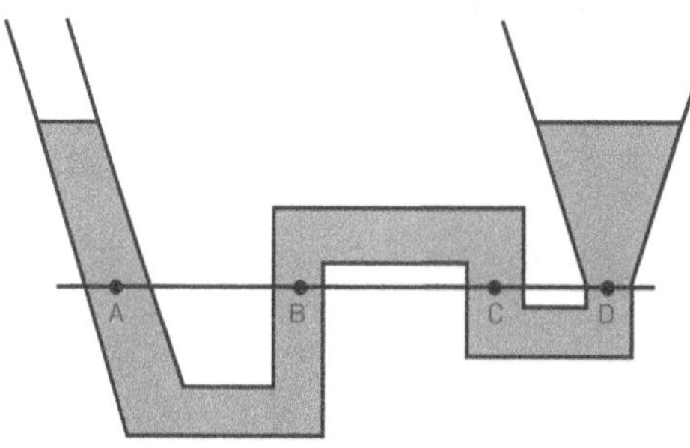

Indique a relação das pressões P_A, P_B, P_C e P_D nos pontos A, B, C e D situados sobre a mesma linha horizontal, conforme mostra a figura.

Pelo Teorema de Stevin, pontos de um mesmo líquido em equilíbrio que estejam no mesmo nível têm a mesma pressão.

Assim, PA = PB = PC = PD.

O sifão é um dispositivo que permite transferir um líquido de um recipiente mais alto para outro mais baixo, por meio, por exemplo, de uma mangueira cheia do mesmo líquido. Na figura, que representa, esquematicamente, um sifão utilizado para transferir água de um recipiente sobre uma mesa para outro no piso, R é um registro que, quando fechado, impede o movimento da água.

Quando o registro é aberto, a diferença de pressão entre os pontos A e B provoca o escoamento da água para o recipiente de baixo.

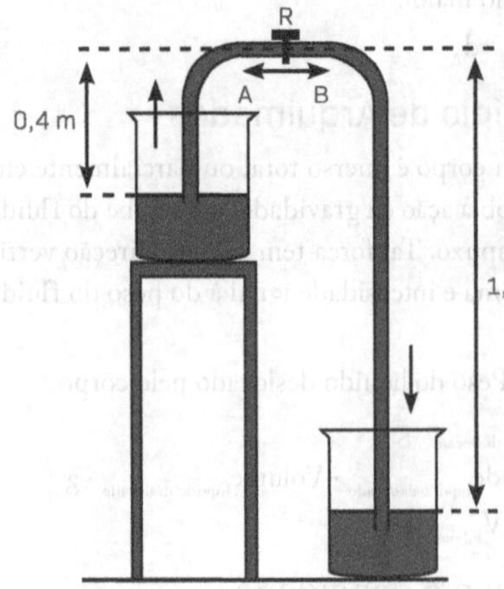

Considere que os dois recipientes estejam abertos para a atmosfera, que a densidade da água seja igual a 10^3 kg/m³ e que g = 10 m/s². De acordo com as medidas indicadas na figura, com o registro R fechado, qual a diferença de pressão $P_A - P_B$, entre os pontos A e B, em Pascal?

Nas extremidades do sifão, na superfície livre da água, a pressão é igual à pressão atmosférica. Então, nos ramos da esquerda e da direita, temos:

$$\left[\begin{array}{l} \text{Esquerda: } P_A + d\,g\,h_A = P_{at} \\ \text{Direita: } PB + d\,g\,h_B = P_{at} \end{array}\right\rangle \begin{array}{l} P_A - P_B = d\,g\,(h_B - h_A) = 10^3 \times 10 \times \\ (1{,}2 - 0.4) \Rightarrow P_A - P_B = 8.000 \text{ Pa} \end{array}$$

5 TERMOLOGIA

5.1 Conceitos fundamentais de termologia e termometria

5.1.1 Temperatura

Um conceito primitivo associado ao nível médio de agitação das partículas que compõem um corpo.

5.1.2 Equilíbrio térmico

Diz a respeito à questão de as temperaturas dos corpos serem iguais.

5.1.3 Calor

Energia térmica transferida entre sistemas (corpos), por existir entre eles uma diferença de temperatura.

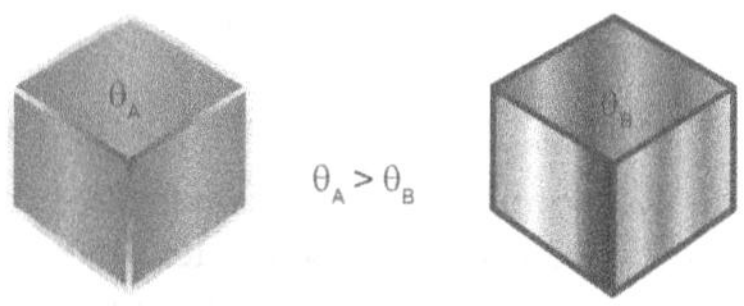

5.1.4 Escalas termométricas

Uma escala termométrica é um conjunto de valores numéricos (de temperaturas), cada um associado a um determinado estado térmico preestabelecido.

Escala Kelvin (escala absoluta)

Tem sua origem no zero absoluto (-273, 15 °C)

Ponto de vapor: 373,15 K

Ponto de gelo: 273,15 K

Escala Celsius

Ponto de vapor: 100 °C (nível do mar)

Ponto de gelo: 0 °C

Escala Fahrenheit

Ponto de vapor: 212 °F

Ponto de gelo: 32 °F

Equações de conversão

$$\frac{\theta_c}{5} = \frac{\theta_f - 32}{9} = \frac{\theta_k - 273}{5}$$

Variação de temperatura

$$\frac{\Delta\theta_c}{5} = \frac{\Delta\theta_f}{9} \rightarrow \Delta\theta_c = \frac{5\,\Delta\theta_f}{9}$$

Exemplo:

Durante uma temporada de férias na casa de praia, em certa noite, o filho caçula começa a apresentar um quadro febril preocupante. A mãe, para saber, com exatidão, a temperatura dele, usa um velho termômetro de mercúrio, que não mais apresenta com nitidez os números referentes à escala de temperatura em graus Celsius. Para resolver esse problema e aferir com precisão a temperatura do filho, a mãe decide graduar novamente a escala do termômetro usando como pontos fixos as temperaturas do gelo e do vapor da água. Os valores que ela obtém são: 5 cm para o gelo e 25 cm para o vapor. Com essas aferições em mãos, a mãe coloca o termômetro no filho e observa que a coluna de mercúrio para de crescer quando atinge a marca de 13 cm.

Com base nesse dado, qual é a temperatura do filho?

A figura mostra os dados.

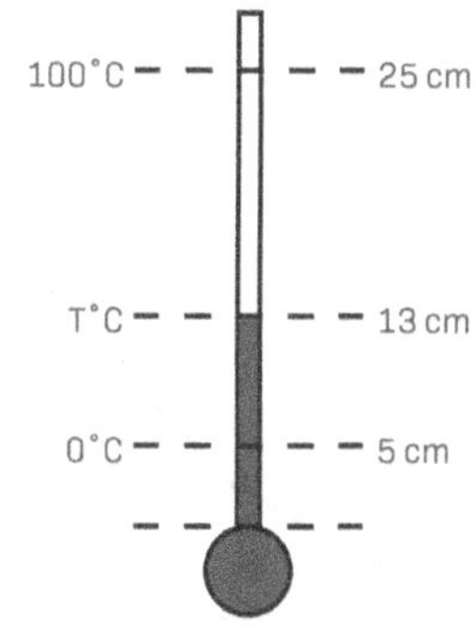

$$\frac{T-0}{100-0} = \frac{13-5}{25-5} \rightarrow \frac{T}{100} = \frac{8}{20} \rightarrow 20T = 800 \rightarrow T = 40\ °C$$

5.2 Calorimetria

O estudo da calorimetria é dividido em trocas de calor causando mudanças de temperatura e trocas de calor causando mudança de estado.

5.2.1 Trocas de calor causando mudança de temperatura

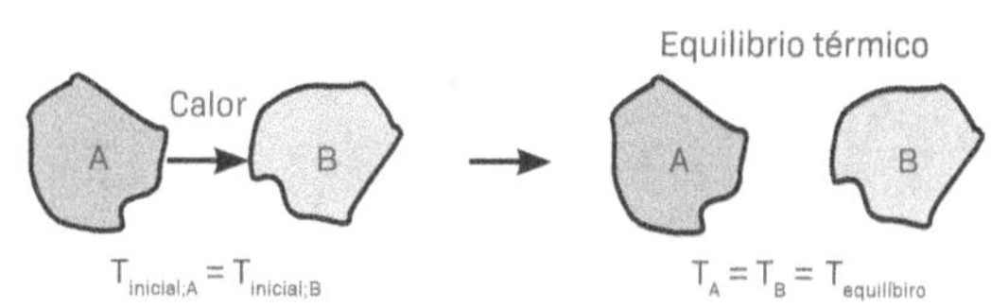

5.2.2 Quantidade de calor sensível (Q)

$$Q = C \cdot \Delta T \text{ ou } Q = m \cdot c \cdot \Delta T$$

Q: Quantidade de calor.

c: Calor específico – característica da substância.

C: Capacidade térmica ou capacidade calorífica do corpo (C = m · c).

m: Massa do corpo.

Interpretação dos sinais:

- Q > 0 – o corpo recebe calor.
- Q < 0 – o corpo cede calor.

5.2.3 Equivalente em água

Chama-se equivalente em água de um corpo a massa de água cuja capacidade térmica é igual à capacidade térmica do corpo.

Seja C = 250 cal/°C a capacidade térmica de um corpo. Sendo o calor específico da água igual a 1 cal/g.°C, concluímos que o equivalente em água do corpo é 250 g.

5.2.4 Trocas de calor causando mudanças de estado

▹ Diagrama de fases:

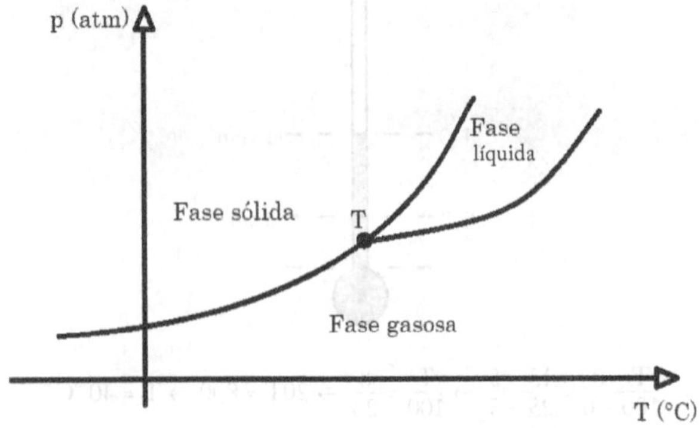

O diagrama de fases é o gráfico utilizado para mostrar os três diferentes estados da matéria: sólido, líquido e gasoso.

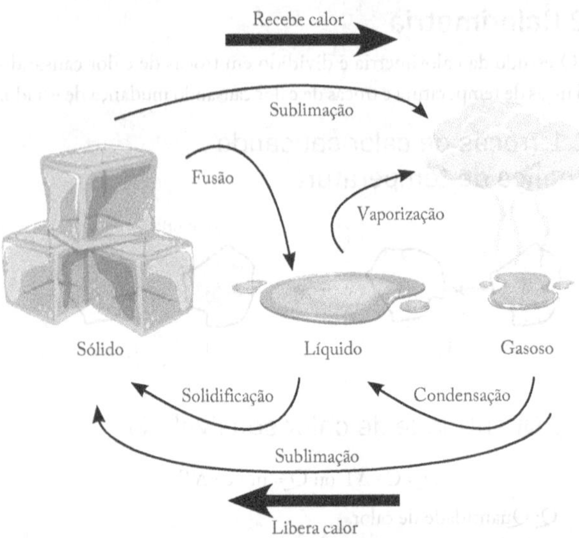

A dada pressão, a temperatura em que ocorre a fusão (ou solidificação) ou vaporização (ou liquefação) de uma substância pura é constante e determinada.

A mudança de estado de líquido para vapor pode ocorrer por evaporação (passagem lenta que ocorre a qualquer temperatura) ou por ebulição (passagem rápida que só ocorre a certa pressão e a certa temperatura).

5.2.5 Quantidade de calor latente (Q)

$$Q = m \cdot L$$

Q: Quantidade de calor.

L: Calor latente de mudança de estado.

m: Massa do corpo que efetivamente muda de estado físico.

Interpretação dos sinais:

- $Q > 0$ – o corpo recebe calor.
- $Q < 0$ – o corpo cede calor.

5.2.6 Sistema termicamente isolado

Não troca energia térmica com o meio externo; sua energia térmica total permanece constante.

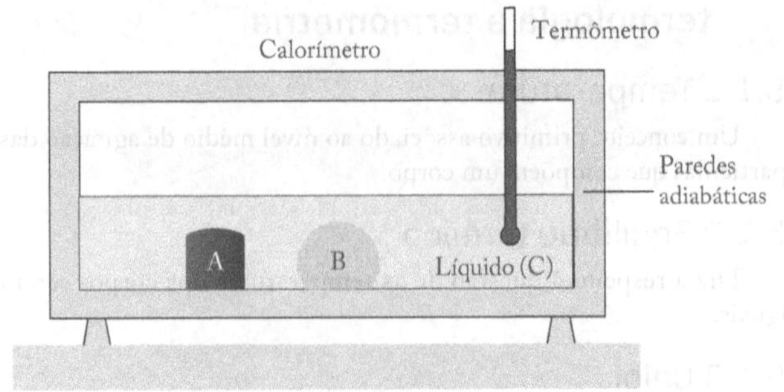

$$Q_A + Q_B + Q_C + Q_{calorímetro} = 0$$

Observação: calorímetro ideal – capacidade térmica desprezível.

$$Q_{calorímetro} = 0$$

5.2.7 Mecanismos de transferência de calor

▹ Transmissão de calor por condução: condução de calor é o mecanismo de transferência de energia térmica por meio de sucessivas colisões entre as partículas dos corpos, sem que haja transporte de matéria.

- **Lei de Fourier:**

A lei de Fourier estabelece que o fluxo de calor por meio de uma barra (parede, chapa), por exemplo, é diretamente proporcional à área da seção transversal S, e a diferença de temperatura (Ta – Tb) entre suas extremidades é inversamente proporcional ao seu comprimento L.

Fala-se de regime estacionário quando as extremidades do meio no qual ocorre a condução térmica são mantidas em temperaturas constantes.

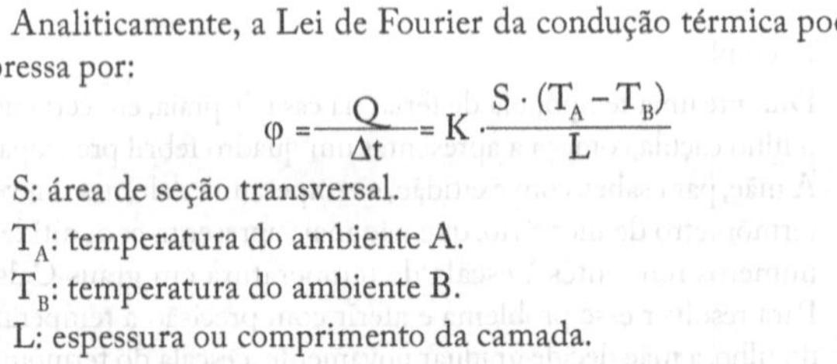

$T_A > T_B$

Analiticamente, a Lei de Fourier da condução térmica pode ser expressa por:

$$\varphi = \frac{Q}{\Delta t} = K \cdot \frac{S \cdot (T_A - T_B)}{L}$$

S: área de seção transversal.

T_A: temperatura do ambiente A.

T_B: temperatura do ambiente B.

L: espessura ou comprimento da camada.

K: a constante de proporcionalidade é característica de cada substância e é denominada coeficiente de condutibilidade térmica.

- Transferência de calor por convecção: convecção é a transferência de calor que ocorre devido à movimentação de porções de matéria que apresentam temperaturas diferentes.

- Transferência de calor por irradiação: a transferência de energia térmica do Sol para o nosso planeta ocorre mediante a propagação das ondas eletromagnéticas emitidas por essa estrela, que se propagam no vácuo. Esse processo de transmissão de calor é denominado irradiação ou radiação.

Exemplos:

Ao tentar fazer um café, José percebeu que não havia água. Teve, então, uma ideia: pegou cubos de gelo do congelador, de massa total 1,5 kg a -8 °C e, com o calor fornecido por um ebulidor, transformou-os em água a 90 °C, num intervalo de tempo de 700 s. O ebulidor foi ligado a uma fonte de tensão contínua de 150 V. Determine o valor da resistência elétrica do ebulidor em ohms, supondo que 60% da potência elétrica dissipada no resistor seja aproveitada para a realização do café.

Dados:

1 cal = 4,2 J

Calor específico da água = 1 cal/g · K.

Calor específico do gelo = 0,5 cal/g · K.

Calor latente de fusão do gelo = 80 cal/g.

Quantidade de calor necessário para:

Aquecer o gelo a 0 °C:

$Q_1 = m \cdot c_{gelo}\,\Delta\theta_1 = 1.500 \cdot 0{,}5 \cdot (0 + 8) \rightarrow Q_1 = 6.000$ cal

Derreter o gelo:

$Q_2 = m \cdot L = 1.500 \cdot 80 \rightarrow Q_2 = 120.000$ cal

Esquentar a água a 90 °C:

$Q_3 = m \cdot c_{água}\,\Delta\theta_3 = 1.500 \cdot 1 \cdot (90 - 0) \rightarrow Q_3 = 135.000$ cal

Logo, o calor total foi de:

$Q_T = Q_1 + Q_2 + Q_3 = 6.000 + 120.000 + 135.000 \rightarrow Q_T = 261.000$

Potência necessária para o aquecimento:

$$0.6P = \frac{Q}{\Delta t} = \frac{261.000 \times 4{,}2}{700} \rightarrow P = 2610 \text{ W}$$

Portanto, a resistência elétrica do ebulidor é de:

$$P = \frac{U^2}{R} \rightarrow R = \frac{U^2}{P} = \frac{150^2}{2610} \therefore R = 8{,}62\Omega$$

Em uma garrafa térmica, são colocados 200g de água à temperatura de 30 °C e uma pedra de gelo de 50 g, à temperatura de – 10 °C. Após o equilíbrio térmico, quanto do gelo derreteu e qual foi a temperatura de equilíbrio?

Dados:

- Calor latente de fusão do gelo = 80 cal/g;
- Calor específico do gelo = 0,5 cal/g °C;
- Calor específico da água = 1,0 cal/g °C.

Calor necessário para que todo o gelo atinja 0 °C e derreta:

$Q_1 = m_g c_g \Delta\theta_g + m_g L$

$Q_1 = 50 \cdot 0{,}5 \cdot (0 - (-10)) + 50 \cdot 80$

$Q_1 = 4250$ cal

Calor necessário para que a água atinja 0 °C:

$Q_2 = m_a c_a \Delta\theta_a$

$Q_2 = 200 \cdot 1 \cdot (0 - 30)$

$Q_2 = -6000$ cal

Portanto, não é possível que a água esfrie até 0 °C. Sendo θ_e a temperatura de equilíbrio, temos que:

Calor necessário para que o gelo derretido (agora água) atinja o equilíbrio:

$Q_3 = 50 \cdot 1 \cdot (\theta_e - 0)$

$Q_3 = 50\theta_e$

Calor necessário para que a água a 30 °C atinja o equilíbrio:

$Q_4 = 200 \cdot 1 \cdot (\theta_e - 30)$

$Q4 = 200\theta_e - 6000$

Portanto, é necessário que:

$Q_1 + Q_3 + Q_4 = 0$

$4250 + 500\theta_e + 200\theta_e - 6000 = 0$

$250\theta_e = 1750$

$\therefore \theta_e = 7$ °C

Portanto, todo o gelo derreteu e a temperatura de equilíbrio é de 7 °C.

5.3 Dilatação térmica dos sólidos e dos líquidos

5.3.1 Para os sólidos

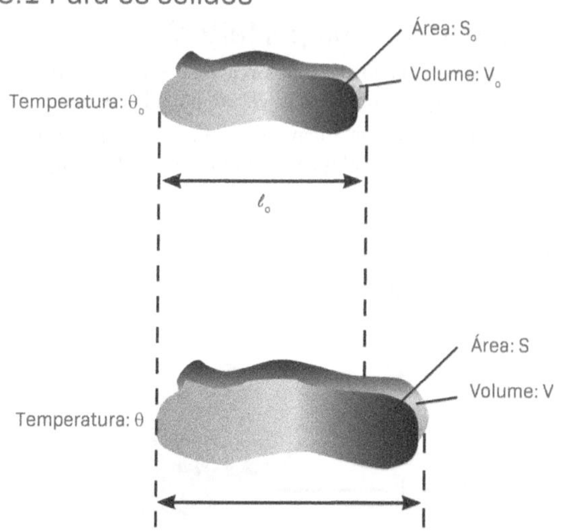

Linear = $\Delta l = l_0 \cdot \alpha \cdot \Delta\theta$

Superficial = $\Delta S = S_0 \cdot \beta \cdot \Delta\theta$

Volumétrica = $\Delta V = V_0 \cdot \gamma \cdot \Delta\theta$

$\beta = 2 \cdot \alpha$

$\gamma = 3 \cdot \alpha$

5.3.2 Para os líquidos

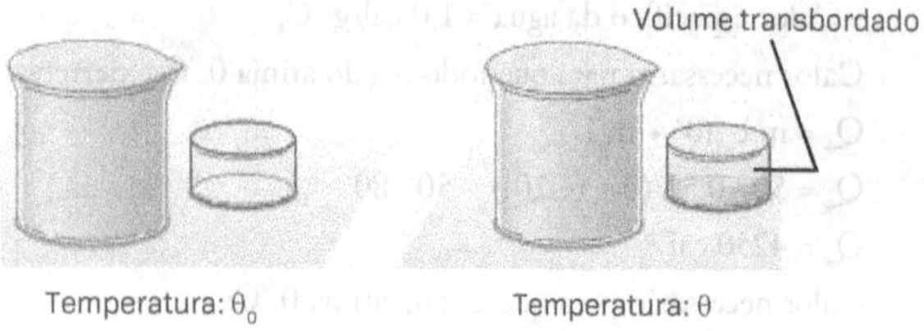

$$\Delta V_{líquido} = \Delta V_{recipiente} + \Delta V_{transbordado}$$

$$\downarrow \quad \downarrow \quad \downarrow$$

$$\Delta V_{real} = \Delta V_{recipiente} + \Delta V_{aparente}$$

5.3.3 Dilatação anômala da água

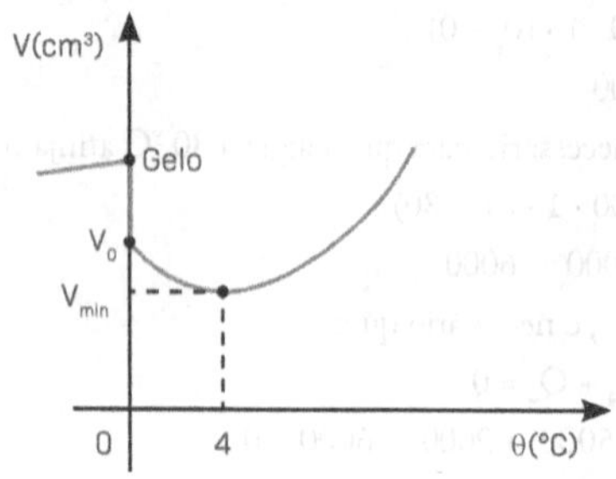

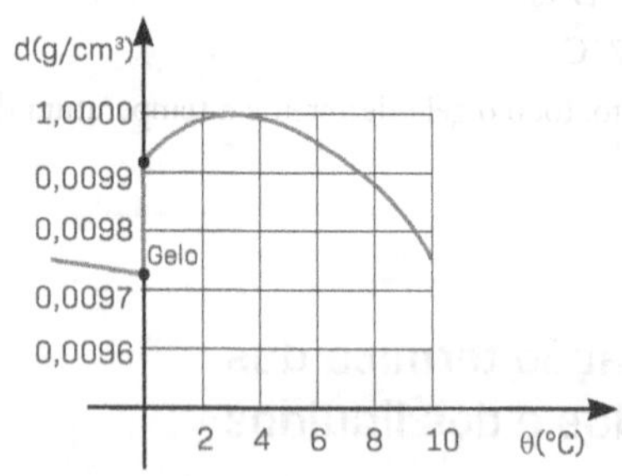

5.4 Gases ideais (ou perfeitos)

As suas moléculas não exercem força umas sobre as outras e nem sobre o recipiente que contém o gás, exceto quando colidem.

Observação: o comportamento de um gás real aproxima-se do comportamento de gás ideal quando submetido a altas temperaturas e baixas pressões.

5.4.1 Variáveis de estado de uma amostra gasosa

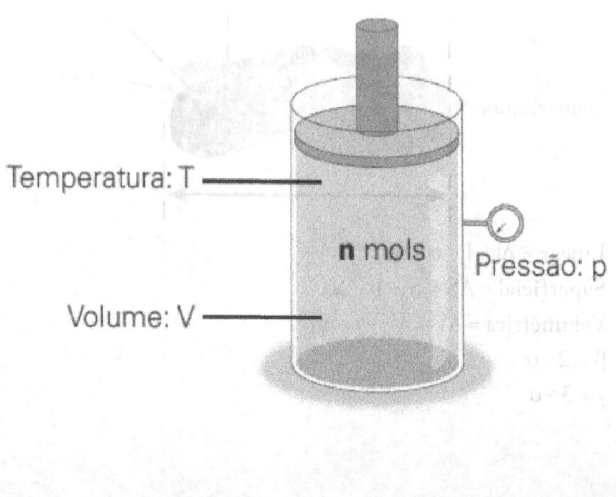

- **Pressão:** deve-se exclusivamente às forças trocadas durante as colisões das partículas do gás com essas paredes.
- **Volume:** corresponde ao volume do recipiente que contém a amostra de gás.
- **Temperatura:** está relacionada à energia cinética média das partículas do gás.
- **Número de mols (n):** n = m/M.

5.4.2 Equação de Clapeyron

$p \cdot V = n \cdot R \cdot T$

R: constante universal dos gases perfeitos ou constante de Clapeyron.

R = 0,082 atm.l/mol.K

R = 8,31 J/mol.K

5.4.3 Transformações de um gás

Dizemos que uma dada massa de gás passa por uma transformação quando pelo menos uma de suas variáveis de estado sofre alteração.

Observação: no estudo que faremos sobre as transformações, admitiremos que a massa da amostra gasosa que está sofrendo a transformação permanece constante, isto é, não ocorre vazamento nem acréscimo de gás ao sistema (o número de mols n da amostra permanece constante).

$$\frac{p \cdot V}{T} = \frac{p' \cdot V'}{T'} = \ldots = \text{constante}$$

▹ Transformação isotérmica (Lei de Boyle e Mariotte): ocorre à temperatura constante e a pressão e o volume variam.

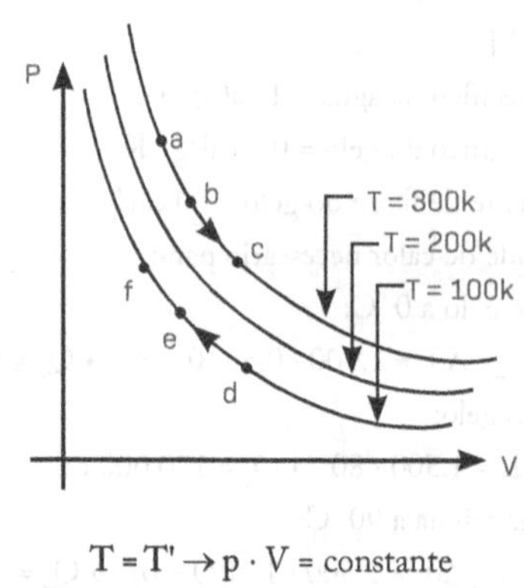

$$T = T' \rightarrow p \cdot V = \text{constante}$$

▹ Transformação isobárica (Lei de Gay-Lussac): ocorre à pressão constante e a temperatura e o volume variam.

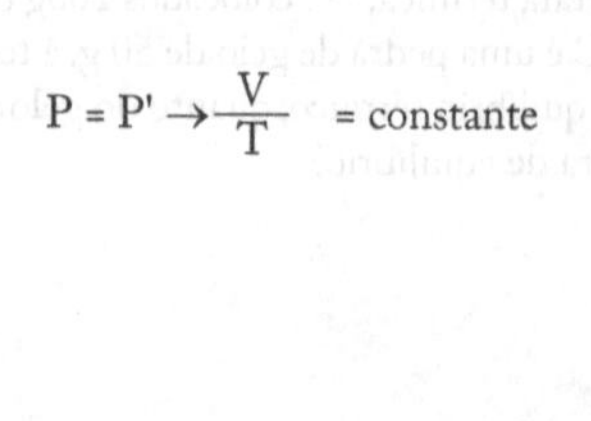

$$P = P' \rightarrow \frac{V}{T} = \text{constante}$$

- Transformação isométrica (ou isocórica – Lei de Charles): ocorre a volume constante e a pressão e a temperatura variam.

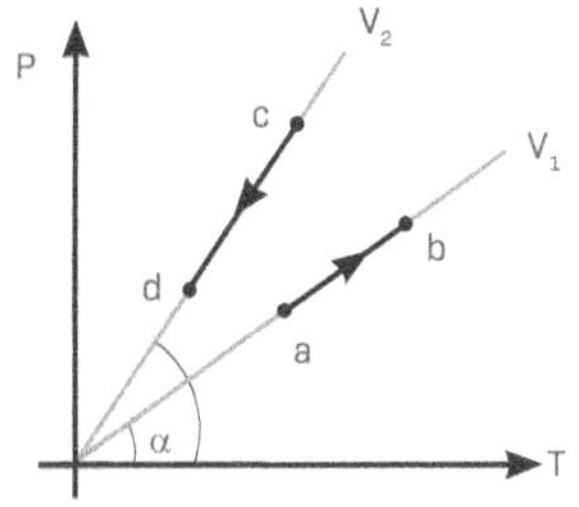

$$V = V' \rightarrow \frac{P}{T} = \text{constante}$$

5.5 Termodinâmica

A transformação de energia térmica (calor) em energia mecânica (trabalho) e vice-versa exige sempre um sistema físico intermediário. Nas provas que cobram termodinâmica, esse sistema intermediário será um gás perfeito.

5.5.1 1ª Lei da termodinâmica

O primeiro princípio nada mais é que o princípio da conservação da energia aplicado à termodinâmica.

$$\Delta U = Q - \tau$$

$\Delta U = U_{final} - U_{inicial}$: variação de energia interna

Chamamos de energia interna de um sistema a energia, sob qualquer forma, que ele tem armazenada dentro de si.

A energia interna de um dado número de mols de um gás perfeito depende exclusivamente da temperatura (Lei de Joule) e independe do caminho.

- $\Delta U > 0 \Rightarrow$ o gás esquenta (T aumenta).
- $\Delta U < 0 \Rightarrow$ o gás esfria (T diminui).

Q: quantidade de calor trocada.

- $Q > 0 \Rightarrow$ o gás recebe energia térmica do meio.
- $Q < 0 \Rightarrow$ o gás cede energia térmica ao meio.

Observação: nas transformações adiabáticas, não há trocas de calor com o meio ($Q = 0$).

- **Compressão adiabática:** volume diminui, recebe trabalho, energia interna aumenta, temperatura aumenta e pressão aumenta.
- **Expansão adiabática:** volume aumenta, realiza trabalho, energia interna diminui, temperatura diminui e pressão diminui.

τ: trabalho da força de pressão do gás.

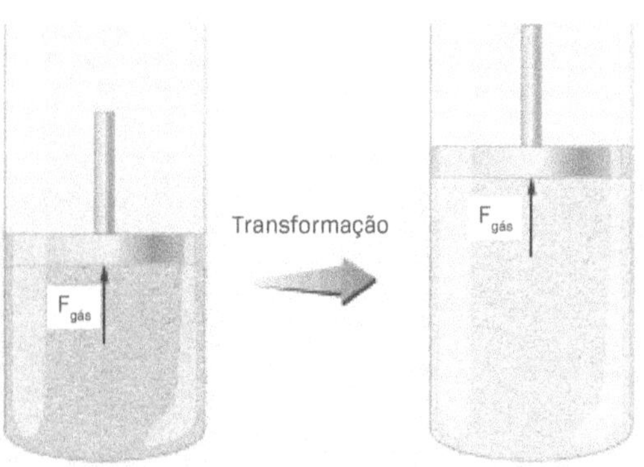

Estado A (p_A, V_A, T_A)

Estado B (p_B, V_B, T_B)

- Transformação isobárica: $\tau = p: (V_{final} - V_{inicial})\ \tau_{AB}^{F_{gás}} = p \cdot \Delta V$
- Transformação qualquer:

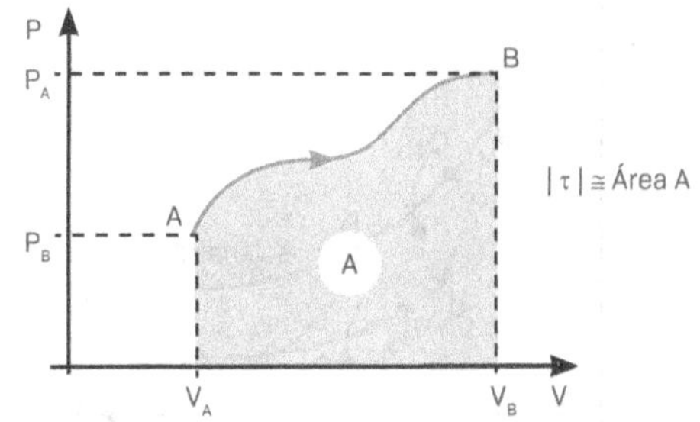

- $\tau > 0$: expansão $\Rightarrow$ o gás cede energia mecânica ao meio.
- $\tau < 0$: compressão $\Rightarrow$ o gás recebe energia mecânica do meio.

- Ciclos termodinâmicos:

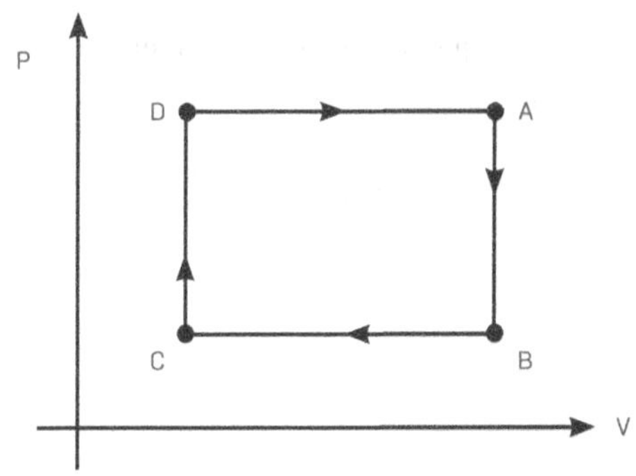

- Sempre que um ciclo termodinâmico for percorrido no sentido horário $\tau_{ciclo} > 0$
- $\Delta U_{ciclo} = 0$

5.5.2 2ª Lei da termodinâmica

É impossível construir uma máquina que trabalhe com rendimento 100%.

A máquina térmica tira proveito da espontaneidade do fluxo térmico de calor entre uma fonte quente e uma fonte fria, desviando parte dessa energia a fim de utilizá-la na forma de trabalho mecânico, visando, por exemplo, a mover uma locomotiva a vapor.

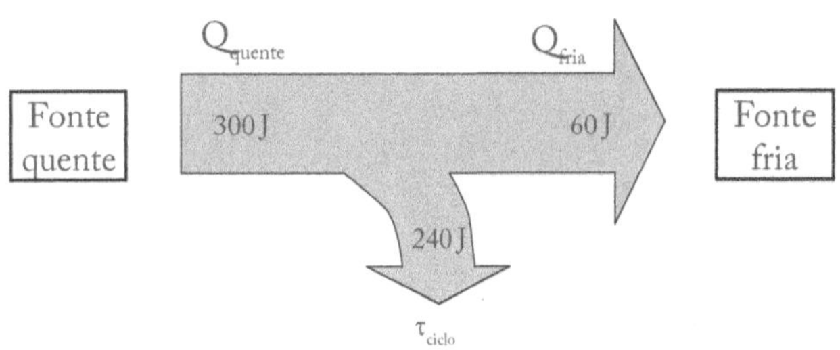

Conceito de rendimento de uma máquina térmica:

$$\eta = 1 - \frac{Q_{fria}}{Q_{quente}}$$

Ciclo de Carnot

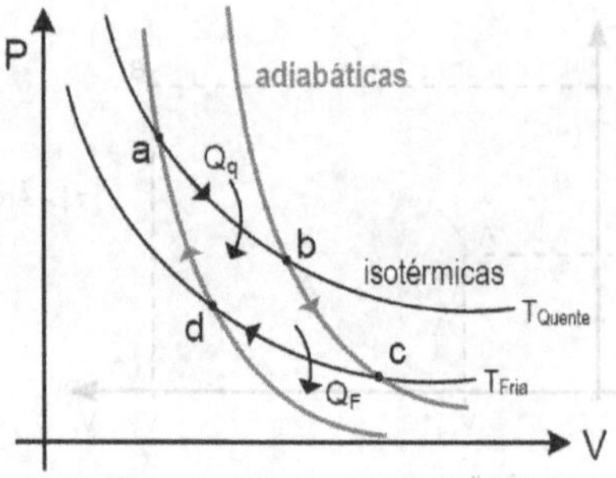

$$\frac{Q_{quente}}{T_{quente}} = \frac{Q_{fria}}{T_{fria}}$$

Expressão exclusiva de Carnot

Rendimento da máquina de Carnot:

$$\eta_{Carnot} = 1 - \frac{T_{fria}}{T_{quente}}$$

6 ÓPTICA

6.1 Introdução

Nós interagimos com o mundo à nossa volta por meio dos nossos sentidos e, através dos tempos, o sentido da visão se fixou no homem como o mais valioso. Por exemplo, lemos com muito mais rapidez do que ouvimos uma pessoa falando. A ciência reservou uma posição de destaque à óptica e isso nos faz sentido porque nossa concepção de Universo saiu das trevas com o surgimento dos telescópios. Além disso, a biologia derrubou várias barreiras com o advento do microscópio e a qualidade de vida deu um salto com o aprimoramento dos óculos.

A palavra óptica tem origem no grego *optikê* e significa basicamente "relativo à visão".

Por uma forma didática, a óptica apresentada em concursos é dividida em óptica geométrica, óptica física e óptica fisiológica:

- **Óptica geométrica**: é a parte da óptica que, por meio de conceitos geométricos simples, consegue explicar inúmeros fenômenos, como sombras e formação de imagens, entre outros.
- **Óptica física**: estuda os fenômenos que a óptica geométrica não explica e que são necessários para o entendimento da natureza ondulatória e eletromagnética da luz. Fenômenos como interferência da luz, por exemplo, são explicados pela óptica física.
- **Óptica fisiológica**: é a parte que estuda o funcionamento óptico do olho (instrumento óptico).

6.2 Ondas eletromagnéticas

Luz é a energia que se propaga através de ondas eletromagnéticas cuja frequência sensibiliza nosso olho.

A energia pode se apresentar sob diferentes formas, por exemplo, mecânica, térmica, elétrica, química e radiante.

O transporte de energia entre dois pontos de um sistema se dá por meio de ondas. Existem dois tipos de natureza de onda:

- ▹ Mecânica: para haver propagação é necessário meio (matéria).
- ▹ Eletromagnética: para se propagar não necessita de meio, ela se propaga no vácuo.

Assim, por exemplo, a energia mecânica de uma pedra que atinge a água de um lago é transmitida por toda a superfície desse lago pelas ondas de natureza mecânica.

Já no estudo da óptica, o que nos interessa é um tipo específico de transporte de energia, aquele feito pelas chamadas ondas eletromagnéticas (natureza da onda), cujos exemplos mais conhecidos são onda de rádio, micro-ondas, raio-x e radiações infravermelha, visível e ultravioleta.

O que nos impede de enxergar essas ondas eletromagnéticas são as diferentes frequências com que vibram. Assim, "as turmas da física" reuniram o conjunto de todas as frequências das ondas eletromagnéticas a que damos o nome de espectro eletromagnético.

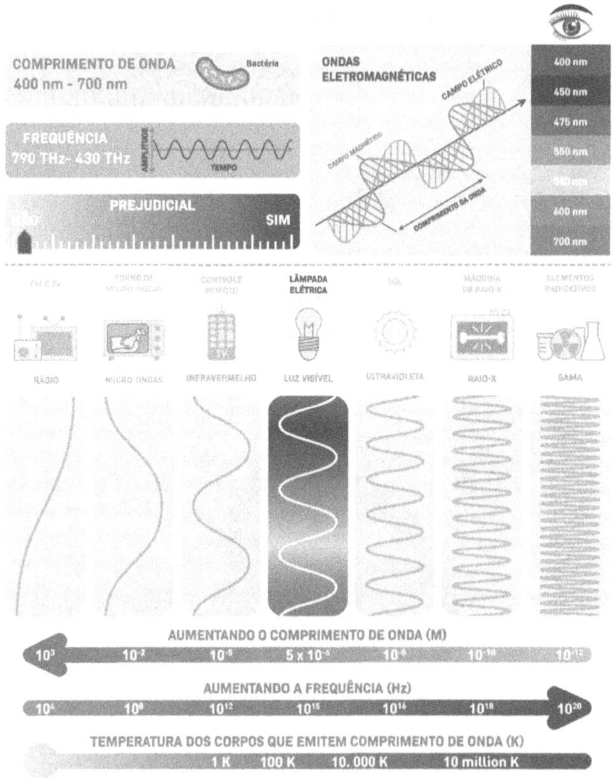

É isso mesmo que você está pensando: a luz (radiação visível) é a única coisa que conseguimos enxergar.

Observação: a propagação de ondas eletromagnéticas no vácuo ocorre com a mesma velocidade, independentemente de suas frequências.

6.3 Velocidade da luz

A luz que recebemos do Sol se propaga nos meios materiais e também no vácuo (onda eletromagnética) e percorre 150 milhões de quilômetros a uma velocidade de 300 mil quilômetros por segundo ($3 \cdot 10^5$ km/s, $3 \cdot 10^8$ m/s ou $10{,}8 \cdot 10^8$ km/h), que é a velocidade da luz no vácuo e a maior atingida na natureza identificada. Nesse exato momento em que você lê este capítulo, a luz vai chegar à Terra daqui a 8 minutos e 20 segundos.

Todas as ondas eletromagnéticas possuem a mesma velocidade quando estão propagando-se no vácuo.

6.4 Ano-luz

É uma unidade de comprimento, como metros, quilômetros etc. Por causa dos extensos números entre os astros foi conveniente criar uma unidade de medida para distâncias astronômicas.

Ano-luz é a distância percorrida pela luz no vácuo em 1 ano.

$1 \text{ ano} = 3{,}15 \cdot 10^7\text{s} \ (365{,}25 \text{ dias} \cdot 24\text{h/dia} \cdot 3600\text{s/h})$

$1 \text{ ano-luz} = 3 \cdot 10^8\text{m/s} \cdot 3{,}15 \cdot 10^7\text{s} = 9{,}45 \cdot 10^{15}\text{m}$

6.5 Óptica geométrica

6.5.1 Conceitos iniciais

- **Representação geométrica da trajetória da luz:**

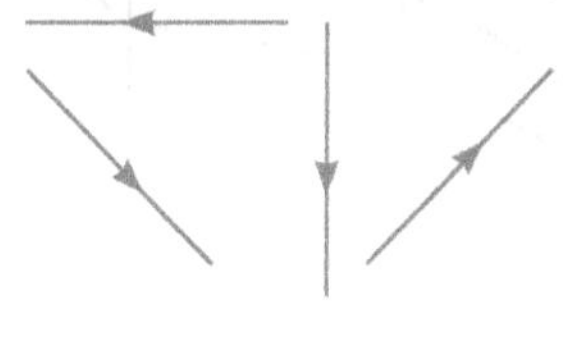

- **Nomenclaturas dos feixes de luz:**

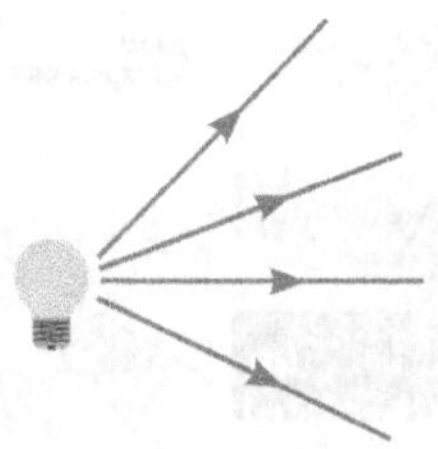

- **Feixe ou pincel divergente:**

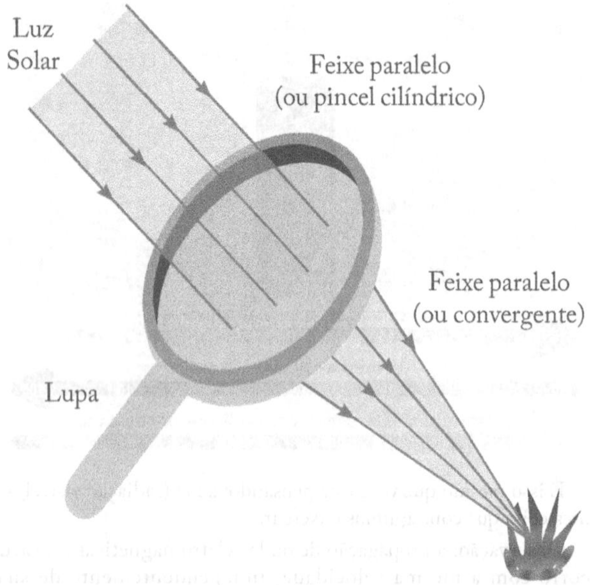

6.5.2 Fontes de luz

Todos os corpos que enviam luz são chamados de fonte de luz. Isso quer dizer que qualquer corpo que podemos observar e fotografar é uma fonte de luz.

Existem corpos que enviam a luz que eles produzem: são os corpos luminosos ou fontes primárias.

> Sol, estrelas, lâmpadas elétricas quando acesas e chama de vela.

Os corpos que enviam uma parcela da luz que recebem de outros corpos (fontes primárias) são denominados corpos iluminados ou fonte secundária.

> A Lua envia à Terra a luz que recebe do Sol, nós mesmos, roupas etc.

6.5.3 Classificação dos meios

▹ Meios transparentes: são aqueles que permitem que a luz os atravesse descrevendo trajetórias regulares e bem definidas.

Água pura

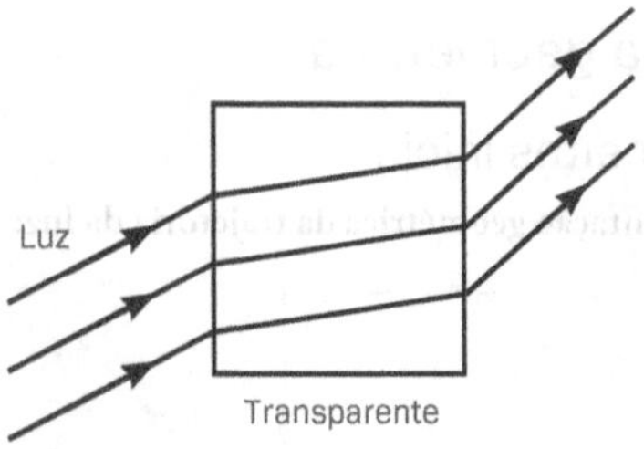

▹ Meios translúcidos: são aqueles em que a luz descreve trajetórias irregulares com intensa difusão (espalhamento aleatório), provocada pelas partículas desses meios.

Papel manteiga

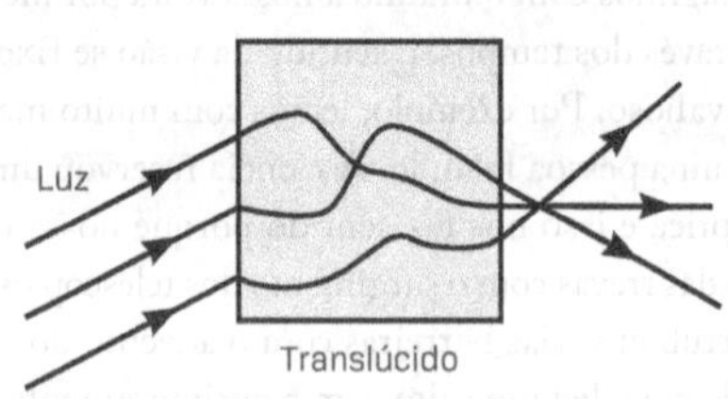

▹ Meios opacos: são aqueles através dos quais a luz não se propaga.

Madeira

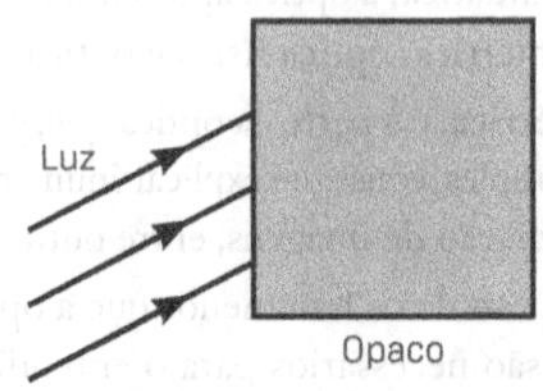

6.5.4 Fenômenos da óptica geométrica

A seguir, alguns fenômenos que ocorrem com a luz quando esta atinge determinada superfície.

▹ Reflexão:

- **Regular:**

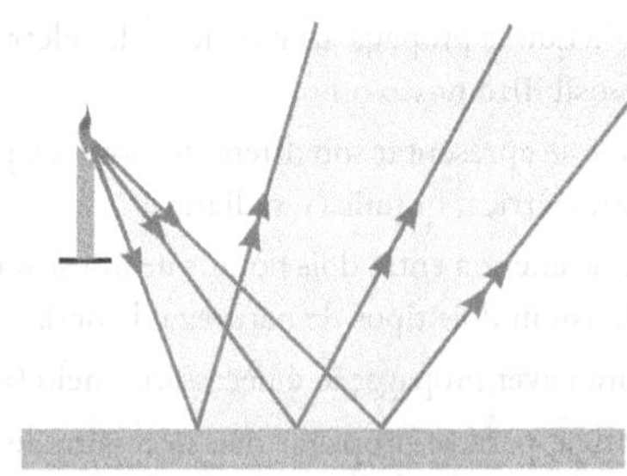

- **Difusa:**

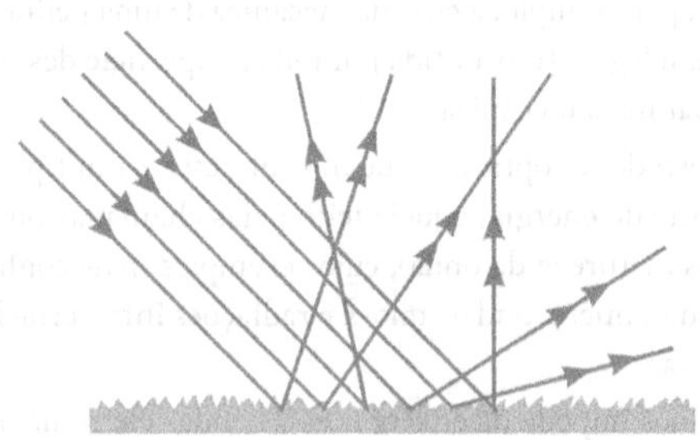

> A cor dos corpos

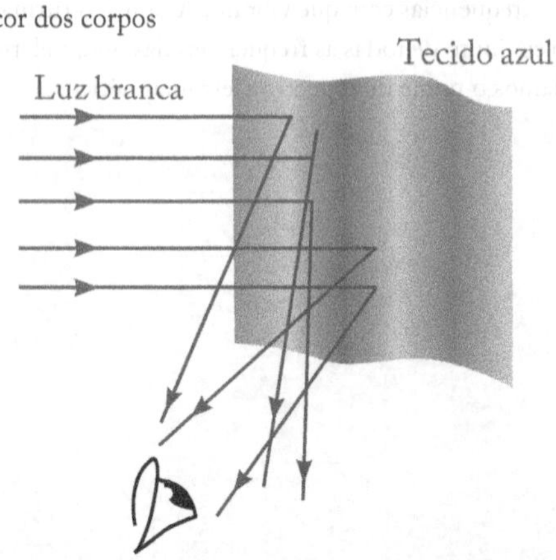

No tecido azul ocorre difusão apenas da componente azul do espectro luminoso e absorção das demais radiações. Essa absorção de grande parte da energia luminosa é transformada em energia térmica, elevando a temperatura do corpo.

- Refração:

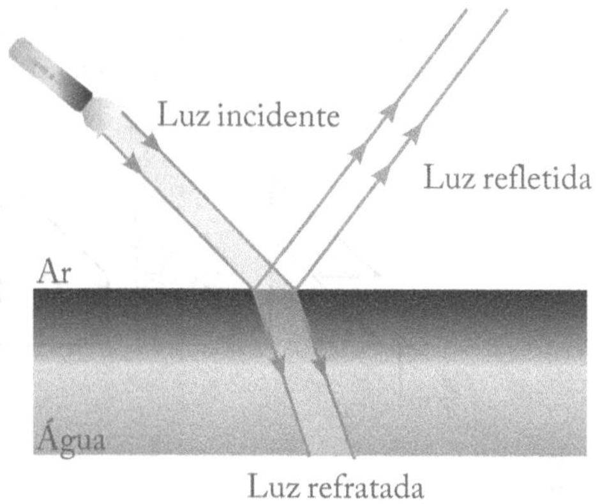

- Absorção:

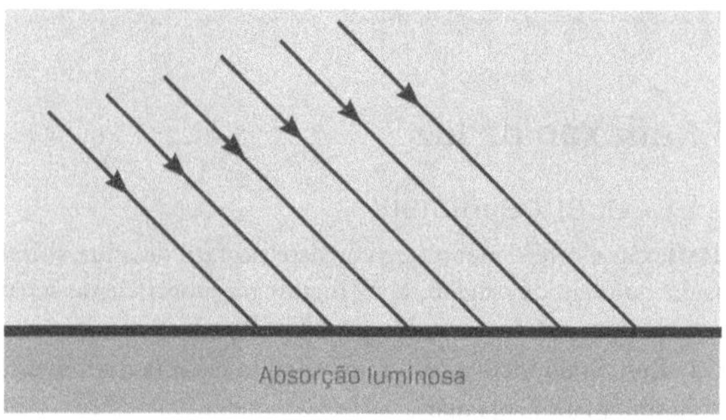

6.5.5 Princípios da óptica geométrica

Princípio da propagação retilínea

Em meios homogêneos e transparentes, a luz se propaga em linha reta.

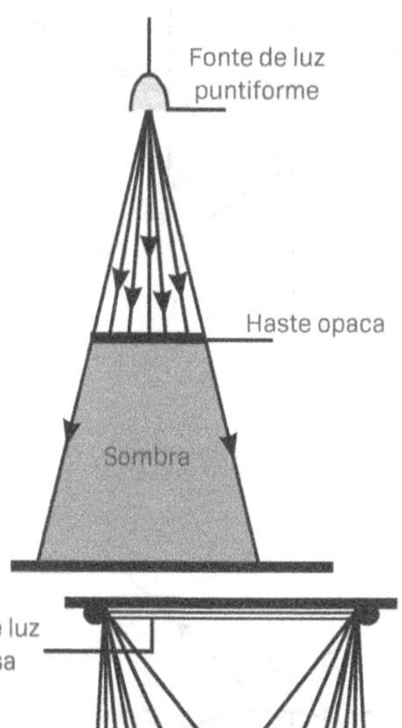

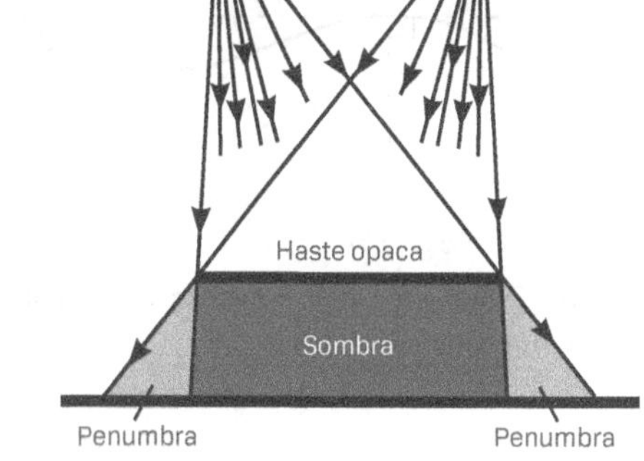

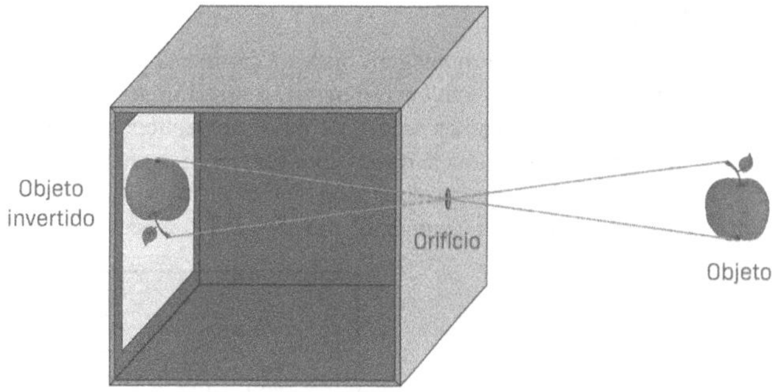

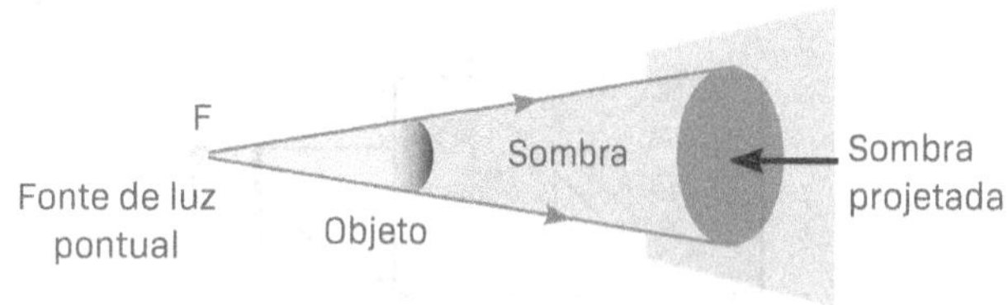

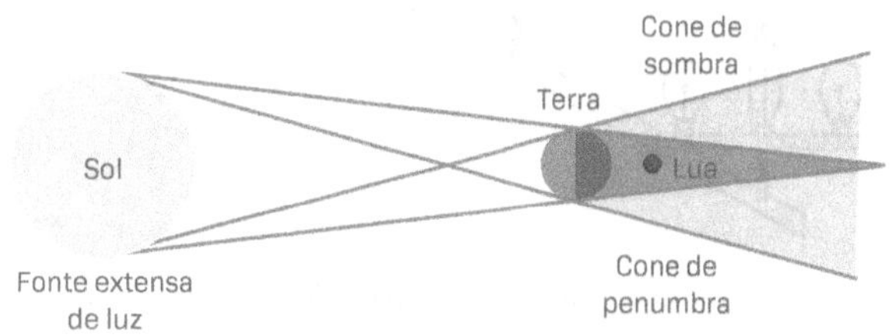

Princípio da independência dos raios luminosos

Quando vários feixes luminosos são emitidos, simultaneamente, por fontes diferentes, cada um deles se comporta como se os outros não existissem.

Princípio da reversibilidade dos raios luminosos

A trajetória de um raio de luz não depende do seu sentido. Quando você faz um problema de óptica geométrica, na verdade, você faz dois.

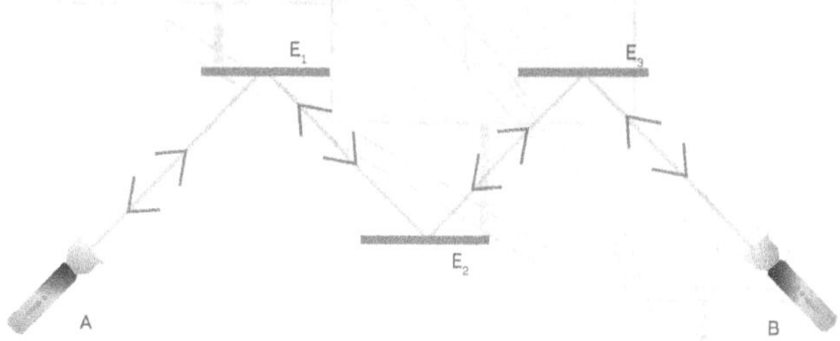

Exemplo:

Uma determinada montagem óptica é composta por um anteparo, uma máscara com furo triangular e três lâmpadas, L1, L2 e L3, conforme a figura a seguir. L1 e L3 são pequenas lâmpadas de lanterna e L2, uma lâmpada com filamento extenso e linear, mas pequena nas outras dimensões. No esquema, apresenta-se a imagem projetada no anteparo com apenas L1 acesa.

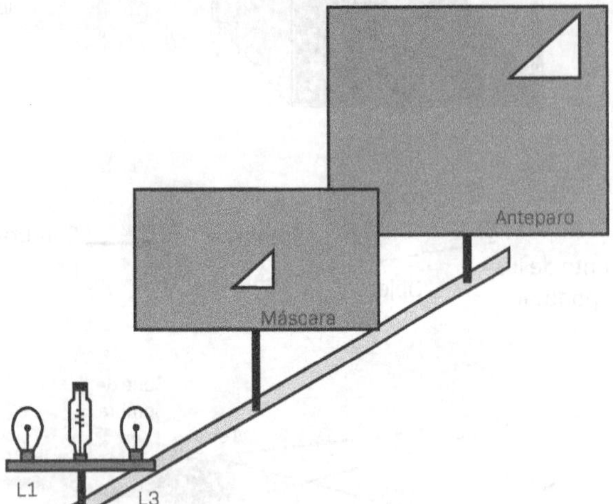

Esquema de montagem óptica

Como seria representado o anteparo iluminado pelas três lâmpadas acesas?

As lâmpadas L1 e L3 são consideradas fontes puntiformes, iluminando regiões de mesma forma, semelhantes ao triângulo da máscara e de mesma orientação, conforme ilustrado nas figuras a seguir.

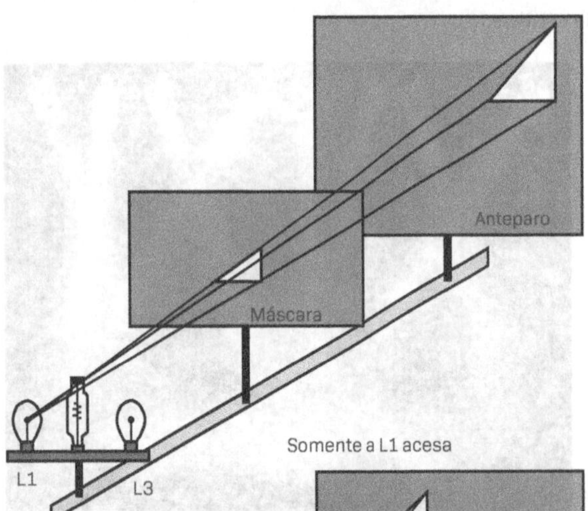

Somente a L1 acesa

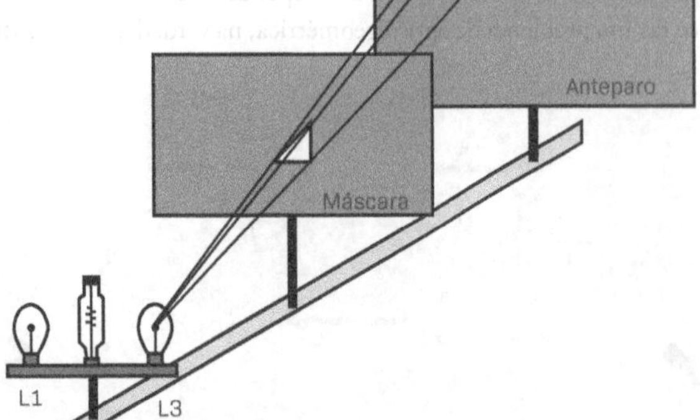

Somente a L3 acesa

A Lâmpada L2 comporta-se como uma fonte extensa na direção vertical. A figura 1 (a seguir) mostra as regiões iluminadas se somente as extremidades do filamento (duas fontes puntiformes, Fa e Fb) estivessem acesas.

A figura 2 mostra o filamento como se várias fontes puntiformes fossem intercaladas entre Fa e Fb.

Como uma fonte extensa é, na verdade, um conjunto de infinitas fontes puntiformes, cada uma delas forma um triângulo iluminado. A região iluminada por L2 é a superposição desses infinitos triângulos, como mostrado na figura 3.

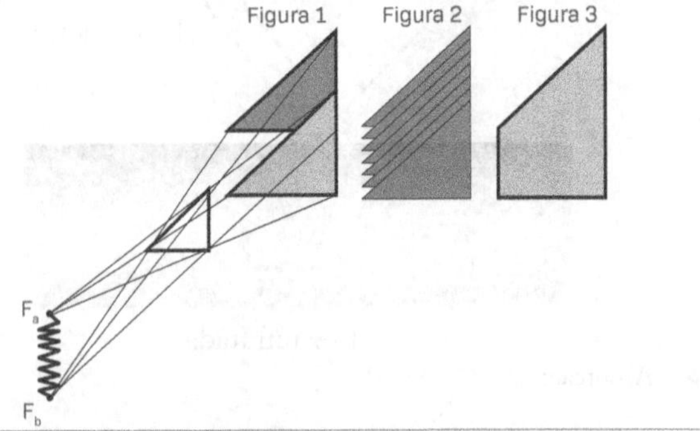

6.6 Reflexão da luz

6.6.1 Conceitos iniciais

Reflexão é o fenômeno que consiste no fato de a luz voltar a se propagar no meio de origem, após incidir na superfície de separação desse meio com outro, e é regido por duas leis:

- **1ª Lei**: o raio incidente, o raio refletido e a reta normal estão no mesmo plano (coplanar).

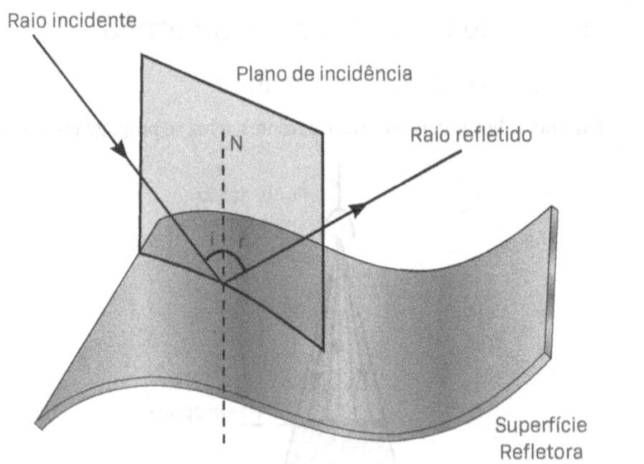

- **2ª Lei**: a medida do ângulo de reflexão é igual à medida do ângulo de incidência (i = r).

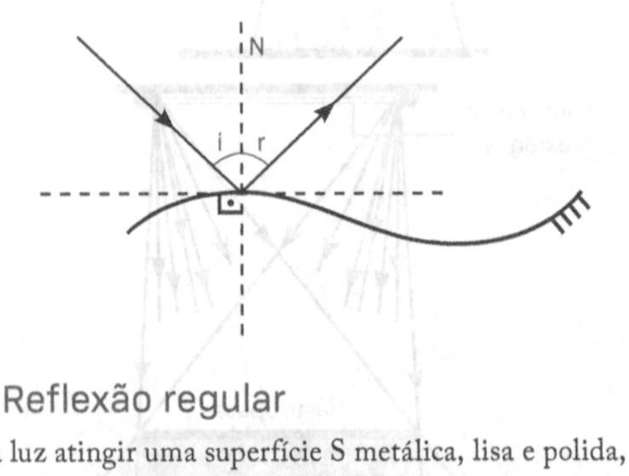

6.6.2 Reflexão regular

Se a luz atingir uma superfície S metálica, lisa e polida, ocorre a reflexão da luz, um fenômeno regular.

| Espelho plano.

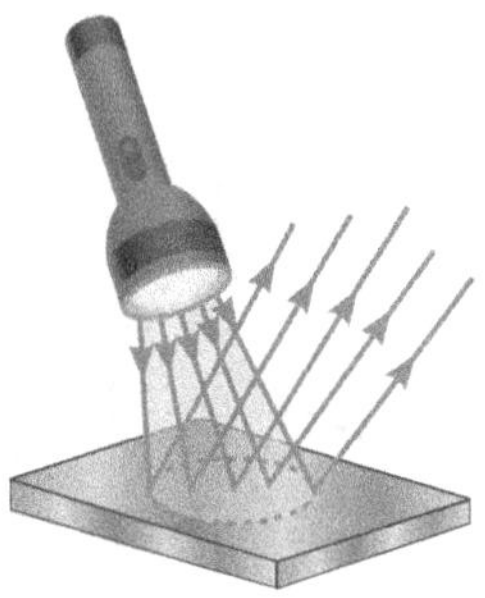

6.6.3 Reflexão difusa

Quando a luz incide em uma superfície clara e rugosa.

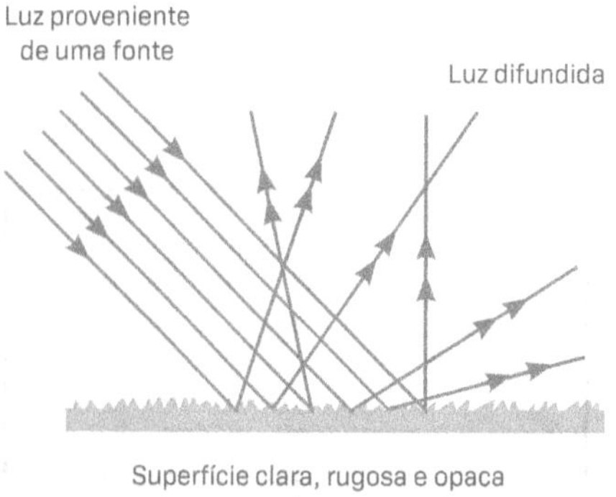

A cor dos corpos.

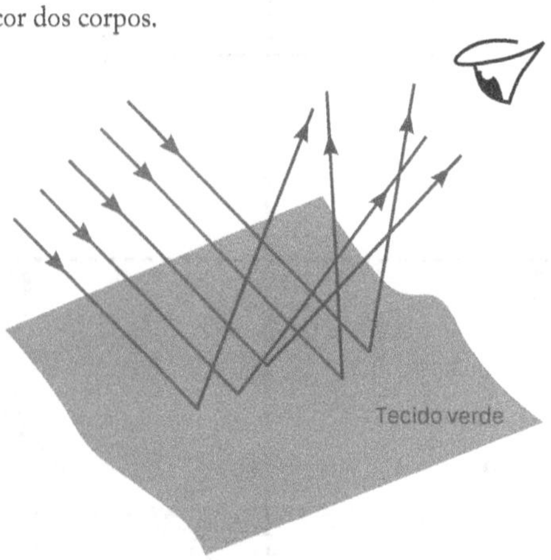

Nesse exemplo, no tecido estão ocorrendo a reflexão difusa da radiação verde e a absorção das demais radiações.

6.6.4 Ponto objeto e ponto imagem

Ponto objeto – incide luz

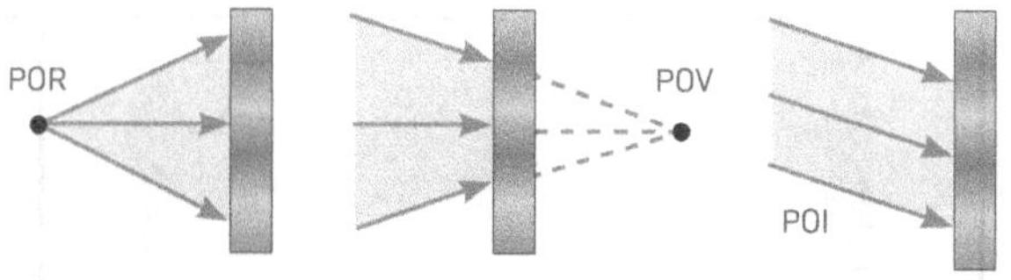

Ponto imagem – emerge luz

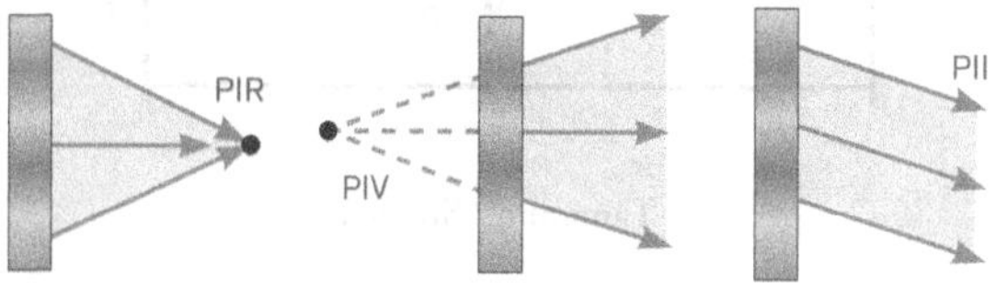

6.6.5 Sistemas ópticos

Em geral, há dois tipos principais de sistema óptico que veremos: os refletores (espelhos planos e esféricos, superfície de um lago tranquilo) e os refratores (lentes e prismas).

Ângulo visual – tamanho aparente

O nome que damos a isso é o ângulo visual. Observe a figura a seguir.

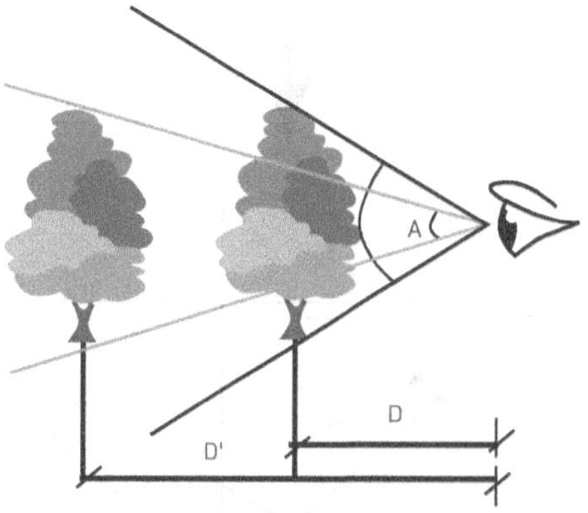

É fácil notar que, se você se afasta da árvore, o ângulo diminui em relação ao ângulo quando estava mais próximo da árvore. Sendo assim, o que define o tamanho aparente de um objeto é o ângulo visual a partir do qual ele é observado.

6.7 Espelho plano

6.7.1 Conceitos iniciais

É uma superfície refletora plana. De maneira geral, os espelhos são feitos de uma superfície metálica bem polida. Comumente, usa-se uma placa de vidro onde é depositada uma camada bem fina de prata ou alumínio numa das fases e na outra é o espelho.

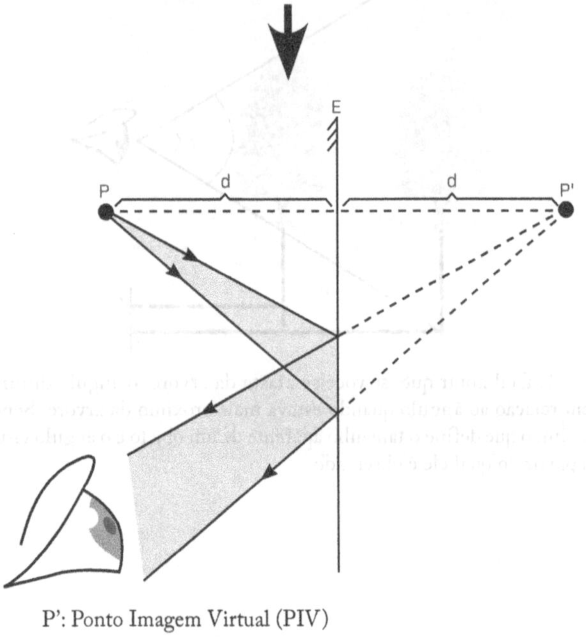

P': Ponto Imagem Virtual (PIV)
P: Ponto Objeto Real (POV)

Tamanho, simetria e reversão

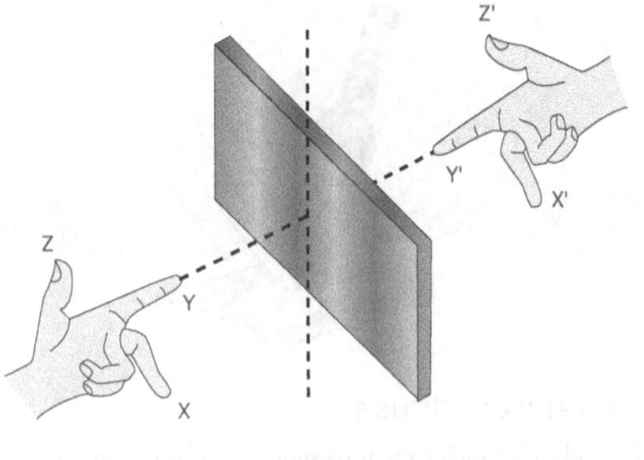

Reversão

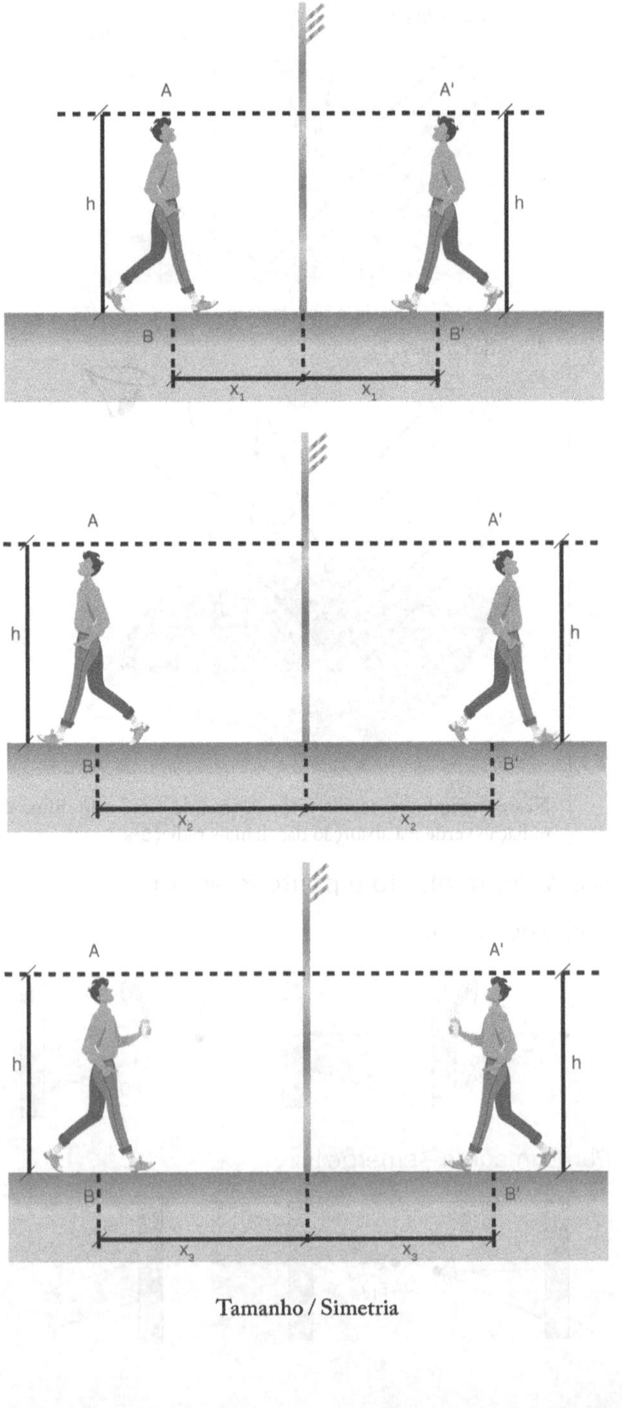

Tamanho / Simetria

6.7.2 Campo visual

A região do espaço que enxergamos por meio de reflexão em um espelho.

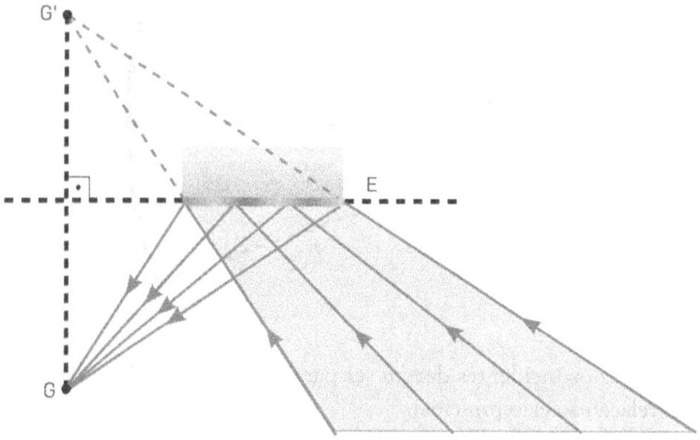

6.7.3 Translação do espelho plano

Mantendo fixo o observador e deslocando apenas o espelho plano, vamos encontrar uma relação entre a velocidade do espelho com a velocidade da imagem do observador.

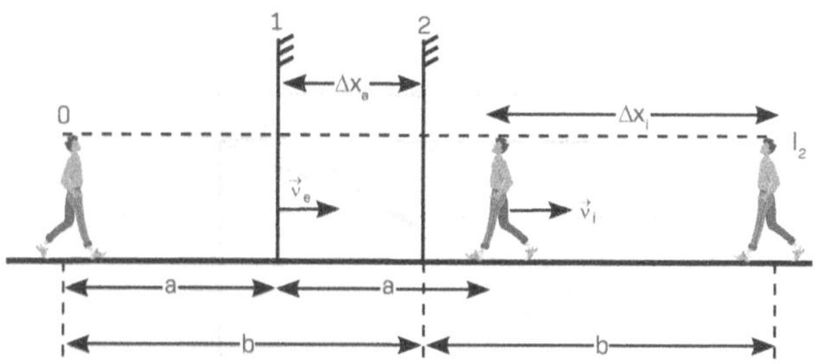

$B = a + \Delta x_e$ (I)

$a - \Delta x_e + \Delta x_i = b$ (II)

Igualando as equações:

$a - \Delta x_e + \Delta x_i = a + \Delta x_e \therefore \Delta x_i = 2 \cdot \Delta x_e$

O deslocamento da imagem é o dobro do deslocamento do espelho.

Dividindo-se, membro a membro, a expressão anterior por $\Delta t \neq 0$, que é o intervalo de tempo gasto para os deslocamentos simultâneos do espelho e da imagem, tem-se:

$$\frac{\Delta x_i}{\Delta \tau} = 2 \cdot \frac{\Delta x_i}{\Delta \tau} \therefore v_i = 2 \cdot v_e$$

Velocidade da imagem é o dobro da velocidade do espelho.

Rotação do espelho plano

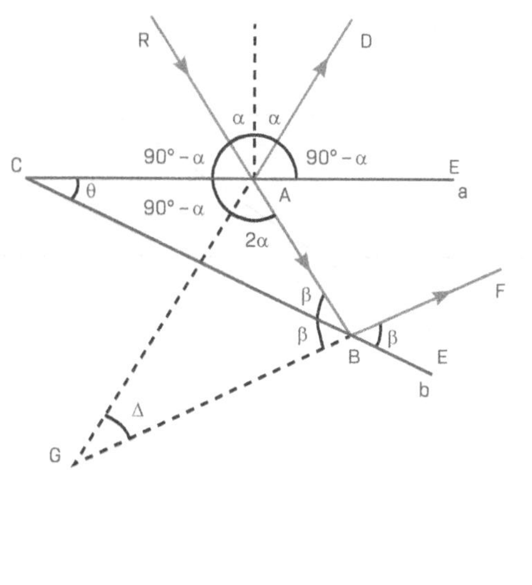

No ΔCAB:

$$\theta + 90° - \alpha + 2\alpha + \beta = 180° \rightarrow \theta + \beta + \alpha = 90° \text{ (I)}$$

No ΔGAB:

$$\Delta + 2\alpha + 2\beta = 180° \rightarrow \Delta + 2(\alpha + \beta) = 180° \text{ (II)}$$

Substituindo $\beta + \alpha = 90° - \theta$ em (II), temos:

$$\Delta + 2(\alpha + \beta) = 180° \rightarrow \Delta + 2 \cdot (90° - \theta) = 180° \therefore \Delta = 2 \cdot \theta$$

Conclusão:

Ao rotacionarmos um espelho plano com velocidade angular ω, em torno de um ponto O, a imagem será totacionada com o dobro da velocidade de rotação do espelho.

Exemplos:

Um coreógrafo está ensaiando um número e deseja obter uma filmagem com 16 imagens de passistas, porém ele dispõe de apenas 4 dançarinos. Com 2 grandes espelhos planos e os 4 dançarinos entre os espelhos, o coreógrafo consegue a filmagem da forma desejada.

Qual foi o ângulo de associação entre os dois espelhos planos para que o público, ao assistir à gravação, veja 16 passistas em cena?

São apenas 4 passistas, mas na cena aparecem 16, então 4 são objetos e 12 são imagens. Isso significa que cada passista gera 3 imagens. Aplicando a expressão que dá o número de imagens formadas por cada objeto numa associação de espelhos planos, vem:

$$n = \frac{360°}{\alpha} - 1 \Rightarrow 3 = \frac{360°}{\alpha} - 1 = \frac{360°}{\alpha} = 4 \Rightarrow \boxed{\alpha = 90°}$$

Um espelho plano vertical reflete, sob um ângulo de incidência de 10°, o topo de uma árvore de altura H, para um observador O, cujos olhos estão a 1,50 m de altura e distantes 2,00 m do espelho. Se a base da árvore está situada 18,0 m atrás do observador, qual a altura H, em metros?

Dados: sen(10°) = 0,17; cos(10°) = 0,98; tg(10°) = 0,18

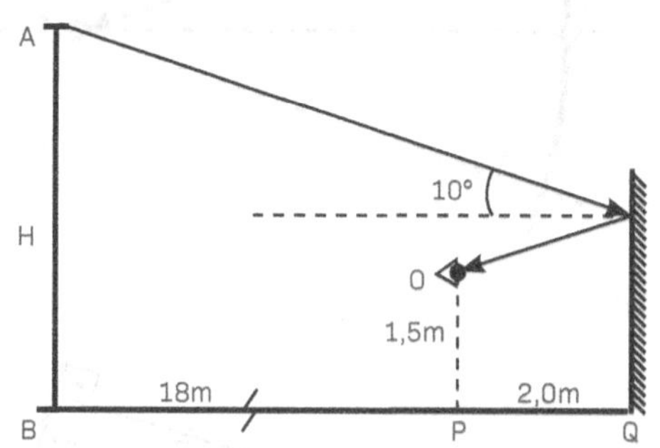

Usando a simetria da posição do observador, encontramos um triângulo retângulo da figura:

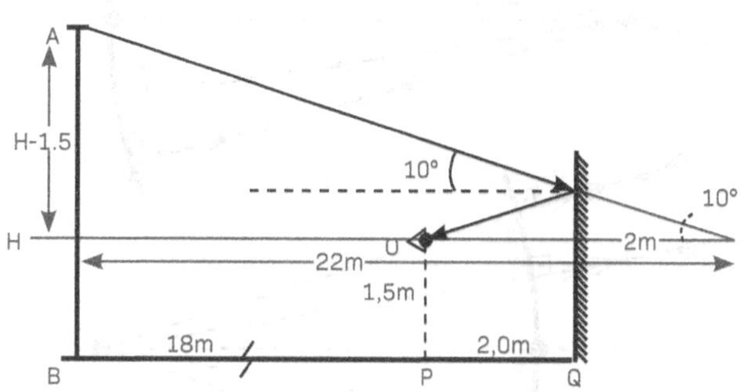

Pela trigonometria:

$$\text{tg } 10° = \frac{H - 1{,}5}{22} \Rightarrow 0{,}18 \cdot 22 = H - 1{,}5 \therefore H = 5{,}46 \text{ m} \approx 5{,}5 \text{ m}$$

6.8 Reflexão da luz nos espelhos esféricos

6.8.1 Conceitos iniciais

Espelhos esféricos são aqueles em que a superfície refletora é um pedaço de uma esfera oca (calota esférica).

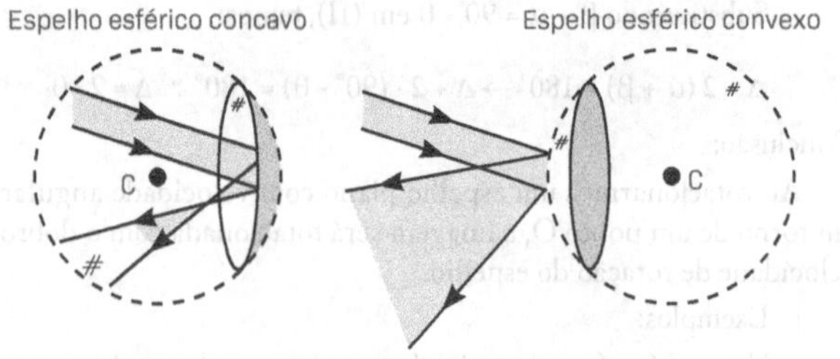

6.8.2 Representação e elementos geométricos

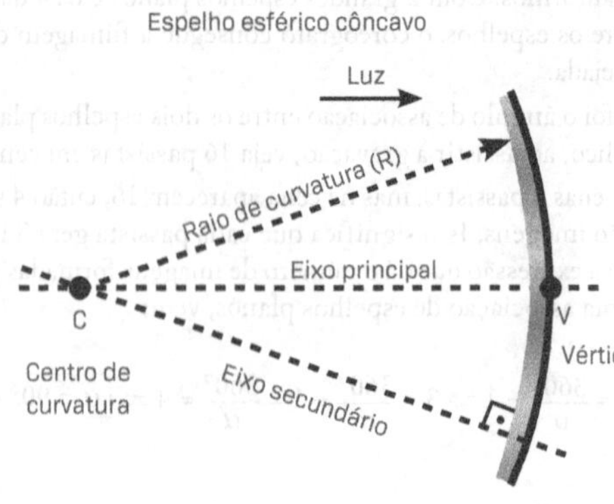

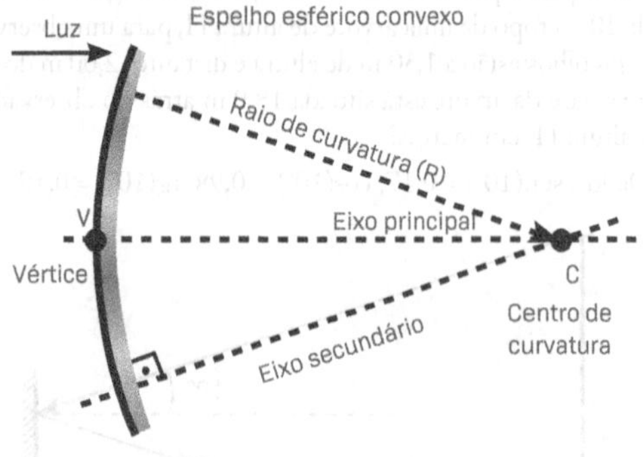

6.8.3 Centro de curvatura

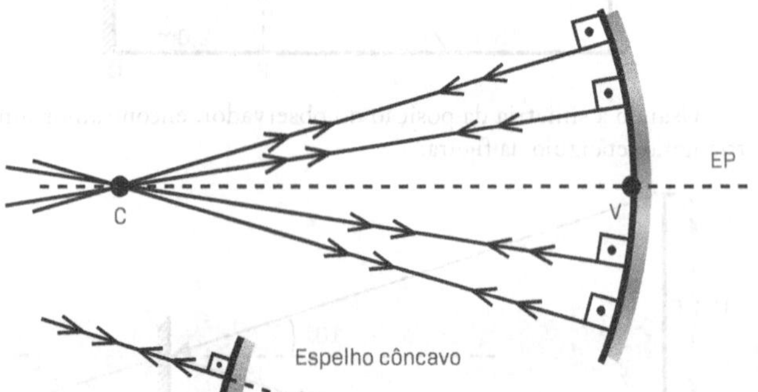

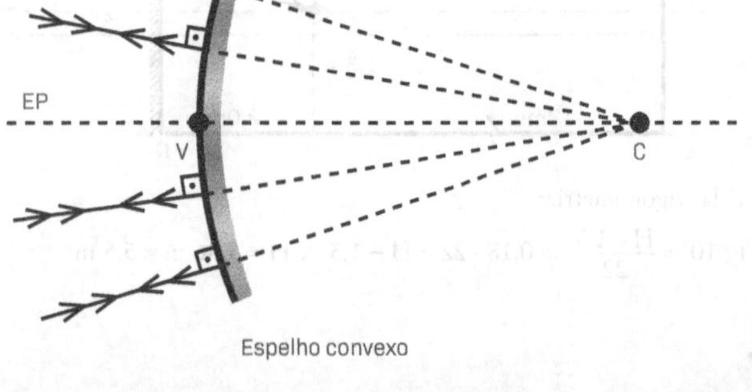

6.8.4 Condições nitidez de Gauss

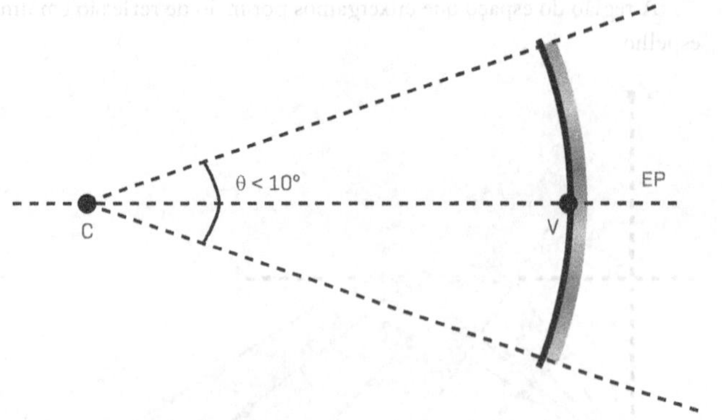

- Os raios incidentes devem ser paralelos ou pouco inclinados em relação ao eixo principal.
- Os raios incidentes devem estar próximos ao eixo principal.

Todo este curso é realizado dentro destas condições (salvo aviso em contrário). Portanto, os espelhos que obedecem a estas condições são denominados espelhos esféricos de Gauss.

6.8.5 Foco principal

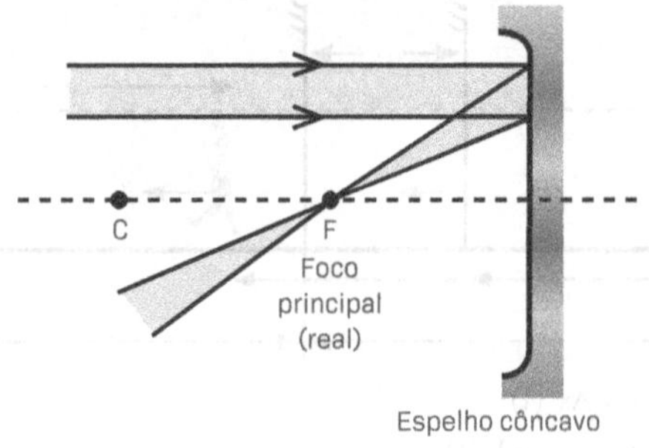

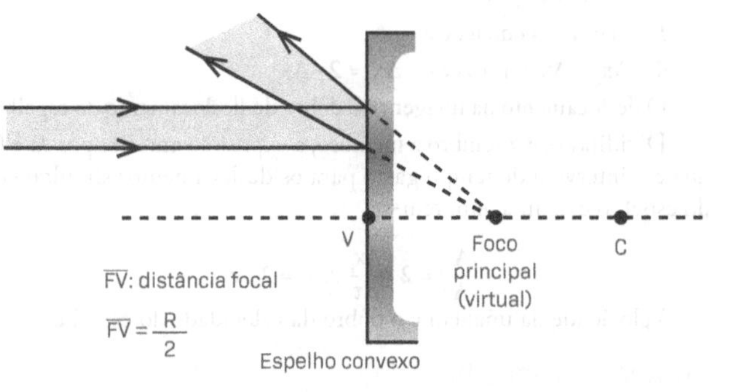

6.8.6 Raios notáveis

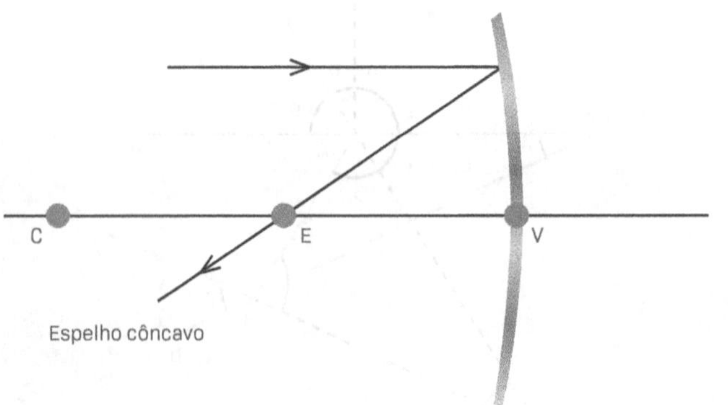

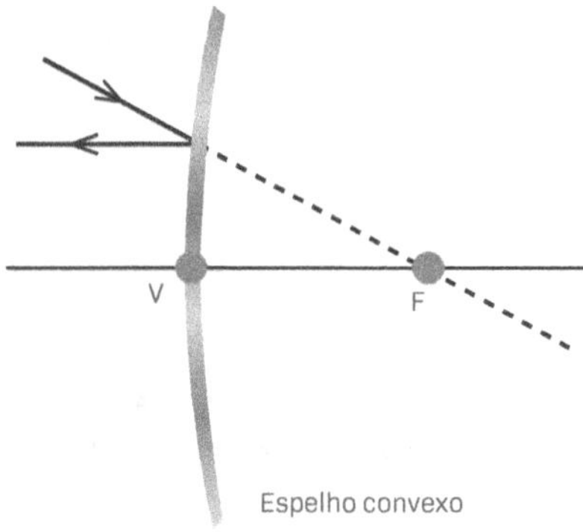

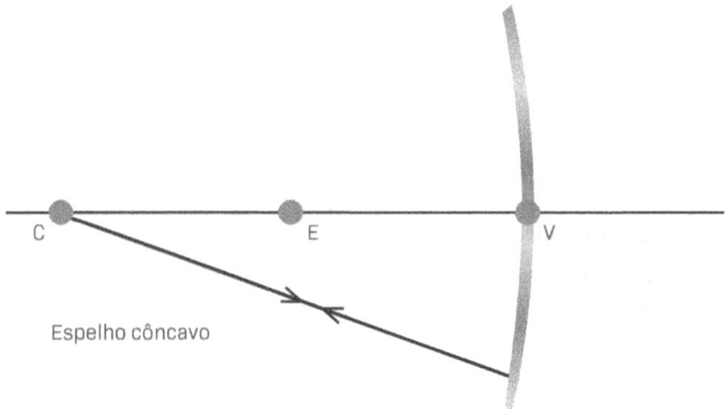

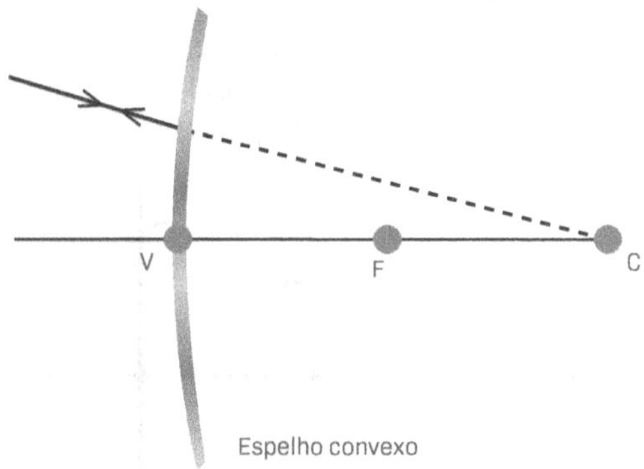

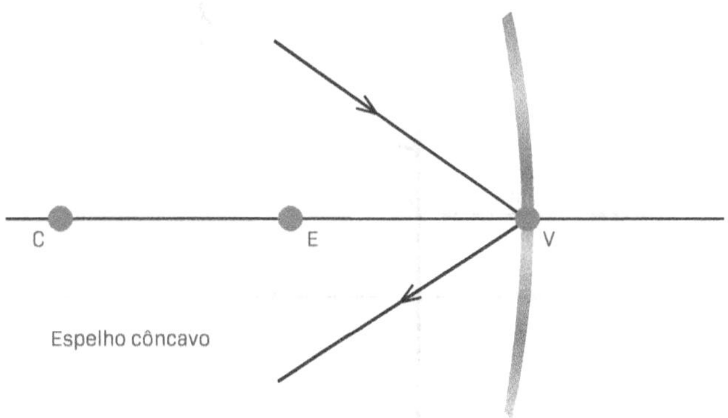

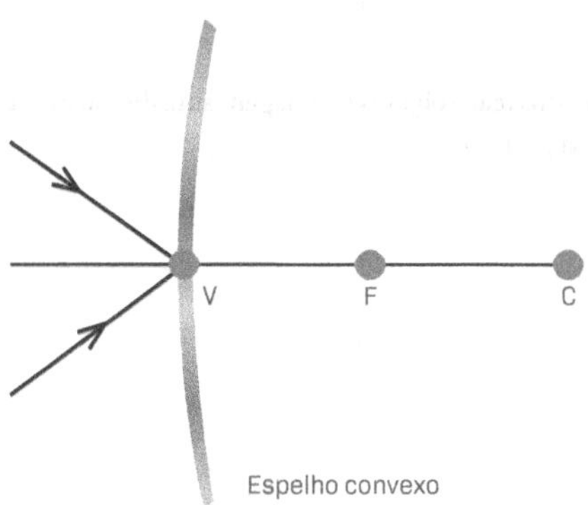

6.8.7 Determinação de imagens

Para construir a imagem de um ponto conjugada por um sistema óptico, necessitamos de pelo menos dois raios incidentes.

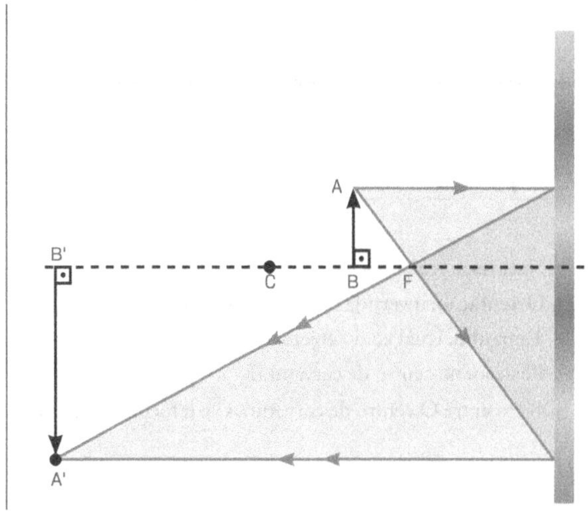

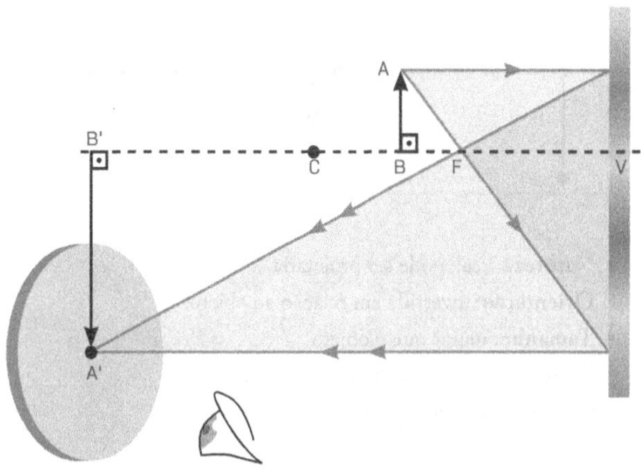

O encontro dos raios conjugados forma uma imagem sobre um anteparo. Este é um caso de espelho esférico côncavo, em que há 5 casos. Já no espelho esférico convexo há apenas 1 caso.

6.8.8 Espelho esférico côncavo (5 casos)

▹ Objeto além do centro de curvatura C:

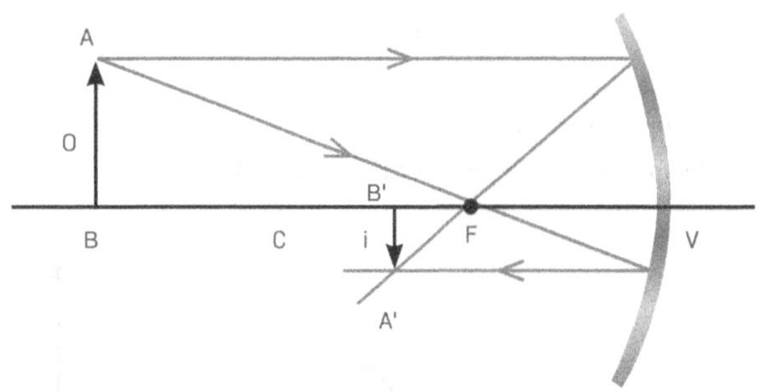

- **Natureza:** real, pode ser projetada.
- **Orientação:** invertida em relação ao objeto.
- **Tamanho:** menor que o objeto.
- **Posição:** entre C e F.

▹ Objeto no centro de curvatura C:

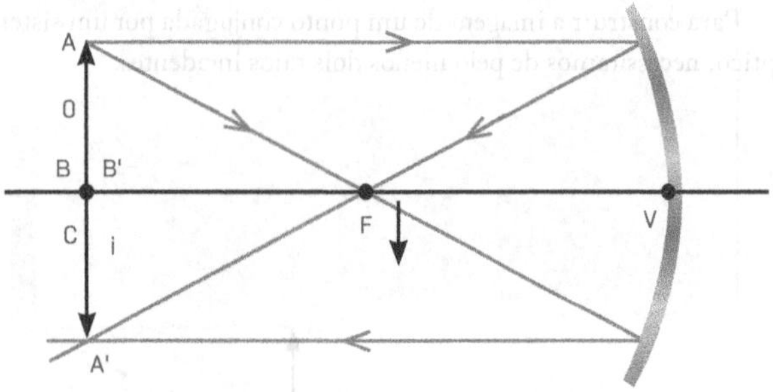

- **Natureza:** real, pode ser projetada.
- **Orientação:** invertida em relação ao objeto.
- **Tamanho:** igual ao do objeto.
- **Posição:** no centro de curvatura.

▹ Objeto entre O centro de curvatura C e o foco principal F:

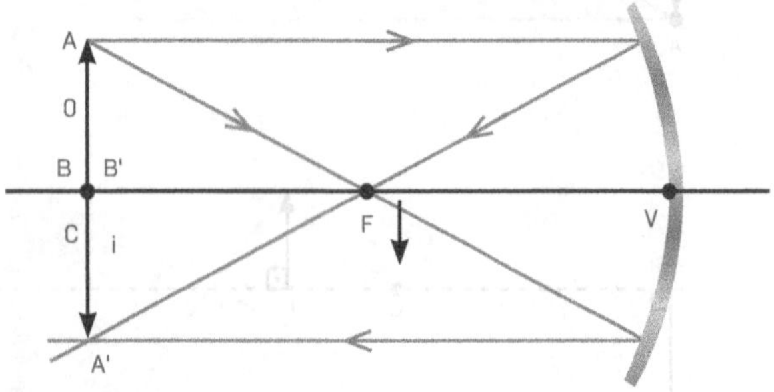

- **Natureza:** real, pode ser projetada.
- **Orientação:** invertida em relação ao objeto.
- **Tamanho:** maior que o objeto.
- **Posição:** antes do centro de curvatura.

▹ Objeto no foco principal F:

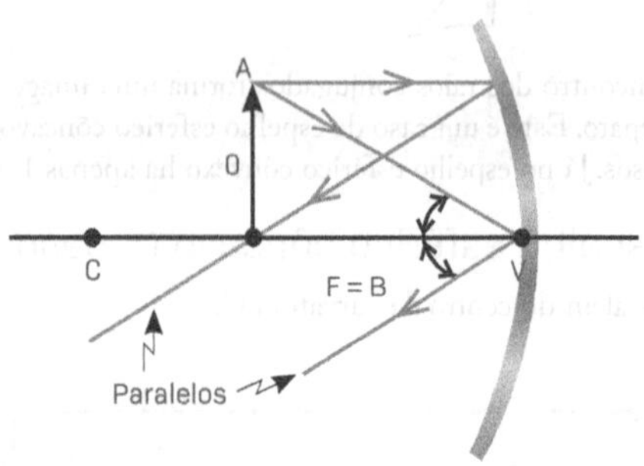

Imprópria (no infinito)

▹ Objeto entre o foco principal F e o vértice V:

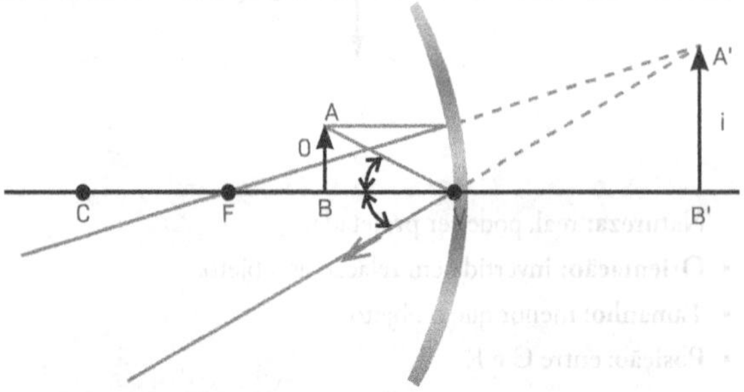

- **Natureza:** virtual, não pode ser projetada.
- **Orientação:** direita em relação ao objeto.
- **Tamanho:** maior que o objeto.
- **Posição:** atrás do espelho.

6.8.9 Espelho esférico convexo (1 caso)

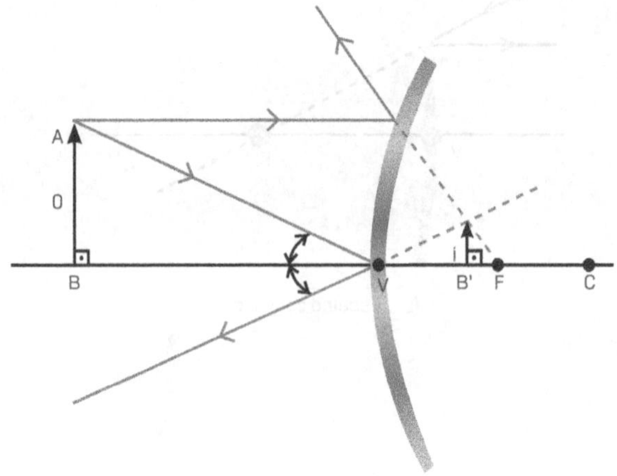

- **Natureza:** virtual, não pode ser projetada.
- **Orientação:** direita em relação ao objeto.
- **Tamanho:** menor que o objeto.
- **Posição:** atrás do espelho.

6.8.10 Equação fundamental dos espelhos esféricos

Respeita o referencial gaussiano, que nada mais é que um sistema cartesiano constituído de dois eixos orientados perpendicularmente entre si, com origem no vértice V do espelho.

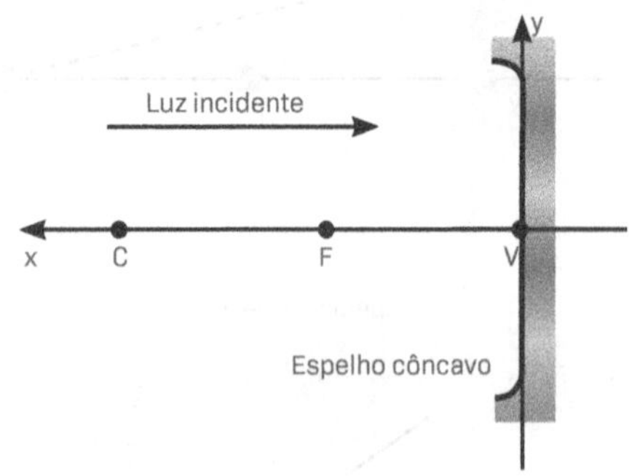

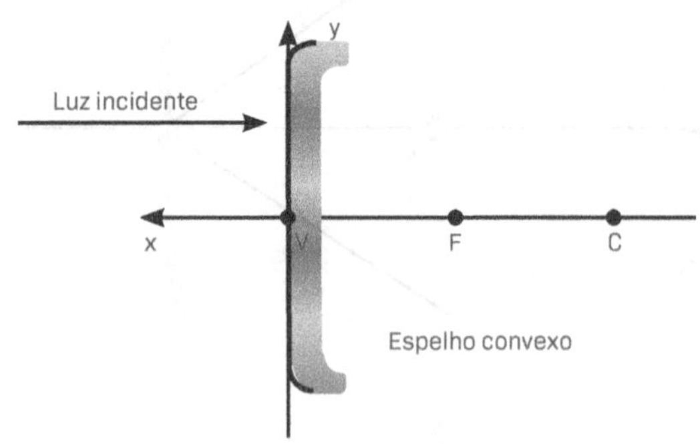

- **Elementos reais (objetos ou imagens situados na frente do espelho):** abscissa positiva.

- **Elementos virtuais (objetos ou imagens situados atrás do espelho):** abscissa negativa.

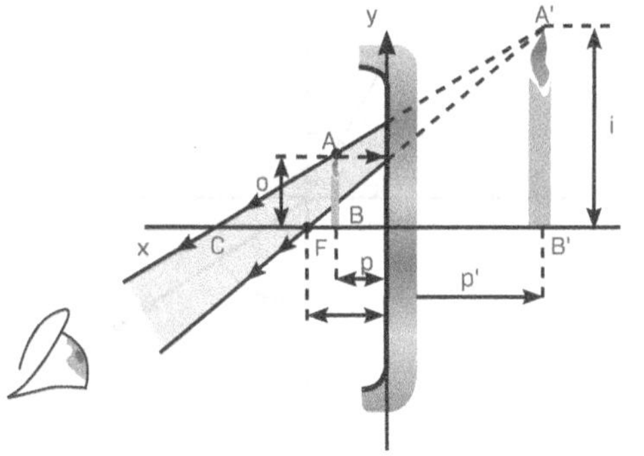

▷ Considerando o referencial gaussiano, temos, nesse caso:
- $p > 0$ (objeto real).
- $p' < 0$ (imagem virtual).
- $f > 0$ (no espelho côncavo, o foco principal é real).
- $o > 0$ e $i > 0$.

▷ A simbologia adotada nesse exemplo será utilizada também nas próximas situações:
- p = abscissa do objeto.
- p' = abscissa da imagem.
- f = abscissa focal.
- o = ordenada do objeto.
- i = ordenada da imagem.

Equação de Gauss:

$$\frac{1}{f} = \frac{1}{p} + \frac{1}{p'}$$

Aumento linear transversal:

$$A = \frac{i}{o} = \frac{-p'}{p}$$

▷ Aumento positivo (A > 0):
- A imagem é direita.
- O objeto e a imagem têm naturezas opostas.

▷ Aumento negativo (A< 0):
- A imagem é invertida.
- O objeto e a imagem têm a mesma natureza.

| Exemplo:
Uma árvore de natal de 50 cm de altura foi colocada sobre o eixo principal de um espelho côncavo, a uma distância de 25 cm do seu vértice. Sabendo-se que o espelho possui um raio de curvatura de 25 cm, como é a imagem formada em relação ao objeto?

Aplicando a equação de Gauss:

$$\frac{1}{f} = \frac{1}{p} + \frac{1}{p'} \Rightarrow \frac{1}{25/2} = \frac{1}{25} + \frac{1}{p'} \Rightarrow \frac{2}{25} - \frac{1}{25} = \frac{1}{p'}\ p' = 25 \text{ cm}$$

Pela equação do aumento linear:

$$\frac{i}{o} = \frac{-p'}{p} \Rightarrow \frac{i}{50} = \frac{-25}{25} \Rightarrow I = -50\text{cm}$$

Portanto, a imagem é invertida, do mesmo tamanho do objeto e está a 25 cm do vértice do espelho.

6.9 Refração da luz

6.9.1 Conceitos iniciais

É um fenômeno óptico, no qual ocorre variação da velocidade quando a luz passa de um meio A para um meio B (vice e versa), opticamente diferente.

Existem meios materiais opticamente iguais. É o que pode ser chamado de **continuidade óptica** entre os meios.

| Tetracloreto de carbono e vidro, que possuem o mesmo índice de refração!

6.9.2 Índice de refração

É o quanto a velocidade da luz difere da sua velocidade no vácuo.

Você percebe que é uma comparação, e se é comparação é uma razão:

$$n = \frac{c}{v_{meio}}$$

| A velocidade da luz no diamante é 124.000 km/s e a velocidade da luz no vácuo é 300.000 km/s. Assim, o índice de refração $n = \frac{300.000}{124.000} = 2{,}42$, para o vácuo, n = 1.

Quando a luz passa do ar para o diamante tem uma diminuição da velocidade: quanto mais longe do 1, menor vai ser a velocidade. Isso nos diz que maior é a interferência à propagação da luz naquele meio.

Quanto maior a velocidade, menor o índice de refração. Logo, menor é a refringência daquele meio.

▷ Observações acerca do índice de refração:
- n é adimensional (não tem unidade);
- para o vácuo, $n_{vácuo} = 1$;
- para o ar, $n_{ar} \cong 1$;
- para cálculos, $n_{ar} = 1$;
- para os demais meios, $n > 1$;
- n depende da cor da radiação utilizada. Por exemplo: para o vidro, $n_{vermelho} \neq n_{azul}$.

| Uma situação em que o n depende da cor da radiação utilizada:

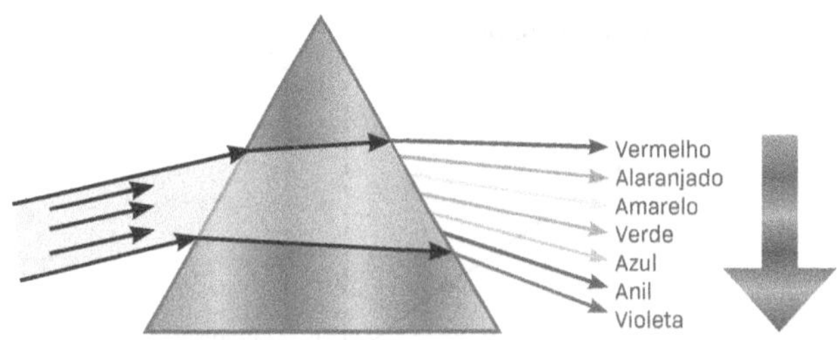

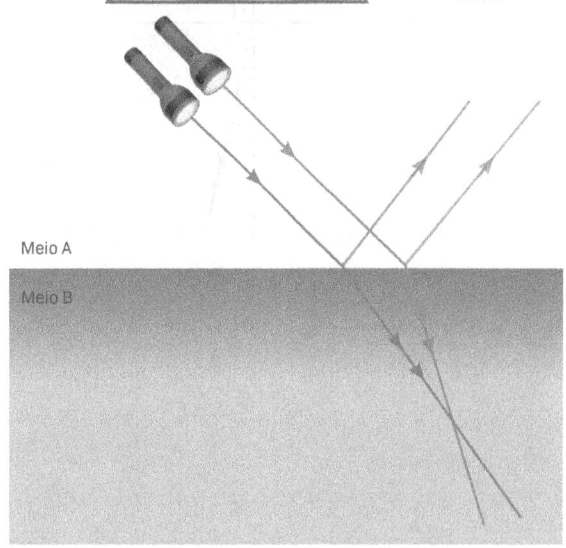

Leis de refração da luz

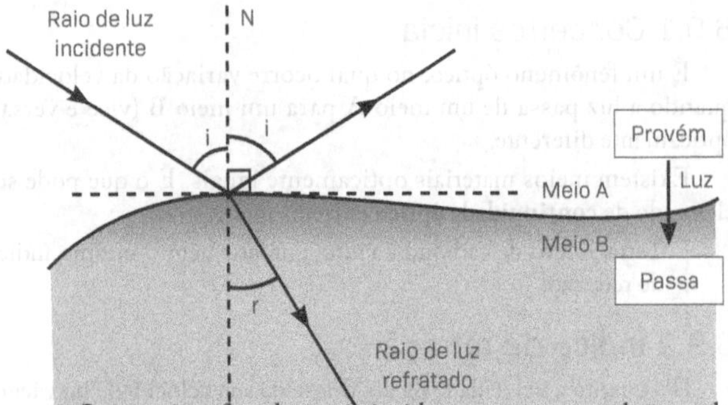

- **1ª Lei:** o raio refratado, o raio incidente e a reta normal são coplanares (pertencem ao mesmo plano).
- **2ª Lei (Lei de Snell-Descartes):**

$$\frac{\text{sen } i}{\text{sen } r} = \frac{n_{passa}}{n_{provém}} = \frac{v_{provém}}{v_{passa}}$$

▹ Casos possíveis de refração:

- **Incidência normal:**

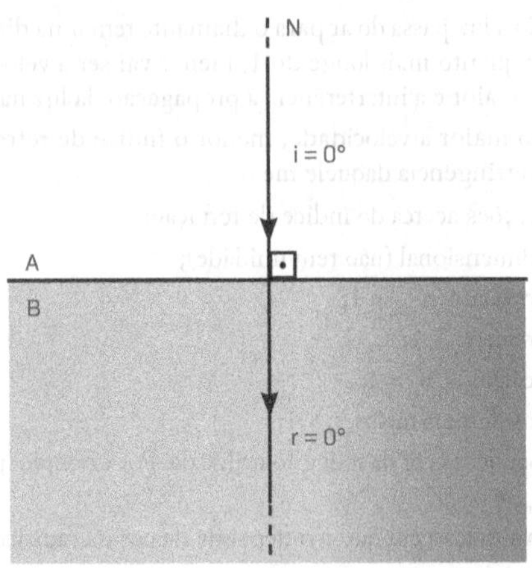

- **Incidência oblíqua:**

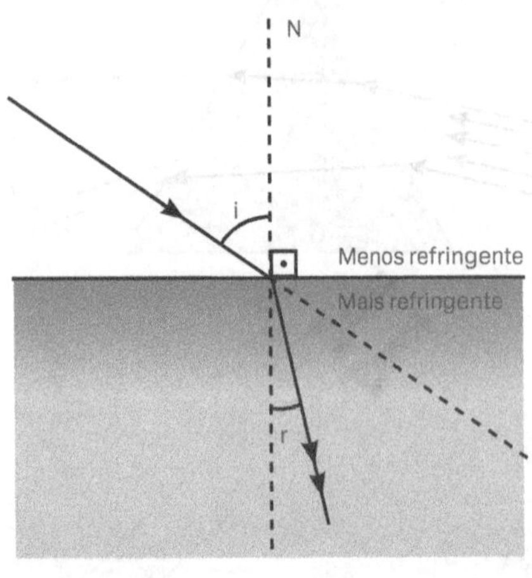

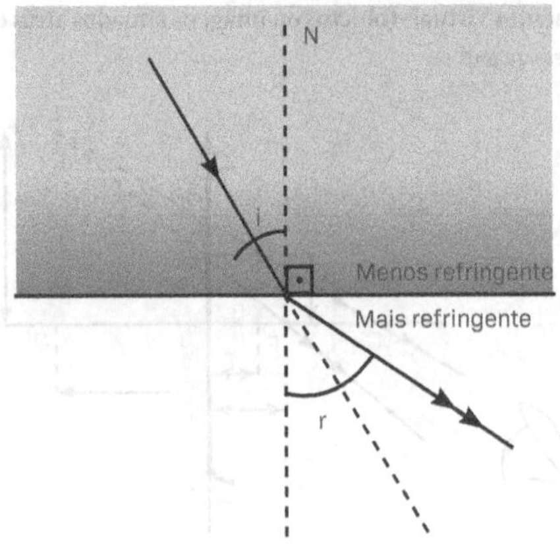

Ângulo limite e reflexão total

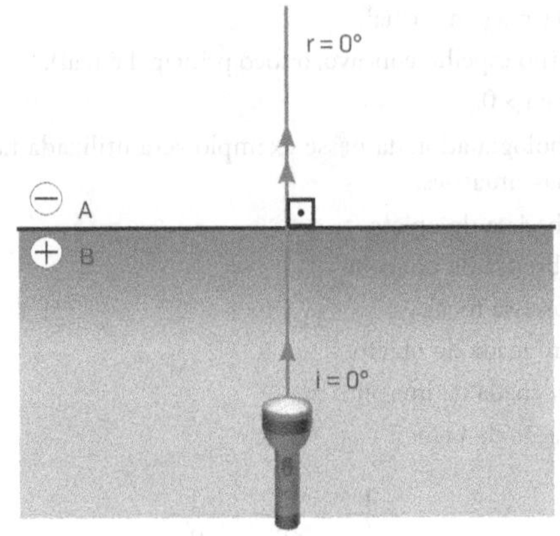

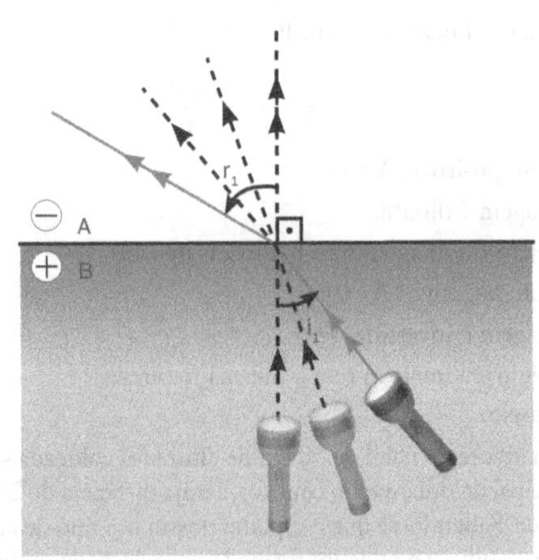

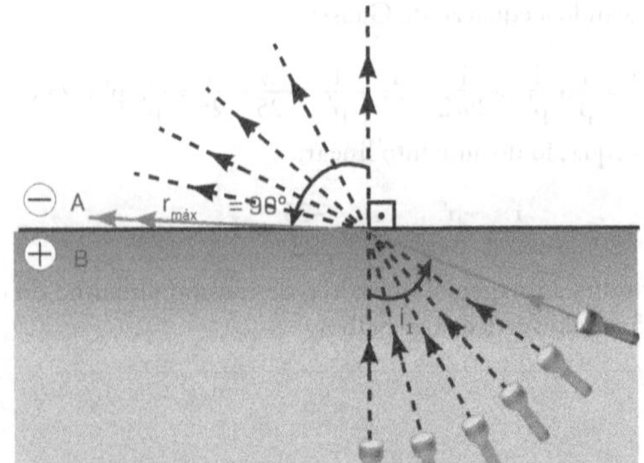

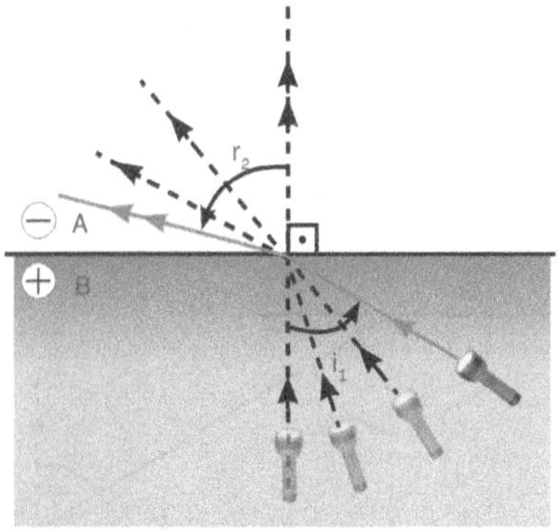

- Para ocorrência da reflexão total:
  - A luz incidente deve estar propagando-se do meio mais refringente para o menos refringente.
  - O ângulo de incidência deve ser maior que o ângulo limite (i > L).
- Para encontrar o ângulo de incidência:

  Aplicamos Snell-Descartes:

$$\frac{n_{passa}}{n_{provém}} = \frac{\text{sen } i}{\text{sen } r} \rightarrow \frac{n_{menor}}{n_{maior}} = \frac{\text{sen } L}{\text{sen } 90^\circ} \therefore \text{sen } L = \frac{n_{menor}}{n_{maior}}$$

Uma aplicação direta desse fenômeno é a fibra óptica.

Miragem também é uma aplicação de reflexão total, e é bastante aplicada na vida do cotidiano.

O ar atmosférico bem próximo à superfície da Terra pode ser considerado homogêneo. No entanto, em regiões quentes, como nos desertos, a camada de ar diretamente em contato com a superfície terrestre (areia) é muito mais quente que a restante. Na superfície de separação dessas duas camadas de ar, uma mais quente (menor densidade – menor índice de refração) e outra menos quente (maior densidade – maior índice de refração), ocorre reflexão total da luz proveniente de um ponto P, longe do observador O, que vê a imagem aparente P' invertida, conforme a figura. Por esse mesmo motivo, as pessoas têm a impressão de ver poças d'água no asfalto da estrada em dias quentes.

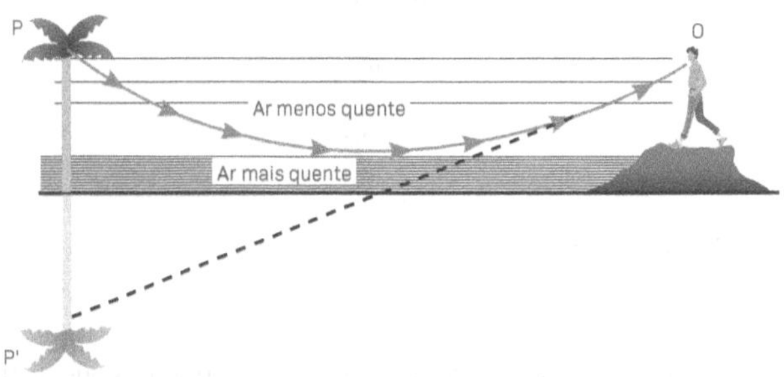

6.9.3 Dioptro (fronteira) plano

É todo sistema óptico constituído por uma superfície plana separando os dois meios distintos (opticamente diferentes).

| Ar e água.

Caso A: luz sendo refratada do meio mais refringente para o meio menos refringente.

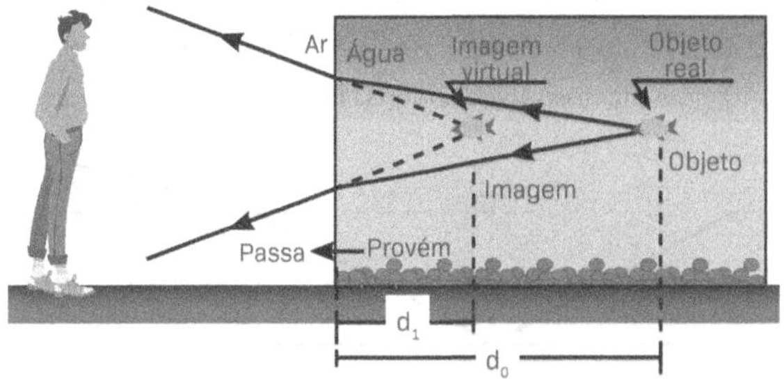

Caso B: luz refratada do meio menos refringente para o meio mais refringente.

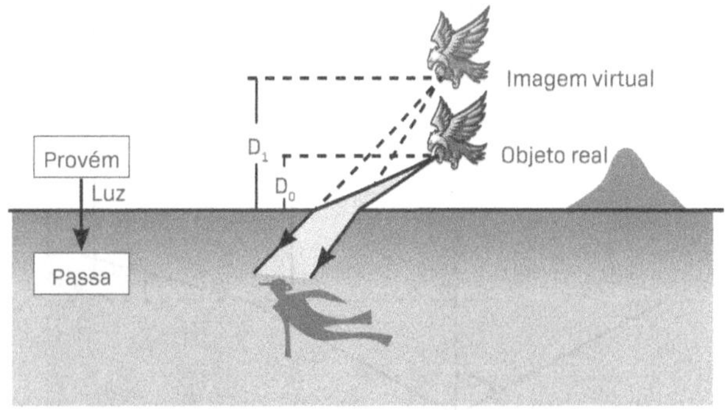

Equação do dioptro plano

Para ângulos de observação pequenos (θ < 10°), temos:

$$\frac{d_i}{d_o} = \frac{n_{passa}}{n_{provém}}$$

Lâminas de faces paralelas

Na lâmina de faces paralelas envolvida por um único meio, o raio emergente é paralelo ao raio incidente. Assim, o raio emergente não apresenta desvio em relação ao raio incidente, mas apenas um deslocamento lateral.

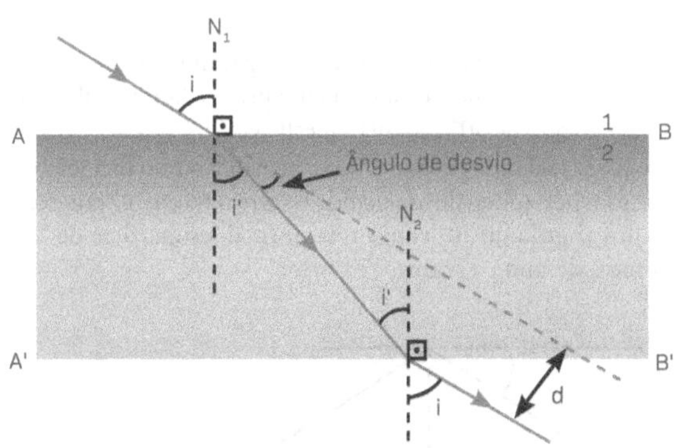

Cálculo do deslocamento lateral:

$$d = \frac{e \cdot \text{sen } (\theta_1 - \theta_2)}{\cos\theta_2}$$

Exemplos:

Um feixe de luz incide num espelho plano fazendo um ângulo $\theta_1 = 60°$ com a normal ao espelho, propagando-se pelo ar (meio 1). O feixe refletido propaga-se no meio 1 e incide na interface entre o meio 1 e o meio 2, onde sofre refração. O feixe refratado sai com ângulo θ_2 com relação à normal à interface, conforme mostra a figura a seguir. As duas normais são perpendiculares entre si. Sabe-se que o índice de refração do ar vale $n_1 = 1$, que $\text{sen}30° = \cos 60° = \frac{1}{2}$, que $\text{sen}60° = \cos 30° = \frac{\sqrt{3}}{2}$ e que $\text{sen}\theta_2 = \frac{1}{5}$ e $\cos\theta_2 = \frac{2\sqrt{6}}{5}$. Além disso, a velocidade da luz no meio 1 é $c = 3{,}0 \times 10^8$ m/s.

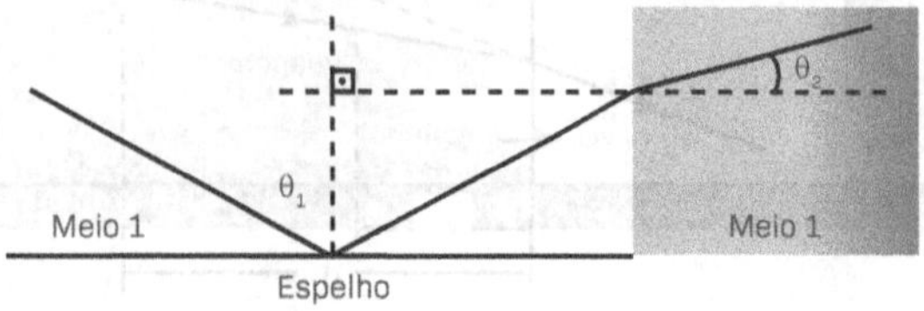

Levando em consideração os dados apresentados, determine o valor da velocidade da luz no meio 2.

No diagrama a seguir foram utilizados conhecimentos de trigonometria para determinar o ângulo de incidência do raio luminoso do meio 1 para o meio 2.

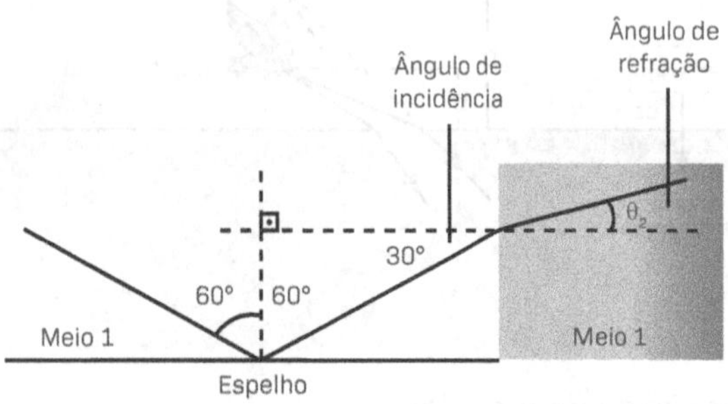

Usando a Lei de Snell juntamente com a definição de índice de refração, podemos relacionar as velocidades da luz em cada meio:

$$\left\{\begin{matrix} n_1 \cdot \text{sen}\,\theta_1 = n_2 \cdot \text{sen}\,\theta_2 \\ n = \frac{c}{v} \end{matrix}\right\} \Rightarrow \frac{\text{sen}\theta_1}{v_1} = \frac{\text{sen}\theta_2}{v_2} \therefore v_2 = \frac{v_1 \cdot \text{sen}\theta_2}{\text{sen}\theta_1}$$

Assim, substituindo os valores:

$$V_2 = \frac{v_1 \cdot \text{sen}\theta_2}{\text{sen}\theta_1} = \frac{3 \cdot 10^8 \text{ m/s}\ \frac{1}{5}}{\frac{1}{2}} \therefore v_2 = 1{,}2 \cdot 10^8 \text{ m/s}$$

Um raio de luz monocromática propagando-se no ar incide no ponto na superfície de um espelho plano e horizontal, formando um ângulo de 30° com sua superfície.

Após ser refletido no ponto desse espelho, o raio incide na superfície plana e horizontal de um líquido e sofre refração. O raio refratado forma um ângulo de 30° com a reta normal à superfície do líquido, conforme o desenho a seguir.

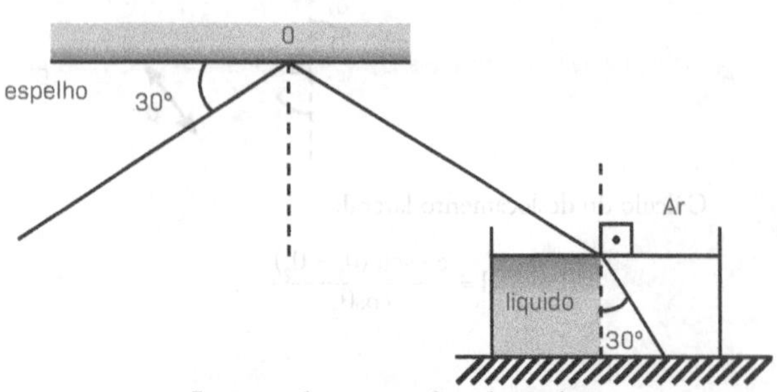

Imagem ilustrativa, fora de escala!

Sabendo que o índice de refração do ar é 1, qual o índice de refração do líquido?

Dados:

$$\text{sen } 30° = 1/2 \text{ e } \cos 60° = 1/2; \text{ sen}60° = \frac{\sqrt{3}}{2} \text{ e } \cos 30° = \frac{\sqrt{3}}{2}$$

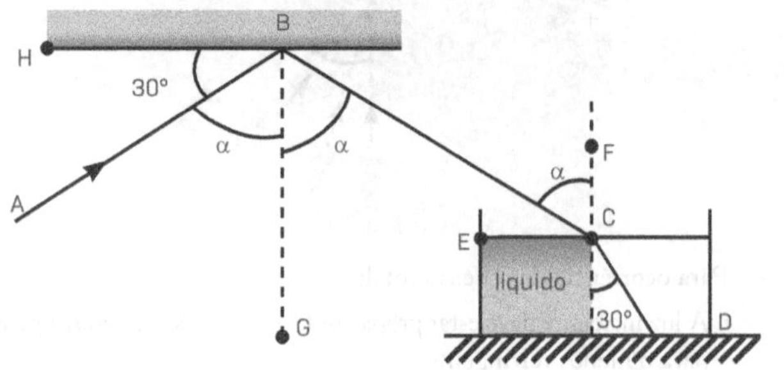

Pela geometria, pode-se afirmar que:

$$H\hat{B}A + A\hat{B}G = 90°$$

Logo,

$$\alpha = A\hat{B}G = 90° - H\hat{B}A = 90° - 30° = 60°$$

Quando uma luz incide sobre uma superfície plana reflexiva, o ângulo de incidência é igual ao ângulo de reflexão. Disso se conclui que:

$$\alpha = A\hat{B}G = G\hat{B}C$$

Como os segmentos $\overline{GB}$ e $\overline{FC}$ são paralelos e o segmento $\overline{BC}$ é transversal aos dois segmentos anteriores, pode-se afirmar que os ângulos $G\hat{B}C$ e $B\hat{E}F$ são alternos internos, do que se conclui que:

$$B\hat{E}F = G\hat{B}C = \alpha$$

Aplicando-se a lei de Snell para refração, tem-se que:

$$n_1 \text{ sen}\alpha = n_2 \text{ sen } 30°$$

Sendo α o ângulo de incidência sobre a superfície do líquido, o ângulo de refração igual a 30°, n_1 corresponde ao índice de refração do ar e n_2 o índice de refração do líquido.

Substituindo-se os valores dos parâmetros conhecidos na equação da lei de Snell, tem-se que:

$$1 \times \text{sen } 60° = n_2 \text{ sen } 30°$$

$$\frac{\sqrt{3}}{2} = n_2 \frac{1}{2}$$

$$n_2 = \sqrt{3}$$

6.10 Lentes esféricas

6.10.1 Conceitos iniciais

Denomina-se lente esférica todo sistema óptico constituído de três meios homogêneos e transparentes, separados dois a dois, por duas superfícies esféricas ou por uma superfície esférica e outra plana, chamadas de face.

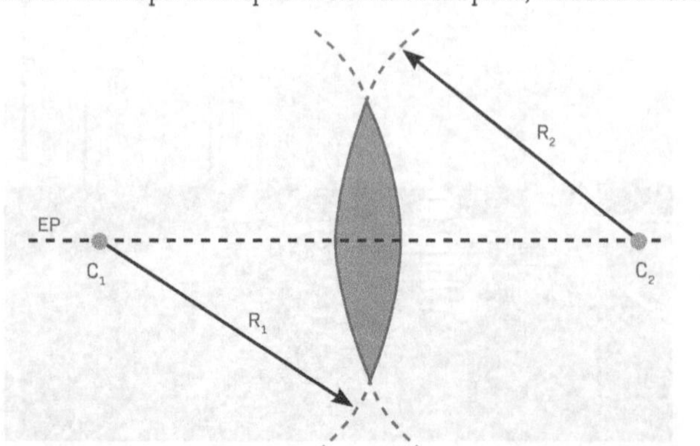

Bioconvexa

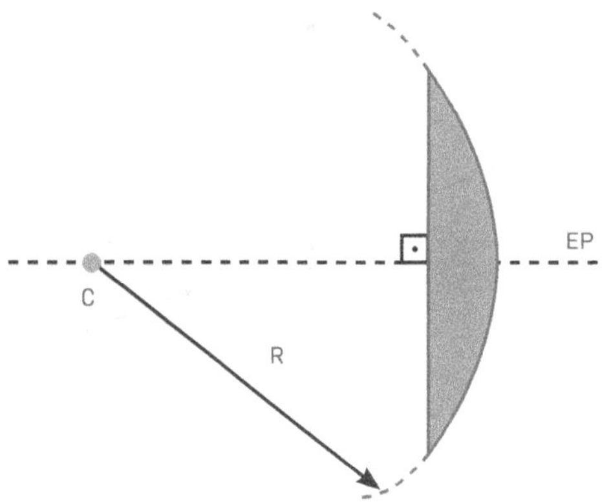

Plano-convexa

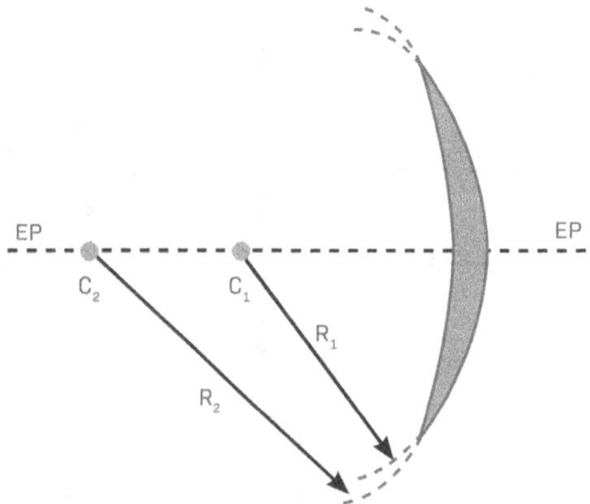

Côncavo-convexa

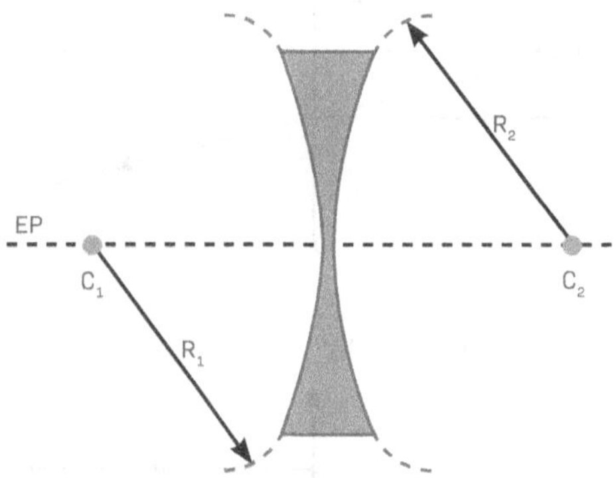

Bicôncava

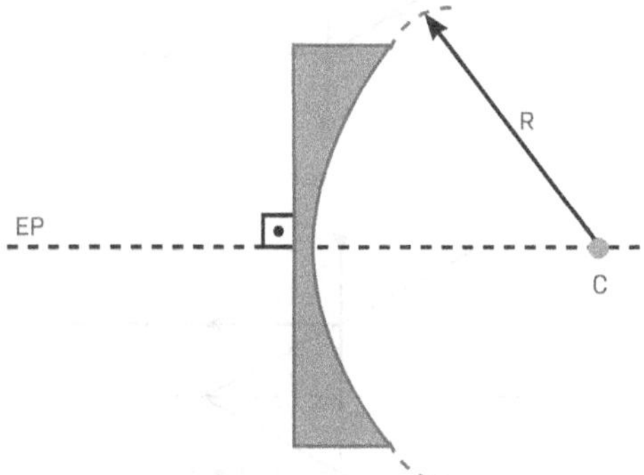

Plano-côncava

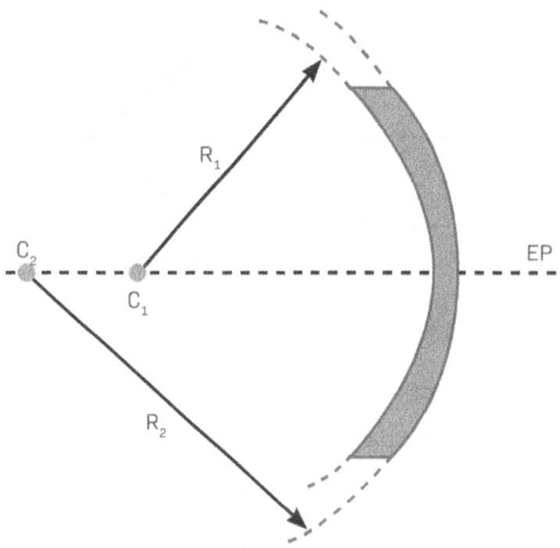

Convexo-côncava

6.10.2 Comportamento óptico

Lentes imersas em meio menos refringente (por exemplo, o ar)

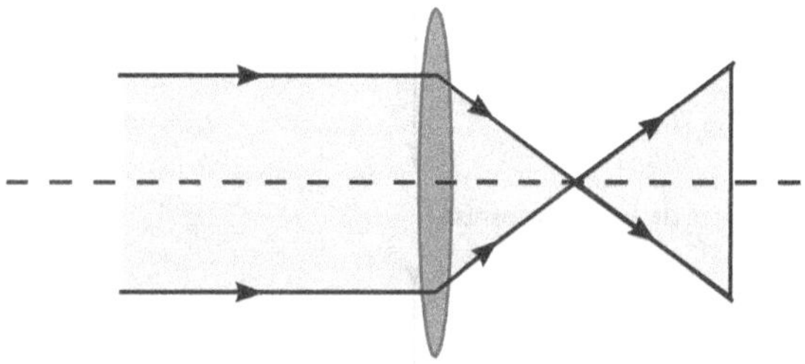

Bordas finas: covergente

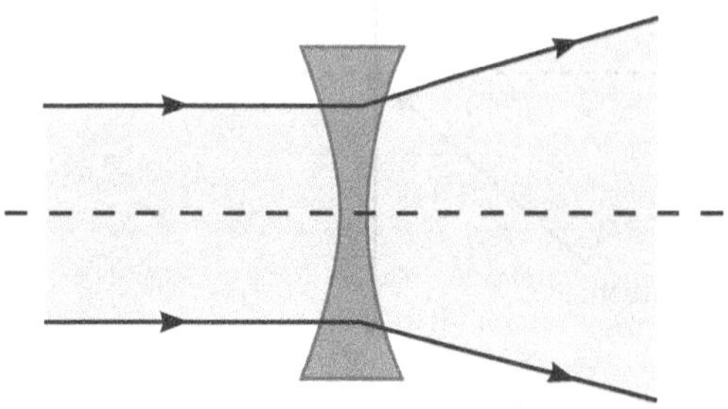

Bordas grossas: divergente

6.10.3 Lentes imersas em meio mais refringente

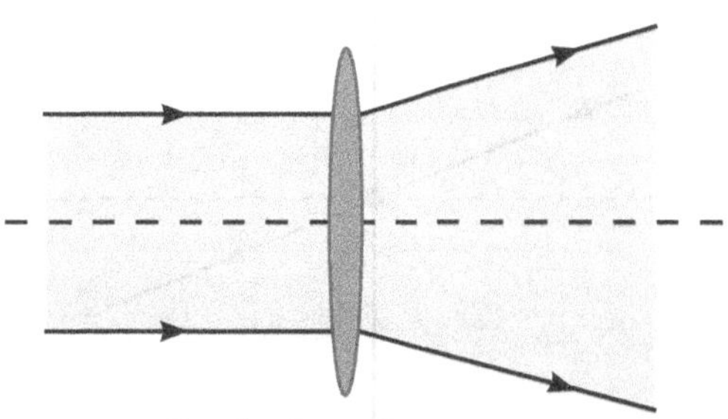

Bordas finas: divergente

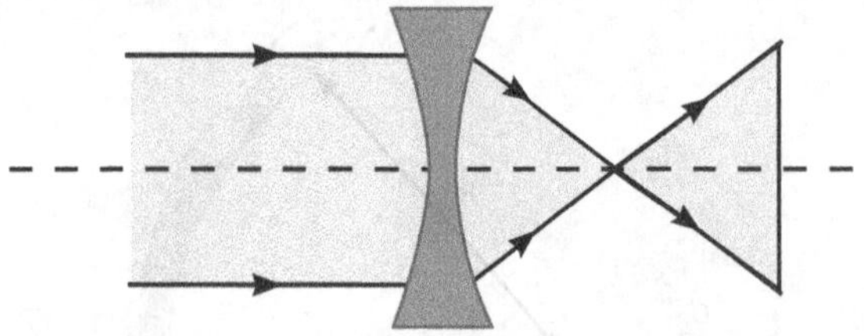

Bordas grossas: covergente

6.10.4 Representação de lentes gaussianas

- Lentes de bordas finas:

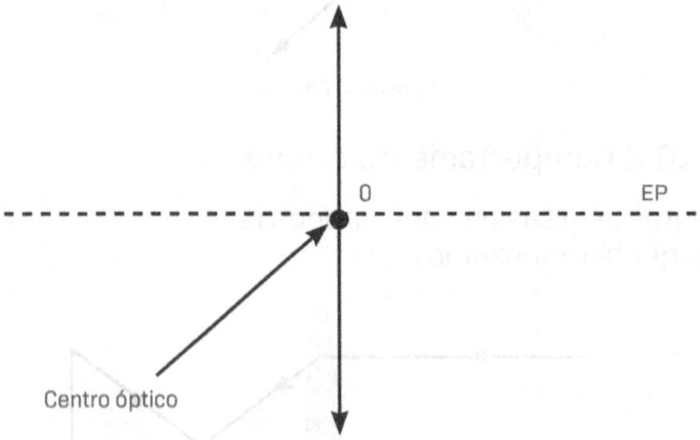

- Lentes de bordas grossas:

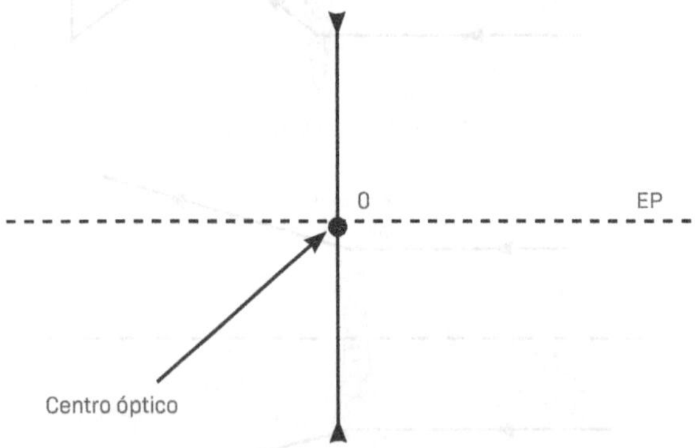

6.10.5 Raios notáveis

Lente convergente

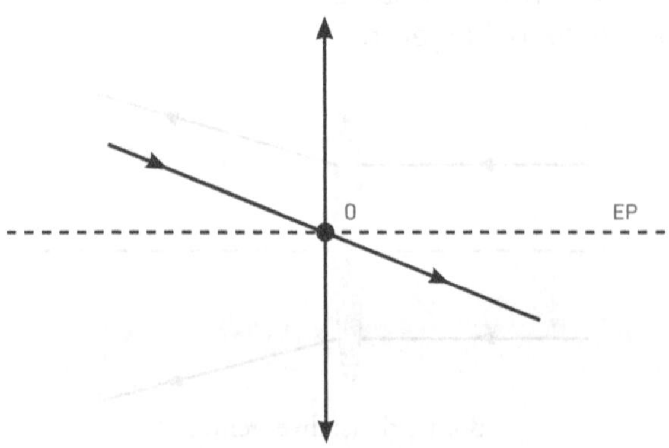

Lente divergente

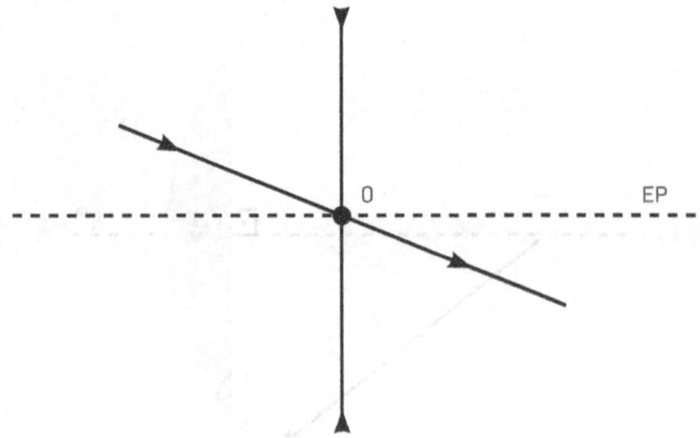

- Foco principal imagem (F_i):

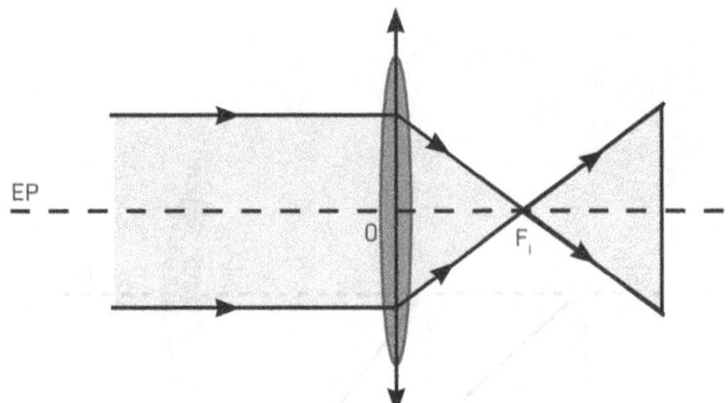

Lente covergente

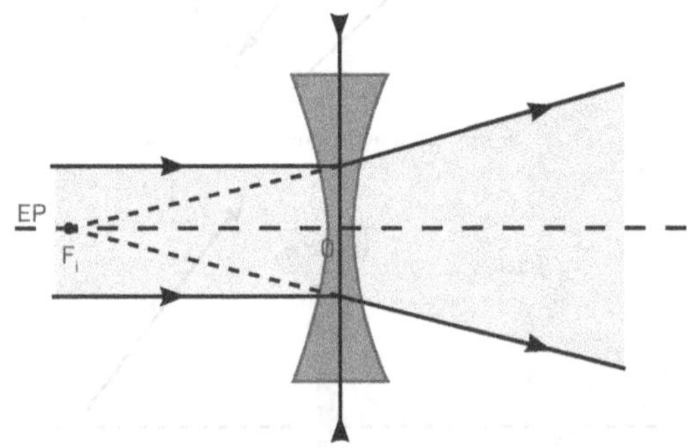

Lente divergente

- Foco principal imagem (F_0):

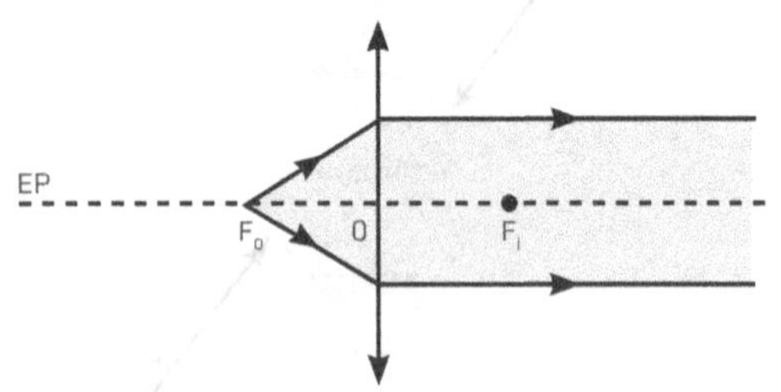

Lente convergente

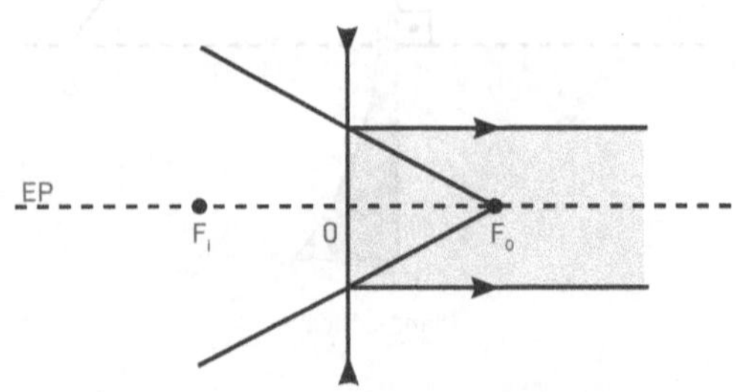

Lente divergente

- Antiprincipal objeto (A_o) e antiprincipal imagem (A_i):

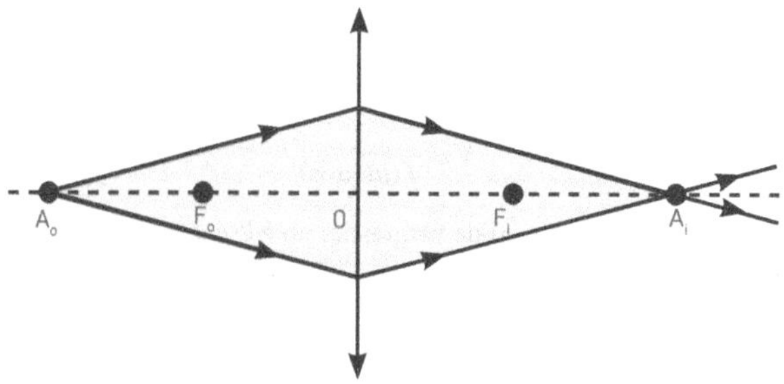

Lente convergente

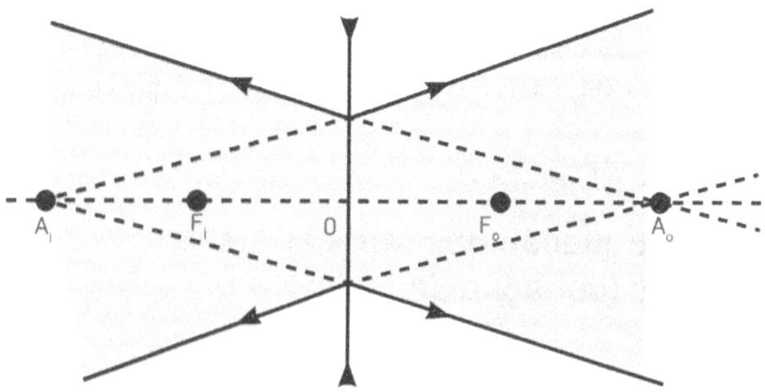

Lente divergente

6.10.6 Construção gráfica das imagens em lentes esféricas

De modo análogo ao que fizemos nos espelhos esféricos, para construir a imagem de um ponto, conjugada por um sistema óptico, necessitamos de pelo menos dois raios incidentes.

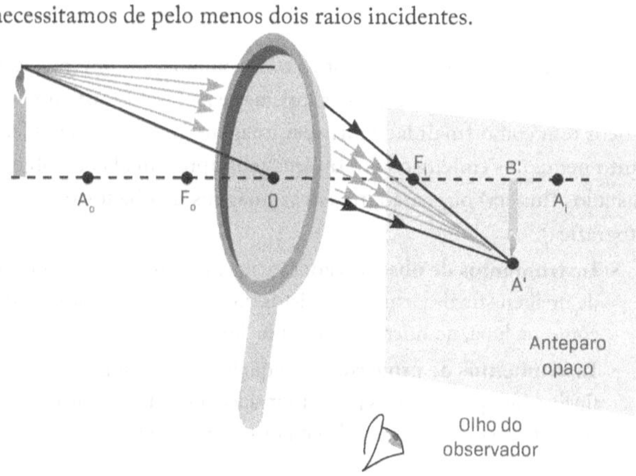

6.10.7 Lentes convergentes (5 casos)

- **Objeto além do ponto antiprincipal objeto A:**

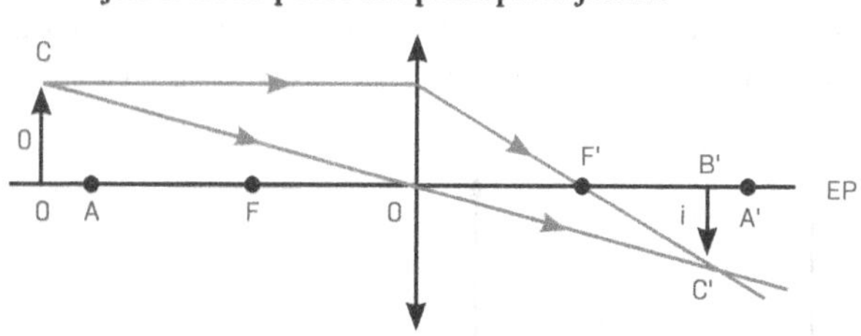

Real, invertida e menor.

| Vista humana e objetiva de câmera fotográfica.

- **Objeto no ponto antiprincipal objeto A:**

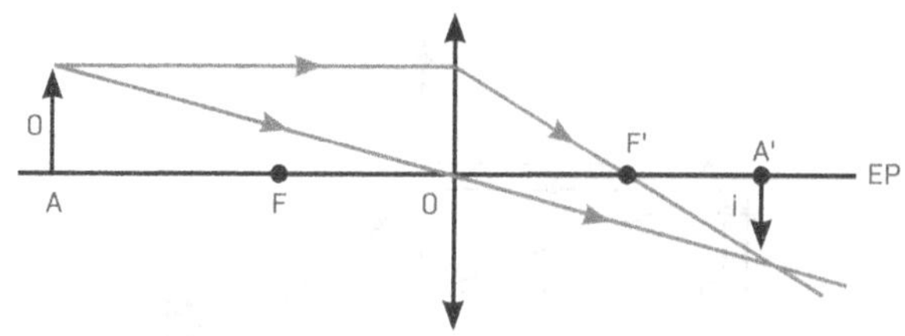

Real, invertida e do mesmo tamanho do objeto.

| Copiadoras tipo "xerox".

- **Objeto entre o ponto antiprincipal objeto A e o foco objeto F:**

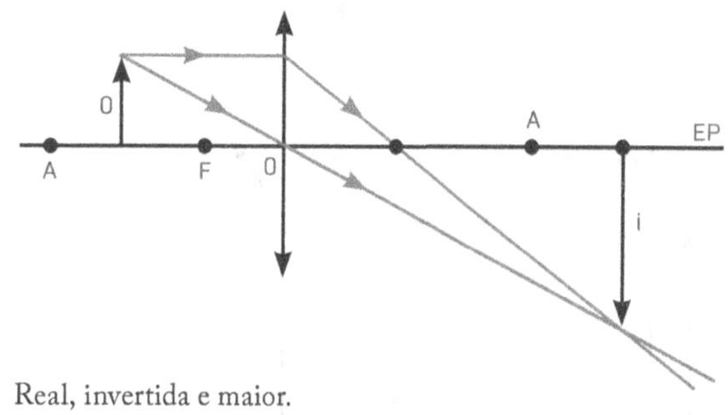

Real, invertida e maior.

| Projetor de slides ou filmes.

- **Objeto no foco objeto F:**

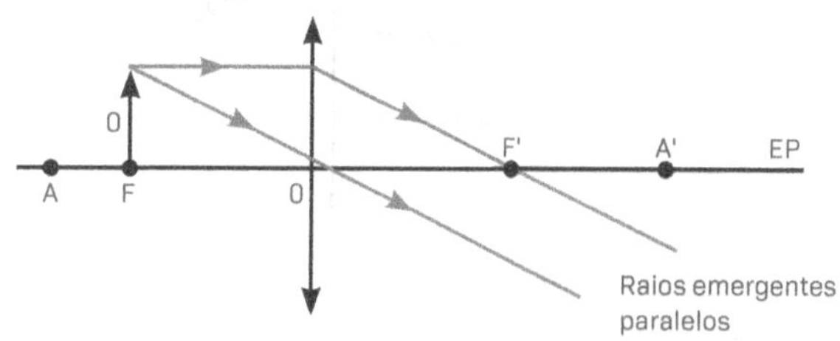

Imagem imprópria.

| Holofotes.

- **Objeto entre o foco objeto F e o centro óptico O:**

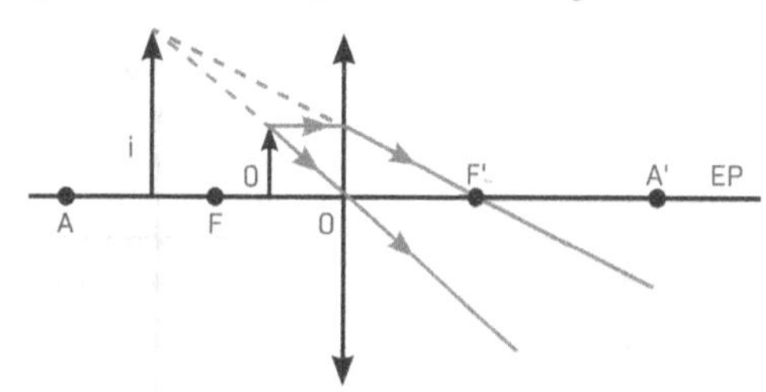

Virtual, direita e maior.

| Uso da lente convergente com uma lente de aumento (lupa) e correção da hipermetropia.

Lente divergente (1 caso)

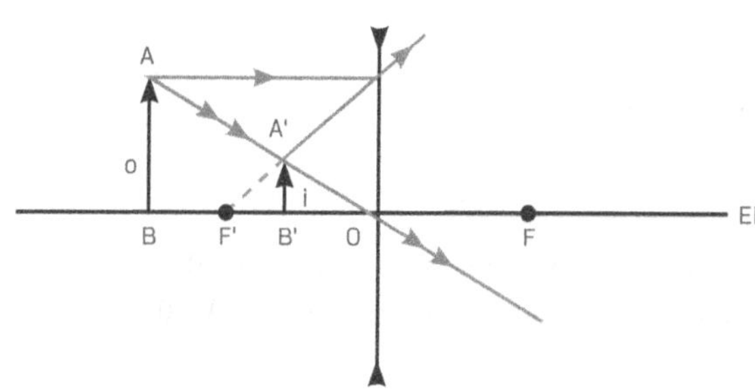

Virtual, direita e menor.

| Correção da miopia.

6.10.8 Estudo analítico das lentes esféricas

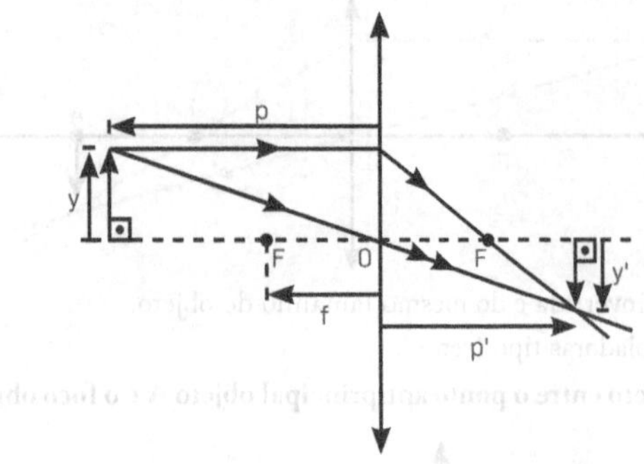

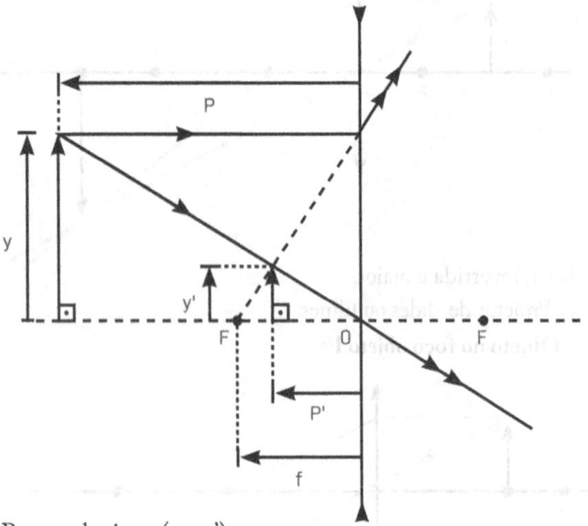

- Para as abscissas (p e p'):
  - Elemento real → abscissa positiva.
  - Elemento virtual → abscissa negativa.
- Para as ordenadas (y e y'):
  - Elemento acima do eixo principal → ordenada positiva.
  - Elemento abaixo do eixo principal → ordenada negativa.

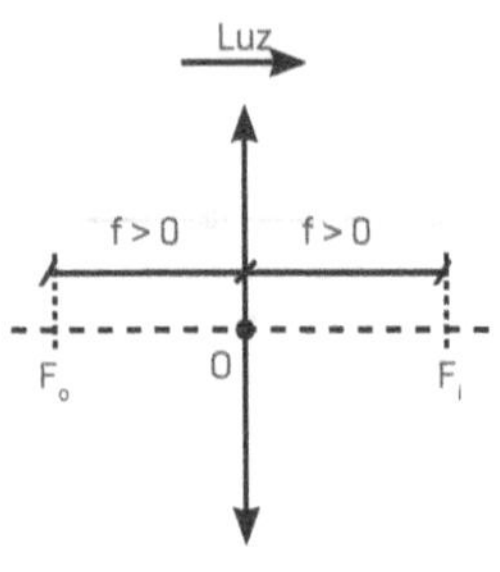

Lente convergente

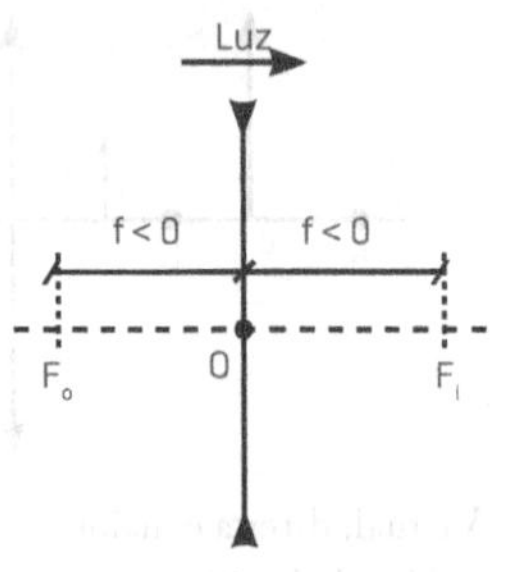

Lente divergente

Equação de gauss

$$\frac{1}{f} = \frac{1}{p} + \frac{1}{p'}$$

- Aumento linear transversal:

$$A = \frac{i}{o} = \frac{-p'}{p}$$

- Imagem direita em relação ao objeto ⇔ $A > 0$
- Imagem invertida em relação ao objeto ⇔ $A < 0$

6.10.9 Convergência/vergência (grau) de uma lente

O inverso da sua distância focal em metros, ou seja:

$$V = \frac{1}{f(\text{metros})}$$

A unidade mais usual de vergência, no SI, é a dioptria (símbolo: di), que resulta do inverso do metro:

$$\frac{1}{m} = 1m^{-1} = 1di$$

- Teorema das convergências (ou vergência):

A vergência de duas lentes (ou mais) justapostas é igual à soma algébrica das vergências de cada uma das lentes que compõem o conjunto.

$$C_{conj} = C_1 + C_2 + \ldots + C_n$$

6.10.10 Equação dos fabricantes de lentes (equação de halley)

$$\frac{1}{f} = \left(\frac{N_L}{N_M} - 1\right) \cdot \left(\frac{1}{R_1} + \frac{1}{R_2}\right)$$

- **Faces convexas:** raios de curvatura positiva ($R > 0$).
- **Faces côncavas:** raios de curvatura negativa ($R < 0$).

6.11 Instrumentos ópticos

6.11.1 Conceitos iniciais

Denomina-se instrumento óptico toda combinação conveniente de dispositivos ópticos como espelhos, prismas e lentes. Os instrumentos ópticos têm como finalidade fornecer imagens ampliadas de objetos muito pequenos (microscópio) ou imagens aproximadas de objetos afastados (luneta) ou, então, registrar imagens de objetos (máquina fotográfica).

- **Instrumentos de observação:** são aqueles em que os conjuntos de imagens finais virtuais são vistos diretamente pelo observador, como na lupa, no microscópio ou na luneta.
- **Instrumentos de projeção:** são aqueles que conjugam imagens finais reais, que são vistas pelo observador projetadas num anteparo, como na máquina fotográfica e nos projetores em geral.

Lupa ou microscópio simples

Lupa ou lente de aumento é o mais simples dos instrumentos ópticos de observação. É constituída apenas por uma lente convergente (distância focal em ordem de centímetros), que conjuga uma imagem virtual, direita e maior que o objeto, desde que ele esteja colocado entre o seu foco e o centro óptico.

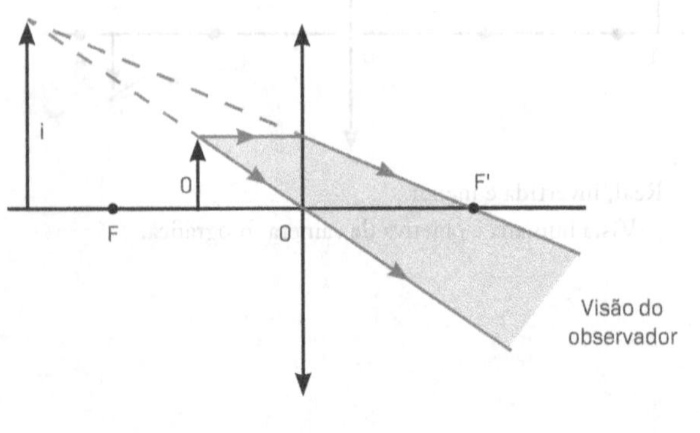

Microscópio composto

Formado por duas lentes convergentes, uma objetiva (lente voltada para o objeto), com distância focal de milímetros, e uma ocular (lente voltada para o observador), de distância focal de alguns centímetros, que amplia a imagem formada pela objetiva, funcionando como uma lupa.

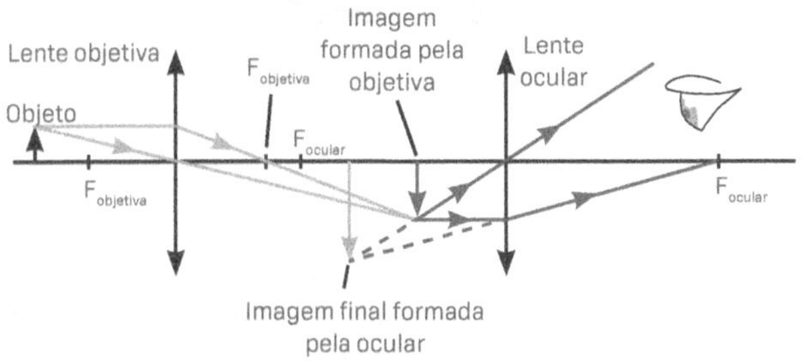

$A_{mier} = A_{ob} \cdot A_{oc}$ (ampliação total)

Luneta astronômica

A luneta astronômica é um instrumento óptico utilizado para observar astros. Basicamente, trata-se de uma associação coaxial de duas lentes convergentes colocadas dentro de um tubo cujo interior é pintado de preto. A lente voltada para o astro se chama objetiva, enquanto a que fica junto ao olho do observador é denominada ocular.

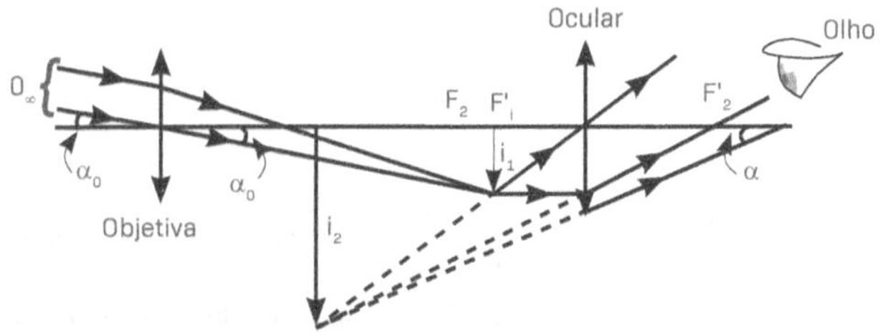

Aumento visual ou aumento angular - $G = \frac{f_{ob}}{f_{oc}}$

Projetor

O projetor, através de uma lente convergente (objetiva), fornece imagens reais, invertidas e maiores que o objeto (filme ou slide). Como as imagens são projetadas numa tela e vistas por espectadores, é conveniente colocar o objeto invertido no projetor para se ter imagem direita, conforme ilustra a figura.

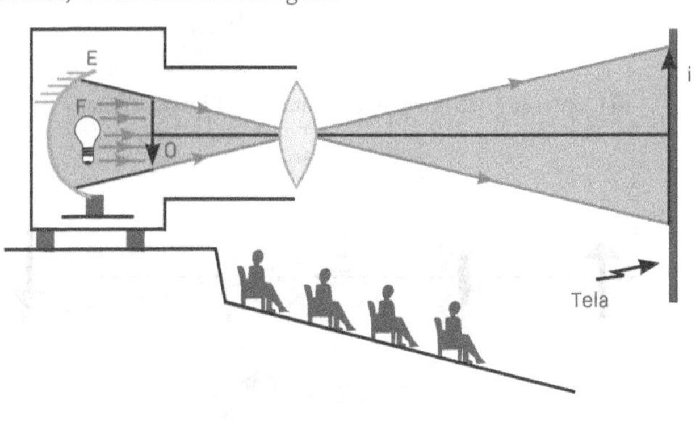

Máquina fotográfica

A máquina fotográfica é um instrumento óptico de projeção, onde o anteparo que capta e grava a imagem real é um filme fotossensível, isto é, que propicia uma reação química entre os sais que compõem a película e a luz incidente.

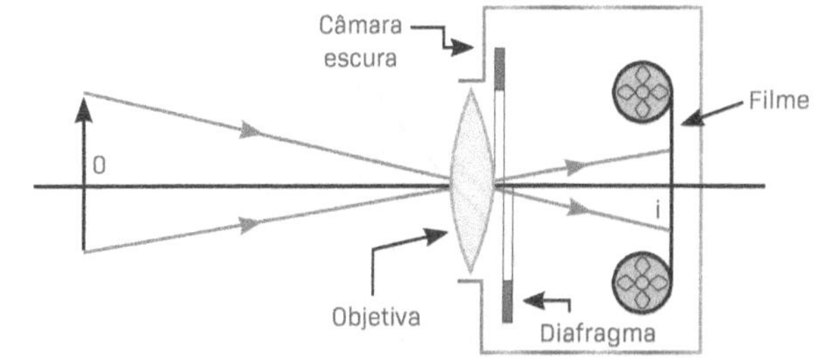

A lente é denominada objetiva da máquina e tem um mecanismo para afastá-la ou aproximá-la do filme, para que a imagem seja nítida. Esse processo é chamado de focalização.

Quando se "dispara" a máquina, o diafragma se abre por uma fração de segundo, permitindo a entrada da luz e a sensibilização do filme.

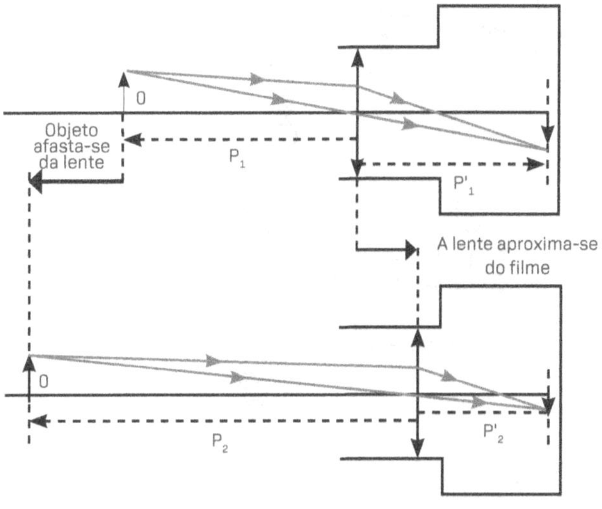

Óptica da visão

O ser humano é dotado de cinco sentidos e um deles é a visão, podendo este ser considerado o mais importante. O olho é divido em: retina, cristalino, músculos ciliares e pupila.

O cristalino tem a função de lente convergente (tipo biconvexa), a retina é responsável por receber as imagens formadas pelo cristalino e enviar ao cérebro, os músculos ciliares são responsáveis por alterar a distância focal e a pupila controla a quantidade de luz que penetra no olho.

A visão pode apresentar alterações, sendo elas: miopia, astigmatismo, hipermetropia e presbiopia.

- Miopia: é uma condição que afeta a visão de longa distância (longe). Esta condição atinge os músculos ciliares, deixando-os relaxados e, com isso, o foco da visão fica antes da retina. Para corrigir este defeito é necessária a utilização de lentes divergentes.
- Astigmatismo: é uma condição em que a córnea é irregular (possui imperfeições), tornando assim o raio de curvatura diferente de acordo com a secção selecionada. Devido a isso a refração da luz é diferente em cada secção selecionada. Para corrigir essa condição podem ser utilizadas lentes convergentes, divergentes ou cilíndricas.
- Hipermetropia: é uma condição oposta à miopia, afetando a visão a curta distância (perto). A córnea sofre um achatamento e encurtamento do globo ocular. Para corrigir essa condição é necessária a utilização de lentes convergentes.
- Presbiopia: também conhecida como "vista cansada", é uma condição em que o cristalino perde a capacidade de acomodação, condição causada pelo envelhecimento. A condição pode ser corrigida tal como a hipermetropia, com a utilização de lentes convergentes.

Acomodação visual

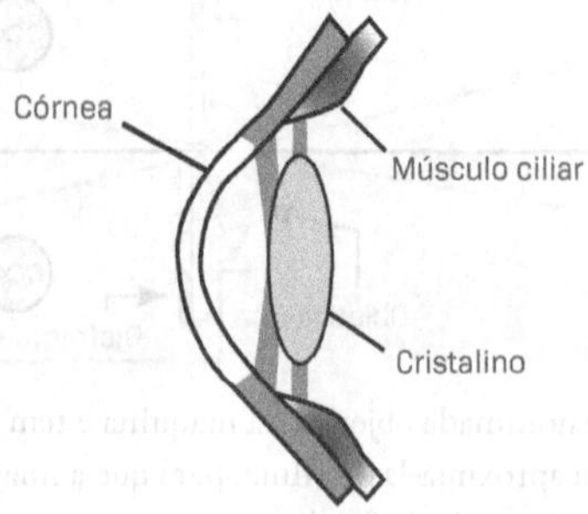

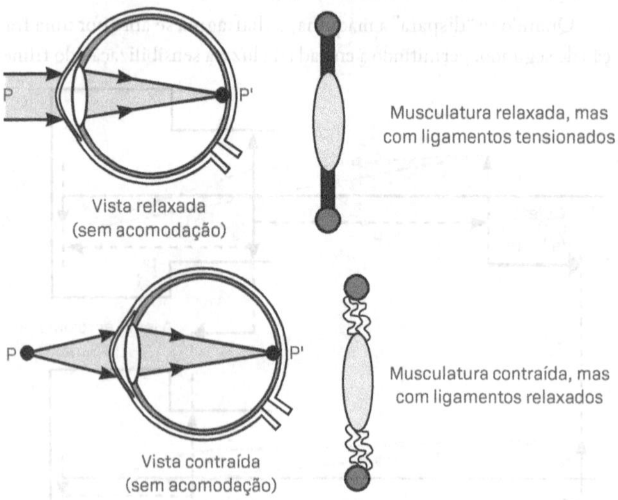

Ametropias

Vista relaxada

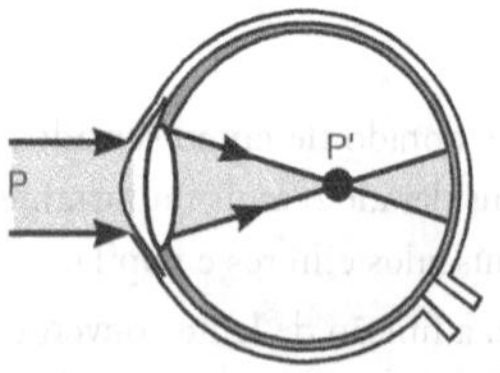

Miopia

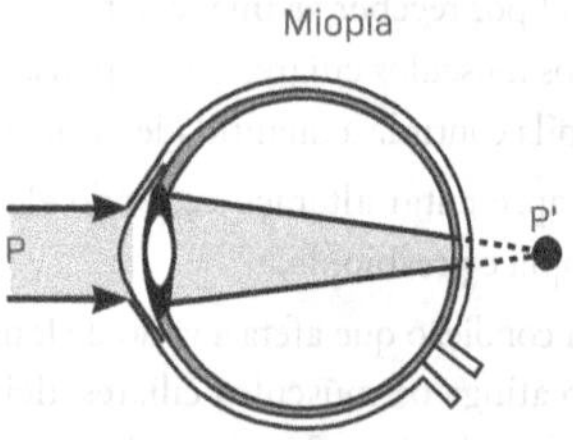

Hipermetropia

Correções

Miopia

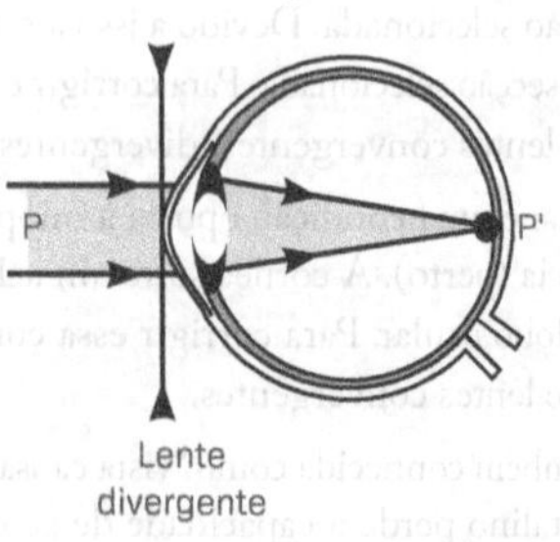

Hipermetropia

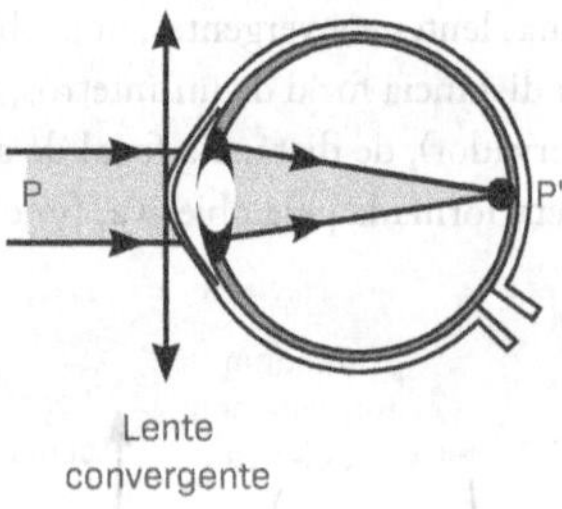

Exemplos:

Entre os cinco sentidos humanos, a visão é um dos mais importantes, por isso deve-se cuidar muito bem dos olhos. Ainda assim, defeitos visuais como miopia, hipermetropia e astigmatismo aparecem no decorrer da vida. Mas nada está perdido, pois os óculos são alternativas acessíveis e satisfatórias na melhoria da qualidade visual dos indivíduos. Considere o esquema do olho seguir para responder aos itens da questão.

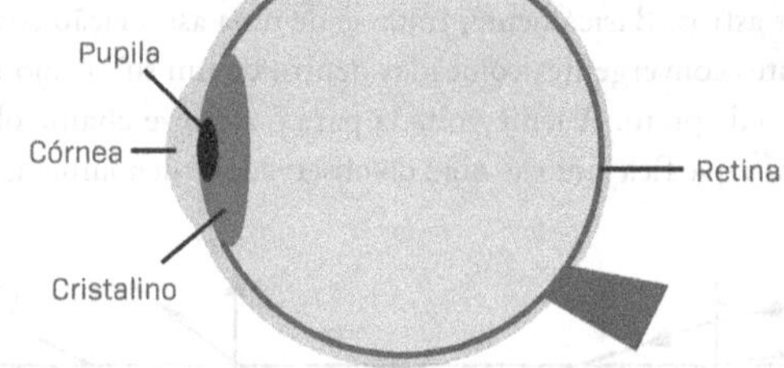

Dados:

$$A = \frac{i}{o} = \frac{-p'}{p};\ \frac{1}{f} = \frac{1}{P} + \frac{1}{P'};\ n = \frac{C}{v};\ n_1 \cdot \text{sen}\theta_1 = n_2 \cdot \text{sen}\theta_2$$

I) Com base no esquema do olho apresentado, desenhe a imagem do objeto (seta) formada em um olho hipermetrope.

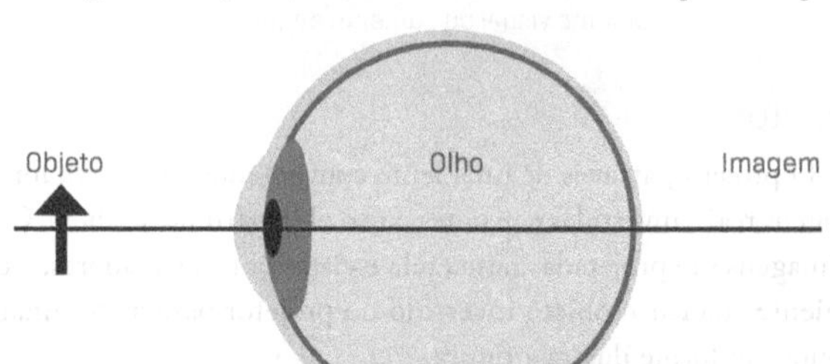

a) Construção da imagem para um olho hipermetrope:

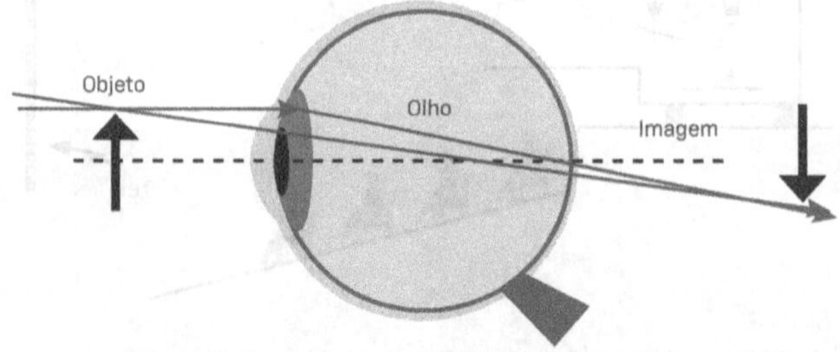

II) Que tipo de lente esférica corrige o defeito da hipermetropia e que fenômeno óptico explica o funcionamento de uma lente esférica?

III) Considere uma pessoa hipermetrope capaz de enxergar nitidamente quando seu ponto próximo é de 1,0 m. Nesse caso, qual a vergência da lente corretiva para conjugar a imagem de um objeto no ponto próximo, se esse objeto estiver a 25 cm do olho?

IV) Para solucionar o problema do olho hipermetrope, devemos usar uma lente convergente. O fenômeno óptico que explica o funcionamento das lentes esféricas é a refração.

V) A distância focal (f) corretiva para o olho hipermetrope é dada pela equação de Gauss, onde a distância da imagem (p') deve ser de 25 cm (ponto próximo do olho normal) e a distância do objeto (p) deve ser de -1 m (ponto próximo do hipermetrope). A vergência (V) da lente corretiva é o inverso da distância focal.

$$\frac{1}{f} = \frac{1}{P} + \frac{1}{P'} \Rightarrow \frac{1}{f} = \frac{1}{0{,}25\ m} - \frac{1}{1\ m} \therefore \frac{1}{f} = V = 3\ di$$

$$f = \frac{1}{3} m = 33{,}3\ cm$$

Posição da imagem para a lente divergente:

$$\frac{1}{f_1} = \frac{1}{p} + \frac{1}{p_1'} \Rightarrow \frac{1}{5} = \frac{1}{20} + \frac{1}{p_1'} \Rightarrow p_1' = -4\ cm$$

Altura do objeto:

$$\frac{i_1}{0} = -\frac{p_1'}{p} \Rightarrow \frac{2}{0} = -\frac{(-4)}{20} \Rightarrow 0 = 10\ cm$$

Posição da imagem para a lente convergente:

$$\frac{1}{f_2} = \frac{1}{p} + \frac{1}{p_2'} \Rightarrow \frac{1}{4} = \frac{1}{20} + \frac{1}{p_2'} \Rightarrow p_2' = 5\ cm$$

Altura da segunda imagem:

$$\frac{i_2}{0} = -\frac{p_2'}{p} \Rightarrow \frac{i_2}{10} = -\frac{5}{20} \therefore i_2 = -2{,}5\ cm$$

Portanto, a nova imagem apresentará uma altura de 2,5 cm.

7 ONDULATÓRIA

7.1 Movimento Harmônico Simples (MHS)

Um ponto material efetua um movimento harmônico simples quando oscila periodicamente em torno de uma posição de equilíbrio sob a ação de uma força cuja intensidade é proporcional à distância do ponto à posição de equilíbrio. Essa força é sempre orientada para a posição de equilíbrio e chama-se força restauradora.

No movimento periódico, definem-se:

- **Período (T):** o menor intervalo de tempo para a repetição do fenômeno.
- **Frequência (f):** o número de vezes que a mesma situação é repetida por unidades de tempo.

A uma relação entre (f) e (T):

$$f = \frac{1}{T}$$

7.1.1 Cinemática do MHS

Funções horárias do MHS

A descrição matemática do MHS baseia-se numa relação fundamental que este movimento tem com o movimento circular uniforme (MCU).

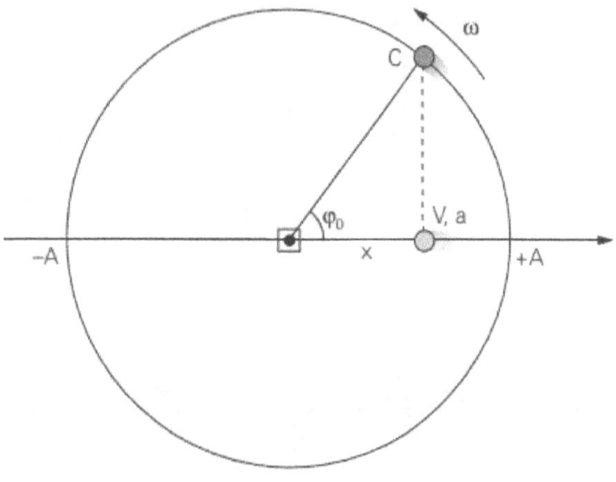

Quando uma partícula executa um movimento circular uniforme (MCU), sua projeção sobre o diâmetro da trajetória executa um movimento harmônico simples (MHS).

- **Função horária da elongação:**

$$x(t) = A \cdot \cos(\theta_0 + \omega \cdot t)$$

- **Função horária da velocidade:**

$$v(t) = -\omega \cdot A \cdot \text{sen}(\theta_0 + \omega \cdot t)$$

- **Função horária da aceleração:**

$$a(t) = -\omega^2 \cdot A \cdot \cos(\theta_0 + \omega \cdot t)$$

Lembrando que a velocidade angular é:

$$\omega = \frac{2\pi}{T}$$

Velocidade escalar no MHS em função da elongação:

$$v^2 = \omega^2 (A^2 - x^2)$$

A figura a seguir ilustra uma partícula de massa m presa a uma mola de constante elástica k, realizando um MHS, de amplitude a, com extremos A e B. O ponto C é um ponto intermediário qualquer.

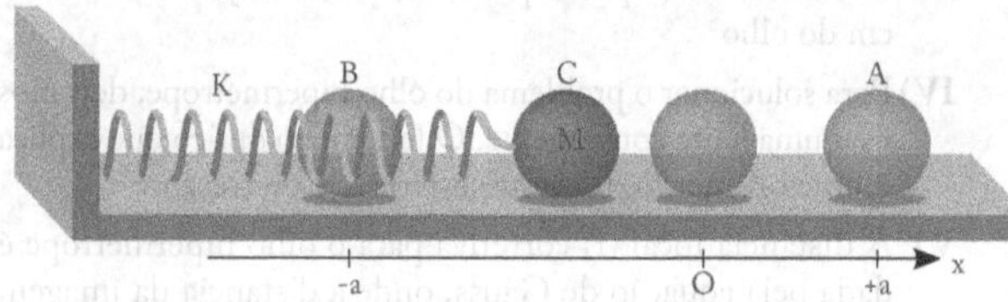

- **Pontos A e B:** Aceleração máxima $\rightarrow |a_{máx}| = \omega^2 \cdot A$. Velocidade mínima
- **Ponto O:** Velocidade máxima $\rightarrow |v_{máx}| = \omega \cdot A$

7.1.2 Dinâmica do MHS

Certos movimentos oscilatórios e periódicos são movimentos harmônicos simples, cuja força resultante, denominada força restauradora, obedece à seguinte relação: $F_{restauradora} = -K \cdot x$

Massa – mola

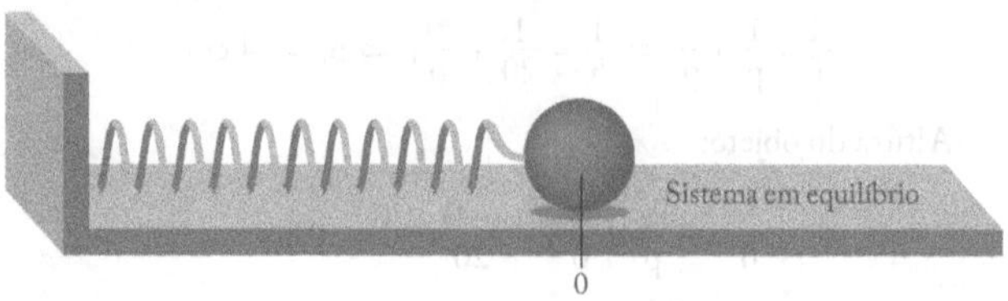

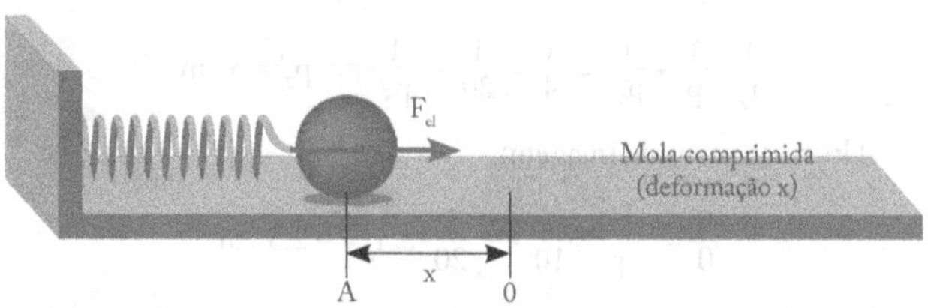

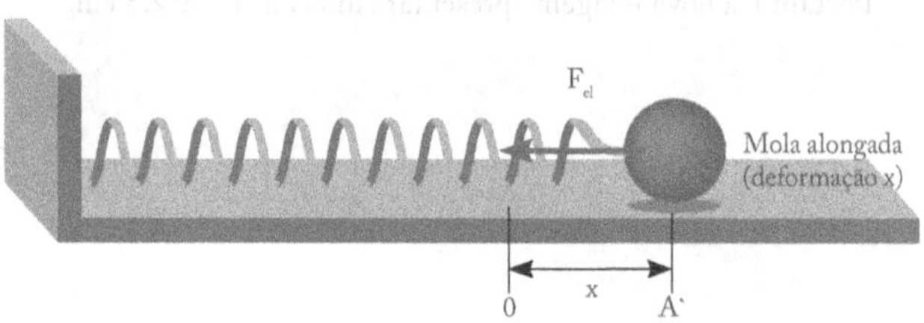

Pela 2ª Lei de Newton, temos:

$$R = m \cdot a \rightarrow -kx = m \cdot a \therefore a = -\frac{Kx}{m}$$

Esse movimento obedece à propriedade fundamental das oscilações harmônicas, pois a aceleração é proporcional à elongação com sinal trocado. Temos, portanto, um MHS. Combinando a última equação com a propriedade fundamental das oscilações harmônicas, obtemos:

$$a_{máx} = \omega^2 \cdot x \rightarrow \frac{Kx}{m} = \omega^2 \cdot x \therefore \omega = \sqrt{\frac{k}{m}}$$

Dessa expressão, podemos obter o período do sistema massa – mola:

$$T = \frac{2\pi}{\omega} \rightarrow T = 2\pi \sqrt{\frac{m}{k}}$$

7.1.3 Associação de molas

Às vezes um corpo pode executar um MHS associado a duas (ou mais) molas. Sendo k_1 e k_2 as constantes elásticas das molas, estas podem estar associadas em série ou em paralelo.

- **Associação em série:**

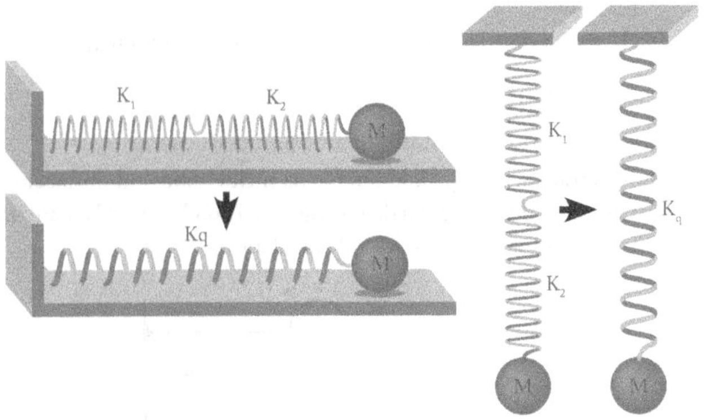

Demonstra-se que a mola equivalente, neste caso, tem constante elástica k_{eq} expressa por:

$$\frac{1}{k_{eq}} = \frac{1}{K_1} + \frac{1}{K_2} + \ldots + \frac{1}{K_n}$$

- **Associação em paralelo:**

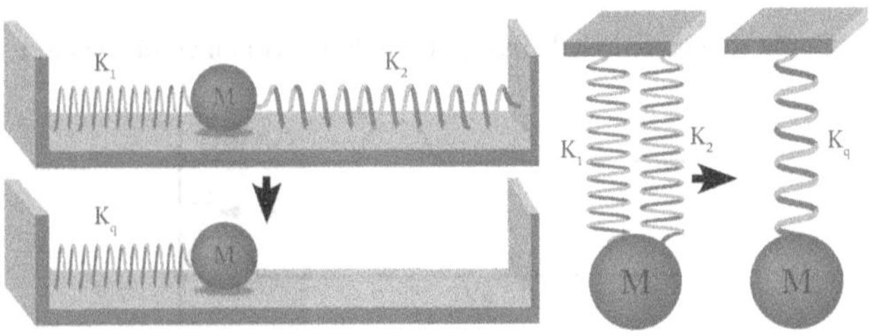

Demonstra-se que a mola equivalente, neste caso, tem constante elástica k_{eq} expressa por:

$$K_{eq} = K_1 + K_2 + \ldots + K_n$$

Qualquer que seja o tipo de associação, o período de oscilação do MHS é dado por:

$$T = 2\pi\sqrt{\frac{m}{k_{eq}}}$$

Pêndulo simples

O pêndulo simples é constituído por um fio ideal fixado verticalmente e por um corpo, preso em sua extremidade.

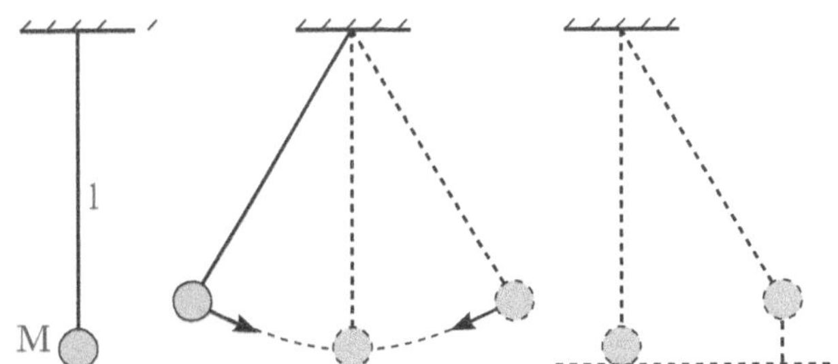

Pêndulo em repouso — Movimento oscilatório em torno da posição de equilíbrio

Para pequenas oscilações, ou seja, para um ângulo α de, no máximo, 10°, temos que tgα ≅ sen α ≅ α em radianos.

Período do pêndulo simples:

$$T = 2\pi\sqrt{\frac{L}{g}}$$

7.1.4 Energia mecânica no MHS

Dado um sistema mola-partícula, pela conservação da energia, sabe-se que a energia mecânica total é a soma das energias cinética (E_{cin}) e potencial (E_{pot}), ou seja:

$$E_{mec} = E_{cin} + E_{pot}$$

Dessa maneira, o diagrama das energias em função da abscissa x fica assim:

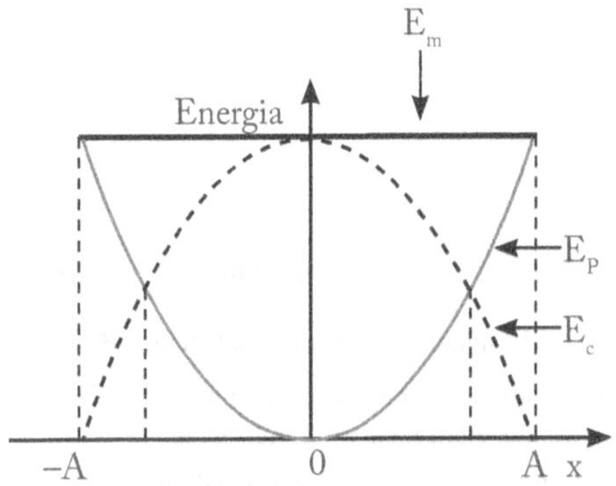

Quanto maior é a energia mecânica total cedida ao sistema, maior é a amplitude MHS.

$$E_{mec} = \frac{KA^2}{2}$$

7.2 Ondas

São movimentos oscilatórios (perturbações) que se propagam em um meio. Nesses movimentos, há apenas transporte de:

- Energia;
- Quantidade de movimento.

7.2.1 Natureza das ondas

As ondas podem ter natureza mecânica ou eletromagnética.

- **Ondas mecânicas:** resultam de deformações provocadas em meios materiais elásticos, transportando apenas energia mecânica. Por isso, as ondas mecânicas não se propagam no vácuo, mas apenas na matéria.

  Ondas em cordas, ondas na superfície de um líquido, ondas sonoras etc.

- **Ondas eletromagnéticas:** resultam de vibrações de cargas elétricas, transportando energia sob a forma de quanta ("pacotes" de energia). Por isso, as ondas eletromagnéticas propagam-se no vácuo e em alguns meios materiais.

  Ondas luminosas (luz), ondas de rádio ou TV, micro-ondas, raios-x, raios cósmicos etc.

7.2.2 Tipos e classificações das ondas

- **Ondas transversais:** aquelas em que a direção do movimento vibratório é perpendicular à direção de propagação.

  Ondas propagando-se em uma corda.

- **Ondas longitudinais:** aquelas em que a direção ao movimento vibratório coincide com a direção de propagação.

| Ondas sonoras propagando-se no ar.

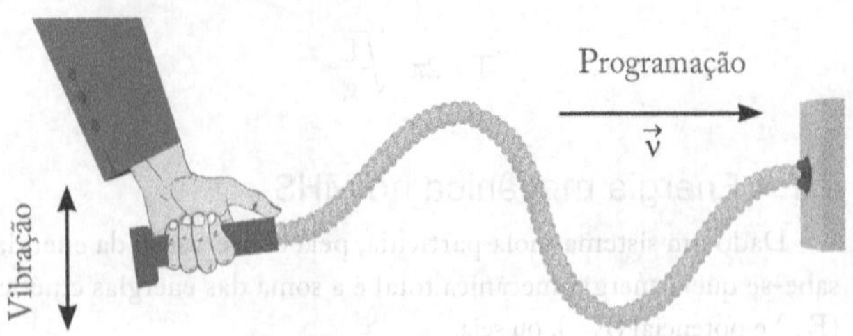

Onda transversal

Propagando-se numa mola helicoidal

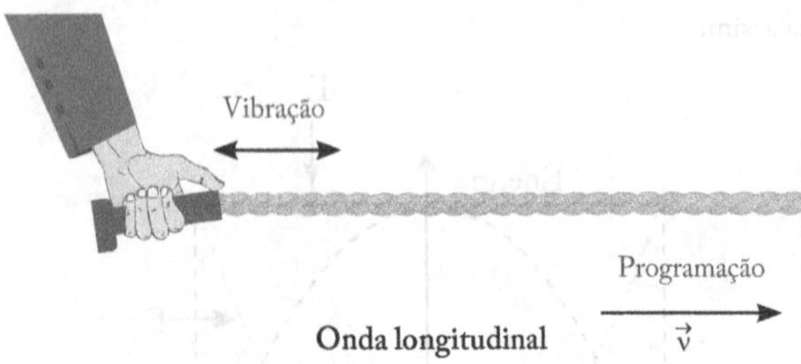

Onda longitudinal

Propagando-se numa mola helicoidal

- **Ondas unidimensionais:** a energia propaga-se linearmente, como na corda, que é um meio unidimensional.

Considerando-se um pulso (meia onda) que se propaga numa em uma corda esticada, verifica-se experimentalmente que a velocidade de propagação (v) depende da intensidade da força (T) que a traciona, e da densidade linear, conforme a fórmula de Taylor:

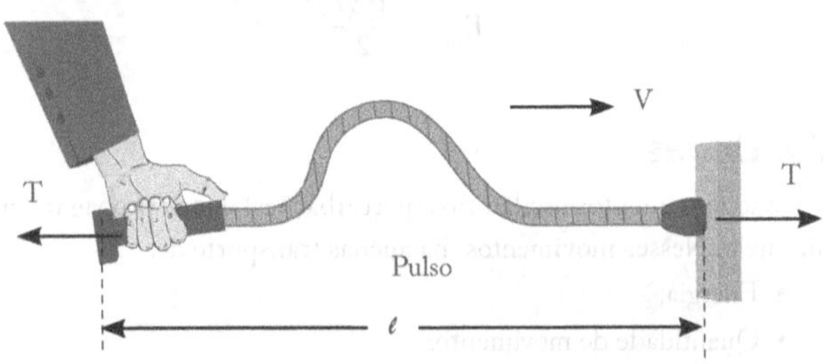

$$v = \sqrt{\frac{T}{\mu}}; \text{ sendo } \mu = \frac{m}{l} \text{ (densidade linear)}$$

- **Ondas bidimensionais:** a energia propaga-se superficialmente, como na superfície da água, que é um meio bidimensional.
- **Ondas tridimensionais:** a energia propaga-se no espaço, que é um meio tridimensional, como as ondas sonoras e as ondas luminosas (eletromagnéticas).

7.2.3 Elementos de uma onda e equação fundamental da ondulatória

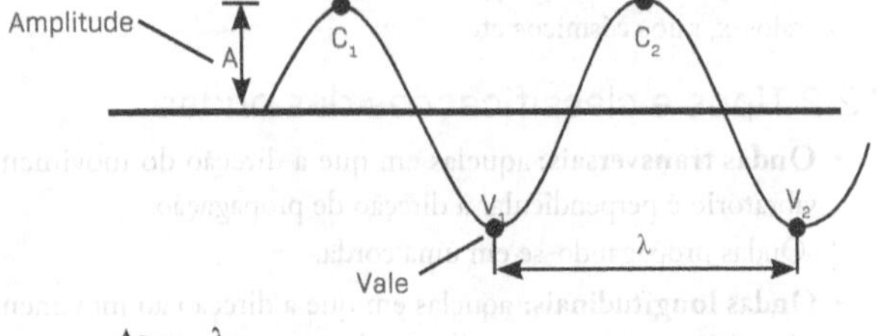

$$v = \frac{\Delta s}{\Delta t} = \frac{\lambda}{T} = \lambda \cdot f \text{ (equação fundamental da ondulatória)}$$

- A velocidade v de propagação de uma onda depende do meio de propagação.
- A frequência f de uma onda é determinada pela fonte geradora.

7.2.4 Fenômenos ondulatórios

Os fenômenos ondulatórios mais comuns são:

- **Reflexão:** ocorre quando uma onda incide sobre um obstáculo e retoma ao meio original de propagação. A onda refletida mantém todas as características da onda incidente.

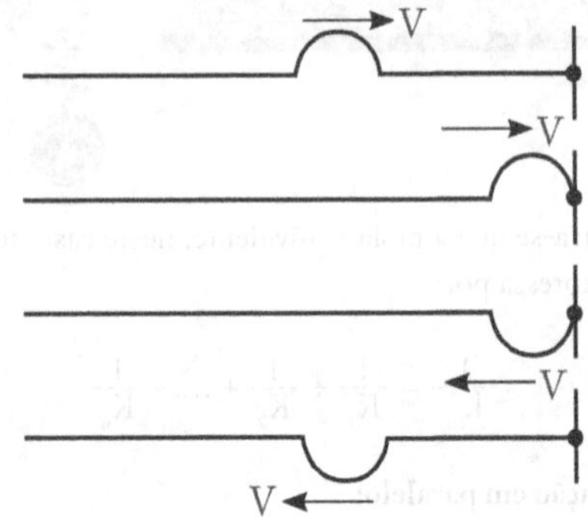

Corda com extremidade fixa (pulso refletido com inversão de fase)

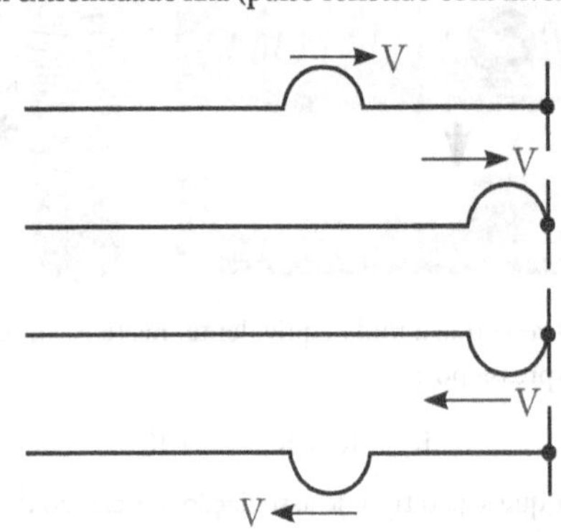

Corda com extremidade livre (pulso refletido sem inversão de fase)

- **1ª Lei da reflexão:** o raio incidente, o raio refletido e a reta normal à superfície refletora no ponto de incidência estão contidos sempre em um mesmo plano (são coplanares).
- **2ª Lei da reflexão:** i = r.

- **Refração:** ocorre quando uma onda passa de um meio para outro, com variação na sua velocidade de propagação. A onda refratada mantém apenas a frequência da onda incidente.

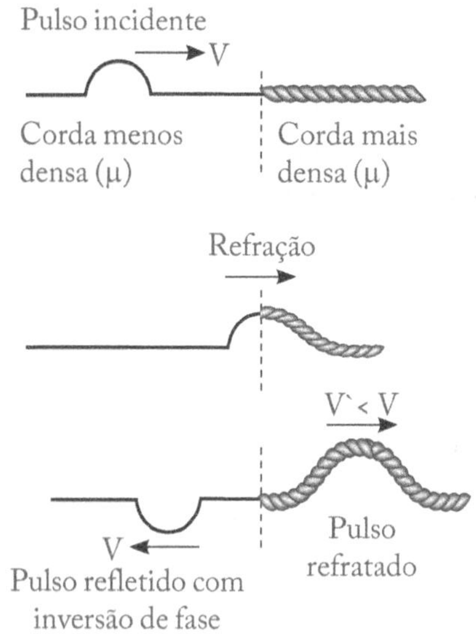

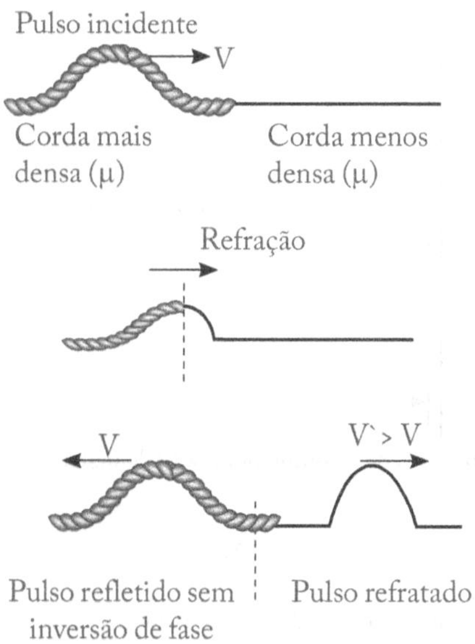

- **1ª Lei da refração:** o raio incidente, a normal à fronteira no ponto de incidência e o raio refratado estão contidos no mesmo plano (são coplanares).
- **2ª Lei da refração – também denominada Lei de Snell:**

$$\frac{\operatorname{sen}\theta_1}{\operatorname{sen}\theta_2} = \frac{v_1}{v_2} = \frac{\lambda_1}{v_2}$$

A velocidade de propagação da onda é maior nas regiões profundas do que nas rasas, como se observa na onda do mar ao atingir a praia. Esse esse é um fenômeno da refração.

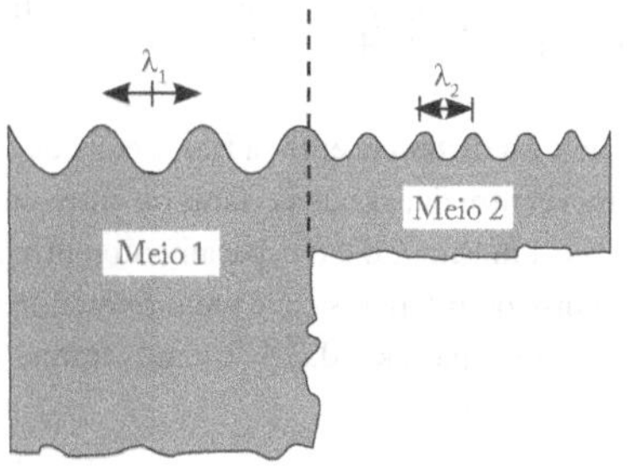

- **Difração:** ocorre quando uma onda consegue contornar um obstáculo (ou uma abertura).

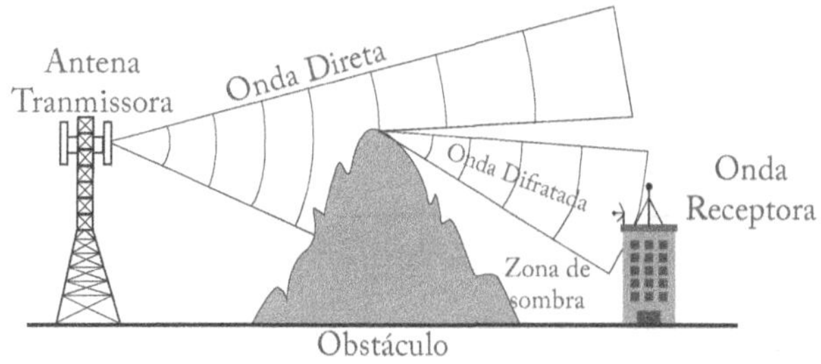

Observação: assim, as ondas AM difratam com maior facilidade, já que seu comprimento de onda é da ordem da dimensão de prédios e montanhas. As ondas FM difratam menos.

- **Polarização:** ocorre quando uma onda transversal, vibrando em várias direções, passa a fazê-lo em apenas uma.

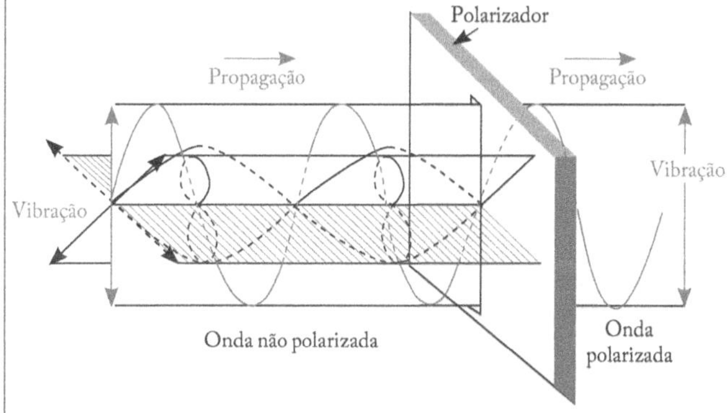

Somente as ondas transversais podem ser polarizadas.

- **Interferência:** ocorre quando duas ondas se encontram e se superpõem.

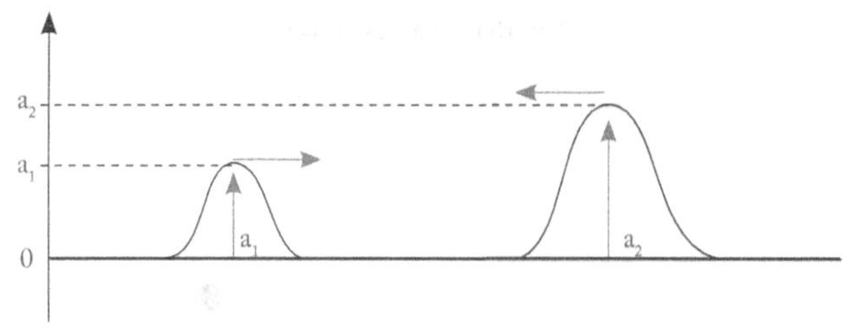

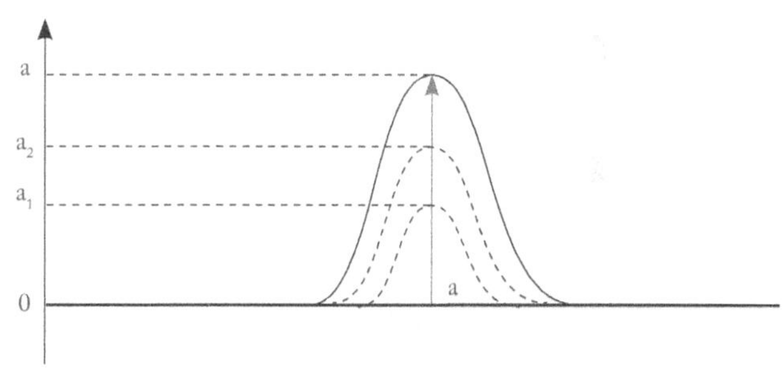

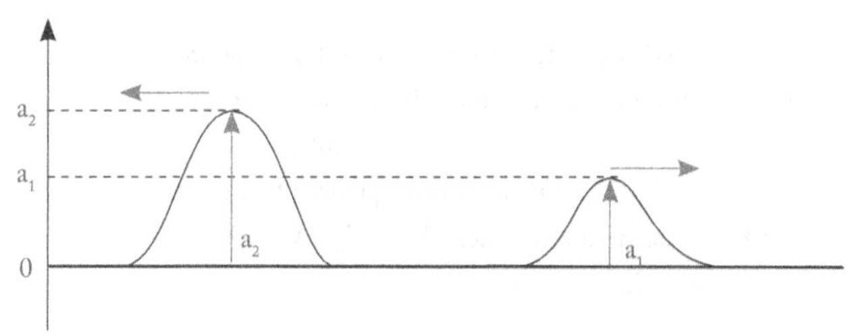

Interferência construtiva

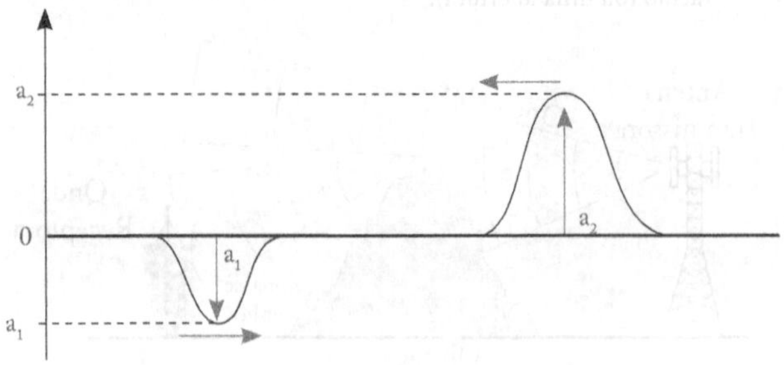

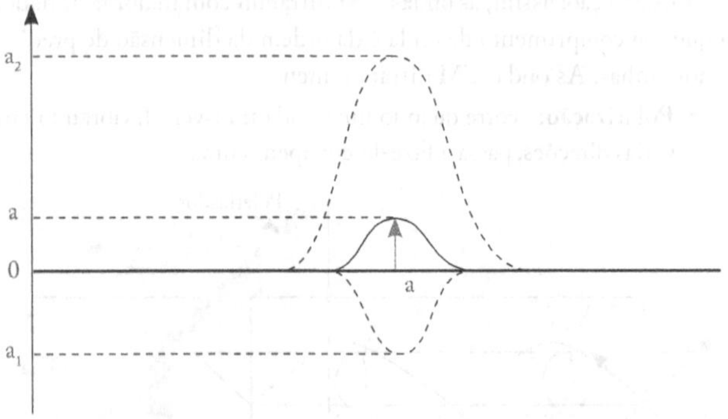

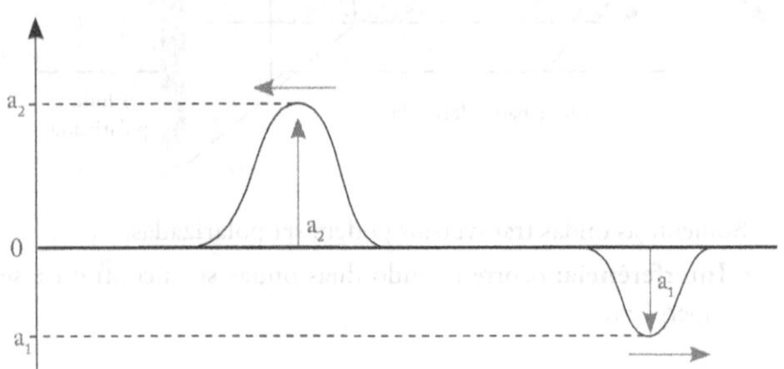

Interferência destrutiva

7.2.5 Como prever o tipo de interferência

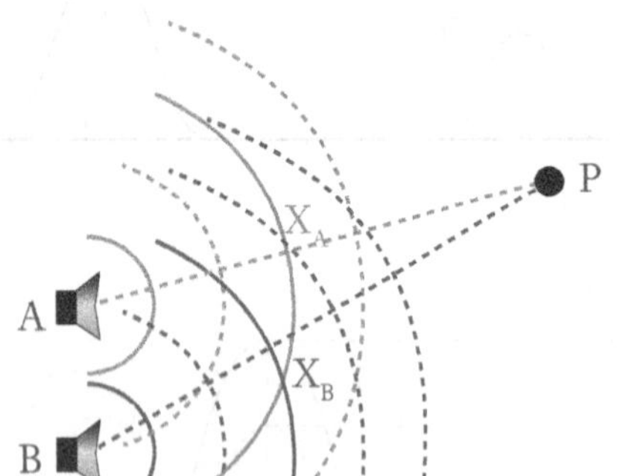

- x_A é a distância entre a fonte A de ondas e o ponto P.
- x_B é a distiância entre a fonte B de ondas e o ponto P.
- $\Delta x = |\,x_A - x_B\,| \Rightarrow$ diferença de caminho.

a) A e B oscilam na mesma frequência: $f_A = f_B = f$.

b) Ondas no mesmo meio: $V_A = V_B = V$.

Logo: $\lambda_A = \lambda_B = \lambda$.

c) A e B estão em concordância de fase.

$$\Delta x = k \cdot \frac{\lambda}{2}$$

k ímpar: interferência destrutiva.
k par: interferência construtiva.
Se A e B estão em oposição de fase, temos:
k ímpar: interferência construtiva.
k par: interferência destrutiva.

7.2.6 Experiência de Young da dupla fenda

Thomas Young (1773-1829), médico e físico inglês, foi o primeiro a demonstrar a teoria ondulatória da luz com sólida base experimental. Suas descobertas reforçaram as teorias de Huygens, publicadas no final do século XVII.

A interferência de ondas luminosas, pela qual se verificou que a luz é um fenômeno ondulatório, foi obtida por Young, com um dispositivo semelhante ao da figura a seguir.

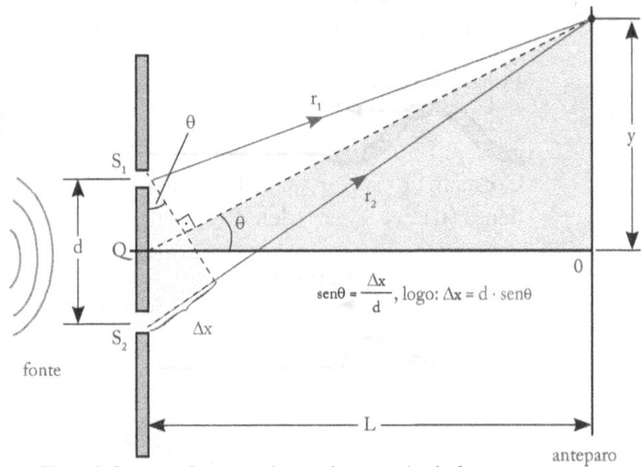

Essa diferença de caminho pode ser calculada:

$$\Delta x = n \cdot \frac{\lambda}{2} = d \cdot \text{sen}\theta$$

(L >>d). Nesse caso, podemos aproximar:

$$\text{sen}\theta \sim \tan\theta = \frac{y}{L}$$

$$\text{sen}\theta = \frac{\Delta x}{d} \text{ e tg } \theta = \frac{y}{L}$$

No desenho que representa a experiência de Young, podemos observar que, sendo a distância d entre as fendas muito menor que a distância L entre os anteparos, o ângulo θ é pequeno o suficiente para que seja válida a relação: $\text{sen}\theta \cong \text{tg}\theta$.

$$\frac{\Delta x}{d} = \frac{y}{L} \rightarrow \frac{k \cdot \lambda}{2 \cdot d} = \frac{y}{L} \therefore y = \frac{k \cdot \mu \cdot L}{2 \cdot d}$$

Observe que y é a distância entre a franja considerada e o máximo central (a distância entre duas franjas claras ou entre duas franjas escuras consecutivas é a mesma), d é o espaçamento entre as duas fendas, L é a distância entre os anteparos e k é um número inteiro relacionado com a ordem da franja: para k = 0,2,4,... temos franjas claras; para k = 1,3,5 ... temos franjas escuras.

7.3 Ondas sonoras

7.3.1 Definições

As ondas sonoras propagam-se em meios sólidos, líquidos e gasosos, com velocidades que dependem das diferentes características dos materiais. De modo geral, as velocidades maiores ocorrem nos sólidos e as menores, nos gases.

$$v_{\text{sólidos}} > v_{\text{líquida}} > v_{\text{gás}}$$

A velocidade é diretamente proporcional à raiz quadrada da sua temperatura absoluta. No ar, a 15 °C, V_{som} = 340 m/s.

Representação da onda sonora:

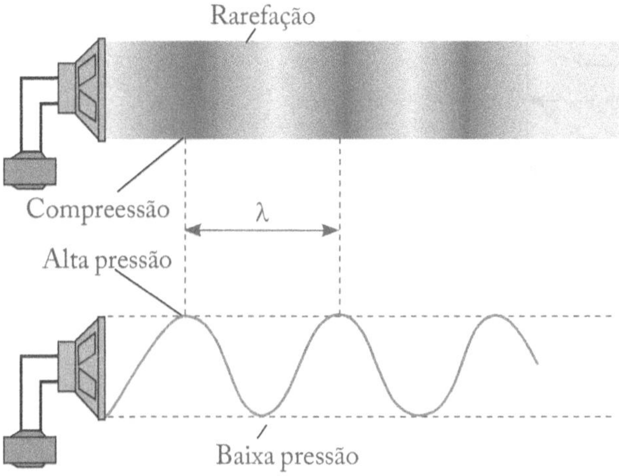

7.3.2 Qualidades fisiológicas do som

A orelha humana distingue no som três qualidades diversas, denominadas qualidades fisiológicas: altura, intensidade auditiva (ou sonoridade) e timbre.

- **Altura:** qualidade que permite diferenciar um som grave de um som agudo.
  - **Som baixo (grave):** baixa frequência.
  - **Som alto (agudo):** alta frequência.

Comparação de duas ondas sonoras de diferentes frequências que se propagam em um mesmo meio. Na figura, o som A é mais agudo que o som B.

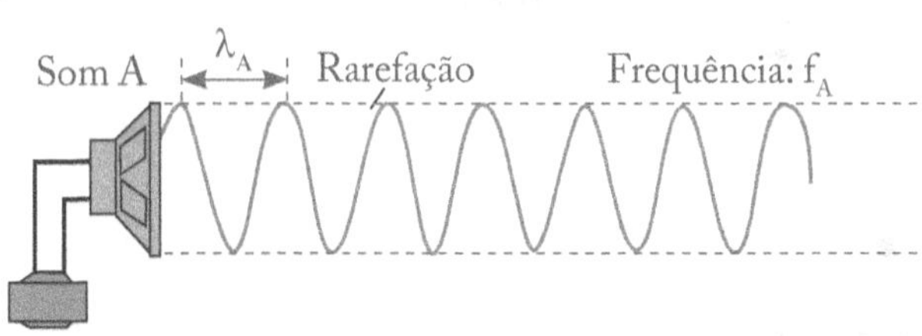

$$\lambda_A < \lambda_B \Rightarrow f_A > f_B$$

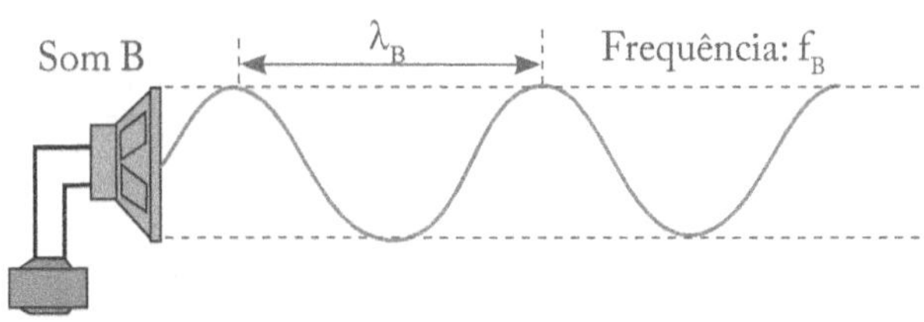

- **Intensidade auditiva (ou sonoridade):** qualidade que permite diferenciar um som forte de um som fraco.
  - **Som fraco:** pequena intensidade.
  - **Som forte:** grande intensidade.

Comparação de duas ondas sonoras de mesma frequência e amplitudes distintas.

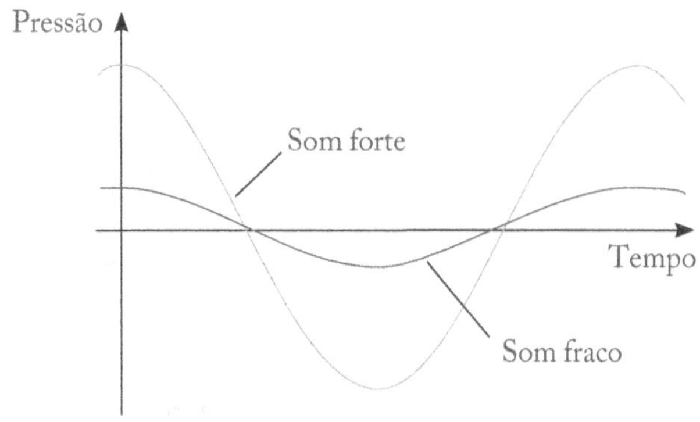

- **Lei de Weber Fechner:** a magnitude da sensação auditiva (nível do som) é função do 1º grau do logaritmo do agente excitador.

$$N = 10 \cdot \log \frac{I}{I_0} \quad \text{(decibel – dB)}$$

Sendo, $I_0 = 10^{-12} W/m^2$.

- **Timbre:** é a qualidade que permite distinguir sons de mesma altura e intensidade, emitidos por fontes diferentes. Uma mesma nota musical emitida por um piano e por um violão diferencia-se pelo timbre.

Na figura, a flauta e o trompete emitem ondas sonoras de frequências e amplitudes praticamente iguais. A diferença da forma de onda está relacionada ao timbre de cada som emitido.

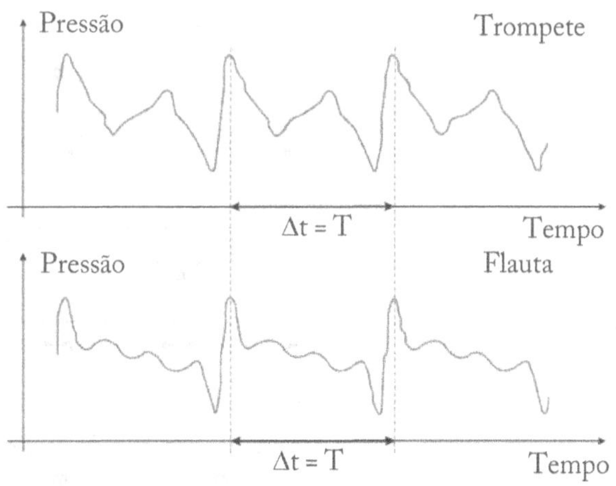

7.3.3 Cordas sonoras

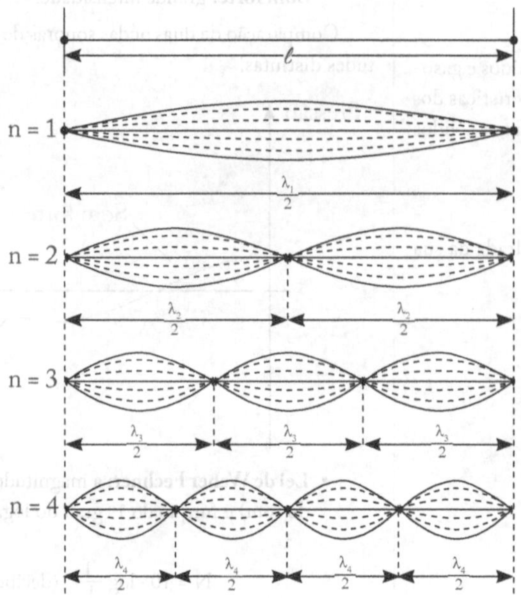

$1 \cdot \frac{\lambda_1}{2} = \ell \Rightarrow \lambda_1 = \frac{2\ell}{1}$ (1º harmônico ou fundamental)

$2 \cdot \frac{\lambda_2}{2} = \ell \Rightarrow \lambda_2 = \frac{2\ell}{2}$ (2º harmônico)

$3 \cdot \frac{\lambda_3}{2} = \ell \Rightarrow \lambda_3 = \frac{2\ell}{3}$ (3º harmônico)

$4 \cdot \frac{\lambda_4}{2} = \ell \Rightarrow \lambda_4 = \frac{2\ell}{4}$ (4º harmônico)

$$f_n = n \cdot \frac{v}{2 \cdot L};\ n = 1, 2, 3, \ldots$$

7.3.4 Tubos sonoros

Tubos abertos

As três primeiras possíveis configurações de ondas estacionárias são:

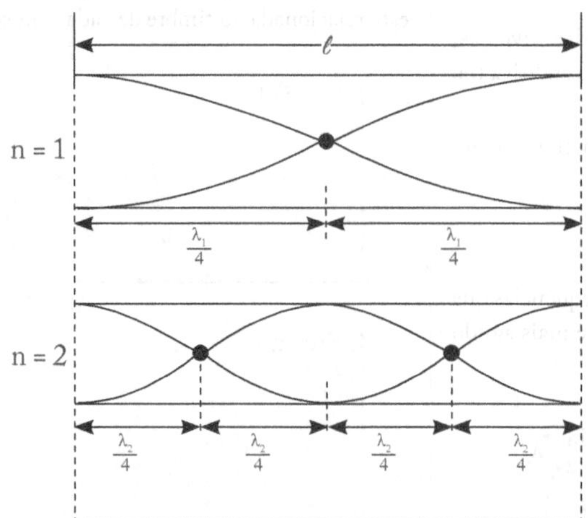

$2 \cdot \frac{\lambda_1}{4} = 1 \cdot \frac{\lambda_1}{2} = \ell \Rightarrow \lambda_1 = \frac{2\ell}{1}$
Som fundamental ou 1º Harmônico

$4 \cdot \frac{\lambda_2}{4} = 2 \cdot \frac{\lambda_2}{2} = \ell \Rightarrow \lambda_2 = \frac{2\ell}{2}$
2º Harmônico

$6 \cdot \frac{\lambda_3}{4} = 3 \cdot \frac{\lambda_3}{2} = \ell \Rightarrow \lambda_3 = \frac{2\ell}{3}$
3º Harmônico

$$f_n = \frac{nv}{2L};\ n = 1, 2, 3, \ldots$$

No tubo aberto, obtêm-se frequências naturais de todos os harmônicos (como na corda vibrante).

Tubos fechados

As três primeiras possíveis configurações de ondas estacionárias são:

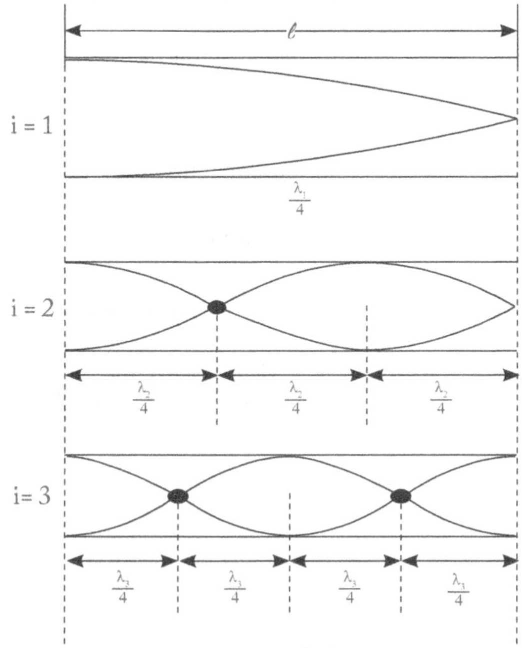

$$1 \cdot \frac{\lambda_1}{4} = \ell \Rightarrow \lambda_1 = \frac{4\ell}{1}$$

$$3 \cdot \frac{\lambda_3}{4} = \ell \Rightarrow \lambda_3 = \frac{4\ell}{3}$$

$$5 \cdot \frac{\lambda_5}{4} = \ell \Rightarrow \lambda_5 = \frac{4\ell}{5}$$

$$f_i = \frac{i \cdot v}{4 \cdot L};\ i = 1, 2, 3, \ldots$$

No tubo fechado, obtêm-se frequências naturais de todos os harmônicos ímpares.

7.4 Efeito Doppler

7.4.1 Definição

O efeito Doppler, para ondas sonoras, constitui o fenômeno pelo qual um observador percebe uma frequência diferente daquela emitida por uma fonte, devido ao movimento relativo entre eles (observador e fonte).

É o que acontece quando uma ambulância, com sua sirene ligada, passa por um observador (parado ou não). Enquanto a ambulância se aproxima, a frequência por ele percebida é maior que a real (mais aguda); mas, à medida que ela se afasta, a frequência percebida é menor (mais grave).

Determina-se a fórmula geral para se calcular a frequência aparente percebida pelo observador da seguinte forma:

$$f_{ap} = f_o \cdot \left(\frac{v_{som} \mp v_o}{v_{som} \pm v_F} \right)$$

f_{ap}: frequência aparente.

f_o: frequência real.

V_{som}: velocidade do som.

V_o: velocidade do observador.

V_F: velocidade da fonte sonora.

A expressão anterior, a da fórmula geral do efeito Doppler, é válida, com a seguinte convenção de sinais:

- Orienta-se sempre positivamente do observador O para a fonte F.
- Caso os sentidos de V_o e V_F coincidam com a orientação convencionada, adota-se o sinal de mais (+).
- Caso contrário, adota-se o sinal de menos (-).

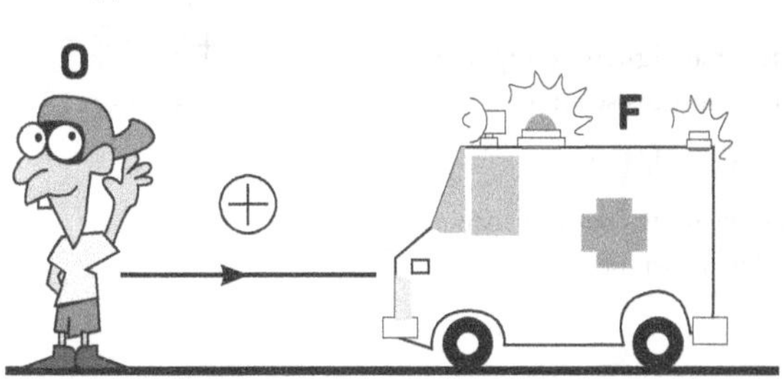

Observação: verifica-se o efeito Doppler tanto para ondas mecânicas quanto para ondas eletromagnéticas.

8 ELETRICIDADE

8.1 Eletrostática

8.1.1 Princípios

Modelo atômico

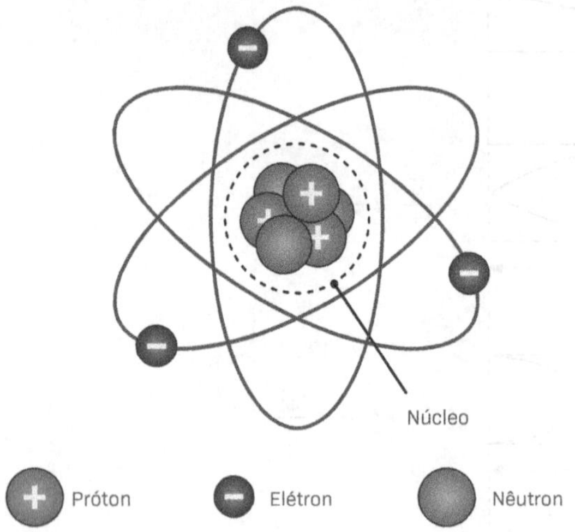

Modelo simplificado de um átomo

Carga elétrica

Aos prótons e elétrons atribui-se a propriedade de possuírem carga elétrica. Quanto aos nêutrons, estes têm carga elétrica nula.

Por convenção, estabelece-se que a carga elétrica do próton é positiva, e a carga do elétron é negativa.

No Sistema Internacional de Unidades, adota-se o Coulomb (C) como unidade de carga elétrica.

Carga elementar (e)

Foi determinada experimentalmente pela primeira vez pelo físico norte-americano Robert Andrews Millikan (1868-1953):

$$e = 1{,}6 \cdot 10^{-19} C$$

Temos, então:

Carga elétrica do próton = +e

Carga elétrica do elétron = -e

Carga elétrica do nêutron = 0

Quantização da carga elétrica (Q)

A carga elétrica de um corpo é quantizada, isto é, ela sempre é um múltiplo inteiro da carga elétrica elementar. Isso é verdade porque um corpo, ao ser eletrizado, recebe ou perde um número inteiro de elétrons.

$$Q = (N_p - N_e) \cdot e \rightarrow Q = n \cdot e \ (n = 1, 2, 3, ...)$$

Princípio da atração e repulsão

Partículas eletrizadas com cargas de sinais iguais se repelem, enquanto as eletrizadas com cargas de sinais opostos se atraem.

Princípio da conservação das cargas elétricas

A soma algébrica das cargas elétricas existentes em um sistema eletricamente isolado é constante, em qualquer instante.

Condutores e isolantes

Um material é chamado de condutor elétrico quando há nele grande quantidade de portadores de carga elétrica que podem se movimentar com grande facilidade. Caso contrário, ele será denominado isolante elétrico ou dielétrico.

Processos de eletrização

Corpo neutro	Retirando-se elétrons →	**Corpo positivo**
Corpo neutro	Adicionando-se elétrons →	**Corpo negativo**

- **Eletrização por atrito:** atritando dois corpos neutros com afinidades eletrônicas diferentes, ambos adquirem cargas de mesmo valor absoluto e sinais opostos. Tal processo é bastante eficiente na eletrização de materiais isolantes.

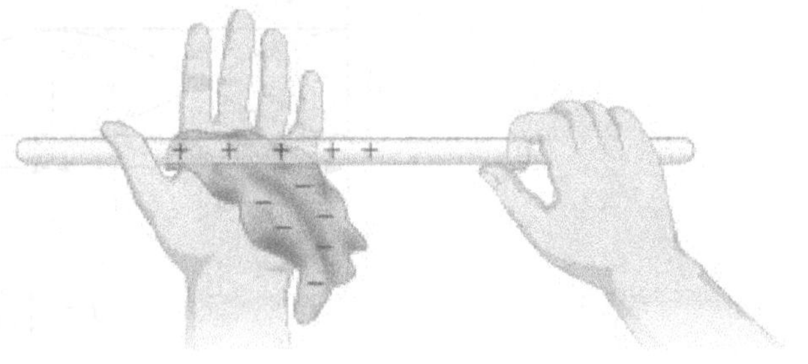

Atrito entre vidro e seda

- **Eletrização por contato:** se um corpo eletrizado é posto em contato com um corpo neutro, parte da carga pode ser transferida de um para outro. Para que o processo seja eficiente, os corpos envolvidos devem ser condutores.

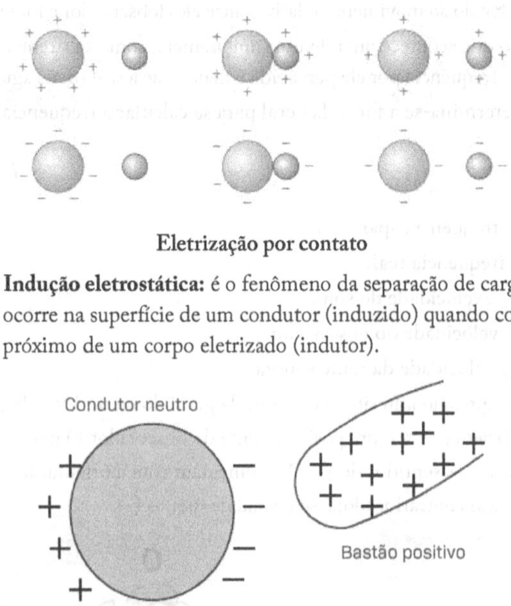

Eletrização por contato

- **Indução eletrostática:** é o fenômeno da separação de cargas que ocorre na superfície de um condutor (induzido) quando colocado próximo de um corpo eletrizado (indutor).

- **Eletroscópio:** para saber se determinado corpo está ou não eletrizado, sem alterar sua possível carga, usamos um aparelho denominado eletroscópio.
  - **Usando pêndulo eletrostático:**

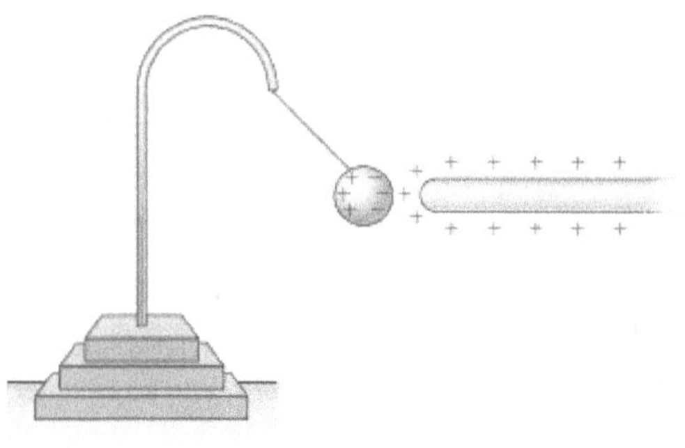

  - **Usando o eletroscópio de folhas:**

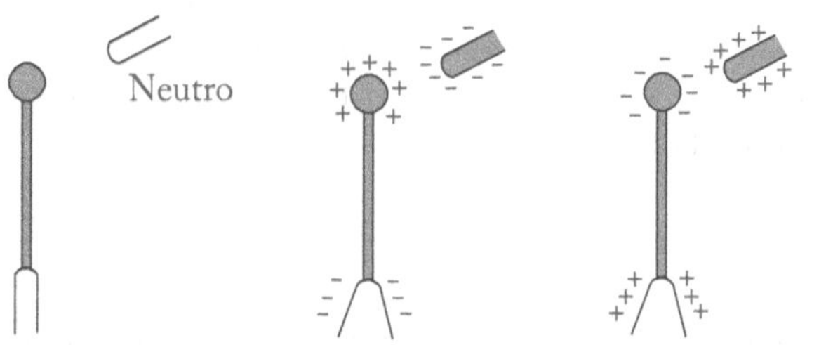

Eletroscópio fora da influência da carga	Eletroscópio sob a influência da carga negativa	Eletroscópio sob a influência da carga positiva

8.1.2 Força elétrica

Lei de Coulomb

Foi o francês Charles Augustin de Coulomb (1736-1806) quem descobriu, em 1785, a lei que rege as interações entre partículas eletrizadas. Recordemos que se deve entender por partículas os corpos de dimensões desprezíveis em comparação com as demais dimensões consideradas. A interação entre partículas eletrizadas manifesta-se por meio de forças de atração ou de repulsão, dependendo dos sinais das cargas.

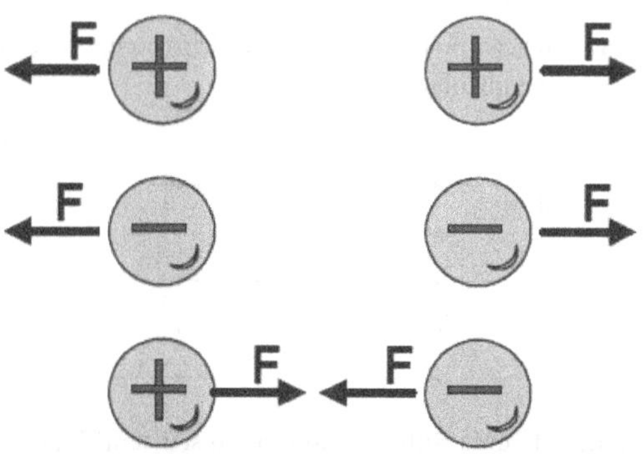

O enunciado da Lei de Coulomb pode ser apresentado da seguinte forma:

As forças de interação entre duas partículas eletrizadas possuem intensidades iguais e são sempre dirigidas segundo o segmento de reta que as une. Suas intensidades são diretamente proporcionais ao módulo do produto das cargas e inversamente proporcionais ao quadrado da distância entre as partículas.

- **Intensidade:**

$$F = \frac{k \cdot |Q| \cdot |q|}{d^2}$$

A constante de proporcionalidade (k), denominada constante eletrostática do meio, depende do meio em que se encontram os corpos e do sistema de unidades. No vácuo, para o Sistema Internacional, temos:

$k_0 = 9 \cdot 10^9 \ N \cdot m^2/C$

- **Direção:**

Reta que une os centros dos corpos.

- **Sentido:**

$Q \cdot q > 0 \Rightarrow$ Repulsão

$Q \cdot q < 0 \Rightarrow$ Atração

- **Representação gráfica:**

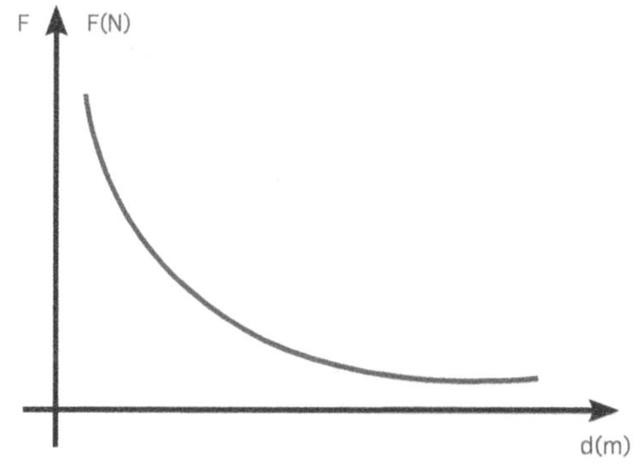

Intensidade da força elétrica em função da distância entre cargas pontiformes.

8.1.3 Potencial elétrico

É uma grandeza escalar associada ao ponto A, como o quociente entre a energia potencial elétrica e o valor da carga elétrica da partícula colocada em A.

$$V_A = \frac{E_{pot;A}}{q}$$

Unidade de potencial elétrico no sistema de unidades internacional:

$$[V] = \frac{J}{C} = \text{volt (V)}$$

> Uma bateria de 1,5 volts fornece 1,5 joules de energia a cada 1 Coulomb de carga que atravessa a bateria.

O potencial elétrico em um ponto do campo elétrico gerado por uma carga fonte Q:

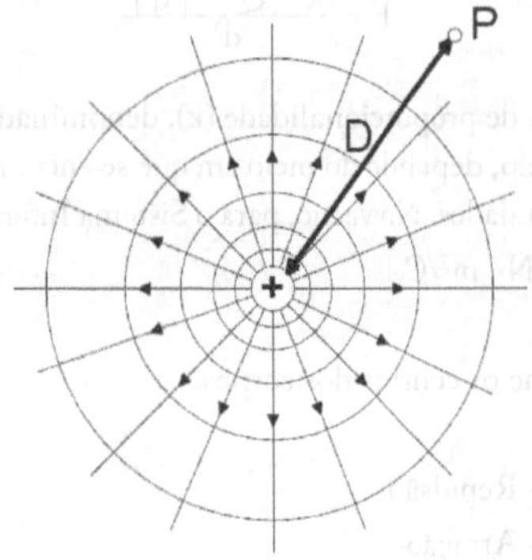

$$V_P = \frac{E_{pot;P}}{q} = \frac{\frac{k \cdot Q \cdot q}{D}}{q} \therefore V_P = \frac{k \cdot Q}{D}$$

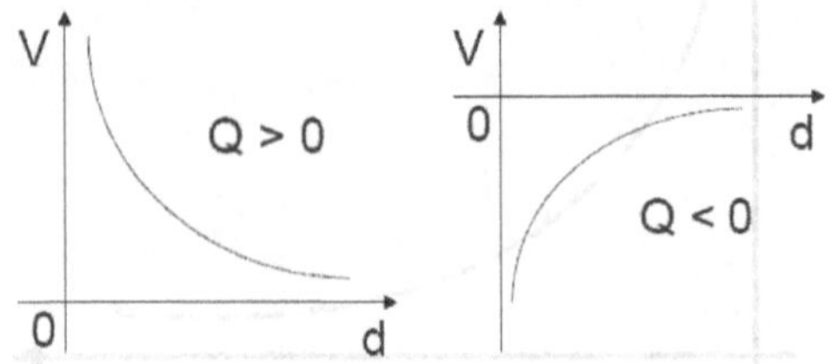

8.1.4 Trabalho, energia e potencial elétrico

Trabalho de uma força elétrica

No campo de uma carga puntiforme fixa +Q, consideremos dois pontos, A e B, distantes, respectivamente, d_A e d_B de +Q. Durante esse deslocamento, a força elétrica que atua sobre a carga de prova +q é dada pela Lei de Coulomb, e sua intensidade diminui desde o valor inicial F_A até o valor final F_B.

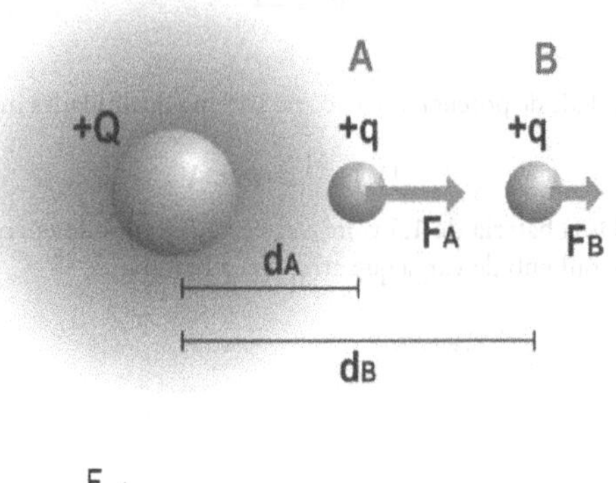

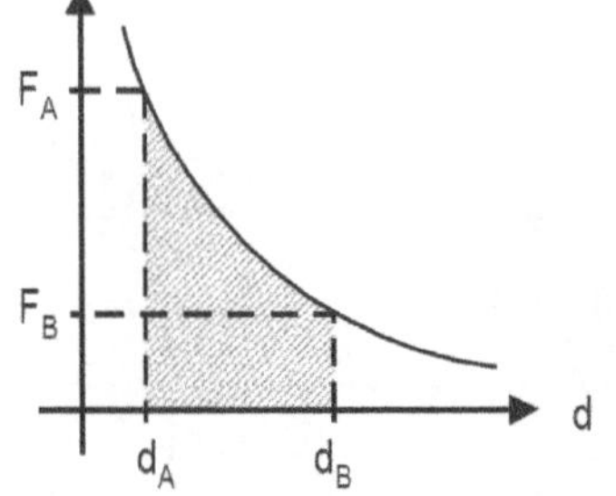

A área dessa região hachurada é o trabalho da força elétrica. O estudante não precisa se preocupar em calcular essa figura geométrica, pois a técnica matemática capaz de calcular a área sob o gráfico de qualquer função chama-se integração (ferramenta matemática do nível superior).

O cálculo da figura hachurada é:

$$T_{\text{força elétrica}} = \frac{k \cdot Q \cdot q}{d_A} - \frac{k \cdot Q \cdot q}{d_B}$$

Unidade de energia no sistema de unidades internacional:

$$[T_{\text{força elétrica}}] = \text{joule (J)}$$

Observação: a expressão será válida ainda que os pontos não estejam alinhados com a carga Q, pois a força elétrica é conservativa, e seu trabalho não depende da trajetória.

Energia potencial elétrica

É importante lembrar que a força elétrica é uma força conservativa, por isso utilizaremos o teorema da energia potencial.

$$T_{\text{forças conservativas}} = -\Delta E_{pot} = -(E_{pot;final} - E_{pot;inicial}) = E_{pot;inicial} - E_{pot;final}$$

O resultado da integração é:

$$T_{\text{força elétrica}} = \frac{k \cdot Q \cdot q}{d_A} - \frac{k \cdot Q \cdot q}{d_B}$$

Percebe-se que a energia potencial elétrica para determinado ponto é:

$$T_{pot} = \frac{k \cdot Q \cdot q}{d}$$

Unidade de energia no sistema de unidades internacional:

$$[E] = \text{joule (J)}$$

Observação: a energia potencial depende do ponto de referência escolhido para seu cálculo.

Trabalho da força elétrica em função da diferença de potencial elétrico (ddp)

$$T_{\text{força elétrica}} = q \cdot (V_A - V_B)$$

Superfícies equipotenciais (S.E.)

As linhas de campo (L.C.) e as superfícies equipotenciais (S.E.) são sempre perpendiculares entre si.

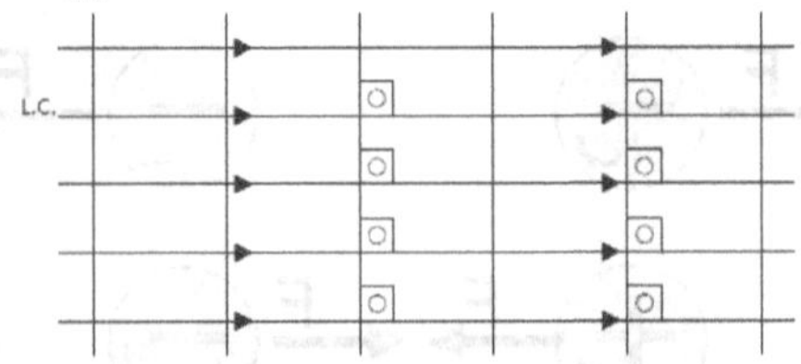

Ao longo de uma linha de campo, no seu sentido, o potencial elétrico diminui.

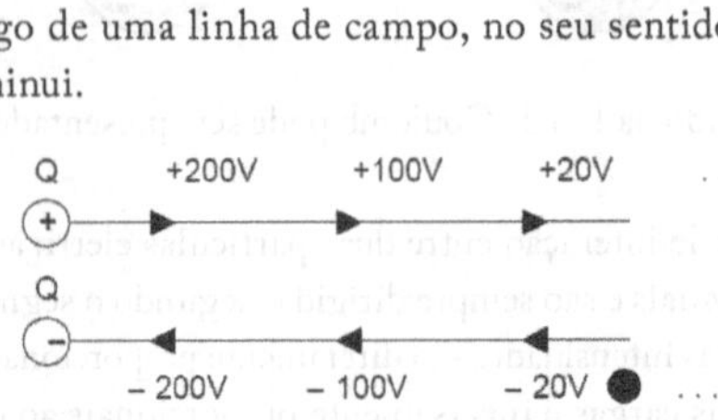

Condutores em equilíbrio eletrostático

Quando em equilíbrio, as cargas elétricas se distribuem na superfície externa de um condutor da seguinte forma:

- **Condutor esférico:** a distribuição é uniforme por toda a superfície.
- **Condutor não esférico:** a distribuição de cargas não é uniforme, apresentando maior concentração nas pontas (poder das pontas – princípio do funcionamento do para-raios).

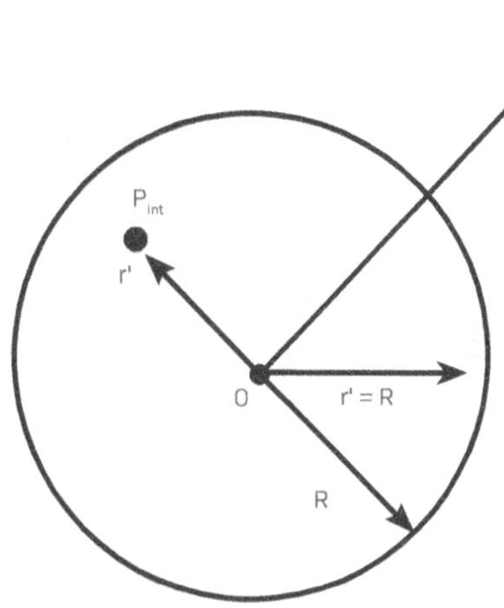

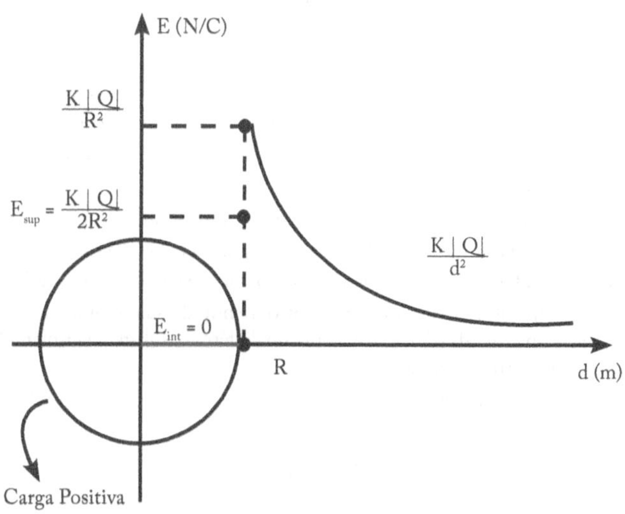

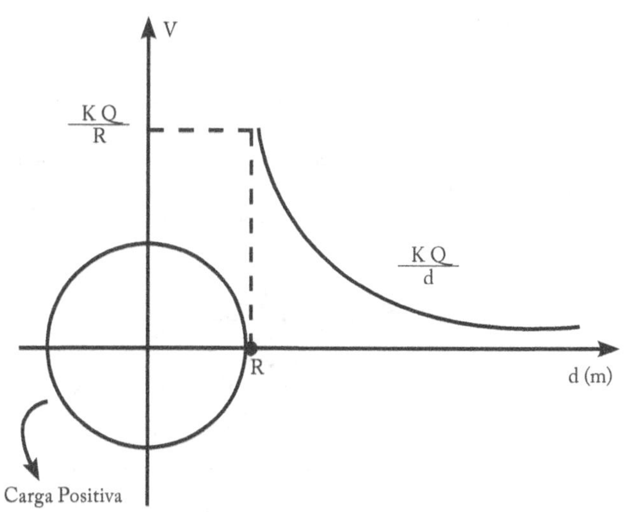

Grandeza física	Ponto interno (r < R)	Ponto na superfície (r = R)	Ponto externo (r > R)
Intensidade do campo elétrico	$E_{int} = 0$	$E_{sup} = \frac{1}{2} \cdot \frac{k \cdot \lvert Q \rvert}{R}$	$E_{ext} = \frac{k \cdot \lvert Q \rvert}{r}$
Intensidade do potencial elétrico	$V_{int} = \frac{k \cdot Q}{R}$	$V_{sup} = \frac{k \cdot Q}{R}$	$V_{ext} = \frac{k \cdot Q}{r}$

Contato entre condutores esféricos eletrizados

$$\frac{k \cdot Q'_1}{R_1} = \frac{k \cdot Q'_2}{R_1} = \frac{Q'_1}{R_1} = \frac{Q'_2}{R_2}$$

Pelo princípio da conservação das cargas elétricas, temos:

$$Q_1 + Q_2 = Q'_1 + Q'_2$$

A carga total será distribuída pelas esferas na razão direta de seus raios.

8.1.5 Campo elétrico

Um campo elétrico existe, em um ponto, se uma carga teste nesse momento experimenta uma força elétrica.

Define-se campo elétrico como:

$$\vec{E} = \frac{\vec{F}}{q}$$

- **Intensidade:**

$$E = \frac{F}{|q|}$$

No SI, a unidade do campo elétrico é Newton por Coulomb (N/C).

- **Direção e sentido em relação a $\vec{F}$:**

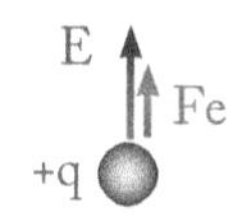

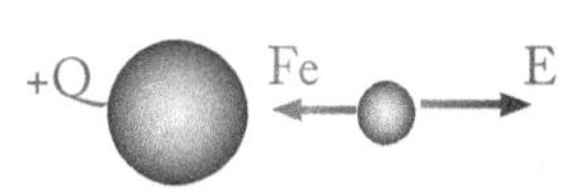

Campo elétrico devido a uma carga puntiforme fixa (Q)

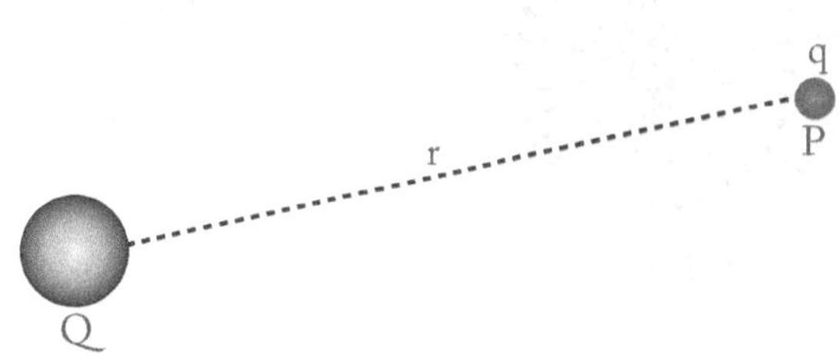

Intensidade:

$$E = \frac{K \cdot |Q|}{d^2}$$

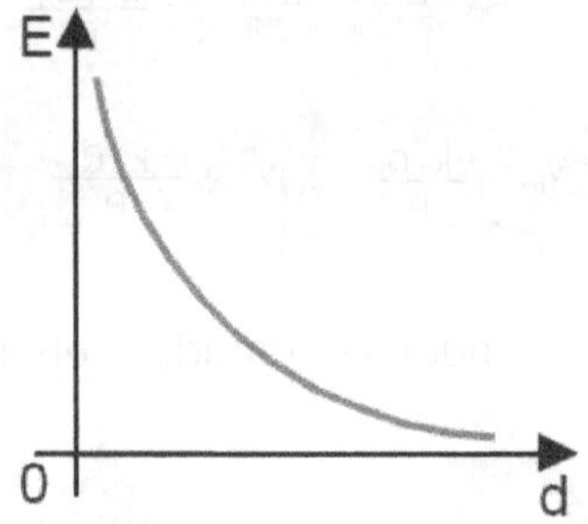

O gráfico representa o módulo do vetor campo E, criado por uma partícula eletrizada com carga Q, em função da distância d.

- **Direção:**

A mesma da reta que passa pela carga Q e pelo ponto P.

- **Sentido:**

$Q > 0 \Rightarrow$ Afastamento.

$Q < 0 \Rightarrow$ Aproximação.

Campo elétrico devido a várias cargas puntiformes fixas

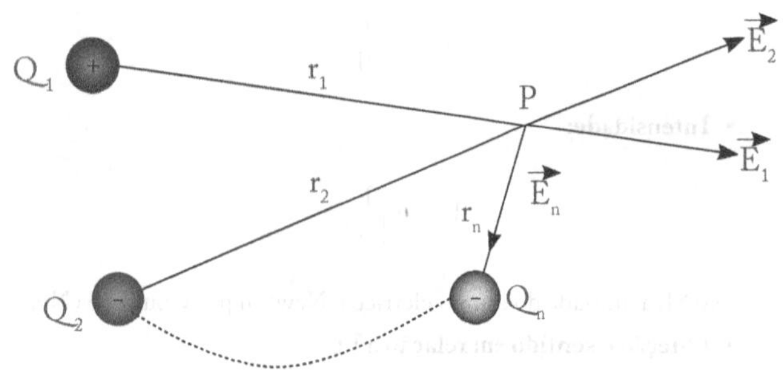

$$\vec{E}_R = \vec{E}_1 + \vec{E}_2 + ... + \vec{E}_n$$

Linhas de campos elétricos

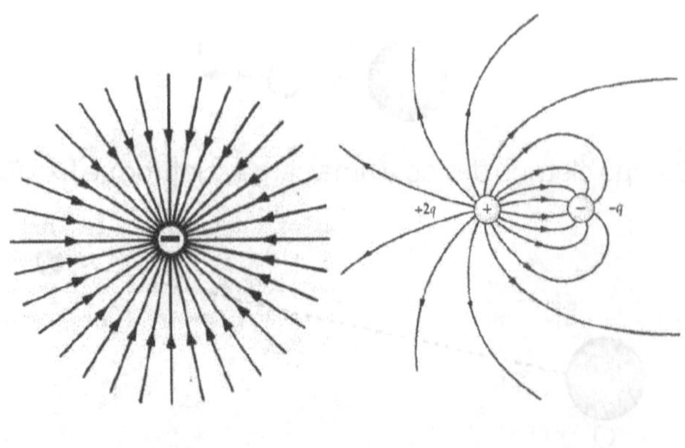

Campo Elétrico Uniforme (C.E.U.)

Se, em uma região, o vetor campo elétrico é o mesmo em todos os pontos, ou seja, possui a mesma intensidade, direção e sentido, diz-se que em tal região o campo é uniforme.

8.1.6 Capacidade elétrica e capacitores

Capacidade elétrica (ou capacitância)

À medida que fornecemos cargas elétricas (elétrons) a um condutor qualquer, inicialmente neutro, o valor absoluto do potencial elétrico vai aumentando e, com isso, torna-se progressivamente mais difícil a colocação de mais elétrons, pois os novos sofrerão a repulsão dos já existentes.

A cada quantidade de carga existente no condutor, há, em correspondência, um potencial elétrico, proporcional a essa quantidade de carga. Denomina-se capacitância (C), ou capacidade eletrostática.

A capacitância de um capacitor depende de sua geometria (da forma e do tamanho dele), bem como do dielétrico (substância isolante) colocado entre as suas armaduras.

Define-se capacitância como:

$$C = \frac{Q}{U}$$

No SI, a unidade de capacitância (C/V) = Farad (F).

Capacitor

Chama-se capacitor ou condensador o dispositivo que armazena a carga elétrica e, consequentemente, a energia elétrica.

Na prática são usados 3 modelos: capacitor plano, capacitor esférico e capacitor cilíndrico.

O que costuma cair em provas de concursos para nível médio é o capacitor plano.

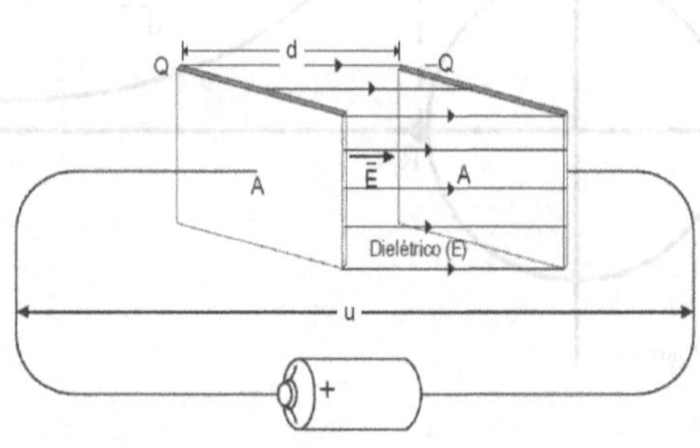

A capacitância do capacitor plano é:

$$C = \frac{\varepsilon \cdot A}{d}$$

ε: permissividade do isolante (dielétrico) entre as placas.

A: área de uma face de cada placa.

d: distância que separa as duas placas.

Quando o dielétrico é o vácuo, temos:

$$\varepsilon_0 = 8{,}85 \cdot 10^{-12} F/m$$

Associação de capacitores

As associações de capacitores podem ser de dois tipos: série ou paralelo.

- **Associação em paralelo:**

Em paralelo, todos os capacitores estão sob a mesma ddp.

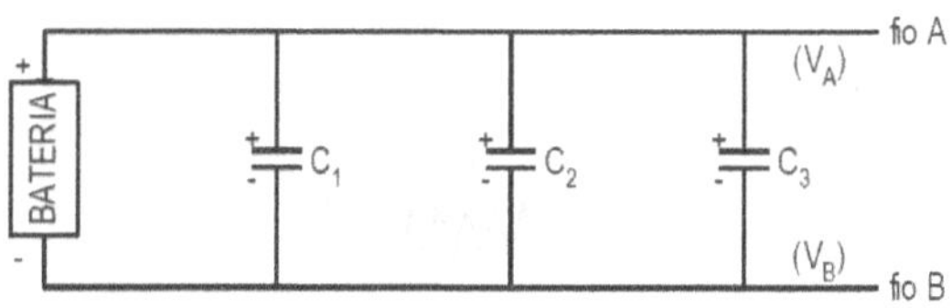

$$C_{eq} = C_1 + C_2 + C_3$$

A carga total Q armazenada pelo sistema é a soma das cargas de cada capacitor.

$$Q = Q_1 + Q_2 + Q_3$$

- **Associação em série:**

Em série, todos os capacitores terão cargas iguais.

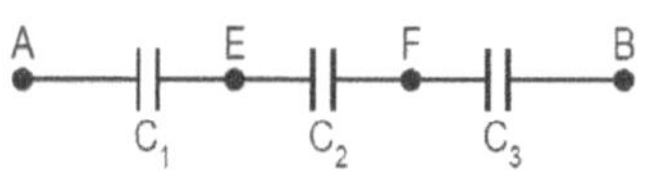

$$\frac{1}{C_{eq}} = \frac{1}{C_1} + \frac{1}{C_2} + \frac{1}{C_3}$$

A tensão total U suportada pela associação é a soma das tensões individuais de cada capacitor (ou condensador).

$$U = U_1 + U_2 + U_3$$

Energia armazenada nos capacitores

A energia potencial elétrica armazenada no capacitor carregado corresponde ao trabalho realizado pela força elétrica no deslocamento dos portadores de carga.

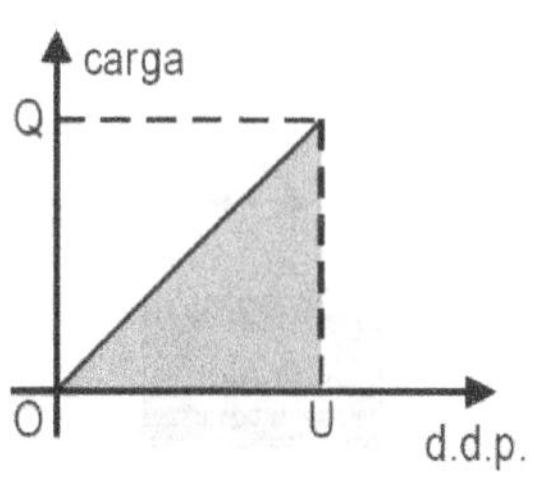

A energia potencial elétrica é numericamente a área do triângulo hachurado.

$$E_{pot} = \frac{Q \cdot U}{2} \text{ com } Q = C \cdot U$$

Em função da capacitância do capacitor, temos:

$$E_{pot} = \frac{C \cdot U^2}{2} \text{ ou } E_{pot} = \frac{Q^2}{2 \cdot C}$$

8.2 Eletrodinâmica

8.2.1 Introdução

Corrente elétrica

Movimento ordenado de partículas portadoras de carga elétrica.

- **Intensidade média de corrente elétrica (i_m):**

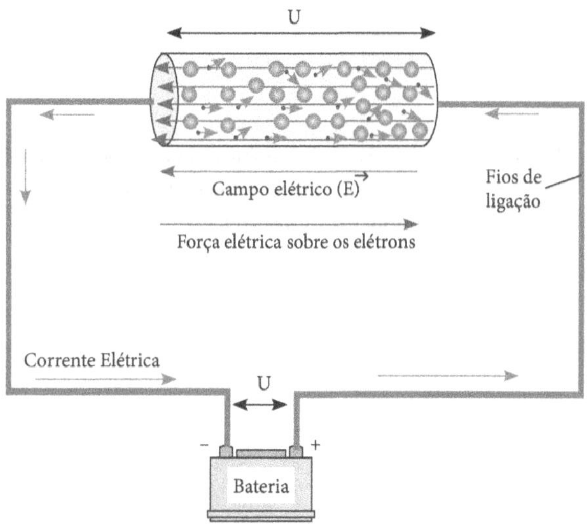

$$i_m = \frac{|\Delta q|}{\Delta t} \quad \text{com } |\Delta q| = n \cdot e$$

Unidade de corrente elétrica no sistema internacional: C/s = Ampère (A).

Adotamos o sentido da corrente elétrica como o sentido do movimento das cargas positivas ou o oposto das negativas.

A corrente elétrica também pode ocorrer em outros tipos de condutor, como nas soluções eletrolíticas e em gases ionizados.

- **Propriedade gráfica:**

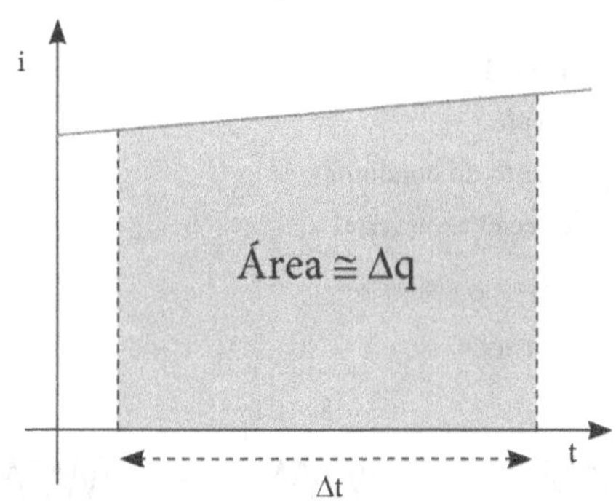

Potência elétrica consumida

A energia transferida corresponde ao trabalho da força elétrica quando deslocamos certa quantidade de carga (Δq) entre dois pontos (A e B), cuja diferença de potencial seja U.

$$P_{elétrica} = \frac{t_{elétrica}}{\Delta t} = \frac{q(V_A - V_B)}{\Delta t} = \frac{q \cdot U}{\Delta t} \therefore P_{elétrica} = U \cdot i = R \cdot i^2 = \frac{U^2}{R}$$

Energia elétrica

$$P_{elétrica} = \frac{\Delta E}{\Delta t} \rightarrow \Delta E = P_{elétrica} \cdot \Delta t$$

A unidade de energia no sistema internacional é Joule (J).

A unidade de energia usual é kWh.

Resistor

É todo elemento de circuito cuja função exclusiva é transformar energia elétrica em energia térmica.

Resistência elétrica

Define-se resistência elétrica (R) de um resistor como sendo o quociente entre a ddp (U) e a intensidade de corrente elétrica i que o atravessa:

$$R = \frac{U}{i}$$

A unidade de resistência elétrica no sistema internacional é Ohm (Ω).

- 1ª Lei de Ohm: para alguns materiais, mantidos a uma temperatura constante, a sua resistência é constante.

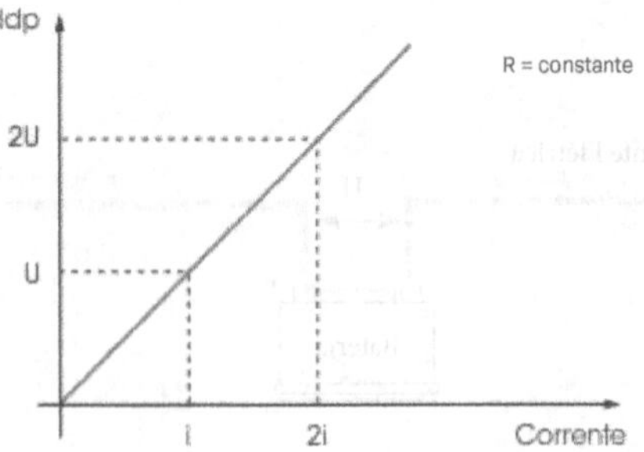

- 2° Lei de Ohm:

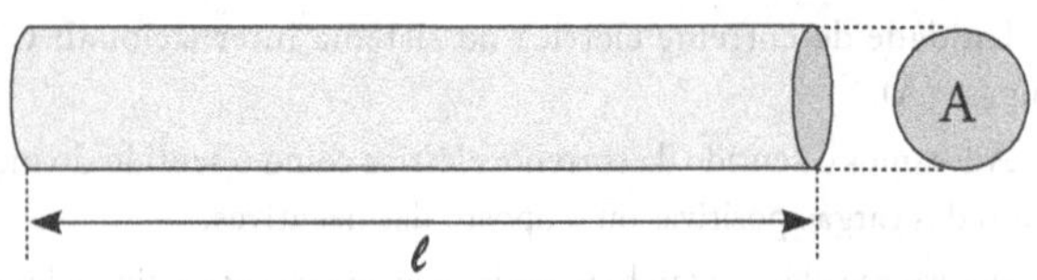

$$R = \frac{\rho \cdot l}{A}$$

R: Resistência elétrica.

ρ: Resistividade.

l: Comprimento do condutor.

A: Área de seção transversal.

Associação de resistores

- Resistores em série:

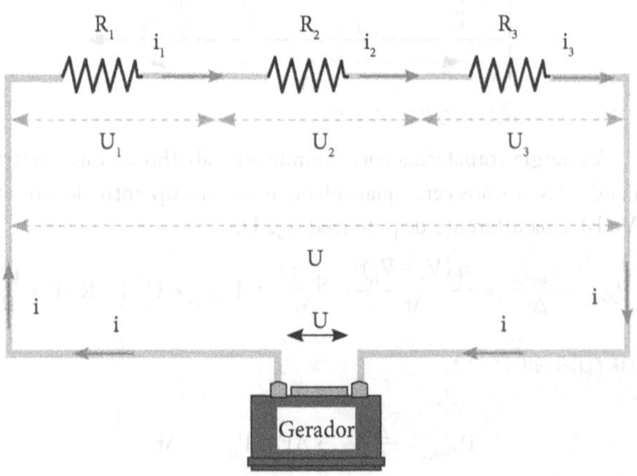

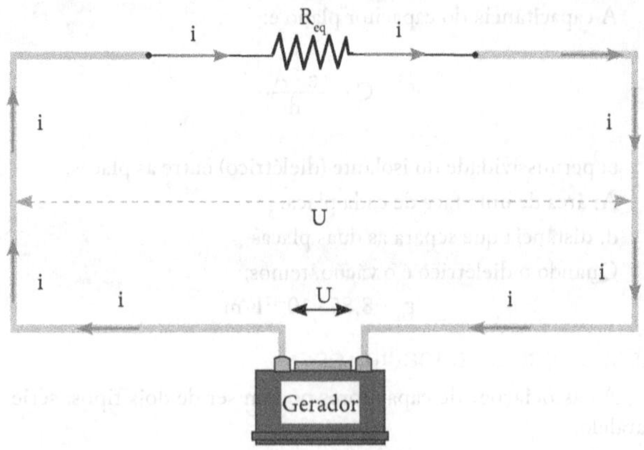

$R_{eq} = R_1 + R_2 + R_3$

$U = U_1 + U_2 + U_3$

$i_1 = i_2 = i_3$

- Resistores em paralelo:

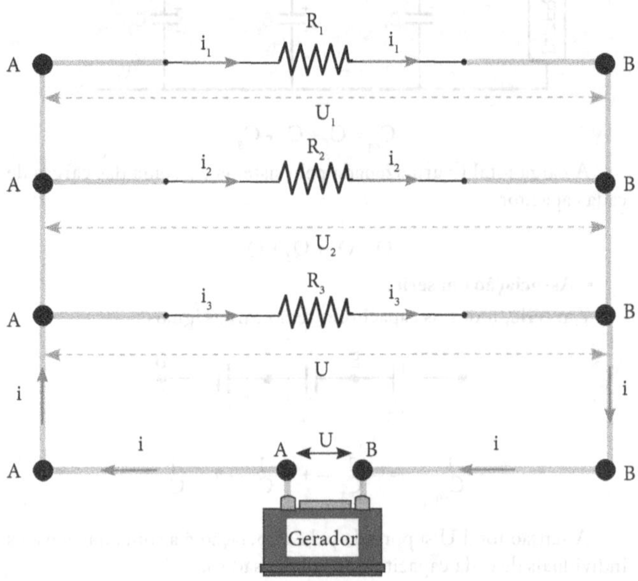

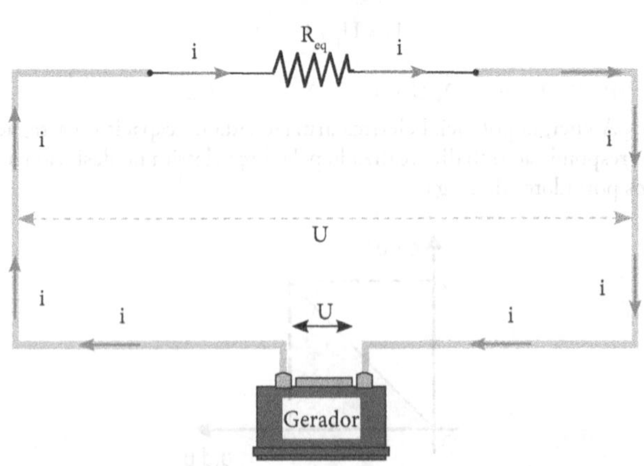

$$\frac{1}{R_{eq}} = \frac{1}{R_1} + \frac{1}{R_2} + \frac{1}{R_3}$$

$$U = U_1 = U_2 = U_3$$

$$i = i_1 + i_2 + i_3$$

8.2.2 Aparelhos de medição elétrica e Leis de Kirchhoff

Aparelhos de medição elétrica

- Amperímetro: instrumento destinado a medir intensidade de corrente. Sua resistência interna é muito pequena em relação aos valores habituais de resistências. Um amperímetro é considerado ideal quando sua resistência interna é nula. Ele é colocado em série com o elemento de circuito cuja corrente se quer medir.

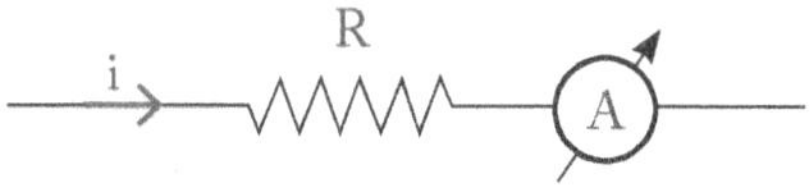

- Voltímetro: instrumento destinado a medir tensão elétrica entre dois pontos de um circuito elétrico. Sua resistência elétrica é muito grande em relação aos valores habituais de resistências. Um voltímetro é considerado ideal quando sua resistência interna é infinita. Ele é colocado em paralelo com o elemento de circuito cuja tensão se quer medir.

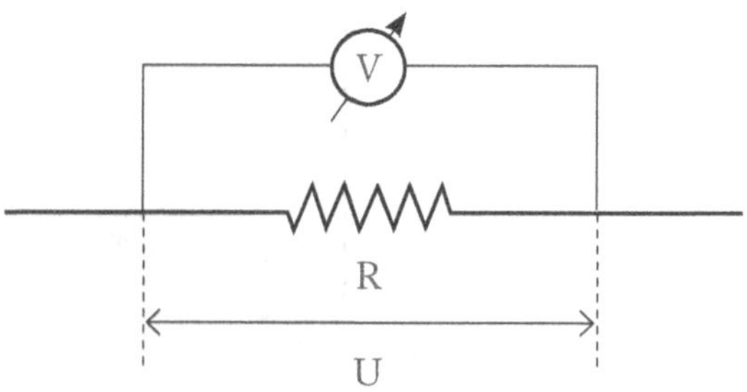

Leis de Kirchhoff

As Leis de Kirchhoff são importantes ferramentas para o cálculo de correntes e tensões em circuitos elétricos.

- 1ª Lei de Kirchhoff – Lei dos Nós: a soma das intensidades das correntes que chegam a um nó é igual à soma das intensidades das correntes que dele saem.
- 2ª Lei de Kirchhoff – Lei das Malhas: percorrendo uma malha em certo sentido, partindo de um ponto e chegando ao mesmo ponto, a soma algébrica das ddp é nula.

8.2.3 Geradores e receptores elétricos

Geradores elétricos

São dispositivos que convertem qualquer forma de energia em energia elétrica.

| Geradores hidrelétricos e geradores nucleares. Os primeiros convertem energia mecânica em energia elétrica, e os últimos convertem energia nuclear em energia elétrica.

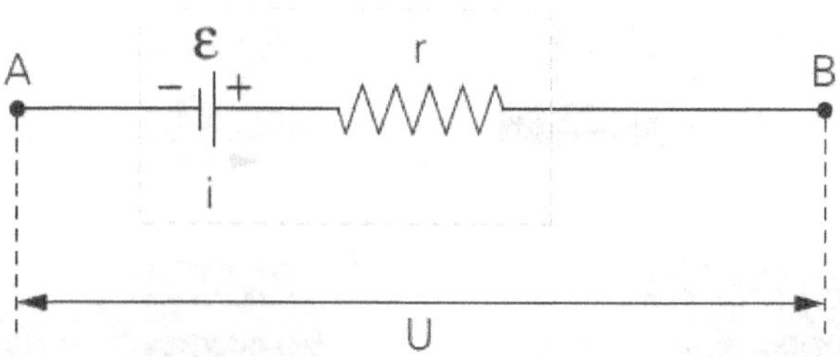

Observação: a corrente i entra no polo negativo do gerador (força eletromotriz).

Equação característica do gerador elétrico:

$$U = \varepsilon - r \cdot i$$

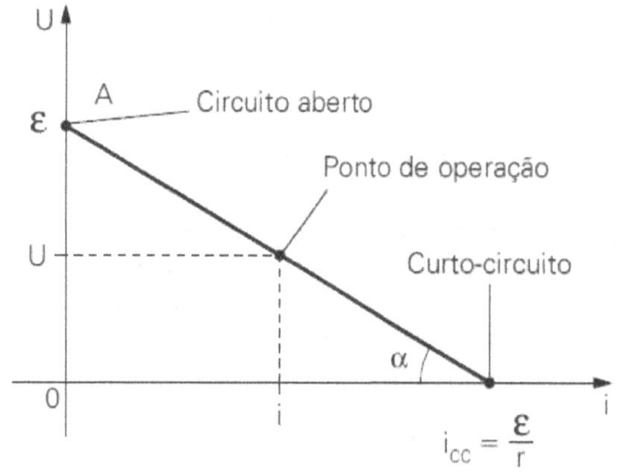

Do princípio da transformação de energia, temos:

$$P_{total} = P_{útil} + P_{dissipada}$$

Quando um gerador é percorrido por uma corrente i, existe uma potência elétrica total (P_{total}) que o gerador pode fornecer, dada por: $P_t = \varepsilon \cdot i$.

Na resistência interna do gerador, parte da potência é dissipada ($P_{dissipada}$), tal que: $Pd = r \cdot i^2$.

A potência útil ou disponível ($P_{útil}$) relacionada com a ddp U nos terminais do circuito, dada por: $P_u = U \cdot i$.

- Rendimento de um gerador elétrico:

$$\eta = \frac{P_u}{P_t} = \frac{U \cdot i}{\varepsilon \cdot i} = \frac{U}{\varepsilon}$$

Receptores elétricos

São dispositivos que convertem energia elétrica em outra forma de energia que não seja exclusivamente térmica.

| Rádio, que converte energia elétrica em sonora.

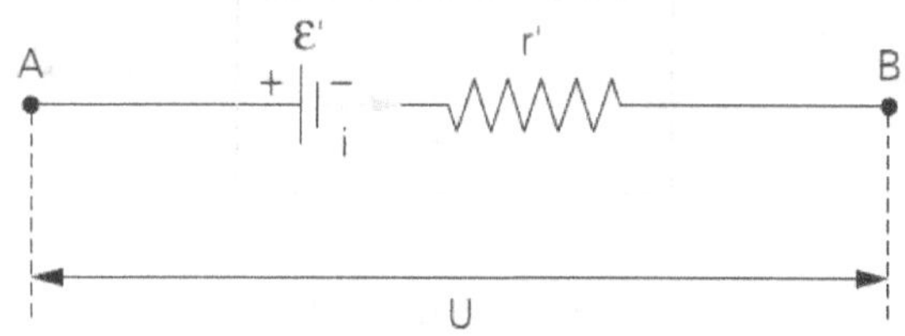

Observação: a corrente i sai no polo negativo do gerador (força contra-eletromotriz).

Equação característica do receptor elétrico:

$$U = \varepsilon' + r' \cdot i$$

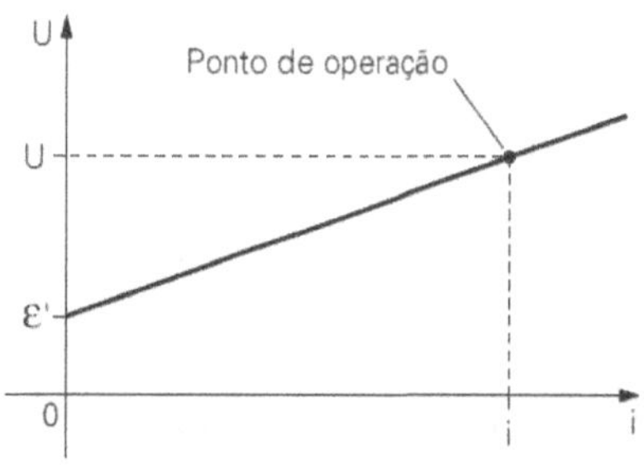

Do princípio da transformação de energia, temos:

$$P_{recebida} = P_{útil} + P_{dissipada}$$

Portanto, temos:

$P_r = U \cdot i$

$P_u = \varepsilon' \cdot i$

$P_d = r' \cdot i^2$

- Rendimento do receptor elétrico:

$$\eta receptor = \frac{P_u}{P_r} = \frac{\varepsilon` \cdot i}{U \cdot i} = \frac{\varepsilon`}{U}$$

Máxima potência elétrica fornecida pelo gerador

Para que se atinja o ponto de potência máxima, a corrente que atravessa o circuito deve ser a metade da corrente de curto-circuito.

Qual deve ser o valor de R que se deve ligar ao gerador para que a potência seja máxima? A condição de máxima transferência de potência em um circuito puramente resistivo é aquela em que a resistência interna e é igual à resistência equivalente do circuito.

Quando a potência fornecida é a máxima, o rendimento é de 50%.

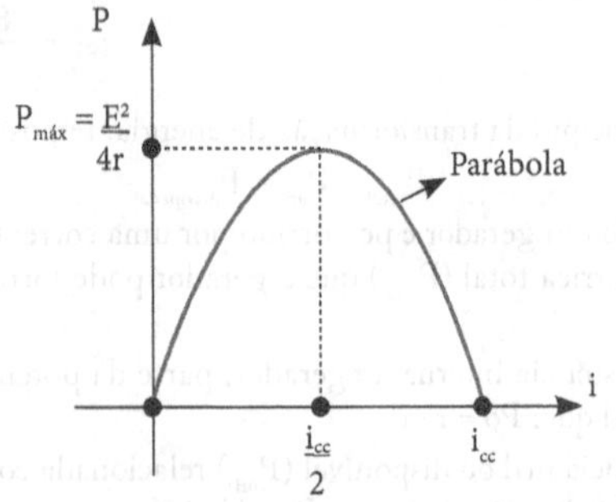

Associação de geradores

- Associação em série: os geradores estão associados em série quando os polos dos elementos da associação estão ligados aos polos opostos dos elementos que o antecedem e o sucedem.

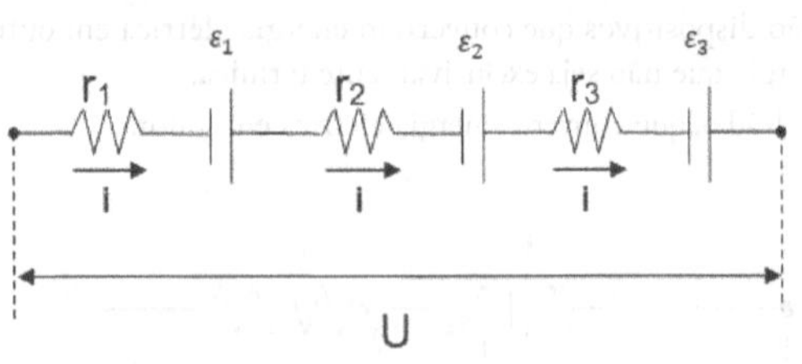

$$\varepsilon_{equivalente} = \varepsilon_1 + \varepsilon_2 + \varepsilon_3$$

$$r_{equivalente} = r_1 + r_2 + r_3$$

O objetivo de uma associação em série é aumentar a potência fornecida ao circuito por meio do aumento da fem do sistema.

- Associação em paralelo: analisaremos apenas o caso em que os geradores associados são iguais.

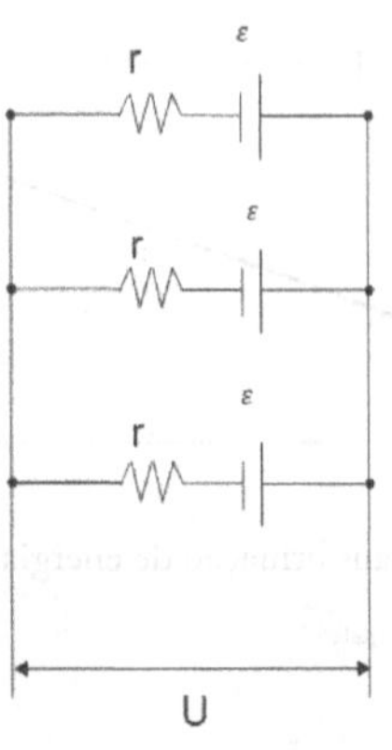

$$\varepsilon_{equivalente} = \varepsilon$$

$$r_{equivalente} = \frac{r}{n}$$

O objetivo de uma associação em paralelo é aumentar a potência fornecida ao sistema, porém, através do aumento da corrente que circula por ele.

8.3 Eletromagnetismo

8.3.1 Conceitos iniciais

Magnetismo

Há mais de 2000 anos, sabiam os gregos que certas pedras da região da Magnésia eram capazes de atrair pedaços de ferro. Essas pedras são, hoje, conhecidas como magnetita, que constitui um ímã natural.

- Polos de um ímã:

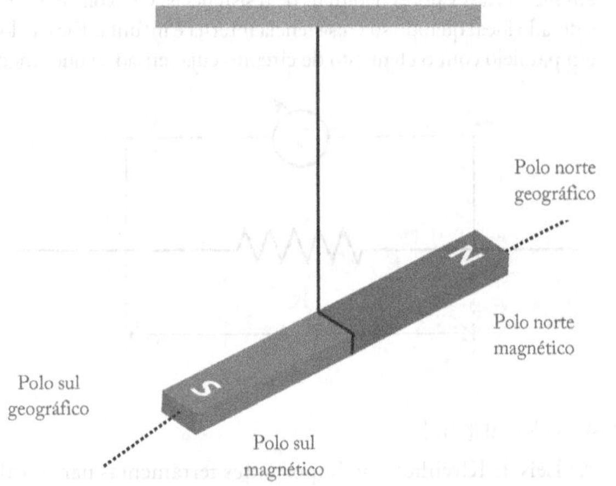

- Atração e repulsão de ímãs:
  - Polos de mesmo nome repelem-se.
  - Polos de nomes contrários atraem-se.

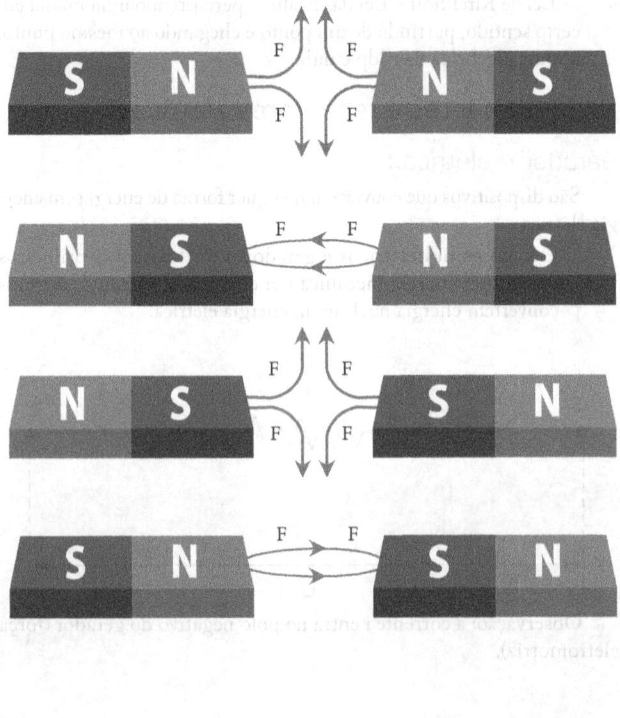

- Campo magnético terrestre: a Terra pode ser considerada um ímã gigantesco.

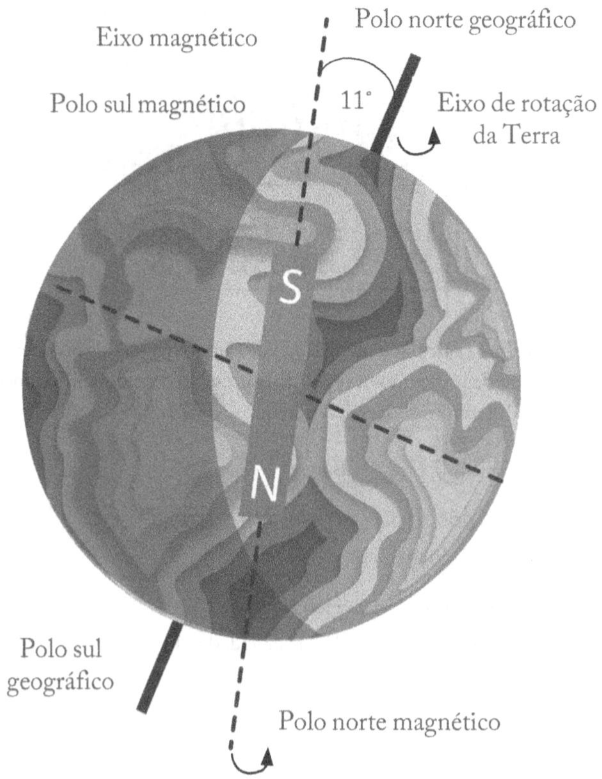

- Inseparabilidade dos polos: os polos norte e sul de um ímã são inseparáveis.

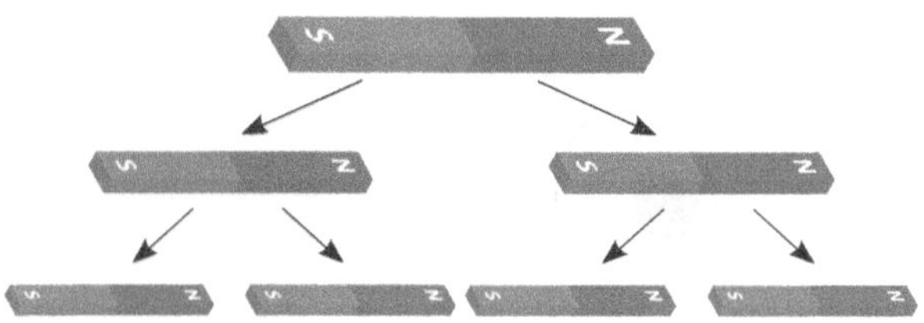

Campo magnético de um ímã

O ímã cria, à sua volta, uma região de influências, denominada de campo magnético, isto é, o campo que transmite a força magnética.

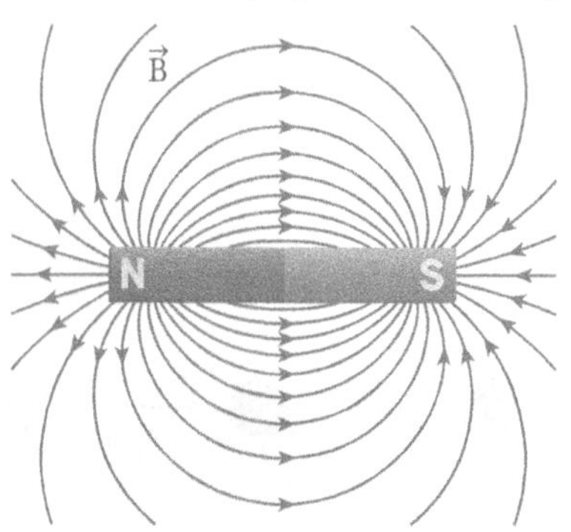

As linhas de indução do campo magnético de um ímã obedecem à seguinte regra: nascem no norte e morrem no sul.

Comportamento de ímãs colocados em locais nos quais há campo magnético

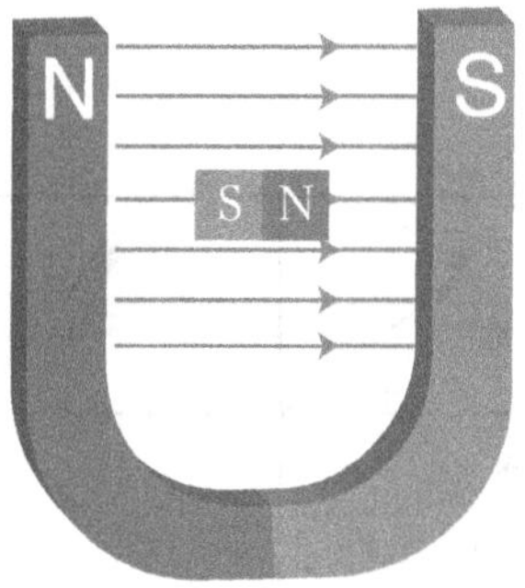

O ímã com formato de ferradura estabelece um campo magnético uniforme, temos $\vec{B}$ constante em módulo, direção e sentido.

Campo magnético devido à corrente elétrica

- Em fio reto:

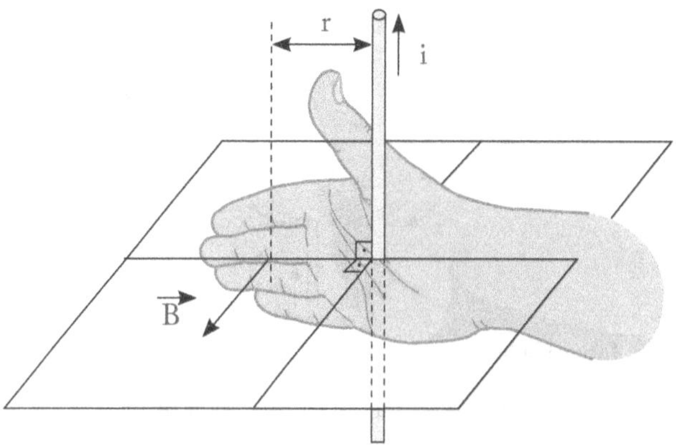

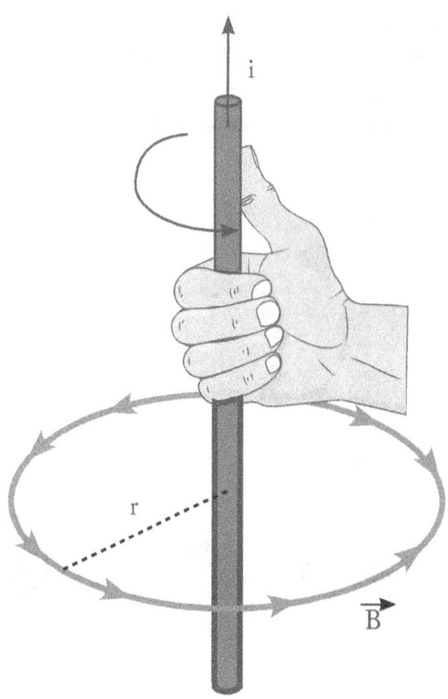

- **Intensidade:**

$$B = \frac{\mu_0 \cdot i}{2 \cdot \pi \cdot r};\ \mu_0 = 4 \cdot \pi \cdot 10^{-7}\ T \cdot m/A$$

Unidade de B no sistema internacional: tesla (T).

- **Direção:** ortogonal ao fio.
- **Sentido:** regra da mão direita.

▹ Em espira circular:

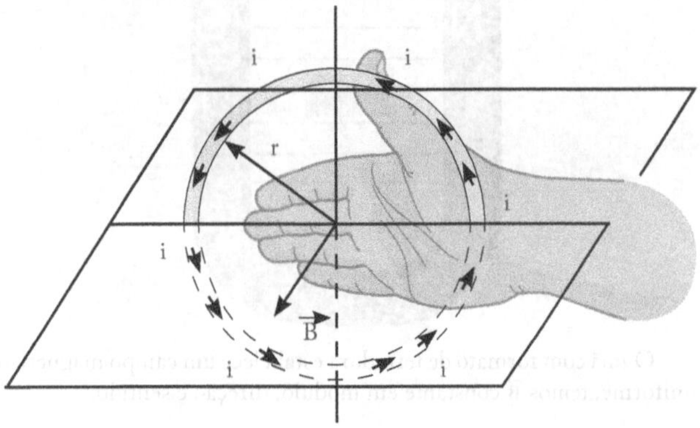

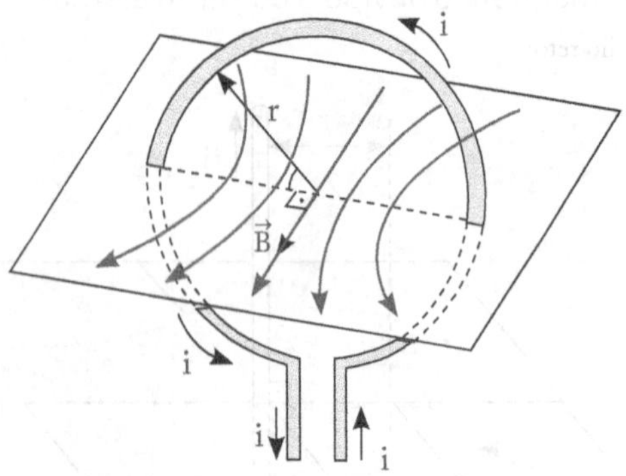

- **Intensidade:**

$$B = \frac{\mu_0 \cdot i}{2 \cdot r}; \mu_0 = 4 \cdot \pi \cdot 10^{-7}\,T \cdot m/A$$

Unidade de B no sistema internacional: tesla (T)

- **Direção:** perpendicular ao plano da espira.
- **Sentido:** regra da mão direita.
- **Representação de grandeza vetorial:**

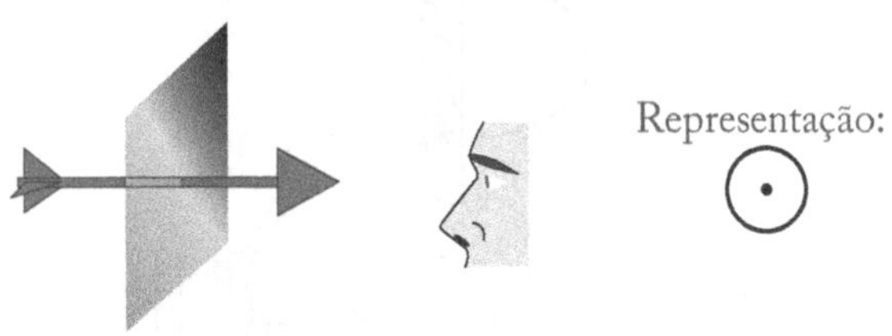

Representação de grandeza vetorial "saindo"do plano do papel.

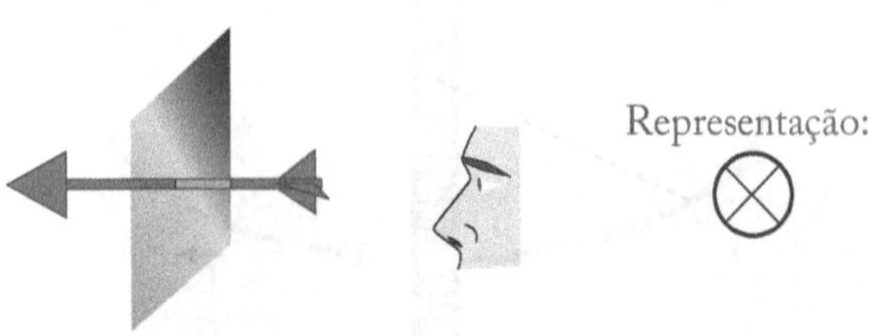

Representação de grandeza vetorial "entrando"do plano do papel.

Campo magnético gerado por um solenoide

Solenoide ou bobina longa (do grego *tubo*) é um condutor enrolado com espiras iguais, uma ao lado da outra, igualmente espaçadas.

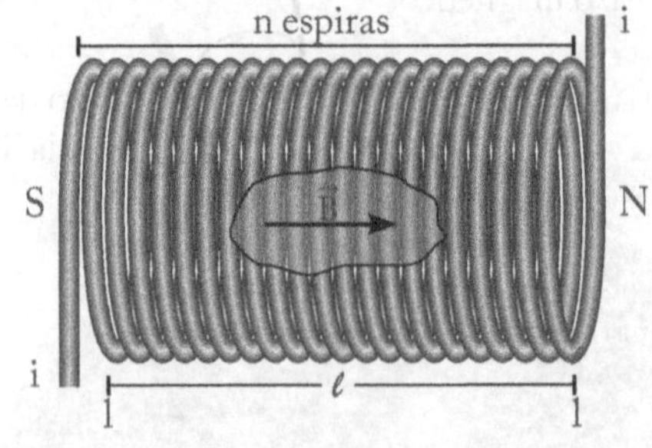

Assim, para calcular a intensidade de campo magnético no interior desse solenoide utilizamos a seguinte expressão (considerando campo uniforme B no interior do solenoide):

$$B = \frac{\mu \cdot n \cdot i}{I}$$

8.3.2 Força e indução magnética

Força magnética

▹ Força magnética sobre cargas elétricas:

A força magnética depende da velocidade, do campo e de como é lançada essa partícula.

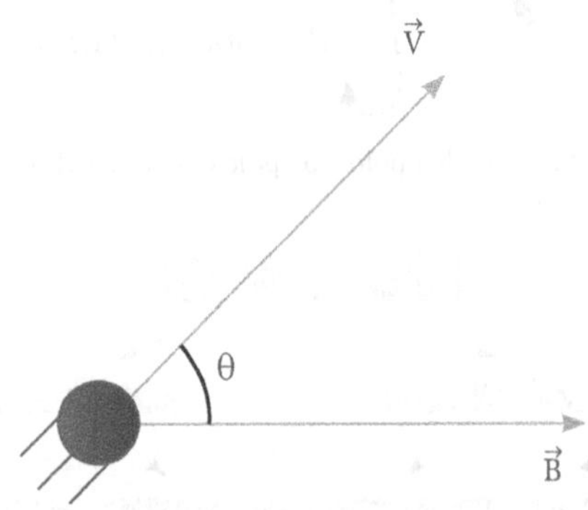

Uma diferença entre campo magnético e campo elétrico é que o campo magnético não atua sobre uma carga elétrica em repouso.

Quando a velocidade da carga tem a mesma direção do campo magnético, não há força magnética atuando na carga.

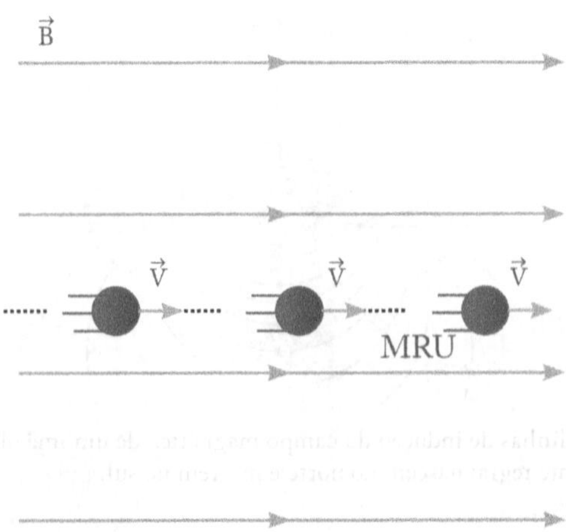

Quando existe força magnética, esta é simultaneamente perpendicular a $\vec{V}$ e a $\vec{B}$.

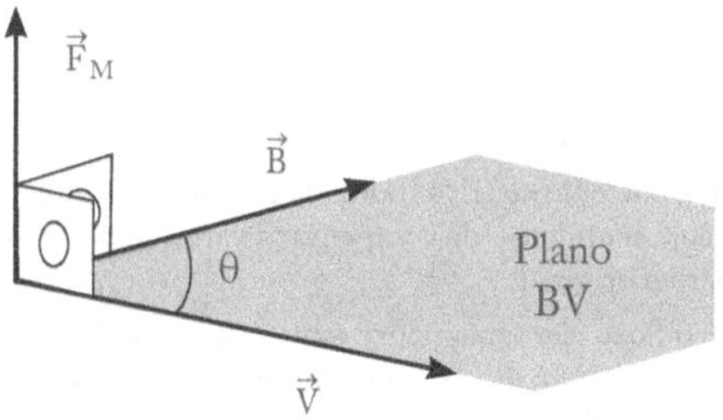

É importante lembrar que força é uma grandeza vetorial, portanto, temos:

- **Intensidade:** $F_M = |q| \cdot V \cdot B \cdot \text{sen}\theta$.
- **Direção:** simultaneamente perpendicular a $\vec{V}$ e a $\vec{B}$.
- **Sentido:** regra da mão direita.

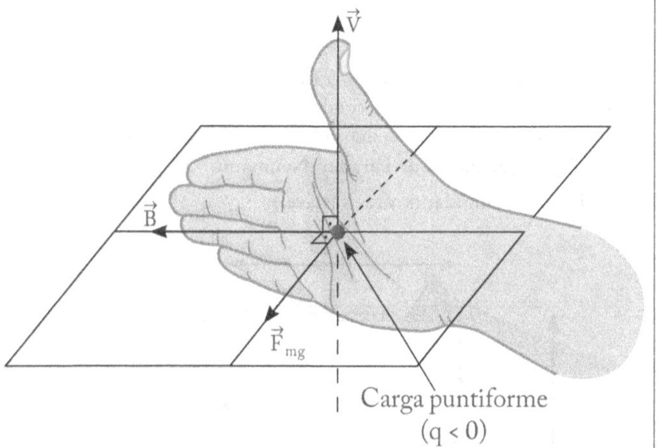

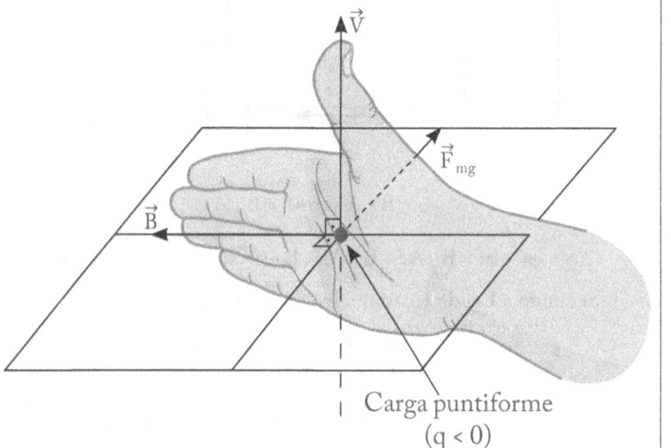

Movimentação de uma carga elétrica sob a ação de um campo magnético uniforme

Um caso bastante frequente em provas é quando a partícula é lançada perpendicularmente com o campo ($\theta = 90°$). Nesse caso, a partícula executa um MCU.

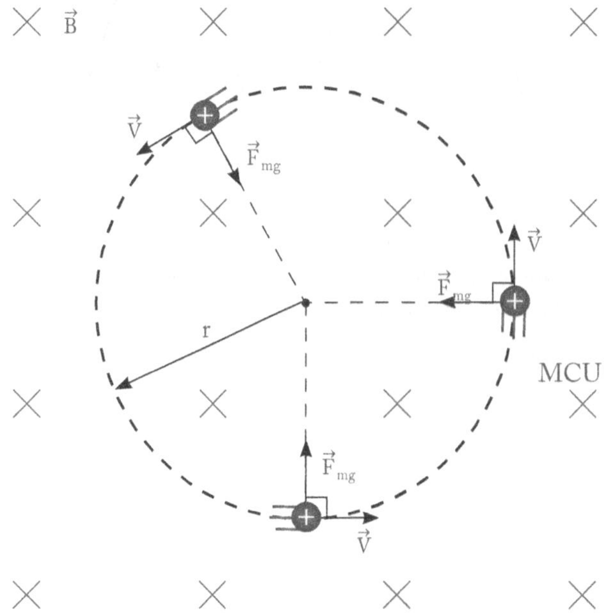

Para encontrar o raio da trajetória, pela 2ª Lei de Newton, temos:

$$R_c = m \cdot a_c$$

Assim:

$$F_M = m\ ac \rightarrow |q| \cdot B \cdot V\ \text{sen}90° = m \cdot \frac{V^2}{R} \rightarrow |q| \cdot B \cdot V \cdot 1 = m\frac{V^2}{R} \therefore R = \frac{m \cdot V}{|q| \cdot B}$$

Tendo o raio, podemos calcular o período do movimento:

$$T = \frac{2 \cdot \pi \cdot r}{V} \rightarrow T = \frac{2 \cdot \pi \cdot m}{|q| \cdot B}$$

Observação: o período e, consequentemente, a frequência não dependem da velocidade. A força magnética não realiza trabalho.

▹ Força magnética sobre correntes elétricas:

Vamos calcular a força magnética que atua em um fio que transporta corrente elétrica e está sob a ação de um campo magnético uniforme. Sabemos que a corrente elétrica no fio pode ser considerada, para todos os efeitos, como sendo constituída por cargas positivas em movimento.

Então, o campo magnético B atuará sobre essas cargas móveis, exercendo em cada uma a pequena força f.

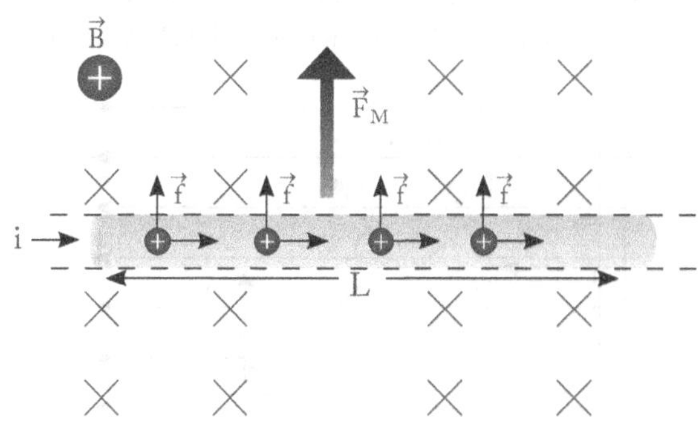

Somando todas as $\vec{f}$ obtemos a força magnética sobre a corrente elétrica ($\vec{F}_M$).

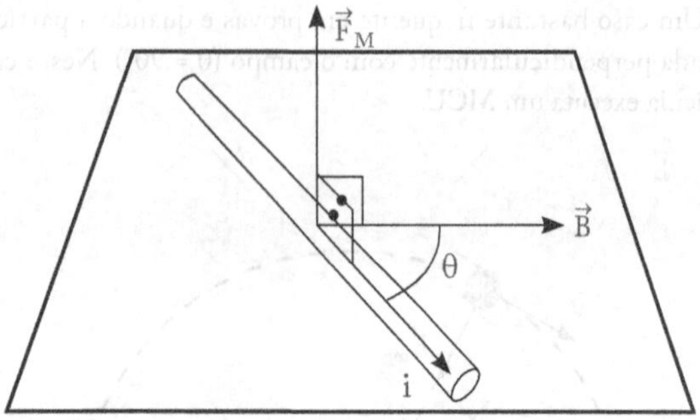

- **Intensidade:** $F_M = B \cdot i \cdot L \cdot \text{sen}\theta$
- **Direção:** perpendicular a $\vec{B}$ e ao fio simultaneamente.
- **Sentido:** regra da mão direita.

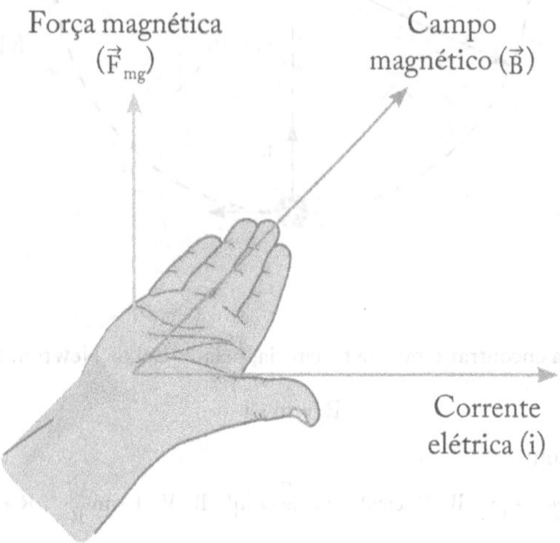

Indução eletromagnética

Surgimento de uma corrente induzida em condutor de circuito devido à variação de fluxo magnético.

▹ Fluxo magnético:

O número de linhas de indução que atravessa a superfície considerada.

O fluxo magnético é definido pela expressão:

$$\varphi = B \cdot A \cdot \cos\alpha$$

Sendo:

φ o fluxo magnético (Wb)

B o campo magnético (T)

A a área que o fluxo atravessa (m²)

α o ângulo entre as linhas de campo e o vetor normal da área A

Unidade de fluxo no sistema internacional: Wb (Weber).

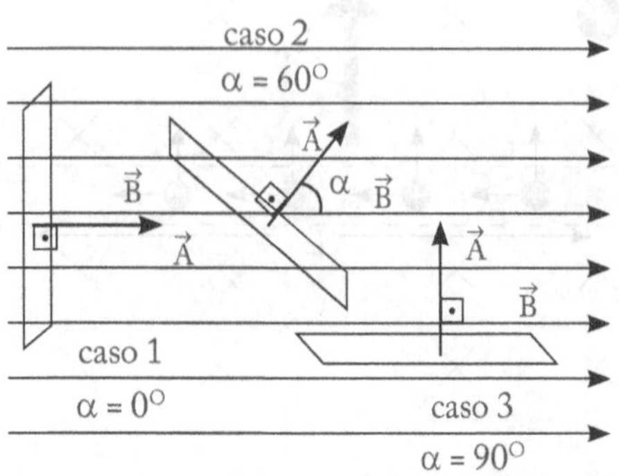

Caso 1: o fluxo é máximo $-\varphi = B \cdot A \cdot \cos 0° = B \cdot A$

Caso 2: $\varphi = B \cdot A \cdot \cos 60° = B \cdot A \cdot 0{,}5$

Caso 3: o fluxo é mínimo $- \varphi = B \cdot A \cos 90° = 0$

Indução eletromagnética

▹ Lei de Lenz: toda vez que há variação de fluxo magnético em uma espira, a corrente elétrica induzida produz um campo magnético ($\vec{B}_{ind}$) cujo sentido é o de compensar a variação do fluxo do campo magnético original.

- Caso o fluxo eletromagnético aumente, o sentido do vetor campo magnético induzido ($\vec{B}_{ind}$) (sempre no sentido de compensar a variação de fluxo) será contrário ao campo magnético original.
- Caso o fluxo eletromagnético diminua, o sentido do vetor campo magnético induzido ($\vec{B}_{ind}$) (sempre no sentido de compensar a variação de fluxo) será o mesmo do campo magnético original.

▹ Lei de Faraday-Neumann: por meio desta lei, podemos obter a força eletromotriz induzida ε_{ind}:

$$\varepsilon_{ind} = -\frac{\Delta\varphi}{\Delta t}$$

Essa expressão mostra que a força eletromotriz induzida, bem como a corrente induzida se o condutor constituir um circuito fechado, é tanto mais intensa quanto mais rápida é a variação do fluxo indutor.

- **Aplicação da Lei de Faraday-Neumann:**

(Espira retangular de área variável)

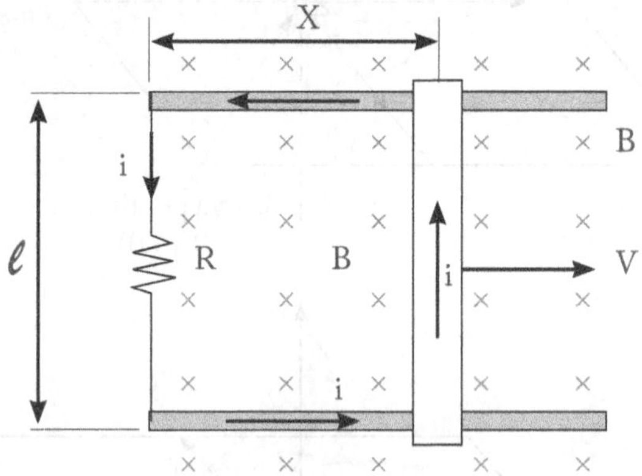

$$\varphi = B \cdot A \cdot \cos 0° = B \cdot A$$

$$\Delta\varphi = \varphi f - \varphi i = B \cdot Af - B \cdot Ai = B \cdot (l \cdot xf - l \cdot xi) = B \cdot l \cdot \Delta x$$

Segundo a Lei de Faraday-Neumann, temos:

$$\varepsilon_{ind} = \frac{\Delta\varphi}{\Delta t} = \frac{B \cdot l \cdot \Delta x}{\Delta t} = B \cdot l \cdot V$$

Observação: consideramos que o operador (agente externo) está puxando a barra com velocidade constante. A barra móvel está comportando-se como uma bateria, já que é uma fonte de fem $E_{ind} = B \cdot l \cdot V$.

8.3.3 Corrente alternada e transformadores

Corrente Alternada (CA)

A designação "alternada" significa que a corrente muda de sentido, alternando periodicamente de um sentido para o outro.

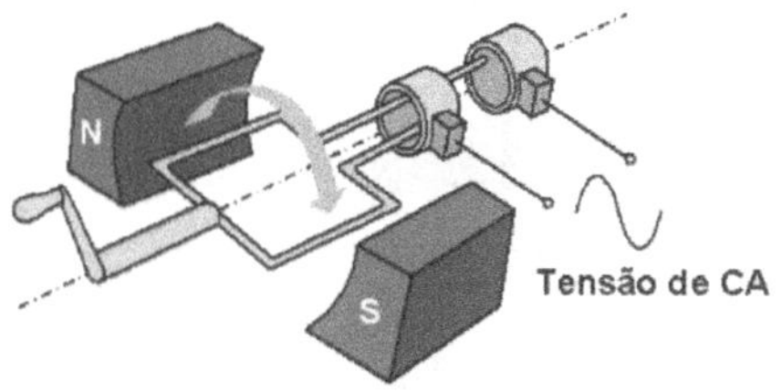

Durante a rotação, ocorre variação do fluxo de indução através da espira. Consequentemente, surge entre os terminais uma força eletromotriz induzida, que varia com tempo, de acordo com a função:

$\varepsilon = B \cdot A \cdot \omega \cdot \text{sen}\, \omega t$ (1)

Em que $\varepsilon_{máx} = B \cdot A \cdot \omega$ é o valor máximo (ou valor de pico). Vejamos a representação gráfica dessa função:

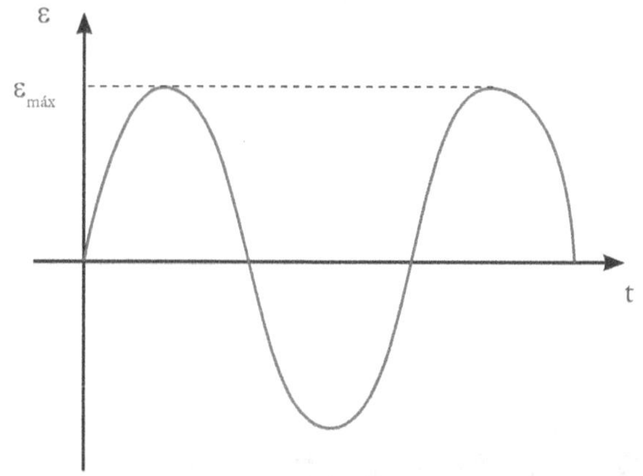

Dividindo por R a eq (1), temos:

$$\frac{\varepsilon}{R} = \frac{B \cdot A \cdot \omega}{R} \cdot \text{sen}\, \omega t \rightarrow i = i_{máx}\, \text{sen}\, \omega t$$

Em que $i_{máx} = \dfrac{B \cdot A \cdot \omega}{R}$ é o valor máximo.

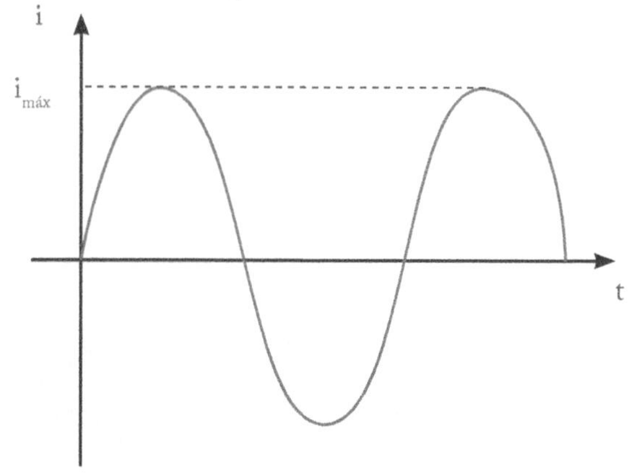

- Valor eficaz: o valor eficaz é achar o valor de uma tensão ou corrente contínuas, que dissiparia a mesma potência da corrente alternada em um resistor.
  - **Valor eficaz da corrente alternada periódica:**

$$i_{ef} = \frac{i_{máx}}{\sqrt{2}}$$

  - **Valor eficaz à tensão alternada:**

$$\varepsilon_{ef} = \frac{\varepsilon_{máx}}{\sqrt{2}}$$

Transformadores

Denomina-se transformador todo dispositivo capaz de converter corrente alternada de baixa tensão em corrente alternada de alta tensão, ou vice-versa.

Primário é o enrolamento nos terminais do qual aplicamos a tensão alternada de entrada, e secundário é o enrolamento nos terminais do qual obtemos a tensão de saída.

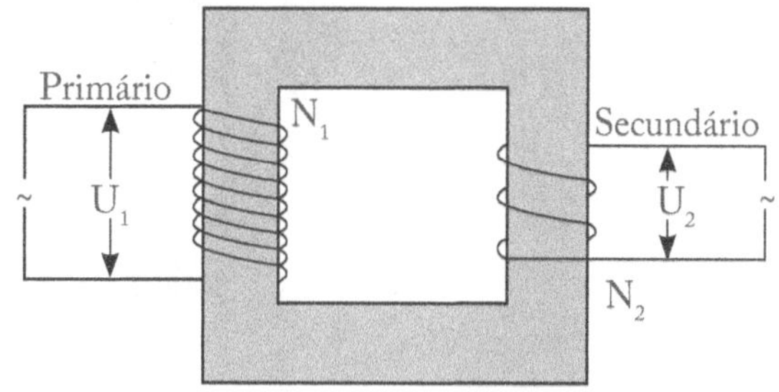

Chamando de N_1 e N_2 o número de espiras dos enrolamentos primários e secundários e admitindo que não há perdas, vale a seguinte relação, chamada razão de transformação.

$$\frac{U_1}{U_2} = \frac{N_1}{N_2} = \frac{I_1}{I_2}$$

$N_1 > N_2 \rightarrow$ redutor de tensão

$N_1 < N_2 \rightarrow$ amplificador de tensão

MATEMÁTICA

1 CONJUNTOS

1.1 Definição

Os conjuntos numéricos são advindos da necessidade de contar ou quantificar as coisas ou os objetos, adquirindo características próprias que os diferem. Os componentes de um conjunto são chamados de elementos. Costuma-se representar um conjunto nomeando os elementos um a um, colocando-os entre chaves e separando-os por vírgula,o que chamamos de representação por extensão. Para nomear um conjunto, usa-se geralmente uma letra maiúscula.

A = {1,2,3,4,5} → conjunto finito

B = {1,2,3,4,5,...} → conjunto infinito

> Ao montar o conjunto das vogais do alfabeto, os **elementos** serão a, e, i, o, u.

A nomenclatura dos conjuntos é formada pelas letras maiúsculas do alfabeto.

> Conjunto dos estados da região Sul do Brasil:
> A = {Paraná, Santa Catarina, Rio Grande do Sul}.

1.1.1 Representação dos conjuntos

Os conjuntos podem ser representados em **chaves** ou em **diagramas**.

Fique ligado

Quando é dada uma característica dos elementos de um conjunto, diz-se que ele está representado por compreensão.

> A = {x | x é um múltiplo de dois maior que zero}

▹ **Representação em chaves**

> Conjunto dos estados brasileiros que fazem fronteira com o Paraguai:
> **B** = {Paraná, Mato Grosso do Sul}.

▹ **Representação em diagramas**

> Conjunto das cores da bandeira do Brasil:

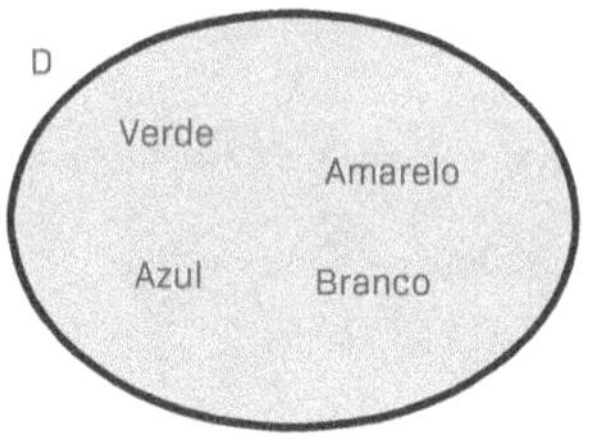

1.1.2 Elementos e relação de pertinência

Quando um elemento está em um conjunto, dizemos que ele pertence a esse conjunto. A relação de pertinência é representada pelo símbolo ∈ (pertence).

> Conjunto dos algarismos pares: **G** = {2, 4, 6, 8, 0}.
> Observe que:
> 4 ∈ G
> 7 ∉ G

1.1.3 Conjuntos unitário, vazio e universo

Conjunto unitário: possui um só elemento.

> Conjunto da capital do Brasil: K = {Brasília}

Conjunto vazio: simbolizado por ∅ ou {}, é o conjunto que não possui elemento.

> Conjunto dos estados brasileiros que fazem fronteira com o Chile:
> M = ∅.

Conjunto universo: em inúmeras situações é importante estabelecer o conjunto U ao qual pertencem os elementos de todos os conjuntos considerados. Esse conjunto é chamado de conjunto universo. Assim:

- Quando se estuda as letras, o conjunto universo das letras é o alfabeto.
- Quando se estuda a população humana, o conjunto universo é constituído de todos os seres humanos.

Para descrever um conjunto A por meio de uma propriedade característica p de seus elementos, deve-se mencionar, de modo explícito ou não, o conjunto universo U no qual se está trabalhando.

> A = {x ∈ R | x>2}, onde U = R → forma explícita.
> A = {x | x > 2} → forma implícita.

1.2 Subconjuntos

Diz-se que B é um subconjunto de A se todos os elementos de B pertencem a A.

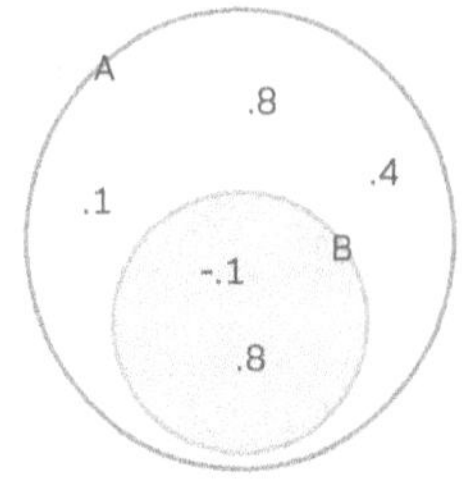

Deve-se notar que A = {-1, 0, 1, 4, 8} e B = {-1, 8}, ou seja, todos os elementos de B também são elementos do conjunto **A.**

- Os símbolos ⊂ (contido), ⊃ (contém), ⊄ (não está contido) e ⊅ (não contém) são utilizados para relacionar conjuntos.

  Nesse caso, diz-se que B está contido em A ou B é subconjunto de A (B ⊂ A). Pode-se dizer também que A contém B (A ⊃ B).

Observações:

- Se A ⊂ B e B ⊂ A , então A = B.
- Para todo conjunto A, tem-se A ⊂ A.
- Para todo conjunto A, tem-se ∅ ⊂ A, onde ∅ representa o conjunto vazio.
- Todo conjunto é subconjunto de si próprio (D ⊂ D).
- O conjunto vazio é subconjunto de qualquer conjunto (∅ ⊂ D).
- Se um conjunto A possui p elementos, então ele possui 2p subconjuntos.
- O conjunto formado por todos os subconjuntos de um conjunto A, é denominado conjunto das partes de A. Assim, se A = {4, 7}, o conjunto das partes de A, é dado por {∅, {4}, {7}, {4, 7}}.

1.3 Operações com conjuntos

União de conjuntos: a união de dois conjuntos quaisquer será representada por A ∪ B e terá os elementos que pertencem a A ou a B, ou seja, todos os elementos.

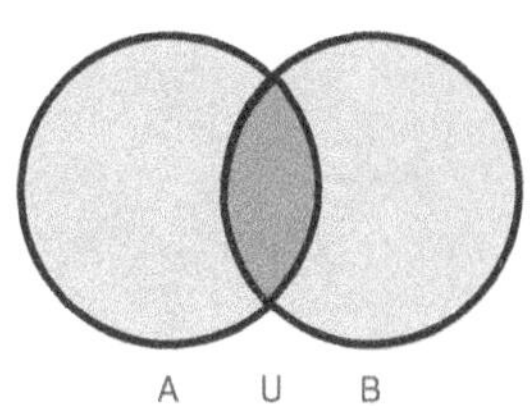

A ∪ B

Interseção de conjuntos: a interseção de dois conjuntos quaisquer será representada por A ∩ B. Os elementos que fazem parte do conjunto interseção são os elementos comuns aos dois conjuntos.

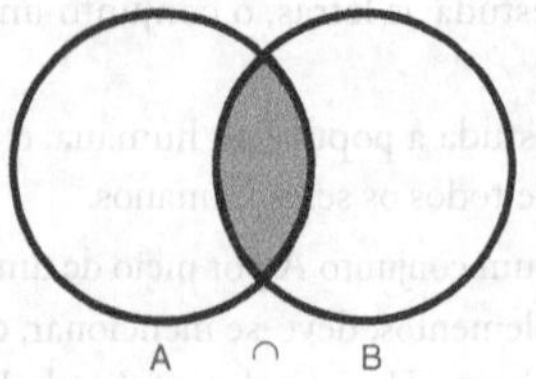

A ∩ B

Conjuntos disjuntos: se dois conjuntos não possuem elementos em comum, diz-se que eles são disjuntos. Simbolicamente, escreve-se A ∩ B = ∅. Nesse caso, a união dos conjuntos A e B é denominada união disjunta. O número de elementos A ∩ B nesse caso é igual a zero.

$n(A \cap B) = 0$

Seja A = {1, 2, 3, 4, 5}, B = {1, 5, 6, 3}, C = {2, 4, 7, 8, 9} e D = {10, 20}. Tem-se:
A ∪ B = {1, 2, 3, 4, 5, 6}
B ∪ A = {1, 2, 3, 4, 5, 6}
A ∩ B = {1, 3, 5}
B ∩ A = {1, 3, 5}
A ∪ B ∪ C = {1, 2, 3, 4, 5, 6, 7, 8, 9} e
A ∩ D = ∅
É possível notar que A, B e C são todos disjuntos com D, mas A, B e C não são dois a dois disjuntos.

Diferença de conjuntos: a diferença de dois conjuntos quaisquer será representada por A – B e terá os elementos que pertencem somente a A, mas não pertencem a B, ou seja, que são exclusivos de A.

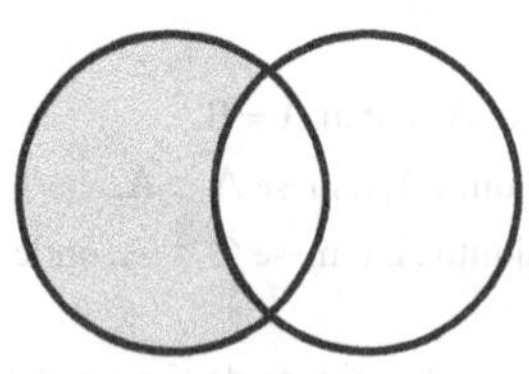

A - B

Complementar de um conjunto: se A está contido no conjunto universo U, o complementar de A é a diferença entre o conjunto universo e o conjunto A, será representado por CU(A) = U - A e terá todos os elementos que pertencem ao conjunto universo, menos os que pertencem ao conjunto A.

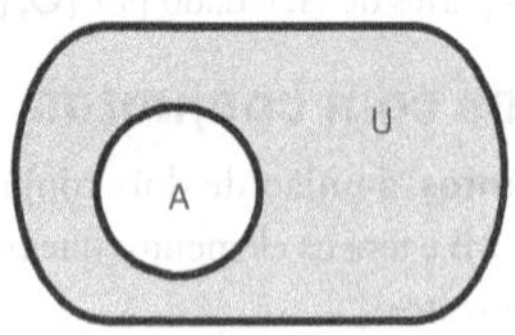

$C_p(A)$

2 CONJUNTOS NUMÉRICOS

Os números surgiram da necessidade de contar ou quantificar coisas ou objetos. Com o passar do tempo, foram adquirindo características próprias.

2.1 Números naturais

É o primeiro dos conjuntos numéricos. Representado pelo símbolo $\mathbb{N}$ e formado pelos seguintes elementos:

$\mathbb{N} = \{0, 1, 2, 3, 4, 5, 6, 7, 8, 9, 10, 11, 12, 13, ... + \infty\}$

O símbolo ∞ significa infinito, o + quer dizer positivo, então $+\infty$ quer dizer infinito positivo.

2.2 Números inteiros

Esse conjunto surgiu da necessidade de alguns cálculos não possuírem resultados, pois esses resultados eram negativos. Representado pelo símbolo $\mathbb{Z}$ e formado pelos seguintes elementos:

$\mathbb{Z} = \{- \infty, ..., -3, -2, -1, 0, 1, 2, 3, ..., + \infty\}$

2.2.1 Operações e propriedades dos números naturais e inteiros

As principais operações com os números naturais e inteiros são: adição, subtração, multiplicação, divisão, potenciação e radiciação (as quatro primeiras são também chamadas operações fundamentais).

Adição

Na adição, a soma dos termos ou das parcelas resulta naquilo que se chama **total**.

| $2 + 2 = 4$

As propriedades da adição são:

- **Elemento neutro:** qualquer número somado ao zero tem como total o próprio número.

| $2 + 0 = 2$

- **Comutativa:** a ordem dos termos não altera o total.

| $2 + 3 = 3 + 2 = 5$

- **Associativa:** o ajuntamento de parcelas não altera o total.

| $(2 + 3) + 5 = 2 + (3 + 5) = 10$

Subtração

Operação contrária à adição é conhecida como diferença.

Os termos ou parcelas da subtração, assim como o total, têm nomes próprios:

M – N = P; em que M = minuendo, N = subtraendo e P = diferença ou resto.

| $7 - 2 = 5$

Quando o subtraendo for maior que o minuendo, a diferença será negativa.

Multiplicação

É a soma de uma quantidade de parcelas fixas. O resultado da multiplicação chama-se produto. Os sinais que indicam a multiplicação são o × e o ·.

| $4 \times 7 = 7 + 7 + 7 + 7 = 28$
| $7 \cdot 4 = 4 + 4 + 4 + 4 + 4 + 4 + 4 = 28$

As propriedades da multiplicação são:

Elemento neutro: qualquer número multiplicado por 1 terá como produto o próprio número.

| $5 \cdot 1 = 5$

Comutativa: ordem dos fatores não altera o produto.

| $3 \cdot 4 = 4 \cdot 3 = 12$

Associativa: o ajuntamento dos fatores não altera o resultado.

| $2 \cdot (3 \cdot 4) = (2 \cdot 3) \cdot 4 = 24$

Distributiva: um fator em evidência multiplica todas as parcelas dentro dos parênteses.

| $2 \cdot (3 + 4) = (2 \cdot 3) + (2 \cdot 4) = 6 + 8 = 14$

Fique ligado

Na multiplicação existe jogo de sinais. Veja a seguir:

Parcela	Parcela	Produto
+	+	+
+	-	-
-	+	-
-	-	+

| $2 \cdot (-3) = -6$
| $-3 \cdot (-7) = 21$

Divisão

É o inverso da multiplicação. Os sinais que indicam a divisão são: ÷, :, /.

| $14 \div 7 = 2$
| $25 : 5 = 5$
| $36/12 = 3$

Fique ligado

Por ser o inverso da multiplicação, a divisão também possui o jogo de sinal.

2.3 Números racionais

Os números racionais são os números que podem ser escritos na forma de fração, são representados pela letra $\mathbb{Q}$ e podem ser escritos em forma de frações.

| $\mathbb{Q} = \frac{a}{b}$ (com b diferente de zero → $b \neq 0$); em que a é o numerador e b é o denominador.

Pertencem também a este conjunto as dízimas periódicas (números que apresentam uma série infinita de algarismos decimais, após a vírgula) e os números decimais (aqueles que são escritos com a vírgula e cujo denominador são potências de 10).

Toda fração cujo numerador é menor que o denominador é chamada de fração própria.

2.3.1 Operações com números racionais

Adição e subtração

Para somar frações deve estar atento se os denominadores das frações são os mesmos. Caso sejam iguais, basta repetir o denominador e somar (ou subtrair) os numeradores, porém se os denominadores forem diferentes é preciso fazer o MMC (mínimo múltiplo comum) dos denominadores, constituindo novas frações equivalentes às frações originais e proceder com o cálculo.

$$\frac{2}{7} + \frac{4}{7} = \frac{6}{7}$$

$$\frac{2}{3} + \frac{4}{5} = \frac{10}{15} + \frac{12}{15} = \frac{22}{15}$$

Multiplicação

Multiplicar numerador com numerador e denominador com denominador das frações.

$$\frac{3}{4} \cdot \frac{5}{7} = \frac{15}{28}$$

Divisão

Para dividir frações, multiplicar a primeira fração com o inverso da segunda fração.

$$\frac{2}{3} \div \frac{4}{5} = \frac{2}{3} \cdot \frac{5}{4} = \frac{10}{12} = \frac{5}{6}$$

(Simplificado por 2)

Toda vez, que for possível, deve simplificar a fração até sua fração irredutível (aquela que não pode mais ser simplificada).

Potenciação

Se a multiplicação é a soma de uma quantidade de parcelas fixas, a potenciação é a multiplicação de uma quantidade de fatores fixos, tal quantidade indicada no expoente que acompanha a base da potência.

A potenciação é expressa por: $\mathbf{a}^n$, cujo **a** é a base da potência e o **n** é o expoente.

| $4^3 = 4 \cdot 4 \cdot 4 = 64$

Propriedades das potências:

$a^0 = 1$

| $3^0 = 1$

$a^1 = a$

| $5^1 = 5$

$a^{-n} = 1/a^n$

| $2^{-3} = 1/2^3 = 1/8$

$a^m \cdot a^n = a^{(m+n)}$

| $3^2 \cdot 3^3 = 3^{(2+3)} = 3^5 = 243$

$a^m : a^n = a^{(m-n)}$

| $4^5 : 4^3 = 4^{(5-3)} = 4^2 = 16$

$(a^m)^n = a^{m \cdot n}$

| $(2^2)^4 = 2^{2 \cdot 4} = 2^8 = 256$

$a^{m/n} = \sqrt[n]{a^m}$

| $7^{2/3} = \sqrt[3]{7^2}$

Não confunda: $(a^m)^n \neq a^{m^n}$

Não confunda também: $(-a)^n \neq -a^n$.

Radiciação

É a expressão da potenciação com expoente fracionário.

A representação genérica da radiciação é: $\sqrt[n]{a}$; cujo **n** é o índice da raiz, o **a** é o radicando e $\sqrt{}$ é o radical.

Quando o índice da raiz for o 2 ele não precisa aparecer e essa raiz será uma raiz quadrada.

Propriedades das raízes:

$\sqrt[n]{a^m} = (\sqrt[n]{a^m}) = a^{m/n}$

$\sqrt[m]{\sqrt[n]{a}} = \sqrt[m \cdot n]{a}$

$\sqrt[m]{a^m} = a = a^{m/m} = a^1 = a$

Racionalização: se uma fração tem em seu denominador um radical, faz-se o seguinte:

$$\frac{1}{\sqrt{a}} = \frac{1}{\sqrt{a}} \cdot \frac{\sqrt{a}}{\sqrt{a}} = \frac{\sqrt{a}}{\sqrt{a^2}} = \frac{\sqrt{a}}{a}$$

2.3.2 Transformação de dízima periódica em fração

Para transformar dízimas periódicas em fração, é preciso atentar-se para algumas situações:

- Verifique se depois da vírgula só há a parte periódica, ou se há uma parte não periódica e uma periódica.
- Observe quantas são as casas periódicas e, caso haja, as não periódicas. Lembre-se sempre que essa observação só será para os números que estão depois da vírgula.
- Em relação à fração, o denominador será tantos 9 quantos forem as casas do período, seguido de tantos 0 quantos forem as casas não periódicas (caso haja e depois da vírgula). Já o numerador será o número sem a vírgula até o primeiro período menos toda a parte não periódica (caso haja).

$$0{,}6666... = \frac{6}{9}$$

$$0{,}36363636... = \frac{36}{99}$$

$$0{,}123333... = \frac{123 - 12}{900} = \frac{111}{900}$$

$$2{,}8888... = \frac{28 - 2}{9} = \frac{26}{9}$$

$$3{,}754545454... = \frac{3754 - 37}{990} = \frac{3717}{990}$$

2.3.3 Transformação de número decimal em fração

Para transformar número decimal em fração, basta contar quantas casas existem depois da vírgula; então o denominador da fração será o número 1 acompanhado de tantos zeros quantos forem o número de casas, já o numerador será o número sem a vírgula.

$$0{,}3 = \frac{3}{10}$$

$$2{,}45 = \frac{245}{100}$$

$$49{,}586 = \frac{49586}{1000}$$

2.4 Números irracionais

São os números que não podem ser escritos na forma de fração.

O conjunto é representado pela letra $\mathbb{I}$ e tem como elementos as dízimas não periódicas e as raízes não exatas.

2.5 Números reais

Simbolizado pela letra $\mathbb{R}$, é a união do conjunto dos números racionais com o conjunto dos números irracionais.

Representado, temos:

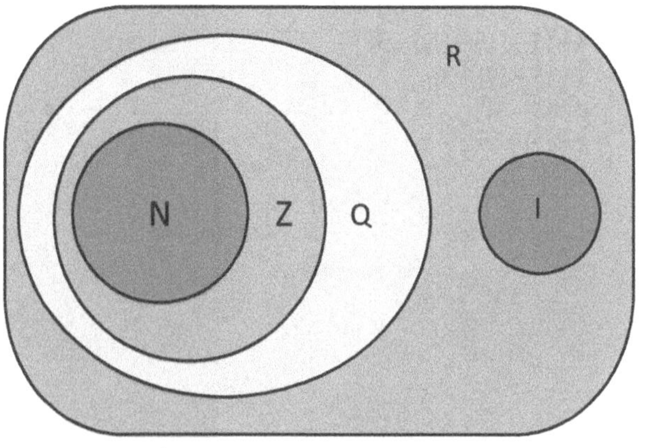

Colocando todos os números em uma reta, temos:

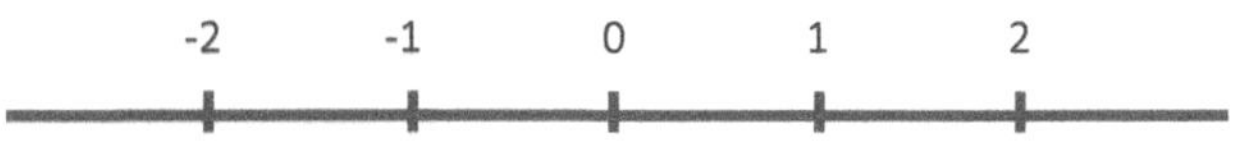

As desigualdades ocorrem em razão de os números serem maiores ou menores uns dos outros.

Os símbolos das desigualdades são:

≥ maior ou igual a.

≤ menor ou igual a.

> maior que.

< menor que.

Dessas desigualdades surgem os intervalos, que nada mais são do que um espaço dessa reta, entre dois números.

Os intervalos podem ser abertos ou fechados, depende dos símbolos de desigualdade utilizados.

Intervalo aberto ocorre quando os números não fazem parte do intervalo e os sinais de desigualdade são:

> maior que.

< menor que.

Intervalo fechado ocorre quando os números fazem parte do intervalo e os sinais de desigualdade são:

≥ maior ou igual a.

≤ menor ou igual a.

2.6 Intervalos

Os intervalos numéricos podem ser representados das seguintes formas:

2.6.1 Com os símbolos <, >, ≤, ≥

Quando usar os símbolos < ou >, os números que os acompanham não fazem parte do intervalo real. Quando usar os símbolos ≤ ou ≥, os números farão parte do intervalo real.

> $2 < x < 5$: o 2 e o 5 não fazem parte do intervalo.
> $2 \leq x < 5$: o 2 faz parte do intervalo, mas o 5 não.
> $2 \leq x \leq 5$: o 2 e o 5 fazem parte do intervalo.

2.6.2 Com os colchetes [ ]

Quando os colchetes estiverem voltados para os números, significa que farão parte do intervalo. Quando os colchetes estiverem invertidos, significa que os números não farão parte do intervalo.

>]2;5[: o 2 e o 5 não fazem parte do intervalo.
> [2;5[: o 2 faz parte do intervalo, mas o 5 não faz.
> [2;5]: o 2 e o 5 fazem parte do intervalo.

2.6.3 Sobre uma reta numérica

▹ **Intervalo aberto**

$2<x<5$:

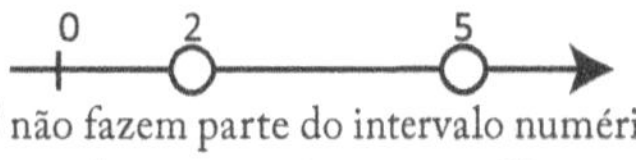

Em que 2 e 5 não fazem parte do intervalo numérico, representado pela marcação aberta (sem preenchimento - O).

▹ **Intervalo fechado e aberto**

$2\leq x<5$:

Em que 2 faz parte do intervalo, representado pela marcação fechada (preenchida ●) em que 5 não faz parte do intervalo, representado pela marcação aberta (O).

▹ **Intervalo fechado**

$2\leq x\leq 5$:

Em que 2 e 5 fazem parte do intervalo numérico, representado pela marcação fechada (●).

2.7 Múltiplos e divisores

Os múltiplos são resultados de uma multiplicação de dois números naturais.

> Os múltiplos de 3 são: 0, 3, 6, 9, 12, 15, 18, 21, 24, 27, 30... (os múltiplos são infinitos).

Os divisores de um número são os números, cuja divisão desse número por eles será exata.

> Os divisores de 12 são: 1, 2, 3, 4, 6, 12.

Fique ligado

Números quadrados perfeitos são aqueles que resultam da multiplicação de um número por ele mesmo.

> $4 = 2 \cdot 2$
> $25 = 5 \cdot 5$

2.8 Números primos

São os números que têm apenas dois divisores, o 1 e ele mesmo. (Alguns autores consideram os números primos aqueles que tem 4 divisores, sendo o 1, o -1, ele mesmo e o seu oposto – simétrico.)

> 2 (único primo par), 3, 5, 7, 11, 13, 17, 19, 23, 29, 31, 37, 41, 43, 47, 53, 59, ...

Os números primos servem para decompor outros números.

A decomposição de um número em fatores primos serve para fazer o MMC e o MDC (máximo divisor comum).

2.9 MMC e MDC

O MMC de um, dois ou mais números é o menor número que, ao mesmo tempo, é múltiplo de todos esses números.

O MDC de dois ou mais números é o maior número que pode dividir todos esses números ao mesmo tempo.

Para calcular, após decompor os números, o MMC de dois ou mais números será o produto de todos os fatores primos, comuns e não comuns, elevados aos maiores expoentes. Já o MDC será apenas os fatores comuns a todos os números elevados aos menores expoentes.

$6 = 2 \cdot 3$
$18 = 2 \cdot 3 \cdot 3 = 2 \cdot 3^2$
$35 = 5 \cdot 7$
$144 = 2 \cdot 2 \cdot 2 \cdot 2 \cdot 3 \cdot 3 = 2^4 \cdot 3^2$
$225 = 3 \cdot 3 \cdot 5 \cdot 5 = 3^2 \cdot 5^2$
$490 = 2 \cdot 5 \cdot 7 \cdot 7 = 2 \cdot 5 \cdot 7^2$
$640 = 2 \cdot 2 \cdot 2 \cdot 2 \cdot 2 \cdot 2 \cdot 2 \cdot 5 = 2^7 \cdot 5$
MMC de 18 e 225 = $2 \cdot 3^2 \cdot 5^2 = 2 \cdot 9 \cdot 25 = 450$
MDC de 225 e 490 = 5

Para saber a quantidade de divisores de um número basta, depois da decomposição do número, pegar os expoentes dos fatores primos, somar +1 e multiplicar os valores obtidos.

$225 = 3^2 \cdot 5^2 = 3^{2+1} \cdot 5^{2+1} = 3 \cdot 3 = 9$

Nº de divisores = $(2 + 1) \cdot (2 + 1) = 3 \cdot 3 = 9$ divisores. Que são: 1, 3, 5, 9, 15, 25, 45, 75, 225.

2.10 Divisibilidade

As regras de divisibilidade servem para facilitar a resolução de contas, para ajudar a descobrir se um número é ou não divisível por outro. Veja algumas dessas regras.

Divisibilidade por 2: para um número ser divisível por 2, ele tem de ser par.

14 é divisível por 2.
17 não é divisível por 2.

Divisibilidade por 3: para um número ser divisível por 3, a soma dos seus algarismos tem de ser divisível por 3.

174 é divisível por 3, pois 1 + 7 + 4 = 12.
188 não é divisível por 3, pois 1 + 8 + 8 = 17.

Divisibilidade por 4: para um número ser divisível por 4, ele tem de terminar em 00 ou os seus dois últimos números devem ser múltiplos de 4.

300 é divisível por 4.
532 é divisível por 4.
766 não é divisível por 4.

Divisibilidade por 5: para um número ser divisível por 5, ele deve terminar em 0 ou em 5.

35 é divisível por 5.
370 é divisível por 5.
548 não é divisível por 5.

Divisibilidade por 6: para um número ser divisível por 6, ele deve ser divisível por 2 e por 3 ao mesmo tempo.

78 é divisível por 6.
576 é divisível por 6.
652 não é divisível por 6.

Divisibilidade por 9: para um número ser divisível por 9, a soma dos seus algarismos deve ser divisível por 9.

75 é não divisível por 9.
684 é divisível por 9.

Divisibilidade por 10: para um número ser divisível por 10, ele tem de terminar em 0.

90 é divisível por 10.
364 não é divisível por 10.

2.11 Expressões numéricas

Para resolver expressões numéricas, deve-se seguir a ordem:

- Resolva os parênteses ( ), depois os colchetes [ ], depois as chaves { }, sempre nessa ordem.
- Dentre as operações, resolva primeiro as potenciações e raízes (o que vier primeiro), depois as multiplicações e divisões (o que vier primeiro) e, por último, as somas e subtrações (o que vier primeiro).

Calcule o valor da expressão:
$8 - \{5 - [10 - (7 - 3 \cdot 2)] \div 3\}$
$8 - \{5 - [10 - (7 - 6)] \div 3\}$
$8 - \{5 - [10 - (1)] \div 3\}$
$8 - \{5 - [9] \div 3\}$
$8 - \{5 - 3\}$
$8 - \{2\}$
6

3 SISTEMA LEGAL DE MEDIDAS

3.1 Medidas de tempo

A unidade padrão do tempo é o segundo (s), mas devemos saber as seguintes relações:

1min = 60s

1h = 60min = 3.600s

1 dia = 24h = 1.440min = 86.400s

30 dias = 1 mês

2 meses = 1 bimestre

6 meses = 1 semestre

12 meses = 1 ano

10 anos = 1 década

100 anos = 1 século

> 15h47min18s + 11h39min59s = 26h86min77s = 26h87min17s = 27h27min17s= 1 dia 3h27min17s.
>
> 8h23min – 3h49min51s = 7h83min – 3h49min51s = 7h82min60s – 3h49min51s = 4h33min9s.

Cuidado com as transformações de tempo, pois elas não seguem o mesmo padrão das outras medidas.

3.2 Sistema métrico decimal

Serve para medir comprimentos, distâncias, áreas e volumes. Tem como unidade padrão o metro (m). Veja a seguir seus múltiplos, variações e algumas transformações.

Metro (m):

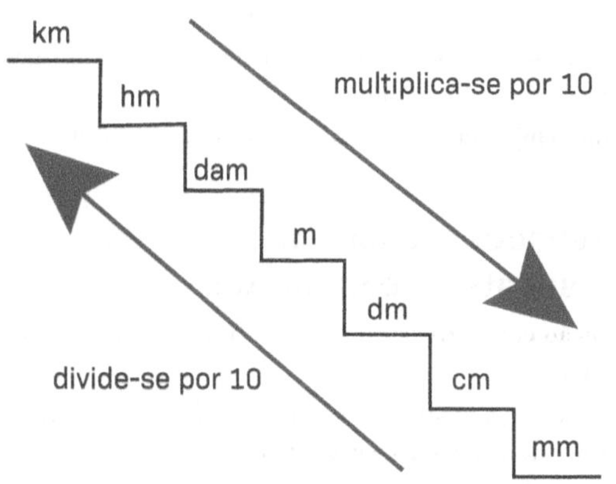

Ao descer um degrau da escada, multiplica-se por 10, e ao subir um degrau, divide-se por 10.

> Transformar 2,98km em cm = 2,98 · 100.000 = 298.000cm (na multiplicação por 10 ou suas potências, basta deslocar a vírgula para a direita).
>
> Transformar 74m em km = 74 ÷ 1.000 = 0,074km (na divisão por 10 ou suas potências, basta deslocar a vírgula para a esquerda).

Fique ligado

O grama (g) e o litro (l) seguem o mesmo padrão do metro (m).

Metro quadrado (m^2):

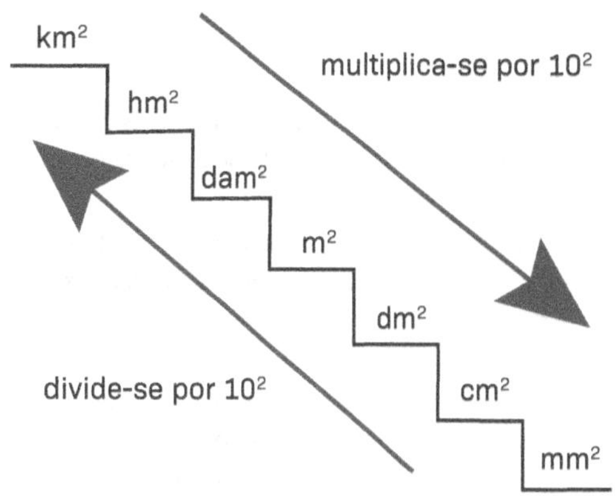

Ao descer um degrau da escada, multiplica por 10^2 ou 100, e ao descer um degrau, divide por 10^2 ou 100.

> Transformar $79{,}11m^2$ em cm^2 = 79,11 · 10.000 = $791.100cm^2$.
>
> Transformar $135m^2$ em km^2 = 135 ÷ 1.000.000 = $0{,}000135km^2$.

Metro cúbico (m^3):

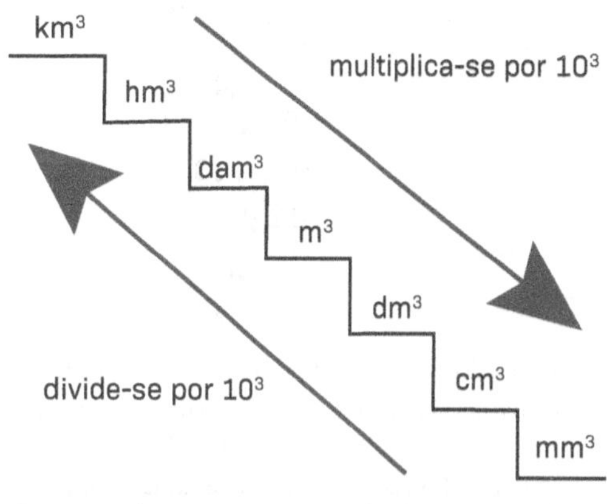

Ao descer um degrau da escada, multiplica-se por 10^3 ou 1.000, e ao subir um degrau, divide-se por 10^3 ou 1.000.

> Transformar $269dm^3$ em cm^3 = 269 · 1.000 = $269.000cm^3$.
>
> Transformar $4.831cm^3$ em m^3 = 4.831 ÷ 1.000.000 = $0{,}004831m^3$.

O metro cúbico, por ser uma medida de volume, tem relação com o litro (l), e essa relação é:

$1m^3$ = 1.000 litros.

$1dm^3$ = 1 litro.

$1cm^3$ = 1 mililitro.

4 FUNÇÕES

4.1 Definições

A função é uma relação estabelecida entre dois conjuntos A e B, em que exista uma associação entre cada elemento de A com um único de B por meio de uma lei de formação.

Podemos dizer que a função é uma relação de dois valores, por exemplo: $f(x) = y$, sendo que x e y são valores, nos quais x é o domínio da função (a função está dependendo dele) e y é um valor que depende do valor de x, sendo a imagem da função.

As funções possuem um conjunto chamado domínio e outro, imagem da função, além do contradomínio. No plano cartesiano, que o eixo x representa o **domínio** da função, enquanto no eixo y apresentam-se os valores obtidos em função de x, constituindo a imagem da função (o eixo y seria o **contradomínio** da função).

Com os conjuntos A = {1, 4, 7} e B = {1, 4, 6, 7, 8, 9, 12} cria-se a função f: A → B definida por $f(x) = x + 5$, que também pode ser representada por y = x + 5. A representação, utilizando conjuntos, desta função é:

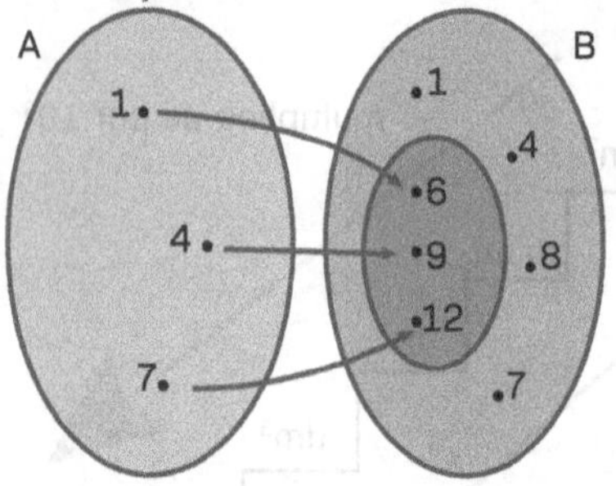

O conjunto A é o conjunto de saída e o B é o conjunto de chegada. Domínio é um sinônimo para conjunto de saída, ou seja, para esta função o domínio é o próprio conjunto A = {1, 4, 7}.

Como, em uma função, o conjunto de saída (domínio) deve ter todos os seus elementos relacionados, não precisa ter subdivisões para o domínio.

O domínio de uma função é chamado de campo de definição ou campo de existência da função, e é representado pela letra D.

O conjunto de chegada B, também possui um sinônimo, é chamado de contradomínio, representado por CD.

Note que é possível fazer uma subdivisão dentro do contradomínio e ter elementos do contradomínio que não são relacionados com algum elemento do domínio e outros que são. Por isso, deve-se levar em consideração esta subdivisão.

Este subconjunto é chamado de conjunto **imagem**, e é composto por todos os elementos em que as flechas de relacionamento chegam.

O conjunto imagem é representado por Im, e cada ponto que a flecha chega é chamado de imagem.

4.2 Plano cartesiano

Criado por René Descartes, o plano cartesiano consiste em dois eixos perpendiculares, sendo o horizontal chamado de eixo das abscissas e o vertical de eixo das ordenadas. O plano cartesiano foi desenvolvido por Descartes no intuito de localizar pontos em determinado espaço.

As disposições dos eixos no plano formam quatro quadrantes, mostrados na figura a seguir:

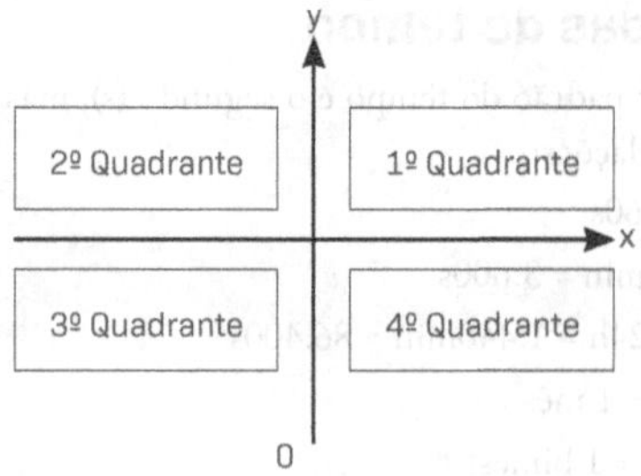

O encontro dos eixos é chamado de origem. Cada ponto do plano cartesiano é formado por um par ordenado (x, y), em que x: abscissa e y: ordenada.

4.2.1 Raízes

Em matemática, uma raiz ou zero da função consiste em determinar os pontos de interseção da função com o eixo das abscissas no plano cartesiano. A função f é um elemento no domínio de f tal que $f(x) = 0$.

Considere a função:
$f(x) = x^2 - 6x + 9$
3 é uma raiz de f, porque:
$f(3) = 3^2 - 6 \cdot 3 + 9 = 0$

4.3 Funções injetoras, sobrejetoras e bijetoras

Função injetora: é a função em que cada x encontra um único y, ou seja, os elementos distintos têm imagens distintas.

Função sobrejetora: a função em que o conjunto imagem é exatamente igual ao contradomínio (y).

Função bijetora: a função que for injetora e sobrejetora ao mesmo tempo.

4.4 Funções crescentes, decrescentes e constantes

Função crescente: à medida que x aumenta, as imagens vão aumentando.

Com $x_1 > x_2$ a função é crescente para $f(x_1) > f(x_2)$, isto é, aumentando valor de x, aumenta o valor de y.

Função decrescente: à medida que x aumenta, as imagens vão diminuindo (decrescente).

Com $x_1 > x_2$ a função é crescente para $f(x_1) < f(x_2)$, isto é, aumentando x, diminui o valor de y.

Função constante: em uma função constante qualquer que seja o elemento do domínio, eles sempre terão a mesma imagem, ao variar x encontra sempre o mesmo valor y.

4.5 Funções inversas e compostas

4.5.1 Função inversa

Dada uma função f: A → B, se f é bijetora, se define a função inversa f^{-1} como sendo a função de B em A, tal que $f^{-1}(y) = x$.

Determine a inversa da função definida por:
y = 2x + 3
Trocando as variáveis x e y:
x = 2y + 3

Colocando y em função de x:

$2y = x - 3$

$y = \frac{x-3}{2}$, que define a função inversa da função dada.

4.5.2 Função composta

A função obtida que substitui a variável independente x por uma função, chama-se função composta (ou função de função).

Simbolicamente fica:

$$f_o g(x) = f(g(x)) \text{ ou } g_o f(x) = g(f(x))$$

Dadas as funções $f(x) = 2x + 3$ e $g(x) = 5x$, determine $g_o f(x)$ e $f_o g(x)$.

$g_o f(x) = g[f(x)] = g(2x + 3) = 5(2x + 3) = 10x + 15$

$f_o g(x) = f[g(x)] = f(5x) = 2(5x) + 3 = 10x + 3$

4.6 Função afim

Chama-se função polinomial do 1° grau, ou função afim, qualquer função f dada por uma lei da forma $f(x) = ax + b$, cujo a e b são números reais dados e $a \neq 0$.

Na função $f(x) = ax + b$, o número a é chamado de coeficiente de x e o número b é chamado termo constante.

4.6.1 Gráfico

O gráfico de uma função polinomial do 1° grau, $y = ax + b$, com $a \neq 0$, é uma reta oblíqua aos eixos x e y.

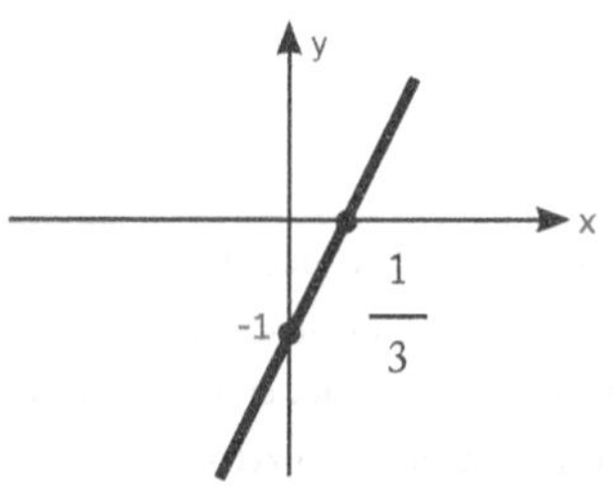

4.6.2 Zero e equação do 1º grau

Chama-se zero ou raiz da função polinomial do 1° grau $f(x) = ax + b$, $a \neq 0$, o número real x tal que $f(x) = 0$.

Assim: $f(x) = 0 \Rightarrow ax + b = 0 \Rightarrow x = \frac{-b}{a}$

4.6.3 Crescimento e decrescimento

A função do 1° grau $f(x) = ax + b$ é crescente, quando o coeficiente de x é positivo ($a > 0$).

A função do 1° grau $f(x) = ax + b$ é decrescente, quando o coeficiente de x é negativo ($a < 0$).

4.6.4 Sinal

Estudar o sinal de qualquer $y = f(x)$ é determinar o valor de x para os quais y é positivo, os valores de x para os quais y é zero e os valores de x para os quais y é negativo.

Considere uma função afim $y = f(x) = ax + b$, essa função se anula para a raiz $x = \frac{-b}{a}$.

Há dois casos possíveis:

a > 0 (a função é crescente)

$$y > 0 \Rightarrow ax + b > 0 \Rightarrow x > \frac{-b}{a}$$

$$y < 0 \Rightarrow ax + b < 0 \Rightarrow x < \frac{-b}{a}$$

Logo, y é positivo para valores de x maiores que a raiz; y é negativo para valores de x menores que a raiz.

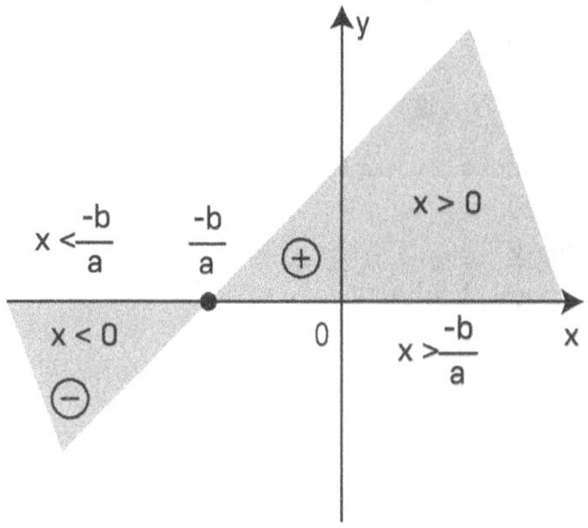

a < 0 (a função é decrescente)

$$y > 0 \Rightarrow ax + b > 0 \Rightarrow x < \frac{-b}{a}$$

$$y < 0 \Rightarrow ax + b < 0 \Rightarrow x < \frac{-b}{a}$$

Portanto, y é positivo para valores de x menores que a raiz; y é negativo para valores de x maiores que a raiz.

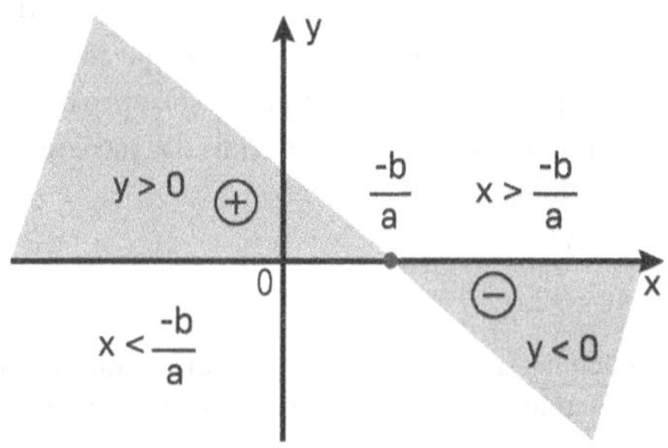

4.6.5 Equações e inequações do 1º grau

Equação

Uma equação do 1° grau na incógnita x é qualquer expressão do 1° grau que pode ser escrita em uma das seguintes formas:

$$ax + b = 0$$

Para resolver uma equação, basta achar o valor de x.

- **Sistema de equação**

Um sistema de equação de 1° grau com duas incógnitas é formado por duas equações de 1° grau com duas incógnitas diferentes em cada equação.

$$\begin{cases} x + y = 20 \\ 3x - 4y = 72 \end{cases}$$

Para encontrar o par ordenado desse sistema, é preciso utilizar dois métodos para a sua solução, são eles: substituição e adição.

- **Método da substituição**

Esse método consiste em escolher uma das duas equações, isolar uma das incógnitas e substituir na outra equação.

Dado o sistema $\begin{cases} x + y = 20 \\ 3x - 4y = 72 \end{cases}$ enumeramos as equações.

$$\begin{cases} x + y = 20 & \textbf{1} \\ 3x - 4y = 72 & \textbf{2} \end{cases}$$

Escolhemos a equação 1 e isolamos o x:

$x + y = 20$

$x = 20 - y$

Na equação 2, substituímos o valor de $x = 20 - y$.

$3x + 4y = 72$

$3(20 - y) + 4y = 72$

$60 - 3y + 4y = 72$

$-3y + 4y = 72 - 60$

$\mathbf{y = 12}$

Para descobrir o valor de x, substituir y por 12 na equação:

$x = 20 - y.$

$x = 20 - y$

$x = 20 - 12$

$\mathbf{x = 8}$

Portanto, a solução do sistema é S = (8, 12)

▹ **Método da adição**

Este método consiste em adicionar as duas equações de tal forma que a soma de uma das incógnitas seja zero. Para que isso aconteça, será preciso que multipliquemos as duas equações ou apenas uma equação por números inteiros para que a soma de uma das incógnitas seja zero.

Dado o sistema:

$$\begin{cases} x + y = 20 \\ 3x - 4y = 72 \end{cases}$$

Para adicionar as duas equações e a soma de uma das incógnitas de zero, teremos que multiplicar a primeira equação por -3.

$$\begin{cases} x + y = 20 & \textbf{(-3)} \\ 3x - 4y = 72 \end{cases}$$

Agora, o sistema fica assim:

$$\begin{cases} -3x - 3y = -60 \\ 3x + 4y = 72 \end{cases}$$

Adicionando as duas equações:

$-3x - 3y = -60$

$+3x + 4y = 72$

$\mathbf{y = 12}$

Para descobrir o valor de x, escolher uma das duas equações e substituir o valor de y encontrado:

$x + y = 20$

$x + 12 = 20$

$x = 20 - 12$

$\mathbf{x = 8}$

Portanto, a solução desse sistema é: S = (8, 12)

Inequação

Uma inequação do 1º grau na incógnita x é qualquer expressão do 1º grau que pode ser escrita em uma das seguintes formas:

$ax + b > 0$

$ax + b < 0$

$ax + b \geq 0$

$ax + b \leq 0$

Sendo **a**, **b** são números reais com $a \neq 0$.

$-2x + 7 > 0$

$x - 10 \leq 0$

$2x + 5 \leq 0$

$12 - x < 0$

▹ **Resolvendo uma inequação de 1º grau**

Uma maneira simples de resolver uma inequação do 1º grau é isolar a incógnita x em um dos membros da desigualdade.

Resolva a inequação $-2x + 7 > 0$:

$-2x > -7 \cdot (-1)$

$2x < 7$

$x < \frac{7}{2}$

Logo, a solução da inequação é $x < \frac{7}{2}$.

Resolva a inequação $2x - 6 < 0$:

$2x < 6$

$x < \frac{6}{2}$

$x < 3$

Portanto, a solução da inequação é $x < 3$.

Pode-se resolver qualquer inequação do 1º grau por meio do estudo do sinal de uma função do 1º grau, com o seguinte procedimento:

- Iguala-se a expressão ax + b a zero.
- Localiza-se a raiz no eixo x.
- Estuda-se o sinal conforme o caso.

$-2x + 7 > 0$

$-2x + 7 = 0$

$x = \frac{7}{2}$

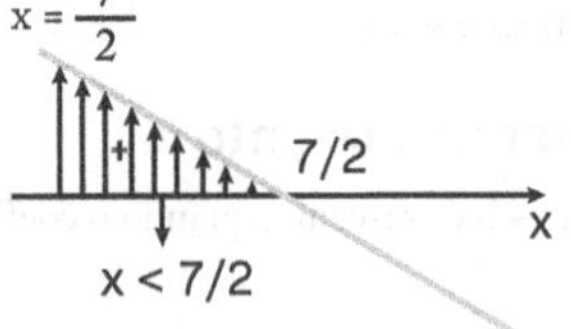

$2x - 6 < 0$

$2x - 6 = 0$

$x = 3$

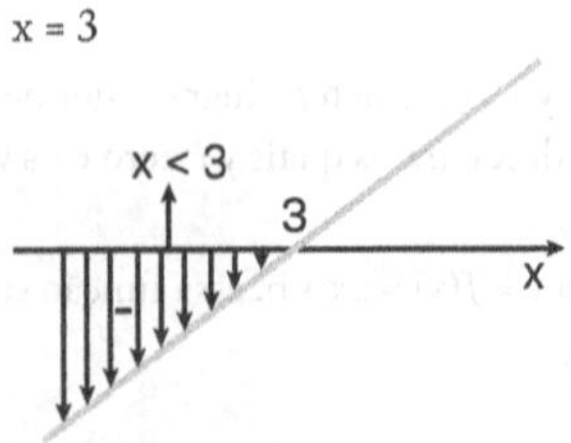

4.7 Equação e função exponencial

Equação exponencial é toda equação na qual a incógnita aparece em expoente.

Para resolver equações exponenciais, devem-se realizar dois passos importantes:

- Redução dos dois membros da equação a potências de mesma base.
- Aplicação da propriedade:

$a^m = a^n \Rightarrow m = n$ ($a \neq 1$ e $a > 0$)

4.7.1 Função exponencial

Funções exponenciais são aquelas nas quais temos a variável aparecendo em expoente.

A função f: IR → IR_+, definida por $f(x) = a^x$, com $a \in IR_+$ e $a \neq 1$, é chamada função exponencial de base a. O domínio dessa função é o conjunto IR (reais) e o contradomínio é IR_+ (reais positivos, maiores que zero).

4.7.2 Gráfico cartesiano da função exponencial

Há dois casos a considerar:

Quando a>1:

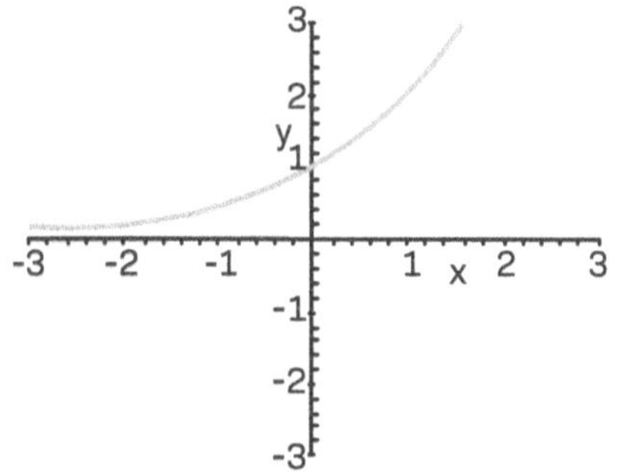

$f(x)$ é crescente e Im = IR_+

Para quaisquer x_1 e x_2 do domínio: $x_2 > x_1 \Rightarrow y_2 > y_1$ (as desigualdades têm mesmo sentido).

Quando 0 < a < 1:

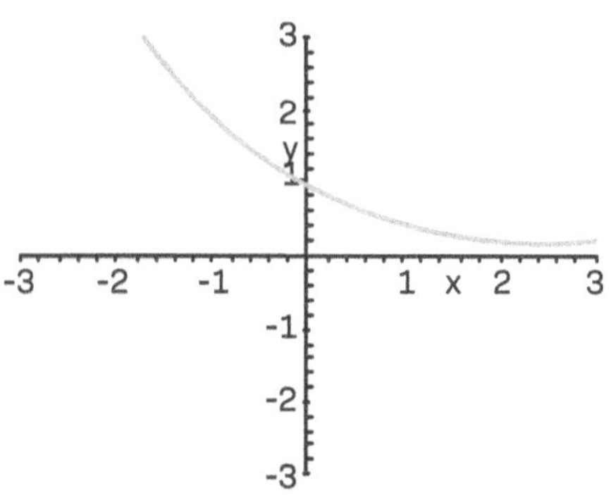

$f(x)$ é decrescente e Im = IR_+

Para quaisquer x_1 e x_2 do domínio: $x_2 > x_1 \Rightarrow y_2 < y_1$ (as desigualdades têm sentidos diferentes).

Nas duas situações, pode-se observar que:

- O gráfico nunca intercepta o eixo horizontal.
- A função não tem raízes; o gráfico corta o eixo vertical no ponto (0,1).
- Os valores de y são sempre positivos (potência de base positiva é positiva), portanto, o conjunto imagem é Im $=IR_+$.

4.7.3 Inequações exponenciais

Inequação exponencial é toda inequação na qual a incógnita aparece em expoente.

Para resolver inequações exponenciais, devem-se realizar dois passos:

- Redução dos dois membros da inequação a potências de mesma base.
- Aplicação da propriedade:

a > 1

$a^m > a^n \Rightarrow m > n$

(as desigualdades têm mesmo sentido)

0 < a < 1

$a^m > a^n \Rightarrow m < n$

(as desigualdades têm sentidos diferentes)

4.8 Equação e função logarítmica

4.8.1 Logaritmo

$$a^x = b \Leftrightarrow \log_a b = x$$

Sendo $b > 0$, $a > 0$ e $a \neq 1$

Na igualdade $x = \log_a b$ tem:

a = base do logaritmo

b = logaritmando ou antilogaritmo

x = logaritmo

Consequências da definição

Sendo $b > 0$, $a > 0$ e $a \neq 1$ e m um número real qualquer, em seguida, algumas consequências da definição de logaritmo:

$\log_a 1 = 0$

$\log_a a = 1$

$\log_a a^m = m$

$a^{\log_a b} = b$

$\log_a b = \log_a c \Leftrightarrow b = c$

Propriedades operatórias dos logaritmos

$\log_a (x \cdot y) = \log_a x + \log_a y$

$\log_a \left[\frac{x}{y}\right] = \log_a x - \log_a y$

$\log_a x^m = m \cdot \log_a x$

$\log_a \sqrt[n]{x^m} = \log_a x^{\frac{m}{n}} = \frac{m}{n} \cdot \log_a x$

Cologaritmo

$\operatorname{colog}_a b = \log_a \frac{1}{b}$

$\operatorname{colog}_a b = -\log_a b$

Mudança de base

$$\log_a x = \frac{\log_b x}{\log_b a}$$

4.8.2 Função logarítmica

A função f: $IR_+ \rightarrow IR$, definida por $f(x) = \log_a x$, com $a \neq 1$ e $a > 0$, é chamada função logarítmica de base a. O domínio dessa função é o conjunto IR_+ (reais positivos, maiores que zero) e o contradomínio é IR (reais).

Gráfico cartesiano da função logarítmica

Há dois casos a se considerar:

Quando a>1:

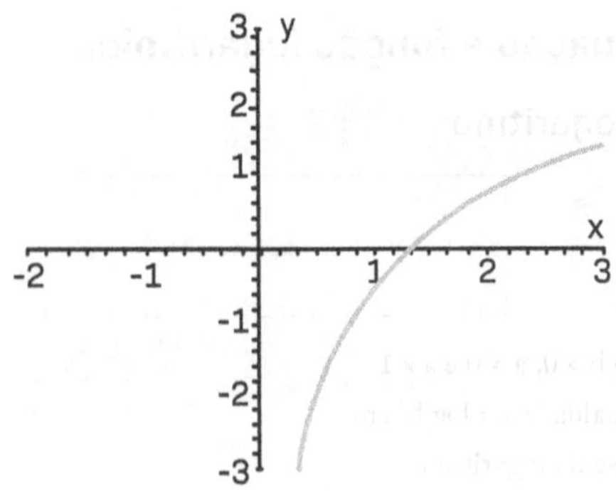

f (x) é crescente e Im = IR

Para quaisquer x_1 e x_2 do domínio: $x_2 > x_1 \Rightarrow y_2 < y_1$ (as desigualdades têm mesmo sentido).

Quando 0<a<1:

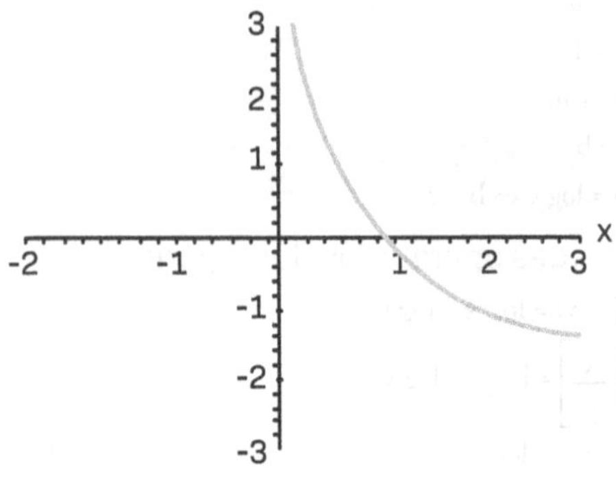

f (x) é decrescente e Im = IR

Para quaisquer x_1 e x_2 do domínio: $x_1 > x_2 \Rightarrow y_1 < y_2$ (as desigualdades têm sentidos diferentes).

Nas duas situações, pode-se observar que:

- O gráfico nunca intercepta o eixo vertical.
- O gráfico corta o eixo horizontal no ponto (1, 0).
- A raiz da função é x = 1.
- Y assume todos os valores reais, portanto, o conjunto imagem é Im = IR.

4.8.3 Equações logarítmicas

Equações logarítmicas são toda equação que envolve logaritmos com a incógnita aparecendo no logaritmando, na base ou em ambos.

4.8.4 Inequações logarítmicas

Inequações logarítmicas são toda inequação que envolve logaritmos com a incógnita aparecendo no logaritmando, na base ou em ambos.

Para resolver inequações logarítmicas, devem-se realizar dois passos:

- Redução dos dois membros da inequação a logaritmos de mesma base.
- Aplicação da propriedade:

a > 1

$\log_a m > \log_a n \Rightarrow m > n > 0$

(as desigualdades têm mesmo sentido)

0 < a < 1

$\log_a m > \log_a n \Rightarrow 0 < m < n$

(as desigualdades têm sentidos diferentes)

5 SEQUÊNCIAS NUMÉRICAS

Neste capítulo, conheceremos a formação de uma sequência e também do que trata a P.A. (Progressão Aritmética) e a P.G. (Progressão Geométrica).

5.1 Definições

Sequências: conjunto de elementos organizados de acordo com certo padrão, ou seguindo determinada regra. O conhecimento das sequências é fundamental para a compreensão das progressões.

Progressões: são sequências numéricas com algumas características exclusivas.

Cada elemento das sequências e/ou progressões são denominados termos.

Sequência dos números quadrados perfeitos: (1, 4, 9, 16, 25, 36, 49, 64, 81, 100...).

Sequência dos números primos: (2, 3, 5, 7, 11, 13, 17, 19, 23, 29, 31, 37, 41, 43, 47, 53...).

O que determina a formação na sequência dos números é: an = n^2.

5.2 Lei de formação de uma sequência

Para determinar uma sequência numérica é preciso uma lei de formação. A lei que define a sequência pode ser a mais variada possível.

A sequência definida pela lei $a_n = n^2 + 1$, com $n \in N$, cujo a_n é o termo que ocupa a n-ésima posição na sequência é: 0, 2, 5, 10, 17, 26... Por esse motivo, a_n é chamado de termo geral da sequência.

5.3 Progressão aritmética (P.A.)

Progressão aritmética é uma sequência numérica em que cada termo, a partir do segundo, é igual ao anterior adicionado a um número fixo, chamado razão da progressão (r).

Quando r > 0, a progressão aritmética é crescente; quando r < 0, decrescente e quando r = 0, constante ou estacionária.

- (2, 5, 8, 11, ...), temos r = 3. Logo, a P.A. é crescente.
- (20, 18, 16, 14, ...), temos r = -2. Logo, a P.A. é decrescente.
- (5, 5, 5, 5, ...), temos r = 0. Logo, a P.A. é constante.

A representação matemática de uma progressão aritmética é: $(a_1, a_2, a_3, \ldots, a_n, a_{n+1}, \ldots)$ na qual:

$$\begin{cases} a_2 = a_1 + r \\ a_3 = a_2 + r \\ a_4 = a_3 + r \\ \vdots \end{cases}$$

Se a razão de uma P.A. é a quantidade que acrescentamos a cada termo para obter o seguinte, podemos dizer que ela é igual à diferença entre qualquer termo, a partir do segundo, e o anterior. Assim, de modo geral, temos:

$$r = a_2 - a_1 = a_3 - a_2 = \ldots = a_{n+1} - a_n$$

Para encontrar um termo específico, a quantidade de termos ou até mesmo a razão de uma P.A., dispomos de uma relação chamada termo geral de uma P.A.: $a_n = a_1 + (n-1)\,r$, onde:

- a_n é o termo geral.
- a_1 é o primeiro termo.
- n é o número de termos.
- r é a razão da P.A.

Propriedades:

P_1. Em toda P.A. finita, a soma de dois termos equidistantes dos extremos é igual à soma dos extremos.

1 3 5 7 9 11

5 + 7 = 12

3 + 9 = 12

1 + 11 = 12

Dois termos são equidistantes quando a distância entre um deles para o primeiro termo da P.A. é igual a distância do outro para o último termo da P.A.

P_2. Uma sequência de três termos é P.A. se o termo médio é igual à média aritmética entre os outros dois, isto é, (a, b, c) é P.A. $\Leftrightarrow b = \frac{a+c}{2}$

Seja a P.A. (2, 4, 6), então, $4 = \frac{2+6}{2}$

P_3. Em uma P.A. com número ímpar de termos, o termo médio é a média aritmética entre os extremos.

(3, 6, 9, 12, 15, 18, 21, 24, 27, 30, 33, 36, 39), $21 = \frac{3+39}{2}$

P_4. A soma S_n dos n primeiros termos da P.A. $(a_1, a_2, a_3, \ldots a_n)$ é dada por:

$$S_n = \frac{(a_1 + a_n)}{2} \cdot n$$

Calcule a soma dos temos da P.A. (1, 4, 7, 10, 13, 16, 19, 22, 25).

$a_1 = 1$; $a_n = 25$; n = 9

$$S_n = \frac{(a_1 + a^n) \cdot n}{2}$$

$$S_n = \frac{(1 + 25) \cdot 9}{2}$$

$$S_n = \frac{(26) \cdot 9}{2}$$

$$S_n = \frac{234}{2}$$

$$S_n = 117$$

5.3.1 Interpolação aritmética

Interpolar significa inserir termos, ou seja, interpolação aritmética é a colocação de termos entre os extremos de uma P.A. Consiste basicamente em descobrir o valor da razão da P.A. e inserir esses termos.

Utiliza-se a fórmula do termo geral para a resolução das questões, em que **n** será igual a **k + 2**, cujo **k** é a quantidade de termos que se quer interpolar.

Insira 5 termos em uma P.A. que começa com 3 e termina com 15.

$a_1 = 3$; $a_n = 15$; k = 5 e

n = 5 + 2 = 7

$a_n = a_1 + (n - 1) \cdot r$

$15 = 3 + (7 - 1) \cdot r$

$15 = 3 + 6r$

$6r = 15 - 3$

$6r = 12$

$r = \frac{12}{6}$

r = 2

Então, P.A.

(3, 5, 7, 9, 11, 13, 15)

5.4 Progressão geométrica (P.G.)

Progressão geométrica é uma sequência de números não nulos em que cada termo, a partir do segundo, é igual ao anterior multiplicado por um número fixo, chamado razão da progressão (q).

A representação matemática de uma progressão geométrica é $(a_1, a_2, a_3, \ldots, a_{n-1}, a_n)$, na qual $a_2 = a_1 \cdot q$, $a_3 = a_2 \cdot q, \ldots$ etc. De modo geral, escrevemos: $a_{n+1} = a_n \cdot q, \forall n \in N^* \text{ e } q \in R$.

Em uma P.G., a razão q é igual ao quociente entre qualquer termo, a partir do segundo, e o anterior.

| (4, 8, 16, 32, 64)

$$q = \frac{8}{4} = \frac{16}{8} = \frac{32}{16} = \frac{64}{32} = 2$$

| (6,-18,54,-162)

$$q = \frac{186}{6} = \frac{54}{-18} = \frac{-162}{54} = -3$$

Assim, podemos escrever:

$$\frac{a_2}{a_1} = \frac{a_3}{a_2} = \ldots = \frac{a_{n+1}}{a_n} = q, \text{ sendo q a razão da P.G.}$$

Podemos classificar uma P.G. como:

Crescente:

Quando $a_1 > 0$ e $q > 1$

| (2,6,18,54,...) é uma P.G. crescente com $a_1 = 2$ e $q = 3$

Quando $a_1 < 0$ e $0 < q < 1$

| (-40, -20, -10,...) é uma P.G. crescente com $a_1 = -40$ e $q = 1/2$

Decrescente:

Quando $a_1 > 0$ e $0 < q < 1$

| (256, 64, 16,...) é uma P.G. decrescente com $a_1 = 256$ e $q = 1/4$

Quando $a_1 < 0$ e $q > 1$

| (-2, -10, -50,...) é uma P.G. decrescente com $a_1 = -2$ e $q = 5$

Constante:

Quando q=1

| (3, 3, 3, 3, 3,...) é uma P.G. constante com $a_1 = 3$ e $q = 1$

Alternada:

Quando $q < 0$

| (2,-6,18,-54) é uma P.G. alternada com $a_1 = 2$ e $q = -3$

A fórmula do termo geral de uma P.G. nos permite encontrar qualquer termo da progressão.

$$a_n = a_1 \cdot q^{n-1}$$

Propriedades:

P_1. Em toda P.G. finita, o produto de dois termos equidistantes dos extremos é igual ao produto dos extremos.

1 3 9 27 81 243

$9 \cdot 27 = 243$

$3 \cdot 81 = 243$

$1 \cdot 243 = 243$

Dois termos são equidistantes quando a distância de um deles para o primeiro termo P.G. é igual a distância do outro para o último termo da P.G.

P_2. Uma sequência de três termos, em que o primeiro é diferente de zero, é uma P.G., e sendo o quadrado do termo médio igual ao produto dos outros dois, isto é, $a \neq 0$.

| (a, b, c) é P.G. $\Leftrightarrow b^2 = ac$

| (2, 4, 8) $\Leftrightarrow 4^2 = 2 \cdot 8 = 16$

P_3. Em uma P.G. com número ímpar de termos, o quadrado do termo médio é igual ao produto dos extremos.

| (2, 4, 8, 16, 32, 64, 128, 256, 512), temos que $32^2 = 2 \cdot 512 = 1.024$.

P_4. Soma dos n primeiros termos de uma P.G.: $S_n = \frac{a_1 (q^n - 1)}{q - 1}$

P_5. Soma dos termos de uma P.G. infinita:

| $S_\infty = \frac{a_1}{q-1}$, se $-1 < q < 1$

| 1 - q

- $S_\infty = +\infty$, se $q > 1$ e $a_1 > 0$
- $S_\infty = -\infty$, se $q > 1$ e $a_1 < 0$

5.4.1 Interpolação geométrica

Interpolar significa inserir termos, ou seja, interpolação geométrica é a colocação de termos entre os extremos de uma P.G. Consiste basicamente em descobrir o valor da razão da P.G. e inserir esses termos.

Utiliza-se a fórmula do termo geral para a resolução das questões, em que **n** será igual a **p + 2**, cujo **p** é a quantidade de termos que se quer interpolar.

| Insira 4 termos em uma P.G. que começa com 2 e termina com 2.048.

$a_1 = 2$; $a_n = 2.048$; $p = 4$ e $n = 4 + 2 = 6$

$a_n = a_1 \cdot q^{(n-1)}$

$2.048 = 2 \cdot q^{(6-1)}$

$2.048 = 2 \cdot q^5$

$q^5 = \frac{2.048}{2}$

$q^5 = 1.024$ $(1.024 = 4^5)$

$q^5 = 4^5$

$q = 4$

P.G. (2, **8**, **32**, **128**, **512**, 2.048).

5.4.2 Produto dos termos de uma P.G.

Para o cálculo do produto dos termos de uma P.G., usar a seguinte fórmula:

$$P_n = \sqrt{(a_1 \cdot a_n)^n}$$

| Qual o produto dos termos da P.G. (5, 10, 20, 40, 80, 160)?

$a_1 = 5$; $a_n = 160$; $n = 6$

$P_n = \sqrt{(a_1 \cdot a_n)^n}$

$P_n = \sqrt{(5 \cdot 160)^6}$

$P_n = (5 \cdot 160)^3$

$P_n = (800)^3$

$P_n = 512.000.000$

6 TRIGONOMETRIA

Neste capítulo, estudaremos os triângulos e as relações que os envolvem.

6.1 Triângulos

O triângulo é uma das figuras mais simples e também uma das mais importantes da Geometria. O triângulo possui propriedades e definições de acordo com o tamanho de seus lados e medida dos ângulos internos.

- Quanto aos lados, o triângulo pode ser classificado em:
  - **Equilátero**: possui todos os lados com medidas iguais.
  - **Isósceles**: possui dois lados com medidas iguais.
  - **Escaleno**: possui todos os lados com medidas diferentes.
- Quanto aos ângulos, os triângulos podem ser denominados:
  - **Acutângulo**: possui os ângulos internos com medidas menores que 90°.
  - **Obtusângulo**: possui um dos ângulos com medida maior que 90°.
  - **Retângulo**: possui um ângulo com medida de 90°, chamado ângulo reto.

No triângulo retângulo existem importantes relações, uma delas é o **Teorema de Pitágoras,** que diz o seguinte: "A soma dos quadrados dos catetos é igual ao quadrado da hipotenusa".

$$a^2 = b^2 + c^2$$

A condição de existência de um triângulo é: um lado do triângulo ser menor do que a soma dos outros dois lados e também maior do que a diferença desses dois lados.

6.2 Trigonometria no triângulo retângulo

As razões trigonométricas básicas são relações entre as medidas dos lados do triângulo retângulo e seus ângulos. As três funções básicas da trigonometria são: seno, cosseno e tangente. O ângulo é indicado pela letra x.

Função	Notação	Definição
seno	sen(x)	$\frac{\text{medida do cateto oposto a x}}{\text{medida da hipotenusa}}$
cosseno	cos(x)	$\frac{\text{medida do cateto adjacente a x}}{\text{medida da hipotenusa}}$
tangente	tg(x)	$\frac{\text{medida do cateto oposto a x}}{\text{medida do cateto adjacente a x}}$

Relação fundamental: para todo ângulo x (medido em radianos), vale a importante relação:

$$\cos^2(x) + \text{sen}^2(x) = 1$$

6.3 Trigonometria em um triângulo qualquer

Os problemas envolvendo trigonometria são resolvidos em sua maioria por meio da comparação com triângulos retângulos. No cotidiano, algumas situações envolvem triângulos acutângulos ou triângulos obtusângulos. Nesses casos, necessitamos da Lei dos Senos ou dos Cossenos.

6.3.1 Lei dos senos

A Lei dos Senos estabelece relações entre as medidas dos lados com os senos dos ângulos opostos aos lados. Observe:

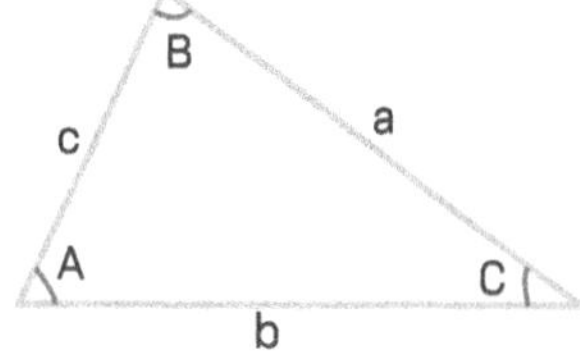

$$\frac{a}{\text{sen}A} = \frac{b}{\text{sen}B} = \frac{c}{\text{sen}C}$$

6.3.2 Lei dos cossenos

Nos casos em que não pode aplicar a Lei dos Senos, existe o recurso da Lei dos Cossenos. Ela permite trabalhar com a medida de dois segmentos e a medida de um ângulo. Dessa forma, dado um triângulo ABC de lados medindo a, b e c, temos:

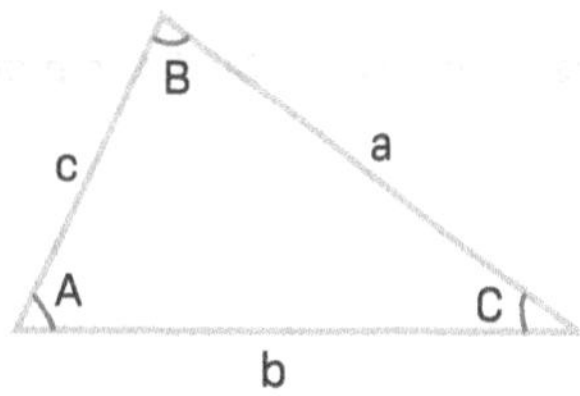

$$a^2 = b^2 + c^2 - 2 \cdot b \cdot c \cdot \cos A$$
$$b^2 = a^2 + c^2 - 2 \cdot a \cdot c \cdot \cos B$$
$$c^2 = a^2 + b^2 - 2 \cdot a \cdot b \cdot \cos C$$

6.4 Medidas dos ângulos

6.4.1 Medidas em grau

Sabe-se que uma volta completa na circunferência corresponde a 360°; se dividir em 360 arcos, haverá arcos unitários medindo 1° grau. Dessa forma, a circunferência é simplesmente um arco de 360° com o ângulo central medindo uma volta completa ou 360°.

É possível dividir o arco de 1° grau em 60 arcos de medidas unitárias iguais a 1' (arco de um minuto). Da mesma forma, podemos dividir o arco de 1' em 60 arcos de medidas unitárias iguais a 1" (arco de um segundo).

6.4.2 Medidas em radianos

Dada uma circunferência de centro O e raio R, com um arco de comprimento s e α o ângulo central do arco, vamos determinar a medida do arco em radianos de acordo com a figura a seguir:

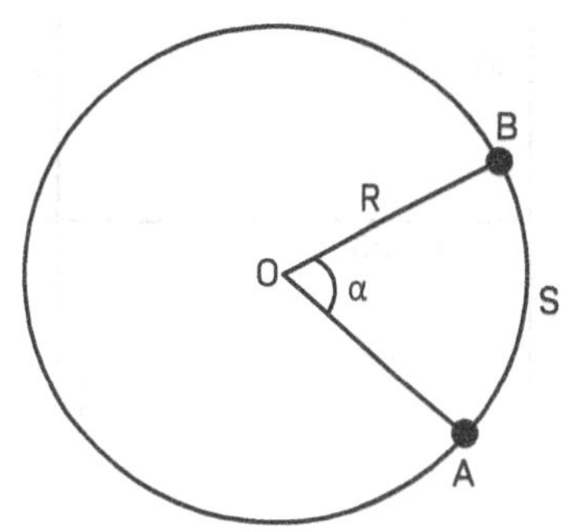

Diz-se que o arco mede um radiano se o comprimento do arco for igual à medida do raio da circunferência. Assim, para saber a medida de um arco em radianos, deve-se calcular quantos raios da circunferência são precisos para obter o comprimento do arco. Portanto:

$$\alpha = \frac{S}{R}$$

Com base nessa fórmula, podemos encontrar outra expressão para determinar o comprimento de um arco de circunferência:

$$s = \alpha \cdot R$$

De acordo com as relações entre as medidas em grau e radiano de arcos, vamos destacar uma regra de três capaz de converter as medidas dos arcos.

360° → 2π radianos (aproximadamente 6,28)
180° → π radiano (aproximadamente 3,14)
90° → π/2 radiano (aproximadamente 1,57)
45° → π/4 radiano (aproximadamente 0,785)

Medida em graus	Medida em radianos
180	π
x	a

6.5 Ciclo trigonométrico

Considerando um plano cartesiano, representados nele um círculo com centro na origem dos eixos e raios.

Divide-se o ciclo trigonométrico em quatro arcos, obtendo quatro quadrantes.

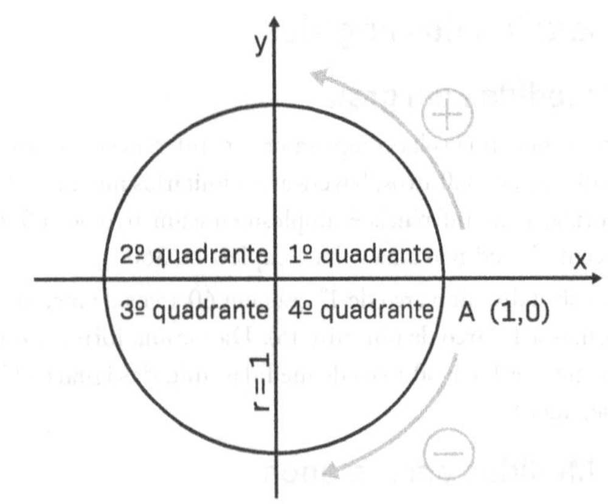

Dessa forma, obtêm-se as relações:

Em graus:

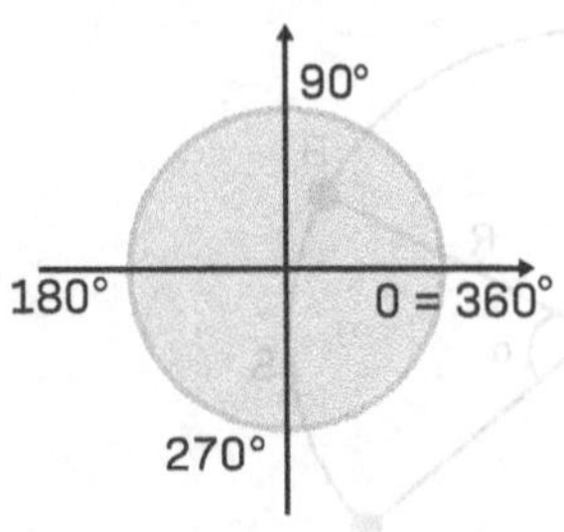

Em radianos:

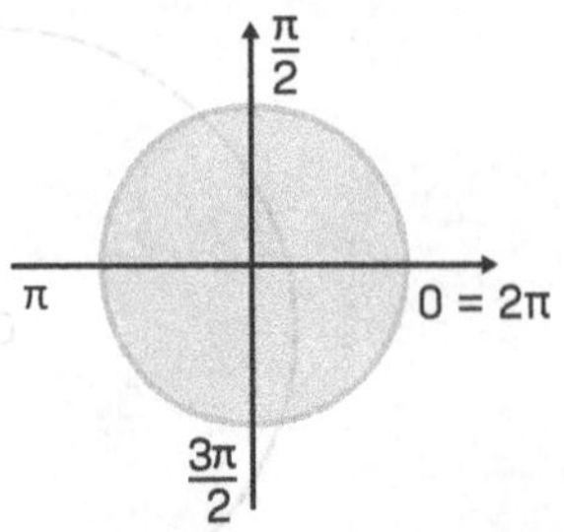

6.5.1 Razões trigonométricas

As principais razões trigonométricas são:

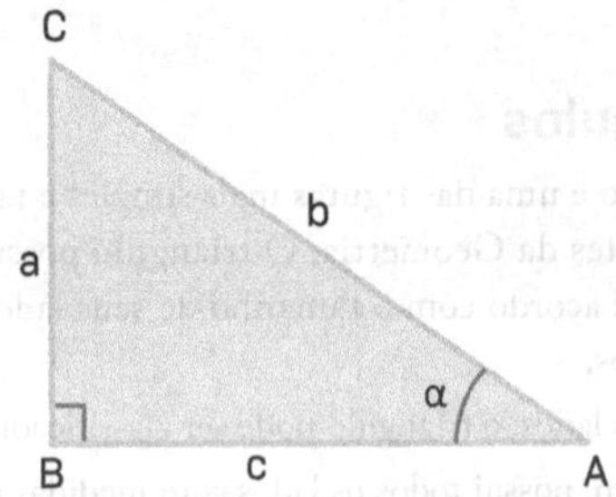

$$\text{sen } \alpha = \frac{\text{comprimento do cateto oposto}}{\text{comprimento da hitotenusa}} = \frac{a}{b}$$

$$\cos \alpha = \frac{\text{comprimento do cateto adjacente}}{\text{comprimento da hitotenusa}} = \frac{c}{b}$$

$$\text{tg } \alpha = \frac{\text{comprimento do cateto oposto}}{\text{comprimento do cateto adjacente}} = \frac{a}{b}$$

Outras razões decorrentes dessas são:

$$\text{tg } x = \frac{\text{sen } x}{\cos x}$$

$$\text{cotg } x = \frac{1}{\text{tgx}} = \frac{\cos x}{\text{sen } x}$$

$$\sec x = \frac{1}{\cos x}$$

$$\text{cossec } x = \frac{1}{\sec x}$$

A partir da relação fundamental, encontram as seguintes relações:

$(\text{sen } x)^2 + (\cos x)^2 = 1$ = [relação fundamental da trigonometria]

$1 + (\text{cotg } x)^2 = (\text{cossec } x)^2$

$1 + (\text{tg } x)^2 = (\sec x)^2$

6.5.2 Redução ao 1° quadrante

$\text{sen}(90° - \alpha) = \cos \alpha$

$\cos(90° - \alpha) = \text{sen } \alpha$

$\text{sen}(90° + \alpha) = \cos \alpha$

$\cos(90° + \alpha) = -\text{sen } \alpha$

$\text{sen}(180° - \alpha) = \text{sen } \alpha$

$\cos(180° - \alpha) = -\cos \alpha$

$\text{tg}(180° - \alpha) = -\text{tg } \alpha$

$\text{sen}(180° + \alpha) = -\text{sen } \alpha$

$\cos(180° + \alpha) = -\cos \alpha$

$\text{sen}(270° - \alpha) = -\cos \alpha$

$\cos(270° - \alpha) = -\text{sen } \alpha$

$\text{sen}(270° + \alpha) = -\cos \alpha$

$\cos(270° + \alpha) = \text{sen } \alpha$

$\text{sen}(-\alpha) = -\text{sen } \alpha$

$\cos(-\alpha) = \cos \alpha$

$\text{tg}(-\alpha) = -\text{tg } \alpha$

6.6 Funções trigonométricas

6.6.1 Função seno

Função seno é a função $f(x) = \textbf{sen x}$.

O domínio dessa função é R e a imagem é Im [–1,1], visto que, na circunferência trigonométrica, o raio é unitário.

Então:

- Domínio de $f(x)$ = sen x; D(sen x) = R.
- Imagem de $f(x)$ = sen x; Im(sen x) = [–1,1] .

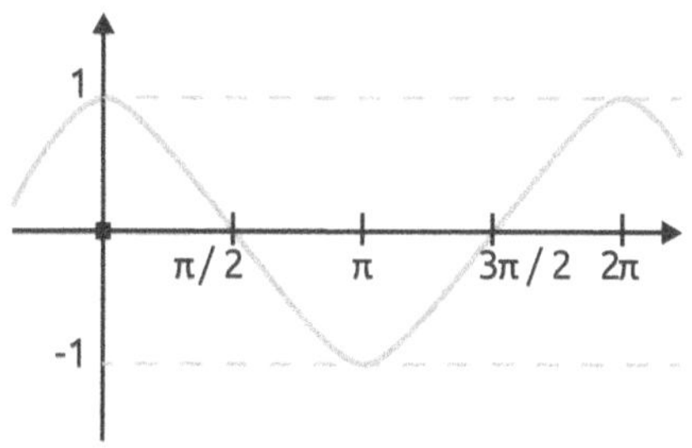

Sinal da função

$f(x)$ = sen x é positiva no 1º e 2º quadrantes (ordenada positiva).

$f(x)$ = sen x é negativa no 3º e 4º quadrantes (ordenada negativa).

- Quando $x \in \left[0, \frac{\pi}{2}\right]$: 1º quadrante, o valor de sen x cresce de 0 a 1.
- Quando $x \in \left[\frac{\pi}{2}, \pi\right]$: 2º quadrante, o valor de sen x decresce de 1 a 0.
- Quando $x \in \left[\pi, \frac{3\pi}{2}\right]$: 3º quadrante, o valor de sen x decresce de 0 a –1.
- Quando $x \in \left[\frac{3\pi}{2}, 2\pi\right]$: 4º quadrante, o valor de sen x cresce de –1 a 0.

6.6.2 Função cosseno

Função cosseno é a função $f(x) = \textbf{cos x}$

O domínio dessa função também é R e a imagem é Im [–1,1]; visto que, na circunferência trigonométrica, o raio é unitário.

Então:

- Domínio de $f(x)$ = cos x; D(cos x) = R.
- Imagem de $f(x)$ = cos x; Im(cos x) = [–1,1].

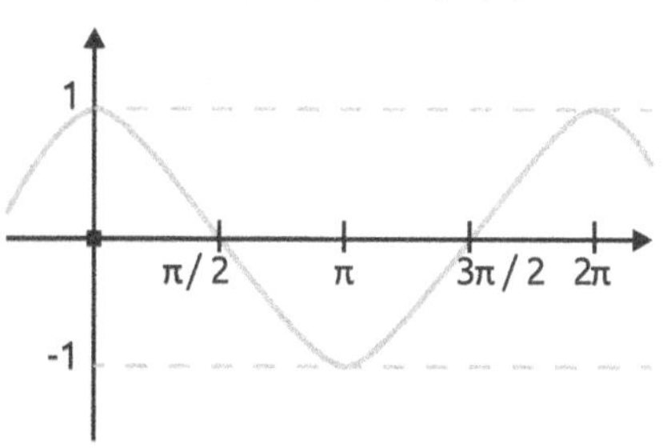

6.6.3 Sinal da função

$f(x)$ = cos x é positiva no 1º e 4º quadrantes (abscissa positiva).

$f(x)$ = cos x é negativa no 2º e 3º quadrantes (abscissa negativa).

- Quando $x \in \left[0, \frac{\pi}{2}\right]$: 1° quadrante, o valor de cos x cresce de 0 a 1.
- Quando $x \in \left[\frac{\pi}{2}, \pi\right]$: 2° quadrante, o valor de cos x decresce de 1 a 0.
- Quando $x \in \left[\pi, \frac{3\pi}{2}\right]$: 3° quadrante, o valor de cos x decresce de 0 a –1.
- Quando $x \in \left[\frac{3\pi}{2}, 2\pi\right]$: 4° quadrante, o valor de cos x cresce de –1 a 0.

6.6.4 Função tangente

Função tangente é a função $f(x) = \textbf{tg x}$.

Então:

- Domínio de $f(x)$: o domínio dessa função são todos os números reais, exceto os que zeram o cosseno, pois não existe cos x = 0
- Imagem de $f(x)$ = Im =] –∞, ∞[

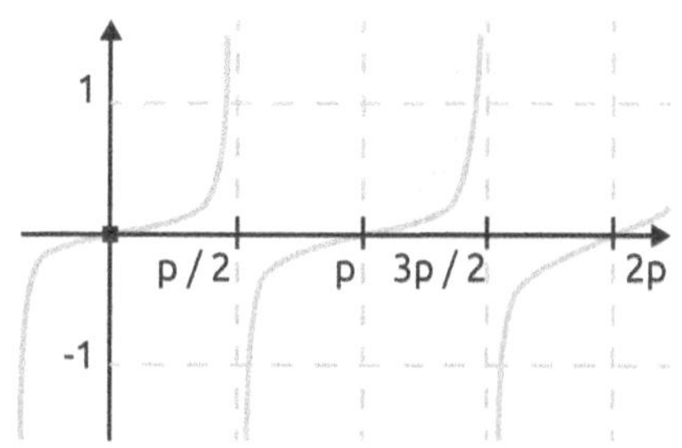

Sinal da função

$f(x)$ = tg x é positiva no 1º e 3º quadrantes (produto da ordenada pela abscissa positiva).

$f(x)$ = tg x é negativa no 2º e 4º quadrantes (produto da ordenada pela abscissa negativa).

6.6.5 Outras funções

Função secante

Denomina-se função secante a função: $f(x) = \frac{1}{\cos x}$

Função cossecante

Denomina-se função cossecante a função: $f(x) = \frac{1}{\text{sen } x}$

Função cotangente

Denomina-se função cotangente a função: $f(x) = \frac{1}{\text{tg } x}$

6.7 Identidades e operações trigonométricas

As mais comuns são:

$\text{sen}(a + b) = \text{sen } a \cdot \cos b + \text{sen } b \cdot \cos a$

$\text{sen}(a - b) = \text{sen } a \cdot \cos b - \text{sen } b \cdot \cos a$

$\cos(a + b) = \cos a \cdot \cos b - \text{sen } a \cdot \cos b$

$\cos(a - b) = \cos a \cdot \cos b + \text{sen } a \cdot \cos b$

$$\text{tg}(a + b) = \frac{\text{tga} + \text{tgb}}{1 - \text{tga} \cdot \text{tgb}}$$

$$\text{tg}(a - b) = \frac{\text{tga} - \text{tgb}}{1 + \text{tga} \cdot \text{tgb}}$$

$$sen(2x) = 2 \cdot sen(x) \cdot cos(x)$$

$$cos(2x) = cos^2(x) - sen^2(x)$$

$$tg(2x) = \left(\frac{2 \cdot tg(x)}{1 - tg^2(x)}\right)$$

$$sen(x) + sen(y) = 2 \cdot sen\left(\frac{x+y}{2}\right) \cdot cos\left(\frac{x-y}{2}\right)$$

$$sen(x) - sen(y) = 2 \cdot sen\left(\frac{x-y}{2}\right) \cdot cos\left(\frac{x+y}{2}\right)$$

$$cos(x) + cos(y) = 2 \cdot cos\left(\frac{x+y}{2}\right) \cdot cos\left(\frac{x-y}{2}\right)$$

$$cos(x) - cos(y) = 2 \cdot sen\left(\frac{x+y}{2}\right) \cdot sen\left(\frac{x-y}{2}\right)$$

6.8 Bissecção de arcos ou arco metade

Também temos a fórmula do arco metade para senos, cossenos e tangentes:

$$\sin\left(\frac{a}{2}\right) = \pm\sqrt{\frac{1 - \cos(a)}{2}}$$

$$\cos\left(\frac{a}{2}\right) = \pm\sqrt{\frac{1 + \cos(a)}{2}}$$

$$\tan\left(\frac{a}{2}\right) = \pm\sqrt{\frac{1 - \cos(a)}{1 + \cos(a)}}$$

7 MATRIZES

Matriz: é uma tabela que serve para organizar dados numéricos em linhas e colunas.

Nas matrizes, cada número é chamado de elemento da matriz, as filas horizontais são chamadas **linhas** e as filas verticais são chamadas **colunas**.

$$\begin{bmatrix} 1 & 4 & 7 \\ 13 & -1 & 18 \end{bmatrix} \rightarrow \text{Linha}$$

$\downarrow$ Coluna

No exemplo, a matriz apresenta 2 linhas e 3 colunas. Dizemos que essa matriz é do tipo 2x3 (2 linhas e 3 colunas). Lê-se dois por três.

7.1 Representação de uma matriz

Uma matriz pode ser representada por parênteses ( ) ou colchetes [ ], com seus dados numéricos inseridos dentro desses símbolos matemáticos. Cada um desses dados, ocupam uma posição definida por uma linha e coluna.

A nomenclatura da matriz se dá por uma letra maiúscula. De modo geral, uma matriz A de m linhas e n colunas (m x n) pode ser representada da seguinte forma:

$$A = \begin{bmatrix} a_{11} & a_{12} & a_{13} & \dots & a_{1n} \\ a_{21} & a_{22} & a_{23} & \dots & a_{2n} \\ a_{31} & a_{32} & a_{33} & \dots & a_{3n} \\ \dots & \dots & \dots & \dots & \dots \\ a_{m1} & a_{m2} & a_{m3} & & a_{mn} \end{bmatrix}_{m \times n} \quad \text{com } m, n \in \mathbb{N}^*$$

Abreviadamente:

$$A_{m \times n} = [a_{ij}]_{m \times n}$$

Com: $i \in \{1, 2, 3, ..., m\}$ e $j \in \{1, 2, 3, ..., n\}$

No qual, a_{ij} é o elemento da i linha com a j coluna.

$$B_{3 \times 2} = \begin{pmatrix} 4 & 7 \\ 6 & 8 \\ 18 & 10 \end{pmatrix} \quad \text{matriz de ordem } 3 \times 2$$

$$C_{2 \times 2} = \begin{pmatrix} 2 & 13 \\ 18 & 28 \end{pmatrix} \quad \text{matriz quadrada de ordem } 2 \times 2 \text{ ou somente } 2$$

7.2 Lei de formação de uma matriz

As matrizes possuem uma lei de formação que define seus elementos a partir da posição (linha e coluna) de cada um deles na matriz, e podemos assim representar:

$D = (d_{ij})_{3x3}$ em que $d_{ij} = 2i - j$

$$D = \begin{pmatrix} d_{11} = 2 \cdot (1) - 1 = 1 & d_{12} = 2 \cdot (1) - 2 = 0 & d_{13} = 2 \cdot (1) - 3 = -1 \\ d_{21} = 2 \cdot (2) - 1 = 3 & d_{22} = 2 \cdot (2) - 2 = 2 & d_{23} = 2 \cdot (2) - 3 = 1 \\ d_{31} = 2 \cdot (3) - 1 = 5 & d_{32} = 2 \cdot (3) - 2 = 4 & d_{33} = 2 \cdot (3) - 3 = 3 \end{pmatrix}$$

$$= \begin{pmatrix} 1 & 0 & -1 \\ 3 & 2 & 1 \\ 5 & 4 & 3 \end{pmatrix}$$

$$\text{Logo: } D = \begin{pmatrix} 1 & 0 & -1 \\ 3 & 2 & 1 \\ 5 & 4 & 3 \end{pmatrix}$$

7.3 Tipos de matrizes

Existem alguns tipos de matrizes mais comuns e usados nas questões de concursos são eles:

- **Matriz linha:** é aquela que possui somente uma linha.

$$A_{1 \times 3} = [4 \quad 7 \quad 10]$$

- **Matriz coluna**: é aquela que possui somente uma coluna.

$$B_{3 \times 1} = \begin{bmatrix} 6 \\ 13 \\ 22 \end{bmatrix}$$

- **Matriz nula**: é aquela que possui todos os elementos nulos ou zero.

$$C_{2 \times 3} = \begin{bmatrix} 0 & 0 & 0 \\ 0 & 0 & 0 \end{bmatrix}$$

- **Matriz quadrada:** é aquela que possui o número de linhas igual ao número de colunas.

$$D_{3 \times 3} = \begin{bmatrix} 2 & 4 & 7 \\ 13 & 10 & 18 \\ 32 & 29 & 1 \end{bmatrix}$$

  - **Características das matrizes quadradas:** possuem diagonal principal e secundária.

$$A_{3 \times 3} = \begin{bmatrix} \mathbf{1} & 2 & 3 \\ 2 & \mathbf{4} & 6 \\ 3 & 6 & \mathbf{9} \end{bmatrix} \ \textbf{diagonal principal}$$

$$A_{3 \times 3} = \begin{bmatrix} 1 & 2 & \mathbf{3} \\ 2 & \mathbf{4} & 6 \\ \mathbf{3} & 6 & 9 \end{bmatrix} \ \textbf{diagonal secundária}$$

- **Matriz identidade:** é toda a matriz quadrada que os elementos da diagonal principal são iguais a um e os demais são zeros.

$$A_{3 \times 3} = \begin{bmatrix} \mathbf{1} & 0 & 0 \\ 0 & \mathbf{1} & 0 \\ 0 & 0 & \mathbf{1} \end{bmatrix}$$

- **Matriz diagonal:** é toda a matriz quadrada que os elementos da diagonal principal são diferentes de zero e os demais são zeros.

$$A_{3 \times 3} = \begin{bmatrix} \mathbf{1} & 0 & 0 \\ 0 & \mathbf{4} & 0 \\ 0 & 0 & \mathbf{7} \end{bmatrix}$$

- **Matriz triangular**: é aquela cujos elementos de um dos triângulos formados pela diagonal principal são zeros.

$$A_{3 \times 3} = \begin{bmatrix} \mathbf{2} & 5 & 8 \\ \mathbf{0} & \mathbf{6} & 3 \\ \mathbf{0} & \mathbf{0} & 9 \end{bmatrix}$$

- **Matriz transposta (a^t):** é aquela em que ocorre a troca ordenada das linhas por colunas.

$$A = [a_{ij}]_{m \times n} = A^t = [a^t_{ji}]_{n \times m}$$

MATEMÁTICA

$$A_{2\times3} = \begin{bmatrix} 1 & 4 & 7 \\ 6 & 8 & 9 \end{bmatrix} \rightarrow A^t_{3\times2} = \begin{bmatrix} 1 & 6 \\ 4 & 8 \\ 7 & 9 \end{bmatrix}$$

Perceba que a linha 1 de A corresponde à coluna 1 de A^t e a coluna 2 de A corresponde à coluna 2 de A^t.

- **Matriz oposta:** é toda matriz obtida trocando o sinal de cada um dos elementos de uma matriz dada.

$$A_{2\times2} = \begin{bmatrix} 4 & -1 \\ -6 & 7 \end{bmatrix} \rightarrow -A_{2\times2} = \begin{bmatrix} -4 & 1 \\ 6 & -7 \end{bmatrix}$$

- **Matriz simétrica:** é toda matriz cuja matriz transposta é igual à própria matriz, ou seja, $A = A^t$.

$$\left.\begin{matrix} A = \begin{bmatrix} 1 & 3 \\ 3 & 2 \end{bmatrix} \\ A_t = \begin{bmatrix} 1 & 3 \\ 3 & 2 \end{bmatrix} \end{matrix}\right\} A = A^t$$

7.4 Operações com matrizes

Vamos estudar as principais operações com as matrizes. Atente-se para a multiplicação de duas matrizes.

- **Igualdade de matrizes:** duas matrizes são iguais quando possuem o mesmo número de linhas e colunas (mesma ordem) e os elementos correspondentes são iguais.

$$X = Y \rightarrow X_{2\times2} = \begin{bmatrix} 1 & 0 \\ 3 & 2 \end{bmatrix} \text{ e } Y_{2\times2} = \begin{bmatrix} 1 & 0 \\ 3 & 2 \end{bmatrix}$$

- **Soma de matrizes:** só é possível somar matrizes de mesma ordem. Para fazer o cálculo, somar os elementos correspondentes.

S = X + Y (S = matriz soma de X e Y)

$$X_{2\times3} = \begin{bmatrix} 6 & 8 & 9 \\ 10 & 13 & 4 \end{bmatrix} \text{ e } Y_{2\times3} = \begin{bmatrix} 18 & 22 & 30 \\ 9 & 14 & 28 \end{bmatrix}$$

$$S = \begin{bmatrix} 6+18 & 8+22 & 9+30 \\ 10+9 & 13+14 & 4+28 \end{bmatrix}$$

$$S_{2\times3} = \begin{bmatrix} 24 & 30 & 39 \\ 19 & 27 & 32 \end{bmatrix}$$

- **Produto de uma constante por uma matriz**: multiplicar a constante por todos os elementos da matriz.

P = 2Y

$$Y_{2\times2} = \begin{bmatrix} 7 & 4 \\ 13 & 25 \end{bmatrix}$$

$$P = \begin{bmatrix} 2\cdot7 & 2\cdot4 \\ 2\cdot13 & 2\cdot25 \end{bmatrix}$$

$$P_{2\times2} = \begin{bmatrix} 14 & 8 \\ 26 & 50 \end{bmatrix}$$

7.5 Multiplicação de matrizes

Para multiplicar matrizes, devemos multiplicar linhas por colunas, ou seja, multiplica o 1º número da linha pelo 1º número da coluna, o 2º número da linha pelo 2º número da coluna e, assim sucessivamente, para todos os elementos das linhas e colunas.

Esse procedimento de cálculo só poderá ser feito se o número de colunas da 1ª matriz for igual ao número de linhas da 2ª matriz.

$$(A_{m\times n}) \cdot (B_{n\times p}) = C_{m\times p}$$

$$M = A_{2\times3} \cdot B_{3\times2}$$

$$A_{2\times3} = \begin{bmatrix} \mathbf{1} & \mathbf{2} & \mathbf{4} \\ 5 & 7 & 6 \end{bmatrix} \text{ e } B_{3\times2} = \begin{bmatrix} \mathbf{2} & 3 \\ \mathbf{8} & 1 \\ \mathbf{4} & 9 \end{bmatrix}$$

$$M_{2\times3} = \begin{bmatrix} m_{11} & m_{12} \\ m_{21} & m_{22} \end{bmatrix}$$

$$M_{2\times2} = \begin{bmatrix} m_{11} = (1\cdot2 + 2\cdot8 + 4\cdot4) & m_{12} = (1\cdot3 + 2\cdot1 + 4\cdot9) \\ m_{21} = (5\cdot2 + 7\cdot8 + 6\cdot4) & m_{22} = (5\cdot3 + 7\cdot1 + 6\cdot9) \end{bmatrix}$$

$$M_{2\times2} = \begin{bmatrix} m_{11} = 34 & m_{12} = 41 \\ m_{21} = 90 & m_{22} = 76 \end{bmatrix}$$

$$M_{2\times2} = \begin{bmatrix} 34 & 41 \\ 90 & 76 \end{bmatrix}$$

7.5.1 Matriz inversa (a^{-1})

Se existe uma matriz B, quadrada de ordem n, tal que $A \cdot B = B \cdot A = I_n$, dizemos que a matriz B é a inversa de A. Costumamos indicar a matriz inversa por A^{-1}. Assim $B = A^{-1}$.

Logo: $A \cdot A^{-1} = A^{-1} \cdot A = I_n$

$$A \cdot A^{-1} = I_n$$

$$A_{2\times2} = \begin{bmatrix} 1 & -2 \\ 3 & 1 \end{bmatrix} \text{ e } A^{-1}_{2\times2} = \begin{bmatrix} a & b \\ c & d \end{bmatrix}$$

$$\begin{bmatrix} 1 & -2 \\ 3 & 1 \end{bmatrix} \cdot \begin{bmatrix} a & b \\ c & d \end{bmatrix} = \begin{bmatrix} 1 & 0 \\ 0 & 1 \end{bmatrix}$$

$$\begin{bmatrix} 1a - 2c & 1b - 2d \\ 3a + 1c & 3b + 1d \end{bmatrix} = \begin{bmatrix} 1 & 0 \\ 0 & 1 \end{bmatrix}$$

$$\begin{cases} 1a - 2c = 1 \\ 1b - 2d = 0 \\ 3a + 1c = 0 \\ 3b + 1d = 1 \end{cases} \quad \begin{cases} I \begin{cases} 1a - 2c = 1 \\ 3a + 1c = 0 \end{cases} \\ II \begin{cases} 1b - 2d = 0 \\ 3b + 1d = 1 \end{cases} \end{cases}$$

Resolvendo o sistema I:

$$I \begin{cases} 1a - 2c = 1 \\ 3a + 1c = 0\ (\cdot 2) \end{cases}$$

$$I \begin{cases} 1a - 2c = 1 \\ 6a + 2c = 0 \end{cases} + \text{(somando as equações)}$$

$$7a = 1$$

$$a = \frac{1}{7}$$

Substituindo-se a em uma das duas equações, temos:

$$3\left(\frac{1}{7}\right) + 1c = 0$$

$$\frac{3}{7} + 1c = 0$$

$$c = \frac{-3}{7}$$

Resolvendo o sistema II:

$$II\begin{cases} 1b - 2d = 0 \ (\cdot -3) \\ 3b + 1d = 1 \end{cases}$$

$$II\begin{cases} -3 + 6d = 0 \\ 3b + 1d = 1 \end{cases} \quad + \text{(somando as equações)}$$

$$7d = 1$$

$$d = \frac{1}{7}$$

Substituindo-se d em uma das duas equações, temos:

$$1b - 2\left(\frac{1}{7}\right) = 0$$

$$b - \frac{2}{7} = 0$$

$$b = \frac{2}{7}$$

$$a = \frac{1}{7};\ b = \frac{2}{7};\ c = \frac{-3}{7};\ d = \frac{1}{7}$$

Logo:

$$A^{-1}_{2\times 2} = \begin{bmatrix} \frac{1}{7} & \frac{2}{7} \\ \frac{-3}{7} & \frac{1}{7} \end{bmatrix}$$

MATEMÁTICA

8 DETERMINANTES

Determinante é um número real associado à matriz.

Só há determinante de matriz quadrada. Cada matriz apresenta um único determinante.

8.1 Cálculo dos determinantes

- **Determinante de uma matriz de ordem 1 ou de 1ª ordem:** se a matriz é de 1ª ordem, significa que ela tem apenas uma linha e uma coluna, portanto, só um elemento, que é o próprio determinante da matriz.

$A_{1\times1} = [13]$
Det A = 13
$B_{1\times1} = [-7]$
Det B = -7

- **Determinante de uma matriz de ordem 2 ou de 2ª ordem:** será calculado pela **subtração** do produto dos elementos da diagonal principal pelo produto dos elementos da diagonal secundária.

$$A_{2\times2} = \begin{bmatrix} 2 & 4 \\ 3 & 7 \end{bmatrix}$$

Det A = $(2 \cdot 7) - (4 \cdot 3)$
Det A = $(14) - (12)$
Det A = 2

$$B_{2\times2} = \begin{bmatrix} 6 & -4 \\ 8 & 9 \end{bmatrix}$$

Det B = $(6 \cdot 9) - (-1 \cdot 8)$
Det B = $(54) - (-8)$
Det B = 54 + 8
Det B = 62

- **Determinante de uma matriz de ordem 3 ou de 3ª ordem:** será calculado pela **Regra de Sarrus**, que consiste em:

1º passo: repetir as duas primeiras colunas ao lado da matriz.

2º passo: multiplicar os elementos da diagonal principal e das outras duas diagonais que seguem a mesma direção, e somá-los.

3º passo: multiplicar os elementos da diagonal secundária e das outras duas diagonais que seguem a mesma direção, e somá-los.

4º passo: o valor do determinante será dado pela subtração do resultado do 2º com o 3º passo.

$$A_{3\times3} = \left[\begin{array}{ccc|cc} 2 & 4 & 7 & 2 & 4 \\ 3 & 5 & 8 & 3 & 5 \\ 1 & 9 & 6 & 1 & 9 \end{array}\right] \qquad A_{3\times3} = \left[\begin{array}{ccc|cc} 2 & 4 & 7 & 2 & 4 \\ 3 & 5 & 8 & 3 & 5 \\ 1 & 9 & 6 & 1 & 9 \end{array}\right]$$

Det A = $(2 \cdot 5 \cdot 6 + 4 \cdot 8 \cdot 1 + 7 \cdot 3 \cdot 9) - (7 \cdot 5 \cdot 1 + 2 \cdot 8 \cdot 9 + 4 \cdot 3 \cdot 6)$
Det A = $(60 + 32 + 189) - (35 + 144 + 72)$
Det A = $(281) - (251)$
Det A = 30

Se estiver diante de uma matriz triangular ou matriz diagonal, o seu determinante será calculado pelo produto dos elementos da diagonal principal.

- **Matriz triangular**

$$A_{3\times3} = \left[\begin{array}{ccc|cc} 2 & 4 & 7 & 2 & 4 \\ 0 & 5 & 8 & 0 & 5 \\ 0 & 0 & 6 & 0 & 0 \end{array}\right] \qquad A_{3\times3} = \left[\begin{array}{ccc|cc} 2 & 4 & 7 & 2 & 4 \\ 0 & 5 & 8 & 0 & 5 \\ 0 & 0 & 6 & 0 & 0 \end{array}\right]$$

Det A = $(2 \cdot 5 \cdot 6 + 4 \cdot 8 \cdot 0 + 7 \cdot 0 \cdot 0) - (7 \cdot 5 \cdot 0 + 2 \cdot 8 \cdot 0 + 4 \cdot 0 \cdot 6)$
Det A = $(60 + 0 + 0) - (0 + 0 + 0)$
Det A = 60 (produto da diagonal principal = $2 \cdot 5 \cdot 6$)

- **Matriz diagonal**

$$B_{3\times3} = \left[\begin{array}{ccc|cc} 2 & 0 & 0 & 2 & 0 \\ 0 & 5 & 0 & 0 & 5 \\ 0 & 0 & 6 & 0 & 0 \end{array}\right] \qquad B_{3\times3} = \left[\begin{array}{ccc|cc} 2 & 0 & 0 & 2 & 0 \\ 0 & 5 & 0 & 0 & 5 \\ 0 & 0 & 6 & 0 & 0 \end{array}\right]$$

Det B = $(2 \cdot 5 \cdot 6 + 0 \cdot 0 \cdot 0 + 0 \cdot 0 \cdot 0) - (0 \cdot 5 \cdot 0 + 2 \cdot 0 \cdot 0 + 0 \cdot 0 \cdot 6)$
Det B = $(60 + 0 + 0) - (0 + 0 + 0)$
Det B = 60 (produto da diagonal principal = $2 \cdot 5 \cdot 6$)

- **Determinante de uma matriz de ordem superior a 3:** será calculado pela **Regra de Chió** ou pelo **Teorema de Laplace.**

- **Regra de Chió**

Escolha um elemento $a_{ij} = 1$.

Retire a linha (i) e a coluna (j) do elemento $a_{ij} = 1$, obtenha o menor complementar (D_{ij}) do referido elemento – uma nova matriz com uma ordem a menos.

Subtraia de cada elemento dessa nova matriz menor complementar (D_{ij}) o produto dos elementos que pertenciam a sua linha e coluna e que foram retirados, formando outra matriz.

Calcule o determinante dessa última matriz e multiplique por: (-1) i + j, sendo que i e j pertencem ao elemento $a_{ij} = 1$.

$$A_{3\times3} = \begin{bmatrix} 2 & 4 & 7 \\ 3 & 5 & 8 \\ 1 & 9 & 6 \end{bmatrix} \text{(I)}$$

$$\text{Det. } A_{3\times3} = \begin{bmatrix} 2 & 4 & 7 \\ 3 & 5 & 8 \\ 1 & 9 & 6 \end{bmatrix} = \begin{bmatrix} 4 & 7 \\ 5 & 8 \end{bmatrix} \text{(II)}$$

$$\text{Det. } A_{3\times3} = \begin{bmatrix} 2 & 4 & 7 \\ 3 & 5 & 8 \\ 1 & 9 & 6 \end{bmatrix} = \begin{bmatrix} 4 & 7 \\ 5 & 8 \end{bmatrix} \text{(II)}$$

$$\text{Det. } A_{3\times3} = \begin{bmatrix} 2 & 4 & 7 \\ 3 & 5 & 8 \\ 1 & 9 & 6 \end{bmatrix} = \begin{bmatrix} 4-(2 \cdot 9) & 7-(2 \cdot 6) \\ 5-(3 \cdot 9) & 8-(3 \cdot 6) \end{bmatrix} \text{(III)}$$

$$\text{Det. } A_{3\times3} = (-1)^{3+1} \cdot \begin{bmatrix} -14 & -5 \\ -22 & -10 \end{bmatrix} \text{(IV)}$$

Det. $A_{3\times3} = (-1)^{3+1} \cdot (1) \cdot (140 - 110)$

Det. A = 30

- **Teorema de Laplace**

Primeiramente, precisamos saber o que é um cofator. O cofator de um elemento a_{ij} de uma matriz é: $A_{ij} = (-1)i + j \cdot D_{ij}$.

No teorema, deve-se escolher uma linha ou coluna do determinante, calcular o cofator de cada elemento da fila e multiplicar cada elemento pelo seu respectivo cofator, sendo a soma dos produtos o determinante da matriz.

Escolha uma linha ou coluna qualquer do determinante:

$$A_{3\times3} = \begin{bmatrix} \mathbf{2} & 4 & 7 \\ \mathbf{3} & 5 & 8 \\ \mathbf{1} & 9 & 6 \end{bmatrix}$$

Calcule o cofator de cada elemento dessa fila:

$$a_{11} = A_{11} = (-1)^{1+1} \cdot \begin{bmatrix} 5 & 8 \\ 9 & 6 \end{bmatrix} = (1) \cdot (-42) = -42$$

$$a_{21} = A_{21} = (-1)^{2+1} \cdot \begin{bmatrix} 4 & 7 \\ 9 & 6 \end{bmatrix} = (1) \cdot (-39) = 39$$

$$a_{31} = A_{31} = (-1)^{3+1} \cdot \begin{bmatrix} 4 & 7 \\ 5 & 8 \end{bmatrix} = (1) \cdot (-3) = -3$$

Multiplique cada elemento da fila selecionada pelo seu respectivo cofator. O determinante da matriz será a soma desses produtos.

$\text{Det. } A_{3\times3} = a_{11} \cdot A_{11} + a_{21} \cdot A_{21} + a_{31} \cdot A_{31}$

$\text{Det. } A_{3\times3} = 2 \cdot (-42) + 3 \cdot 39 + 1 \cdot (-3)$

$\text{Det. } A_{3\times3} = (-84) + 117 + (-3)$

$\text{Det. } A_{3\times3} = 117 - 87$

$\text{Det } A = 30$

8.2 Propriedades dos determinantes

As propriedades dos determinantes servem para facilitar o cálculo do determinante, uma vez que, com elas, diminuímos nosso trabalho nas resoluções das questões de concursos.

- **Determinante de matriz transposta:** se **A** é uma matriz de ordem **n** e $\mathbf{A^t}$ sua transposta, então: $\text{Det. } A^t = \text{Det. } A$.

$$A_{2\times2} = \begin{bmatrix} 2 & 3 \\ 1 & 4 \end{bmatrix}$$

$\text{Det. } A = 2 \cdot 4 - 3 \cdot 1$

$\text{Det. } A = 8 - 3$

$\text{Det. } A = 5$

$$A^t_{2\times2} = \begin{bmatrix} 2 & 1 \\ 3 & 4 \end{bmatrix}$$

$\text{Det. } A^t = 2 \cdot 4 - 1 \cdot 3$

$\text{Det. } A^t = 8 - 3$

$\text{Det. } A^t = 5$

- **Determinante de uma matriz com fila nula:** se uma das filas (linha ou coluna) da matriz A for toda nula, então, Det. A = 0.

$$A_{2\times2} = \begin{bmatrix} 2 & 3 \\ 0 & 0 \end{bmatrix}$$

$\text{Det. } A = 2 \cdot 0 - 3 \cdot 0$

$\text{Det. } A = 0 - 0$

$\text{Det. } A = 0$

- **Determinante de uma matriz cuja fila foi multiplicada por uma constante:** se multiplicarmos uma fila (linha ou coluna) qualquer da matriz A por um número k, o determinante da nova matriz será k vezes o determinante de A.

Det. A' (k vezes uma fila de A) = k · Det. A

$$A_{2\times2} = \begin{bmatrix} 2 & 1 \\ 3 & 2 \end{bmatrix}$$

$\text{Det. } A = 2 \cdot 2 = 1 \cdot 3$

$\text{Det. } A = 4 - 3$

$\text{Det. } A = 1$

$$A'_{2\times2} = \begin{bmatrix} 4 & 2 \\ 3 & 2 \end{bmatrix} \cdot 2 \ (k = 2)$$

$\text{Det. } A' = 4 \cdot 2 - 2 \cdot 3$

$\text{Det. } A' = 8 - 6$

$\text{Det. } A' = 2$

$\text{Det. } A' = k \cdot \text{Det. } A$

$\text{Det. } A' = 2 \cdot 1$

$\text{Det. } A' = 2$

- **Determinante de uma matriz multiplicada por uma constante:** se multiplicarmos toda uma matriz A de ordem n por um número k, o determinante da nova matriz será o produto (multiplicação) de k^n pelo determinante de A.

Det (k · A) = kⁿ · Det. A

$$A_{2\times2} = \begin{bmatrix} 2 & 1 \\ 4 & 3 \end{bmatrix}$$

$\text{Det. } A = 2 \cdot 3 = 1 \cdot 4$

$\text{Det. } A = 6 - 4$

$\text{Det. } A = 2$

$$3 \cdot A_{2\times2} = \begin{bmatrix} 6 & 3 \\ 12 & 9 \end{bmatrix}$$

$\text{Det. } 3A = 6 \cdot 9 - 3 \cdot 12$

$\text{Det. } 3A = 54 - 36$

$\text{Det. } 3A = 18$

$\text{Det } (k \cdot A) = kn \cdot \text{Det. } A$

$\text{Det } (3 \cdot A) = 3^2 \cdot 2$

$\text{Det } (3 \cdot A) = 9 \cdot 2$

$\text{Det } (3 \cdot A) = 18$

- **Determinante de uma matriz com filas paralelas iguais:** se uma matriz A de ordem $n \geq 2$ tem duas filas paralelas com os elementos respectivamente iguais, então: Det. A = 0.

$$A_{2\times2} = \begin{bmatrix} 2 & 3 \\ 2 & 3 \end{bmatrix}$$

$\text{Det. } A = 2 \cdot 3 - 3 \cdot 2$

$\text{Det. } A = 6 - 6$

$\text{Det. } A = 0$

- **Determinante de uma matriz com filas paralelas proporcionais:** se uma matriz A de ordem $n \geq 2$ tem duas filas paralelas com os elementos respectivamente proporcionais, então, Det. A = 0.

$$A_{2\times2} = \begin{bmatrix} 3 & 6 \\ 4 & 8 \end{bmatrix}$$

Det. A = 3 · 8 – 6 · 4
Det. A = 24 – 24
Det. A = 0

- **Determinante de uma matriz com troca de filas paralelas**: se em uma matriz A de ordem n ≥ 2 trocarmos de posição duas filas paralelas, obteremos uma nova matriz B, tal que: **Det. A = - Det. B.**

$$A_{2x2} = \begin{bmatrix} 5 & 4 \\ 2 & 3 \end{bmatrix}$$

Det. A = 5 · 3 – 2 · 4
Det. A = 15 – 8
Det. A = 7

$$B_{2x2} = \begin{bmatrix} 4 & 5 \\ 3 & 2 \end{bmatrix}$$

Det. B = 4 · 2 – 5 · 3
Det. B = 8 – 15
Det. B = –7
Det. A = – Det. B
Det. A = – (–7)
Det. A = 7

- **Determinante do produto de matrizes:** se A e B são matrizes quadradas de ordem n, então: Det. (A · B) = Det. A · Det. B.

$$A_{2x2} = \begin{bmatrix} 1 & 2 \\ 2 & 3 \end{bmatrix}$$

Det. A = 1 · 3 – 2 · 2
Det. A = 3 – 4
Det. A = –1

$$A_{2x2} = \begin{bmatrix} 2 & 5 \\ 3 & 4 \end{bmatrix}$$

Det. B = 2 · 4 – 5 · 3
Det. B = 8 – 15
Det. B = –7

$$A \cdot B_{2x2} = \begin{bmatrix} 8 & 13 \\ 13 & 22 \end{bmatrix}$$

Det. (A · B) = 8 · 22 – 13 · 13
Det. (A · B) = 176 – 169
Det. (A · B) = 7
Det. (A · B) = Det. A · Det. B
Det. (A · B) = (–1) · (–7)
Det. (A · B) = 7

- **Determinante de uma matriz triangular:** o determinante é igual ao produto dos elementos da diagonal principal.

- **Determinante de uma matriz inversa:** seja B a matriz inversa de A, então, a relação entre os determinantes de B e A é dado por:

$$Det(B) = \frac{1}{Det(A)}$$

$$A_{2x2} = \begin{bmatrix} 1 & -2 \\ 3 & 1 \end{bmatrix}$$

Det. A = 1 · 1 – (–2 · 3)
Det. A = 1 + 6
Det. A = 7

$$B = A^{-1}_{2x2} = \begin{bmatrix} \frac{1}{7} & \frac{2}{7} \\ -\frac{3}{7} & \frac{1}{7} \end{bmatrix}$$

$$Det. B = (\frac{1}{7} \cdot \frac{1}{7}) - (\frac{2}{7} \cdot -\frac{3}{7})$$

$$Det. B = \frac{1}{49} + \frac{6}{49}$$

$$Det. B = \frac{7}{49}$$

$$Det. B = \frac{1}{7}$$

$$Det. B = \frac{1}{Det (A)}$$

$$Det. B = \frac{1}{7}$$

9 SISTEMAS LINEARES

Equação linear: é toda equação do 1º grau com uma ou mais incógnitas.

Sistema linear: é o conjunto de equações lineares.

Equação: $2x + 3y = 7$

Sistema: $\begin{cases} 2x + 3y = 7 \\ 4x - 5y = 3 \end{cases}$

Equação: $x + 2y + z = 8$

Sistema: $\begin{cases} x + y - z = 4 \\ 2x - y = z = 5 \\ x + 2y + z = 8 \end{cases}$

9.1 Representação de um sistema linear em forma de matriz

Todo sistema linear pode ser escrito na forma de uma matriz.

Esse conteúdo será importante mais adiante para a resolução dos sistemas.

$\begin{cases} 2x + 3y = 7 \\ 4x - 5y = 3 \end{cases}$

Forma de matriz

$$\begin{bmatrix} 2\text{ (coeficiente de x)} & 3\text{ (coeficiente de y)} \\ 4\text{ (coeficiente de x)} & -5\text{ (coeficiente de y)} \end{bmatrix} \cdot \begin{bmatrix} x \\ y \end{bmatrix} = \begin{bmatrix} 7 \\ 3 \end{bmatrix}$$

↓ Termos independentes

Matriz incompleta

$$\begin{bmatrix} 2 & 3 \\ 4 & -5 \end{bmatrix}$$

Matriz de x

$$\begin{bmatrix} \mathbf{7} & 3 \\ \mathbf{3} & -5 \end{bmatrix}$$

Substituem-se os coeficientes de x pelos termos independentes.

Matriz de y

$$\begin{bmatrix} 2 & \mathbf{7} \\ 4 & \mathbf{3} \end{bmatrix}$$

Substituem-se os coeficientes de y pelos termos independentes.

9.2 Resolução de um sistema linear

Resolvem-se os sistemas pelo método dos determinantes, também conhecido como **Regra de Cramer.**

Fique ligado

A Regra de Cramer só é possível quando o número de variáveis for igual ao número de equações.

Na regra, o valor das variáveis será calculado dividindo o **determinante da matriz da variável** pelo **determinante da matriz incompleta**, do sistema.

Então:

O valor de x é dado por:

$$x = \frac{\text{determinante de matriz de x}}{\text{determinante da matriz incompleta}}$$

O valor de y é dado por:

$$y = \frac{\text{determinante de matriz de y}}{\text{determinante da matriz incompleta}}$$

O valor de z é dado por:

$$z = \frac{\text{determinante de matriz de z}}{\text{determinante da matriz incompleta}}$$

Se o determinante da matriz incompleta for diferente de zero (Det. In. ≠ 0), teremos sempre um sistema possível e determinado.

Se o determinante da matriz incompleta for igual a zero (Det. In. = 0), temos duas situações:

- 1ª: se os determinantes de todas as matrizes das variáveis também forem iguais a zero (Det. X = 0 e Det. Y = 0 e Det. Z = 0), teremos um sistema possível e indeterminado.
- 2ª: se o determinante de, pelo menos, uma das matrizes das variáveis for diferente de zero (Det. · ≠ 0 ou Det. Y ≠ 0 ou Det. Z ≠ 0), teremos um sistema impossível.

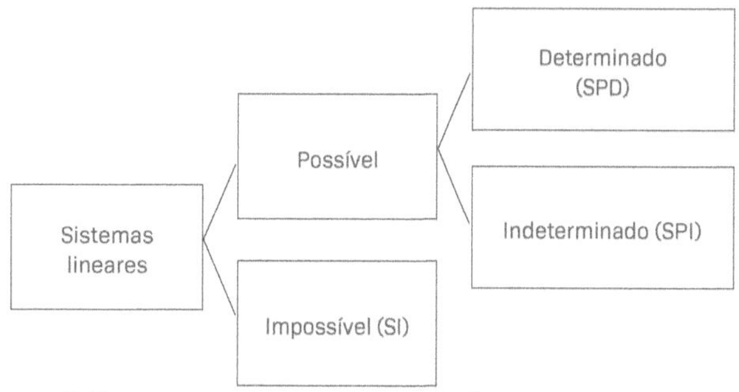

- **SPD:** sistema possível e determinado (quando Det. In. ≠ 0).
- **SPI:** sistema possível e indeterminado (quando Det. In. = 0, e Det. X = 0 e Det. Y = 0 e Det. Z = 0).
- **SI:** sistema impossível (quando Det. In. = 0, e Det. X ≠ 0 ou Det. Y ≠ 0 ou Det. Z ≠ 0).

$\begin{cases} x + y - z = 4 \\ 2x - y + z = 5 \\ x + 2y + z = 8 \end{cases}$

Matriz incompleta: $\begin{bmatrix} 1 & 1 & -1 \\ 2 & -1 & 1 \\ 1 & 2 & 1 \end{bmatrix}$ det. In. = -9

Matriz de X: $\begin{bmatrix} 4 & 1 & -1 \\ 5 & -1 & 1 \\ 8 & 2 & 1 \end{bmatrix}$ det. X = -27

Matriz de Y: $\begin{bmatrix} 1 & 4 & -1 \\ 2 & 5 & 1 \\ 1 & 8 & 1 \end{bmatrix}$ det. Y = -18

Matriz de Z: $\begin{bmatrix} 1 & 1 & 4 \\ 2 & -1 & 5 \\ 1 & 2 & 8 \end{bmatrix}$ det. Z = -9

Valor de x é: $x = \frac{-27}{-9} = 3$

Valor de y é: $y = \frac{-18}{-9} = 2$

Valor de z é: $z = \frac{-9}{-9} = 1$

Solução: x= 3, y = 2 e z = 1

10 GEOMETRIA PLANA

- **Ceviana:** são segmentos de reta que partem do vértice do triângulo para o lado oposto.
- **Mediana:** é o segmento de reta que liga um vértice deste triângulo ao ponto médio do lado oposto a este vértice. As medianas se encontram em um ponto chamado de baricentro.
- **Altura:** altura de um triângulo é um segmento de reta perpendicular a um lado do triângulo ou ao seu prolongamento, traçado pelo vértice oposto. As alturas se encontram em um ponto chamado ortocentro.
- **Bissetriz:** é o lugar geométrico dos pontos que equidistam de duas retas concorrentes e, por consequência, divide um ângulo em dois ângulos congruentes. As bissetrizes se encontram em um ponto chamado incentro.
- **Mediatrizes:** são retas perpendiculares a cada um dos lados de um triângulo. As mediatrizes se encontram em um ponto chamado circuncentro.

10.1 Semelhanças de figuras

Duas figuras (formas geométricas) são semelhantes quando satisfazem a duas condições: os seus ângulos têm o mesmo tamanho e os lados correspondentes são proporcionais.

Nos triângulos existem alguns casos de semelhanças bem conhecidos:

- **1º caso**: LAL (lado, ângulo, lado): dois lados congruentes e o ângulo entre esses lados também congruentes.

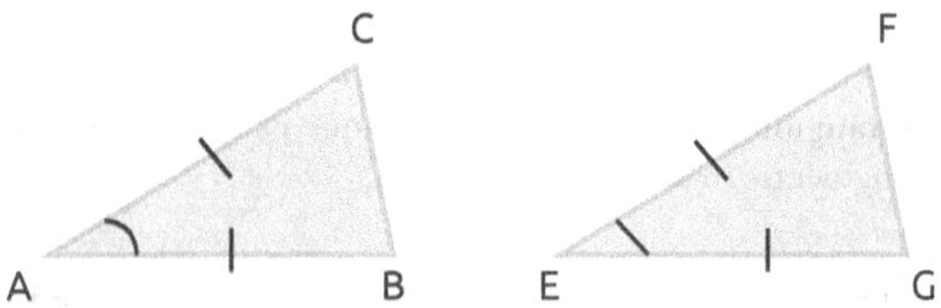

- **2º caso**: LLL (lado, lado, lado): os três lados congruentes.

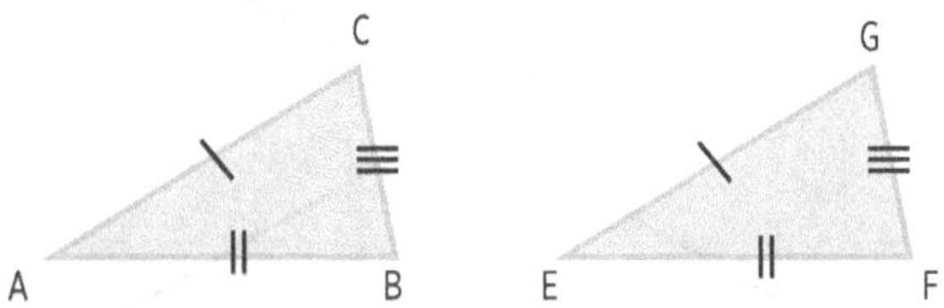

- **3º caso:** ALA (ângulo, lado, ângulo): dois ângulos congruentes e o lado entre esses ângulos também congruentes.

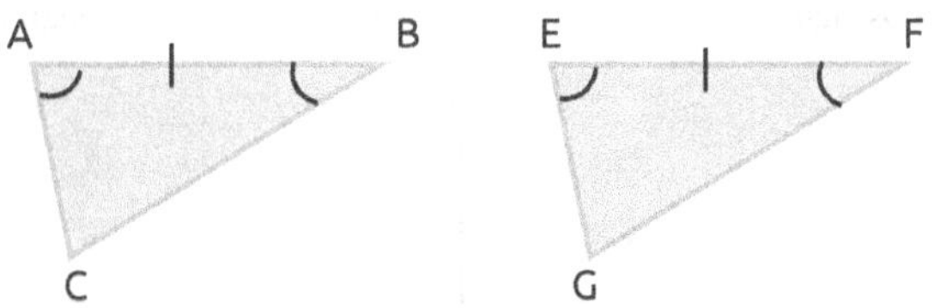

- **4º caso:** LAAo (lado, ângulo, ângulo oposto): congruência do ângulo adjacente ao lado, e congruência do ângulo oposto ao lado.

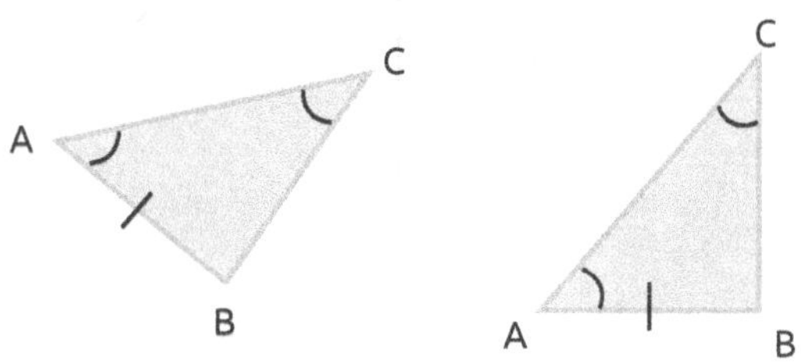

10.2 Relações métricas nos triângulos

10.2.1 Triângulo retângulo e suas relações métricas

Denomina-se triângulo retângulo o triângulo que tem um de seus ângulos retos, ou seja, um de seus ângulos mede 90°. O triângulo retângulo é formado por uma hipotenusa e dois catetos, a hipotenusa é o lado maior, o lado aposto ao ângulo de 90°, e os outros dois lados são os catetos.

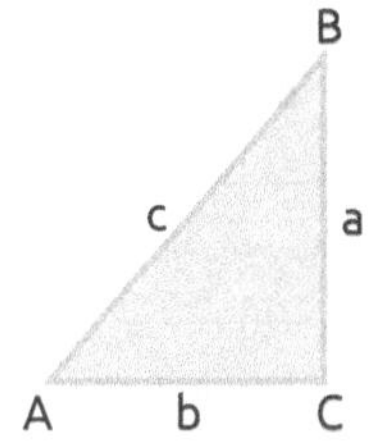

Na figura, podemos observar o triângulo retângulo de vértices A, B e C, e lados a, b e c. Como o ângulo de 90° está no vértice C, então a hipotenusa do triângulo é o lado c, e os catetos são os lados a e b.

Assim, podemos separar um triângulo em dois triângulos semelhantes:

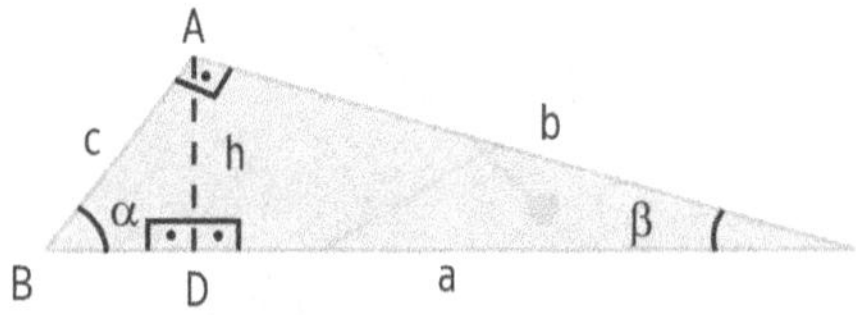

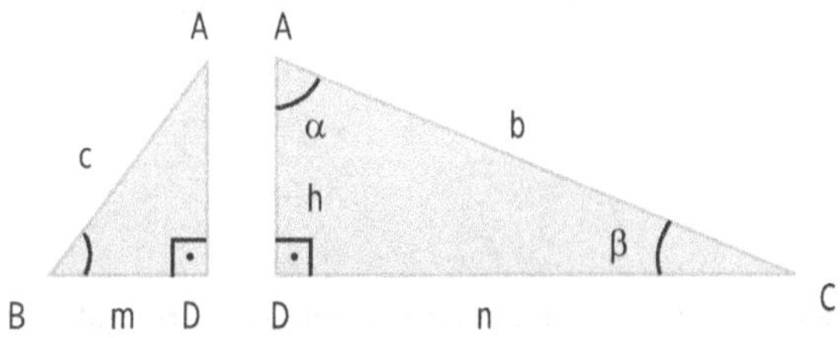

Neste segundo triângulo, podemos observar uma perpendicular à hipotenusa até o vértice A; essa é a altura h do triângulo, separando a hipotenusa em dois segmentos, o segmento m e o segmento n, separando esses dois triângulos obtemos dois triângulos retângulos, o triângulo ΔABD e ΔADC. Como os ângulos dos três triângulos são congruentes, então podemos dizer que os triângulos são semelhantes.

Com essa semelhança, ganhamos algumas relações métricas entre os triângulos:

$$\frac{c}{a} = \frac{m}{c} \Rightarrow c^2 = am$$

$$\frac{c}{a} = \frac{h}{b} \Rightarrow cb = ah$$

$$\frac{b}{a} = \frac{n}{b} \Rightarrow b^2 = an$$

$$\frac{h}{m} = \frac{n}{h} \Rightarrow h^2 = mn$$

Da primeira e da terceira equação, obtemos:

$c^2 + b^2 = am + an = a\,(m + n)$.

Como vimos na figura que m+n=a, então temos:

$c^2 + b^2 = aa = a^2$

ou seja, trata-se do Teorema de Pitágoras.

10.2.2 Lei dos cossenos

Para um triângulo qualquer demonstra-se que:

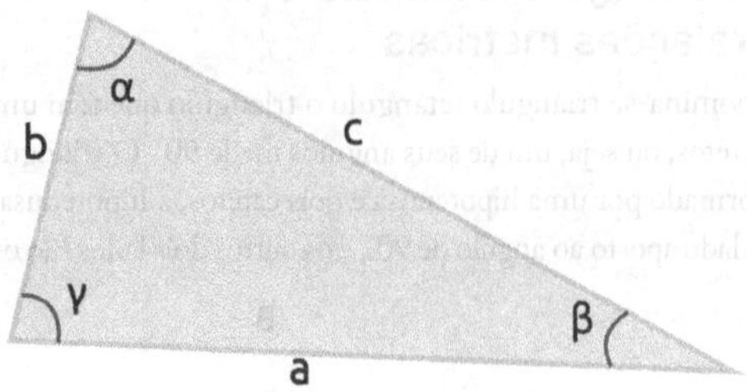

$$a^2 = b^2 + c^2 - 2 \cdot b \cdot c \cdot \cos\alpha$$

Note que o lado a do triângulo é oposto ao cosseno do ângulo α.

10.2.3 Lei dos senos

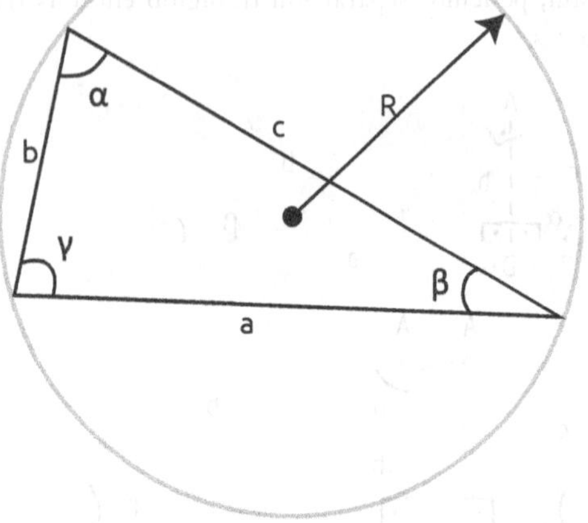

R é o raio da circunferência circunscrita a esse triângulo.

Neste caso, valem as seguintes relações, conforme a lei dos senos:

$$\frac{a}{\operatorname{sen}\alpha} = \frac{b}{\operatorname{sen}\beta} = \frac{c}{\operatorname{sen}\gamma} = 2R$$

10.3 Quadriláteros

Quadrilátero é um polígono de quatro lados. Eles possuem os seguintes elementos:

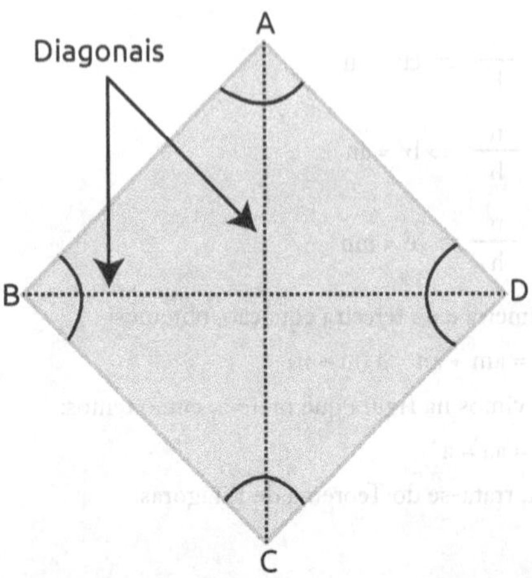

Vértices: A, B, C, e D.

Lados: AB, BC, CD, DA.

Diagonais: AC e BD.

Ângulos internos ou ângulos do quadrilátero ABCD: $\hat{A}, \hat{B}, \hat{C}, \hat{D}$.

Todo quadrilátero tem duas diagonais.

O perímetro de um quadrilátero ABCD é a soma das medidas de seus lados, ou seja, AB + BC + CD + DA.

10.3.1 Quadriláteros importantes

▷ **Paralelogramo:** é o quadrilátero que tem os lados opostos paralelos.

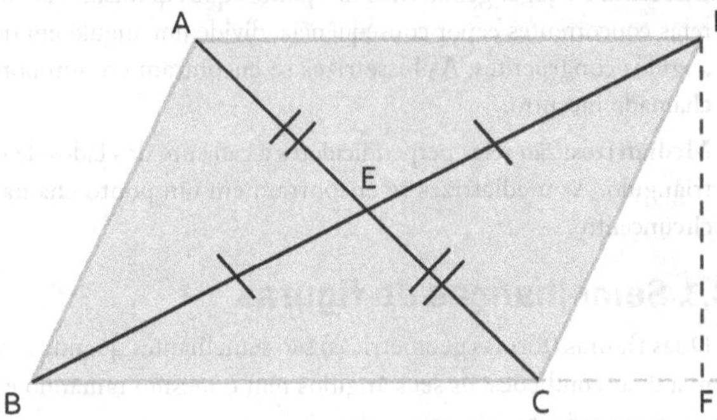

h é a altura do paralelogramo.

Em um paralelogramo:

- Os lados opostos são congruentes.
- Cada diagonal o divide em dois triângulos congruentes.
- Os ângulos opostos são congruentes.
- As diagonais interceptam-se em seu ponto médio.

▷ **Retângulo:** é o paralelogramo em que os quatro ângulos são congruentes (retos).

▷ **Losango**: é o paralelogramo em que os quatro lados são congruentes.

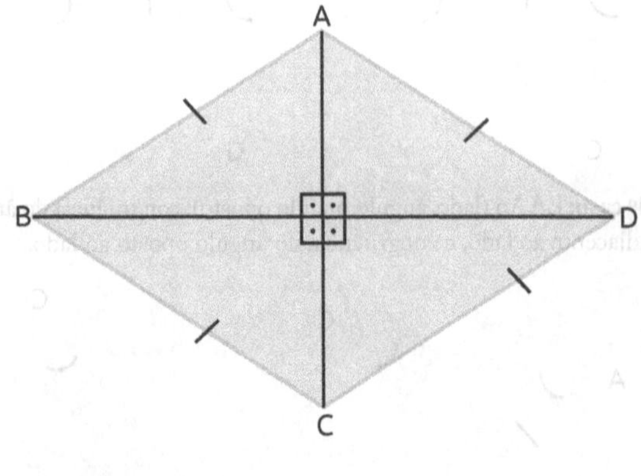

- **Quadrado**: é o paralelogramo em que os quatro lados e os quatro ângulos são congruentes.

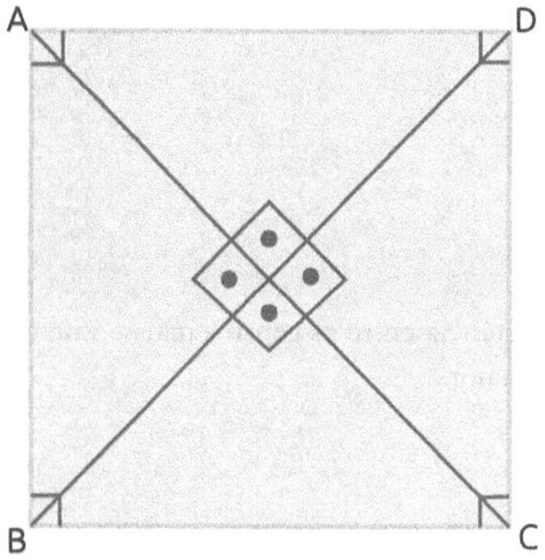

- **Trapézio:** é o quadrilátero que apresenta somente dois lados paralelos chamados bases.

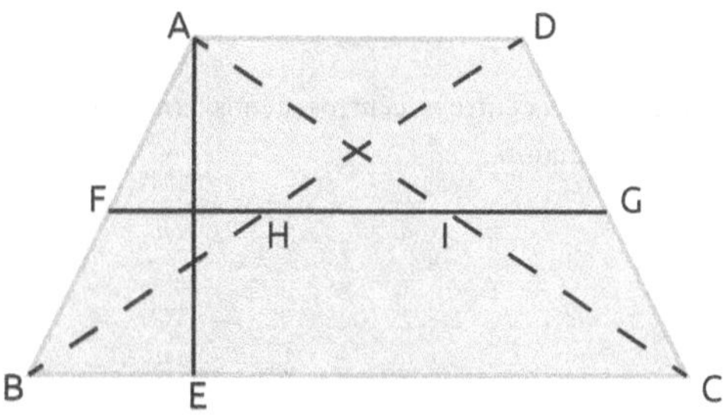

  - **Trapézio retângulo:** é aquele que apresenta dois ângulos retos.

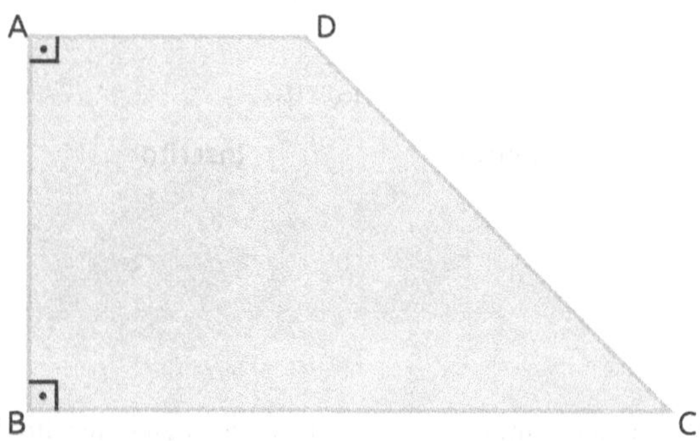

  - **Trapézio isósceles:** é aquele em que os lados não paralelos são congruentes.

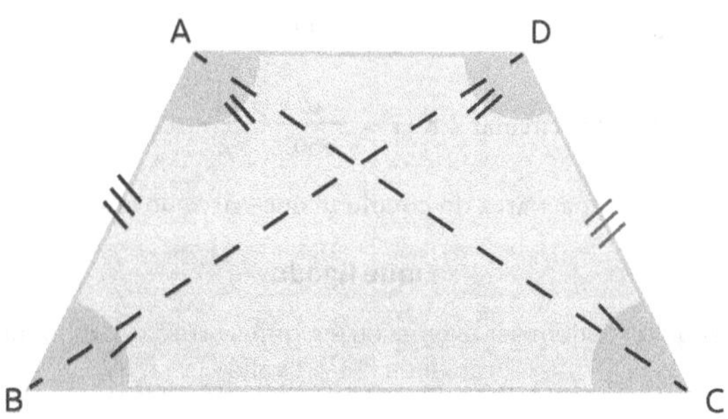

10.4 Polígonos regulares

Um polígono é regular se todos os seus lados e todos os seus ângulos forem congruentes.

Os nomes dos polígonos dependem do critério que se utiliza para classificá-los. Usando **o número de ângulos** ou o **número de lados,** tem-se a seguinte nomenclatura:

Número de lados (ou ângulos)	Nome do Polígono	
	Em função do número de ângulos	Em função do número de lados
3	triângulo	trilátero
4	quadrângulo	quadrilátero
5	pentágono	pentalátero
6	hexágono	hexalátero
7	heptágono	heptalátero
8	octógono	octolátero
9	eneágono	enealátero
10	decágono	decalátero
11	undecágono	undecalátero
12	dodecágono	dodecalátero
15	pentadecágono	pentadecalátero
20	icoságono	icosalátero

Nos polígonos regulares cada ângulo externo é dado por:

$$e = \frac{360°}{n}$$

A soma dos ângulos internos é dada por:

$$S_i = 180 \cdot (n - 2)$$

E cada ângulo interno é dado por:

$$i = \frac{180\,(n-2)}{n}$$

10.4.1 Diagonais de um polígono

O segmento que liga dois vértices não consecutivos de polígono é chamado de diagonal.

O número de diagonais de um polígono é dado pela fórmula:

$$d = \frac{n \cdot (n-3)}{2}$$

10.5 Círculos e circunferências

10.5.1 Círculo

É a área interna a uma circunferência.

10.5.2 Circunferência

É o contorno do círculo. Por definição, é o lugar geométrico dos pontos equidistantes ao centro.

A distância entre o centro e o lado é o raio.

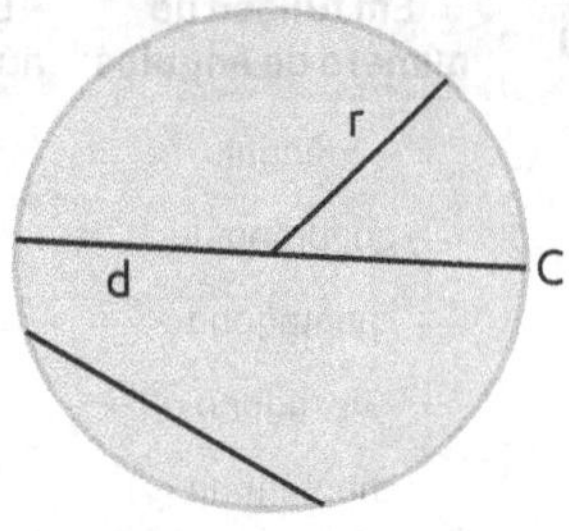

Corda

É o seguimento que liga dois pontos da circunferência.

A maior corda, ou corda maior de uma circunferência, é o diâmetro. Também dizemos que a corda que passa pelo centro é o diâmetro.

Posição relativa entre reta e circunferência

Uma reta é:

- **Secante:** distância entre a reta e o centro da circunferência é menor que o raio.
- **Tangente:** a distância entre a reta e o centro da circunferência é igual ao raio.
- **Externa:** a distância entre a reta e o centro da circunferência é maior que o raio.

Posição relativa entre circunferência

As posições relativas entre circunferência são basicamente 5:

▹ **Circunferência secante:** a distância entre os centros é menor que a soma dos raios das duas, porém, é maior que o raio de cada uma.

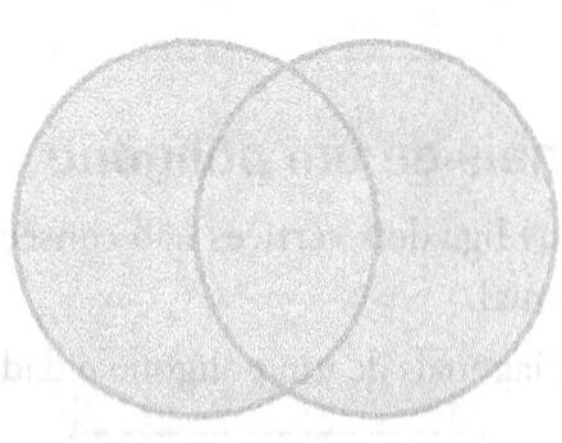

▹ **Externo:** a distância entre os centros é maior que a soma do raio.

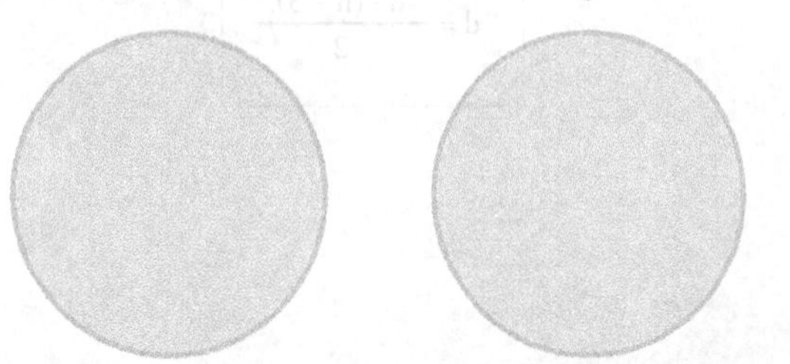

▹ **Tangente:** distância entre os centros é igual à soma dos raios.

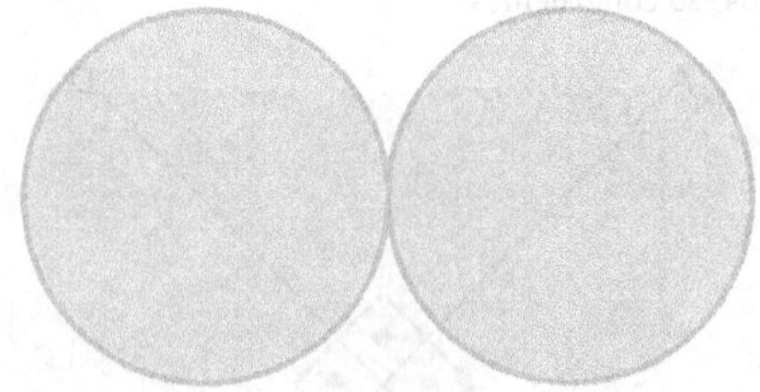

▹ **Interna:** distância entre os centros mais o raio da menor é igual ao raio da maior.

▹ **Interior:** distância entre os centros menos o raio da menor é menor que o raio da maior.

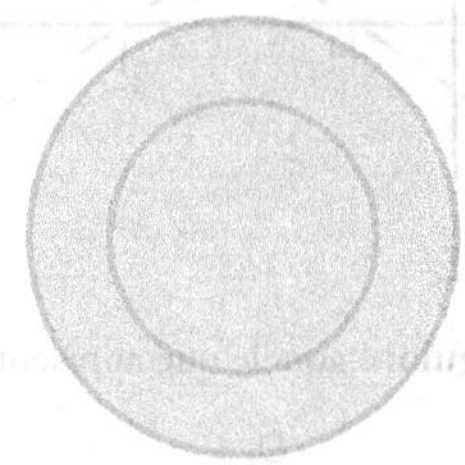

Ângulo central e ângulo inscrito

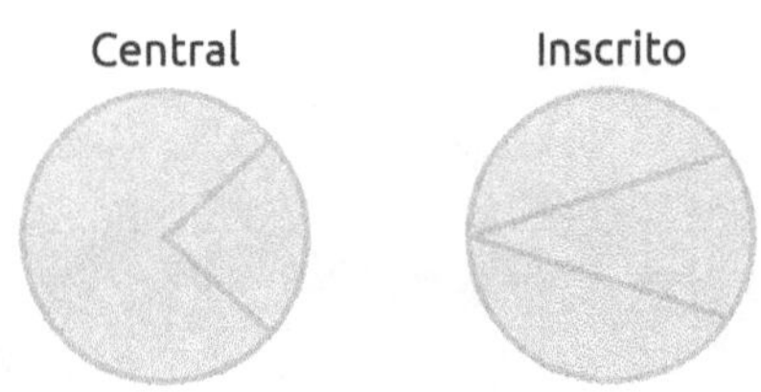

Um ângulo central sempre é o dobro do ângulo inscrito de um mesmo arco.

As áreas de círculos e partes do círculo são:

$$\text{Área do círculo} = \pi \cdot r^2 = \frac{1}{4}\pi \cdot D^2$$

$$\text{Área do setor circular} = \pi \cdot r^2 = \frac{\alpha}{360°} = \frac{1}{2}\alpha \cdot r^2$$

Área da coroa = área do círculo maior – área do círculo menor

Fique ligado
Os ângulos podem ser expressos em graus (360° = 1 volta) ou em radianos (2π = 1 volta)

10.6 Polígonos regulares inscritos e circunscritos

As principais relações entre a circunferência e os polígonos são:

- Qualquer polígono regular é inscritível em uma circunferência.

- Qualquer polígono regular e circunscritível a uma circunferência.

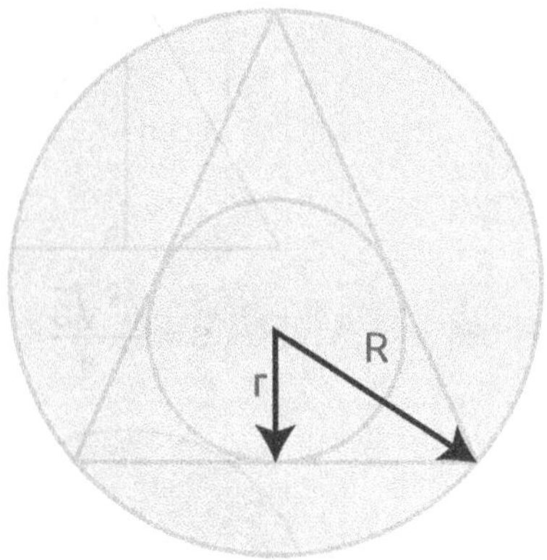

Polígono circunscrito a uma circunferência é o que possui seus lados tangentes à circunferência. Ao mesmo tempo, dizemos que esta circunferência está inscrita no polígono.

Um polígono é inscrito em uma circunferência se cada vértice do polígono for um ponto da circunferência, e neste caso dizemos que a circunferência é circunscrita ao polígono.

Da inscrição e circunscrição dos polígonos nas circunferências podem-se ter as seguintes relações:

Apótema de um polígono regular é a distância do centro a qualquer lado. Ele é sempre perpendicular ao lado.

Nos polígonos inscritos:

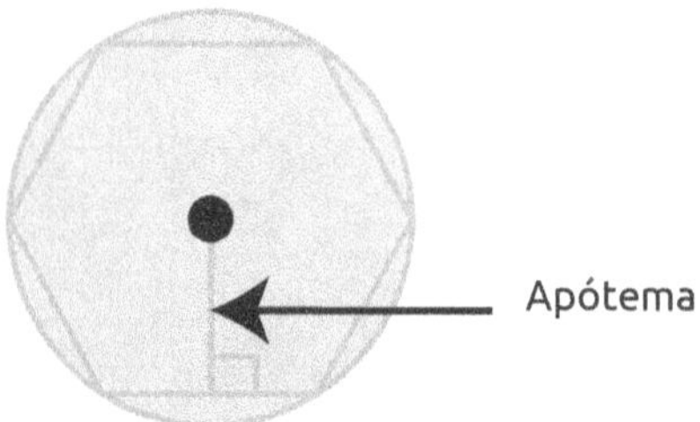

10.6.1 No quadrado

Cálculo da medida do lado (L):

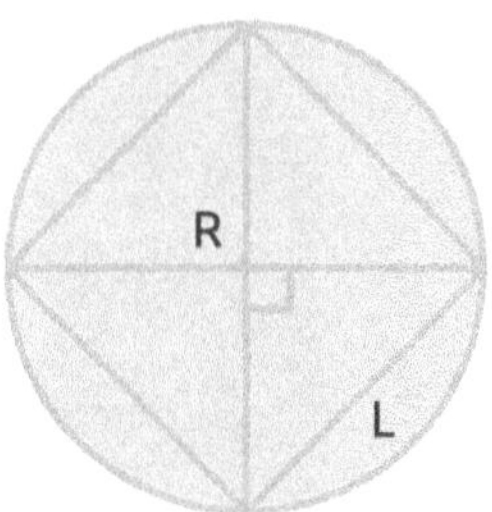

$$L = R\sqrt{2}$$

Cálculo da medida do apótema (a):

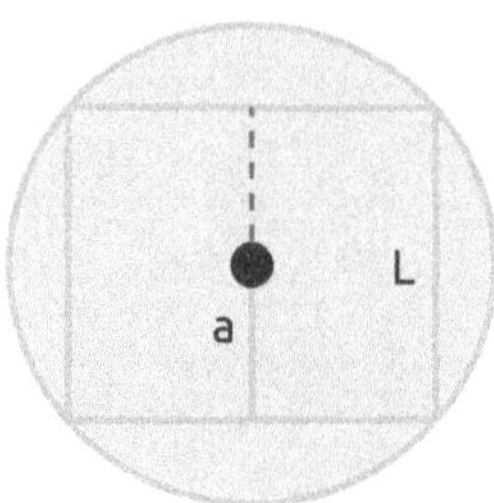

$$a = \frac{R\sqrt{2}}{2}$$

10.6.2 No hexágono

Cálculo da medida do lado (L):

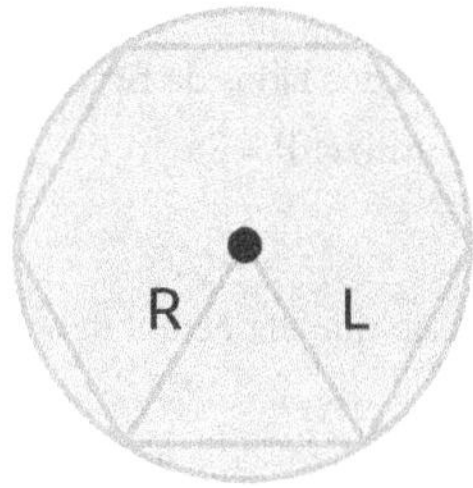

$$L = R$$

Cálculo da medida do apótema (a):

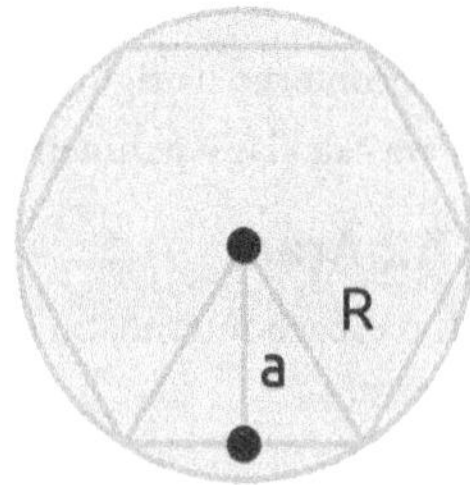

$$a = \frac{R\sqrt{3}}{2}$$

10.6.3 No triângulo equilátero

Nos polígonos circunscritos:

Cálculo da medida do lado (L):

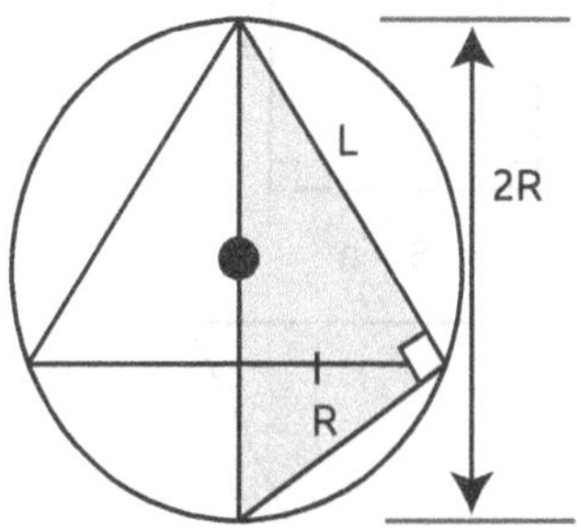

$$L = R\sqrt{3}$$

Cálculo da medida do apótema (a):

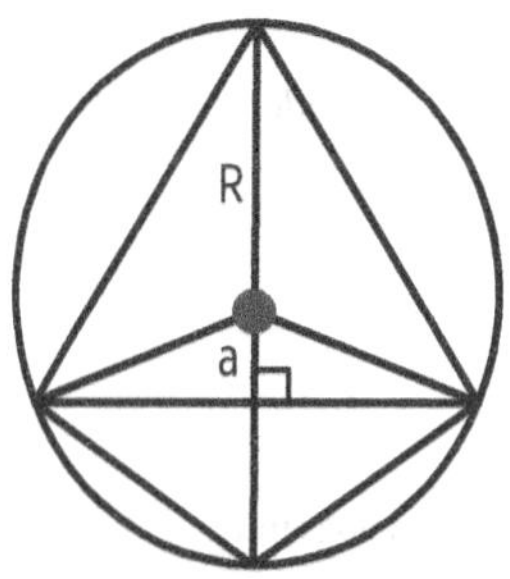

$$a = \frac{R}{2}$$

10.6.4 No quadrado

Cálculo da medida do lado (L):

$$L = 2R$$

Cálculo da medida do apótema (a):

$$a = R$$

10.6.5 No hexágono

Cálculo da medida do lado (L):

$$L = \frac{2R\sqrt{3}}{3}$$

Cálculo da medida do apótema (a):

$$a = R$$

10.6.6 No triângulo equilátero

Cálculo da medida do lado (L):

$$L = 2R\sqrt{3}$$

Cálculo da medida do apótema (a):

$$a = R$$

10.7 Perímetros e áreas dos polígonos e círculos

10.7.1 Perímetro

É o contorno da figura, ou seja, a soma dos lados da figura.

Para calcular o perímetro do círculo utilize: $P = 2\pi \cdot r$

10.7.2 Área

É o espaço interno, ou seja, a extensão que ela ocupa dentro do perímetro.

Principais áreas (S) de polígonos

Retângulo

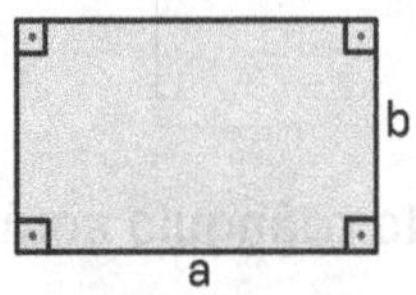

$$S = a \cdot b$$

Quadrado

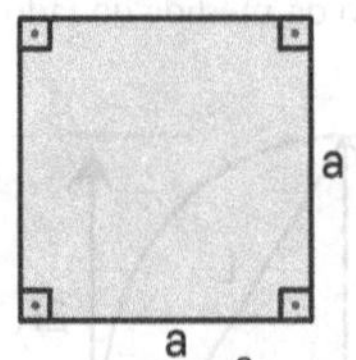

$$S = a^2$$

Paralelogramo

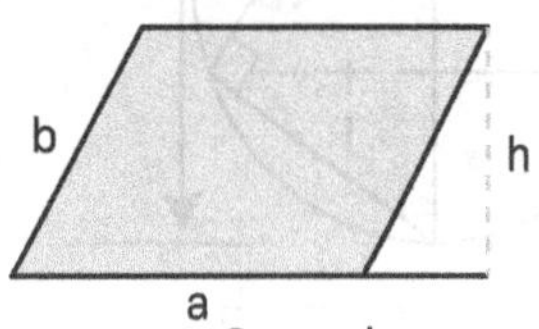

$$S = a \cdot h$$

Losango

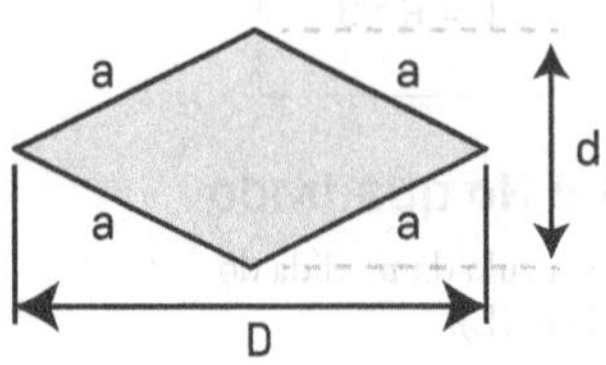

$$S = \frac{D \cdot d}{2}$$

Trapézio

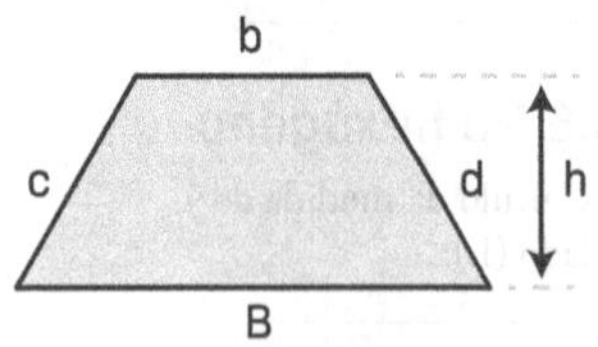

$$S = \frac{(B + b) \cdot h}{2}$$

Triângulo

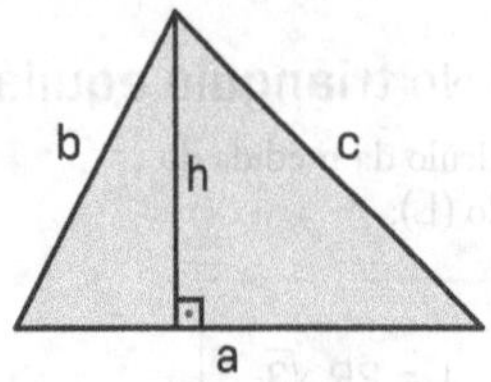

$$S = \frac{a \cdot h}{2}$$

Triângulo equilátero

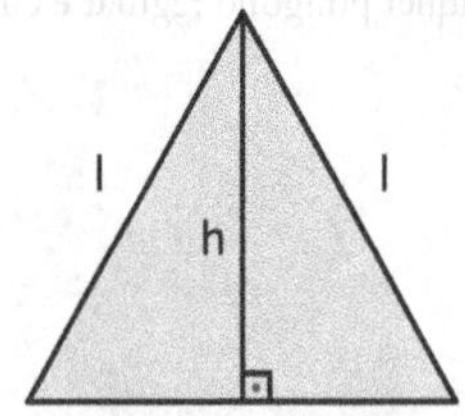

$$S = \frac{l^2\sqrt{3}}{4}$$

Círculo

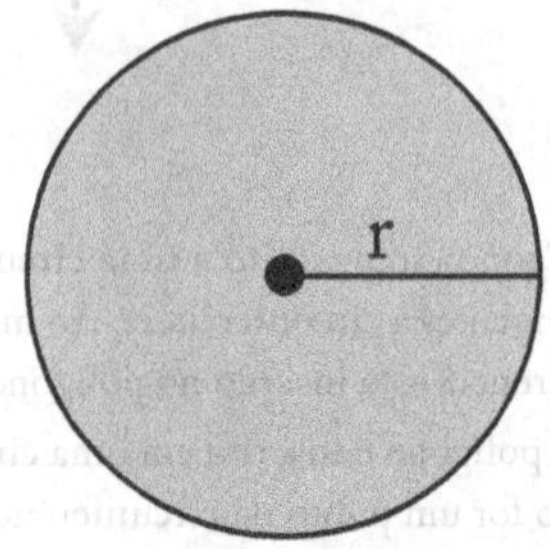

$$S = \pi \cdot r^2$$

11 GEOMETRIA ESPACIAL

Neste capítulo, serão abordados os principais conceitos de geometria espacial e suas aplicações.

11.1 Retas e planos

A reta é infinita, ou seja, contém infinitos pontos.

Por um ponto, podem ser traçadas infinitas retas.

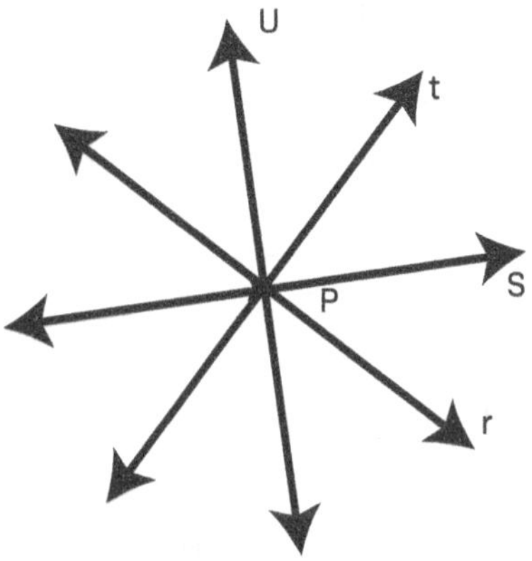

Por dois pontos distintos, passa uma única reta.

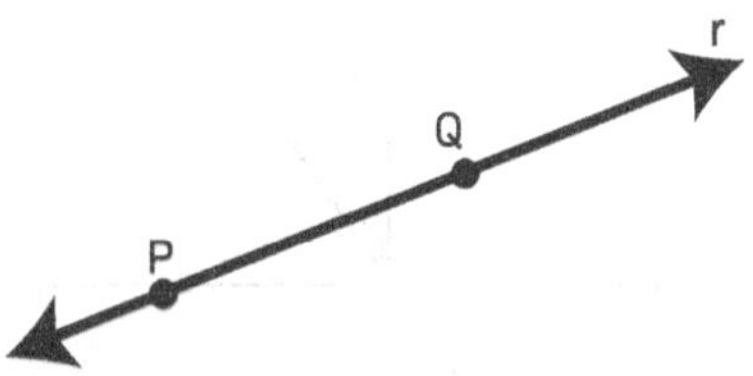

Um ponto qualquer de uma reta divide-a em duas semirretas.

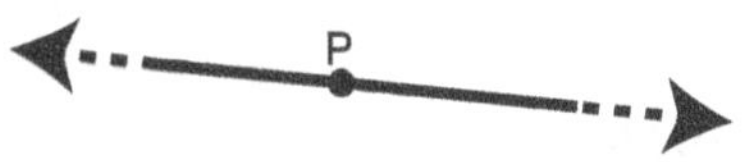

Por três pontos não colineares, passa um único plano.

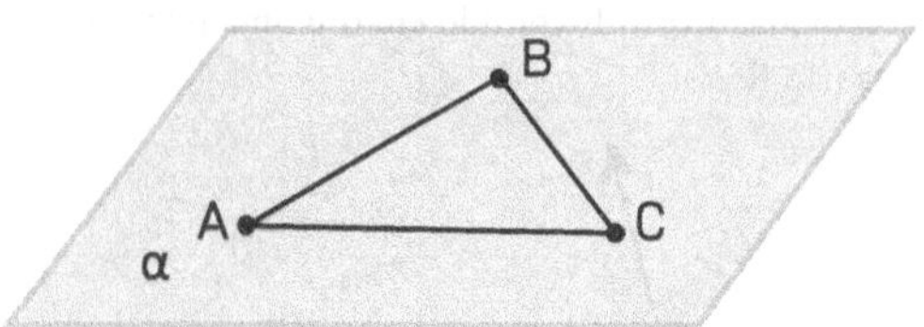

Por uma reta, pode ser traçada uma infinidade de planos.

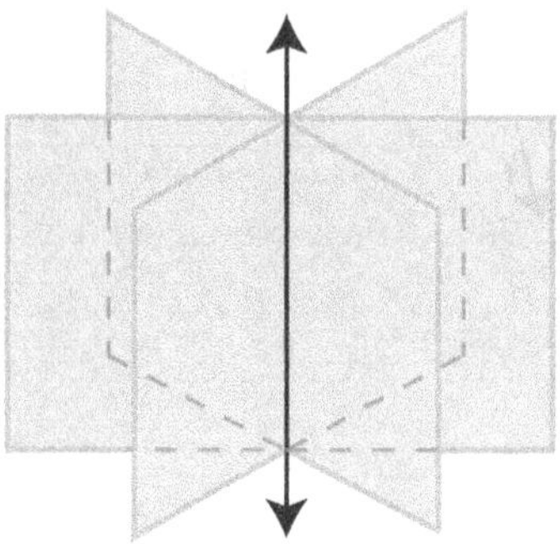

11.1.1 Posições relativas de duas retas

No espaço, duas retas distintas podem ser concorrentes, paralelas ou reversas:

Concorrentes

$r \cap s = \{ P \}$

$r \subset \alpha$

$s \subset \alpha$

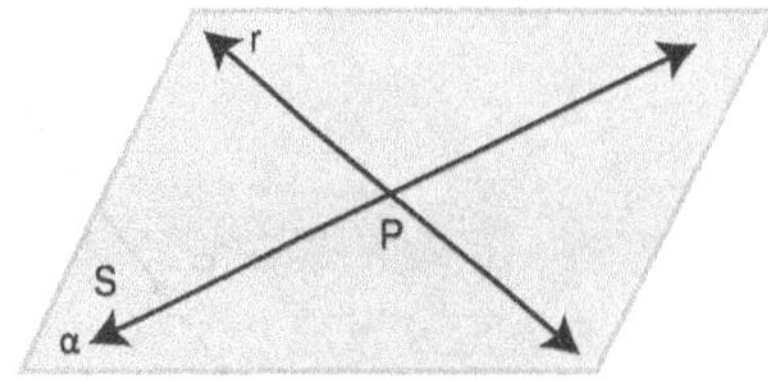

Paralelas

$r \cap s = \{ \}$

$r \subset \alpha$

$s \subset \alpha$

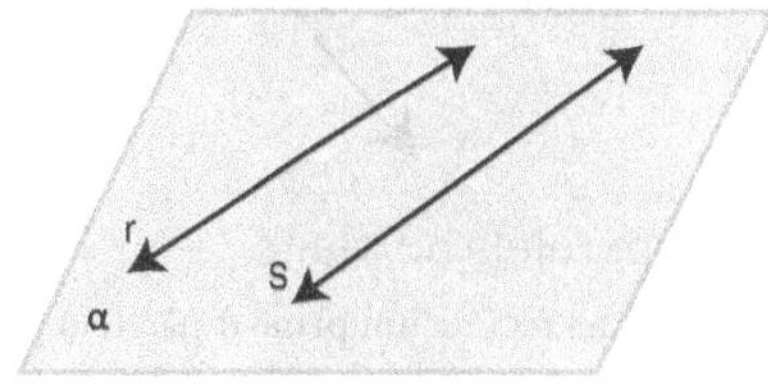

Concorrentes

$r \cap s = \{ \}$

Não existe plano que contenha r e s simultaneamente

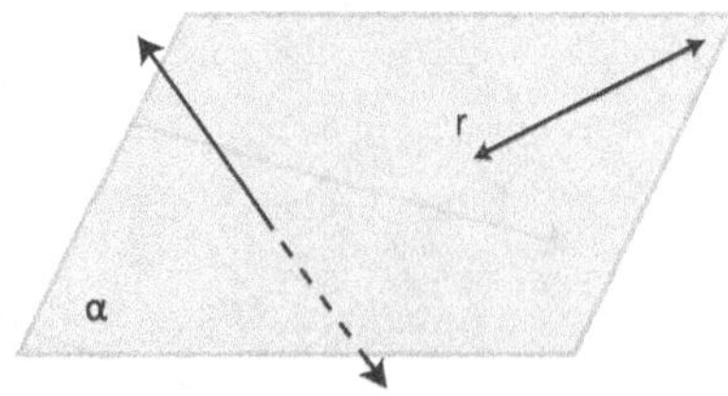

Em particular nas retas concorrentes, há aquelas que são perpendiculares.

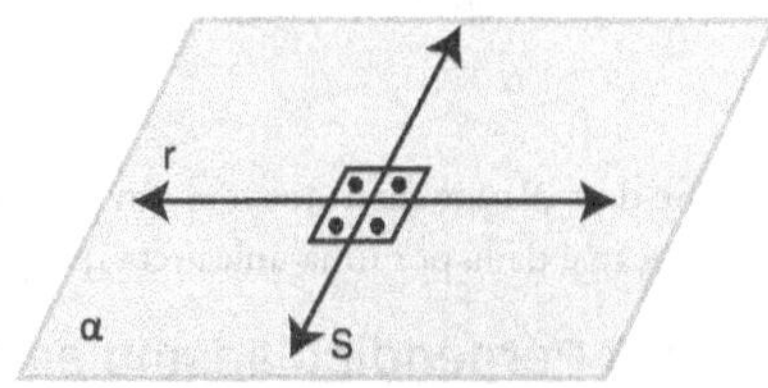

$r \perp s$

11.1.2 Posições relativas entre reta e plano

Reta contida no plano

Se uma reta r tem dois pontos distintos num plano α, então, r está contida nesse plano:

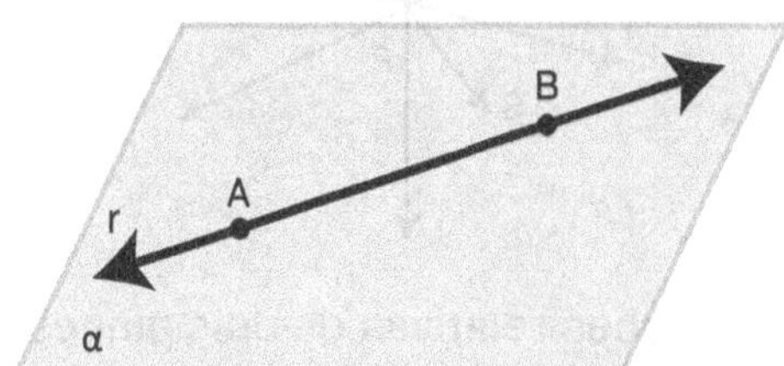

$$\begin{matrix} A \in \alpha \text{ e } B \in \alpha \\ A \in r \text{ e } B \in r \end{matrix} \Rightarrow r \subset \alpha$$

Reta concorrente ou incidente ao plano

Dizemos que a reta r fura o plano α ou que r e α são concorrentes em P quando $r \cap \alpha = \{ P \}$.

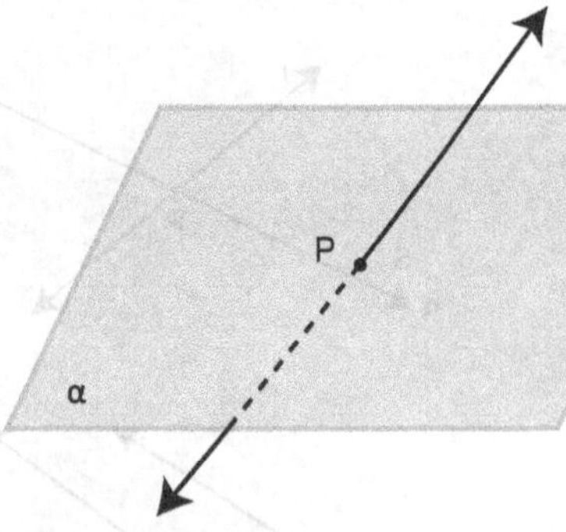

Reta paralela ao plano

Se uma reta r e um plano α não tem ponto em comum, então, a reta r é paralela a uma reta t contida no plano α; portanto, $r \mid\mid \alpha, \mid\mid t \; e \; t \subset \alpha \Rightarrow r \mid\mid \alpha$

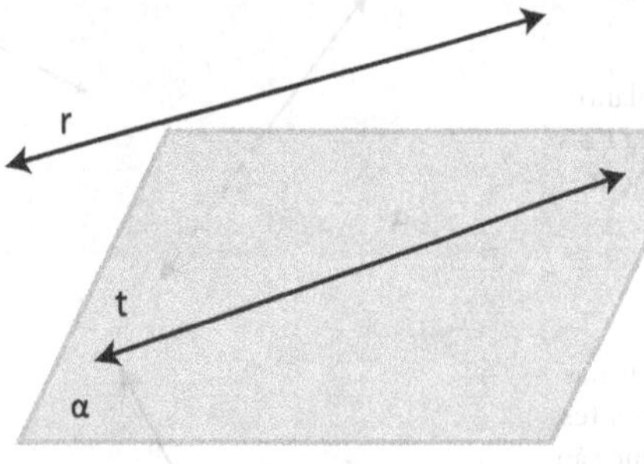

Se dois planos distintos têm um ponto em comum, então, a sua interseção é dada por uma única reta que passa por esse ponto.

11.1.3 Perpendicularismo entre reta e plano

Uma reta r é perpendicular a um plano α se, e somente se, r for perpendicular a todas as retas de α que passam pelo ponto de interseção de r e α.

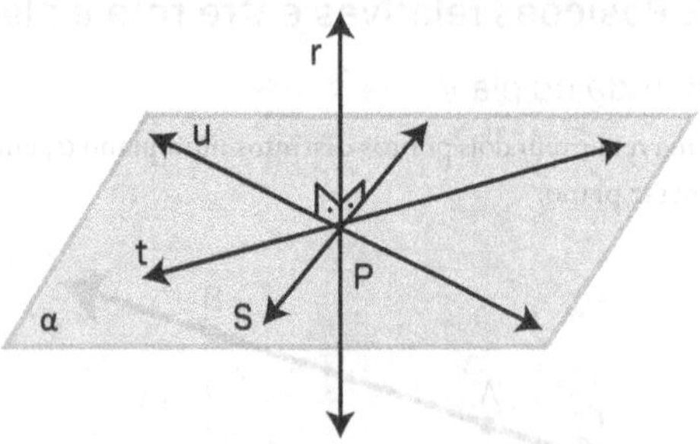

11.1.4 Posições relativas de dois planos

Planos coincidentes ou iguais

Planos concorrentes ou secantes

Dois planos, α e β, são concorrentes quando sua interseção é uma única reta:

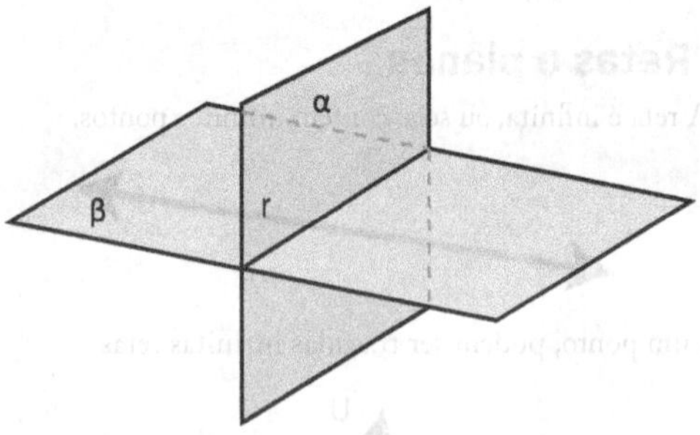

Planos paralelos

Dois planos, α e β, são paralelos quando sua interseção é vazia:

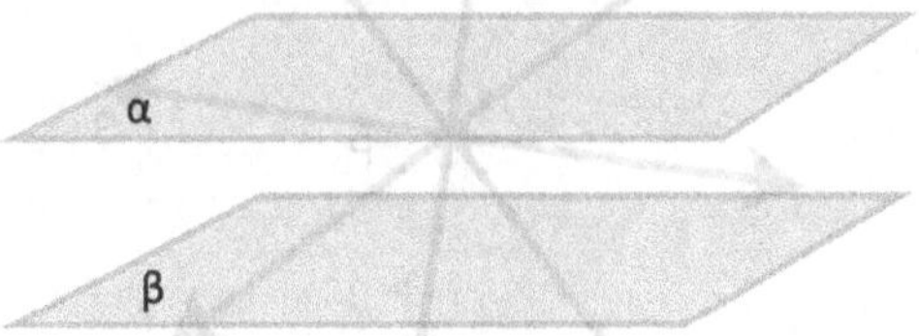

Perpendicularismo entre planos

Dois planos, α e β, são perpendiculares se existir uma reta de um deles que seja perpendicular ao outro:

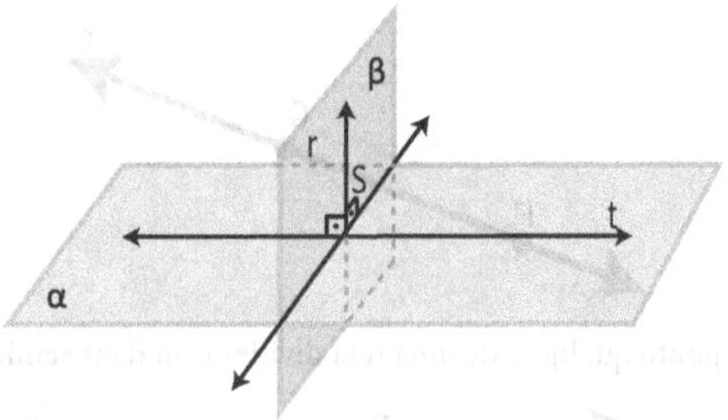

11.2 Prismas

Na figura a seguir, temos dois planos paralelos e distintos, α e β, um polígono convexo R contido em α e uma reta r que intercepta α e β, mas não R:

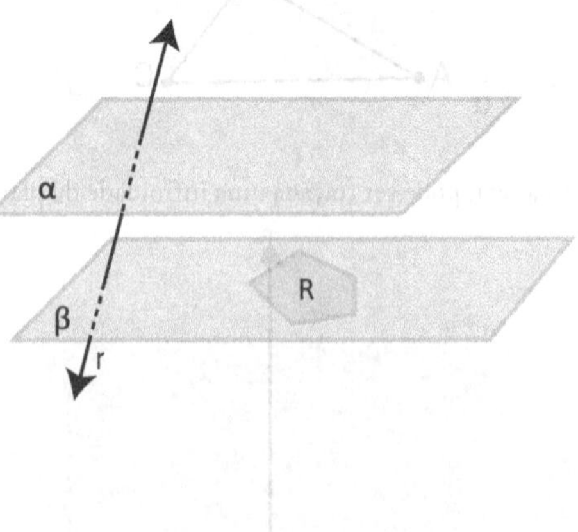

Para cada ponto P da região R, vamos considerar o segmento $\overline{P'P}$, paralelo à reta r (P linha, pertence a Beta).

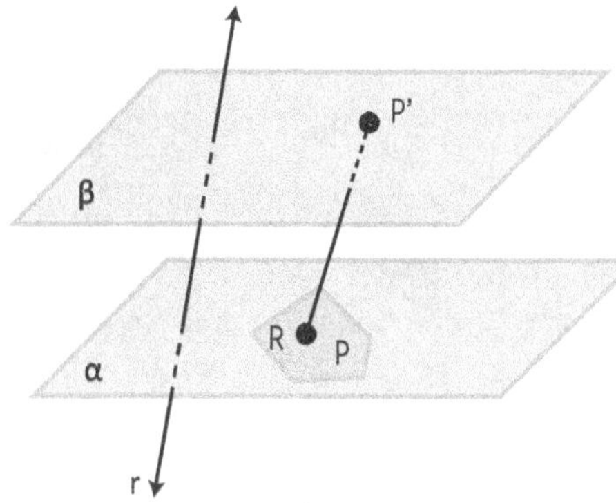

Assim, temos:

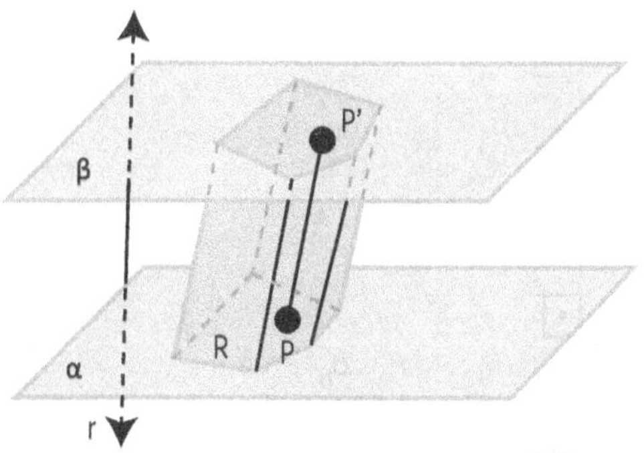

O conjunto de todos os segmentos congruentes $\overline{P'P}$ paralelos a r, é conhecido por prisma ou prisma limitado.

11.2.1 Elementos do prisma

Dado o prisma a seguir, considere os seguintes elementos:

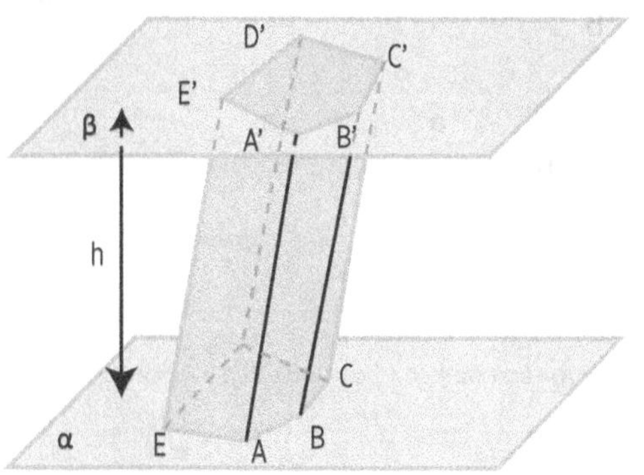

Bases: as regiões poligonais R e S

Altura: a distância h entre os planos α e β

Arestas das bases:

Lados AB, BC, CD, DE, EA, A'B', B'C', D'E', E'A' (dos polígonos)

Arestas laterais:

Os segmentos AA', BB', CC', DD', EE'

Faces laterais: os paralelogramos AA'BB', BB'C'C, CC'D'D, DD'E'E, EE'A'A

11.2.2 Classificação

Um prisma pode ser:

Reto: quando as arestas laterais são perpendiculares aos planos das bases.

Oblíquo: quando as arestas laterais são oblíquas aos planos das bases.

Prisma reto

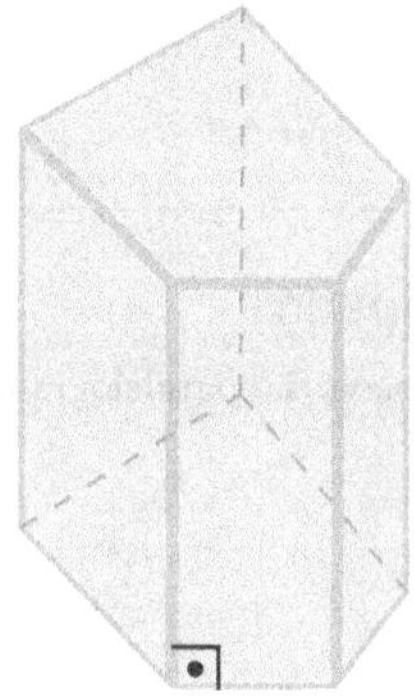

Prisma oblíquo

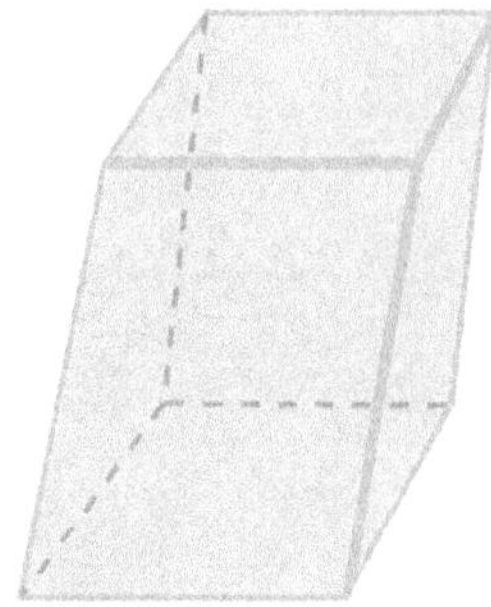

Prisma regular triangular
Chama-se de prisma regular todo prisma reto, cujas bases são polígonos regulares.

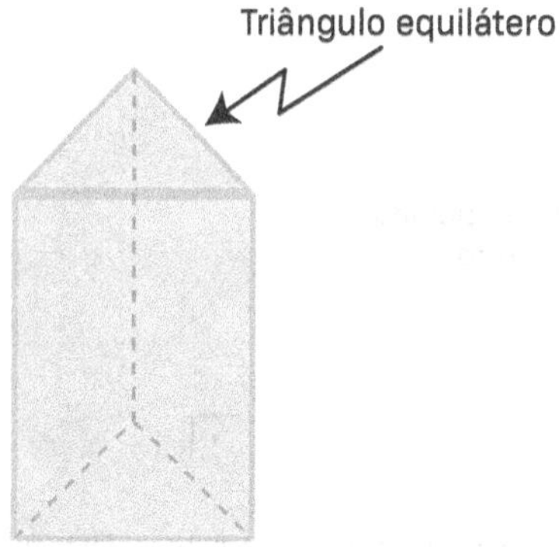

Prisma regular hexagonal

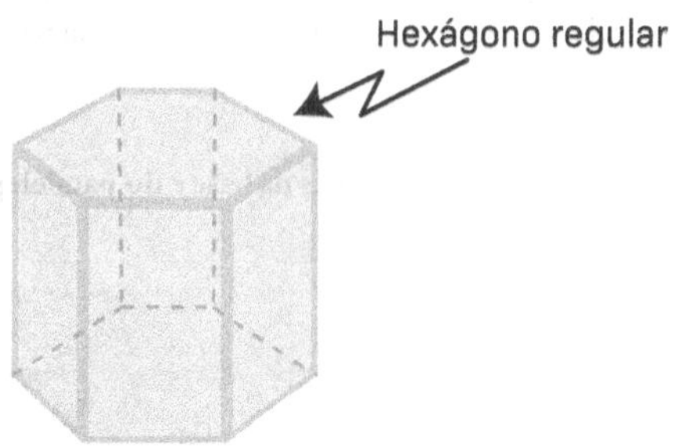

Fique ligado

As faces de um prisma regular são retângulos congruentes.

11.2.3 Áreas

Em um prisma distinguimos dois tipos de superfície: as faces e as bases. Assim, temos de considerar as seguintes áreas:

AL = n · AF (n = número de lados do polígono da base).

- **Área de uma face (AF):** área de um dos paralelogramos que constituem as faces.
- **Área lateral (AL):** soma das áreas dos paralelogramos que formam as faces do prisma.

- **Área da base (AB):** área de um dos polígonos das bases.
- **Área total (AT):** soma da área lateral com a área das bases:

$$A_T = A_L + 2A_B$$

11.2.4 Paralelepípedo

Todo prisma cujas bases são paralelogramos recebe o nome de paralelepípedo.

Paralelepípedo oblíquo

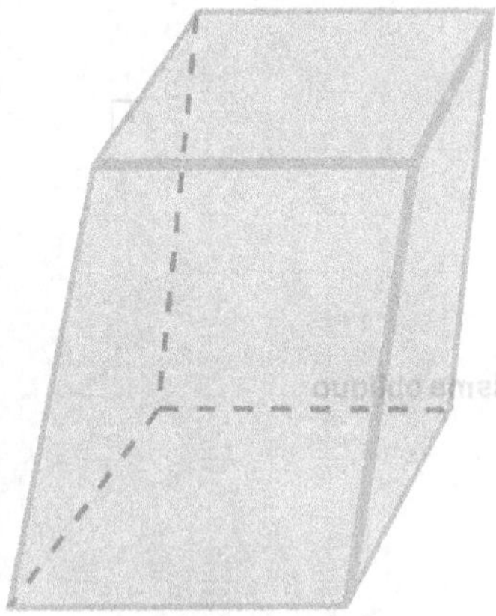

Paralelepípedo reto

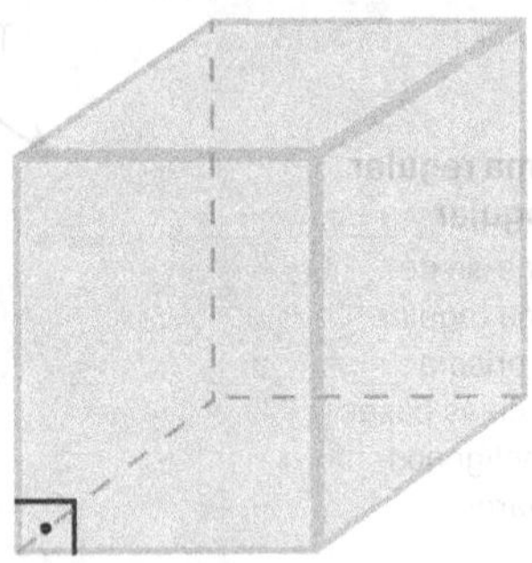

Se o paralelepípedo reto tem bases retangulares, ele é chamado de paralelepípedo reto-retângulo, ortoedro ou paralelepípedo retângulo.

Paralelepípedo retângulo

Diagonais da base e do paralelepípedo

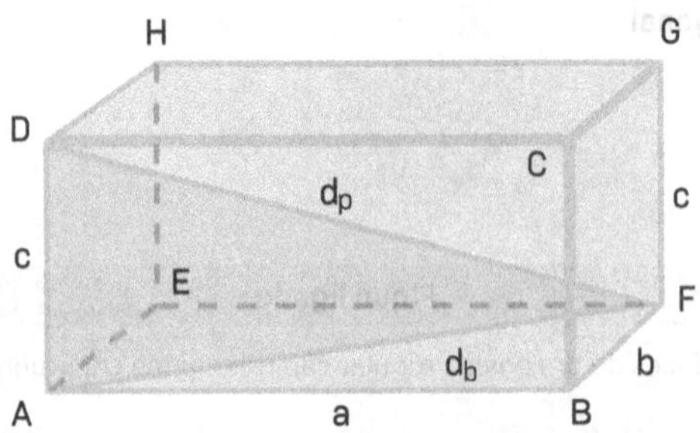

db = diagonal da base

dp = diagonal do paralelepípedo

Na base, ABFE, tem-se:

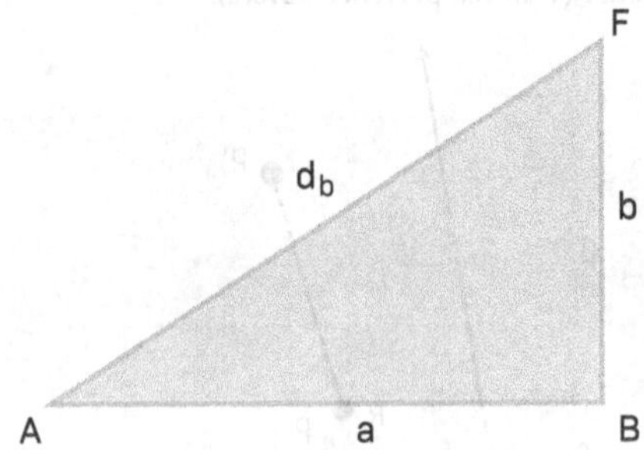

$$d_b^2 = a^2 + b^2 \Rightarrow d_b = \sqrt{a^2 + b^2}$$

No triângulo AFD, tem-se:

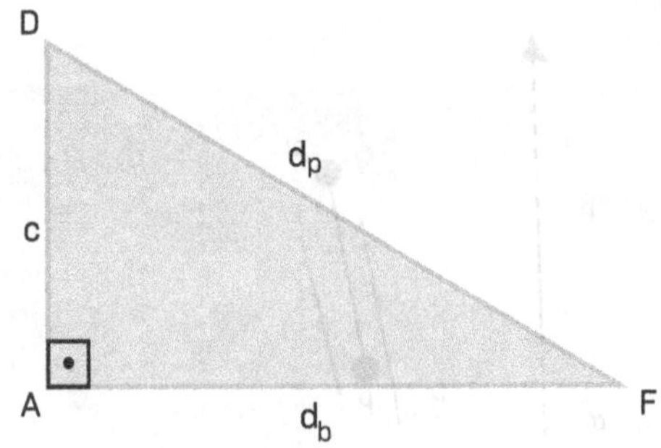

$$d_p^2 = d_b^2 + c^2 = a^2 + b^2 + c^2 \Rightarrow d_p = \sqrt{a^2 + b^2 + c^2}$$

Área lateral

Sendo AL a área lateral de um paralelepípedo retângulo, tem-se:

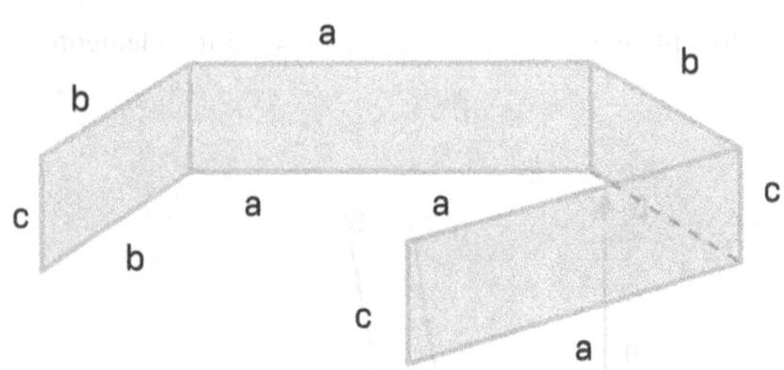

$$A_L = ac + bc + ac + bc = 2ac + 2bc = A_L = 2(ac + bc)$$

Área total

Planificando o paralelepípedo, verificamos que a área total é a soma das áreas de cada par de faces opostas:

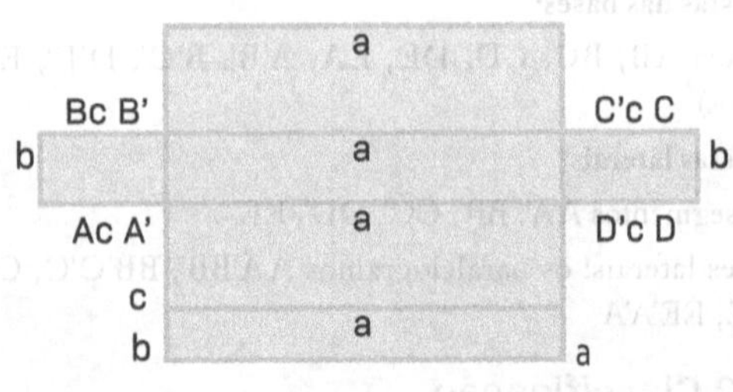

$$A_T = 2(ab + ac + bc)$$

Volume

O volume de um paralelepípedo retângulo de dimensões a, b e c é dado por:

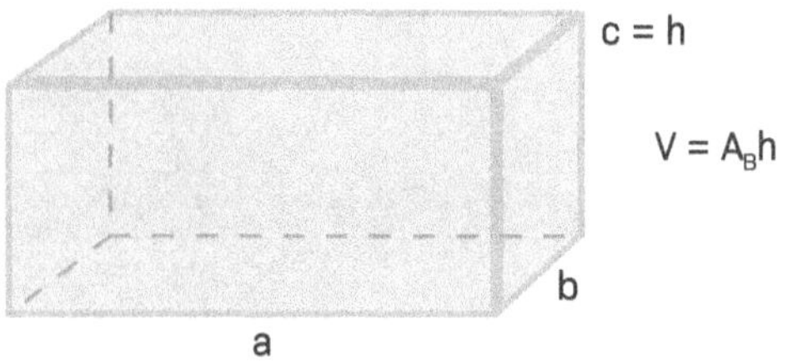

$$V = a \cdot b \cdot c$$

11.2.5 Cubo

Um paralelepípedo retângulo com todas as arestas congruentes (a = b = c) recebe o nome de cubo. Dessa forma, cada face é um quadrado.

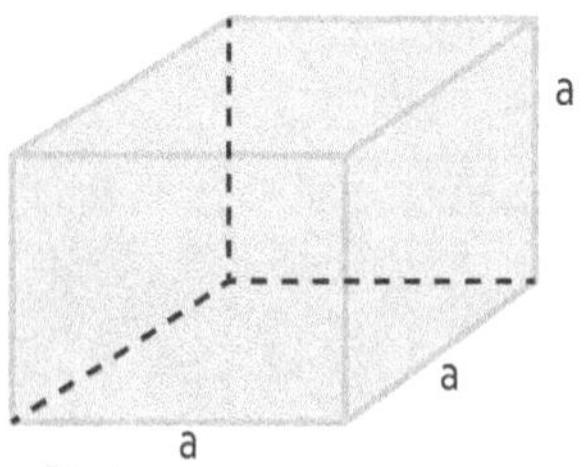

Diagonais da base e do cubo

Considere a figura a seguir:

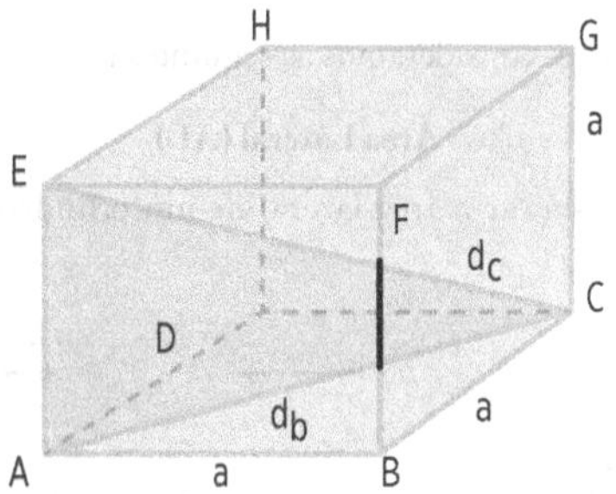

dc = diagonal do cubo

db = diagonal da base

Na base ABCD, tem-se:

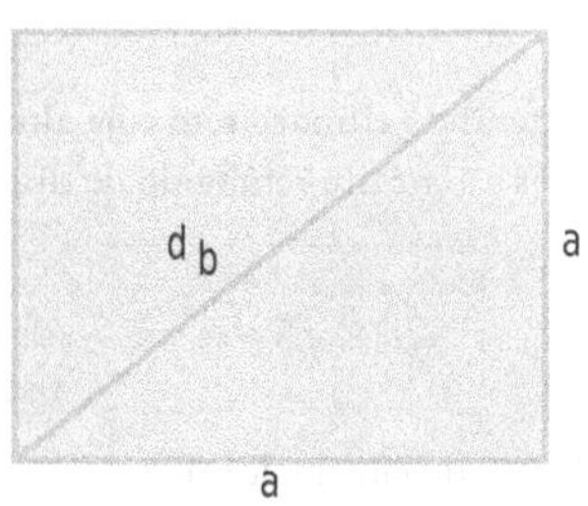

$$d_c^2 = a^2 + a^2 = 2a^2 \Rightarrow d_b = a\sqrt{2}$$

No triângulo ACE, tem-se:

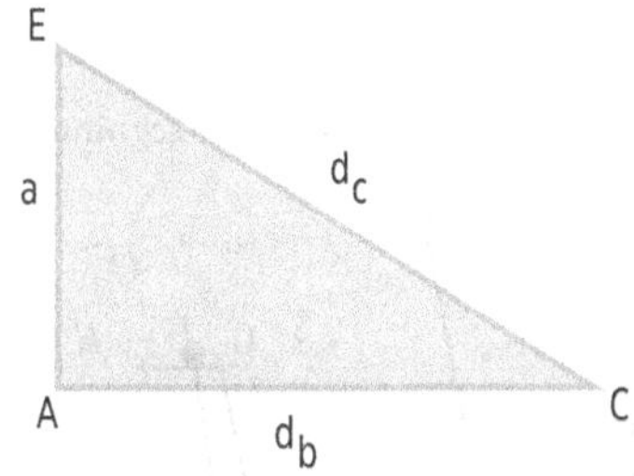

$$d_c^2 = a^2 + d_b^2 = a^2 + 2\,a^2 = 3a^2 \Rightarrow d_b = a\sqrt{3}$$

Área lateral

A área lateral AL é dada pela área dos quadrados de lado a:

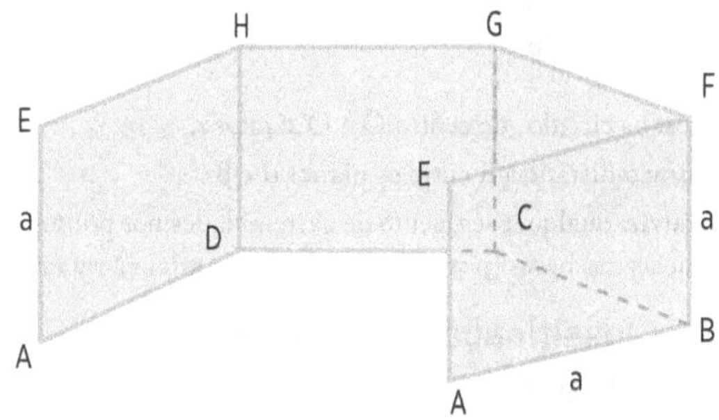

$$A_L = 4a^2$$

Área total

A área total AT é dada pela área dos seis quadrados de lado a:

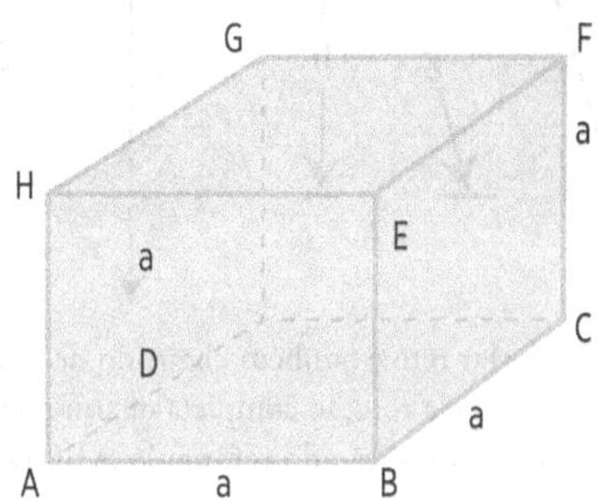

$$A_T = 6a^2$$

Volume

De forma semelhante ao paralelepípedo retângulo, o volume de um cubo de aresta a é dado por:

$$V = a \cdot a \cdot a = a^3$$

Generalização do volume de um prisma:

Vprisma = AB · h

11.3 Cilindro

11.3.1 Elementos do cilindro

Dado o cilindro a seguir, considere os seguintes elementos:

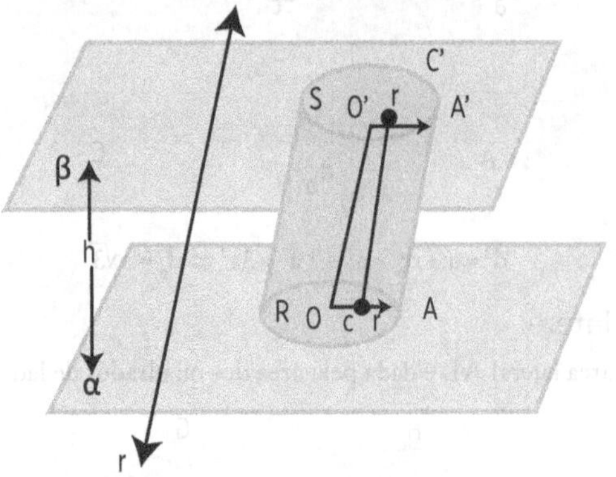

Bases: os círculos de centro O e O' e raios r.

Altura: a distância h entre os planos α e β.

Geratriz: qualquer segmento de extremidades nos pontos das circunferências das bases (por exemplo, $\overline{AA'}$) e paralelo à reta r.

11.3.2 Classificação do cilindro

Um cilindro pode ser:

- **Circular oblíquo:** quando as geratrizes são oblíquas às bases.
- **Circular reto:** quando as geratrizes são perpendiculares às bases.

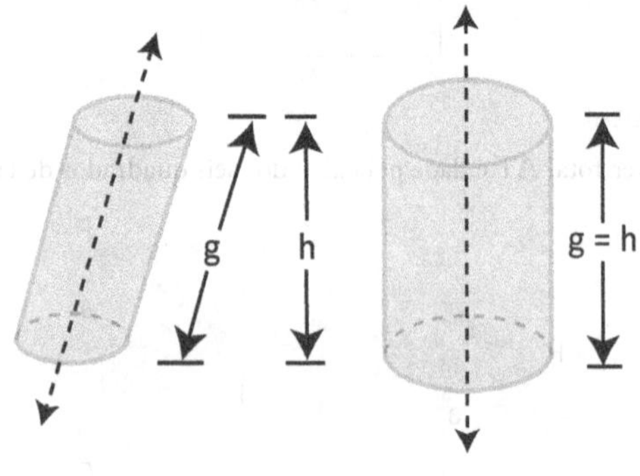

O cilindro circular reto é também chamado de cilindro de revolução, por ser gerado pela rotação completa de um retângulo por um de seus lados. Assim, a rotação do retângulo ABCD pelo lado $\overline{BC}$ gera o cilindro a seguir:

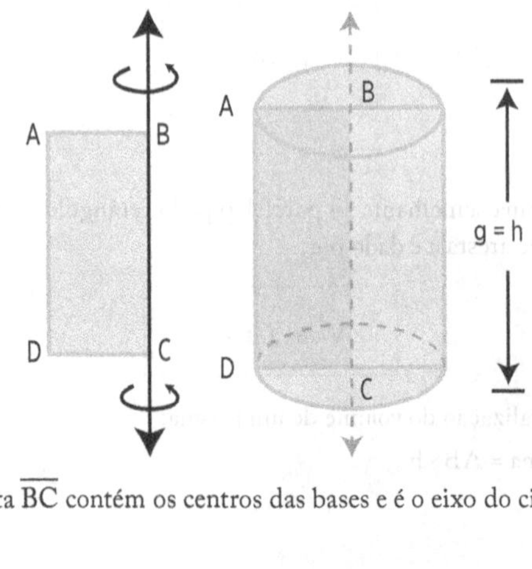

A reta $\overline{BC}$ contém os centros das bases e é o eixo do cilindro.

11.3.3 Seção

Seção transversal é a região determinada pela interseção do cilindro com um plano paralelo às bases. Todas as seções transversais são congruentes.

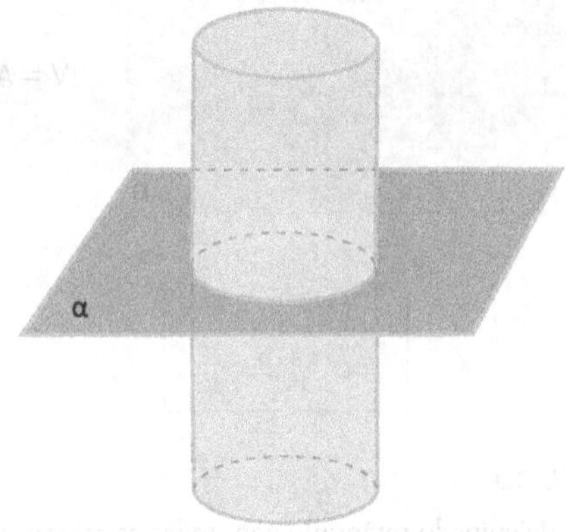

Seção meridiana é a região determinada pela interseção do cilindro com um plano que contém o eixo.

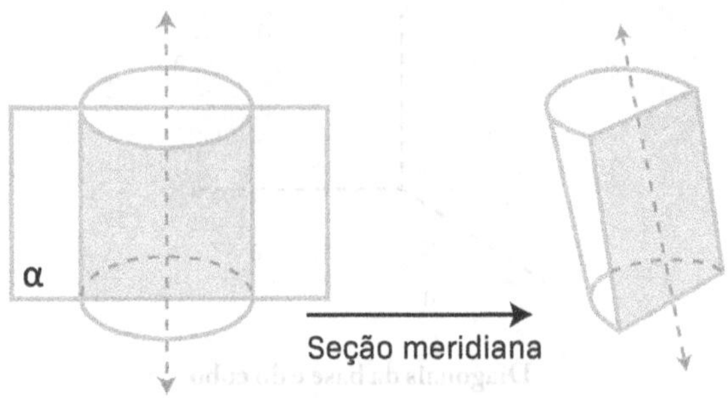

11.3.4 Áreas

Num cilindro, consideramos as seguintes áreas:

Área Lateral (AL)

Pode-se observar a área lateral de um cilindro fazendo a sua planificação:

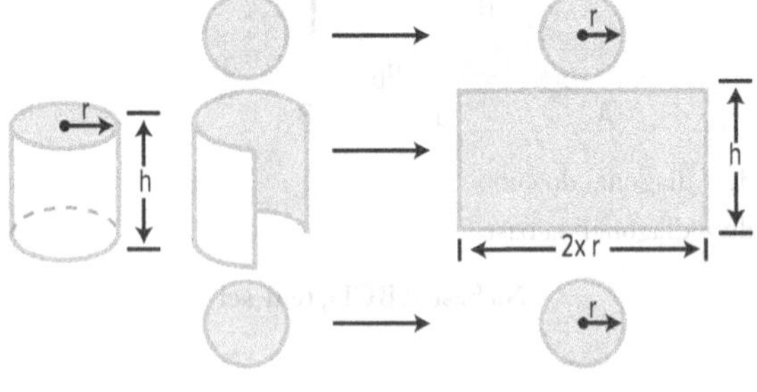

Assim, a área lateral do cilindro reto cuja altura é h e cujos raios dos círculos das bases são r é um retângulo de dimensões 2 π r e h:

$$A_L = 2\pi r h$$

Área da base (AB): área do círculo de raio r:

$$A_B = 2\pi r^2$$

Área total (AT): soma da área lateral com as áreas das bases:

$$A_T = A_L + 2_{AB} = 2\pi r h + 2\pi r^2 = 2\pi r (h + r)$$

11.3.5 Volume

O volume de todo paralelepípedo retângulo e de todo cilindro é o produto da área da base pela medida de sua altura:

$$V_{cilindro} = A_B \cdot h$$

No caso do cilindro circular reto, a área da base é a área do círculo de raio r, AB = π r¹ h; portanto, seu volume é:

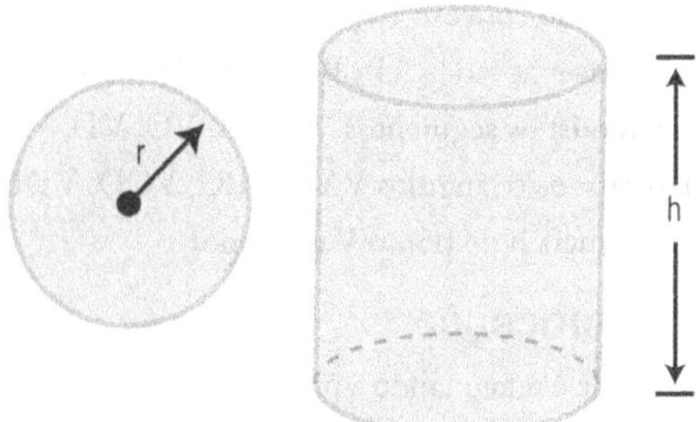

$$V = \pi \cdot r^2 \cdot h$$

11.3.6 Cilindro equilátero

Todo cilindro cuja seção meridiana é um quadrado (altura igual ao diâmetro da base) é chamado cilindro equilátero.

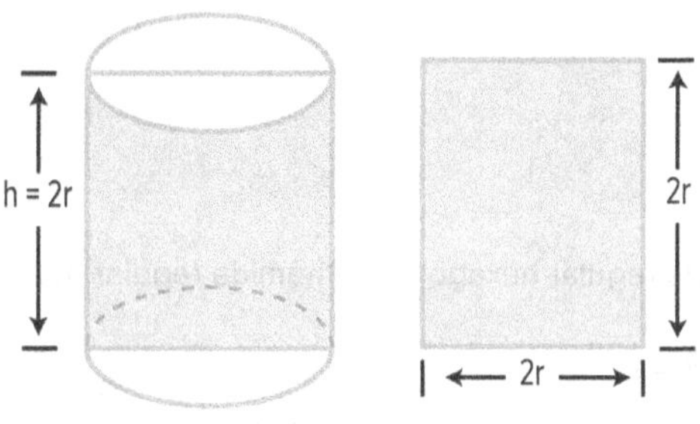

$$A_L = 2r \cdot 2\pi r = 4\pi r^2$$
$$A_T = A_L + A_B = 4\pi r^2 + 2\pi r^2 = 6\pi r^2$$

11.4 Cone circular

Dado um círculo C, contido num plano α, e um ponto V (vértice) fora de α, chamamos de cone circular o conjunto de todos os segmentos $\overline{VP}$, P ∈ C.

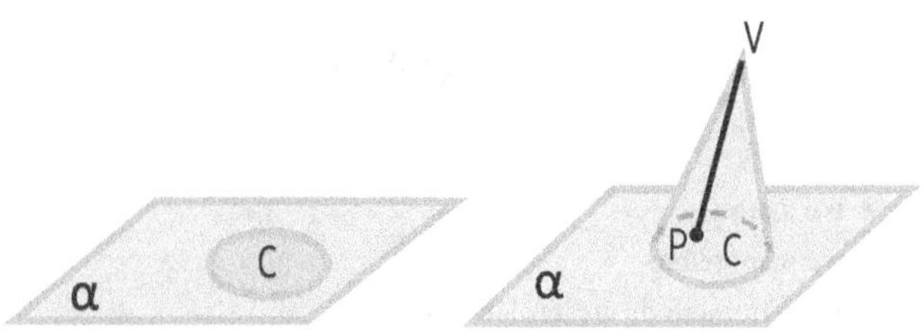

11.4.1 Elementos do cone circular

Dado o cone a seguir, consideramos os seguintes elementos:

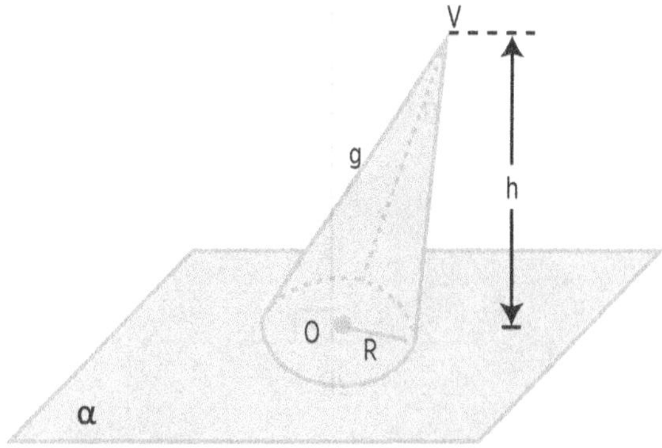

Altura: distância h do vértice V ao plano α.

Geratriz (g): segmento com uma extremidade no ponto V e outra em um ponto da circunferência.

Raio da base: raio R do círculo.

Eixo de rotação: reta $\overline{VO}$ determinada pelo centro do círculo e pelo vértice do cone.

11.4.2 Cone reto

Todo cone cujo eixo de rotação é perpendicular à base é chamado cone reto, também denominado cone de revolução. Ele pode ser gerado pela rotação completa de um triângulo retângulo em torno de um de seus catetos.

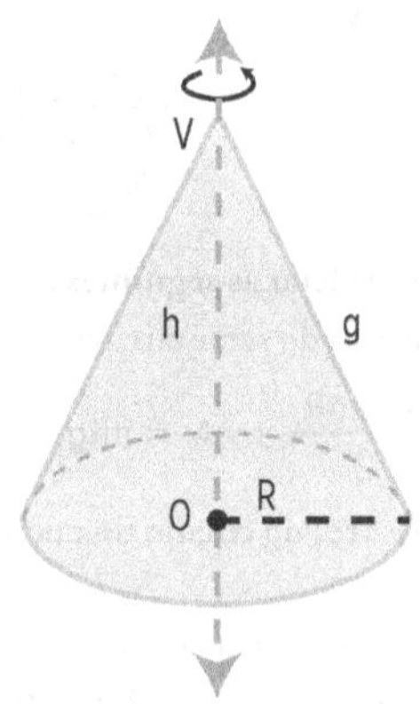

Da figura, e pelo Teorema de Pitágoras, temos a seguinte relação:

$$g^2 = h^2 + R^2$$

11.4.3 Seção meridiana

A seção determinada, em um cone de revolução, por um plano que contém o eixo de rotação é chamada seção meridiana.

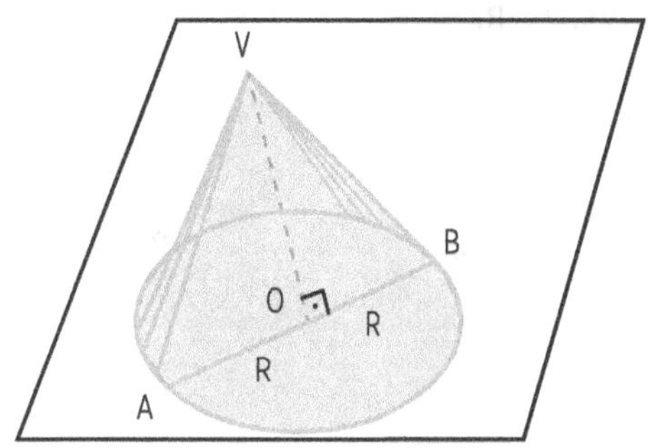

Se o triângulo AVB for equilátero, o cone também será equilátero:

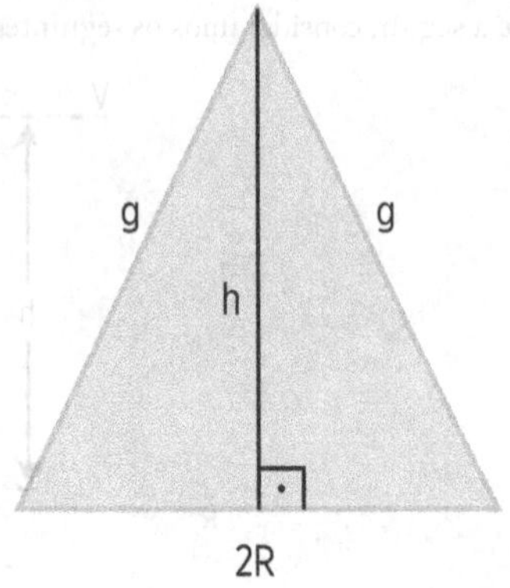

$$g = 2R$$
$$h = R\sqrt{3}$$

11.4.4 Áreas

Desenvolvendo a superfície lateral de um cone circular reto, obtemos um setor circular de raio g e comprimento $L = 2\pi R$.

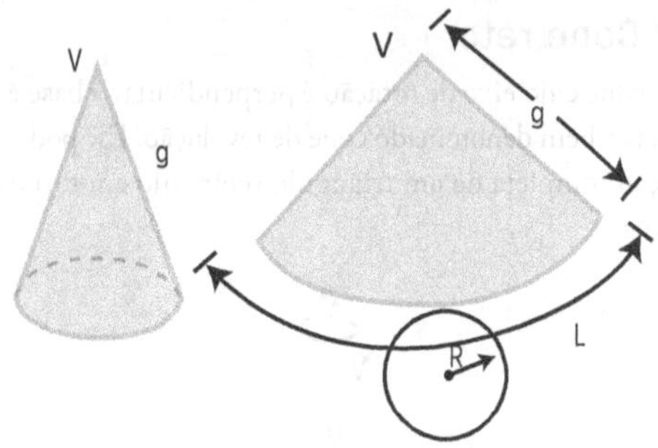

▷ **Assim, há de se considerar as seguintes áreas:**

Área lateral (AL): área do setor circular:

$$A_L = \frac{gl}{2} = \frac{g \cdot 2\pi R}{2} \Rightarrow A_L = \pi Rg$$

Área da base (AB): área do círculo do raio R:

$A_B = \pi R^2$

Área total (AT): soma da área lateral com a área da base:

$A_T = A_L + A_B = \pi Rg + \pi R^2 \rightarrow A_T \pi R (g + R)$

11.4.5 Volume

$$V_{cone} = 2\pi dS = 2\pi \frac{r}{3} \cdot \frac{rh}{2} \Rightarrow V_{cone} \frac{1}{3} \cdot \pi r^2 h$$

11.5 Pirâmides

Dado um polígono convexo R, contido em um plano α, e um ponto V (vértice) fora de α, chamamos de pirâmide o conjunto de todos os segmentos $\overline{VP}$, $P \in R$.

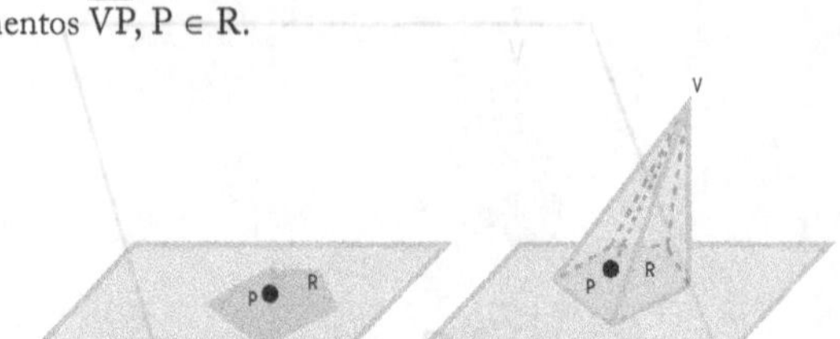

11.5.1 Elementos da pirâmide

Dada a pirâmide a seguir, tem-se os seguintes elementos:

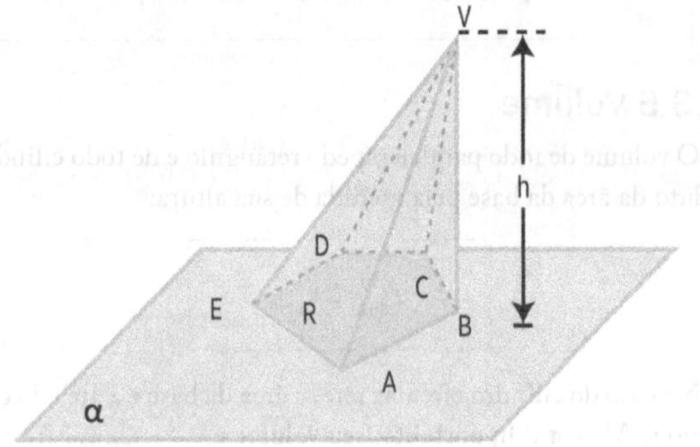

Base: o polígono convexo R.

Arestas da base: os lados AB, BC, CD, DE, EA do polígono.

Arestas laterais: os segmentos VA, VB, VC, VD, VE.

Faces laterais: os triângulos VAB, VBC, VCD, VDE, VEA.

Altura: distância h do ponto V ao plano.

11.5.2 Classificação

Uma pirâmide é reta quando a projeção ortogonal do vértice coincide com o centro do polígono da base.

Toda pirâmide reta, cujo polígono da base é regular, recebe o nome de pirâmide regular. Ela pode ser triangular, quadrangular, pentagonal etc., conforme sua base, seja, respectivamente, um triângulo, um quadrilátero, um pentágono etc.

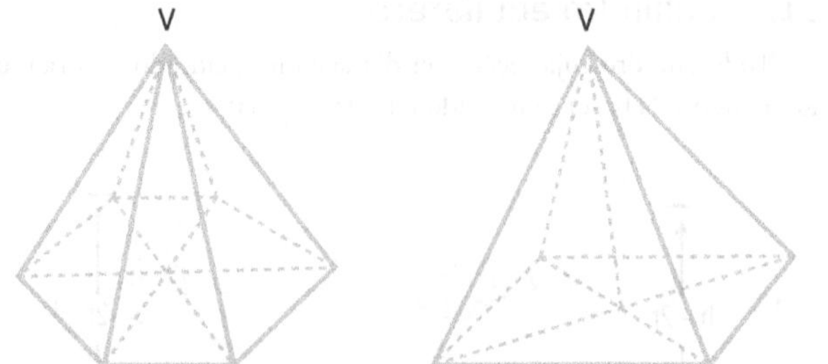

Pirâmide regular hexagonal Pirâmide regular quadrangular

11.5.3 Áreas

Em uma pirâmide, temos as seguintes áreas:

Área lateral (AL): reunião das áreas das faces laterais.

Área da base (AB): área do polígono convexo (base da pirâmide).

Área total (AT): união da área lateral com a área da base.

$$A_T = A_L + A_B$$

Para uma pirâmide regular, temos:

$$V_L = n \cdot \frac{bg}{2} \quad A_b = pa$$

Em que:

- **b** é a aresta;
- **g** é o apótema;
- **n** é o número de arestas laterais;
- **p** é o semiperímetro da base;
- **a** é o apótema do polígono da base.

11.5.4 Volume

$$V_{cone} = \frac{1}{3} \cdot \underbrace{\pi \cdot R^2}_{\text{Área de base}} h \rightarrow \boxed{V_{pirâmide} = \frac{1}{3} \cdot ABh}$$

11.6 Troncos

Se um plano interceptar todas as arestas de uma pirâmide ou de um cone, paralelamente às suas bases, o plano dividirá cada um desses sólidos em dois outros: uma nova pirâmide e um tronco de pirâmide; e um novo cone e um tronco de cone.

11.6.1 Tronco da pirâmide

Dado o tronco de pirâmide regular a seguir, tem-se:

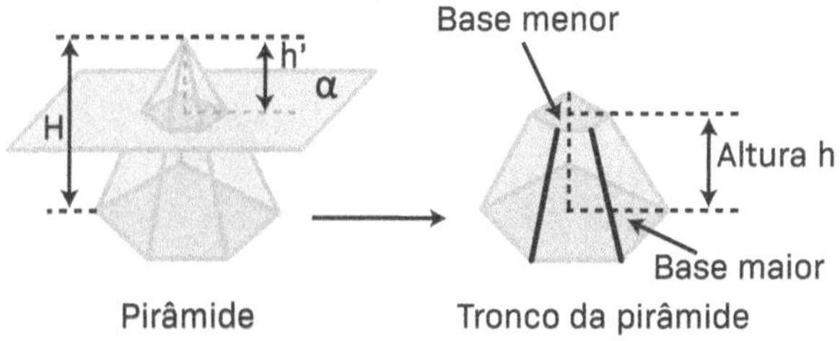

As bases são polígonos regulares paralelos e semelhantes.

As faces laterais são trapézios isósceles congruentes.

Áreas

Área lateral (AL): soma das áreas dos trapézios isósceles congruentes que formam as faces laterais.

Área total (AT): soma da área lateral com a soma das áreas da base menor (Ab) e maior (AB).

$$A_T = A_L + A_B + A_b$$

Volume

O volume de um tronco de pirâmide regular é dado por:

$$V_r = \frac{h}{3}\left(A_B + A_b + \sqrt{A_B A_b}\right)$$

Sendo V o volume da pirâmide e V' o volume da pirâmide obtido pela seção, é válida a relação:

$$\frac{V'}{V} = \left(\frac{h'}{H}\right)^3$$

11.6.2 Tronco do cone

Sendo o tronco do cone circular regular a seguir, tem-se:

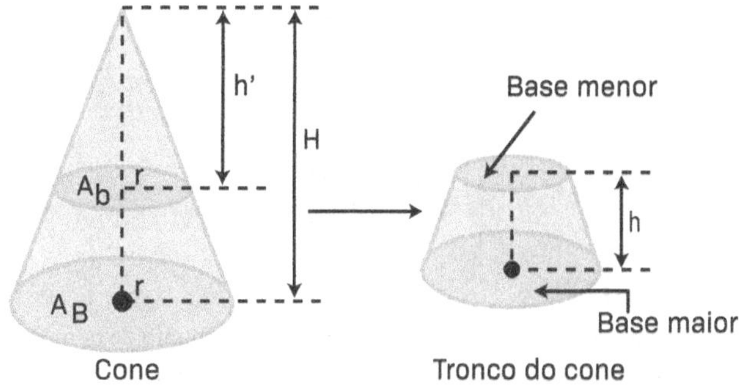

As bases maior e menor são paralelas.

A altura do tronco é dada pela distância entre os planos que contêm as bases.

Áreas

Área lateral

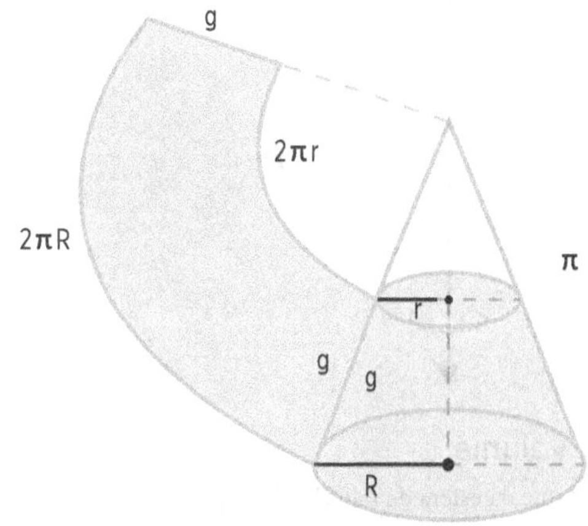

$$\boxed{A_L = \pi(R + r)g}$$

Área total

$$A_T = A_L + A_B + A_b = \pi(R + r)g + \pi R^2 + \pi r^2$$

$$\downarrow$$

$$A_T = [(R + r)g + R^2 + r^2]$$

Volume

$$V_r = \frac{h}{3}\left(A_B + A_b + \sqrt{A_B A_b}\right) \frac{h}{3}\left(\pi R^2 + \pi r^2 + \sqrt{\pi R^2 \cdot \pi r^2}\right)$$

$$\downarrow$$

$$V = \frac{\pi h}{3}\left(R^2 + r^2 + Rr\right)$$

Sendo V o volume do cone e V' o volume do cone obtido pela seção, são válidas as relações:

$$\frac{r}{r'} = \frac{H'}{h'}$$

$$\frac{A_B}{A_b} = \left(\frac{H'}{h'}\right)^2$$

$$\frac{V}{V'} = \left(\frac{H'}{h'}\right)^3$$

11.7 Esfera

Chama-se de esfera de centro O e raio R, o conjunto de pontos do espaço cuja distândia ao centro é menor ou igual ao raio R.

Considerando a rotação completa de um semicírculo em torno de um eixo, a esfera é o sólido gerado por essa rotação. Assim, ela é limitada por uma superfície esférica e formada por todos os pontos pertencentes a essa superfície e ao seu interior.

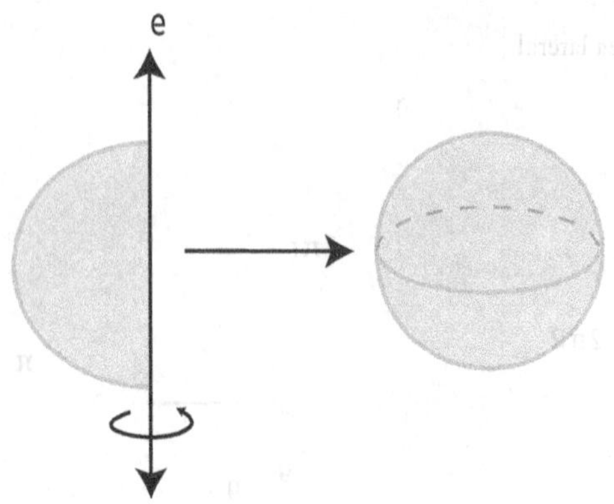

11.7.1 Volume

O volume da esfera de raio R é dado por:

$$V_e = \frac{4}{3} \cdot \pi R^3$$

11.7.2 Partes da esfera

Superfície esférica

A superfície esférica de centro O e raio R é o conjunto de pontos do espaço cuja distância ao ponto O é igual ao raio R.

Se considerar a rotação completa de uma semicircunferência em torno de seu diâmetro, a superfície esférica é o resultado dessa rotação.

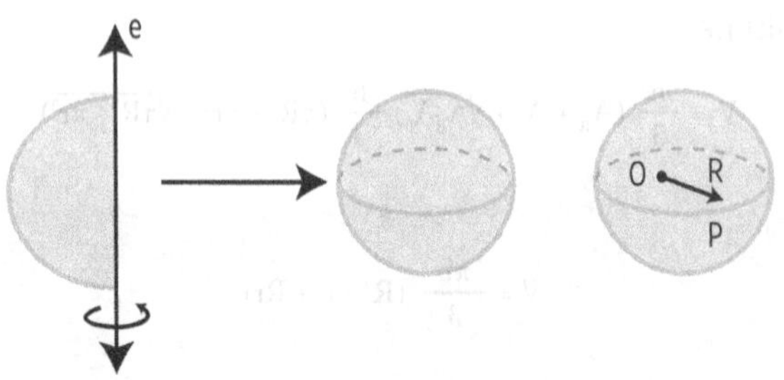

A área da superfície esférica é dada por:

$$A_s = 4\,\pi R^2$$

Zona esférica

É a parte da esfera gerada do seguinte modo:

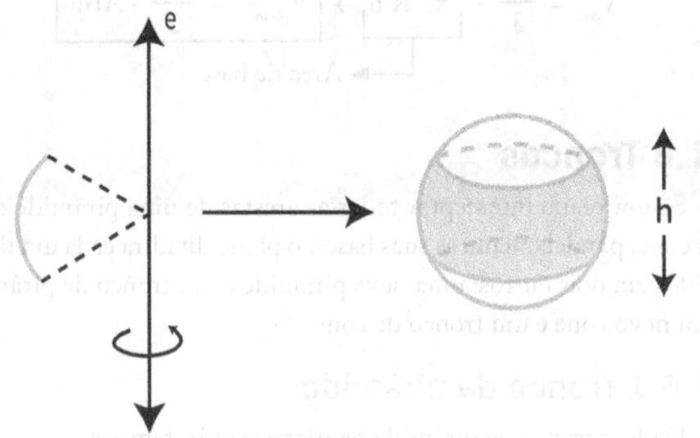

A área da zona esférica é dada por:

$$S = 2\pi Rh$$

Calota esférica

É a parte da esfera gerada do seguinte modo:

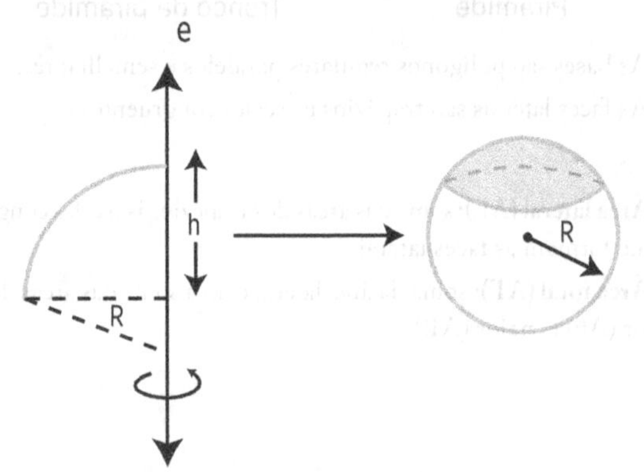

A área da calota esférica é dada por:

$$S = 2\pi Rh$$

Fuso esférico

O fuso esférico é uma parte da superfície esférica que se obtém ao girar uma semicircunferência de um ângulo $\alpha(0 < \alpha < 2\pi)$ em torno de seu eixo:

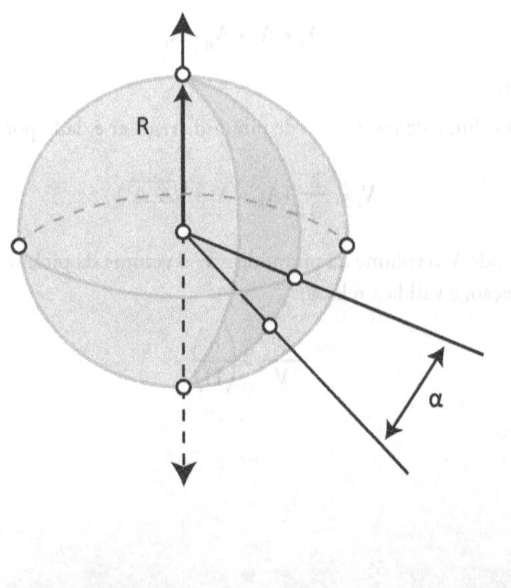

A área do fuso esférico pode ser obtida por uma regra de três simples:

$$\left.\begin{array}{l} A_S - 2\pi \\ A_F - \alpha \end{array}\right. \quad A_F = \frac{4\pi R^2\alpha}{2\pi} \Rightarrow A_F = 2R^2\alpha \text{ (}\alpha\text{ em radianos)}$$

$$\left.\begin{array}{l} A_S - 360° \\ A_F - \alpha \end{array}\right. \quad A_F = \frac{4\pi R^2\alpha}{360°} \Rightarrow A_F \; \frac{\pi R^2\alpha}{90°} \text{ (}\alpha\text{ em graus)}$$

Cunha esférica

Parte da esfera que se obtém ao girar um semicírculo em torno de seu eixo de um ângulo $\alpha(0 < \alpha < 2\pi)$:

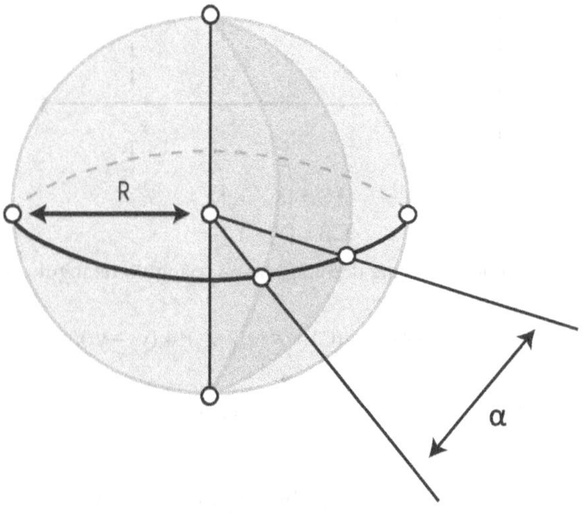

O volume da cunha pode ser obtido por uma regra de três simples:

$$\left.\begin{array}{l} V_e - 2\pi \\ V_c - \alpha \end{array}\right] V_c = \frac{\frac{4}{3}\pi R^3\alpha}{2\pi} \; V_c = \frac{2}{3} R^3\alpha \text{ (}\alpha\text{ em radianos)}$$

$$\left.\begin{array}{l} V_e - 360° \\ V_c - \alpha \end{array}\right] V_c = \frac{\frac{4}{3}\pi R^3\alpha}{360°} \; V_c = \frac{\pi R^3\alpha}{270°} \text{ (}\alpha\text{ em graus)}$$

MATEMÁTICA

12 GEOMETRIA ANALÍTICA

Neste capítulo, serão abordados os principais conceitos de geometria analítica e suas aplicações.

12.1 Ponto

12.1.1 Plano cartesiano

A geometria analítica teve como principal idealizador o filósofo René Descartes (1596–1650). Com o auxílio de um sistema de eixos associados a um plano, ele faz corresponder a cada ponto do plano um par ordenado e vice-versa.

Quando os eixos desse sistema são perpendiculares na origem, essa correspondência determina um sistema cartesiano ortogonal (ou plano cartesiano). Assim, há uma reciprocidade entre o estudo da geometria (ponto, reta, circunferência) e da Álgebra (relações, equações etc.), podendo-se representar graficamente relações algébricas e expressar algebricamente representações gráficas.

Observe o plano cartesiano nos quadros quadrantes:

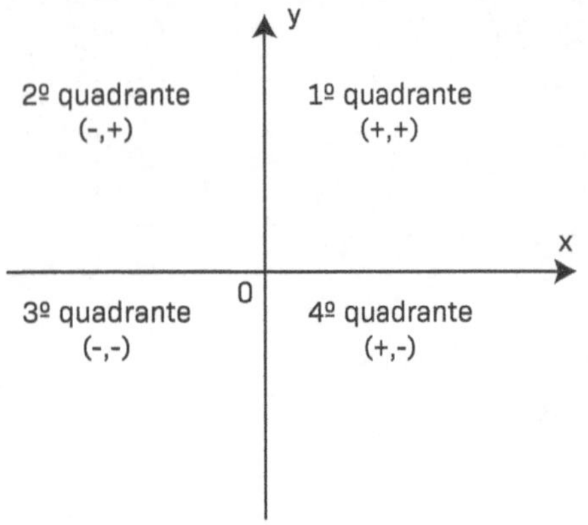

1º quadrante: $x > 0$ e $y > 0$
2º quadrante: $x < 0$ e $y > 0$
3º quadrante: $x < 0$ e $y < 0$
4º quadrante: $x > 0$ e $y < 0$

Fique ligado

Por convenção, os pontos localizados sobre os eixos não estão em nenhum quadrante.

A (4, 7) pertence ao 1º quadrante ($x_A > 0$ e $y_A > 0$)
B (−2, 8) pertence ao 2º quadrante ($x_B < 0$ e $y_B > 0$)

12.1.2 Distância entre dois pontos

Dados os pontos $A(x_A, y_A)$ e $B(x_B, y_B)$ e sendo d_{AB} a distância entre eles, tem-se:

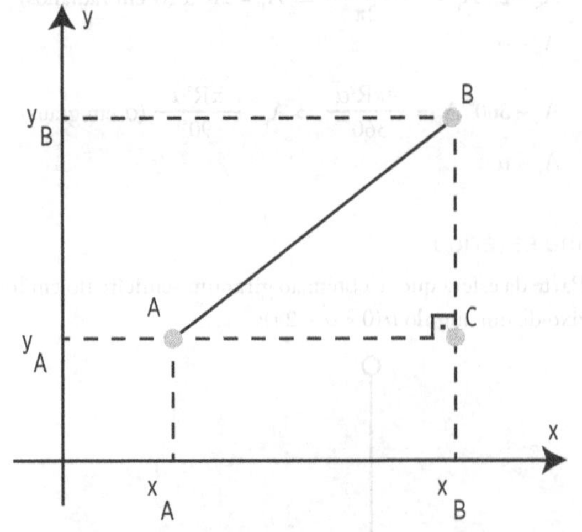

$$AC = |X_b - X_a|$$
$$CB = |Y_b - Y_a|$$

Aplicando o teorema de Pitágoras ao triângulo retângulo ABC, temos:

$$(d_{AB})^2 = (AC)^2 + (CB)^2 = (x_B - x_A)^2 + (y_B - y_A)^2$$
$$\downarrow$$
$$d_{AB} = \sqrt{(x_B - x_A)^2 + (y_B - y_A)^2}$$

Razão de secção

Dados os pontos $A(x_A, y_A)$, $B(x_B, y_B)$, $C(x_C, y_C)$ de uma mesma reta ($A \neq B \neq C$), o ponto C divide $\overline{AB}$ numa determinada razão, denominada razão de secção e indicada por:

$$r_c = \frac{AX}{CB}$$

Observe a representação a seguir:

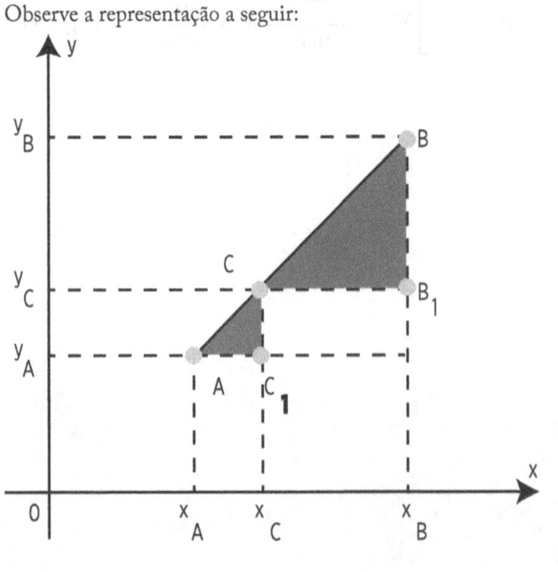

Como o ΔACC ≅ ΔCBB, podemos escrever:

$$r_c = \frac{AC}{CB} = \frac{X_C - X_A}{X_B - X_C} = \frac{Y_C - Y_A}{Y_B - Y_C}$$

Ponto médio

Dados os pontos $A(x_A, y_A)$, $B(x_B, y_B)$ e P, que divide $\overline{AB}$ ao meio, temos:

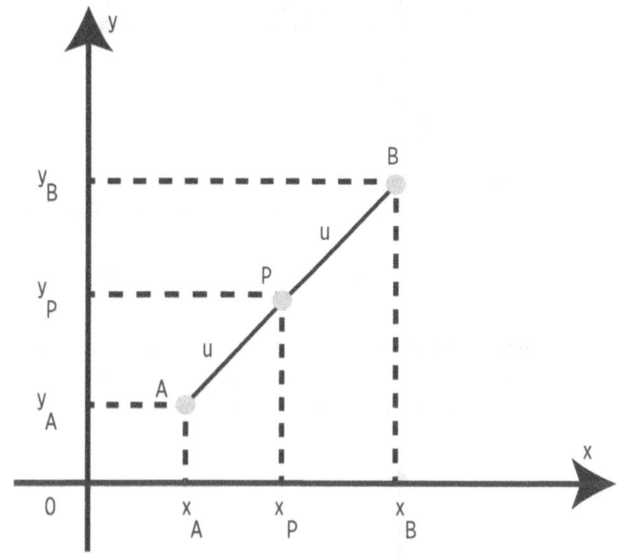

$$AP = PB$$

$$r_p = \frac{AP}{PB} = 1$$

Assim:

$$X_P - X_A = X_B - X_P$$

$$\downarrow$$

$$2X_P = X_A + X_B$$

$$\downarrow$$

$$\frac{X_A + X_B}{2} \text{ (média aritmética de } X_A \text{ e } X_B\text{)}$$

$$\downarrow$$

$$Y_P - Y_A = Y_B - Y_P$$

$$\downarrow$$

$$2Y_P = Y_A + Y_B$$

$$\downarrow$$

$$2Y_P = Y_A + Y_B$$

$$Y_P = \frac{Y_A + A_B}{2} \text{ (média aritmética de } Y_A \text{ e } Y_B\text{)}$$

Logo, as coordenadas do ponto médio são dadas por:

$$P\left(\frac{X_A + X_B}{2}, \frac{Y_A + Y_B}{2}\right)$$

Condições de alinhamento de três pontos: se três pontos, $A(x_A, y_A)$, $B(x_B, y_B)$ e $C(x_C, y_C)$, estão alinhados, então:

$$\begin{vmatrix} x_A & y_A & 1 \\ X_B & y_B & 1 \\ X_C & y_C & 1 \end{vmatrix} = 0$$

12.2 Reta

12.2.1 Equação da reta

Equação geral

Pode-se estabelecer a equação geral de uma reta a partir da condição de alinhamento de três pontos.

Dada uma reta r, sendo $A(x_A, y_A)$ e $B(x_B, y_B)$ pontos conhecidos e distintos de r e $P_{(x,y)}$ um ponto genérico, também de r, estando A, B e P alinhados, podemos escrever:

$$\begin{vmatrix} x & y & 1 \\ X_A & y_A & 1 \\ X_B & y_B & 1 \end{vmatrix} = 0 \rightarrow -x_By_A - xy_B - yx_A + xy_A + yx_B + x_Ay_B = 0$$

$$(y_A - y_B)\,x + (x_B - x_A)\,y + (x_Ay_B - x_By_A) = 0$$

Fazendo $y_A - y_B = a$, $x_B - x_A = b$ e $x_Ay_B - x_By_A = c$, como a e b não são simultaneamente nulos (A ≠ B), tem-se:

$$ax + by + c = 0$$

Equação geral da reta r

Essa equação relaciona x e y para qualquer ponto P genérico da reta. Assim, dado o ponto P(m, n):

- Se am + bn + c = 0, P é o ponto da reta.
- Se am + bn + c ≠ 0, P não é ponto da reta.

Equação reduzida

Considere uma reta r não paralela ao eixo Oy:

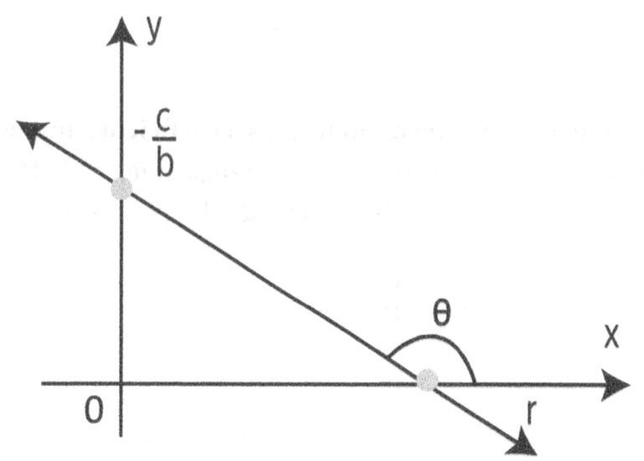

Isolando y na equação geral ax + by + c = 0, temos:

$$by = -ax - c \rightarrow -\frac{a}{b} \cdot x - \frac{c}{b}$$

Fazendo $-\frac{a}{b} = m$ e $-\frac{c}{b} = q$, temos:

$$y = mx + q$$

Chamada equação reduzida da reta, em que $m = -\frac{a}{b}$ fornece a inclinação da reta em relação ao eixo Ox.

Quando a reta for paralela ao eixo Oy, não existe a equação na forma reduzida.

Coeficiente angular

Chama-se de coeficiente angular da reta r o número real m tal que:

$$m = \text{tg}\,\theta \; (\theta \neq 90°)$$

O ângulo θ é orientado no sentido anti-horário e obtido a partir do semieixo positivo Ox até a reta r. Desse modo, temos sempre $0 \leq \theta < \pi$.

Determinação do coeficiente angular: quando as coordenadas de dois pontos distintos da reta são conhecidas: $A(x_A, y_A)$ e $B(x_B, y_B)$

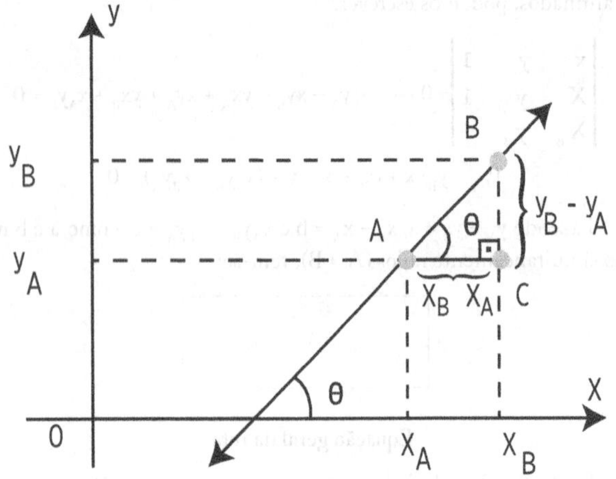

$$m = \frac{y_B - y_A}{x_B - x_A}$$

Quando a equação geral da reta é conhecida

$$m = -\frac{a}{b}$$

Equação de uma reta r, conhecidos o coeficiente angular e um ponto de r: se r em uma reta de coeficiente angular m, sendo P(X0, Y0), P ≠ r, e Q(x,y) um ponto qualquer de r(Q ≠ P), pode-se escrever:

$$m = \frac{y - y_0}{X - X_0} \rightarrow y - y_0 = m(x - x_0)$$

12.2.2 Posições relativas das retas

Coordenadas do ponto de intersecção de retas

A intersecção das retas **r** e **s**, quando existir, é o ponto P(x, y), comum a elas, que é a solução do sistema formado pelas equações das duas retas.

Paralelismo: duas retas, r e s, distintas e não verticais são paralelas e tiverem coeficientes angulares iguais.

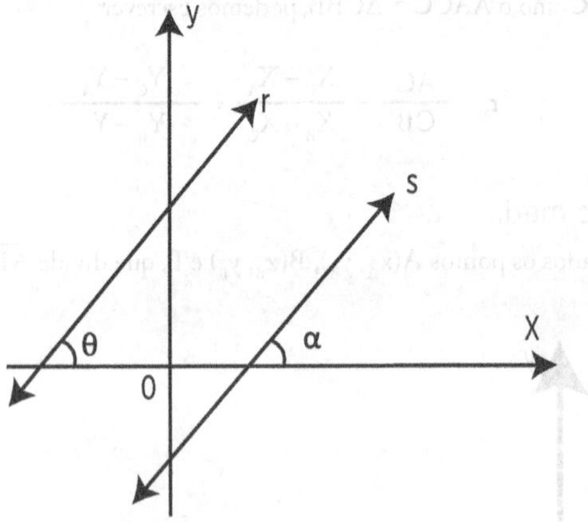

Concorrência: dadas as retas r: $a_1x + b_1y + c_1 = 0$ e s: $a_2x + b_2y + c_2 = 0$, elas serão concorrentes se tiverem coeficientes angulares diferentes:

$$\text{r e s são concorrentes} \rightarrow m_r \neq m_s \rightarrow -\frac{a_1}{b_1} \neq -\frac{a_2}{b_2}$$

Perpendicularismo: se **r** e **s** são duas retas não verticais, então r é perpendicular a s e o produto de seus coeficientes angulares for igual a –1. Lê-se r ⊥ s. Acompanhe a seguir o desenho:

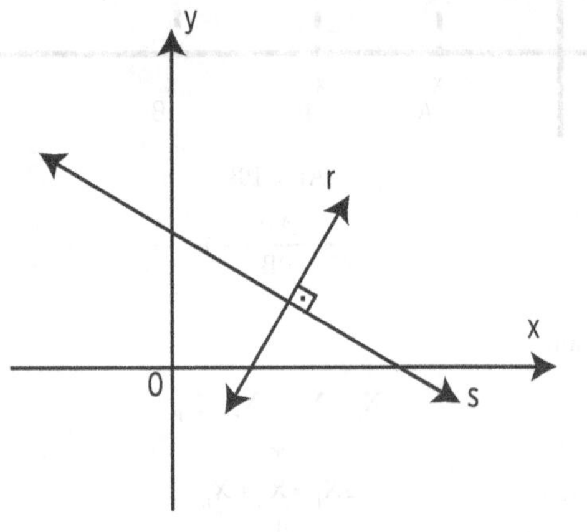

12.2.3 Distância entre um ponto e uma reta

Dado um ponto P(x1, y1) e uma reta r: ax + by + c = 0, a distância entre eles (d_{pr}) é dada por:

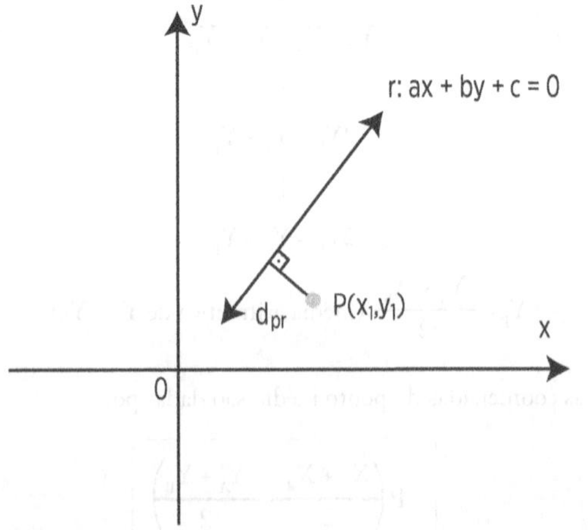

$$d_{pr} = \frac{|ax_1 + by_1 + c|}{\sqrt{a^2 + b^2}}$$

12.2.4 Área de um triângulo

Dado um ponto (x_1, y_1) localizado fora de uma reta que passa pelos pontos (x_2, y_2) e (x_3, y_3), pode-se calcular a área do triângulo cujos vértices são esses três pontos.

A área do triângulo é dada pela metade do valor absoluto do determinante da matriz, indicada pela expressão:

$$A = \frac{1}{2}\left|\det\begin{pmatrix} x_A & y_A & 1 \\ X_B & y_B & 1 \\ X_C & y_C & 1 \end{pmatrix}\right| = 0$$

12.3 Circunferência

12.3.1 Equações da circunferência

Equação reduzida

Circunferência é o conjunto de todos os pontos de um plano equidistantes de um ponto fixo, desse mesmo plano, denominado centro da circunferência:

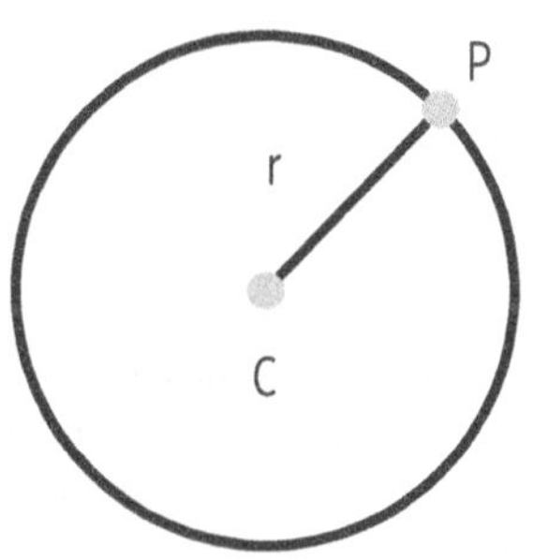

Assim, sendo C(a, b) o centro e P(x, y) um ponto qualquer da circunferência, a distância de C a P(d_{CP}) é o raio dessa circunferência. Então:

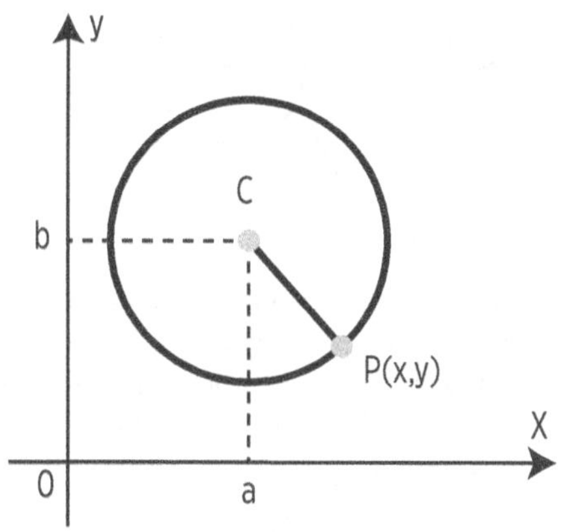

$$d_{cp} = \sqrt{(X_p - X_c)^2 + (Y_p - Y_c)^2}$$

$$\downarrow$$

$$\sqrt{(x-a)^2 + (y-b)^2} = r$$

$$\downarrow$$

$$\boxed{(x-a)^2 + (y-b)^2 = r^2}$$

Portanto, $(x - a)^2 + (y - b)^2 = r^2$ é a equação reduzida da circunferência e permite determinar os elementos essenciais para a construção da circunferência: as coordenadas do centro e o raio.

Quando o centro da circunferência estiver na origem (C(0,0)), a equação da circunferência será $x^2 + y^2 = r^2$.

Equação geral

Desenvolvendo a equação reduzida, obtemos a equação geral da circunferência:

$(x - a)^2 + (y - b)^2 = r^2$

$x^2 - 2ax + a^2 + y^2 - 2by + b^2 = r^2$

$x^2 + y^2 - 2ax - 2by + a^2 + b^2 - r^2 = 0$

Determinação do centro e do raio da circunferência, dada a equação geral: dada a equação geral de uma circunferência, utilizamos o processo de fatoração de trinômio quadrado perfeito para transformá-la na equação reduzida, assim determinamos o centro e o raio da circunferência.

Para tanto, a equação geral deve obedecer a duas condições:

- Os coeficientes dos termos x^2 e y^2 devem ser iguais a 1.
- Não deve existir o termo xy.

12.3.2 Posição de um ponto em relação a uma circunferência

Em relação à circunferência de equação $(x - a)^2 + (y - b)^2 = r^2$, o ponto P(m, n) pode ocupar as seguintes posições:

P é exterior à circunferência

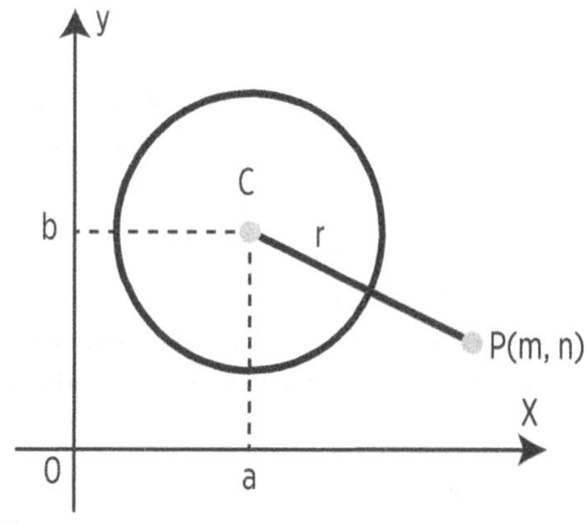

$CP > r$

$\sqrt{(X_p - X_c)^2 + (Y_p - Y_c)^2} > r$

$\sqrt{(m-a)^2 + (n-b)^2} > r$

$(m - a)^2 + (n - b)^2 > r^2$

$(m - a)^2 + (n - b)^2 - r^2 > 0$

P pertence à circunferência

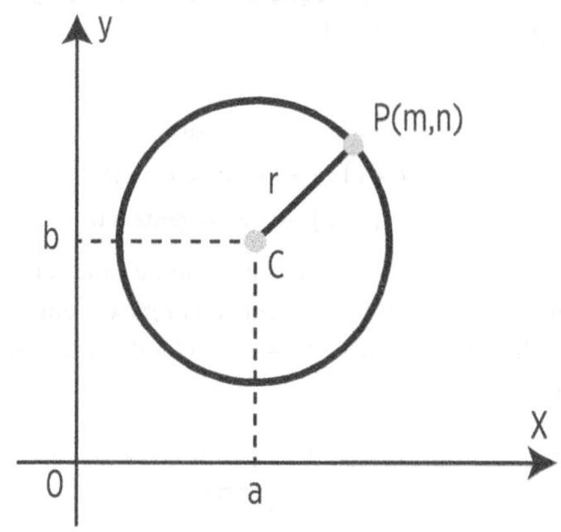

$CP = r$

$(m - a)^2 + (n - b)^2 = r^2$

$(m - a)^2 + (n - b)^2 - r^2 = 0$

P é interior à circunferência

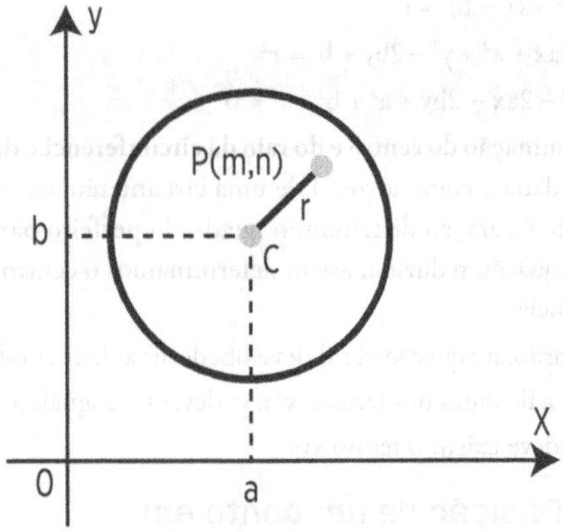

$CP < r$

$(m - a)^2 + (n - b)^2 < r^2$

$(m - a)^2 + (n - b)^2 - r^2 < 0$

Para determinar a posição de um ponto P (m, n) em relação a uma circunferência, substituir as coordenadas de P na expressão $(x - a)^2 + (y - b)^2 - r^2$:

- se $(m - a)^2 + (n - b)^2 - r^2 > 0$, então, P é exterior à circunferência.
- se $(m - a)^2 + (n - b)^2 - r^2 = 0$, então, P pertence à circunferência.
- se $(m - a)^2 + (n - b)^2 - r^2 < 0$, então, P é interior à circunferência.

12.3.3 Posição de uma reta em relação a uma circunferência

Dado uma reta s: $Ax + Bx + C = 0$ e uma circunferência α de equação $(x - a)^2 + (y - b)^2 = r^2$, vamos examinar as posições relativas entre s e α:

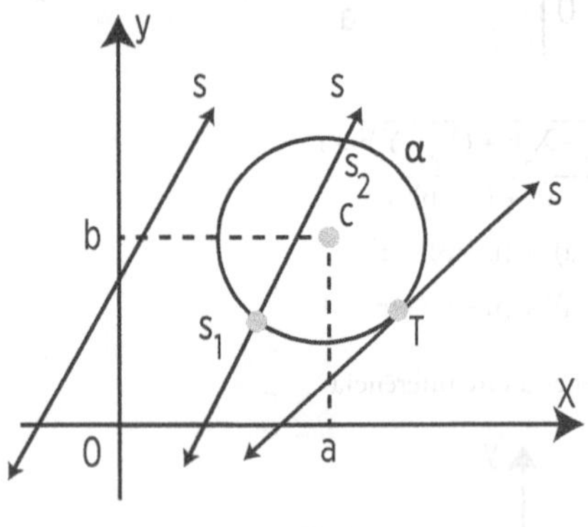

$s \cap \alpha = \varnothing \rightarrow$ s é exterior à α

$s \cap \alpha = \{T\} \rightarrow$ s é tangente à α

$s \cap \alpha = \{s_1, s_2\} \rightarrow$ s é tangente à α

Também se pode determinar a posição de uma reta em relação à circunferência, calculando a distância da reta ao centro da circunferência. Assim, dado a reta s: $Ax + By + C = 0$ e a circunferência α: $(x - a)^2 + (y - b)^2 = r^2$, tem-se:

$$d_{c3} = \frac{|Aa + Bb + C|}{\sqrt{A^2 + B^2}}$$

Assim:

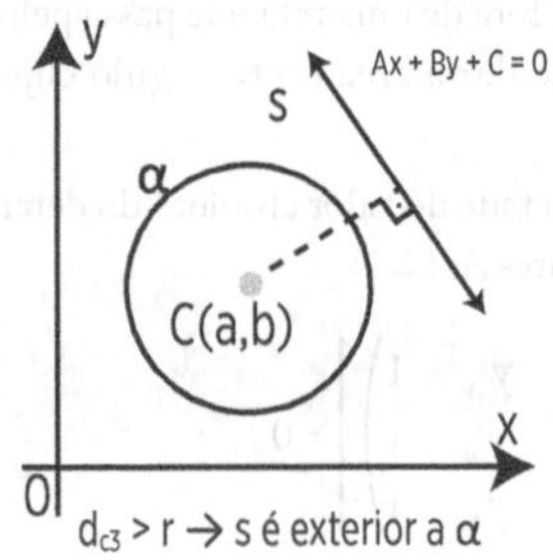

$d_{c3} > r \rightarrow$ s é exterior a α

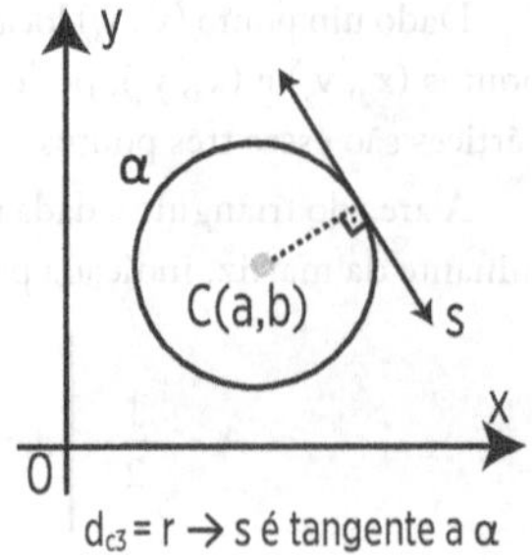

$d_{c3} = r \rightarrow$ s é tangente a α

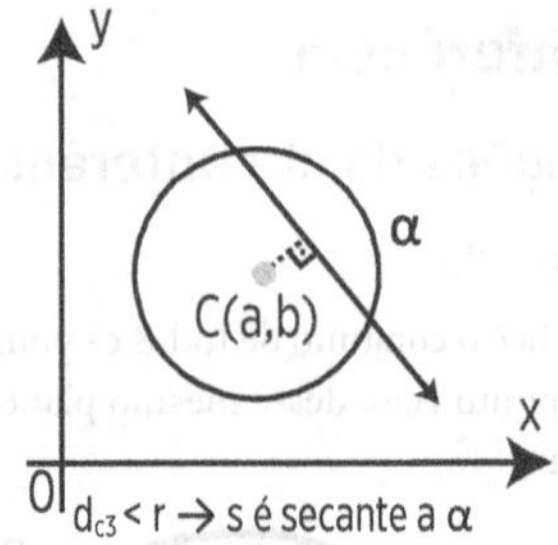

$d_{c3} < r \rightarrow$ s é secante a α

12.3.4 Posição relativa de duas circunferências

Circunferências tangentes

Tangentes externas: duas circunferências são tangentes externas quando possuem somente um ponto em comum e uma exterior à outra. A condição para que isso ocorra é que a distância entre os centros das duas circunferências seja equivalente à soma das medidas de seus raios.

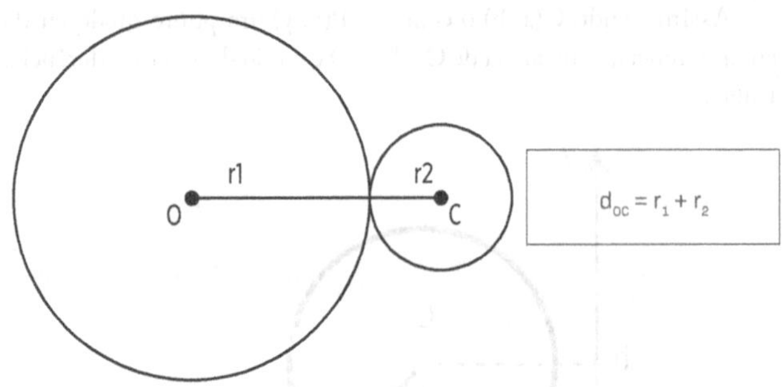

Tangentes internas: duas circunferências são tangentes internas quando possuem apenas um ponto em comum e uma esteja no interior da outra. A condição para que isso ocorra é que a distância entre os dois centros seja igual à diferença entre os dois raios.

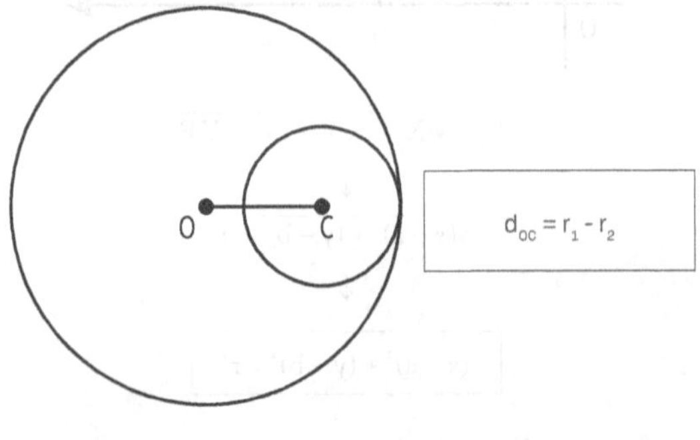

Circunferências externas

Duas circunferências são consideradas externas quando não possuem pontos em comum. A condição para que isso ocorra é que a distância entre os centros das circunferências deve ser maior que a soma das medidas de seus raios.

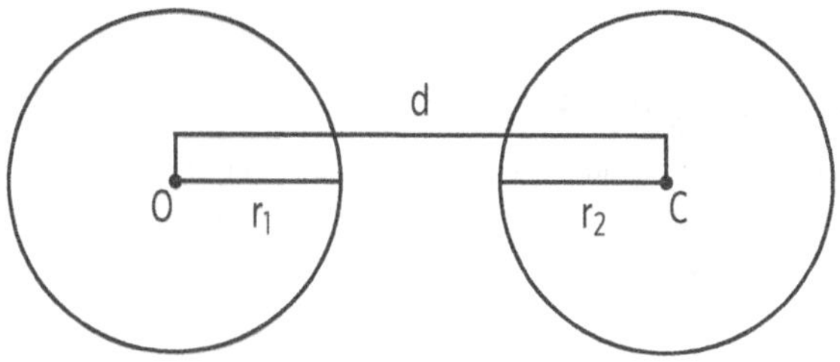

$d_{OC} > r_1 - r_2$

Circunferências secantes

Duas circunferências são consideradas secantes quando possuem dois pontos em comum. A condição para que isso aconteça é que a distância entre os centros das circunferências deve ser menor que a soma das medidas de seus raios.

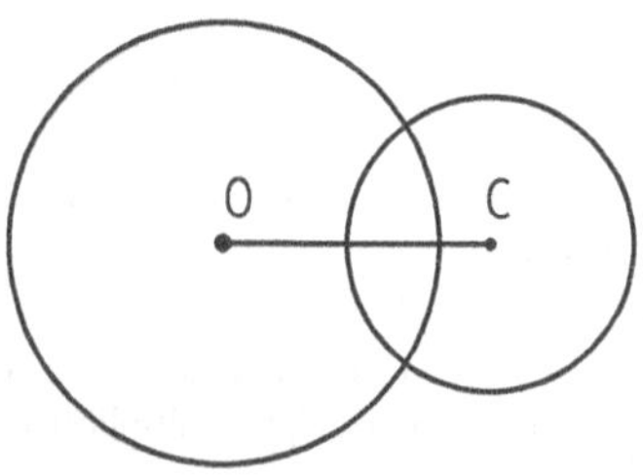

$d_{CO} < r_1 + r_2$

Circunferências internas

Duas circunferências são consideradas internas quando não possuem pontos em comum e uma está localizada no interior da outra. A condição para que isso ocorra é que a distância entre os centros das circunferências deve ser equivalente à diferença entre as medidas de seus raios.

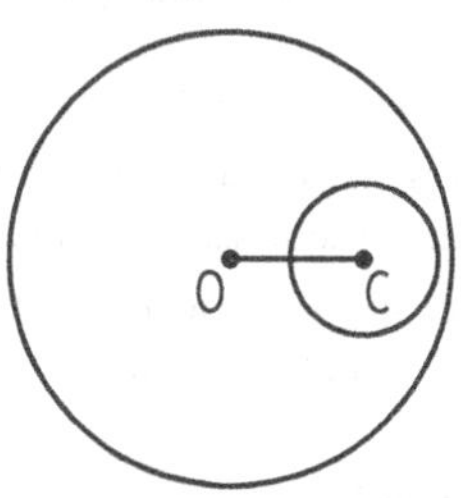

$d_{CO} < r_1 - r_2$

Circunferências concêntricas

Duas circunferências são consideradas concêntricas quando possuem o centro em comum. Nesse caso, a distância entre os centros é nula.

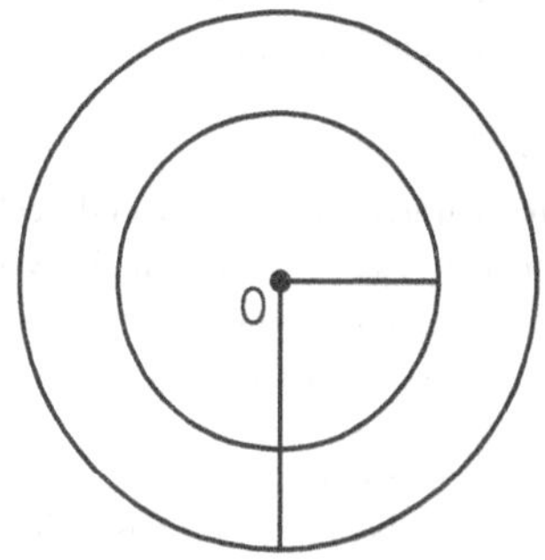

$d_{CO} = 0$

13 ANÁLISE COMBINATÓRIA

As primeiras atividades matemáticas estavam ligadas à contagem de objetos de um conjunto, enumerando seus elementos.

Vamos estudar algumas técnicas para a descrição e contagem de casos possíveis de um acontecimento.

13.1 Definição

A análise combinatória é utilizada para descobrir o **número de maneiras possíveis** para realizar determinado evento, sem que seja necessário demonstrar essas maneiras.

> Quantos são os pares formados pelo lançamento de dois **dados** simultaneamente?
>
> No primeiro dado, temos 6 possibilidades – do 1 ao 6 – e, no segundo dado, também temos 6 possibilidades – do 1 ao 6. Juntando todos os pares formados, temos 36 pares (6 · 6 = 36).
>
> (1,1), (1,2), (1,3), (1,4), (1,5), (1,6),
> (2,1), (2,2), (2,3), (2,4), (2,5), (2,6),
> (3,1), (3,2), (3,3), (3,4), (3,5), (3,6),
> (4,1), (4,2), (4,3), (4,4), (4,5), (4,6),
> (5,1), (5,2), (5,3), (5,4), (5,5), (5,6),
> (6,1), (6,2), (6,3), (6,4), (6,5), (6,6).
>
> Logo, temos **36 pares**.

Não há necessidade de expor todos os pares formados, basta que saibamos quantos pares existem.

Imagine se fossem 4 dados e quiséssemos saber todas as quadras possíveis, o resultado seria 1.296 quadras. Um número inviável de ser representado. Por isso utilizamos a análise combinatória.

Para resolver as questões de análise combinatória, utilizamos algumas técnicas, que veremos a seguir.

13.2 Fatorial

É comum, nos problemas de contagem, calcularmos o produto de uma multiplicação cujos fatores são números naturais consecutivos. Fatorial de um número (natural) é a multiplicação deste número por todos os seus antecessores, em ordem, até o número 1 ·

$$n! = n(n-1)(n-2)\dots3.2.1,\ \textit{sendo}\ n \in N\ e\ n > 1.$$

Por definição, temos:

- 0! = 1
- 1! =1
- 4! = 4 · 3 · 2 · 1 = 24
- 6! = 6 · 5 · 4 · 3 · 2 · 1 = 720
- 8! = 8 · 7 · 6 · 5 · 4 · 3 · 2 · 1 = 40.320

Observe que:

- 6! = 6 · 5 · 4!
- 8! = 8 · 7 · 6!

Para n = 0, teremos: 0! = 1.

Para n = 1, teremos: 1! = 1.

> Qual deve ser o valor numérico de n para que a equação (n + 2)! = 20 · n! seja verdadeira?
>
> O primeiro passo na resolução deste problema consiste em escrevermos **(n + 2)!** em função de **n!**, em busca de uma equação que não mais contenha fatoriais:
>
> (n+2) (n+1) n! = 20n!, dividindo por n!, tem os:
>
> (n+2) (n+1) = 20, fazendo a distributiva.
>
> $n^2 + 3n + 2 = 20 \Rightarrow n^2 + 3n - 18 = 0$
>
> Conclui-se que as raízes procuradas são **-6** e **3**, mas como não existe fatorial de números negativos, já que eles não pertencem ao conjunto dos números naturais, ficamos apenas com a raiz igual a **3**.
>
> Portanto:
>
> O valor numérico de n, para que a equação seja verdadeira, é igual a 3.

13.3 Princípio fundamental da contagem (PFC)

O PFC é utilizado nas questões em que os elementos podem ser repetidos **ou** quando a ordem dos elementos fizer diferença no resultado.

É uma das técnicas mais importantes e uma das mais utilizadas nas questões de análise combinatória.

> **Fique ligado**
>
> Esses elementos são os dados das questões, os valores envolvidos.

Consiste de dois princípios: o **multiplicativo** e o **aditivo**. A diferença dos dois consiste nos termos utilizados durante a resolução das questões.

Multiplicativo: usado sempre que na resolução das questões utilizarmos o termo e. Como o próprio nome já diz, faremos multiplicações.

Aditivo: usado quando utilizarmos o termo **ou**. Aqui realizaremos somas.

> Quantas senhas de 3 algarismos são possíveis com os algarismos 1, 3, 5 e 7?
>
> Como nas senhas os algarismos podem ser repetidos, para formar senhas de 3 algarismos temos a seguinte possibilidade:
>
> SENHA = Algarismo E Algarismo E Algarismo
>
> Nº de SENHAS = 4 · 4 · 4 (já que são 4 os algarismos que temos na questão, e observe o princípio multiplicativo no uso do e). Nº de SENHAS = 64.

> Quantos são os números naturais de dois algarismos que são múltiplos de 5?
>
> Como o zero à esquerda de um número não é significativo, para que tenhamos um número natural com dois algarismos, ele deve começar com um dígito de 1 a 9. Temos, portanto, 9 possibilidades.
>
> Para que o número seja um múltiplo de 5, ele deve terminar em 0 ou 5, portanto, temos apenas 2 possibilidades. A multiplicação de 9 por 2 nos dará o resultado desejado. Logo: são 18 os números naturais de dois algarismos e múltiplos de 5.

13.4 Arranjo e combinação

Duas outras técnicas usadas para resolução de problemas de análise combinatória, sendo importante saber quando usa cada uma delas.

Arranjo: usado quando os elementos (envolvidos no cálculo) não podem ser repetidos E quando a ordem dos elementos faz diferença no resultado.

A fórmula do arranjo é:

$$A_{n,p} = \frac{n!}{(n \cdot p)!}$$

Sendo:

- **n** = todos os elementos do conjunto.
- **p** = os elementos utilizados.

> pódio de competição

Combinação: usado quando os elementos (envolvidos no cálculo) não podem ser repetidos E quando a ordem dos elementos não faz diferença no resultado.

A fórmula da combinação é:

$$C_{n,p} = \frac{n!}{p! \cdot (n-p)!}$$

Sendo:

n = a todos os elementos do conjunto.

p = os elementos utilizados.

salada de fruta.

13.5 Permutação

13.5.1 Permutação simples

Seja **E** um conjunto com **n** elementos. Chama-se permutação simples dos **n** elementos, qualquer agrupamento (sequência) de **n** elementos distintos de **E** em outras palavras. Permutação é a **organização** de **todos** os elementos

Podemos, também, interpretar cada permutação de **n** elementos como um arranjo simples de **n** elementos tomados **n** a **n**, ou seja, p = n.

Nada mais é do que um caso particular de arranjo cujo p = n.

Logo:

Assim, a fórmula da permutação é:

$$P_n = n!$$

Quantos anagramas tem a palavra prova?

A palavra **prova** tem 5 letras, e nenhuma repetida, sendo assim **n** = 5, é:

P5 = 5!

P5 = 5 · 4 · 3 · 2 · 1

P5 = 120 anagramas

Fique ligado

As permutações são muito usadas nas questões de anagramas. Anagramas são palavras formadas com todas as letras de uma palavra, desde que essas novas palavras tenham sentido ou não na linguagem comum.

13.5.2 Permutação com elementos repetidos

Na permutação com elementos repetidos, usa-se a seguinte fórmula:

$$P_n^{k,y,...,w} = \frac{n!}{k! \cdot y! \cdot ... \cdot w!}$$

Sendo:

n = o número total de elementos do conjunto.

k, y, w = as quantidades de elementos repetidos.

Quantos anagramas tem a palavra concurso?

Observe que na palavra **concurso** existem duas letras repetidas, C e O, e cada uma duas vezes, portanto, n = 8, k = 2 e y = 2, sendo:

$$P_8^{2,2} = \frac{8!}{2! \cdot 2!}$$

$$P_8^{2,2} = \frac{8 \cdot 7 \cdot 6 \cdot 5 \cdot 4 \cdot 3 \cdot 2!}{2 \cdot 1 \cdot 2!} \text{ (Simplificando o 2!)}$$

$$P_8^{2,2} = \frac{20.160}{2}$$

$P_8^{2,2}$ = 10.080 anagramas

Resumo:

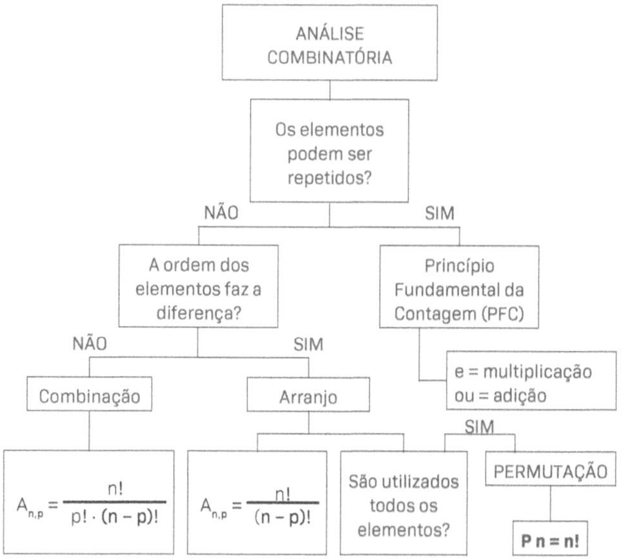

Para saber qual das técnicas utilizar, faça duas, no máximo, três perguntas para a questão, como segue:

Os elementos podem ser repetidos?

Se a resposta for sim, deve-se trabalhar com o PFC; se a resposta for não, passe para a próxima pergunta.

A ordem dos elementos faz diferença no resultado da questão?

Se a resposta for sim, trabalha-se com arranjo; se a resposta for não, trabalha-se com as combinações (todas as questões de arranjo podem ser feitas por PFC).

Vou utilizar todos os elementos para resolver a questão? (opcional)

Para fazer a 3ª pergunta, dependerá se a resposta da 1ª for não e a 2ª for sim; se a resposta da 3ª for sim, trabalha-se com as permutações.

13.5.3 Permutações circulares e combinações com repetição

Casos especiais dentro da análise combinatória

Permutação circular: usada quando houver giro horário ou anti-horário. Na permutação circular o que importa são as posições, não os lugares.

$$PC_n = (n - 1)!$$

Sendo:

n = o número total de elementos do conjunto.

Pc = permutação circular.

Combinação com repetição: usada quando p > n ou quando a questão deixar subentendido que pode haver repetição.

$$A_{n,p} = C_{(n+p-1,p)} = \frac{(n+p-1)!}{p! \cdot (n-1)!}$$

Sendo:

n = o número total de elementos do conjunto.

p = o número de elementos utilizados.

Cr = combinação com repetição.

14 PROBABILIDADE

A que temperatura a água entra em ebulição? Ao soltar uma bola, com que velocidade ela atinge o chão? Ao conhecer certas condições, é perfeitamente possível responder a essas duas perguntas, antes mesmo da realização desses experimentos.

Esses experimentos são denominados determinísticos, pois neles os resultados podem ser previstos.

Considere agora os seguintes experimentos:

- No lançamento de uma moeda, qual a face voltada para cima?
- No lançamento de um dado, que número saiu?
- Uma carta foi retirada de um baralho completo. Que carta é essa?

Mesmo se esses experimentos forem repetidos várias vezes, nas mesmas condições, não poderemos prever o resultado.

Um experimento cujo resultado, mesmo que único, é imprevisível, é denominado experimento aleatório. E é justamente ele que nos interessa neste estudo. Um experimento ou fenômeno aleatório apresenta as seguintes características:

- Pode se repetir várias vezes nas mesmas condições.
- É conhecido o conjunto de todos os resultados possíveis.
- Não se pode prever o resultado.

A teoria da probabilidade surgiu para nos ajudar a medir a chance de ocorrer determinado resultado em um experimento aleatório.

14.1 Definições

Para o cálculo das probabilidades, temos que saber primeiro os três conceitos básicos acerca do tema:

Fique ligado

Maneiras possíveis de se realizar determinado evento (análise combinatória).
≠ (diferente)
Chance de determinado evento ocorrer (probabilidade).

Experimento aleatório: é o experimento em que não é possível garantir o resultado, mesmo que esse seja feito diversas vezes nas mesmas condições.

> **Lançamento de uma moeda**: ao lançar uma moeda os resultados possíveis são cara ou coroa, mas não tem como garantir qual será o resultado desse lançamento.
>
> **Lançamento de um dado**: da mesma forma que a moeda, não temos como garantir qual é o resultado (1, 2, 3, 4, 5 e 6) desse lançamento.

Espaço amostral (Ω) ou (U): é o conjunto de todos os resultados possíveis para um experimento aleatório.

> **Na moeda**: o espaço amostral na moeda é $\Omega = 2$, pois só temos dois resultados possíveis para esse experimento, que é ou cara ou coroa.
>
> **No dado**: o espaço amostral no dado é $U = 6$, pois temos do 1 ao 6, como resultados possíveis para esse experimento.

Evento: qualquer subconjunto do espaço amostral é chamado evento.

> No lançamento de um dado, por exemplo, em relação à face voltada para cima, podemos ter os eventos:
>
> **O número par:** {2, 4, 6}.
>
> **O número ímpar:** {1, 3, 5}.
>
> **Múltiplo de 8:** { }.

14.2 Fórmula da probabilidade

Considere um experimento aleatório em que para cada um dos n eventos simples, do espaço amostral U, a chance de ocorrência é a mesma. Nesse caso, o cálculo da probabilidade de um evento qualquer dado pela fórmula:

$$P(A) = \frac{n(A)}{n(U)}$$

Na expressão acima, **n (U)** é o número de elementos do espaço amostral **U** e **n (A)**, o número de elementos do evento **A**.

$$P = \frac{\text{evento}}{\text{espaço amostral}}$$

Os valores da probabilidade variam de 0 (0%) a 1 (100%).

Quando a probabilidade é de 0 (0%), diz-se que o evento é impossível.

> Chance de você não passar num concurso.

Quando a probabilidade é de 1 (100%), diz-se que o evento é certo.

> Chance de você passar num concurso.

Qualquer outro valor entre 0 e 1, caracteriza-se como a probabilidade de um evento.

Na probabilidade também se usa o PFC, ou seja, sempre que houver duas ou mais probabilidades ligadas pelo conectivo e elas serão multiplicadas, e quando for pelo ou, elas serão somadas.

14.3 Eventos complementares

Dois eventos são ditos **complementares** quando a chance do evento ocorrer somado à chance de ele não ocorrer sempre dá 1.

$$P(A) + P(\bar{A}) = 1$$

Sendo:

- **P(A)** = a probabilidade do evento ocorrer.
- **P(Ā)** = a probabilidade do evento não ocorrer.

14.4 Casos especiais de probabilidade

A partir de agora,veremos algumas situações típicas da probabilidade, que servem para não perdermos tempo na resolução das questões.

14.4.1 Eventos independentes

Dois ou mais eventos são independentes quando não dependem uns dos outros para acontecer, porém ocorrem simultaneamente. Para calcular a probabilidade de dois ou mais eventos independentes, multiplicar a probabilidade de cada um deles.

> Uma urna tem 30 bolas, sendo 10 vermelhas e 20 azuis. Se sortear 2 bolas, 1 de cada vez e repondo a sorteada na urna, qual será a probabilidade de a primeira ser vermelha e a segunda ser azul?
>
> Sortear uma bola vermelha da urna não depende de uma bola azul ser sorteada e vice-versa, então a probabilidade da bola ser vermelha é $\frac{10}{30}$, e para a bola ser azul a probabilidade é $\frac{20}{30}$. Dessa forma, a probabilidade de a primeira bola ser vermelha e a segunda azul é:

$$P = \frac{20}{30} \cdot \frac{10}{30}$$

$$P = \frac{200}{900}$$

$$P = \frac{2}{9}$$

14.4.2 Probabilidade condicional

É a probabilidade de um evento ocorrer, sabendo que já ocorreu outro, relacionado a esse.

A fórmula para o cálculo dessa probabilidade é:

$$P_{A/B} = \frac{P(A \cap B)}{P_B}$$

$$P = \frac{\text{probabilidade dos eventos simultâneos}}{\text{probabilidade do evento condicional}}$$

14.4.3 Probabilidade da união de dois eventos

Assim como na teoria de conjuntos, faremos a relação com a fórmula do número de elementos da união de dois conjuntos. É importante lembrar o que significa união.

A fórmula para o cálculo dessa probabilidade é:

$$P(A \cup B) = P(A) + P(B) - P(A \cap B)$$

Ao lançar um dado, qual é a probabilidade de obter um número primo ou um número ímpar?

Os números primos no dado são 2, 3 e 5, já os números ímpares no dado são 1, 3 e 5, então os números primos e ímpares são 3 e 5. Ao aplicar a fórmula para o cálculo da probabilidade fica:

$$P_{(A \cup B)} = \frac{3}{6} + \frac{3}{6} - \frac{2}{6}$$

$$P_{(A \cup B)} = \frac{4}{6}$$

$$P_{(A \cup B)} = \frac{2}{3}$$

14.4.4 Probabilidade binomial

Essa probabilidade é a chamada probabilidade estatística e será tratada aqui de forma direta e com o uso da fórmula.

A fórmula para o cálculo dessa probabilidade é:

$$P = C_{n,s} \cdot P^{s}_{sucesso} \cdot P^{f}_{fracasso}$$

Sendo:

- **C** = o combinação.
- **n** = o número de repetições do evento.
- **s** = o número de sucessos desejados.
- **f** = o número de fracassos.

15 PROPORCIONALIDADE

Os conceitos de razão e proporção estão ligados ao quociente. Esse conteúdo é muito solicitado pelas bancas de concursos.

Primeiramente, vamos compreender o que é grandeza, em seguida, razão e proporção.

15.1 Grandeza

É tudo aquilo que pode ser contado, medido ou enumerado.

> Comprimento (distância), tempo, quantidade de pessoas e/ou coisas etc.

Grandezas diretamente proporcionais: são aquelas em que o aumento de uma implica o aumento da outra.

> Quantidade e preço.

Grandezas inversamente proporcionais: são aquelas em que o aumento de uma implica a diminuição da outra.

> Velocidade e tempo.

15.2 Razão

É a comparação de duas grandezas. Essas grandezas podem ser da mesma espécie (unidades iguais) ou de espécies diferentes (unidades diferentes). Nada mais é do que uma fração do tipo $\frac{a}{b}$, com $b \neq 0$.

Nas razões, os numeradores são também chamados de antecedentes e os denominadores de consequentes.

Escala: comprimento no desenho comparado ao tamanho real.

Velocidade: distância comparada ao tempo.

15.3 Proporção

É determinada pela igualdade entre duas razões.

$$\frac{a}{b} = \frac{c}{d}$$

Dessa igualdade, tiramos a propriedade fundamental das proporções: o produto dos meios igual ao produto dos extremos (a chamada multiplicação cruzada).

$$b \cdot c = a \cdot d$$

É basicamente essa propriedade que ajuda resolver a maioria das questões desse assunto.

Dados três números racionais a, b e c, não nulos, denomina **quarta proporcional** desses números um número x tal que:

$$\frac{a}{b} = \frac{c}{x}$$

Proporção contínua é a que apresenta os meios iguais.

De um modo geral, uma proporção contínua pode ser representada por:

$$\frac{a}{b} = \frac{b}{c}$$

As outras propriedades das proporções são:

Numa proporção, a soma dos dois primeiros termos está para o 2º (ou 1º) termo, assim como a soma dos dois últimos está para o 4º (ou 3º).

$$\frac{a+b}{b} = \frac{c+d}{d} \text{ ou } \frac{a+b}{a} = \frac{c+d}{c}$$

Numa proporção, a diferença dos dois primeiros termos está para o 2º (ou 1º) termo, assim como a diferença dos dois últimos está para o 4º (ou 3º).

$$\frac{a-b}{b} = \frac{c-d}{d} \text{ ou } \frac{a-b}{a} = \frac{c-d}{c}$$

Numa proporção, a soma dos antecedentes está para a soma dos consequentes, assim como cada antecedente está para o seu consequente.

$$\frac{a+c}{b+d} = \frac{c}{d} = \frac{a}{b}$$

Numa proporção, a diferença dos antecedentes está para a diferença dos consequentes, assim como cada antecedente está para o seu consequente.

$$\frac{a-c}{b-d} = \frac{c}{d} = \frac{a}{b}$$

Numa proporção, o produto dos antecedentes está para o produto dos consequentes, assim como o quadrado de cada antecedente está para quadrado do seu consequente.

$$\frac{a \cdot c}{b \cdot d} = \frac{a^2}{b^2} = \frac{c^2}{d^2}$$

A última propriedade pode ser estendida para qualquer número de razões.

$$\frac{a \cdot c \cdot e}{b \cdot d \cdot f} = \frac{a^3}{b^3} = \frac{c^3}{d^3} = \frac{e^3}{f^3}$$

15.4 Divisão em partes proporcionais

Para dividir um número em partes direta ou inversamente proporcionais, devem-se seguir algumas regras.

- **Divisão em partes diretamente proporcionais**

> Divida o número 50 em partes diretamente proporcionais a 4 e a 6.
>
> $4x + 6x = 50$
>
> $10x = 50$
>
> $x = \frac{50}{10}$
>
> $x = 5$
>
> x = constante proporcional
>
> Então, $4x = 4 \cdot 5 = 20$ e $6x = 6 \cdot 5 = 30$
>
> Logo, a parte proporcional a 4 é o 20 e a parte proporcional ao 6 é o 30.

MATEMÁTICA

▷ **Divisão em partes inversamente proporcionais**

Divida o número 60 em partes inversamente proporcionais a 2 e a 3.

$$\frac{x}{2} = \frac{x}{3} = 60$$

$$\frac{3x}{6} + \frac{2x}{6} = 60$$

$5x = 60 \cdot 6$

$5x = 360$

$$x = \frac{360}{5}$$

$x = 72$

x = constante proporcional

$$\text{Então, } \frac{x}{2} = \frac{72}{2} = 36 \text{ e } \frac{x}{3} = \frac{72}{3} = 24$$

Logo, a parte proporcional a 2 é o 36 e a parte proporcional ao 3 é o 24.

Perceba que, na divisão diretamente proporcional, quem tiver a maior parte ficará com o maior valor. Já na divisão inversamente proporcional, quem tiver a maior parte ficará com o menor valor.

15.5 Regra das torneiras

Sempre que uma questão envolver uma situação que pode ser feita de um jeito em determinado tempo (ou por uma pessoa) e, em outro tempo, de outro jeito (ou por outra pessoa), e quiser saber em quanto tempo seria se fosse feito tudo ao mesmo tempo, usa-se a regra da torneira, que consiste na aplicação da seguinte fórmula:

$$t_T = \frac{t_1 \cdot t_2}{t_1 + t_2}$$

Em que **T** é o tempo.

Quando houver mais de duas situações, é melhor usar a fórmula:

$$\frac{1}{t_T} = \frac{1}{t_1} + \frac{1}{t_2} + \ldots + \frac{1}{t_n}$$

Em que **n** é a quantidade de situações.

Uma torneira enche um tanque em 6h. Uma segunda torneira enche o mesmo tanque em 8h. Se as duas torneiras forem abertas juntas quanto tempo vão levar para encher o mesmo tanque?

$$t_T = \frac{6 \cdot 8}{6 + 8} = \frac{48}{14} = 3h25min43s$$

15.6 Regra de três

Mecanismo prático e/ou método utilizado para resolver questões que envolvem razão e proporção (grandezas).

15.6.1 Regra de três simples

Aquela que só envolve duas grandezas.

Durante uma viagem, um carro consome 20 litros de combustível para percorrer 240km, quantos litros são necessários para percorrer 450km?

Primeiro, verifique se as grandezas envolvidas na questão são direta ou inversamente proporcionais, e monte uma estrutura para visualizar melhor a questão.

Distância	Litro
240	20
450	x

Ao aumentar a distância, a quantidade de litros de combustível necessária para percorrer essa distância também vai aumentar, então, as grandezas são diretamente proporcionais.

$$\frac{20}{x} = \frac{240}{450}$$

Aplicando a propriedade fundamental das proporções:

$240x = 9.000$

$$x = \frac{9.000}{240} = 37,5 \text{ litros}$$

15.6.2 Regra de três composta

Aquela que envolve mais de duas grandezas.

Dois pedreiros levam nove dias para construir um muro com 2m de altura. Trabalhando três pedreiros e aumentando a altura para 4m, qual será o tempo necessário para completar esse muro?

Neste caso, deve-se comparar uma grandeza de cada vez com a variável.

Dias	Pedreiros	Altura
9	2	2
x	3	4

Note que, ao aumentar a quantidade de pedreiros, o número de dias necessários para construir um muro diminui, então as grandezas pedreiros e dias são inversamente proporcionais. No entanto, se aumentar a altura do muro, será necessário mais dias para construí-lo. Dessa forma, as grandezas muro e dias são diretamente proporcionais. Para finalizar, monte a proporção e resolva. Lembre-se que quando uma grandeza for inversamente proporcional à variável sua fração será invertida.

$$\frac{9}{x} = \frac{3}{2} \cdot \frac{2}{4}$$

$$\frac{9}{x} = \frac{6}{8}$$

Aplicar a propriedade fundamental das proporções:

$6x = 72$

$$x = \frac{72}{6} = 12 \text{ dias}$$

16 NÚMEROS COMPLEXOS

Neste capítulo, veremos outro conjunto numérico até então desconhecido e não utilizado, porém passa a fazer muito sentido quando queremos obter a raiz de um número negativo.

16.1 Unidade imaginária

Para resolver uma equação do tipo $x^2 + 1 = 0$, não existe solução no conjunto dos números reais, mas foi criado um conjunto, com um valor, que permite resolver essa equação, é o conjunto dos números complexos e o valor é o da unidade imaginária ($i^2 = -1$).

Partindo desse conceito, temos que $i^2 = -1$, assim podemos definir as potências de i.

$i^0 = 1$	$i^1 = i$	$i^2 = -1$	$i^3 = -i$
$i^4 = 1$	$i^5 = i$	$i^6 = -1$	$i^7 = -i$
$i^8 = 1$	$i^9 = i$	$i^{10} = -1$	$i^{11} = -i$

16.2 Forma algébrica de um número complexo

Um número complexo é representado na forma Z = a + bi em que a e b são números reais.

- A representação Z = a + bi tem três classificações.
  - Z = a + bi; se b = 0 podemos afirmar que Z é um número real.
  - Z = a + bi é imaginário puro se a = 0 e b ≠ 0.
  - Z = a + bi é simplesmente imaginário se a e b forem diferentes de zero.

Logo, pode-se concluir que os números complexos contêm todos os reais mais os imaginários:

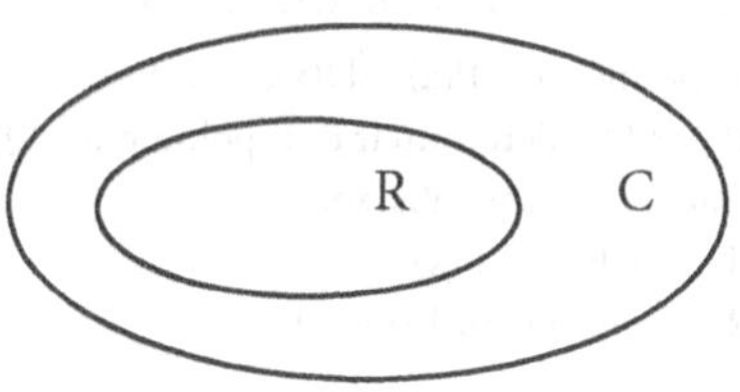

16.3 Conjugado e módulo de um número complexo

Para encontrar o conjugado de um número complexo, basta trocar o sinal da parte imaginária, ou seja, dado Z = a + bi, o conjugado $\overline{Z}$ será $\overline{Z} = a - bi$.

A representação de um número complexo pode ser feita no Plano Cartesiano (Plano de Argand-Gauss), sendo x o eixo real e y o eixo imaginário. Dessa forma, um número complexo Z = a + bi é representado no plano da seguinte maneira:

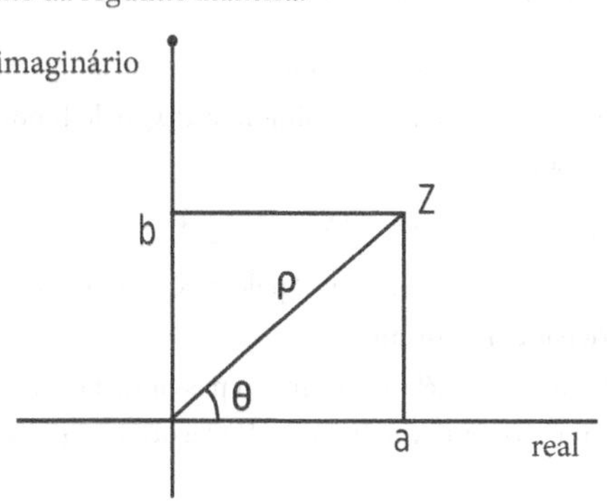

O par ordenado (a, b) do número complexo Z = a + bi é chamado de afixo do número.

Temos que $\rho = |Z|$, ou seja, ρ é o módulo de Z dado por $\rho \sqrt{a^2 + b^2}$.

O ângulo θ é chamado de argumento de Z e sempre será o ângulo entre a reta real e o segmento de comprimento ρ.

Para encontrar θ, usamos a trigonometria no triângulo retângulo.

$$\text{sen}\theta = \frac{b}{\rho} \text{ e } \cos\theta = \frac{a}{\rho}$$

16.4 Forma trigonométrica de um número complexo

A forma trigonométrica de um número complexo é dada pela fórmula:

$$Z = (\cos\theta + i \cdot \text{sen}\theta)$$

16.5 Operações com números complexos

16.5.1 Adição

Para somar dois números complexos (na forma algébrica), deve-se somar parte real com parte real e parte imaginária com parte imaginária.

16.5.2 Subtração

A subtração de complexos (na forma algébrica), segue as mesmas regras da adição, parte real com parte real e parte imaginária com parte imaginária.

16.5.3 Multiplicação

Na multiplicação de complexos (na forma algébrica), tem-se que multiplicar tudo, aplicando a propriedade distributiva da multiplicação, se for necessário.

Já na forma trigonométrica, deve-se proceder da seguinte forma:

$$z_1 \cdot z_2 = |z_1| \cdot |z_2| \cdot [\cos(\theta + \alpha) + i \cdot \text{sen}(\theta + \alpha)]$$

16.5.4 Divisão

Para efetuar a divisão de $\frac{z_1}{z_2}$ (na forma algébrica), deve-se multiplicar o denominador e o numerador pelo conjugado do denominador.

Na forma trigonométrica, deve-se proceder assim:

$$\frac{z_1}{z_2} = \frac{|z_1|}{|z_2|} \cdot [\cos(\theta - \alpha) + i \cdot \text{sen}(\theta - \alpha)$$

16.5.5 Potenciação

Na forma trigonométrica, temos:

$$Z^n = |Z|^n \cdot (\cos(n\theta) + i \cdot \text{sen}(n\theta))$$

17 POLINÔMIOS

Neste capítulo, será abordado um assunto que é próximo ao das equações, mas existem algumas características que são próprias dos polinômios.

17.1 Definições

Monômio: é um número ou uma letra (incógnita), ou o produto dos números com as letras, ou somente das letras.

$2x$;
$3y$;
z^4;
7;
$-a$;
a^3b^5

Os monômios são constituídos de coeficiente (número), parte literal (incógnita) e grau (soma dos expoentes das incógnitas).

$7 \rightarrow$ coeficiente = 7; parte literal = não tem; grau = 0
$3y \rightarrow$ coeficiente = 3; parte literal = y; grau = 1
$a^3b^5 \rightarrow$ coeficiente = 1 parte literal = a^3b^5; grau = 8

Polinômio: é a soma algébrica (adição e/ou subtração) de monômios.

$2x + 3y$;
$z^4 - 7$;
$-a + a^3b^5$

Monômios semelhantes: são aqueles que possuem a mesma parte literal.

Polinômios com uma só variável: são aqueles que possuem, nas suas partes literais, a mesma incógnita (mudando apenas o grau).

17.2 Função polinomial

Uma função polinomial, ou simplesmente polinômio, é toda função definida pela relação:

$$P(x) = a_nx^n + a_{n-1} \cdot x^{n-1} + a_{n-2} \cdot x^{n-2} + \dots + a_2x^2 + a_1x + a_0$$

Em que:

$a_n, a_{n-1}, a_{n-2}, \dots, a_2, a_1, a_0$ são números reais chamados coeficientes.
$n \in IN$
$x \in C$, é a variável.

17.3 Polinômio nulo

Diz-se que um polinômio é nulo quando todos os seus coeficientes forem iguais a zero: $P(x) = 0$.

17.4 Grau de um polinômio

O grau de um polinômio é dado pelo maior expoente de x com coeficiente não nulo.

$P(x) = 4x^2 + 5x 7$ é um polinômio do segundo grau.
$P(x) = 3x^5 + 2x^2 + 2$ é um polinômio de quinto grau.

17.5 Identidade entre polinômios

Dois polinômios são idênticos quando todos os seus coeficientes, de termos semelhantes (variável com o mesmo grau), são números iguais.

17.6 Valor numérico de um polinômio

O valor numérico de um polinômio P(x) para x = a é o número que se obtém substituindo x por a e efetuando todas as operações indicadas pela relação que define o polinômio.

Se $P(x) = x^3 + 2x^2 + x - 4$, o valor numérico de P (x), para x = 2, é:
$P(x) = x^3 + 2x^2 + x - 4$
$P(2) = 2^3 + 2 \cdot 2^2 + 2 - 4$
$P(2) = 14$
Se $P(a) = 0$, o número a é chamado raiz ou zero de P(x).
$P(x) = x^2 - 3x + 2$, temos $P(1) = 0$
logo, 1 é raiz ou zero desse polinômio.

17.7 Operações com polinômios

17.7.1 Soma e subtração

Adição: somam-se os coeficientes dos diversos monômios de mesmo grau.

Subtração: subtraem-se os coeficientes dos diversos monômios de mesmo grau.

17.7.2 Multiplicação

Para multiplicar os polinômios, basta usar a propriedade distributiva da multiplicação.

Produtos notáveis são exemplos das multiplicações de polinômios e ajudam nos cálculos da questão.

$(a + b)^2 = a^2 + 2ab + b^2$
$(a - b)^2 = a^2 - 2ab + b^2$
$(a + b) \cdot (a - b) = a^2 - b^2$
$(x + a) \cdot (x + b) = x^2 + (a + b) \cdot x + ab$
$(a + b)^3 = a^3 + 3a^2b + 3ab^2 + b^3$
$(a - b)^3 = a^3 - 3a^2b + 3ab^2 - b^3$
$(a + b) \cdot (a^2 - ab + b^2) = a^3 + b^3$
$(a - b) \cdot (a^2 + ab + b^2) = a^3 - b^3$

17.8 Divisões com polinômios

Dado dois polinômios P(x) e D(x), com D(x) não nulo. Efetuar a divisão de P por D é determinar dois polinômios Q(x) e R(x), que satisfaçam as duas condições abaixo:

$Q(x) \cdot D(x) + R(x) = P(x)$
grau (R) < grau (D) ou $R(x) = 0$

$$\begin{array}{r|l} P(x) & D(x) \\ \hline R(x) & Q(x) \end{array}$$

Nesta divisão:
P(x) é o dividendo.
D(x) é o divisor.
Q(x) é o quociente.
R(x) é o resto da divisão.

Quando temos R(x) = 0, dizemos que a divisão é exata, ou seja, P(x) é divisível por D(x) ou D(x) é divisor de P(x).

17.8.1 Teorema do resto

O resto da divisão de um polinômio P(x) pelo binômio ax + b é igual a P(–b/a).

17.8.2 Teorema de D'Alembert

Um polinômio P(x) é divisível pelo binômio ax + b se P(–b/a) = 0.

▷ **Propriedades importantes:**

- Toda equação algébrica de grau n possui exatamente n raízes.
- Se b for raiz de P(x) = 0, então, P(x) é divisível por x – b.

- Se o número complexo a + bi for raiz de P(x) = 0, então o conjugado a – bi também será raiz.
- Se a equação P(x) = 0 possuir k raízes iguais a m, então dizemos que m é uma raiz de grau de multiplicidade k.
- Se a soma dos coeficientes de uma equação algébrica P(x) = 0 for nula, então, a unidade é raiz da equação (1 é raiz).
- Toda equação de termo independente nulo admite um número de raízes nulas igual ao menor expoente da variável.

Se $x_1, x_2, x_3, \ldots, x_n$ são raízes da equação:

$$a_0x^n + a_1x^{n-1} + a_2x^{n-2} + \ldots + a_n = 0$$

Então ela pode ser escrita na forma fatorada:

$$a_0 (x - x_1) \cdot (x - x_2) \cdot (x - x_3) \ldots\ldots (x - x_n) = 0$$

17.8.3 Dispositivo de Briot-Ruffini

Serve para efetuar a divisão de um polinômio P(x) por um binômio da forma (ax + b). Seguem algumas regras para realizar esse procedimento:

- Coloca-se a raiz do divisor e os coeficientes do dividendo ordenadamente na parte de cima da "cerquinha".
- O primeiro coeficiente do dividendo é repetido abaixo.
- Multiplica-se a raiz do divisor por esse coeficiente repetido abaixo e soma-se o produto com o 2º coeficiente do dividendo, colocando-se o resultado abaixo deste.
- Multiplica-se a raiz do divisor pelo número colocado abaixo do 2º coeficiente e soma-se o produto com o 3º coeficiente, colocando-se o resultado abaixo deste, e assim sucessivamente.
- Separa-se o último número formado, que é igual ao resto da divisão, e os números que ficam à esquerda deste serão os coeficientes do quociente.

Determinar o quociente e o resto da divisão do polinômio P(x) = 3 x 3 – 5 x 2 + x–2 por (x–2).

Aplicando o dispositivo:

RAIZ DO DIVISOR	COEFICIENTES DE P(x)			
2	3	–5	1	–2
	↓	$3 \cdot (2) - 5$	$1 \cdot (2) + 1$	$3 \cdot (2) - 2$
	3	1	3	4
	COEFICIENTES DO QUOCIENTE Q(x)			RESTO

Nesse caso, o Q(x) = 3x2 + x + 3 e o resto é 4.

17.9 Equações polinomiais

Equação polinomial ou algébrica é toda equação da forma p(x) = 0, em que p(x) é um polinômio.

$x^4 + 9x^2 - 10x + 3 = 0$

$x^8 - x^6 - 6x + 2 = 0$

17.9.1 Raízes dos polinômios

As raízes de uma equação polinomial constituem o conjunto solução da equação.

Para as equações em que o grau é 1 ou 2, o método de resolução é simples. Nos casos em que o grau dos polinômios é maior que 2, existem expressões para a obtenção da solução.

17.9.2 Raízes múltiplas

Pode ocorrer que uma ou mais raízes sejam iguais, nesse caso essas raízes são definidas como múltiplas.

P(x) = 4(x – 1) (x – 1) (x – 2) (x – 2) (x –2) (x – 8)

Observe a multiplicidade da raiz 1 (2 vezes) e da raiz 2 (3 vezes). Denomina-se que a equação polinomial P(x) possui a raiz 1 com multiplicidade 2, a raiz 2 de multiplicidade 3 e a raiz 8 de multiplicidade 1.

Raízes complexas

Qualquer equação polinomial, de grau n, com n ≥ 1, possui pelo menos 1 raiz complexa (real ou imaginária).

As equações polinomiais que possuam uma raiz imaginária terão também o conjugado dessa raiz como raiz. Assim, se z = a + bi é raiz de uma equação polinomial z = a bi, também será raiz. Sendo a, b ∈ R e $i^2 = -1$.

Fique ligado

Os números complexos contêm os números reais, ou seja, um número real é também um número complexo

17.9.3 Teorema fundamental da álgebra

Toda equação polinomial p(x) = 0, de grau n cujo n ≥ 1, admite pelo menos uma raiz complexa.

O teorema fundamental da álgebra apenas garante a existência de pelo menos uma raiz, ele não demonstra qual o número de raízes de uma equação nem como achar essas raízes.

O teorema somente tem valor para C; para R, esse teorema não é válido.

A equação $x^2 + 1 = 0$ não possui raiz real, porém aceita, no campo complexo, os números i e -i como raízes.

17.9.4 Teorema da decomposição

Todo o polinômio de grau n tem exatamente n raízes reais e complexas.

Compor o polinômio, sabendo que suas raízes são 1, 2 e 4.

Como existem 3 raízes, n = 3, então o polinômio é:

$P(x) = an \cdot (x - r_1) \cdot (x - r_2) \cdot (x - r_3)$

Fazendo an = 1, temos que:

$P(x) = 1 \cdot (x - 1) \cdot (x - 2) \cdot (x - 4)$

$P(x) = x^3 - 7x^2 + 14x - 8$

17.9.5 Relação entre coeficientes e raízes

Relações de Girard

São as relações existentes entre os coeficientes e as raízes de uma equação algébrica.

Para uma equação do 2º grau, $ax^2 + bx + c = 0$, já se conhecem as seguintes relações entre os coeficientes e as raízes x_1 e x_2:

$x_1 + x_2 = -b/a$ e $x_1 \cdot x_2 = c/a$

Para uma equação do 3º grau, $ax^3 + bx^2 + cx + d = 0$, sendo x_1, x_2 e x_3 as raízes, temos as seguintes relações de Girard:

$x_1 + x_2 + x_3 = -b/a$; $x_1 \cdot x_2 + x_1 \cdot x_3 + x_2 \cdot x_3 = c/a$ e $x_1 \cdot x_2 \cdot x_3 = -d/a$

18 ESTATÍSTICA DESCRITIVA

18.1 Conceitos

18.1.1 Estatística

Compreende os métodos científicos utilizados para coleta, organização, resumo, apresentação e análise, ou descrição, de dados de observação. Também abrange métodos utilizados para tomadas de decisões sob condições de incerteza.

18.1.2 Estatística descritiva

Inclui as técnicas empregadas para coleta e descrição de dados. Também é empregada na análise exploratória de dados.

18.1.3 Estatística inferencial

Utiliza informações incompletas para tomar decisões e tirar conclusões satisfatórias. O alicerce das técnicas de estatística inferencial está no cálculo de probabilidades. As duas técnicas de estatística inferencial são: estimação e teste de hipóteses.

18.1.4 População

Emprega-se para designar um conjunto de indivíduos que possuem pelo menos uma característica, ou atributo, em comum.

18.1.5 Amostra

Refere-se a qualquer subconjunto de uma população. A amostragem é uma das etapas mais importantes na aplicação de métodos estatísticos e envolve aspectos como determinação do tamanho da amostra, metodologia de formação e representatividade da amostra com relação à população.

18.1.6 Variável

É usada para atribuição dos valores correspondentes aos dados observados. É importante ressaltar que os dados em questão não são necessariamente numéricos, uma vez que podem dizer respeito a atributos qualitativos observados na população.

18.1.7 Censo

É um conjunto de dados obtidos de todos os membros da população.

18.1.8 Experimento aleatório

Fenômeno que, quando repetido inúmeras vezes em processos semelhantes, possui resultados imprevisíveis. As variáveis podem ser quantitativas (discreta ou contínua) ou qualitativas (nominal ou ordinal).

Quantitativa discreta: pode assumir apenas alguns valores.

| Número de filhos.

Quantitativa contínua: pode assumir infinitos valores.

| Peso, altura.

Qualitativa nominal: apenas identifica as categorias.

| Gênero (feminino e masculino).

Qualitativa ordinal: podem-se ordenar as categorias.

| Grau de instrução.

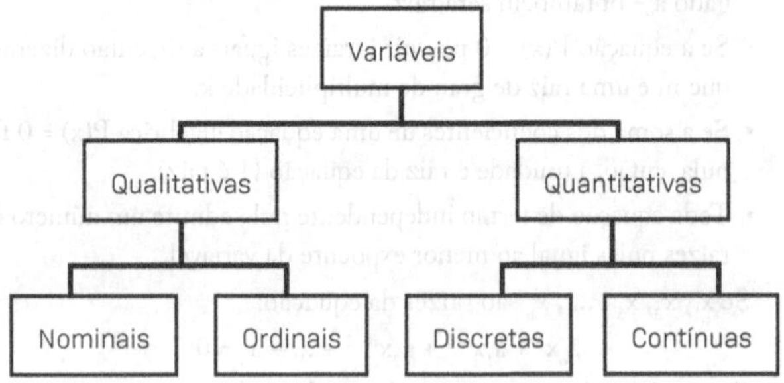

18.2 Apresentação dos dados

A apresentação dos dados pode ocorrer basicamente de três maneiras:

- Isolados.
- Ponderados.
- Agrupados.

Dados Isolados: representam os dados na forma bruta.

| 2, 2, 3, 5, 7, 8, 8, 9

Dados Ponderados: consistem em uma tabela que contém, para cada valor observado, o número de vezes que ele ocorre (frequência), mas não se pode saber a quem corresponde cada valor.

Nota	Frequência
0	2
1	1
1,5	1
2	2
2,5	1
3,5	2
4	3
4,5	3
5	5
5,5	2
6	3
6,5	2
7	3
8	1
8,5	1
Total	**32**

Dados agrupados: apenas para dados quantitativos. É uma tabela que contém divisões da variável em estudo (intervalos), em que é observado o número de vezes que ocorrem os valores contidos nestes intervalos.

Intervalo de Nota	Frequência
0 ⊢ 2	4
2 ⊢ 4	5
4 ⊢ 6	13
6 ⊢ 8	8
8 ⊢ 10	2
Total	32

18.2.1 Dados brutos

Trata-se da designação para um conjunto de dados não ordenados.

| 42, 41, 58, 50, 41, 42, 41, 60, 43, 44, 46, 45, 57, 46, 50, 51, 52, 60, 54, 58.

18.2.2 Rol

É um conjunto de dados ordenados.

| 41, 41, 41, 42, 42, 43, 44, 45, 46, 46, 50, 50, 51, 52, 54, 57, 58, 58, 60, 60.

18.2.3 Tabelas

Servem para organizar e apresentar os dados coletados, por meio das variáveis, no sentido de facilitar a sua interpretação. Os dados obtidos por meio das variáveis também podem ser organizados no ROL, que consiste em colocar os dados em ordem crescente, mesmo que estes sejam ou estejam repetidos.

| Quantidade de alunos matriculados no Empresa X.

Tabela 1 Quantidade de alunos matriculados por curso na Empresa X	
Curso	**Número de Alunos**
Polícia Federal	250
DEPEN	150
INSS	350
Receita Federal	250

Obs.: ROL: 150, 250, 250, 350.

18.2.4 Tabela de frequência

A tabela de frequência serve para organizar dados. A frequência absoluta (F.A) é o valor real do dado e a frequência relativa (F.R) é o valor em porcentagem quando comparado ao total.

| As idades dos alunos de uma sala são: 12, 13, 13, 14, 11, 12, 15, 14, 13, 14, 15, 11, 12, 13, 13, 13, 15, 12, 12, 13. Ao organizar no ROL e na tabela de frequência, como fica?

No ROL fica: 11, 11, 12, 12, 12, 12, 12, 13, 13, 13, 13, 13, 13, 13, 14, 14, 14, 15, 15, 15.

Na tabela, fica:

Tabela 2			
Idade	**F.A**	**F.R (%)**	**Frequência acumulada**
11	2	10	2
12	5	25	7
13	7	35	14
14	3	15	17
15	3	15	20
Total	20	100	

18.2.5 Tipos de Frequência

Geralmente, dados isolados são agrupados na forma de tabelas de frequência, que consistem em dados ponderados ou agrupados. Existem quatro tipos de frequência:

- Frequência Absoluta Simples (fi);
- Frequência Relativa Simples (fri);
- Frequência Acumulada (Fi);
- Frequência Acumulada Relativa (Fri).

| 0, 2, 1, 2, 3, 1, 2, 2, 3, 4

x	f_i	f_{ri}	F_i	F_{ri}
0	1	1/10 = 10%	1	10%
1	2	2/10 = 20%	3	30%
2	4	4/10 = 40%	7	70%
3	2	2/10 = 20%	9	90%
4	1	1/10 = 10%	10	100%
Σ	10	1 = 100%	-	-

18.2.6 Gráficos

Servem para representar e apresentar os dados coletados. Os gráficos podem ser em barra, coluna, setores (pizzas), linhas, dentre outros.

Barras

Colunas

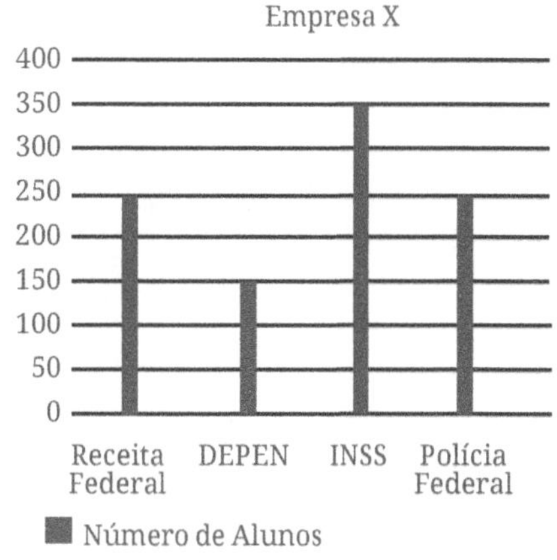

MATEMÁTICA

Setores

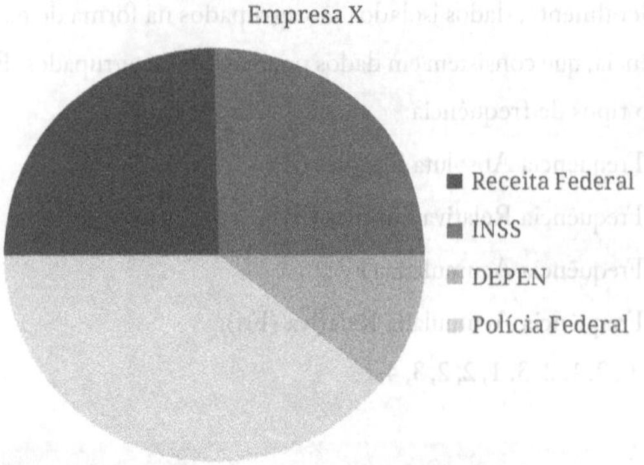

Linhas

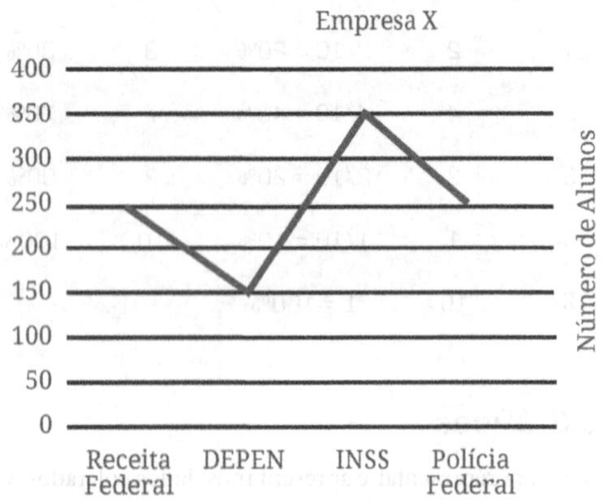

18.2.7 Diagrama de ramos e folhas

Há outra forma de apresentação de dados que tem sido explorada frequentemente em provas: o diagrama de ramos e folhas.

Em um diagrama de ramos e folhas cada número é separado em um ramo e uma folha

Vejamos alguns exemplos:

1. Considere a tabela de dados a seguir:

155	159	144	129	105	145	126	116	130	114	122	112	142	126
118	118	108	122	121	109	140	126	119	113	117	118	109	119
139	139	122	78	133	126	123	145	121	134	119	132	133	124
129	112	126	148	147									

Representação dos dados no diagrama de ramos e folhas:

Chave: 15|5=155

7	8
8	
9	
10	5 8 9 9 9
11	2 2 2 3 4 6 7 8 8 8 9 9 9
12	1 1 2 2 2 3 4 4 6 6 6 6 6 9 9
13	0 2 3 3 4 9 9
14	0 2 4 5 5 7 8
15	5 9

Ponto discrepante (7 | 8)

2. Construir o diagrama de ramos e folhas dos seguintes dados: 56, 62, 63, 65, 65, 65, 68, 70, 72

Unidade das Folhas - 1

Ramos	Folhas
5	6
6	235558
7	02

As folhas contêm o último dígito, e os ramos contêm os restantes em sequência (mesmo que alguns ramos fiquem sem folhas).

18.3 Distribuição de frequências

Uma distribuição de frequência é um método de agrupar dados em classes de modo a fornecer a quantidade (e/ou a percentagem) de dados em cada classe.

Uma distribuição de frequência (absoluta ou relativa) pode ser apresentada em tabelas ou gráficos.

18.3.1 Intervalo de classe

Os limites de cada classe podem ser definidos de quatro modos distintos, mostrados a seguir:

- Intervalo "exclusive – exclusive": ________
- Intervalo "inclusive – exclusive": |________
- Intervalo "inclusive – inclusive": |________|
- Intervalo "exclusive – inclusive": ________|

18.3.2 Distribuição de frequência (sem intervalos de classe)

É a simples condensação dos dados conforme as repetições de seus valores.

Dados	Frequência
41	3
42	2
43	1
44	1
45	1
46	2
50	2
51	1
52	1
54	1
57	1
58	2
60	2
Total	20

18.3.3 Distribuição de frequência (com intervalos de classe)

Quando o tamanho da amostra é elevado, é racional efetuar o agrupamento dos valores em vários intervalos de classe.

Classes	Frequências
41 ⊢ 45	7
45 ⊢ 49	3
49 ⊢ 53	4
53 ⊢ 57	1
57 ⊢ 61	5
Total	20

18.3.4 Elementos de uma distribuição de frequência (com intervalos de classe)

Classe: corresponde aos intervalos de variação da variável e é simbolizada por i; e o número total de classes é simbolizado por k.

| Na tabela anterior k = 5 e 49 ⊢ 53 é a 3ª classe, em que i = 3.

Limites de classe: são os extremos de cada classe. O menor número é o limite inferior de classe (li) e o maior número, limite superior de classe (Li).

| Em 49 ⊢ 53... l3 = 49 e L3 = 53

Amplitude do intervalo de classe: é obtida por meio da diferença entre o limite superior e inferior da classe e é simbolizada por

$$hi = Li - li$$

| Tabela anterior hi = 53 - 49 = 4.

Obs.: Na distribuição de frequência com classe o hi será igual em todas as classes.

Amplitude total da distribuição (AT): é a diferença entre o limite superior da última classe e o limite inferior da primeira classe.

$$AT = L_{(max)} - l_{(min)}$$

| Na tabela anterior AT = 61 - 41= 20.

Amplitude total da amostra (AA): é a diferença entre o valor máximo e o valor mínimo da amostra (ROL). em que AA = Xmáx - Xmín. Em nosso exemplo, AA = 60 - 41 = 19.

Obs.: AT sempre será maior que AA.

Ponto médio de classe (Xi): é o ponto que divide o intervalo de classe em duas partes iguais. ...

$$Xi = \frac{Li + Ll}{2}$$

Sendo:

Li: limite inferior da classe

LI: limite superior da classe

X3: Ponto médio da 3ª classe

| Em 49 ⊢ 53 o ponto médio x3 = (53 + 49)/2 = 51

18.3.5 Representações gráficas

As distribuições de frequências podem ser representadas por meio de três tipos de gráficos, não mutuamente exclusivos.

Histograma

É formado por um conjunto de retângulos justapostos, cujas bases se localizam sobre o eixo horizontal, de tal modo que seus pontos médios coincidam com os pontos médios dos intervalos de classe. A área de um histograma é proporcional à soma das frequências simples ou absolutas.

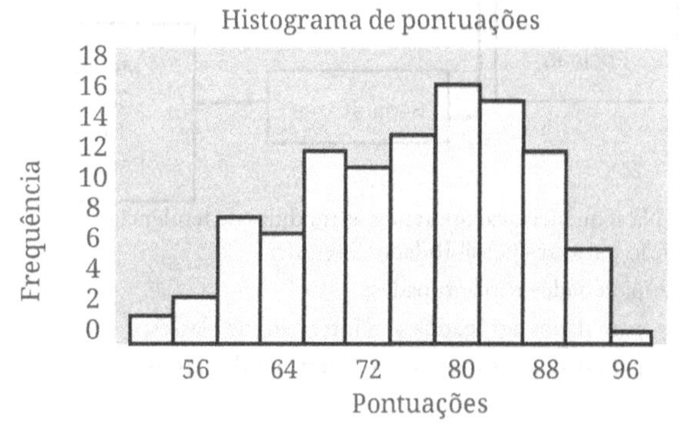

Polígono de frequências

É um gráfico em linha, sendo as frequências marcadas sobre perpendiculares ao eixo horizontal, levantadas pelos pontos médios dos intervalos de classe. Para obter um polígono (linha fechada), devemos completar a figura, ligando os extremos da linha obtida aos pontos médios da classe anterior à primeira, e da posterior à última da distribuição.

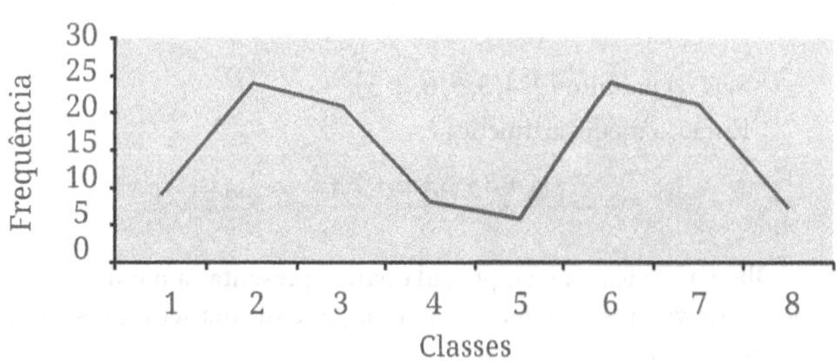

Obs.: é importante notar que tanto o histograma quanto o polígono de frequência indicam a frequência absoluta de cada classe.

Curva de frequências

Enquanto o polígono de frequência nos dá a imagem real do fenômeno estudado, a curva de frequência nos dá a imagem tendencial. O polimento (geometricamente, corresponde à eliminação dos vértices da linha poligonal) de um polígono de frequência nos mostra o que seria tal polígono com um número maior de dados em amostras mais amplas.

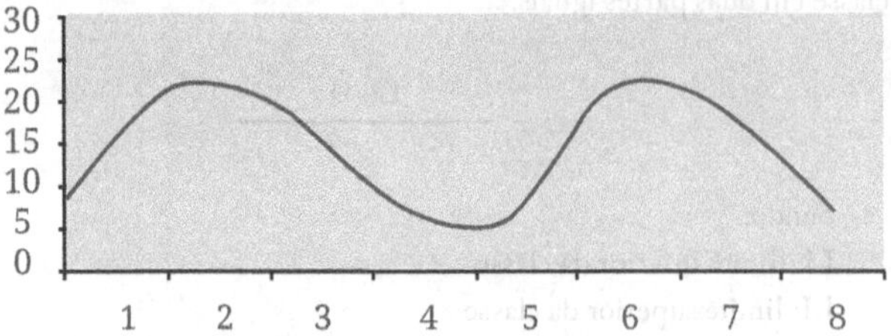

18.4 Medidas de tendência central ou de posição

São medidas utilizadas principalmente para a descrição de dados. As principais medidas de posição são a média aritmética, a mediana e a moda.

O esquema a seguir resume a classificação das Medidas de Tendência Central ou de Posição:

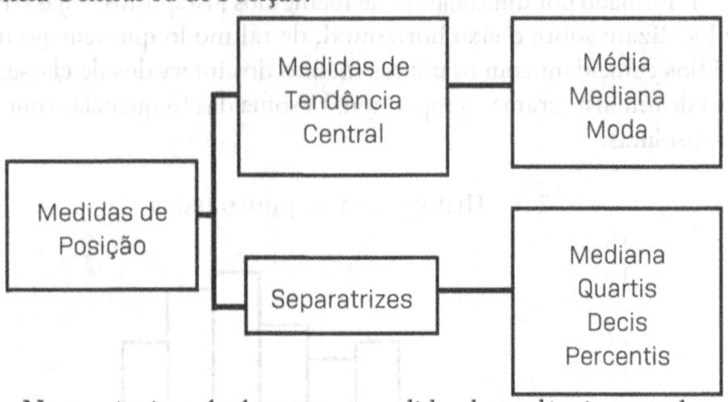

Na sequência, calcularemos as medidas de tendência central ou de posição para três possibilidades a seguir:

- para dados não agrupados;
- para dados agrupados sem intervalos de classes;
- para dados agrupados com intervalos de classes.

18.4.1 Média aritmética (x)

Para Dados Não Agrupados

Seja um conjunto de dados {x1 , x2 , ... , xn }.

A média aritmética, ou simplesmente média, é dada por:

$$\overline{x} = \frac{\sum_{i=1}^{n} x_i}{n}$$

Seja o conjunto {2, 4, 3, 5, 6, 2, 5}.

Então, a média aritmética é:

$$\overline{x} = \frac{2+4+3+5+6+2+5}{7} = 3{,}8571$$

Obs.: a notação x é empregada para representar a média de uma amostra de valores. A média da população costuma ser representada pela letra grega μ (mi).

Para dados agrupados sem intervalos de classes

Para dados agrupados em distribuições de frequências, calcula-se a média ponderada, sendo que a frequência observada para cada valor é o peso dele, então a média aritmética é dada por:

$$\overline{x} = \frac{\sum_{i=1}^{k} x_i f_1}{\sum_{i=1}^{k} f_1}$$

Considerando a distribuição:

x	f_1
2	1
4	3
5	2

$$\overline{x} = \frac{2\cdot1+4\cdot3+5\cdot2}{1+3+2} = \frac{2+12+10}{6} = 4$$

Para dados agrupados com intervalos de classes

A seguinte tabela a seguir representa o tempo de utilização de um aparelho de ginástica de uma academia pelos seus usuários:

Tempo de Utilização (em minutos)	Frequência Absoluta
1 ⊢ 4	18
4 ⊢ 7	108
7 ⊢ 10	270
10 ⊢ 13	150
13 ⊢ 16	54
Total	600

Seja x_i o ponto médio de um determinado intervalo.

Tempo de Utilização (em minutos)	Ponto Médio	Frequência Absoluta	Frequência Relativa
1 ⊢ 4	2,5	18	18/600 = 0,03
4 ⊢ 7	5,5	108	108/600 = 0,18
7 ⊢ 10	8,5	207	270/600 = 0,45
10 ⊢ 13	11,5	150	150/600 = 0,25
13 ⊢ 16	14,5	54	54/600 = 0,09

O tempo médio de utilização do aparelho é dado por:

$$\overline{x} = \frac{18\cdot2{,}5+108\cdot5{,}5+270\cdot11{,}5+54\cdot14{,}5}{600}$$

$\overline{x}$ = 9,07 minutos (aproximadamente)

Propriedades da média aritmética

P1: se a cada xi (i = 1, 2, ..., n) adicionarmos uma constante real k, a média aritmética fica adicionada de k unidades.

P2: se multiplicarmos cada xi (i = 1, 2, ..., n) por uma constante real k, a média aritmética fica multiplicada por k.

Outros Tipos de Média

Podemos definir outros tipos de média de um conjunto de dados, como:

- Média aritmética ponderada;
- Média geométrica;
- Média harmônica;
- Média das médias.

Média aritmética ponderada

A média aritmética ponderada é calculada por meio do somatório das multiplicações entre valores e as frequências desses valores divididas pelo somatório dessas frequências.

Notas de um aluno.

Nota	Peso
7,0	1
6,0	2
8,0	3
7,5	4

A média ponderada é:

$$\frac{7{,}0 \cdot 1 + 6{,}0 \cdot 2 + 8{,}0 \cdot 3 + 7{,}5 \cdot 4}{1 + 2 + 3 + 4} = \frac{73}{10} = 7{,}3$$

Média geométrica (G)

A média geométrica é definida como n-ésima raiz (em que n é a quantidade de termos) da multiplicação dos termos.

Calcular a média geométrica entre os valores 2 e 8.

$$G = \sqrt{2 \cdot 8} = \sqrt{16} = 4$$

Média harmônica (H)

A média harmônica H dos números reais positivos x1,...,xn > 0 é definida como sendo o número de membros dividido pela soma do inverso dos membros.

Calcular a média harmônica entre os valores 2 e 8.

$$H = \frac{2}{\frac{1}{2}+\frac{1}{8}} \quad \frac{2}{\frac{5}{8}} \quad 2 \cdot \frac{8}{5} \quad \frac{16}{5} = 3{,}2$$

Para um conjunto de observações não negativas, vale a seguinte relação:

$$\overline{X} \geq G \geq H$$

Média das médias (média global)

Sejam os conjuntos A com valores, B com valores, ..., e K com valores. Se A tem média, B tem média , ..., e K tem média, então a média do conjunto maior, que é formado pela reunião de todos os elementos dos conjuntos A, B, ..., K em um único conjunto, é dada por:

$$\overline{X} = \frac{n_A\overline{X}_A + n_A\overline{X}_A + \dots n_K X_K}{n_A + n_B + \dots n_K}$$

Em uma empresa, há 400 homens e 100 mulheres. Os salários médios pagos aos empregados dos gêneros masculinos e femininos são de R$ 2.550,00 e 2.480,00, respectivamente. Calcule a média global dos salários.

$$\overline{X} = \frac{n_H\overline{X}_H + n_M\overline{X}_M}{n_H + n_M}$$

$$\overline{X} = \frac{400 \times 2550 + 100 \times 2480}{400 + 100} = 2536$$

18.4.2 Mediana (Me)

É uma medida de tendência central que indica exatamente o valor central de uma amostra de dados.

Obs.:

- os valores da amostra devem ser colocados em ordem crescente;
- se a quantidade de valores da amostra for ímpar, a mediana é o valor central da amostra;
- se a quantidade de valores da amostra for par, é preciso tirar a média dos valores centrais para calcular a mediana.

Para Dados Não Agrupados

1.

3 - 4 - 9 - 6 - 3 - 8 - 2 - 4 - 5 - 6

M_e = 2 - 3 - 3 - 4 - **4** - **5** - 6 - 6 - 8 – 9

$M_e = \frac{4+5}{2} = \frac{9}{2} = \mathbf{4{,}5}$

2.

4 - 5 - 7 - 2 – 9

M_e = 2 - 4 - **5** - 7 – 9

M_e = **5**

Para dados agrupados sem intervalos de classes

O valor que divide a distribuição de frequências em 2 grupos com mesmo número de elementos estará na posição dada por:

$$\frac{\Sigma f_i}{2}$$

Neste caso é preciso identificar a frequência acumulada imediatamente superior à metade da soma das frequências:

1. Calcule a Mediana da seguinte distribuição:

x_i	f_i	F_i
0	2	2
1	6	8
2	10	18
3	12	30
4	4	34
	$\Sigma = 34$	

Temos que:

$$\frac{\Sigma f_i}{2} = \frac{34}{2} = 17$$

Neste caso, a frequência acumulada é imediatamente superior à metade da soma das frequências.

X_i	f_i	F_i
0	2	2
1	6	8
2	10	18
3	12	30
4	4	34
	$\Sigma = 34$	

Logo,

$M_e = 2$

2. Calcule a Mediana da seguinte distribuição:

X_i	f_i	F_i
12	1	1
14	2	3
15	1	4
16	2	6
17	1	7
20	1	8
	$\Sigma = 8$	

Temos que:

$$\frac{\Sigma f_i}{2} = \frac{8}{2} = 4$$

Neste caso, a mediana será a média aritmética entre o valor da variável correspondente a essa frequência acumulada e o seguinte.

X_i	f_i	F_i
12	1	1
14	2	3
15	1	4
16	2	6
17	1	7
20	1	8
	$\Sigma = 8$	

Logo,

$$Me = \frac{15 + 16}{2}$$

$Me = 15{,}5$

Para dados agrupados com intervalos de classes

Neste caso, devemos seguir os seguintes passos:

- determinar as frequências acumuladas;
- calcular Σfi/2;
- marcar a classe correspondente à frequência acumulada imediatamente à Σfi/2 (classe mediana) e, em seguida, aplicar a seguinte fórmula:

$$M_e = L_i + h \cdot \frac{\Sigma f_i/2 - F_{(ant)}}{f}$$

Sendo:

Li: limite inferior da classe mediana;

F(ant): frequência acumulada da classe anterior à classe mediana;

f: frequência acumulada da classe anterior à classe mediana;

h: amplitude do intervalo da classe mediana.

Calcule a Mediana da seguinte distribuição:

Classes	f_i
150 ⊢154	4
154 ⊢158	9
158 ⊢162	11
162 ⊢166	8
166 ⊢170	5
170 ⊢174	3
	$\Sigma = 40$

1º passo: determinar as frequências acumuladas.

Classes	f_i	F_i
150 ⊢154	4	14
154 ⊢158	9	13
158 ⊢162	11	24
162 ⊢166	8	32
166 ⊢170	5	37
170 ⊢174	3	40
	$\Sigma = 40$	

frequência acumulada

2º passo: calcular $\frac{\Sigma f_i}{2}$

$$\frac{\Sigma f_i}{2} = \frac{40}{2} = 20$$

3º passo:

h=4 F(ant)

Classes	f_i	F_i
150 ⊢154	4	14
154 ⊢158	9	13
158 ⊢162	11	24
162 ⊢166	8	32
166 ⊢170	5	37
170 ⊢174	3	40
	$\Sigma = 40$	

classe mediana

Li f

Logo,

$$Me = Li + h \cdot \frac{\Sigma fi/2 - F_{(ant)}}{f}$$

$$Me = 158 + 4 \cdot \frac{20 - 13}{11}$$

Me = 158 + 2,54
Me = 160,54

Propriedades da mediana

P1: a mediana não depende de todos os valores observados; além disso não sofre influência de valores extremos.

P: não pode ser aplicada a variáveis nominais.

P3: adequado quando os dados apresentam grande variabilidade ou distribuição assimétrica, além de valores extremos indefinidos (Exemplo: maior do que...).

18.4.3 Moda (Mo)

A moda de uma série de valores é o valor de maior frequência absoluta, ou seja, o valor que aparece o maior número de vezes na distribuição.

Para dados não agrupados

1.
6 - 9 - 12 - 9 - 4 - 5 – 9
$M_o = 9$
2.
12 - 13 - 19 - 13 - 14 - 12 – 16
M_o = 12 e 13 (Bimodal)
3.
4 - 29 - 15 - 13 - 18
Mo = Não há moda (Amodal), pois não existe valor mais presente.

Fique ligado

Pode haver mais de uma moda em um conjunto de valores. Se houver apenas uma moda, a distribuição é dita Unimodal; se houver duas, é Bimodal; se houver três é Trimodal, e assim sucessivamente.

Para dados agrupados sem intervalos de classes

Consideremos a seguinte distribuição:

x	f_1
2	1
4	3
5	2

O valor de frequência máxima é o 4.

Logo, $M_o = 4$.

Para dados agrupados com intervalos de classes

Neste caso, a classe que apresenta a maior frequência é denominada classe modal. Se os dados de uma variável quantitativa estão dispostos em uma tabela agrupada em classe, e não há acesso aos dados originais, é possível encontrar a Moda por vários procedimentos. São eles:

- Moda Bruta
- Moda de Pearson
- Moda Czuber
- Moda Kink

Vejamos os exemplos a seguir.

Cálculo da Moda Bruta: método mais simples; consiste em tomar como Moda o ponto médio da classe modal.

Determine a Moda Bruta da seguinte distribuição:

Altura	f_i
155 ⊢ 165	3
165 ⊢ 175	18
175 ⊢ 185	11
185 ⊢ 195	9

Altura	f_i	X_i
155 ⊢ 165	3	160
165 ⊢ 175	18	170
175 ⊢ 185	11	180
185 ⊢ 195	9	190

classe modal

classe modal

$$M_o: \frac{165 + 175}{2} = 170$$

Cálculo da Moda de Pearson, Czuber e King: para o cálculo da Moda de Pearson, Czuber e King utilizaremos as seguintes fórmulas:

- Moda de Pearson:

$$M_o = 3 . M_e - 2\bar{x}$$

- Moda de Czuber:

$$M_o = L_i + h \cdot \frac{F_{max} - F_{ant}}{2F_{max} - (F_{ant} + F_{post})}$$

- Moda King:

$$M_o = L_i + h \cdot \frac{F_{post}}{F_{ant} + F_{post}}$$

Sendo:
M_o = Moda
M_e = Mediana
x = Média
Li = Limite inferior da classe modal
h = Intervalo da classe modal
$F_{máx}$ = Frequência da classe modal
F_{ant} = Frequência da classe anterior à classe modal;
F_{post} = Frequência da Classe Posterior à classe modal.

Esses três procedimentos são aproximações; a Moda real seria obtida a partir dos dados brutos.

Calcule a Moda de Pearson, King e Czuber, da tabela a seguir:

Classes	f_i
0 ⊢ 10	1
10 ⊢ 20	3
20 ⊢ 30	6
30 ⊢ 40	2

- **Obs.:** vamos determinar a classe modal:

Classes	f_i
0 ⊢10	1
10 ⊢20	3
20 ⊢30	6 (classe modal)
30 ⊢40	2

Moda de Pearson

Classes	f_i
0 ⊢10	1
10 ⊢20	3
20 ⊢30	6
30 ⊢40	2

1º passo: determinar a Mediana (Me).

Classes	f_i	F_i (Freq. Acumulada)
0 ⊢10	1	1
10 ⊢20	3	4
20 ⊢30	6	10
30 ⊢40	2	12

$$M_e = L_i + h \cdot \frac{\Sigma F_i - F_{(ant)}}{f}$$

$$M_e = 20 + 10 \cdot \frac{12/2 - 4}{6}$$

$M_e = 23{,}33$

2º passo: calcular a Média.

Classes	f_i	X_i (X_i = Ponto médio)
0 ⊢10	1	5
10 ⊢20	3	15
20 ⊢30	6	25
30 ⊢40	2	35
	$\Sigma = 12$	

$$\overline{X} = \frac{1 \cdot 5 + 3 \cdot 15 + 6 \cdot 25 + 2 \cdot 35}{12} = \frac{270}{12} = 22{,}5$$

3º passo: aplicar a fórmula.

$M_o = 3 \cdot M_e - 2\overline{x}$

$M_o = 3 \cdot 23{,}33 - 2\,(22{,}5) = 25$

Moda King

Classes	f_i
0 ⊢10	1
10 ⊢20	3
20 ⊢30	6
30 ⊢40	2

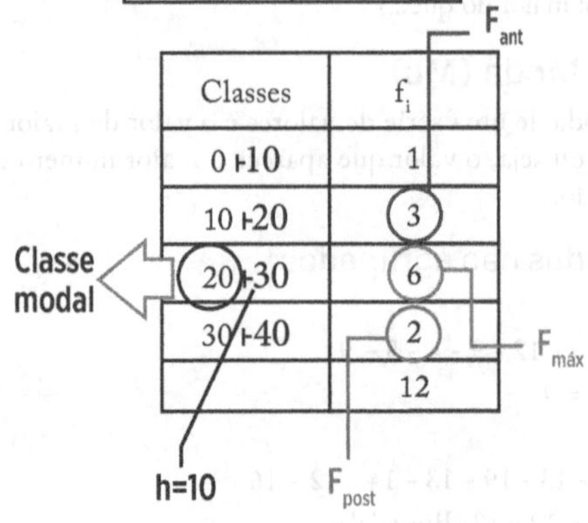

$$M_o = L_i + h \cdot \frac{F_{post}}{F_{ant} + F_{post}}$$

$$M_o = 20 + 10 \cdot \frac{2}{3 + 2}$$

$M_o = 24$

Moda Czuber

Classes	f_i
0 ⊢10	1
10 ⊢20	3
20 ⊢30	6
30 ⊢40	2

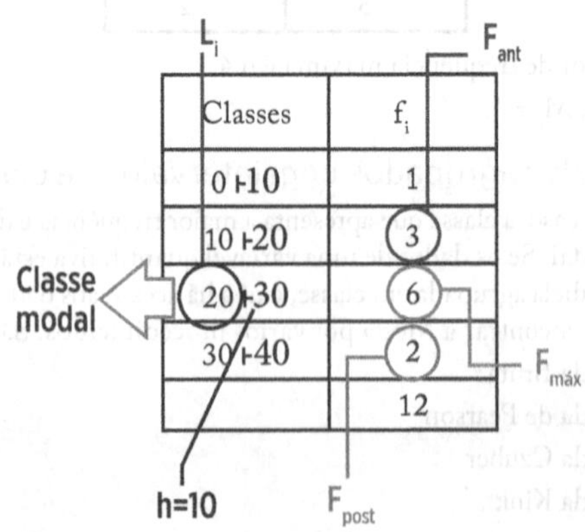

$$M_o = L_i + h \cdot \frac{F_{max} - F_{ant}}{2 \cdot F_{max} - (F_{ant} + F_{post})}$$

$$M_o = 20 + 10 \cdot \frac{6 - 3}{2(6) - (3 + 2)}$$

$M_o = 24{,}29$

A Moda é o ponto de maior probabilidade. Ao contrário da Média e da Mediana, a Moda tem de ser um valor existente no conjunto de dados.

Quando todos os dados de uma série estatística são iguais, a média, a mediana e a moda coincidirão com este valor e, portanto, qualquer uma delas representará bem a série.

18.4.4 Separatrizes

As separatrizes são os valores que dividem as séries em partes iguais. As principais medidas separatrizes são: a mediana (já estudada) e os quartis, os decis e os percentis.

Quartis

Chamamos de quartis os valores que dividem a distribuição em 4 partes iguais e podem ser obtidos da seguinte maneira:

1º quartil (Q1): valor que tem 25% dos dados à sua esquerda e o restante (75%) à direita.

2º quartil (Q2): valor que tem 50% dos dados de cada lado, coincide com a mediana.

3º quartil (Q3): valor que tem 75% dos dados à sua esquerda e 25% à direita.

Fórmulas

1º quartil	P = 0,25 · (n+1)
2º quartil	P = 0,50 · (n+1)
3º quartil	P = 0,75 · (n+1)

Sendo:

n – nº de dados

1. Calcule os quartis da série: {5, 2, 6, 9, 10, 13, 15}.

O primeiro passo a ser dado é o da ordenação (crescente ou decrescente) dos valores: {2, 5, 6, 9, 10, 13, 15}.

Se n for ímpar, a Mediana é o valor central do rol: 4º número.

O valor que divide a série acima em duas partes iguais é igual a 9, logo a Md = 9 que será = Q2.

Temos agora {2, 5, 6} e {10, 13, 15} como sendo os dois grupos de valores iguais. Para o cálculo do primeiro quartil e do terceiro quartil, basta calcular as medianas de cada uma das partes.

Em {2, 5, 6} a mediana é 5, ou seja: Q1 = 5 e

Em {10, 13, 15 } a mediana é 13, ou seja:

Q3 = 13

2. Encontre os quartis da série:

{1, 1, 2, 3, 5, 5, 6, 7, 9, 9, 10, 13}

Q2 = (5+6)/2 = 5,5

5,5

↓

{1, 1, 2, 3, 5, 5, 6, 7, 9, 9, 10, 13}

{1, 1, 2, 3, 5, 5}   {6, 7, 9, 9, 10, 13}

Q1 = {1, 1, 2, 3, 5, 5}   Q3 = {6, 7, 9, 9, 10, 13}

Q1 = (2+3)/2=2,5   Q3 = (9+9)/2=9

Portanto, os quartis encontrados foram:

Q1= 2,5

Q2 = 5,5

Q3 = 9

Decis

Chamamos de decis os valores que dividem uma série em 10 partes iguais. Portanto, temos nove decis; o primeiro tem 10% dos dados à sua esquerda, e 90% à sua direita; o segundo tem 20% dos dados à sua esquerda, e 80% à sua direita, e assim por diante, até o nono decil, que tem 90% dos dados à sua esquerda, e 10% à sua direita.

Fórmulas

1º decil	P = 0,10 · (n+1)
2º decil	P = 0,20 · (n+1)
3º decil	P = 0,30 · (n+1)
4º decil	P = 0,40 · (n+1)
5º decil	P = 0,50 · (n+1)
6º decil	P = 0,60 · (n+1)
7º decil	P = 0,70 · (n+1)
8º decil	P = 0,80 · (n+1)
9º decil	P = 0,90 · (n+1)

Sendo:

n: nº de dados

Percentis

Chamamos de percentis os 99 valores que separam uma série em 100 partes iguais. O cálculo dos percentis está relacionado com a percentagem. No quadro a seguir são mostrados alguns percentis.

Fórmulas

4º percentil (P_4)	P = 0,04 · (n+1)
12º percentil (P_{12})	P = 0,12 · (n+1)
20º percentil (P_{50})	P = 0,20 · (n+1)

Sendo:

n: nº de dados

Cálculos das separatrizes para dados agrupados com intervalos de classes

Para determinar os quartis, utilizaremos as seguintes fórmulas:

$$Q1 = Li + h \cdot \frac{1 \cdot \Sigma fi / 4 - F_{(ant)}}{f}$$

$$Q2 = Li + h \cdot \frac{2 \cdot \Sigma fi / 4 - F_{(ant)}}{f}$$

$$Q3 = Li + h \cdot \frac{3 \cdot \Sigma fi / 4 - F_{(ant)}}{f}$$

Sendo:

Li = Limite inferior da classe quartílica

h = Intervalo de classe

f = Frequência simples da classe quartílica

F(ant) = Frequência acumulada da classe anterior à classe quartílica

As expressões Σ fi/4, fi/4 e fi/4 servem também para determinar a Classe Quartílica.

Consideremos a seguinte distribuição de frequências em classe:

Classes	f_i
150 ⊢ 154	4
154 ⊢ 158	9
158 ⊢ 162	11
162 ⊢ 166	8
166 ⊢ 170	5
170 ⊢ 174	3
	$\Sigma = 40$

Vamos determinar a Frequência acumulada:

Classes	f_i	F_i
150 ⊢ 154	4	4
154 ⊢ 158	9	13
158 ⊢ 162	11	24
162 ⊢ 166	8	32
166 ⊢ 170	5	37
170 ⊢ 174	3	40
	$\Sigma = 40$	

Freq. acumulada

Vamos calcular o Q1, Q2 e Q3:

1º quartil (Q1):

$$Q1 = Li + h \,.\, \frac{1 \cdot \Sigma fi / 4 - F_{(ant)}}{f}$$

1º passo: determinar a classe quartílica para o Q1:

$\Sigma fi/4 = 1.\ 40/4 = 10$

Classes	f_i	F_i
150 ⊢ 154	4	4
154 ⊢ 158	9	13
158 ⊢ 162	11	24
162 ⊢ 166	8	32
166 ⊢ 170	5	37
170 ⊢ 174	3	40
	$\Sigma = 40$	

Frequência acumulada anterior à classe quartílica

classe quartílica

Logo,

$$Q1 = 154 + 4 \,.\, \frac{1 \cdot \Sigma fi / 4 - F_{(ant)}}{f}$$

Q1 = 156,66...

2º Quartil (Q2):

$$Q2 = Li + h \cdot \frac{2 \cdot \Sigma fi / 4 - F_{(ant)}}{f}$$

1º passo: determinar a classe quartílica para o Q2:

$\Sigma fi/4 = 2\ .\ 40/4 = 20$

Classes	f_i	F_i
150 ⊢ 154	4	4
154 ⊢ 158	9	13
158 ⊢ 162	11	24
162 ⊢ 166	8	32
166 ⊢ 170	5	37
170 ⊢ 174	3	40
	$\Sigma = 40$	

Frequência acumulada anterior à classe quartílica

classe quartílica

$$Q2 = 158 + 4 \cdot \frac{(20 - 13)}{11}$$

Q2 = 160,5454...

3º Quartil (Q3):

$$Q3 = Li + h \cdot \frac{3 \cdot \Sigma fi / 4 - F_{(ant)}}{f}$$

1º passo: determinar a classe quartílica para o Q3:

$\Sigma fi/4 = 3\ .\ 40/4 = 30$

Classes	f_i	F_i
150 ⊢ 154	4	4
154 ⊢ 158	9	13
158 ⊢ 162	11	24
162 ⊢ 166	8	32
166 ⊢ 170	5	37
170 ⊢ 174	3	40
	$\Sigma = 40$	

Frequência acumulada anterior à classe quartílica

classe quartílica

$$Q2 = 162 + 4 \cdot \frac{(30 - 24)}{8}$$

Q3 = 165

Analogamente, para calcular os Decis e os Percentis de uma distribuição, adaptamos as fórmulas utilizadas anteriormente para o cálculo dos Quartis, conforme o disposto a seguir:

Para os Decis:

$$Dn = Li + h \cdot \frac{n \cdot \Sigma fi / 10 - F_{(ant)}}{2}$$

Para os Percentis:

$$P_n = Li + h \cdot \frac{n \cdot \Sigma fi / 100 - F_{(ant)}}{f}$$

Consideremos a seguinte distribuição de frequências em classe:

Classes	f_i
150 ⊢154	4
154 ⊢158	9
158 ⊢162	11
162⊢ 166	8
166 ⊢170	5
170⊢174	3
	$\Sigma = 40$

Determine o 1º decil (D1) e o 90º percentil (P90).

1º decil (D1):

1º passo: determinar a classe quartílica para o Q1:

Σ fi/10 = 1. 40/10 = 4

Classes	f_i	F_i
150 ⊢154	4	4
154 ⊢158	9	13
158 ⊢162	11	24
162⊢ 166	8	32
166 ⊢170	5	37
170⊢174	3	40
	$\Sigma = 40$	

$$D_n = Li + h \cdot \frac{n \cdot \Sigma fi / 10 - F_{(ant)}}{f}$$

$$D_n = 150 + 4 \cdot \frac{[4 - 0]}{4}$$

$D_n = 154$

90º percentil (P90):

1º passo: determinar a classe quartílica para o Q1:

Σ fi/100 = 90. 40/100 = 36

$$P_n = Li + h \cdot \frac{n \cdot \Sigma fi / 100 - F_{(ant)}}{f}$$

$$P_{90} = 166 + 4 \cdot \frac{(90 \cdot 40/100 - 32)}{5}$$

$$D_n = 169{,}2$$

No caso da Mediana, vimos que ela divide o conjunto em duas metades. Já o Quartil, separa o conjunto em quatro partes iguais; o Decil, em dez partes e, finalmente, o Centil (ou Percentil), em cem partes iguais. Observemos esta relação visual entre as separatrizes:

```
!------------------!------------------!
                   Md
!---------!---------!---------!---------!
          Q1        Q2        Q3
!---!---!---!---!---!---!---!---!---!---!
    D1  D2  D3  D4  D5  D6  D7  D8  D9
!---!---!---!---!---!---!---!---!---!---!
    C10 C20 C30 C40 C50 C60 C70 C80 C90
```

Concluímos que:

Md = Q2 = D5 = C50

LÍNGUA INGLESA

1 NUMBERS, PRONOUNS AND DEFINITE AND INDEFINITE ARTICLES

1.1 Cardinal numbers

Os numerais cardinais são usados no nosso dia a dia para expressar diversas funções, dentre elas: informar o número de telefone, expressar endereços e falar sobre preços. Segue abaixo uma lista dos principais numerais cardinais:

0	zero
1	one
2	two
3	three
4	four
5	five
6	six
7	seven
8	eight
9	nine
10	ten
11	eleven
12	twelve
13	thirteen
14	fourteen
15	fifteen
16	sixteen
17	seventeen
18	eighteen
19	nineteen
20	twenty
30	thirty
40	forty
50	fifty
60	sixty
70	seventy
80	eighty
90	ninety
99	ninety nine
100	one hundred/a hundred
200	two hundred
300	three hundred
400	four hundred
500	fifty hundred
600	six hundred
700	seven hundred
800	eight hundred
900	nine hundred
1000	one thousand /a thousand
100000	one hundred thousand
1000000000	one million

Where do you live?
I live in that building, apartment 214.

1.2 Ordinal numbers

Os números ordinais são utilizados para indicar ordem ou hierarquia relativa a uma sequência.

Na Língua Inglesa, a formação dos números ordinais é diferente da formação dos ordinais em Português: apenas o último número é escrito sob a forma ordinal.

Todos os outros números são utilizados sob a forma de números cardinais em Inglês.

1st – First
2nd – Second
3rd – Third
4th- Fourth
23rd - twenty-third
135th - a/one hundred thirty-fifth
1.234th - a/one thousand two hundred thirty-four

1.3 Articles

Artigo é a classe de palavras que se antepõe ao substantivo para definir, limitar ou modificar seu uso. Os artigos dividem-se em **definidos** e **indefinidos**.

A seguir, estudaremos cada um deles.

1.3.1 Definite article

"The" é o artigo definido na Língua Inglesa, e significa *o*, *a*, *os*, *as* e pode ser usado com substantivos contáveis no singular ou plural e com substantivos incontáveis. É utilizado quando queremos sinalizar especificamente a que elemento(s) estamos nos referindo especificamente, ou seja, que se trata de um elemento único. A seguir serão apresentadas situações típicas de seu uso:

- **Antes de substantivos com sentido específico:**

  The water in the world.

- **Antes de numerais ordinais:**

  The 4th of July.

- **Antes de nomes de países no plural ou de países que são união de estados, ilhas etc.:**

  The United States of America
  The Falklands

- **Antes de adjetivos e advérbios no grau superlativo:**

  Mary is **the** most intelligent person of this class.

- **Antes de nomes de ilhas, desertos, montanhas, rios, mares etc.:**

  The Pacific Ocean
  The Saara Desert

- **Antes de nomes de navios, modelos de carros e aviões:**

  The Titanic was enourmous.

- **Antes de nomes de famílias no plural:**

  The Smiths

- **Antes de nomes de instrumentos musicais:**

  He plays **the** guitar very well.

Quando **NÃO USAR** o artigo definido?

- **Antes de substantivos tomados em sentido genérico:**

  Grape juice is good for you.

- **Antes de nomes próprios no singular (pessoas, cidades etc.):**

  São Paulo is a big city.
  Mike loves coffee.

LÍNGUA INGLESA

- **Antes de possessive adjectives:**

  His car is over there.

- **Antes de nomes de profissões (se o nome do profissional for citado):**

  Judge Louis will talk to you later.

- **Antes de palavras que se referem a idiomas, desde que não sejam seguidas do termo "language":**

  Portuguese is interesting.

1.4 Indefinite articles

Os artigos indefinidos em Língua Inglesa na forma do singular são dois: *a* e *an*. Ambos só podem ser empregados com substantivos contáveis.

A é usado antes de palavras que iniciam com som de consoante e AN antes das que iniciam com som de vogal.

She has **a** doll.
Look! That's **an** apple tree!

Existem casos em que a pronúncia determina o uso de artigos indefinidos. Observe as seguintes regras:

1.4.1 Usa "A"

- **Antes de palavras que iniciam com H aspirado:**

  a house, a horse, a homerun

- **Antes de palavras que começam com os sons de eu, ew e u:**

  a European trip, **a** unicorn, **a** useful skill.

1.4.2 Usa "AN"

- **Antes de palavras que iniciam com H não pronunciado (mudo):**

  an hour, **an** heir, **an** honest man.

1.5 Pronouns

São palavras que acompanham os substantivos, podendo substituí-los (direta ou indiretamente), retomá-los ou se referir a eles. Os pronomes são divididos em várias categorias. Neste módulo falaremos dos pronomes pessoais:

1.5.1 Personal pronouns

Os pronomes são termos utilizados para substituir nomes completos ou substantivos em frases. Eles são divididos de acordo com quatro classificações:

- **Quanto ao número:** singular ou plural;
- **Quanto à pessoa:** primeira, segunda ou terceira;
- **Quanto ao gênero:** masculino, feminino ou neutro;
- **Quanto à função que cumprem nas sentenças:** sujeito ou objeto.

Vejamos quais são os pronomes pessoais de acordo com as classificações a seguir:

Pronomes pessoais		Subjet pronouns	Object pronouns
1 ª Pessoa do singular	Eu	I	Me
2 ª Pessoa do singular	Tu/Você	You	You
3 ª Pessoa do singular	Ele Ela Ele/Ela (Neutro)	He She It	Him Her It
1 ª Pessoa do plural	Nós	We	Us
2ª Pessoa do plural	Vós/Vocês	You	You
3ª Pessoa do plural	Eles/Elas	They	Them

- **O elemento neutro representa vocábulos sem gênero na Língua Inglesa, tais como:** objetos, animais, fenômenos da natureza.
- A 2ª pessoa, tanto do singular quanto do plural, possui a mesma forma. Sendo assim, dependemos do contexto para identificá-la.
- A 3ª pessoa do plural é a mesma para o gênero masculino, feminino ou ainda para os elementos neutros.

Agora veremos o uso dos pronomes pessoais em frases. Os verbos (ações) estão sublinhados para que ajudem a identificar a posição do pronome, seja antes (subject pronouns) ou depois (object pronouns).

I live in New York.
He bought a gift for **you.**
They didn't like **it.**
He saw **her** yesterday.
Boys, **you** don't have to wake up early tomorrow.

1.5.2 Pronomes Pessoais (Reto e Oblíquo)

Os pronomes podem também ser utilizados para criar uma referência a um determinado ser ou objeto, relacionando-o assim com outras pessoas ou objetos no discurso.

Desta maneira, discutiremos a partir de agora estas categorias, tentando entendê-las de maneira mais apropriada como elas funcionam e o que podemos usar para fazermos uma boa interpretação textual considerando o seu domínio.

VERBS	
Subject pronoun	**Object Pronoun**
I (Eu)	Me (me, mim)
You (você, tu)	You (-lhe, -o, -a, -lo, -la, -no, -na, ti a você)
He (Ele)	Him (-lhe, -a, -lo, -no, a ele)
She (Ela)	Her (-lhe, -a, -la,-na, a ela)
It (ele, ela, isto)	It (-lhe, -o, -a , -lo, -no, -la, -na a ele, a ela.)
We (Nós)	Us (-nos, nós)
You (vocês)	You(-lhes, -os, -as, -los, -las, -nos, -nas, a vocês)
They (eles, elas)	Them (-lhes, -os, -as , -los, -nos, -las, -nas a eles, a elas.)

O pronome **it** é específico para animais e seres inanimados. É um pronome neutro, equivale a ele/ela.

Os pronomes **he, she** e **it**, ou seja, os pronomes da terceira pessoa, são que falam sujeitos que não estão presentes no momento da fala.

Note que normalmente o "subject pronoun" antecede o verbo, portanto, na maioria dos casos, ele é um sujeito, enquanto o "object pronoun" é um complemento e surge após ao verbo.

I love that **big house.**

(Note como "big house" equivale, em termos de pronome, a "it".)

I love **her.**

(Perceba que neste exemplo simples nós temos dois sujeitos completamente diferentes, EU e a seguir ELA.)

Fique ligado
O "you" é o pronome equivalente tanto para "você" como para "vocês". O verbo e o contexto é que determinarão se é singular ou plural.

1.5.3 Possessivos (pronomes e adjetivos)

SUBSTANTIVO	
Adjetivo possessivo (Adjective possessive, pedem substantivo)	**Pronome possessivo (possessive pronouns, seguem a um substantivo)**
My (meu(s), minha(s))	Mine (meu(s), minha(s))
Your (seu, sua, teu, tua)	YourS (seu, sua, teu, tua)
His (seu, dele)	His (seu, dele)
Her (sua, dela)	HerS (sua, dela)
Its (seu, sua, disto, deste, desta)	itS (seu, sua, disto, deste, desta)
Our (nosso(s), nossa(s))	OurS(nosso(s), nossa(s))
Your (seus, suas)	YourS (seus, suas)
Their (seus, suas, deles, delas)	TheirS (seus, suas, deles, delas)

O adjetivo possessivo antecede um substantivo, de maneira que este serve de complemento. Já o pronome possessivo não exige complemento, mas irá se referir a um substantivo já mencionado e, portanto, promove uma ligação entre os elementos da sentença analisada, esta ligação será conhecida como relação pronominal.

Perceba que traço distintivo dos pronomes possessivos, que por acaso é um "S", o que sob aspecto algum é um traço de pluralidade, mas sim um indicativo de que o pronome segue ao substantivo. Desta forma, temos uma maneira de distinguir ambos os casos, o que para todos os efeitos, são os mesmos.

> **My** *house is very big!_How about YourS?* (Minha casa é muito grande! E a sua?)

Note que, no primeiro caso, My refere-se a casa, que ainda não foi apresentada, e, no segundo, yours, refere-se ao mesmo objeto, casa, mas nesse caso, ela, a casa, já foi apresentada.

My: adjetivo possessivo referente a minha casa.

Yours: pronome possessivo referente à casa de quem o sujeito está perguntando. (sua)

1.5.4 Pronomes reflexivos

Myself	I	Me	**My**	Mine
Yourself	You	You	**Your**	Yours
Himself	He	**Him**	His	His
Herself	She	**Her**	Her	Hers
Itself	It	**It**	Its	Its
Ourselves	We	Us	**Our**	Ours
Yourselves	You	You	**Your**	Yours
Themselves	They	**Them**	Their	Theirs

Os pronomes reflexivos são responsáveis por apresentarem sujeitos os quais são objetos de suas próprias ações, ou seja, enquanto os pronomes reto e objeto mostram dois sujeitos completamente diferentes, os pronomes reflexivos mostram o mesmo sujeito sofrendo uma determinada ação realizada por si mesmo.

Os sufixos que formam os pronomes reflexivos podem ser –self ou –selves, sendo que –self é um sufixo que indica singularidade e –selves é um sufixo que indica pluralidade, uma das poucas ocasiões em que a segunda pessoa do singular e a segunda pessoa do plural possuem uma diferença clara.

Yourself – singular

Yourselves - plural

> *I hurt **myself** preparing the food.* (Eu machuquei a mim mesmo preparando a comida.)
>
> *They saw **themselves** on the mirror and didn't like it.* (Eles viram eles mesmos no espelho e não gostaram disso.)

O pronome reflexivo em ambos os casos mostra sujeitos os quais sofrem suas próprias ações, neste caso "Hurt" e "Saw".

Fique ligado
Sempre faça a pergunta: quem é? para o substantivo para conhecer o pronome utilizado. Billy loves old cars. Quem é Billy? ELE. A sua resposta indica o pronome buscado.

1.5.5 Pronomes Interrogativos, pronomes relativos e relações pronominais

Anteriormente, falamos sobre os pronomes, sua natureza, quais suas funções em relação ao sujeito ou verbo. Agora, vamos estudar uma classe de pronomes que além de exercer o papel de pronomes interrogativos, desempenham variadas funções no uso da língua. Eles se encontram na tabela a seguir:

WHAT	O quê / Qual? (De forma abrangente)
WHICH	O quê / Qual? (De forma específica)
WHERE	Onde?
WHEN	Quando
WHY	Porque? Por que?
WHO **WHOSE** **WHOM**	Quem? De quem? A quem?
HOW	Quanto / Como?

Cada pronome interrogativo gera um sentido distintivo dentro da sentença analisada, possibilitando um determinado raciocínio para a mesma. Eles são mais fortes que os auxiliares, por exemplo, e devem, quando necessário, iniciar a sentença.

> *Do you like to study?* (Você gosta de estudar?)

Perceba que a pergunta é direta e temos duas respostas possíveis: "Sim" ou "Não".

Agora vejamos o próximo exemplo:

> *When do you like to study?* (Quando você gosta de estudar?)

Repare que, neste caso, temos uma referência temporal inserida na sentença, o **"quando"** muda o valor da questão e propõe um raciocínio que agora já não permite mais um "Sim" ou "Não" como respostas, mas uma construção que guarde relação de tempo.

Which e What são pronomes muito semelhantes em sentido, porém são usados em casos diferentes.

> *Which is you favorite color? Blue or Yellow?*

Nesse caso, "Which" foi utilizado para delimitar um número possível de cores.

What is your favorite color? Já neste exemplo, o universo de cores possíveis não foi delimitado, o que torna possível o uso de "WHAT".

LÍNGUA INGLESA

Entretanto, tais pronomes podem não ser usados apenas para construir perguntas, mas para propor conexões em sentenças e/ou construir relações com elementos já apresentados no texto.

A essas conexões damos o nome de relações pronominais e elas podem se construir sob diversas formas:

| *I have recently bought a new house.* **It** *is big, comfortable and safe.*

O pronome "it" negritado após o ponto se refere a quem? Caso você tenha respondido casa, resposta certa. De fato, o pronome "it" foi usado para resgatar a palavra "house" já mencionada anteriormente. Portanto este pronome promove coesão para a sentença. Isso já foi visto anteriormente, e quanto aos outros pronomes? Bem, aqui encontramos os pronomes relativos.

Eles são os mesmos pronomes interrogativos e são usados de forma a conectar também frases de sentidos distintos.

| *Shirley has a new boyfriend. He is a handsome doctor.*

No exemplo acima, já existe uma relação pronominal, sendo que "He" resgata a palavra boyfriend, mas ainda podemos construir essa sentença de uma outra forma eliminando o ponto final da frase.

| *Shirley has a boyfriend WHO is a handsome doctor.*

Nesse caso, o ponto deixou a sentença dando lugar ao "who", o qual conecta a duas frases, promovendo um novo tipo de conexão. Agora o pronome "who" é o elo que conecta ambas as frases e também serve para referência de um elemento mencionado. Assim, Shirley's boyfriend, ou seja ainda, "he".

Normalmente, os pronomes "Who" e "which" são mais utilizados para construir tais relações, e correspondem geralmente a "O qual" "A qual" ou mesmo "cujo", sendo que nesses casos podemos também utilizar o pronome "that" que é um substituto válido para ambos.

WHAT	This is WHAT we saw in the fridge.
WHICH	This is the restaurant WHICH I mentioned.
WHERE	This is WHERE I live.
WHEN	Yesterday was WHEN I saw her at the bank.
WHY	This is WHY I love English.
WHO **WHOSE** **WHOM**	This is the person WHO I love ou This is the person THAT I love. This is the man WHOSE car was stolen. This is the girl to WHOM I was talking yesterday.
HOW	If you knew HOW far I went.

Portanto, percebemos que estes pronomes "amarram" ou mesmo "atam" as orações possibilitando referências, e criando sentidos mais amplos e, por fim, evitando redundância.

"Who" e "which" são equivalentes a "that" e muitas vezes, este pode substituí-los.

Este conteúdo é bastante importante para provas de concurso e afins, pois são essenciais à interpretação textual.

2 SIMPLE PRESENT, POSSESSIVE ADJECTIVES, POSSESSIVE PRONOUNS, GENITIVE CASE

2.1 Simple Present

Utilizamos a forma do presente simples para tratar de ações relacionadas à rotina, a fatos/opiniões ou verdades naturais.

> John has English classes on Mondays.
> Sara loves pizza.
> The moon is our natural satellite.

2.1.1 Forma afirmativa

Na forma afirmativa, é necessário prestar atenção na 3ª pessoa do singular(he/she/it), pois nesse caso os verbos recebem o acréscimo de s/es/ies. Entretanto, quando o sujeito da sentença for I/you/we/they, o verbo principal permanece na forma do infinitivo.

> Tony cooks very well.
> I have an important meeting tomorrow.

Atenção especial para alguns casos:

- Acrescentamos ES aos verbos terminados em ss,sh,ch,x,o e z.

  > Miss → Miss**es**

- Acrescentamos IES aos verbos terminados em y antecedidos de consoante.

  > Study → Stud**ies**

- Acrescentamos S às demais formações, por isso podemos chamar esta forma de regra geral.

  > Take → take**s**
  > Play → play**s**

O verbo **have** é uma exceção. Sua conjugação na 3ª pessoa do singular é **has**.

2.1.2 Forma negativa

Na forma negativa do presente simples, temos a presença de dois auxiliares: do e does. Ambos acompanhados da partícula de negação "not" e seguidos por um verbo na forma do infinitivo. Contudo, é necessário estar atento ao sujeito da frase, pois utilizaremos a forma "Does" com he/she/it, e a forma "Do" com I/you/we/they.

> Jessica does not work on Sundays.
> They do not live in New York.

Lembrando que podemos contrair ambas as formas: *does not (doesn't)* e *do not (don't)*.

2.1.3 Forma interrogativa

Ao estabelecermos perguntas devemos posicionar o verbo auxiliar na frente do sujeito da frase. Vale lembrar que o verbo principal permanece na forma do infinitivo, vejamos:

> Does Jessica work on Sundays?
> Do they live in New York?

LÍNGUA INGLESA

3 POSSESSIVE ADJECTIVES X POSSESSIVE PRONOUNS

Os pronomes possessivos adjetivos modificam o substantivo, por isso sempre o antecedem. A concordância nesse caso é sempre feita com o "possuidor" (ao contrário do Português, que se dá com a "coisa possuída").

My name is Peter.
Juliet sent **her** father a letter.

Os pronomes possessivos nunca são usados antes dos substantivos, pois têm como função substituí-los. Esse recurso na maioria dos casos é empregado a fim de evitar repetições.

This brand new car is **yours**.

Possessive adjectives	Possessive pronouns
my (meu, minha)	**mine** [(o) meu, (a) minha]
your (teu, tua, seu, sua)	**yours** [(o) teu, (a) tua, (o) seu, (a) sua]
his (dele)	**his** [(o)/(a) dele]
her (dela)	**hers** [(o)/(a) dela]
its [dele, dela (neutro)]	**its** [(o)/(a) dele, (o)/(a) dela (neutro)]
our (nosso, nossa)	**ours** [(o) nosso, (a) nossa]
your (vosso, vossa, seu, sua, de vocês)	**yours** [(o) vosso, (a) vossa, (o) seu, (a) sua]
their [deles, delas (neutro)]	**theirs** [(o)/(a) deles, (o)/(a) delas (neutro)]

Os *possessive adjectives* acompanham os substantivos aos quais se referem, enquanto que os possessive pronouns substituem os substantivos aos quais se referem.

This is my book. That one is yours.

3.1 Genitive case

Consiste no uso da forma do caso genitivo para indicar que algo pertence ou está associado a alguém ou a algum elemento, por meio de acréscimo de 's (apóstrofo + s) ou simplesmente '(apóstrofo). A ordem estrutural é estabelecida da seguinte forma:

Possuidor 's	
ou	+ "objeto possuído"
Possuidor '	

Jane's sister is very smart.
The boy's room is a mess.

A forma com **'s** é somente usada quando o possuidor é um ser animado, o que abrange: pessoas e animais, além de nomes próprios, parentes em todos os graus, títulos, cargos, funções, profissões, e outros substantivos que só podem se referir a pessoas: criança, menino(a), amigo(a), vizinho(a), colega de escola ou trabalho, etc. No entanto, há algumas exceções para a aplicação de 's em seres inanimados. É o caso de tempo, medidas, lugares com nomes de pessoas, países, corpos celestes.

- **Usamos 'S:** Substantivos no singular não terminados em "S".
  The boy's toy.
  St. Peter's park is near our house.
- Substantivos no plural não terminados em "S".
  The children's toys
- **Usamos ' :** Substantivos no plural terminados em "S".
  The boys' room.

4 PRESENT CONTINUOUS, ADJECTIVES AND ADVERBS

4.1 Present continuous

4.1.1 Uso

O presente contínuo é um tempo verbal usado para indicar ações que estão em progresso no presente; no momento da fala. Ele é empregado para falar sobre situações temporárias, ações contínuas que estão acontecendo ou ainda para indicar futuro.

| Jane is watching TV now.

4.1.2 Forma afirmativa

O present continuous é composto por um verbo principal e um verbo auxiliar.

Utiliza-se o verbo to be na forma do presente (is/am/are) como auxiliar e ao verbo principal, é acrescida a terminação –ing(gerúndio).

Ou seja, na construção frasal esse tempo verbal segue o seguinte padrão de formação:

SUJEITO + VERBO TO BE + VERBO COM -ING + COMPLEMENTO

He is playing soccer.
I am talking to Jane now.
They are watching TV.

4.1.3 Forma negativa

Na forma negativa, acrescenta-se o not depois do verbo to be, ou seja, a construção das frases negativas é feita da seguinte forma:

SUJEITO + VERBO TO BE + NOY + VERBO COM -ING + COMPLEMENTO

He is not playing soccer.
I am not Talking to Jane now.
They are not watching TV.

4.1.4 Forma interrogativa

Na forma interrogativa, o verbo auxiliar to be aparece no início da frase. O padrão da estrutura das frases interrogativas é o seguinte:

VERBO TO BE + SUJEITO + VERBO COM -ING + COMPLEMENTO

Is he playing soccer?
Am I sleeping on the couch?
Are they watching TV?

4.1.5 Formação dos verbos no gerúndio (-ing)

Na maioria dos casos, basta acrescentar a forma do *-ing* ao final do verbo (play- playing). Entretanto existem alguns casos que exigem atenção:

Quando o verbo principal termina em *–e* e é precedido de consoante, retira-se a vogal e acrescenta-se o *–ing*.

Dance → Dancing
Quando o verbo termina com *–ie*, troca-se essa terminação por *–y* e acrescenta-se *–ing*. (Die – Dying).

Quando o verbo é monossílabo ou dissílabo e segue o padrão de consoante+vogal+consoante (CVC), duplica-se a última consoante.

| Cut → cutting

4.2 Adjetivos

Os adjetivos são a classe gramatical responsável por caracterizar um substantivo. Diferentemente da Língua Portuguesa, em Inglês os adjetivos não flexionam em relação a número ou gênero e sempre são posicionados antes dos substantivos.

Alice has a yellow dress.
Marcos bought an expensive car.

4.2.1 Ordem

Quando em uma sentença utilizamos mais de um adjetivo para descrever algo, é necessário seguir uma ordem em relação à disposição das qualidades citadas, vejamos:

4.2.2 Formação

Muitos adjetivos têm como origem de formação os verbos. Neste caso eles recebem o sufixo -ED ou -ING. Mas o que isso significa?

Nós usamos o particípio presente (que termina com -ing) como um adjetivo para descrever como o sujeito causa o efeito e usamos o particípio passado (terminando com -ed) como um adjetivo para descrever como o sujeito experimenta o efeito.

Verbo "surpreender":
David is **surprising**." (David causes surprise.)
David is **surprised**." (David experiences surprise.)

Vejamos alguns outros exemplos:

Verbo Original	Adjetivo "-ing"	Adjetivo "-ed"
bore	boring	bored
disappoint	disappointing	disappointed
disgust	disgusting	disgusted
embarrass	embarrassing	embarrassed
exhaust	exhausting	exhausted
excite	exciting	excited
interest	interesting	interested
satisfy	satisfying	satisfied
shock	shocking	shocked
surprise	surprising	surprised
tire	tiring	tired

4.3 Advérbios

Os advérbios em Inglês (adverbs) são palavras que modificam o verbo, o adjetivo ou o advérbio.

De acordo com o sentido que apresentam na frase, eles são classificados em: advérbios de tempo.

Modo: actively (ativamente); amiss (erroneamente); badly (mal); boldly (audaciosamente); faithfully (fielmente); fast (rapidamente); fiercely (ferozmente); gladly (alegremente); ill (mal); quickly (rapidamente); purposely (propositadamente); simply (simplesmente).

| She did it so quickly.

Lugar: above (em cima); anywhere (em qualquer parte); around (em redor); bellow (abaixo); everywhere (em toda a parte); far (longe); here (aqui); hither (para cá); near (perto); nowhere (em parte alguma); there (lá); thither (para lá); where (onde); yonder (além).

| There is a gas station near here.

Afirmação: certainly (certamente); evidently (evidentemente); indeed (sem dúvida); obviously (obviamente); surely (certamente); yes (sim).

| He is obviously disappointed with you.

Dúvida: maybe (possivelmente); perchance (porventura); perhaps (talvez); possibly (possivelmente).

| Perhaps he won't come.

Intensidade: completely (completamente); enough (bastante); entirely (inteiramente); equally (igualmente); exactly (exatamente); greatly (grandemente); largely (grandemente); little (pouco); merely (meramente); much (muito); nearly (quase); pretty (bastante); quite (completamente); rather (bastante); slightly (ligeiramente); sufficiently (suficientemente); throughly (completamente); too (demasiadamente); utterly (totalmente); very (muito); wholly (inteiramente).

| I love her so much.

Frequência: daily (diariamente); monthly (mensalmente); occassionally (ocasionalmente); often (frequentemente); yearly (anualmente); rarely (raramente); always (sempre); weekly (semanalmente); never (nunca);.

| I always go out on Fridays.

Tempo: already (já); early (cedo); formerly (outrora); hereafter (doravante); immediately (imediatamente); late (tarde); lately (ultimamente); now (agora); presently (dentro em pouco); shortly (em breve); soon (brevemente); still (ainda); then (então); today (hoje); tomorrow (amanhã); when (quando); yesterday (ontem).

| I have already done the paper.

4.3.1 Formação

Geralmente, as palavras terminadas com o sufixo –ly são advérbios. No entanto, existem exceções, como, por exemplo, os adjetivos: lovely (amável), friendly (amigável), lonely (sozinho) etc.

Alguns advérbios apresentam a forma irregular, ou seja, não mantêm nenhuma relação de proximidade ortográfica com o adjetivo correspondente. É o caso, por exemplo, do adjetivo good (bom) e do advérbio well (bem).

4.3.2 Posição

O posicionamento de um advérbio em uma frase, por norma, segue duas ordens básicas:

ADVERB + VERB + OBJECT (ADVÉRBIO + VERBO + OBJETO)

| He Always comes to class on time.

VERB + OBJECT + ADVERB. (VERBO + OBJETO + ADVÉRBIO)

| He sings very well.

Alguns adjetivos e advérbios possuem a mesma grafia, logo só é possível identificar sua classe gramatical e sentido pela posição ocupada por ele na frase. Vejamos alguns exemplos:

Adjective	Adverb	Adjetivo - Advérbio
Daily	Daily	Diário - Diariamente
Far	Far	Distante - Distantemente
Fast	Fast	Rápido - Rapidamente
Free	Fre	Livre - Livremente
Long	Long	Longo - Longamente
Right	Right	Certo - Certamente

| I've always interested in fast cars. (Adjective)
| You are driving too fast. (Adverb)

5 SIMPLE PAST, PAST CONTINUOUS, THERE TO BE

5.1 Simple past

O passado simples é usado para indicar ações passadas já concluídas, ou seja, para falar de fatos que já aconteceram; que começaram e terminaram no passado.

Para reforçar o uso desse tempo verbal, muitas expressões temporais são utilizadas nas frases, como, por exemplo: yesterday (ontem), the day before yesterday (anteontem), last night (ontem à noite), last year (ano passado) etc.

| Mike visited Maria yesterday.

5.1.1 Forma afirmativa

A forma afirmativa tem como particularidade a presença de um verbo na forma do passado. Sua organização fica estabelecida da seguinte forma:

SUJEITO + VERBO NO PASSADO + COMPLEMENTO

| Mike traveled to Curitiba.
| Jonathan bought a TV last week.

Os verbos na forma do passado são divididos em dois grupos, os verbos regulares e os irregulares.

5.1.2 Regulares

Acrescentamos os sufixos D/ED/IED aos verbos considerados regulares seguindo os seguintes parâmetros:

Aos verbos regulares terminados em *–e*, acrescenta-se somente o *–d* no final do verbo. (Dance→ danced)

Aos verbos terminados em *–y* precedido de consoante, retira-se o *y* e acrescenta-se o *–ied.* (Study → studied)

As terminações restantes são caracterizadas como uma espécie de regra geral, logo acrescentaremos -ed (Watch → watched).

5.1.3 Irregulares

Os verbos irregulares não seguem as regras estabelecidas pela gramática, logo cada um deles possui sua própria forma. Na sequência encontraremos alguns exemplos:

Forma no infinitivo	Forma no passado
Go	Went
Make	Made
Buy	Bought
Have	Had
Put	Put
Send	Sent
Come	Came

5.1.4 Forma Negativa

Para a construção de frases negativas no simple past, o verbo do, flexionado passado, é empregado como verbo auxiliar. O verbo principal não é conjugado no passado, uma vez que o auxiliar já indica o tempo verbal. A construção das frases negativas é feita da seguinte forma:

SUJEITO + DID NOT/ DIDN'T + VERBO NO INFINITIVO + COMPLEMENTO

| Jonas did not come to class yesterday.

5.1.5 Forma interrogativa

Para a construção de perguntas, colocaremos o verbo -do, flexionado no passado, antes do sujeito. A construção das frases é feita da seguinte forma:

DID + SUJEITO + VERBO NO INFINITIVO + COMPLEMENTO

| Did you take the garbage out yesterday?

5.2 Past continuous

5.2.1 Uso

O passado contínuo, basicamente, descreve uma ação que estava ocorrendo em certo período no passado.

| Fred was dancing with his girlfriend.

Podemos tomar como exemplo a forma do present continuous. A diferença entre esses dois tempos está nos auxiliares, pois o presente continuous utiliza a forma do verbo "to be" no presente(is/am/are), enquanto que o past continuous usará a forma do passado do verbo "to be"(was/were).

Forma afirmativa

Para as frases afirmativas no past continuous, organizaremos as sentenças da seguinte forma:

SUJEITO + VERBO TO BE NO SIMPLE PAST + VERBO COM –ING + COMPLEMENTO

| She was going to my house.
| The kids were playing together.

5.2.2 Forma negativa

Para as frases negativas, a única diferença será a presença da partícula de negação "not" após o verbo "to be" na forma do passado. Sua construção será feita da seguinte forma:

SUJEITO + VERBO TO BE NO SIMPLE PAST +NOT + VERBO COM –ING + COMPLEMENTO

| She was not going to my house.
| The kids were not playing together.

Podemos contrair as formas negativas: was not (wasn't), were not (weren't)

5.2.3 Forma interrogativa

Para a construção de perguntas, colocaremos o verbo "to be" na forma do passado antes do sujeito. A construção das frases é feita da seguinte forma:

VERBO "TO BE" NO SIMPLE PAST + SUJEITO + VERBO COM – ING + COMPLEMENTO

| Was she going to my house?
| Were the kids playing together?

5.3 There To Be

5.3.1 Uso

Usamos o "there to be" para indicar a existência de pessoas, situações e objetos. A expressão tem o mesmo significado que o verbo "haver" (ou "ter" no sentido de existir), em Português. Podemos construir sentenças nas formas do presente, passado e futuro.

There is a book on the table.
There was a car in front of your house.
There will be a party here tomorrow.

5.3.2

Mesmo podendo ser organizado no presente, passado ou futuro, a parte que realmente sofre alterações é o verbo "to be". A construção frasal será basicamente a mesma para todas as formas, o que será diferente são as flexões da forma do verbo "to be", bem como das expressões temporais que podem aparecer.

5.3.3 Afirmações

THERE + VERBO "TO BE" +COMPLEMENTO

There are some children in the backyard.
There were some children in the backyard.
There will be an event tonight.

5.3.4 Negações

THERE + VERBO "TO BE" + COMPLEMENTO

There is not milk in the fridge.
There was not a bag inside the locker last night.
There will not be available seats for you tonight.

5.3.5 Perguntas

Verbo "to be" + sujeito + complemento

Are there bottles of wine on the table?
Was there a car in front of your house last night?
Will there be a person to help me?

Presente: is/am/are.

Passado: was/were.

Futuro: will be.

6 IMPERATIVO, SUBJUNTIVO, QUESTION WORDS, DEMONSTRATIVE PRONOUNS

6.1 Imperativo

6.1.1 Uso

O imperativo é usado pelo falante para dar uma sugestão, uma ordem, um conselho ou uma instrução para que uma determinada ação aconteça.

> Call me now!
> Do your job, Doug.

6.1.2 Estrutura

Em Inglês, utiliza-se o verbo sem a partícula "to" para montar uma sentença no imperativo, além de não ser necessário informar o sujeito, pois se subentende que este receberá a ordem, a sugestão ou o conselho implicitamente.

6.1.3 Afirmações

VERBO NO INFINITIVO SEM A PARTÍCULA "TO" + COMPLEMENTO

> Come with me.
> Please, help me!

6.1.4 Negações

DO NOT (DON'T) + VERBO NO INFINITIVO SEM A PARTICULA "TO"= COMPLEMENTO

> Don't eat this cake.
> Do not hit that button!

6.2 Forma do subjuntivo

6.2.1 Uso

O uso do subjuntivo não é muito comum na linguagem coloquial em Inglês. Entretanto, devido aos verbos e às expressões com os quais ocorre, trata-se de um tempo verbal bastante frequente na linguagem formal.

O subjuntivo é usado para expressar a **importância de algo ou a opinião, o desejo ou a ordem de alguém.**

A forma do subjuntivo é caracterizada pelo uso de verbos no infinitivo. Além disso, ao contrário do subjuntivo em Português, o subjuntivo em Inglês possui a mesma forma tanto no presente como no passado e no futuro.

Alguns verbos que tipicamente ocorrem com o subjuntivo:

- to advise (that) – recomendar
- to agree (that) – concordar, obrigar-se
- to ask (that) – pedir
- to beg (that) – implorar
- to command (that) – determinar
- to decree (that) – decretar, determinar
- to demand (that)– exigir

6.2.2 Estrutura

Presente: The Chairman insists that they keep to schedule.

Passado: The Chairman insisted that they keep to schedule.

Futuro: The Chairman will insist that they keep to schedule.

Deve-se notar que após as expressões em itálico, os verbos sempre permanecem na sua forma original.

6.3 Question Words

6.3.1 Uso

As question words são palavras utilizadas no começo das sentenças com o intuito de realizarmos perguntas específicas, nas quais a resposta esperada vai além de "sim" ou "não". Cada uma delas possui um sentido/uso diferente e pode ser utilizada com qualquer tempo verbal.

Question word	Tradução	Exemplo
What?	Qual/ O quê?	What's your name? What are you doing?
Which?	Qual (opções)?	Which do you prefer? Dark chocolate or white?
Who?	Quem?	Who is Peter?
Whom?	Quem?	Whom did you call?
Whose?	De quem?	Whose car is that?
Why?	Por quê?	Why are you crying
Where?	Onde/ Aonde?	Where does Mark live?
When?	Quando?	When did you come back from England?
How?	Como?	How did you do that?

A forma HOW combinada com outros vocábulos pode ter outros sentidos, vejamos alguns:

- **How much (Quanto custa)**
  | How much is that dress?
- **How many (Quantos)**
  | How many dogs do you have?
- **How old (Quantos anos)**
  | How old are you?
- **How long (Quanto tempo)**
  | How long will it take?
- **How often (Com que frequência)**
  | How often do you go to the movies?

6.4 Demonstrative Pronouns

Os pronomes demonstrativos em Inglês são utilizados para indicar algo (pessoa, lugar ou objeto) e mostrar sua posição no espaço. Isso porque alguns deles são utilizados quando o falante está perto, e outros, quando está longe.

Diferentemente do que ocorre com o Português, os pronomes demonstrativos não variam de gênero. No entanto, há variação de número (singular e plural).

Demonstrative pronoun	Exemplo
This (singular/perto)	This is my sister.
That (singular/longe)	That is my brother
These (plural/perto)	These are my dogs
Those (plural/longe)	Those are my bags

Existem duas classificações existentes levando em consideração os pronomes demonstrativos: quando eles fazem função de substantivo e quando fazem função de adjetivo.

Sujeito: tem a função de substituir o substantivo na frase. Ele surge antes do verbo, ou sozinho na frase, e sua formação é: ***demonstrative pronoun + verb.***

| This is my car.

Adjetivo: tem a função de atribuir qualidade ao substantivo, descrevendo-o. Ele surge antes do nome e sua formação é: ***demonstrative adjective + noun.***

| This car is old.

7 COMPARATIVE ADJECTIVES, SUPERLATIVE ADJECTIVES

7.1 Comparative Adjectives

As comparações em Língua Inglesa podem ser estabelecidas em 3 níveis: igualdade, inferioridade e superioridade. Podemos comparar características envolvendo pessoas, animais, lugares ou experiências.

7.1.1 Comparativo de igualdade

Como o próprio nome sugere, é utilizado para estabelecermos comparações entre substantivos em um parâmetro de equivalência.

A estrutura básica pode ser caracterizada da seguinte forma:

P1+ VERB TO BE + AS+ ADJETIVO + P2

| Derick is as tal as Bob.
| Denis and Maria are as intelligent as Doug.

7.1.2 Comparativo de inferioridade

É utilizado para estabelecermos comparações entre substantivos em um parâmetro no qual um dos lados é "inferior" ao outro em relação a uma determinada característica.

A estrutura básica pode ser determinada da seguinte forma:

P1 + VERBO TO BE + LESS + ADJETIVO + THAN + P2

| Jane is less emotional than Patricia.

7.1.3 Comparativo de superioridade

É utilizado para estabelecermos comparações entre substantivos em um parâmetro no qual um dos lados é "superior" ao outro em relação a uma determinada característica

Ao estabelecermos comparações neste nível, é necessário estar atento ao fato de que o "tamanho" (número de sílabas) do adjetivo/ característica influencia diretamente na construção da frase.

7.1.4 Adjetivos longos

Os adjetivos longos são caracterizados desta forma por possuírem 3 sílabas ou mais. A estrutura básica da sentença com estes vocábulos é:

P1 + VERBO TO BE + MORE+ ADJETIVO + THAN + P2

| Marta is more beautiful than Teresa.

7.1.5 Adjetivos curtos

Os adjetivos curtos são caracterizados dessa forma por possuírem até 2 sílabas. Ao elaborarmos as sentenças, deveremos, ao invés de utilizar a palavra more (mais) para destacar superioridade, acrescentar os sufixos R/ER/IER ao final dos adjetivos. Vejamos:

P1 + VERBO TO BE + ADJETIVO COM -ER + THAN + P2

| Maria is older than me.
| Derick is funnier than Tomas.
| Brazil is larger than Argentina.

Vejamos o padrão de formação dos adjetivos curtos:

Para a maior parte dos adjetivos, acrescentamos o sufixo -ER:

| tall → taller

Para adjetivos terminados em "e", acrescentamos -R:

| nice → nicer

Para adjetivos terminados em "y", acrescentamos -IER:

| funny → funnier

Para adjetivos monossílabos terminados em consoante- vogal-consoante (CVC) , dobramos a última consoante e acrescentamos –ER:

| big → bigger

7.1.6 Exceções

Existem alguns adjetivos que não seguem o padrão de formação. Eles são chamados de irregulares e possuem sua própria forma. São eles:

Adjetivo	Forma no comparativo de superioridade
Good	Better
Bad	Worse
Far	Farther/Further

7.2 Superlative of superiority

7.2.1 Uso

Usamos o superlativo toda vez que queremos expressar a qualidade de um adjetivo no seu mais alto grau. Não há comparações com outros seres, uma vez que a intenção é intensificar uma determinada característica.

7.2.2 Estrutura

Assim como no comparativo de superioridade, na forma do superlativo de superioridade é necessário diferenciar os adjetivos de acordo com o seu número de sílabas.

7.2.3 Adjetivos longos

Os adjetivos com três ou mais sílabas seguem a seguinte estrutura:

SUJEITO + TO BE + THE MOST + ADJETIVO + COMPLEMENTO

| Sandra is the most beautiful girl of our school.

7.2.4 Adjetivos curtos

Os adjetivos curtos possuem até 2 sílabas e para formarmos o superlativo de superioridade é necessário acrescentarmos os sufixos *-est/st/iest* a eles.

A estrutura básica segue a seguinte ordem:

SUJEITO + TO BE + THE + ADJETIVO COM -EST + COMPLEMENTO

| My grandfather is the oldest person in my family.

Para a maior parte dos adjetivos acrescentamos o sufixo -EST

| Tall → tallest

Para adjetivos terminados em "e" acrescentamos o sufixo -ST

| Nice → nicest

Para adjetivos terminados em "y" acrescentamos -IEST:

| Funny → funniest

Para adjetivos monossílabos terminados em consoante-vogal- consoante (CVC), dobra-se a última consoante e acrescentamos -EST

| Big → biggest

7.2.5 Exceções

Existem alguns adjetivos que não seguem o padrão de formação. Eles são chamados de irregulares e possuem sua própria forma. São eles:

Adjetivo	Forma no comparativo de superioridade
Good	Best
Bad	Wort
Far	Farthes/Furthest

8 QUESTION TAGS, PREPOSIÇÕES DE LUGAR E TEMPO

8.1 Question tags

Question tags são perguntas de confirmação, antecedidas por uma vírgula, posicionadas ao final de sentenças afirmativas ou negativas.

> Today is a beautiful day, isn't it?
> She doesn't like coffee, does she?

A *question tag* "discordará" obrigatoriamente da primeira declaração da frase. Quando a primeira for afirmativa, a *question tag* será negativa, e vice-versaserá. Para isso devemos levar em consideração o sujeito da frase principal, bem como o tempo verbal, com o intuito de utilizar o auxiliar correto.

Portanto, a estrutura será:

Frase afirmativa, **AUXILIAR COM NEGAÇÃO CONTRAÍDO + SUJEITO**

> She loves pizza, **DOESN'T SHE?**
> He is sick, **ISN'T HE?**

Frase negativa, **AUXILIAR + SUJEITO?**

> Tommy didn't help Marie, **DID HE?**
> Monica will not come tomorrow, **WILL SHE?**

Casos de exceção:

Quando a frase começar com a expressão LET'S, o tag será SHALL WE.

> Let's dance, shall we?

Quando a frase estiver na forma do IMPERATIVO, o tag será WILL YOU.

> Close the door, will you?

Quando a frase, na forma afirmativa, for iniciada com I AM, o tag será AREN'T I.

> I am crazy, aren't I?

8.2 Preposições

8.2.1 Preposições de tempo

As preposições de tempo são termos utilizados para indicar alguns momentos relativos ao tempo em que ocorrem. Observe a tabela na sequência e conheça algumas delas:

Preposição	Uso	Exemplo
In	Ano Mês(sozinho) Estações do ano Periodos do dia (exeto noite)	In 1945, the World War II ended. My birthday is in October. We will travel again in the summer. I will see you in the morning.
On	Dias da semana Datas (mês e dia) Feriados (dia)	I have Math classes on Mondays. I was born on March 15 th. Sue will come on Christmas.
At	Horas Feriados (períodos) Noite	I wake up at 7:00 A.M. every day. Juliet will be here at Easter. I'll see you at night.
For	Durante um determinado período de tempo até agora	I have studied French for 2 years.
Before	Antes de um período de tempo passado	I have never visited Chicago before.
Since	Marca o início de uma ação no passado que se estende até o presente	My father has worked here since 2000.
By	No sentido de mais tardar Até um certo tempo	I'll be back by 6 o'clock. By 11 o'clock, i will have read five pages.
Till/Untill	No sentido de quanto tempo algo irá durar	He will not be in Curitiba until Friday.
From	Indica um determinado período de tempo	From now on, we'll be friends.

8.3 Preposições de lugar

As preposições de lugar (ou posição) são utilizadas para indicar o local de determinadas pessoas e/ou objetos no espaço. Observe a tabela na sequência e conheça algumas delas:

Preposição	Uso	Exemplo
On	Sobre alguma superfície Indicar endereços	The book is on the table. I live on the 5th street avenue.
In	Dentro de algo/ algum lugar Países Cidades	Get in the car. She lives in Brazil. She lives in São Paulo.
At	Indica um ponto em algum lugar ou endereço específico	She is at Harvard's Universaty.
Behind	Atrás	The dog is behind the couch.
Between	Entre	The wallet is between the couch and the arm chair.
In front of	Em frente	There is a car in front of your house.
Beside	Ao lado	Your t-shirt is beside the bed.
Among	Entre um grupo	Our house is among the trees.
Over	Acima/sobre	The cat jumped over the dog.
Next to	Próximo	She is next to her brother.
From	Indica origem	She came out of the jungle.
From/to	Indica abrangência de um lugar	She is walking from one side to another.

9 SIMPLE FUTURE, FUTURE WITH BE GOING TO

9.1 Simple future

Simple future (futuro simples) é um tempo verbal usado para expressar ações futuras que irão ocorrer, ou seja, que ainda não aconteceram.

Ele pode indicar uma decisão que está sendo tomada no ato da fala. Além disso, pode expressar um pedido, uma promessa, um aviso, um convite e uma oferta.

| She will travel to New York next year.

Na presença de todas as formas, encontraremos o auxiliar "will" e também um verbo na forma do infinitivo.

9.1.1 Forma afirmativa

Para a formação de frases afirmativas, o simple future apresenta a seguinte construção:

SUJEITO + WILL+ VERBO NO INFINITIVO + COMPLEMENTO

| Bob will help me next time.

9.1.2 Forma negativa

Para a formação de frases negativas, a única diferença será a presença do verbo auxiliar "WILL" seguido da partícula de negação "not", vejamos:

SUJEITO + WILL NOT/ WON'T + VERBO NO INFINITIVO + COMPLEMENTO

| I will not come tomorrow.

9.1.3 Forma interrogativa

Na forma interrogativa ocorre a inversão da posição entre sujeito e auxiliar, vejamos:

WILL+ SUJEITO + VERBO NO INFINITIVO + COMPLEMENTO

| Will you marry me?

9.2 Future with be going to

Usamos o "be going to" para indicar uma ação futura que já está planejada e tem grande chance de acontecer num futuro próximo.

| I'm going to marry Susan next weekend.

O futuro com going to utiliza a forma do verbo "to be" (is/am/are) no presente como auxiliar e o verbo principal fica na forma do infinitivo.

9.2.1 Forma afirmativa

Para construirmos afirmações, encontramos a seguinte estrutura:

SUJEITO + VERBO 'TO BE"+ GOING TO+ VERBO NO INFINITIVO + COMPLEMENTO

| She is going to visit us tomorrow.
| I am going to help you tonight.
| They are going to the movies on the weekend.

9.2.2 Forma negativa

A única diferença no caso das negações é a presença da partícula de negação "not" após o auxiliar, vejamos:

SUJEITO + VERBO "TO BE" + NOT + VERBO NO INFINITIVO + COMPLEMENTO

| She is not going to visit us tomorrow.
| I am not going to help you tonight.
| They are not going to the movies tomorrow.

9.2.3 Forma interrogativa

Ao elaboramos perguntas, devemos inverter a ordem entre sujeito e auxiliar, vejamos:

VERBO "TO BE" + SUJEITO + GOING TO + VERBO NO INFINITIVO + COMPLEMENTO

| Is she going to visit us tomorrow?
| Am I going to see her again?
| Are they going to the movies next weekend?

Em ambos os casos, tanto no simple future, quanto no future with be going to, será comum encontrarmos expressões que remetem ao futuro. Aqui estão as mais utilizadas a título de conhecimento:

Expressão	Significado
Tomorrow	Amanhã
Soon	Em breve
The day after tomorrow	Depois de amanhã
Next week	Próxima semana
Next Month	Próximo mês
Next Weekend	Próximo final de semana
Next Year	Próximo ano
In a few days	Em poucos/alguns dias
In a short time	Em um curto período de tempo

10 MODAL VERBS, NOUNS, QUANTIFIERS, INDEFINETE PRONOUNS

10.1 Modal Verbs

É uma classe especial de auxiliares que possuem características próprias e não seguem algumas regras de gramática comuns para outros verbos.

Can: é utilizado para falarmos de capacidade/habilidade, pedidos de maneira geral ou para tratarmos de permissão de maneira informal.

| I can speak French very well.

Could: é utilizado para falarmos, assim como o can, de capacidade/habilidade. Entretanto, a diferença consiste no fato de esse verbo modal trabalhar com ações passadas. Além disso, podemos fazer pedidos de maneira mais educada ou ainda fazer deduções.

| My cousin could play the guitar when he was younger.

Should/ ought to: ambos modais têm em comum o fato de lidar com conselhos/sugestões. A diferença entre eles está no quesito formalidade. Apesar de ser pouco utilizada atualmente, a forma ought to é mais rebuscada.

| Jane shouldn't work so much.
| Jane ought to help her family.

May: é utilizado para falar de permissão de maneira formal ou ainda em relação à possibilidade/probabilidade de algo acontecer(- chance de mais de 50%).

| May I take your order sir?

Might: é utilizado também para indicar possibilidade/ probabilidade, entretanto apesar da semelhança de uso em relação ao verbo modal may, a chance de algo acontecer é pequena.

| I'm not sure but Denis might not come tonight.

Must: é utilizado para falarmos de obrigações, na forma afirmativa e de proibições na forma negativa. Podemos ainda estabelecer deduções em ambas as formas.

| A judge must be fair on a trial.

Would: é utilizado para fazermos pedidos, oferecermos algo de maneira educada ou ainda para tratarmos de situações hipotéticas.

| Would you like some tea?
| I would love to buy a boat.

Shall: esse verbo modal é mais comum em perguntas ou quando se oferece algo, sugere alguma coisa ou fazemos convites; é considerado bastante formal. Shall só é usado na primeira pessoa do singular (I) e do plural (We).

| Shall I open the window?

Cada um dos verbos modais possui suas próprias funções semânticas. Entretanto, ao organizarmos as frases, a forma de construí-las é a mesma para todos.

10.1.1 Forma afirmativa

SUJEITO + VERBO MODAL + VERBO NO INFINITIVO + COMPLEMENTO

| Jane can sing very well.

10.1.2 Forma negativa

SUJEITO + VERBO MODAL COM NEGAÇÃO + VERBO NO INFINITIVO + COMPLEMENTO

| Jack should not walk alone in the park at night.

10.1.3 Forma interrogativa

VERBO MODAL + SUJEITO + VERBO NO INFINITIVO + COMPLEMENTO

| May I ask you a question?

10.2 Nouns

Os substantivos são as palavras responsáveis por nomear as coisas, pessoas, emoções, etc. Suas classificações e subdivisões são inúmeras, entretanto, focalizaremos dois aspectos em especial: a formação do plural e também a divisão existente entre substantivos contáveis e incontáveis.

10.2.1 Countable and uncountable nouns

Os substantivos são divididos em duas categorias: contáveis e incontáveis. Os contáveis, como o próprio nome sugere, podem ser contados, pois têm forma tanto no singular quanto no plural.

| Cat → cats
| dog dogs
| car → cars
| person → people
| day → days

- Os substantivos incontáveis são aqueles que para serem quantificados exigem uma unidade de medida.

| coffee, bread, music, water, wine, milk, sugar, money etc.

- Para podermos "contá-los", necessitamos de uma "unidade de medida".

| I want a glass of water. (Eu quero um copo d'agua)

- Josh drank a bottle of wine. (Josh bebeu uma garrafa de vinho)

| I will grab a cup of coffee for you. (Eu pegarei uma xícara de café para você)

10.2.2 Plural of nouns

A construção da forma do plural em Língua Inglesa se parece em alguns aspectos com a Língua Portuguesa, entretanto temos regras bem específicas, que veremos a seguir.

Como em Português, a forma geral de se colocar uma palavra no plural consiste em acrescentar o –s:

| Boy → boys
| Book → books

Quando o substantivo terminar em –s, –ss, –ch, –sh, –x, –z e a maioria dos substantivos que terminam em –o, receberá –ES no final:

| Box → boxes
| Hero → heroes

Entretanto, nos substantivos a seguir, acrescenta-se somente –s: photo (foto), radio (rádio), piano (piano), kilo (quilo), video (vídeo), avocado (abacate). Já alguns possuem as duas formas, como mosquito (mosquito) e volcano (vulcão).

Ao terminar em –y precedido por consoante, substitui-se o y por –ies:

| Body → bodies
| City → cities

Alguns substantivos que terminam com –f ou –fe têm esse final trocado por -ves:

| Life → lives
| Wolf →wolves

Alguns substantivos advindos de outro idioma conservam o plural de origem:

| Medium → media

Alguns plurais irregulares:

Man → men
Woman → women
Tooth → teeth
Person →people
Mouse → mice
Child → Children
Goose → geese

Substantivos com a mesma forma no plural e no singular:

Fish
Species

Apesar de terminarem com –s, há alguns substantivos que estão no singular:

News
Politics

Outras só existem no plural e concordam com verbos também no plural:

Clothes
Savings

10.3 Quantifiers

Quantifiers são palavras usadas quando nos referimos à quantidade de alguma coisa, mas sem especificar essa quantia. Eles podem ser usados com substantivos contáveis e incontáveis.

- Much (muito / incontáveis)

There isn't much milk left in the fridge.

- Many (muito/ contáveis)

There are many things I want to tell you.

- A lot of/ lots of

É utilizado para falar de uma grande quantidade, independentemente se o substantivo que está à sua frente é contável ou incontável.

Jessica told a lot of things about her.
He has lots of money.

- Few (pequena quantidade/ contáveis)

I have few friends.

- Little (pequena quantidade/ incontáveis)

We have little food.

10.4 Indefinite pronouns

Some e any são adjetivos indefinidos utilizados quando não se pode usar a/an, isto é, com os incontáveis e com substantivos no plural.

Some: algum, alguns, alguma, algumas; um pouco de.

Any: algum, alguns, alguma, algumas; qualquer; nenhum, nenhuma.

A possibilidade de uso e o sentido serão afetados dependendo do tipo de frase em que eles forem utilizados.

10.4.1 Some

Tipo de frase	Sentido	Exemplo
Afirmativa	Algum/alguns/ alguma/algumas/ um pouco	I have some friends. I have some money.
Interrogativa (oferecimento/ pedido)		Do you want some?

- Não podemos utilizar essa forma em sentenças negativas.

10.4.2 Any

Tipo de frase	Sentido	Exemplo
Afirmativa	Qualquer	Any person would remind me of her.
Negativa	Nenhum/nenhuma	I don't have any friends.
Interrogativa	Algum/alguma Alguns/algumas	Do you have any idea? Are there any books here?

10.4.3 No

Usa-se no (= adjetivo; nenhum, nenhuma) com verbos na forma afirmativa para dar um sentido negativo à frase. Isso mesmo! O significado da frase indica negação, entretanto a estrutura dela será de afirmação.

I have no friends.
There is no butter left.

As formas: some, any e no podem ainda dar origem a outras palavras recebendo os sufixos one/body, thing, where. Essas novas palavras são chamadas pronomes indefinidos. Elas são utilizadas para representar de maneira genérica e indefinida pessoas, coisas ou lugares. Vale frisar que as regras para sua utilização continuam sendo as mesmas de some/any/no.

10.4.4 Some

Someone/ somebody	Alguém	I know someone who can help us. Someone stole my bike.
Something	Alguma coisa	I have something for you. Would you like something to drink?
Somewhere	Algum lugar	There must be a restaurant somewhere near you house.

10.4.5 Any

Anyone / anybody	**Qualquer um/Alguém/ ninguém**	**Anyone could do this. I didn't see anyone here. Did you see anyone here?**
Anything	Qualquer coisa/alguma coisa/nada	Anything is possible. I don't want anything. Did you see anything strange?
Anywhere	Qualquer lugar/algum lugar/nenhum lugar	Where are we going to sleep? Anywhere. I can't find my shoes anywhere. Is there anywhere nice to go in theis city

10.4.6 No

No one/nobody	Ninguém	Nobody wants to see me.
Nothing	Nada	There's nothing we can do.
Nowhere	Nenhum lugar	There's nowhere nice to go in this city

11 PRESENT PERFECT, PRESENT PERFECT CONTINUOUS

11.1 Present Perfect

O present perfect é um tempo verbal utilizado para falar sobre eventos que ocorreram em um tempo indefinido do passado e que podem perdurar até hoje ou já terem sido concluídos. Em Português, não temos um tempo correspondente a esse.

I have lived there for a long time.

As frases no present perfect, independentemente da forma, contarão com a presença dos auxiliares HAVE ou HAS e de um verbo na forma do particípio passado.

O que são verbos no particípio passado ou também chamados de verbos na 3ª coluna?

Os verbos na forma do particípio passado seguem uma lógica parecida com as dos utilizados no simple past, ou seja, verbos regulares recebem o acréscimo de d/ed/ied e verbos irregulares apresentam uma flexão única, que pode ou não ser a mesma do passado simples.

Os verbos regulares continuam os mesmos seguindo as mesmas regras, o que realmente acaba dificultando são os irregulares que em sua maioria ganham uma nova conjugação, vejamos alguns exemplos:

Verbo no infinitivo	Verbo no simple past	Verbo no particípio passado
Go	Went	Gone
Do	Did	Done
Come	Came	Come
Drink	Drank	Drunk
Buy	Bougth	Bought
See	Saw	Seen
Get	Got	Gotten/got

11.1.1 Forma afirmativa

Na forma afirmativa do presente perfeito encontraremos dois auxiliares: have e has seguidos por um verbo na forma do particípio passado. Os auxiliares têm seu uso diferenciado pelo sujeito da frase. Utilizaremos has com a 3ª pessoa do singular (he/she/it). Em contrapartida, quando o sujeito da sentença for I/you/we/they, utilizaremos a forma have.

SUJEITO + AUXILIAR + VERBO NO PARTICÍPIO PASSADO + COMPLEMENTO

Jonathan has worked here for years.
I have worked here for years.

Podemos utilizar as formas contraídas 's(has) e 've(have).

11.1.2 Forma negativa

Na forma negativa do presente perfeito teremos os auxiliares have ou has acompanhados da partícula de negação not, seguidos de um verbo no particípio passado.

SUJEITO + AUXILIAR COM NEGAÇÃO + VERBO NO PARTICÍPIO PASSADO + COMPLEMENTO

I have not lived there for a long time.
Sara has not arrived on time.

Podemos contrair ambos os auxiliares: have not (haven't) e has not (hasn't).

11.1.3 Forma interrogativa

Ao estabelecermos perguntas no presente perfeito, devemos posicionar os auxiliares à frente do sujeito, que é seguido de um verbo na forma do particípio passado.

AUXILIAR + SUJEITO + VERBO NO PARTICÍPIO PASSADO + COMPLEMENTO

Have you seen Patrick lately?
Has Doug visited Peter?

11.2 Present perfect continuous

O present perfect continuous é usado, basicamente, para enfatizar a continuidade de uma ação que começou no passado e que se prolonga até o presente.

Jane has been watching TV for 2 hours.
Peter and Mike have been playing tennis for 1 hour.

O present perfect continuous utiliza os mesmos auxiliares do present perfect (have e has). O verbo principal aparece na forma do gerúndio (-ing). A seguir veremos as classificações.

11.2.1 Forma afirmativa

SUJEITO + AUXILIAR + BEEN + VERBO COM -ING + COMPLEMENTO

Jessica has been studying for 2 hours.
They have been playing video game for 2 hours.

11.2.2 Forma negativa

Na forma negativa teremos o acréscimo da partícula de negação "not" ao auxiliar.

SUJEITO + AUXILIAR COM NEGAÇÃO + BEEN + VERBO COM -ING + COMPLEMENTO

Jessica has not been studying all day long.
They have not been playing video game for 2 hours.

11.2.3 Forma interrogativa

Na forma interrogativa não podemos nos esquecer de inverter a ordem entre sujeito e auxiliar.

AUXILIAR + SUJEITO+ BEEN + VERBO COM -ING + COMPLEMENTO

Has Jessica been studying all day long?
Have they been playing video game for 2 hours?

12 PAST PERFECT, PAST PERFECT CONTINUOUS

12.1 Past perfect

O past perfect é usado para descrever uma ação que ocorreu no passado, antes de outra ação também passada. Ou seja, de maneira simplista, podemos considerá-lo o "passado do passado".

| The film had already started when we got to the cinema.

Convém observar que ambas as ações estão no passado, entretanto, a que está representada pelo past perfect (filme ter começado) acontece antes do que aquela representada pelo simple past (nós temos chegado ao cinema).

O past perfect possui apenas um auxiliar (had), que é acompanhado por um verbo na forma do particípio passado. Vejamos:

12.1.1 Forma afirmativa

SUJEITO + HAD + VERBO NO PARTICÍPIO PASSADO + COMPLEMENTO

| She had done her job before the dead line.

Podemos contrair a forma had ('d).

12.1.2 Forma negativa

Na forma negativa o auxiliar vem acompanhado da partícula de negação "not".

SUJEITO + HAD NOT/HADN'T + VERBO NO PARTICÍPIO PASSADO + COMPLEMENTO

| Denis hadn't realized that the place was so dangerous.

12.1.3 Forma interrogativa

Na forma interrogativa não podemos nos esquecer de inverter a ordem entre sujeito e auxiliar.

HAD + SUJEITO + VERBO NO PARTICÍPIO PASSADO + COMPLEMENTO

| Had she read the book before seeing the movie?

12.2 Past perfect continuous

O past perfect continuous é usado para enfatizar a repetição ou a duração de uma ação no passado anterior à outra ação também no passado.

| He had been studying for seven hours so he was tired to go out.

Assim como o past perfect, o past perfect continuous também utiliza como auxiliar a forma do passado do verbo "to have" (*had*). O verbo principal aparece na forma do gerúndio (*-ing*). Vejamos:

12.2.1 Forma afirmativa

SUJEITO + HAD + BEEN + VERBO COM -ING + COMPLEMENTO

| I had been saving my money to buy this house.

12.2.2 Forma negativa

Na forma negativa, o auxiliar, vem acompanhado da partícula de negação "not".

SUJEITO + HAD NOT/HADN'T + BEEN + VERBO COM -ING + COMPLEMENTO

| I had not been running for more than fifteen minutes when I felt tired.

12.2.3 Forma interrogativa

Na forma interrogativa não podemos nos esquecer de inverter a posição entre sujeito e auxiliar

HAD + SUJEITO + BEEN + VERBO COM -ING + COMPLEMENTO

| Had he been waiting for her for a long time?

13 PASSIVE VOICE

13.2.1 Uso

Diferentemente da voz ativa, em que a ênfase está em quem praticou a ação, A voz passiva se preocupa em enfatizar o objeto, ou seja, aquele que sofre a ação expressa pelo verbo. Para entender isso vamos comparar sentenças:

> Gina wrote this letter. (Gina escreveu esta carta)
> This letter was written by Gina. (Esta carta foi escrita por Gina)

Repare que no primeiro exemplo, que está na voz ativa, quem faz o papel de sujeito é a pessoa responsável por desempenhar a ação. Em contrapartida no segundo caso o sujeito é a "pessoa" que sofre a ação.

A voz passiva é utilizada como recurso para mudarmos o foco do discurso. É um recurso bastante útil presente em vários gêneros textuais.

As construções na forma da voz passiva são variadas, pois para organizá-las, além de invertermos a posição entre agente e paciente, é necessário estarmos atentos ao tempo verbal da frase.

Cada tempo verbal sofrerá alterações pontuais em sua construção, vejamos:

Tempo na voz ativa	Voz Passiva	Exemplos
Presente simples	are/is + verbo no particípio passado	Voz ativa: Daniel fixies cars. Voz passiva: Cars are fixed by Daniel.
Presente contínuo	is/are + being + verbo no particípio passado	Voz ativa: Daniel is fixing my car. Voz passiva: My car is being fixed by Daniel.
Passado simples	was/were + verbo no particípio passado	Voz ativa: Daniel fixed my car. Voz passiva: My car was fixed by Daniel.
Passado contínuo	was/were + being + verbo no particípio passado	Voz ativa: Daniel was fixing my car. Voz passiva: My car was being fixed by Daniel.
Futuro simples	will be + verbo no particípio passado	Voz ativa: Daniel will fix my car. Voz passiva: My car will be fixed by Daniel.
Presente perfeito	has/have + been + verbo no particípio passado	Voz ativa: Daniel has fixed my car. Voz passiva: My car has been fixed by Daniel
Passado perfeito	had been + verbo no particípio passado	Voz ativa: Daniel had fixed my car. Voz passiva: My car had been fixed by Daniel.
Futuro com o "going to"	am/is/are + going to be + verbo n particípio passado	Voz ativa: Daniel is going to fix my car. Voz passiva: My car is going to be fixed by Daniel.
Verbos modais	Verbo modal + be + verbo no particípio passado	Voz ativa: Daniel must write this paper. Voz passiva: This papper must be written by Daniel

Fique ligado

Quando o sujeito da voz ativa for indeterminado (someone - alguém, people - pessoas), não se coloca o agente da passiva (aquele que sofreu a ação pelo verbo), nem by.

Voz ativa: Someone opened the gate.

Voz passiva: The gate was opened.

Quando o sujeito da voz ativa não for "importante" podemos omiti-lo na forma da voz passiva.

Voz ativa: He called the police officer.

Voz passiva: The police officer was called.

LÍNGUA INGLESA

14 GERUND AND INFINITIVE, CONJUNCTIONS

14.1 Gerund X Infinitive

Nesta unidade, falaremos acerca dos usos das formas do gerúndio e do infinitivo.

Primeiramente, vamos lembrar como reconhecer essas formas.

Gerúndio: o gerúndio é representado na Língua Inglesa pelo sufixo -ING acrescentado ao final dos verbos.

> working, watching, swimming, etc.

Infinitivo: a forma do presente é o estado básico/original do verbo. Podemos e apresenta-lo utilizando a proposição "to" ou não antes do verbo.

> To work / work.

Vejamos as diferenças de uso.

▹ Quando devemos utilizar a forma do gerúndio? Além dos tempos verbais caracterizados como "continuous", podemos encontrar a forma do gerúndio nas seguintes situações.

- **Como um substantivo:**

> Swimming is my favorite sport.
> Painting is her favorite hobby.

- **Após preposições:** segundo a gramática, faz-se necessário a forma do gerúndio após preposições (about, against, at, in, of, for, on, after, before etc.) As preposições podem formar unidades após adjetivos, substantivos ou ainda verbos.

> After watching this episode, I'll do the dishes.
> Before opening the letter, she took a deep breath.
> You can save 10% by booking on the internet.
> They are afraid of losing the match.
> I'm worried about making mistakes.
> What are the chances of finding a taxi?
> I thought about asking her on a date.

- **Após os verbos:** admit - appreciate - avoid - carry on - consider - contemplate - delay - deny - detest - endure - enjoy - escape - excuse - face - fancy - feel like - finish - forgive - give up - imagine - include - involve - keep - mention - mind - miss - postpone - practice - put off - recommend - resent - resist - risk - suggest - understand – quit

> He admitted being guilty.
> They avoid talking to her.
> I enjoy going out with my friends.

- **Após determinadas expressões como:** can't stand - can't help - be worth - feel like - it is no good - it is good - it is no use - look forward to

> I can't stand watching soap operas.
> I can't help falling in love with you.
> It was worth listening to her.

Quando devemos utilizar a forma do infinitivo sem o "to"? Além dos casos envolvendo os verbos modais e os auxiliares do e will encontramos a forma do infinitivo sem o "to" nas seguintes situações:

- **Após as expressões had better e would rather:**

> You had better find a job urgently.
> I would rather go home on foot.

- **Após os verbos let e make na seguinte estrutura:** let/make someone do something.

> She makes me feel good.
> Let me stay here with you.

- **Após verbos de percepção (feel, hear, notice, watch, observe, see) que seguem a estrutura:** verb + object + infinitive without to.

> I didn't see you come in.

Quando utilizar o infinitivo com o "to":

- **Como sujeito de uma frase (é uma maneira formal e pouco utilizada):**

> To be or not to be that's the question.

- **Após the first, the second, the third, the last, the only, the next, etc.:**

> I was the first to arrive this morning.

- **Após adjetivos, quando não forem seguidos por preposição e quando um adjetivo ou advérbio estiver acompanhado de too e enough:**

> It is easy to learn any language
> I think my daughter is too young to get married.

- **Após alguns verbos; os mais comuns são:** afford - agree - appear - arrange - ask - attempt - be able - beg - begin - care - choose - consent - continue - dare - decide - expect - fail - forget - go on - happen - hate - have - help - hesitate - hope - intend - invite - learn - like - love - manage - mean - neglect - offer - plan - prefer - prepare - pretend - propose - promise - refuse - regret - remember - seek - seem - start - swear - trouble - try - want - wish

> I want to break free.
> She asked to talk to me.

- **Após expressões derivadas de would:** (would like, would love, would prefer, would hate)

> I would love to go out with my friends.

14.2 Conjunctions

Conjunções são palavras que ligam duas orações ou termos semelhantes, dentro de uma mesma oração. Estudaremos na sequência alguns tipos:

14.2.1 Contrast

Conjunction	Tradução	Exemplo
But	Mas	She works hard, but she doesn't earn much money.
However	Entretanto	This trip is going to be expensive, however, it's going to be fun.
Although/even though/though	Apesar de	Although it was raining, we had fun.
Despite/in spite of	Apesar de	Despite the rain, we went to the beach.
Nevertheless/ nonetheless	Todavia	There are serious problems in our country. Nevertheless, it is a good place to live.
While/whereas	Enquanto	He must be about 60, whereas his wife looks about 30.

14.2.2 Addition

And	e	She is intelligent and beautiful.
Also/too/as well	Também	She is hardworking, as well, he is.
Besides/more-over/futhermore/ in addition to	Além do mais, além disso	She is smart. Besides, she is very Humble

14.2.3 Reason

Because	Porque	We can't stop working because we haven't finished the job yet.
Because of	Por causa de	There were so many people at the shop because of the sale.
Due to	Devido a	She had five days off the work due to illness.
Since/as	Visto que	They are expensive, since is hard to find them.

14.2.4 Result

Therefore/ consequently	Portanto	Jack didn't buy the cake. Therefore, his mother yelled at him.
So	Por isso	We were tired, so we went to bed early.

15 CONDITIONAL SENTENCES, REPORTED SPEECH

15.1 Conditional sentences

As orações condicionais são sentenças que expressam uma condição. Ou seja, quando conversamos com alguém ou escrevemos algo, nós podemos falar/ escrever sobre condições. Elas são divididas em quatro tipos: zero conditional, first conditional, second conditional e third conditional. Vejamos agora cada um desses casos separadamente:

15.1.1 Zero conditional

De modo geral, usamos o zero conditional em Inglês quando estamos nos referindo a fatos que são sempre verdadeiros. Esses fatos podem ser verdades científicas/ naturais ou ainda pode expressar um fato verdadeiro sobre uma pessoa.

> If you heat ice, it melts.
> If I don't eat well, I get sick.

Observe que tanto o lado que representa a condição (parte com if), quanto o lado do resultado estão no mesmo tempo verbal. Logo, temos a seguinte estrutura:

If you heat ice,	It melts.
Condição	Resultado
Simple present	Simple present

15.1.2 First Conditional

First conditional sentences em Inglês são orações condicionais que indicam possibilidades ou prováveis ações futuras. Ou seja, desde que a condição seja satisfeita, a ação (resultado) acontecerá.

> If I go to Paris, I will buy a French guidebook.
> If you tell her anything, we will say it's a lie.

Observe que, diferentemente de zero conditional, em first conditional combinamos dois tempos verbais distintos para formarmos a conditional sentence:

If I go to Paris,	I will buy a French guidebook.
Condição	Resultado
Simple Present	Simple Future

15.1.3 Second conditional

Second conditional sentences são usadas para expressar ações ou situações improváveis, hipotéticas ou imaginárias no presente ou no futuro. Podemos dizer que são ações que dificilmente acontecerão.

> If I won the lottery, I would buy a castle.
> If I lived on a lonely island, I would become a savage.

Observe que a estrutura do second conditional também é composta de dois tempos verbais diferentes:

If I won the lottery,	I would buy a castle.
Condição	Resultado
Simple past	Would + verbo no infinitivo

Caso utilize o verbo "to be" na parte referente à condição, ele deverá ser conjugado no simple past. Entretanto, independentemente do sujeito, você deverá utilizar a forma "were", excepcionalmente neste caso.

> If I were you, I would tell her the truth.

15.1.4 Third Conditional

Third conditional representa ações impossíveis de acontecer. Utilizamos essa formação para imaginar um resultado diferente para algo que já aconteceu.

> If I had studied for the test, I would have got a better grade.
> If I had seen her, I would have talked with her.

Sua estrutura é composta de dois tempos verbais distintos:

15.2 Reported speech

O reported speech representa o discurso indireto em Inglês.

Utilizamos essa forma quando vamos reproduzir a fala de outra pessoa, ou seja, quando vamos reportar o que já foi dito por alguém. Portanto, é muito empregada para narrar histórias e fatos que já aconteceram. Vejamos:

> Direct Speech (Discurso Direto): I am not feeling well.
> Reported Speech (Discurso Indireto): He said that he wasn't feeling well.

15.2.1

Para que o discurso indireto siga as regras de formação corretas, é importante estar atento aos tempos verbais. Isso porque eles irão mudar, dependendo da utilização feita pelo falante.

Veja a seguir a tabela de formação do reported speech:

Direct Speech	Reported Speech
Present Simple → Bob said "I like your new car". (Eu gosto do seu carro novo.)	Past Simple → He said (that) he liked my new car (Ele disse que gostou do meu carro novo.)
Present Continuous → Sara said "I am getting married". (Eu vou me casar)	Past Continuous → She said (that) she was getting married. (Ela disse que vai se casar.)
Present Perfect → John said " We have bought the tickets." (Nós temos comprado os ingressos.)	Past Perfect → He said (that) they had bought the tickets. (Ele disse que eles tinham comprado os bilhetes.)
Simple Past → Derick said "I missed the train." (Eu perdi o trem.)	Past Perfect → He said (that) he had missed the train. (Ele disse que ele tinha perdido o trem.)
Will → Bob said "I will see you later." (Eu verei você mais tarde.)	Would → He said (that) he would see me later. (Ele disse que ele me veria mais tarde.)
Am/I/Are Going to → Derick said "I am going to join the class." (Eu estou indo me juntar à turma.)	Was/Were Going to → He said he was going to a class. (Ele disse que ele estava inde se juntar à turma.)
Can → John said "I can help Lisa" (Eu posso ajudar Lisa)	Could → He said (that) He could help Lisa (Ele disse que podia ajudar Lisa.)

Além dos tempos verbais, devemos ficar atentos também aos pronomes e às expressões de tempo. Lembre-se: você está adotando o ponto de vista de quem está observando a ação acontecer.

I (eu) → He/She (ele/ela)
We (nós) → They (eles, elas)
Me (mim) → Him/Her (ele/ela)
This (este) → That (aquele)
These (estes) → Those (aqueles)
Here (aqui) → There (lá)
Today (hoje) → Last day (aquele dia) / Yesterday (ontem)
Toninght (hoje à noite) → Last night (noite passada)

Tomorrow (amanhã) → The next day / The following day (o próximo dia/o dia seguinte)

A year ago (um ano atrás) → The year before (no ano anterior)

15.2.2 Estrutura perguntas

Ao transformarmos frases na forma interrogativa, as alterações nos tempos verbais, pronomes e expressões continuam as mesmas. Entretanto, no discurso indireto, as perguntas passam a ser afirmações ou negações. Vejamos:

> **Direct speech:** Bob asked me "Are you going to school tomorrow?"
>
> **Reported Speech:** Bob asked me if I was going to school the next day.

Outro fator importante é lembrar que existem 2 tipos de perguntas: as perguntas classificadas de "yes or no questions" e aquelas que utilizam pronomes interrogativos. Cada uma delas possui uma forma específica de ser construída.

- Perguntas de sim ou não

SUJEITO + ASKED + (OBJETO) + IF/WHETER + INFORMAÇÃO PERGUNTADA

> Bob asked me "Are you going to school tomorrow?" → Bob asked me if I was going to school the next day.

- Perguntas que utilizam pronomes interrogativos

SUJEITO + ASKED + (OBJETO) + PRONOME INTERROGATIVO+ INFORMAÇÃO PERGUNTADA

> Bob asked me "Where are you going?"
>
> Bob asked me where I was going.

15.2.3 Frases no Imperativo

As frases no imperativo também merecem destaque, pois apesar de não haver mudança de tempo verbal, sua construção também é feita de maneira peculiar.

15.2.4 Forma afirmativa

SUJEITO + TOLD/ORDERED/ASKED + TO + VERBO NO INFINITIVO + COMPLEMENTO

> Bob "Call me at home!"
>
> Bob told me to call him at home.

15.2.5 Forma negative

SUJEITO + TOLD/ORDERED/ASKED +NOT TO + VERBO NO INFINITIVO + COMPLEMENTO

> Bob "Don't do this!"
>
> Bob ordered not to do that.

16 RELATIVE PRONOUNS AND ADVERBS, PHRASAL VERBS

16.1 Relative Pronouns

Os pronomes relativos são utilizados para introduzirem uma oração dependente ou relativa. Os pronomes relativos podem exercer a função de sujeito ou objeto do verbo principal. Lembre-se de que quando o pronome relativo for seguido por um verbo, ele exerce função de sujeito. Caso o pronome relativo for seguido por um substantivo ou pronome, ele exerce função de objeto.

Josh is the boy who I met last party.
Susan is the girl whose car was stolen.

Pronome relativo	Faz referência a	Exemplo
Who	Pessoas	Mike is the boy who is sick at the hospital.
Whom (objeto)	Pessoas	The girl whom I saw was tired.
Which	Objetos/animais	This is the book which was on the table yesterday.
Whose	Posse	Mike, whose car was stolen, is sad.
That	Pessoas/objetos/animais	Mike is the boy that is sick at the hospital.

O pronome relativo that pode substituir os pronomes who ou which. Entretanto, não podemos realizar essa substituição quando o pronome relativo estiver entre vírgulas.

My bike, which is new, is very expensive.

Em Inglês podemos omitir os pronomes relativos (who, which, that) das frases:

Jack is the boy who I met yesterday.
Jack is the boy I met yesterday.

Isso só pode acontecer quando o termo que sucede o pronome relativo fizer função de sujeito.

- O pronome relativo whose é sempre seguido de um substantivo e nunca pode ser omitido.
- O pronome relativo também não pode ser omitido quando estiver entre vírgulas.

Mike, who is my friend, traveled to Europe last month.

16.2 Relative adverbs

Os advérbios relativos são palavras utilizadas para introduzir uma oração subordinada.

Relative adverbs	Faz referência a	Exemplo
When	Tempo	I will Always remember when I saw you for the first time.
Where	Lugar	The hotel where we spent our last vacation is very expensive.
Why	Razão	I don't have to tell you the reason why I came back.

16.3 Phrasal Verbs

Phrasal verbs (verbos frasais) são verbos que vêm acompanhados por preposições ou advérbios. Essa junção acaba resultando em um novo sentido para o verbo, que em muitos casos, não tem nenhuma relação com o sentido original do verbo. Vejamos:

Call (chamar)
Call + in = convidar.
Call + off = cancelar.

Phrasal verbs não podem ser traduzidos literalmente, ou seja, ao pé da letra. Portanto, a melhor forma de aprendê-los é treinando. Eles são tão importantes e constituem uma quantidade de informação semântica enorme, a ponto de existirem muitos dicionários de phrasal verbs.

16.3.1 Classificação

Os phrasal verbs podem ser divididos em dois grupos: aqueles considerados separáveis e os inseparáveis. Vejamos:

Separáveis: representam os verbos que acompanham complementos (objetos). Nesse caso, os verbos exigem a colocação do objeto entre o verbo e a preposição sempre que o objeto for um pronome.

They called up the women.
They called the women up.
They called her up.

Inseparáveis: nesse caso, os verbos são chamados de prepositional verbs (verbos preposicionados) e geralmente não aceitam complemento (objetos). Ou seja, eles não permitem a colocação do objeto entre o verbo e a preposição.

They called on the women.
They called on her.

Os phrasal verbs são muitos, logo seria impossível colocarmos todos nesta unidade. A seguir, disponibilizamos os mais comuns:

Phrasal verb	Tradução	Phrasal verb	Tradução
Blow up	Explodir	Look foward to	Esperar ansiosamente
Call for	Exigir requerer	Look after	Cuidar
Call out	Gritar para	Look for	Procurar
Call back	Retornar a ligação	Look over	Revisar
Get in	Entrar	Make up	Criar, inventar
Get out	Sair	Make into	Transformar
Get up	Levantar-se	Put aside	Guardar, economizar
Get away with	Safar-se	Put on	Vestir
Get over	Superar	Put off	Adiar
Get home	Chegar em casa	Take apart	Desmontar
Give up	Desistir	Take off	Decolar, tirar
Give away	Doar	Take on	Contratar
Give back	Devolver	Take out	Levar para fora
Go after	Ir atrás, perseguir	Take over	Assumir o controle

Go back	Retonar	**Turn on**	Ligar, acender
Go off	Explodir	**Turn off**	Desligar, apagar
Go out	Sair	**Take down**	Derrotar, destruir

17 APÊNDICE

Lista de verbos irregulares em Inglês

Infinitive	Simple past	Past participle	Translation
abide	abode	abode	permanecer, sobreviver
arise	arose	arisen	erguer-se, surgir
awake	awoke	awoken	despertar, acordar
be	was/were	been	ser, estar
bear	bore	born	nascer, produzir
beat	beat	beaten	bater
become	became	become	tornar-se, transformar-se
begin	began	begun	começar
bet	bet	bet	apostar
break	broke	broken	quebrar, romper
bid	bid	bid	fazer uma oferta (apostar)
bind	bound	bound	unir, ligar
bite	bit	bitten	morder
bleed	bled	bled	sangrar
break	broke	broken	quebrar
bring	brought	brought	trazer, executar
build	built	built	construir, fabricar
buy	bought	bought	comprar
catch	caught	caught	pegar
choose	chose	chosen	escolher, preferir
come	came	come	vir, chegar
cost	cost	cost	custar
cut	cut	cut	cortar
do	did	done	fazer, cuidar, funcionar
draw	drew	drawn	desenhar, traçar
drink	drank	drunk	beber
drive	drove	driven	dirigir, guiar
eat	ate	eaten	comer, mastigar
fall	fell	fallen	cair, descer
feed	fed	fed	alimentar, nutrir
feel	felt	felt	sentir, perceber
fight	fought	fought	brigar, lutar
find	found	found	encontrar, descobrir
fly	flew	flown	voar
forbid	forbade	forbidden	proibir, impedir
forget	forgot	forgotten	esquecer
forgive	forgave	forgiven	perdoar, desculpar
freeze	froze	frozen	congelar
get	got	gotten	receber, conseguir, pegar
give	gave	given	dar, entregar
go	went	gone	ir, partir
grow	grew	grown	crescer
have	had	had	ter, possuir
hear	heard	heard	ouvir, escutar
hide	hid	hidden	ocultar, esconder
hit	hit	hit	bater
hold	held	held	segurar
hurt	hurt	hurt	machucar, magoar
keep	kept	kept	manter, guardar
know	knew	known	saber, conhecer
lead	led	led	comandar, guiar
learn	learnt	learnt	aprender, estudar
leave	left	left	sair, deixar, partir
lend	lent	lent	emprestar
lie	lay	lain	deitar
lose	lost	lost	perder, desperdiçar
make	made	made	fazer, criar
mean	meant	meant	pensar, significar
meet	met	met	conhecer, encontrar
pay	paid	paid	pagar, saldar
put	put	put	pôr, colocar

read	read	read	ler, aprender
ride	rode	ridden	andar, passear
ring	rang	rung	tocar (campainha, telefone)
run	ran	run	correr
say	said	said	dizer, contar
see	saw	seen	ver, observar
sell	sold	sold	vender, negociar
send	sent	sent	enviar, mandar
set	set	set	definir, configurar, marcar, ajustar
shake	shook	shaken	sacudir, balançar, tremer
shine	shone	shone	brilhar
shoot	shot	shot	atirar, disparar, fotografar, filmar
show	showed	shown	mostrar
shut	shut	shut	fechar
sing	sang	sung	cantar
sit	sat	sat	sentar
sleep	slept	slept	dormir, descansar
slide	slid	slid	escorregar, deslizar
speak	spoke	spoken	falar, dizer
spend	spent	spent	gastar, passar (férias, feriado)
stand	stood	stood	ficar/estar em pé
steal	stole	stolen	roubar
swear	swore	sworn	jurar
swim	swam	swum	nadar
take	took	taken	pegar, tirar
teach	taught	taught	ensinar
tell	told	told	contar, saber
think	thought	thought	pensar, acreditar
throw	threw	thrown	jogar, arremessar
understand	understood	understood	entender
wake	woke	waked	acordar, despertar
wear	wore	worn	usar, vestir
win	won	won	ganhar, conseguir
write	wrote	written	escrever, anotar

18 LINKING WORDS

Linking words são palavras de ligação, em português, nós as estudamos como locuções, advérbios e conjunções. Chamamo-las de CONECTIVAS, servem para ligar uma ideia a uma frase. Esse é um vocabulário especial e único, vamos estudá-lo nesse capítulo para que você possa se sair bem resolvendo os textos propostos.

Estão presentes em quase tudo na língua Inglesa, conhecendo esse vocabulário você estará à frente de muita gente na hora de executar os textos no concurso!

Either ... or - ou ... ou
Either ... or - nem ... nem

São iguais, mas teremos duas traduções diferentes, por quê?

Quando tivermos uma sentença positiva, por exemplo, teremos que ***either ... or*** se apresentará como ou ... ou:

Either *you play soccer* **or** *chess.* (Ou você joga futebol ou xadrez.)

Se a sentença for negativa, o mesmo aparecerá como nem... nem:

Jane doesn't sweep **either** *the room* **or** *the bathroom.* (Jane não varre nem a sala nem o banheiro.)

Neither ... nor - nem ... nem. Esse só pode ser usado quando a sentença for positiva, pois ele já é negativo.

Neither *you drink beer* **nor** *wine.* (Você não bebe nem cerveja nem vinho.)

Both ... and - tanto ... quanto. Cuidado com esse *Linking*, ele pode enganar, sabemos que *BOTH* é *ambos*, e *AND* significa e, mas quando usados juntos, teremos a tradução acima, tanto ... quanto.

Both *Josh* **and** *you are working hard.* (Tanto Josh quanto você estão trabalhando arduamente.)

Vamos lembrar de alguns outros *Linkings*, começando pelas explicativas:

As - como- assim

As the wind started blowing harder, the launch was postponed. (Como o vento começou a soprar mais forte, o lançamento foi adiado.)

For - pois, por causa de,

You had to start the work, for it was late. (Você tinha que começar o trabalho, pois estava atrasado.)

Since - já que

Since he hasn't had more time he couldn't finish his work. (Já que ele não teve mais tempo, não pôde terminar seu serviço.)

Because - porque

I am working because I need Money. (Eu estou trabalhando porque eu preciso de dinheiro.)

Alguns ***Linkings*** de acréscimo:

Apart from - além de, exceto, fora
Besides - além de, além disso
Moreover - além de
Furthermore - além disso
In addition - além de, além disso
What's more - além de, além disso
Besides Math, I love English.
In addition to Math I love English.
Apart from Math, I love English.

Alguns concessivos:

Although/ Though - embora
Even though - mesmo embora
In spite of - despite - apesar de, a despeito de
Regardless of - apesar de, independentemente de

Although / though *he is sick, he works hard.*(Embora ele esteja doente, ele trabalha arduamente.)

Alguns ***Linkings*** conclusivos:

Hence - por isso, logo, daí
Thus - por isso
Therefore - portanto
Consequently - consequentemente
Then - então
So - por isso, assim
Thereby - assim, desse modo
They were late, so/consequently/therefore/thus/hence *We went home.* (Eles estavam atrasados, então / por isso, fomos para casa.)

Alguns *Linkings* adversativos. (contraste)

But - mas, porém
However - contudo, entretanto
(and)Yet - (e)contudo, (e)no entanto
Nevertheless - contudo, não obstante, mesmo assim
Nonetheless - contudo, não obstante, mesmo assim
He was not polite, **however/but/and yet/nevertheless,** *he was a good teacher.*

(Ele não era educado, porém/contudo/no entanto, mas ele era um bom professor.)

O próprio termo, *LINKING WORDS*, já traz na tradução, to link= ligar, este tipo de vocabulário é muito importante, vamos ver agora uma lista bem ampla de outros Linking Words para você poder estudar e pesquisar quando estiver estudando e resolvendo as atividades propostas, a técnica mais eficaz consiste em você fazer uma leitura diária, a cada dia de leitura você, vai construir o seu banco de dados, o seu dicionário próprio. A partir disso, você vai começar a entender mais e mais a Língua Inglesa.

List of Linking Words

Em primeiro lugar - *first of all*
Antes de tudo - *in the first place*
Para começar - *to begin with*
Para início de conversa - *to begin with*
Com relação a - *regarding*
No que diz respeito a - *with regard to*
No que tange a - *concerning - considering*
A propósito - *by the way*
Por falar nisso - *speaking of that*
Por sinal - *as a matter of fact - in fact*
Aliás - *by the way - besides*
Pelo contrário - *on the contrary*
Na verdade - *actually*
De acordo com - *according to*
Conforme - *in accordance with*
Segundo - *in accordance with*
Principalmente - *mainly - specially*
Sobretudo - *specially*
Especialmente - *specially*
Porque - *because*
Por causa de - *because - since*
Uma vez que - *since*
Já que - *since - because*
Visto que - *since*

Pois - *because - since*

Em função de - *as a result of - due to*

Em razão de - *as a result of - due to*

Por motivos de - *as a result of - due to*

Em virtude de - *as a result of - due to*

Devido a - *as a result of - due to*

Levando isto em consideração - *taking this into consideration - with this in mind - for this reason*

Por este motivo - *for this reason - that´s why*

Por esta razão - *for this reason - that´s why*

Por isso - *for this reason - that´s why*

Desta forma - *this way*

Assim sendo (sendo assim) - *this way - in doing so*

Nesse sentido - *this way - in doing so*

De maneira (forma) (modo) que - *so that*

Como consequência - *as a result*

Diante do exposto - *in face of*

Frente a - *in view of - in face of*

Tanto é (assim) que - *so much - so that*

A ponto de - *so much - so that*

Com o objetivo de - *in order to (that) - so that*

A fim de - *in order to - so that - in na effort to*

Para que - *in order to - so that - in na effort to*

Para - *in order to - so that - in na effort to*

A partir de agora - *from now on - hence forth*

De agora em diante - *from now on - hence forth*

Daqui para a frente - *form now on - hence forth*

Até agora - *so far - up till now*

Até hoje - *so far - up till now*

Até o momento - *so far - up till now*

Ainda - *Still - ... not ... yet.*

Por enquanto - *For the time being - for some time.*

Nesse meio tempo -*in the meantime*

Enquanto isso - *meanwhile* Enquanto (durante o tempo em que) - *While (during the time)*

Em meio a - *in the midst of*

Em geral - *in general*

Via de regra - *as a rule*

Sempre que - *whenever*

À medida que (o tempo passa) - as (*time goes by*)

Com o passar (decorrer) do tempo - as (*time goes by*)

A quem interessar possa - *to whom it may concern*

Para sua informação - *for your information*

Que eu saiba - *as far as I know - as far as I can tell*

Pelo que eu sei - *as far as I know - as far as I can tell*

Pelo que me consta - *to my knowledge - as far as I know*

Se não me engano - *if I am not wrong - if I remember well*

Se eu não estiver enganado - *if I am not wrong - if I remember well*

Se não me falha a memória - *if I am not wrong - if I remember well*

Na minha opinião - *in my opinion - in my view*

No que se refere a mim - *as far as I´m concerned - as for me*

Quanto a mim - *as far as I´m concerned*

De minha parte - *as for me - as far as I´m concerned*

Do ponto de vista de - *from the standpoint of - from my point of view - based on the assumption that*

Partindo do pressuposto (de) que - *Based on the assumption that*

Sem dúvida - *of course - for sure - defenitely - certainly - without a doubt*

Certamente - *of course - for sure - defenitely - certainly - without a doubt*

Com certeza - *of course - for sure - defenitely - certainly - without a doubt*

Evidentemente - *of course - for sure - defenitely - certainly - without a doubt*

Da mesma forma que - *in the same way that - likewise*

Assim como - *in the same way that - likewise*

Tal como - *in the same way that - likewise*

Através de - *through - by means of - hereby*

Por meio de - *through - by means of - hereby*

Mediante - *hereby - through - hereby*

Por intermédio de - *through - by means of - by way of - hereby*

Se - *if*

Desde que - *as long as - On condition that - Provided (that)*

Enquanto - *while - On condition that - Provided (that)*

Contanto que - *On condition that - Provided (that)*

Mesmo que - *even if*

(Por um lado, ...) Por outro lado - *on (the) one hand, on the other hand*

Em compensação - *Conversely* Ao contrário de - *unlike* Em outras palavras - *In other words*

O que eu quero dizer - *What I'm trying to say*

Quer dizer - *I mean*

Ou seja - *that is*

Por exemplo - *for example - for instance*

Tal (tais) como - *such as*

Por assim dizer - *so to speak - if you will*

Por sua vez - *in his/her/its turn*

Em último caso - *as a last resort*

Na pior das hipóteses - *if worst comes to worst - at worst - in a worst case scenario*

Se acontecer o pior - *if worst comes to worst - at worst - in a worst case scenario*

Na melhor das hipóteses - *at best*

Pelo (ao) menos - *at least - if nothing else*

No mínimo - *at least - if nothing else*

Para não dizer - *if not*

Isso se não for - *if not*

A não ser por (isso) - *apart from (that) - otherwise*

Com exceção de - *except for - aside from (that)*

Afora (isso) - *aside from (that)*

Senão - *if not*

A não ser que - *unless*

A menos que - *unless* Em vez de - *instead of*

Em lugar de - *in place of*

Ao invés de - *instead of*

De preferência - *rather (than)*

De qualquer modo (forma) (maneira) - *anyway*

Seja como for - *in any case*

Seja qual for o motivo - *Whatever the case may be*

Get going. Move forward. Aim High. Plan a takeoff. Don't just sit on the runway and hope someone will come along and push the airplane. It simply won't happen. Change your attitude and gain some altitude. Believe me, you'll love it up here."

Glossary

Get going - continue

Move - mova-se

Forward - para frente

Aim - almeje, mire

High - alto

Plan - planeje

Takeoff - decolagem

Just - só, somente

Sit - sente, sentar

Runway - pista de decolagem

Hope - espere, ter esperança

Someone - alguém

Will come along - aparecerá

Push - empurrar

Airplane - avião

Change - mude

Attitude - atitude

Gain - ganhe

Altitude - altitude

Believe - acredite

Love - amar

Up here - aqui em cima

19 INTERPRETAÇÃO DE TEXTOS

Falar, ler e escrever outra língua requer um pouco de estudo e atenção. A Língua Inglesa, como qualquer outra, é composta por estruturas gramaticais, interpretações de textos e conhecimento de vocabulários. Ao estudar você percebe o quão fácil e interessante ela é, podendo compreender textos, filmes, músicas e conversações.

Aqui, vamos interpretar textos realizados em alguns concursos com o intuito de revisar vocabulário e interpretação assim como algumas perspectivas gramaticais.

Sempre é bom lembrar: toda vez que pegar um texto, faça uma leitura total, procure os rodapés, eles também podem conter informações importantes para você. Leia o texto integralmente.

Para treinar um pouco mais a leitura e a interpretação, serão disponibilizados os textos de forma integral, em inglês, seguido de um glossário. Concentre-se e leia atentamente. Esse vocabulário vai ajudar você a ler e entender melhor o texto. Grife as palavras do vocabulário no texto. Assim, você começa a ter uma ideia de como está sendo usado, fornecendo uma visão ampla e uma interpretação mais aprofundada. Essa técnica deve ser usada para a resolução de textos e exercícios sempre que necessário.

Agora que você sublinhou os vocábulos no texto e conseguiu uma visão geral, colocaremos a tradução do texto, para que você consinga identificar se leu conforme o esperado.

Text 1 – English

A Coup in Paraguay

On June 22, 2012, the Paraguayan Senate invoked a clause in the constitution which authorized it to impeach the president for "poor performance in his duties." The President was Fernando Lugo, who had been elected some three years earlier and whose term was about to end in April 2013. Under the rules, Lugo was limited to a single term of office.

Lugo charged that this was a coup, and if not technically illegal, certainly illegitimate. Almost every Latin American government agreed with this analysis, denouncing the destitution, and cutting relations in various ways with Paraguay.

The removal of Lugo had the negative consequence for those who made the coup of making possible the one thing the Paraguayan Senate had been blocking for years.

Paraguay is a member of the common market Mercosur, along with Brazil, Argentina and Uruguay. Venezuela had applied to join. This required ratification by the legislatures of all five member states. All had long since given their assent except the Paraguayan Senate. After the coup, Mercosur suspended Paraguay, and immediately welcomed Venezuela as a member.

[From: International Herald Tribune 18-7-12] - ESAF - Escola de Administração Fazendária

GLOSSARY

Coup - golpe
To invoke -invocar
Clause - cláusula, artigo
Performance - atuação, execução, cumprimento
Duties - obrigações, deveres
Had been elected - tinha sido eleito
Whose - cujo - pronome relativo
Term - período, prazo, mandato
Illegitimate - ilegítimo
Almost - quase
Removal - remoção, retirada
Blocking - bloqueado, fechado
To apply - candidatar, solicitar, requerer
To join - juntar-se
Assent - consentimento, aprovação
To welcome - acolher, receber, dar as boas-vindas

Texto I - Translation

Um golpe no Paraguai

Em 22 de Junho de 2012, o senado Paraguaio invocou uma cláusula da constituição que autorizou o impeachment do Presidente por uma performance fraca de suas obrigações. O Presidente era Fernando Lugo, que havia sido eleito três anos antes e cujo mandato terminaria em Abril de 2013.

Lugo afirmou que era um golpe de estado e que, se não fosse tecnicamente ilegal, era no mínimo ilegítimo. Quase todos os governos Latino Americanos concordaram com a destituição e cortaram relações de várias maneiras com o Paraguai.

A retirada de Lugo teve consequências negativas para aqueles do senado Paraguaio que durante anos têm feito bloqueios.

Paraguai é um membro do mercado comum MERCOSUL (MERCOSUR- espanhol), junto com Brasil, Argentina, e Uruguai. Venezuela se candidatou a participar. Isto requeria uma modificação na legislatura dos cinco países membros, todos haviam concordado exceto o Senado Paraguaio.

Após o golpe, o Mercosul suspendeu Paraguai, e, imediatamente deu as boas-vindas à Venezuela como membro do mesmo.

No texto vamos perceber o uso do passado simples (a segunda conjugação da lista de verbos), presente perfeito, que tem sua formação a partir de um verbo auxiliar e o particípio do verbo a ser usado, Have + PP[1] (indica que uma ação teve seu início mas não mostre seu término), passado perfeito, Had + PP (é usado para descrever uma ação que ocorreu no passado, antes de outra ação também passada).

Text 2 - English

Armenia: prisoner of history

ARMENIA tends to feature in the news because of its problems (history, geography, demography and economics to name but a few). But a new report says not all is doom and gloom. The parliamentary elections in May showed significant improvement. Media coverage was more balanced, and the authorities permitted greater freedom of assembly, expression and movement than in previous years. That bodes well for the future.

The economy is still recovering from the global financial crisis, which saw GDP contract by 14.2% in 2009. In the same period, the construction sector contracted by more than 40%. Remittances from the diaspora dropped by 30%.

That led Forbes magazine to label Armenia the world's second worst performing economy in 2011. Over one-third of the country lives below the poverty line. Complaints of corruption are widespread, and inflation is high.

Low rates of tax collection - 19.3% of GDP, compared with a 40% average in EU countries-limit the government's reach.

1 PP = Particípio

Cracking down on tax evasion could increase government revenue by over $400 million, says the World Bank. A few, high-profile businessmen dominate the economy.

Their monopolies and oligopolies put a significant brake on business development. Their influence also weakens political will for the kind of reforms that the country sorely needs.

[From The Economist print edition June 24, 012]

Glossary

To tend - tender, inclinar-se
Feature - esboçar, delinear, dar destaque a
Report - relatório
To name but a few - para citar apenas alguns
To say - dizer
Doom and gloom - tristeza e melancolia
The parliamentary elections - as eleições do Parlamento
To show - mostrar
Improvement - melhora
Midia coverage - cobertura da mídia
Balanced - equilibrado
Greater - maior
Freedom - liberdade
Assembly - assembleia, reunião, comício
Expression - expressão, manifestação
Moviment - movimento
Previous - prévio, anterior
Bodes well - ser bom sinal para o futuro
To recover - recuperar
GDP - Gross domestic product - produto interno bruto
To contract - contrair, cair (de acordo com o texto)
In the same period - no mesmo período
Remittances - remessas, dinheiro ou mercadoria enviados
Diaspora - deslocamento, normalmente forçado ou incentivado, de grandes massas populacionais originárias de uma zona determinada para várias áreas de acolhimento distintas.
To label - rotular
Complaints - reclamações
Widespread - espalhada(s)
Crack down - cair, quebrar
Evasion -fuga
Could - poderia
To increase - aumentar
To weaken - enfraquecer
Political will - força política
Sorely - muito, altamente, expressamente, pessimamente, violentamente

Texto 2 – Translation

Armênia: prisioneira da História

A Armênia tende a ser notícia por causa de seus problemas (histórico, geográfico, demográfico, econômico, só para citar alguns deles). Mas um novo relatório diz que nem tudo é tristeza e melancolia. As eleições Parlamentares em maio mostraram uma melhora significante. A cobertura da mídia foi equilibrada e as autoridades deram mais liberdade de expressão e movimento do que nos anos anteriores. Isto foi um bom sinal para o futuro. A economia ainda está se recuperando da crise global e viu seu produto interno bruto cair para 14,2 em 2009. O envio de mercadorias e recursos financeiros caiu 30%.

Isto levou a revista Forbes a rotular a Armenia como a segunda pior economia do mundo em 2011. Mais de um terço do país vive abaixo da linha da pobreza. Denúncias e reclamações de corrupção assolam o país e a inflação é alta.

Baixa taxa de arrecadação de impostos 19,3% comparada com 40% dos países da União Europeia, limita o poder do governo. Se Armênios que moram fora do país do país pagassem impostos, poderiam aumentar em $400 milhões, diz o Banco Central, poucos empresários com muito poder dominam a economia.

O monopólio e oligopólio (um sistema que faz parte da economia política que caracteriza um mercado em que existem poucos vendedores para muitos compradores), freia significantemente o desenvolvimento do país.

Sua influência também enfraquece o poder político que poderia fazer as reformas que o país precisa.

Nesse texto, podemos perceber o uso do tempo presente, vários verbos sofreram a flexão da Terceira pessoa, recebendo "S" para indicar que é presente e é terceira pessoa do singular.

Text 3 - English

Brazil's exports

Trade barriers imposed by Argentina on imports in general have resulted in a drop of 16% in Brazil's exports to its neighbor in the first half of this year. Between January and June last year, Brazil sold goods worth US$ 10.43 billion to Argentina. This year, during the same period, the value of goods sold to Argentina is US$ 1.6 billion less.

In spite of the trade barriers, the executive secretary at the Ministry of Development, Industry and Foreign Trade, Alessandro Teixeira, blames the international crisis for the situation. "The cause of these problems is the international crisis. It affects Argentina and it affects us, too," he declared. Teixeira noted that negotiations have improved the relationship with Argentina, that there has been a more positive dialogue.

Brazil's exports to Eastern Europe are down 38% and down 8% to the European Union in the first half. On the other hand, they have risen by over US$ 2 billion to China during the same period.

From: Brazzil Magazine July 2012 [adapted] ESAF

GLOSSARY

Trade - comércio
Barriers - barreiras
To impose - impor
Imports - importações
General - em geral
Have resulted - resultou
Drop - queda
Exports - exportações
Neighbor - vizinho
First - primeiro(a)
Half - metade, meio
Between - entre (preposição)
Last year - ano passado
To sell-sold-sold - vender
Goods - mercadorias, bens
Worth - no valor (de acordo com o texto)
Value - valor

Less - menos
Secretary - secretário(a)
Ministry of Development, Industry and Foreign Trade - Ministério do Desenvolvimento, Indústria e Comércio Exterior
To blame - culpar
Crisis - crise (crises - plural)
To affect - afetar
To declare - declarar
To note - observar
Negotiations - negociações
Have improved - melhoraram
Relationship - relacionamento
There has been - houve
Dialogue - diálogo
Are down - caíram (de acordo com o texto)
On the other hand - por outro lado
To rise - rose - risen - aumentar, subir
During - durante
Same - mesmo
Period – período

Text 3 - Translation

Exportações do Brasil

As barreiras impostas pela Argentina para importações em geral, resultaram numa queda de 16% no que o Brasil exporta para seu vizinho na primeira metade deste ano. Entre janeiro e junho do ano passado, o Brasil vendeu mercadorias no valor de $10.43 bilhões para a Argentina. Este ano, durante o mesmo período, o valor de mercadorias vendidas é de $1,6 bilhões a menos.

Apesar das barreiras o secretário executivo do Ministério do Desenvolvimento, Indústria e Comércio Exterior, Alessandro Teixeira, culpa a crise internacional por essa situação. "A causa desses problemas é a crise internacional. Ela afeta a Argentina e a nós também." Ele declarou. Teixeira observou que as negociações tem melhorado o relacionamento com a Argentina, tem havido um diálogo mais positivo.

Exportações do Brasil para a Europa Oriental estão em baixa de 38% e em 8% para a União Européia na primeira metade do ano. Por outro lado, as exportações aumentaram em mais de $2 bilhões para a China durante o mesmo período.

Dica: Você pode perceber o uso de alguns LINKING WORDS no texto, isso contribui para a interpretação.

Text 4 - English

A thankful of sugar . Has Brazil found the answer to high petrol prices.

While motorists elsewhere fret about high fuel prices, new-car buyers in Brazil can feel smug. They can fill up with petrol, ethanol (alcohol) or any combination of the two. And right now, ethanol is 55% cheaper at the pump in Brazil than regular gasoline.

Brazilians are the beneficiares of an automotive revolution: "Flex-fuel" cars that run readily on ethanol as on regular petrol were introduced in 2003, and have since grabbed nearly two-thirds of the market. In America some 4.5m vehicles can run on blends of up to 85% ethanol, but that fuel is available only in Minnesota. In Brazil ethanol is everywhere, thanks to a thirty-year-old policy of promoting fuel derived from home-grown sugar cane.

Eager for energy independence or lower emissions of greenhouse gasses, other countries are now starting to promote "biofuels". But America and Europe favor their own farmers, who produce fuel-based corn or rapeseed that is mainly used as an additive to conventional petrol and is dirtier and more expensive than Brazil's sugar-based ethanol.

So biofuelled cars may take years to catch on in other markets. Excerpt from The economist. Sep. 25th 2005

GLOSSARY

While - enquanto
Motorist - motorista
Elsewhere - em outra parte
Fret - lamentar, lamúria
High - alto(s)
Fuel - combustível
Price - preço
New-cars buyers - compradores de carros novos
Can - poder
To feel - sentir
Smug - presunçoso, convencido, satisfeito
To fill up - encher o tanque, abastecer
Petrol - gasolina
Etanol - álcool
Cheaper - mais barato
Pump - bomba de gasolina
Beneficiares - beneficiários
Automotive - automotiva
Revolution - revolução
To run - funcionar, correr
Readily - facilmente, sem problemas
To grab - grabbed - grabbed - agarrar, pegar, roubar
Nearly - quase
To introduce - apresentar
Blends - mistura
Available - disponível
Everywhere - todo lugar
Policy - política
Promoting - promoção
Derived - derivado
Home-grown sugar cane - cana de açúcar doméstica
Eager - ávido por, ansioso
Energy - energia
Independence - independência
Lower - mais baixos
Emissions - emissões
Greenhouse - efeito estufa
Countries - países
To start - começar
Biofuel - biocombustível
To favor - favorecer, beneficiar, proteger
Farmers - fazendeiros
Own - próprios
Fuel-based corn - combustível à base de milho

Rapeseed - colza - uma planta da família da Brassicaceae, em seu estado natural é usada na produção de biodísel e outros fins industriais.

Mainly - principalmente

Used as - usado como

Additive - aditivo

Dirtier - mais sujo

More expensive - mais caro

Biofueled cars - carros movidos à biocombustível

May - poder

To take - levar, pegar, tomar

Years - anos

To catch on - popularizar, compreender

Other - outro

Market - mercado

Except - extraído, tirado

Text 4 – Translation

Um agradecimento ao açúcar. O Brasil encontrou a resposta para o alto preço da gasolina

Enquanto motoristas de outras partes do mundo reclamam sobre o alto preço de combustíveis, proprietários de carros novos no Brasil podem se sentir tranquilos. Eles podem encher o tanque com gasolina, etanol ou qualquer mistura dos dois. E agora, etanol está 55% mais barato na bomba de gasolina do que a gasolina.

Brasileiros são os beneficiários de uma revolução automotiva: "flex" (bi-combustível), carros que funcionam tão bem com etanol como gasolina regular, foram apresentados em 2003 e desde então pego quase dois terços do Mercado.

Na América cerca 4.5 milhões de carros funcionam com uma mistura com 85% de etanol, mas esse combustível só está disponível em Minessota. No Brasil, etanol está em todos os lugares, graças a uma política de trinta anos promovendo a cana de açúcar de casa (doméstica)

Ansiosos pela independência de energia ou baixar emissões de gases, outros países estão começando a promover o biocombustível. América e Europa favorecem seus fazendeiros que produzem combustível à base de milho e colza (ver glossário), que é principalmente como aditivo para gasolina convencional e é mais sujo e mais caro que o etanol de cana de açúcar do Brasil.

Então, carros movidos a biocombustível podem levar anos até se popularizarem em outros mercados.

Text 5 - English

Rio+20: reasons to be cheerful

Read the commentaries from Rio+20, and you'd think a global disaster had taken place. The UN multilateral system is said to be in crisis. Pundits and NGOs complain that it was "the greatest failure of collective leadership since the first world war", "a bleak day, a disastrous meeting" and "a massive waste of time and money".

Perspective, please. Reaction after the 1992 Rio summit was uncannily similar. Countries passed then what now seem far-sighted treaties and embedded a slew of aspirations and commitments into international documents - but NGOs and journalists were still distraught. In short, just like Rio 2012, the meeting was said to be a dismal failure of governments to co-operate.

I was pretty downhearted then, too. So when I returned I went to see Richard Sandbrook, a legendary environmental activist who co-founded Friends of the Earth, and profoundly influenced a generation of governments, business leaders and NGOs before he died in 2005. Sandbrook made the point that NGOs always scream blue murder because it is their job to push governments and that UN conferences must disappoint because all views have to be accommodated. Change, he said, does not happen in a few days' intense negotiation. It is a long, muddled, cultural process that cannot come from a UN meeting.. Real change comes from stronger institutions, better public information, promises being kept, the exchange of views, pressure from below, and events that make people see the world differently.

Vast growth in global environmental awareness has taken place in the past 20 years, and is bound to grow in the next 20.

[From The Guardian Poverty Matters blog- adapted]

GLOSSARY

Reason - razão

Cheerful - alegre, animado

To read - ler

Commentaries - comentários

You´d think (you would think) - você pensaria

Global disaster - catástrofe global

Had taken palce - tinha acontecido

Is said to be in crisis - diz estar em crise

Pundits - especialistas, pessoas eruditas

NGO - Non-Governmental Organization - ONG

To complain - reclamar

The greatest - o(a) maior

Failure - falha, erro

Collective - coletivo

Leadership - liderança

Since - desde

First world war - primeira guerra mundial

A bleak day - um dia sombrio, desolador, desanimador

Disastrous - desastroso

Meeting - reunião

Massive waste of time - grande perda de tempo

Perspective - perspectiva, panorama

Reaction - reação

After - após

Summit - reunião, conferencia de cúpula

Uncannily - inexplicável, sinistramente, estranhamente

Countries - países

Passed - passaram

Then - então

To seem - parecer

Far-sighted - prudente

Treaties - tratado

Embedded - embutido

A slew of - uma grande quantidade de

Aspirations - aspirações , ambições

Commitments - compromissos

Distraught - distraído, perturbado

In short - em resumo

Downhearted -desanimado, abatido

Just like - assim como

Dismal - sombrio, escuro, triste, sinistro, total(de acordo com o texto)

Legendary - legendário

Environmental activist - ativista ambiental
Co-founded - co-fundou
Profoundly - profundamente
Influenced - influenciou, influenciado
Leaders - líderes
Before - antes
To die-died - morrer, morreu
Scream- gritar, chorar
Blue - triste, melancólico, deprimido, azul
Murder - assassinato
Job - trabalho
To push - empurrar, pressionar
Must - dever
Disappoint - decepcionar
All - todo(a)(s)
Views - visões, pontos de vista
Accommodated - acomodar, hospedar, prover, fornecer, suprir
Change - mudar, mudança
Happen - acontecer
Few days - poucos dias
Muddled - confuso, atrapalhado
Cultural process - processo cultural
Cannot - não pode
To come - vir
From - de(origem)
Promises being kept - promessas sendo cumpridas
Exchanges - trocas
Pressure - pressão
Bellow - debaixo, em baixo
Growth - crescimento, educação, criação
Awareness - consciência
To take place - acontecer
To be(is) boud to - estar prestes a
To grow - crescer

Text 5 - Translation

Rio + 20 - razões para estar alegre

Leia os comentários do Rio +20, e você pensaria que um desastre global aconteceu. O Sistema multilateral das Nações Unidas diz estar em crise. Experts e ONGs reclamam que aquilo foi o maior desastre de liderança coletiva desde a Primeira Guerra Mundial, um dia sombrio, uma reunião desastrosa e um grande desperdício de tempo e dinheiro.

Reação após o encontro de 1992 foi estranhamente parecida. Países passaram então a tratados mais prudentes e uma série de aspirações e compromissos com documentos internacionais, em resumo, assim como Rio 2012, o encontro foi considerado um fracasso total dos governos cooperarem entre si. Eu fiquei bem desapontado também.

Eu fui ver Richard Sandbrook, um legendário ativista ambiental que co-fundou os Amigos da Terra (Friends of the Earth), e influenciou profundamente governos, empresários e ONGs antes de morrer em 2005.

Sandbrook mostrou o que as ONGs sempre acusam, pois é dever das mesmas fiscalizar governos e que os encontros das Nações Unidas sempre são enganadoras pois a visão é sempre acomodada. Mudança, ele disse, não acontece em poucos dias de negociação intensa. É um processo confuso, cultural e longo que não pode vir de um encontro das Nações Unidas. Mudanças reais vêm de instituições fortes, uma boa informação pública, promessas que são cumpridas, trocas de ideias, pressão que vem do povo e eventos que façam as pessoas verem o mundo diferentemente.

Um grande crescimento da consciência global e ambiental aconteceu nos últimos vinte anos e ainda vai crescer mais nos próximos 20.

Text 6 - English

RIO DE JANEIRO — In a quick and decisive military operation, Brazilian security forces took control of this city's most notorious slum on Sunday, celebrating victory over drug gangs after a weeklong battle.

In the afternoon, the military police raised the flags of Brazil and Rio de Janeiro atop a building on the highest hill in the Alemão shantytown complex, providing a rare moment of happiness and celebration in a decades-long battle to rid this city's violent slums of drug gangs.

An air of calm and relief swept through the neighborhood, as residents opened their windows and began walking the streets. Dozens of children ran from their houses in shorts and bikinis to jump into a swimming pool that used to belong to a gang leader. Residents congregated around televisions in bars and restaurants, cheering for the police as if they were cheering for their favorite soccer teams.

"Now the community is ours," Jovelino Ferreira, a 60-year-old pastor, said, his eyes filling with tears. "This time it will be different. We have to have faith. Many people who didn't deserve have suffered here"

ESAF. Brazilian Forces Claim Victory in Gang Haven

Glossary

To claim - reclamar, reivindicar
Haven - abrigo, refúgio
Quick - rápido
Decisive - decisivo
Military - militar
Operation - operação
Security - segurança
To take control - tomar o controle
Notorious - notória
Slum - favela
Weeklong - durante a semana
Battle - batalha
Raised - levantou, ergueu
Atop - alto, superior, de cima
The highest - o mais alto
Shantytown - favela
Complex - complex
To provide - prover
Rare - raro
Moment - momento
Happiness - felicidade
Decade - década
Relief - alívio
To sweep - swept - swept - varrer
Neighborhood - vizinhança
To open - opened - opened -abrir
To begin - began, begun - começar
To walk - walked - walked - caminhar
Streets - ruas
To run - ran - run - corer

Swimming pool - piscine
Used to belong - costumava pertencer
Gang leader - chefe do tráfico (de acordo com o texto)
Congregated - congregado
Cheering - aplaudindo, torcendo
Soccer - futebol
Eyes - olhos
Filling with tears - cheios de lágrimas
Faith - fé
To deserve - merecer
To suffer - suffered - suffered - sofrer
Here - aqui

Text 6 – Translation

Tropas Brasileiras comemoram vitória na tomada de morro (abrigo das gangues)

Em uma rápida e decisiva operação militar tropas do exército tomaram o controle da maior favela do Rio de Janeiro no Domingo, celebrando vitória após uma semana inteira de batalhas.

Na mesma tarde o exército hasteou as bandeiras do Brasil e do Rio de Janeiro no topo de um prédio no morro mais alto do complexo do Alemão, proporcionando um raro momento de felicidade e celebração em décadas de batalha para livrar a favela das gangues de drogas.

Um ar de calma e alívio soprou pela vizinhança quando os moradores puderam abrir suas janelas e caminhar pelas ruas. Dezenas de crianças sairam de suas casas com shorts e bikinis para pular na piscina que era de um chefe do tráfico, os moradores ficaram em frente de aparelhos de televisões em bares e restaurantes, torcendo para a polícia como se o estivessem fazendo pelo seu time de coração.

"Agora a comunidade é nossa" disse Jovelino Ferreira, um pastor de 60 anos de idade com seus olhos cheios de lágrimas. "Desta vez será diferente, temos que ter fé, muitas pessoas que não mereciam, sofreram aqui."

Text 7 - English

Life and the Movies Joey Potter looked at her friend Dawson Leery and she smiled sadly. "Life isn't like a movie", Dawson, she said. "We can't write happy endings to all our relationships."

Joey was a pretty girl with a long brown hair.

Both Joey and Dawson were nearly sixteen years old. The two teenagers had problems. All teenagers have the same problems - life, love, school work, and parents. It isn't easy to become an adult.

Dawson loved movies himself. Dawson wanted to be a film director. His favorite director was Steve Spielberg. Dawson spent a lot of his free time filming with his video camera. He loved watching videos of great movies from the past.

Most evenings he watched movies with Joey.

"These days, Dawson always wants us to behave like people in movies," Joey thought. And life in the little seaside town of Capeside wasn't like the movies.

Joey looked at the handsome, blond boy who was sitting next to her. She thought about the years of their long friendship. They were best friends...

Glossary

Life - vida
Pretty - bonita
Brown hair - cabelos castanhos
Teenagers - tens - adolescentes
Movie - filme, cinema
To look at - olhar para
To smile - smiled - smiled - sorrir
Sadly - tristemente
To say - said - said - dizer
Can´t - no pode (podemos)
To write - wrote - written - escrever
Happy - feliz
Endings - finais
Relationships - relacionamentos
Both ... and ... - tanto quanto (linking words)
Nearly - quase
To become - tornar-se
To behave - comportar
To think - thought - thought - pensar
Handsome - bonito - adjetivo para dizer que um homem é bonito.
To sit - sat-sat - sentar
Next - próximo
Friendship - amizade
Best-friends - melhores amigos

Text 7 – Translation

Vida e cinema, Joey Potter olhou para seu amigo Dawson Lerry e ela sorriu tristemente.

"A vida não é como o cinema", Dawson, ela disse. "Nós podemos escrever finais felizes para todos os nossos relacionamentos".

Joey era uma menina bonita com longos cabelos castanhos.

Tanto Joey quanto Dawson tinham quase 16 anos. Os dois adolescentes tinham problemas - vida - amor - trabalho de escola e pais. Não é fácil se tornar adulto.

Dawson adorava cinema. Queria ser diretor de cinema, seu diretor preferido era Steve Spilberg. Dawson passava a maior parte do seu tempo livre filmando com sua câmera. Ele adorava assistir a vídeos de filmes antigos (do passado). Na maioria das noites ele assistia a filmes com Joey.

"Nesses dias Dawson sempre queria que nos comportássemos como pessoas em um cinema," Joey pensava. E a vida na pequena cidade praiana de Capeside (se traduzíssemos nomes, cape - cabo ; seide lado), não era como os filmes de cinema.

Joey olhou para o menino loiro e bonitoque estava sentado próximo a ela. Ela lembrou (pensou) nos anos de sua longa amizade. Eles eram melhores amigos ...

Este é, um fragmento de um texto em que não encontramos.

LÍNGUA PORTUGUESA

1. FONOLOGIA

Para escrever corretamente, dentro das normas aplicadas pela gramática, é preciso estudar o menor elemento sonoro de uma palavra: o fonema. A fonologia, então, é o estudo feito dos fonemas.

Os fonemas podem ser classificados em vogais, semivogais e consoantes. Esta qualificação ocorre de acordo com a forma como o ar passa pela boca e/ou nariz e como as cordas vocais vibram para produzir o som deles.

Cuidado para não confundir fonema com letra! A letra é a representação gráfica do fonema. Uma palavra pode ter quantidades diferentes de letras e fonemas.

Por exemplo:

Manhã: 5 letras

m/ /a/ /nh/ /ã/: 4 fonemas

- **Vogais:** existem **vogais nasais**, quando ocorre o movimento do ar saindo pela boca e pelo nariz. Tais vogais acompanham as letras m e n, ou também podem estar marcadas pelo til (~). No caso das **vogais orais**, o som passa apenas pela boca.

  Por exemplo:

  M**ã**e, l**i**ndo, tr**o**mba → vogais nasais

  Fl**o**r, cal**o**r, f**e**sta → vogais orais
- **Semivogais:** os fonemas /i/ e /u/ acompanhados por uma vogal na mesma sílaba da palavra constituem as semivogais. O som das semivogais é mais fraco do que o das vogais.

  Por exemplo: automóve**l**, históri**a**.
- **Consoantes:** quando o ar que sai pela boca sofre uma quebra formada por uma barreira como a língua, os lábios ou os dentes. São elas: b, c, d, f, g, j, k, l, lh, m, n, nh, p, rr, r, s, t, v, ch, z.

Lembre-se de que estamos tratando de fonemas, e não de letras. Por isso, os dígrafos também são citados como consoantes: os dígrafos são os encontros de duas consoantes, também chamados de encontros consonantais.

O encontro de dois sons vocálicos, ou seja, vogais ou semivogais, chama-se encontro vocálico. Eles são divididos em: ditongo, tritongo e hiato.

- **Ditongo:** na mesma sílaba, estão uma vogal e uma semivogal.

  Por exemplo: **pai** (**A** → vogal, **I** → semivogal).
- **Tritongo:** na mesma sílaba, estão juntas uma semivogal, uma vogal e outra semivogal.

  Por exemplo: Urug**uai** (**U** → semivogal, **A** → vogal, **I** → semivogal).
- **Hiato:** são duas vogais juntas na mesma palavra, mas em sílabas diferentes.

  Por exemplo: juíza (ju-í-za).

1.1 Partição silábica

Quando um fonema é falado em uma só expiração, ou seja, em uma única saída de ar, ele recebe o nome de sílaba. As palavras podem ser classificadas de diferentes formas, de acordo com a quantidade de sílabas ou quanto à sílaba tônica.

Pela quantidade de sílabas, as palavras podem ser:

- Monossílaba: 1 sílaba.

  Por exemplo: céu (monossílaba).
- Dissílaba: 2 sílabas.

  Por exemplo: jovem (jo-vem).
- Trissílaba: 3 sílabas.

  Por exemplo: palhaço (pa-lha-ço).
- Polissílaba: 4 ou mais sílabas.

  Por exemplo: dignidade (dig-ni-da-de,), particularmente (par-ti-cu-lar-men-te).

Pela tonicidade, ou seja, pela força com que a sílaba é falada e sua posição na palavra:

- **Oxítona:** a última sílaba é a tônica.
- **Paroxítona:** a penúltima sílaba é a tônica.
- **Proparoxítona:** a antepenúltima sílaba é a tônica.

A identificação da posição da sílaba tônica de uma palavra é feita de trás para frente. Desta forma, uma palavra oxítona possui como sílaba tônica a sílaba final da palavra.

Para realizar uma correta divisão silábica, é preciso ficar atento às regras.

- Não separe ditongos e tritongos.

  Por exemplo: sau-da-de, sa-guão.
- Não separe os dígrafos **CH, LH, NH, GU, QU**.

  Por exemplo: ca-**ch**o, a-be-**lh**a, ga-li-**nh**a, Gui-**lh**er-me, **qu**e-ri-do.
- Não separe encontros consonantais que iniciam sílaba.

  Por exemplo: **ps**i-có-lo-go, a-**gl**u-ti-nar.
- Separe as vogais que formam um hiato.

  Por exemplo: pa-r**a**-**í**-so, s**a**-**ú**-de.
- Separe os dígrafos **RR, SS, SC, SÇ, XC**.

  Por exemplo: ba**r**-**r**i-ga, a**s**-**s**a-do, pi**s**-**c**i-na, cre**s**-**ç**o, e**x**-**c**e-der.
- Separe as consoantes que estejam em sílabas diferentes.

  Por exemplo: a**d**-**j**un-to, sub**s**-**t**an-ti-vo, pra**g**-**m**á-ti-co.

2. ACENTUAÇÃO GRÁFICA

Antes de começar o estudo, é importante que você entenda quais são os padrões de tonicidade da Língua Portuguesa e quais são os encontros vocálicos presentes na Língua. Assim, fica mais fácil entender quais são as regras e como elas surgem.

2.1 Padrões de tonicidade

- **Palavras oxítonas:** última sílaba tônica (*so*-**fá**, *ca*-**fé**, *ji*-**ló**).
- **Palavras paroxítonas:** penúltima sílaba tônica (fer-**ru**-gem, a-**du**-bo, sa-**ú**-de).
- **Palavras proparoxítonas:** antepenúltima sílaba tônica (**â**-ni-mo, **ví**-ti-ma, **ó**-ti-mo).

2.2 Encontros vocálicos

- **Hiato: encontro vocálico que se separa** (pi-**a**-no, sa-**ú**-de).
- **Ditongo: encontro vocálico que permanece unido na sílaba** (cha-**péu**, to-**néis**).
- **Tritongo: encontro vocálico que permanece unido na sílaba** (sa-**guão**, U-ru-**guai**).

2.3 Regras gerais

2.3.1 Quanto às proparoxítonas

Acentuam-se todas as palavras proparoxítonas:

- Por exemplo: **ví**-ti-ma, **â**-ni-mo, hi-per-**bó-li-co.**

2.3.2 Quanto às paroxítonas

Não se acentuam as paroxítonas terminadas em **A**, **E**, **O** (seguidas ou não de S) **M** e **ENS**.

- Por exemplo: castelo, gra**na**da, pa**ne**la, pe**pi**no, **pa**jem, i**ma**gens etc.

Acentuam-se as terminadas em **R**, **N**, **L**, **X**, **I** ou **IS**, **US**, **UM**, **UNS**, **PS**, **Ã** ou **ÃS** e ditongos.

Por exemplo: susten**tá**vel, **tó**rax, **hí**fen, **tá**xi, **ál**bum, **bí**ceps, prin**cí**pio etc.

Fique de olho em alguns casos particulares, como as palavras terminadas em **OM**, **ON**, **ONS**.

- Por exemplo: **iân**dom; **pró**ton, **nêu**trons etc.

Com a reforma ortográfica, deixam de se acentuar as paroxítonas com **OO** e **EE**:

- Por exemplo: v**oo**, enj**oo**, perd**oo**, mag**oo**, l**ee**m, v**ee**m, d**ee**m, cr**ee**m etc.

2.3.3 Quanto às oxítonas

São acentuadas as terminadas em:

- **A** ou **AS**: so**fá**, Pa**rá**.
- **E** ou **ES**: ra**pé**, ca**fé**.
- **O** ou **OS**: a**vô**, ci**pó**.
- **EM** ou **ENS**: tam**bém**, para**béns**.

2.3.4 Acentuação de monossílabos

Acentuam-se os monossílabos tônicos terminados em **A**, **E O**, seguidos ou não de **S**.

- Por exemplo: **pá**, **pó**, **pé**, **já**, **lá**, **fé**, **só**.

2.3.5 Acentuação dos hiatos

Acentuam-se os hiatos quando forem formados pelas letras **I** ou **U**, sozinhas ou seguidas de **S**:

- Por exemplo: sa**ú**va, ba**ú**, bala**ús**tre, pa**ís**.

Exceções:

- Seguidas de **NH**: **tainha.**
- Paroxítonas antecedidas de ditongo: fe**i**ura.
- Com o **I** duplicado: xi**i**ta.

2.3.6 Ditongos abertos

Serão acentuados os ditongos abertos **ÉU**, **ÉI** e **ÓI**, com ou sem **S**, quando forem oxítonos ou monossílabos.

- Por exemplo: cha**péu**, **réu**, to**néis**, he**rói**, pas**téis**, ho**téis**, len**çóis** **etc.**

Com a reforma ortográfica, caiu o acento do ditongo aberto em posição de paroxítona.

- Por exemplo: id**ei**a, onomatop**ei**a, jib**oi**a, paran**oi**a, her**oi**co etc.

2.3.7 Formas verbais com hífen

Para saber se há acento em uma forma verbal com hífen, deve-se analisar o padrão de tonicidade de cada bloco da palavra:

- Aju**dá**-lo (oxítona terminada em "a" → monossílabo átono).
- Con**tar**-lhe (oxítona terminada em "r" → monossílabo átono).
- Convi**dá**-la-íamos (oxítona terminada em "a" → proparoxítona).

2.3.8 Verbos "ter" e "vir"

Quando escritos na 3ª pessoa do singular, não serão acentuados:

- Ele **tem/vem**.

Quando escritos na **3ª pessoa do plural**, receberão o **acento circunflexo**:

- Eles **têm/vêm.**

Nos verbos derivados das formas apresentadas anteriormente:

- Acento agudo para singular: contém, convém.
- Acento circunflexo para o plural: contêm, convêm.

2.3.9 Acentos diferenciais

Alguns permanecem:

- Pôde/pode (pretérito perfeito/presente simples).
- Pôr/por (verbo/preposição).
- Fôrma/forma (substantivo/verbo ou ainda substantivo).

Caiu o acento diferencial de:

- Para/pára (preposição/verbo).
- Pelo/pêlo (preposição + artigo/substantivo).
- Polo/pólo (preposição + artigo/substantivo).
- Pera/pêra (preposição + artigo/substantivo).

3. ACORDO ORTOGRÁFICO DA LÍNGUA PORTUGUESA

O Acordo Ortográfico busca simplificar as regras ortográficas da Língua Portuguesa e unificar a nossa escrita e a das demais nações de língua portuguesa: Portugal, Angola, Moçambique, Cabo Verde, Guiné-Bissau, São Tomé e Príncipe e Timor-Leste.

Sua implementação no Brasil passou por algumas etapas:

- **2009:** vigência ainda não obrigatória.
- **2010-2015:** adaptação completa às novas regras.
- **A partir de 1º de janeiro de 2016:** emprego obrigatório. O acordo ortográfico passa a ser o único formato da língua reconhecido no Brasil.

Entre as mudanças na língua portuguesa decorrentes da reforma ortográfica, podemos citar o fim do trema, alterações na forma de acentuar palavras com ditongos abertos e que sejam hiatos, supressão dos acentos diferenciais e dos acentos tônicos, novas regras para o emprego do hífen e inclusão das letras w, k e y ao idioma.

3.1 Trema

Não se usa mais o trema (¨), sinal colocado sobre a letra u para indicar que ela deve ser pronunciada nos grupos **gue**, **gui**, **que**, **qui**.

- Por exemplo: aguentar, bilíngue, cinquenta, delinquente, eloquente, ensanguentado, frequente, linguiça, quinquênio, sequência, sequestro, tranquilo etc.

Obs.: o trema permanece apenas nas palavras estrangeiras e em suas derivadas. Exemplos: Müller, mülleriano.

3.2 Regras de acentuação

3.2.1 Ditongos abertos em paroxítonas

Não se usa mais o acento dos ditongos abertos **EI** e **OI** das palavras paroxítonas (palavras que têm acento tônico na penúltima sílaba).

- Por exemplo: alcat**ei**a, andr**oi**de, ap**oi**a, ap**oi**o (verbo), aster**oi**de, b**oi**a, celul**oi**de, clarab**oi**a, colm**ei**a, Cor**ei**a, debil**oi**de, epop**ei**a, est**oi**co, estr**ei**a, gel**ei**a, her**oi**co, id**ei**a, jib**oi**a, j**oi**a, odiss**ei**a, paran**oi**a, paran**oi**co, plat**ei**a, tram**oi**a etc.

Obs.: a regra vale somente para palavras paroxítonas. Assim, continuam a ser acentuadas as palavras oxítonas e os monossílabos tônicos terminados em ÉI(**S**), ÓI(**S**).

- Por exemplo: papéis, herói, heróis, dói (verbo doer), sóis etc.

A palavra **ideia** não leva mais acento, assim como **heroico**, mas o termo **herói** é acentuado.

3.2.2 I e U tônicos depois de um ditongo

Nas palavras paroxítonas, não se usa mais o acento no **I** e no **U** tônicos quando vierem depois de um ditongo.

- Por exemplo: bai**u**ca, bocai**u**va (tipo de palmeira), caui**l**a (avarento).

Obs.:

- Se a palavra for oxítona e o I ou o U estiverem em posição final (ou seguidos de S), o acento permanece. Exemplos: tuiuiú, tuiuiús, Piauí.
- Se o I ou o U forem precedidos de ditongo crescente, o acento permanece. Exemplos: guaíba, Guaíra.

3.2.3 Hiatos EE e OO

Não se usa mais acento em palavras terminadas em **EEM** e **OO(S)**.

- Abenç**oo**, cr**eem**, d**eem**, d**oo**, enj**oo**, l**eem**, mag**oo**, perd**oo**, pov**oo**, v**eem**, v**oos**, z**oo**.

3.2.4 Acento diferencial

Não se usa mais o acento que diferenciava os pares pára/para, péla(s)/pela(s), pêlo(s)/pelo(s), pólo(s)/polo(s) e pêra/pera. Por exemplo:

Ele para o carro.
Ele foi ao polo Norte.
Ele gosta de jogar polo.
Esse gato tem pelos brancos.
Comi uma pera.

Obs.:

- Permanece o acento diferencial em **pôde/pode**. **Pôde** é a forma do passado do verbo poder (pretérito perfeito do indicativo), na 3ª pessoa do singular. **Pode** *é* a forma do presente do indicativo, na 3ª pessoa do singular.
    - Por exemplo: Ontem, ele não **pôde** sair mais cedo, mas hoje ele **pode**.
- Permanece o acento diferencial em pôr/por. Pôr é verbo. Por é preposição.
    - Por exemplo: Vou **pôr** o livro na estante que foi feita **por** mim.
- Permanecem os acentos que diferenciam o singular do plural dos verbos ter e vir, assim como de seus derivados (manter, deter, reter, conter, convir, intervir, advir etc.). Por exemplo:

  Ele **tem** dois carros. Eles **têm** dois carros.
  Ele **vem** de Sorocaba. Eles **vêm** de Sorocaba.
  Ele **mantém** a palavra. Eles **mantêm** a palavra.
  Ele **convém** aos estudantes. Eles **convêm** aos estudantes.
  Ele **detém** o poder. Eles **detêm** o poder.
  Ele **intervém** em todas as aulas. Eles **intervêm** em todas as aulas.
- É facultativo o uso do acento circunflexo para diferenciar as palavras **forma/fôrma**. Em alguns casos, o uso do acento deixa a frase mais clara. Por exemplo: Qual é a forma da fôrma do bolo?

3.2.5 Acento agudo no U tônico

Não se usa mais o acento agudo no **U** tônico das formas (tu) arguis, (ele) argui, (eles) arguem, do presente do indicativo dos verbos **arguir** e **redarguir**.

3.3 Hífen com compostos

3.3.1 Palavras compostas sem elementos de ligação

Usa-se o hífen nas palavras compostas que não apresentam elementos de ligação.

- Por exemplo: guarda-chuva, arco-íris, boa-fé, segunda-feira, mesa-redonda, vaga-lume, joão-ninguém, porta-malas, porta-bandeira, pão-duro, bate-boca etc.

Exceções: não se usa o hífen em certas palavras que perderam a noção de composição, como girassol, madressilva, mandachuva, pontapé, paraquedas, paraquedista, paraquedismo.

3.3.2 Compostos com palavras iguais

Usa-se o hífen em compostos que têm palavras iguais ou quase iguais, sem elementos de ligação.

- Por exemplo: reco-reco, blá-blá-blá, zum-zum, tico-tico, tique-taque, cri-cri, glu-glu, rom-rom, pingue-pongue, zigue-zague, esconde-esconde, pega-pega, corre-corre.

3.3.3 Compostos com elementos de ligação

Não se usa o hífen em compostos que apresentam elementos de ligação.

- Por exemplo: pé de moleque, pé de vento, pai de todos, dia a dia, fim de semana, cor de vinho, ponto e vírgula, camisa de força, cara de pau, olho de sogra.

Obs.: incluem-se nesse caso os compostos de base oracional.

- Por exemplo: Maria vai com as outras, leva e traz, diz que diz que, Deus me livre, Deus nos acuda, cor de burro quando foge, bicho de sete cabeças, faz de conta.

Exceções: água-de-colônia, arco-da-velha, cor-de-rosa, mais-que-perfeito, pé-de-meia, ao deus-dará, à queima-roupa.

3.3.4 Topônimos

Usa-se o hífen nas palavras compostas derivadas de topônimos (nomes próprios de lugares), com ou sem elementos de ligação. Por exemplo:

- Belo Horizonte: belo-horizontino.
- Porto Alegre: porto-alegrense.
- Mato Grosso do Sul: mato-grossense-do-sul.
- Rio Grande do Norte: rio-grandense-do-norte.
- África do Sul: sul-africano.

3.4 Uso do hífen com palavras formadas por prefixos

3.4.1 Casos gerais

Antes de H

Usa-se o hífen diante de palavra iniciada por **H**.

- Por exemplo: anti-higiênico, anti-histórico, macro-história, mini-hotel, proto-história, sobre-humano, super-homem, ultra-humano.

Letras iguais

Usa-se o hífen se o prefixo terminar com a mesma letra com que se inicia a outra palavra.

- Por exemplo: micro-ondas, anti-inflacionário, sub-bibliotecário, inter-regional.

Letras diferentes

Não se usa o hífen se o prefixo terminar com letra diferente daquela com que se inicia a outra palavra.

- Por exemplo: aeroespacial agroindustrial autoescola, antiaéreo, intermunicipal, supersônico, superinteressante, semicírculo.

Obs.: se o prefixo terminar por vogal e a outra palavra começar por **R** ou **S**, dobram-se essas letras.

- Por exemplo: minissaia, antirracismo, ultrassom, semirreta.

3.4.2 Casos particulares

Prefixos SUB- e SOB-

Com os prefixos **SUB-** e **SOB-**, usa-se o hífen também diante de palavra iniciada por **R**.

- Por exemplo: sub-região, sub-reitor, sub-regional, sob-roda.

Prefixos CIRCUM- e PAN-

Com os prefixos **CIRCUM-** e **PAN-**, usa-se o hífen diante de palavra iniciada por **M**, **N** e vogal.

- Por exemplo: circum-murado, circum-navegação, pan-americano.

Outros prefixos

Usa-se o hífen com os prefixos **EX-**, **SEM-**, **ALÉM-**, **AQUÉM-**, **RECÉM-**, **PÓS-**, **PRÉ-**, **PRÓ-**, **VICE-**.

- Por exemplo: além-mar, além-túmulo, aquém-mar, ex-aluno, ex-diretor, ex-hospedeiro, pós-graduação, pré-história, pré-vestibular, pró-europeu, recém-casado, recém-nascido, sem-terra, vice-rei.

Prefixo CO

O prefixo **CO** junta-se com o segundo elemento, mesmo quando este se inicia por **O** ou **H**. Neste último caso, corta-se o **H**. Se a palavra seguinte começar com **R** ou **S**, dobram-se essas letras.

- Por exemplo: coobrigação, coedição, coeducar, cofundador, coabitação, coerdeiro, corréu, corresponsável, cosseno.

Prefixos PRE- e RE-

Com os prefixos **PRE-** e **RE-**, não se usa o hífen, mesmo diante de palavras começadas por **E**.

- Por exemplo: preexistente, reescrever, reedição.

Prefixos AB-, OB- e AD-

Na formação de palavras com **AB-**, **OB-** e **AD-**, usa-se o hífen diante de palavra começada por **B**, **D** ou **R**.

- Por exemplo: ad-digital, ad-renal, ob-rogar, ab-rogar.

3.4.3 Outros casos do uso do hífen

NÃO e QUASE

Não se usa o hífen na formação de palavras com **não** e **quase**.

- Por exemplo: (acordo de) não agressão, (isto é, um) quase delito.

MAL

Com **mal**, usa-se o hífen quando a palavra seguinte começar por vogal, **H** ou **L**.

- Por exemplo: mal-entendido, mal-estar, mal-humorado, mal-limpo.

Obs.: quando **mal** significa doença, usa-se o hífen se não houver elemento de ligação.

- Por exemplo: mal-francês.

Se houver elemento de ligação, escreve-se sem o hífen.

- Por exemplo: mal de Lázaro, mal de sete dias.

Tupi-guarani

Usa-se o hífen com sufixos de origem tupi-guarani que representam formas adjetivas: **açu**, **guaçu**, **mirim**:

- Por exemplo: capim-açu, amoré-guaçu, anajá-mirim.

Combinação ocasional

Usa-se o hífen para ligar duas ou mais palavras que ocasionalmente se combinam, formando não propriamente vocábulos, mas encadeamentos vocabulares.

- Por exemplo: ponte Rio-Niterói, eixo Rio-São Paulo.

Hífen e translineação

Para clareza gráfica, se no final da linha a partição de uma palavra ou combinação de palavras coincidir com o hífen, ele deve ser repetido na linha seguinte.

- Por exemplo: O diretor foi receber os ex-
-alunos.

3.4.4 Síntese das principais regras do hífen

	Síntese do hífen	Exemplos
Letras diferentes	Não use hífen	Infraestrutura, extraoficial, supermercado
Letras iguais	Use hífen	Anti-inflamatório, contra-argumento, inter-racial, hiper-realista
Vogal + R ou S	Não use hífen (duplique R ou S)	Corréu, cosseno, minissaia, autorretrato
Bem	Use hífen	Bem-vindo, bem-humorado

3.4.5 Quadro resumo do emprego do hífen com prefixos

Prefixos	Letra que inicia a palavra seguinte
Ante-, anti-, contra-, entre-, extra-, infra-, intra-, sobre-, supra-, ultra-	H/VOGAL IDÊNTICA À QUE TERMINA O PREFIXO Exemplos com H: ante-hipófise, anti-higiênico, anti-herói, contra-hospitalar, entre-hostil, extra-humano, infra-hepático, sobre-humano, supra-hepático, ultra-hiperbólico. Exemplos com vogal idêntica: anti-inflamatório, contra-ataque, infra-axilar, sobre-estimar, supra-auricular, ultra-aquecido.
Ab-, ad-, ob-, sob-	B/R/D (Apenas com o prefixo "Ad") Exemplos: ab-rogar (pôr em desuso), ad-rogar (adotar), ob-reptício (astucioso), sob-roda, ad-digital
Circum-, pan-	H/M/N/VOGAL Exemplos: circum-meridiano, circum-navegação, circum-oral, pan-americano, pan-mágico, pan-negritude.
Ex- (no sentido de estado anterior), sota-, soto-, vice-, vizo-	DIANTE DE QUALQUER PALAVRA Exemplos: ex-namorada, sota-soberania (não total), soto-mestre (substituto), vice-reitor, vizo-rei.
Hiper-, inter-, super-	H/R Exemplos: hiper-hidrose, hiper-raivoso, inter-humano, inter-racial, super-homem, super-resistente.
Pós-, pré-, pró- (tônicos e com significados próprios)	DIANTE DE QUALQUER PALAVRA Exemplos: pós-graduação, pré-escolar, pró-democracia. Obs.: se os prefixos não forem autônomos, não haverá hífen. Exemplos: predeterminado, pressupor, pospor, propor.
Sub-	B /H/R Exemplos: sub-bloco, sub-hepático, sub-humano, sub-região. Obs.: "subumano" e "subepático" também são aceitas.
Pseudoprefixos (diferem-se dos prefixos por apresentarem elevado grau de independência e possuírem uma significação mais ou menos delimitada, presente à consciência dos falantes.) Aero-, agro-, arqui-, auto-, bio-, eletro-, geo-, hidro-, macro-, maxi-, mega, micro-, mini-, multi-, neo-, pluri-, proto-, pseudo-, retro-, semi-, tele-	H/VOGAL IDÊNTICA À QUE TERMINA O PREFIXO Exemplos com H: geo-histórico, mini-hospital, neo-helênico, proto-história, semi-hospitalar. Exemplos com vogal idêntica: arqui-inimigo, auto-observação, eletro-ótica, micro-ondas, micro-ônibus, neo-ortodoxia, semi-interno, tele-educação.

Não se utilizará o hífen:

- Em palavras iniciadas pelo prefixo **CO-**.
    - Por exemplo: Coadministrar, coautor, coexistência, cooptar, coerdeiro corresponsável, cosseno.
- Em palavras iniciadas pelos prefixos **DES-** ou **IN-** seguidos de elementos sem o "h" inicial.
    - Por exemplo: desarmonia, desumano, desumidificar, inábil, inumano etc.
- Com a palavra não.
    - Por exemplo: Não violência, não agressão, não comparecimento.
- Em palavras que possuem os elementos **BI, TRI, TETRA, PENTA, HEXA** etc.
    - Por exemplo: bicampeão, bimensal, bimestral, bienal, tridimensional, trimestral, triênio, tetracampeão, tetraplégico, pentacampeão, pentágono etc.
- Em relação ao prefixo **HIDRO-**, em alguns casos pode haver duas formas de grafia.
    - Por exemplo: hidroelétrica e hidrelétrica.
- No caso do elemento **SOCIO**, o hífen será utilizado apenas quando houver função de substantivo (= de associado).
    - Por exemplo: sócio-gerente / socioeconômico.

4. ORTOGRAFIA

A ortografia é a parte da Gramática que estuda a escrita correta das palavras. O próprio nome da disciplina já designa tal função. É oriunda das palavras gregas *ortho* que significa "correto" e *graphos* que significa "escrita".

4.1 Alfabeto

As letras **K**, **W** e **Y** foram inseridas no alfabeto devido a uma grande quantidade de palavras que são grafadas com tais letras e não podem mais figurar como termos exóticos em relação ao português. Eis alguns exemplos de seu emprego:

- Em abreviaturas e em símbolos de uso internacional: **kg** - quilograma / **w** - watt.
- Em palavras estrangeiras de uso internacional, nomes próprios estrangeiros e seus derivados: Kremlin, Kepler, Darwin, Byron, byroniano.

O alfabeto, também conhecido como abecedário, é formado (a partir do novo acordo ortográfico) por 26 letras.

FORMA MAIÚSCULA	FORMA MINÚSCULA
A	a
B	b
C	c
D	d
E	e
F	f
G	g
H	h
I	i
J	j
K	k
L	l
M	m

FORMA MAIÚSCULA	FORMA MINÚSCULA
N	n
O	o
P	p
Q	q
R	r
S	s
T	t
U	u
V	v
W	w
X	x
Y	y
Z	z

4.2 Emprego da letra H

A letra **H** demanda um pouco de atenção. Apesar de não possuir verdadeiramente sonoridade, ainda a utilizamos por convenção histórica. Seu emprego, basicamente, está relacionado às seguintes regras:

- No início de algumas palavras, por sua origem: hoje, hodierno, haver, Helena, helênico.
- No fim de algumas interjeições: Ah! Oh! Ih! Uh!
- No interior de palavra compostas que preservam o hífen, nas quais o segundo elemento se liga ao primeiro: super-homem, pré-história, sobre-humano.
- Nos dígrafos **NH**, **LH** e **CH**: tainha, lhama, chuveiro.

4.3 Emprego de E e I

Existe uma curiosidade a respeito do emprego dessas letras nas palavras que escrevemos: o fato de o "e", no final da palavra, ser pronunciado como uma semivogal faz com que muitos falantes pensem ser correto grafar a palavra com **I**.

Aqui, veremos quais são os principais aspectos do emprego dessas letras.

- Escreveremos com "e" palavras formadas com o prefixo **ANTE-** (que significa antes, anterior).
  - Por exemplo: antebraço, antevéspera, antecipar, antediluviano etc.
- A sílaba final de formas conjugadas dos verbos terminados em **–OAR** e **–UAR** (quando estiverem no subjuntivo).
  - Por exemplo: abençoe (abençoar), continue (continuar), pontue (pontuar).
- Algumas palavras, por sua origem.
  - Por exemplo: arrepiar, cadeado, creolina, desperdiçar, desperdício, destilar, disenteria, empecilho, indígena, irrequieto, mexerico, mimeógrafo, orquídea, quase, sequer, seringa, umedecer etc.
- Escreveremos com "i" palavras formadas com o prefixo **ANTI-** (que significa contra).
  - Por exemplo: antiaéreo, anticristo, antitetânico, anti-inflamatório.
- A sílaba final de formas conjugadas dos verbos terminados em **-AIR**, **-OER** e **-UIR**.
  - Por exemplo: cai (cair), sai (sair), diminui (diminuir), dói (doer).
- Os ditongos AI, OI, ÓI, UI.
  - Por exemplo: pai, foi, herói, influi.
- As seguintes palavras: aborígine, chefiar, crânio, criar, digladiar, displicência, escárnio, implicante, impertinente, impedimento, inigualável, lampião, pátio, penicilina, privilégio, requisito etc.

Vejamos alguns casos em que o emprego das letras **E** e **I** pode causar uma alteração semântica:

- Escrito com **E**:
  - Arrear = pôr arreios.
  - Área = extensão de terra, local.
  - Delatar = denunciar.
  - Descrição = ação de descrever.
  - Descriminação = absolver.
  - Emergir = vir à tona.
  - Emigrar = sair do país ou do local de origem.
  - Eminente = importante.
- Escrito com **I**:
  - Arriar = abaixar, desistir.
  - Ária = peça musical.
  - Dilatar = alargar, aumentar.
  - Discrição = separar, estabelecer diferença.
  - Imergir = mergulhar.
  - Imigrar = entrar em um país estrangeiro.
  - Iminente = próximo, prestes a ocorrer.

O Novo Acordo Ortográfico explica que, agora, escreve-se com **I** antes de sílaba tônica. Veja alguns exemplos: acriano (admite-se, por ora, acreano, de Acre), rosiano (de Guimarães Rosa), camoniano (de Camões), nietzschiano (de Nietzsche) etc.

4.4 Emprego de O e U

Apenas por exceção, palavras em português com sílabas finais átonas (fracas) terminam por **US**; o comum é que se escreva com **O** ou **OS**. Por exemplo: carro, aluno, abandono, abono, chimango etc.

Exemplos das exceções a que aludimos: bônus, vírus, ônibus etc.

Em palavras proparoxítonas ou paroxítonas com terminação em ditongo, são comuns as terminações em **-UA**, **-ULA**, **-ULO**: tábua, rábula, crápula, coágulo.

As terminações em **-AO**, **-OLA**, **-OLO** só aparecem em algumas palavras: mágoa, névoa, nódoa, agrícola, vinícola, varíola etc.

Fique de olho na grafia destes termos:

- **Com a letra O:** abolir, boate, botequim, bússola, costume, engolir, goela, moela, moleque, mosquito etc.
- **Com a letra U:** bulício, buliçoso, bulir, camundongo, curtume, cutucar, jabuti, jabuticaba, rebuliço, urtiga, urticante etc.

4.5 Emprego de G e J

Essas letras, por apresentarem o mesmo som, eventualmente, costumam causar problemas de ortografia. A letra **G** só apresenta o som de **J** diante das letras **E** e **I**: gesso, gelo, agitar, agitador, agir, gíria.

4.5.1 Escreveremos com G

- Palavras terminadas em **-AGEM**, **-IGEM**, **-UGEM**. Por exemplo: garagem, vertigem, rabugem, ferrugem, fuligem etc.

  Exceções: pajem, lambujem (doce ou gorjeta), lajem (pedra da sepultura).
- Palavras terminadas em -ÁGIO, -ÉGIO, -ÍGIO, -ÓGIO, -ÚGIO: contágio, régio, prodígio, relógio, refúgio.
- Palavras derivadas de outras que já possuem a letra **G**. Por exemplo: **viagem** – viageiro; **ferrugem** – ferrugento; **vertigem** – vertiginoso; **regime** – regimental; **selvagem** – selvageria; **regional** – regionalismo.
- Em geral, após a letra "r". Por exemplo: aspergir, divergir, submergir, imergir etc.
- Palavras:

  De origem latina: agir, gente, proteger, surgir, gengiva, gesto etc.

  De origem árabe: álgebra, algema, ginete, girafa, giz etc.

  De origem francesa: estrangeiro, agiotagem, geleia, sargento etc.

  De origem italiana: gelosia, ágio etc.

  Do castelhano: gitano.

  Do inglês: gim.

4.5.2 Escreveremos com J

- Os verbos terminados em **-JAR** ou **-JEAR** e suas formas conjugadas:

  Gorjear: gorjeia (lembre-se das "aves"), gorjeiam, gorjearão.

  Viajar: viajei, viaje, viajemos, viajante.

Cuidado para não confundir os termos **viagem** (substantivo) com **viajem** (verbo "viajar"). Vejamos o emprego:

Ele fez uma bela viagem.

Tomara que eles viajem amanhã.

- Palavras derivadas de outras terminadas em -**JA**. Por exemplo: **granja:** granjeiro, granjear; **loja:** lojista, lojinha; **laranja:** laranjal, laranjeira; **lisonja:** lisonjeiro, lisonjeador; **sarja:** sarjeta.
- Palavras cognatas (raiz em comum) ou derivadas de outras que possuem o J. Por exemplo:

  Laje: lajense, lajedo.

  Nojo: nojento, nojeira.

  Jeito: jeitoso, ajeitar, desajeitado.
- Palavras de origem ameríndia (geralmente tupi-guarani) ou africana: canjerê, canjica, jenipapo, jequitibá, jerimum, jia, jiboia, jiló, jirau, Moji, pajé.
- Palavras: conjetura, ejetar, injeção, interjeição, objeção, objeto, objetivo, projeção, projeto, rejeição, sujeitar, sujeito, trajeto, trajetória, trejeito, berinjela, cafajeste, jeca, jegue, Jeremias, jerico, jérsei, majestade, manjedoura, ojeriza, pegajento, rijeza, sujeira, traje, ultraje, varejista.

4.6 Orientações sobre a grafia do fonema /s/

Podemos representar o fonema /s/ por:

- S: ânsia, cansar, diversão, farsa.
- SS: acesso, assar, carrossel, discussão.
- C, Ç: acetinado, cimento, açoite, açúcar.
- SC, SÇ: acréscimo, adolescente, ascensão, consciência, nasço, desça.
- X: aproximar, auxiliar, auxílio, sintaxe.
- XC: exceção, exceder, excelência, excepcional.

4.6.1 Escreveremos com S

- A correlação **ND** – **NS**:

  Pretender – pretensão, pretenso.

  Expandir – expansão, expansivo.
- A correlação **RG** – **RS**:

  Aspergir – aspersão.

  Imergir – imersão.

  Emergir – emersão.
- A correlação **RT** – **RS**:

  Divertir – diversão.

  Inverter – inversão.
- O sufixo -**ENSE**:

  Paranaense.

  Cearense.

  Londrinense.

4.6.2 Escreveremos com SS

- A correlação **CED** – **CESS**:

  Ceder – cessão.

  Interceder – intercessão.

  Retroceder – retrocesso.
- A correlação **GRED** – **GRESS**:

  Agredir – agressão, agressivo.

  Progredir – progressão, progresso.
- A correlação **PRIM** – **PRESS**:

  Imprimir – impressão, impresso.

  Oprimir – opressão, opressor.

  Reprimir – repressão, repressivo.
- A correlação **METER** – **MISS**:

  Submeter – submissão.

  Intrometer – intromissão.

4.6.3 Escreveremos com C ou com Ç

- Palavras de origem tupi ou africana. Por exemplo: açaí, araçá, Iguaçu, Juçara, muçurana, Paraguaçu, caçula, cacimba.
- **O Ç só será usado antes das vogais A, O e U.**
- Com os sufixos:

  -AÇA: barcaça.

  -AÇÃO: armação.

  -***ÇAR***: aguçar.

  -ECER: esmaecer.

-**IÇA:** carniça.
-**NÇA:** criança.
-**UÇA:** dentuça.

- Palavras derivadas de verbos terminados em **-TER** (não confundir com a regra do **-METER** - **-MISS**):
  Abster: abstenção.
  Reter: retenção.
  Deter: detenção.
- Depois de ditongos:
  Feição; louça; traição.
- Palavras de origem árabe:
  Açúcar; açucena; cetim; muçulmano.

4.6.4 Emprego do SC

Escreveremos com **SC** palavras que são termos emprestados do latim. Por exemplo: adolescência; ascendente; consciente; crescer; descer; fascinar; fescenino.

4.6.5 Grafia da letra S com som de /z/

Escreveremos com S:

- Terminações em -**ÊS**, -**ESA** e -**ISA**, que indicam nacionalidade, título ou origem:
  Japonês – japonesa.
  Marquês – marquesa.
  Camponês – camponesa.
- Após ditongos: causa; coisa; lousa; Sousa.
- As formas dos verbos **pôr** e **querer** e de seus compostos:
  Eu pus, nós pusemos, pusésseis etc.
  Eu quis, nós quisemos, quisésseis etc.
- Terminações -**OSO** e -**OSA**, que indicam qualidade. Por exemplo: gostoso; garboso; fervorosa; talentosa.
- Prefixo **TRANS**-: transe; transação; transoceânico.
- Em diminutivos cujo radical termine em **S**:
  Rosa – rosinha.
  Teresa – Teresinha.
  Lápis – lapisinho.
- Na correlação **D** – **S**:
  Aludir – alusão, alusivo.
  Decidir – decisão, decisivo.
  Defender – defesa, defensivo.
- Verbos derivados de palavras cujo radical termina em S:
  Análise – analisar.
  Presa – apresar.
  Êxtase – extasiar.
  Português – aportuguesar.
- Substantivos com os sufixos gregos -**ESE**, -**ISA** e -**OSE**: catequese, diocese, poetisa, virose, (obs.: "catequizar" com Z).
- Nomes próprios: Baltasar, Heloísa, Isabel, Isaura, Luísa, Sousa, Teresa.
- Palavras: análise, cortesia, hesitar, reses, vaselina, avisar, defesa, obséquio, revés, vigésimo, besouro, fusível, pesquisa, tesoura, colisão, heresia, querosene, vasilha.

4.7 Emprego da letra Z

Escreveremos com **Z**:

- Terminações -**EZ** e -**EZA** de substantivos abstratos derivados de adjetivos:
  Belo – beleza.
  Rico – riqueza.
  Altivo – altivez.
  Sensato - sensatez.
- Verbos formados com o sufixo -**IZAR** e palavras cognatas: balizar, inicializar, civilizar.
- As palavras derivadas em:
  -**ZAL:** cafezal, abacaxizal.
  -**ZEIRO:** cajazeiro, açaizeiro.
  -**ZITO:** avezita.
  -**ZINHO:** cãozinho, pãozinho, pezinho
- Derivadas de palavras cujo radical termina em **Z**: cruzeiro, esvaziar.
- Palavras: azar, aprazível, baliza, buzina, bazar, cicatriz, ojeriza, prezar, proeza, vazamento, vizinho, xadrez, xerez.

4.8 Emprego do X e do CH

A letra X pode representar os seguintes fonemas:

/ch/: xarope.
/cx/: sexo, tóxico.
/z/: exame.
/ss/: máximo.
/s/: sexto.

4.9 Escreveremos com X

- Em geral, após um ditongo. Por exemplo: caixa, peixe, ameixa, rouxinol, caixeiro. **Exceções**: recauchutar e guache.
- Geralmente, depois de sílaba iniciada por **EN**-: enxada; enxerido; enxugar; enxurrada.
- Encher (e seus derivados); palavras que iniciam por **CH** e recebem o prefixo **EN**-. Por exemplo: encharcar, enchumaçar, enchiqueirar, enchumbar, enchova.
- Palavras de origem indígena ou africana: abacaxi, xavante, xará, orixá, xinxim.
- Após a sílaba **ME** no início da palavra. Por exemplo: mexerica, mexerico, mexer, mexida. **Exceção**: mecha de cabelo.
- Palavras: bexiga, bruxa, coaxar, faxina, graxa, lagartixa, lixa, praxe, vexame, xícara, xale, xingar, xampu.

4.10 Escreveremos com CH

- As seguintes palavras, em razão de sua origem: chave, cheirar, chuva, chapéu, chalé, charlatão, salsicha, espadachim, chope, sanduíche, chuchu, cochilo, fachada, flecha, mecha, mochila, pechincha.
- **Atente para a divergência de sentido com os seguintes elementos:**
  Bucho – estômago.
  Buxo – espécie de arbusto.
  Cheque – ordem de pagamento.
  Xeque – lance do jogo de xadrez.
  Tacha – pequeno prego.
  Taxa – imposto.

5. NÍVEIS DE ANÁLISE DA LÍNGUA

A Língua Portuguesa possui quatro níveis de análise. Veja cada um deles:

- **Nível fonético/fonológico:** estuda a produção e articulação dos sons da língua.
- **Nível morfológico:** estuda a estrutura e a classificação das palavras.
- **Nível sintático:** estuda a função das palavras dentro de uma sentença.
- **Nível semântico:** estuda as relações de sentido construídas entre as palavras.

Na **Semântica**, entre outras coisas, estuda-se a diferença entre linguagem de sentido denotativo (ou literal, do dicionário) e linguagem de sentido conotativo (ou figurado).

- Rosa é uma flor.
  - **Morfologia:**

    Rosa: substantivo;

    É: verbo ser;

    Uma: artigo;

    Flor: substantivo
  - **Sintaxe:**

    Rosa: sujeito;

    É uma flor: predicado;

    Uma flor: predicativo do sujeito.
  - **Semântica:**

    Rosa pode ser entendida como uma pessoa ou como uma planta, depende do sentido.

LÍNGUA PORTUGUESA

6. ESTRUTURA E FORMAÇÃO DE PALAVRAS

6.1 Estrutura das palavras

Para compreender os termos da Língua Portuguesa, deve-se observar, nos vocábulos, a presença de algumas estruturas como **raiz, desinências** e **afixos:**

- **Raiz ou radical (morfema lexical):** parte que guarda o sentido da palavra.
  Pedreiro.
  Pedrada.
  Em**pedr**ado.
  Pedregulho.
- **Desinências:** fazem a flexão dos termos.
  Nominais:
  Gênero: jogador/jogador**a**.
  Número: aluno/aluno**s**.
  Grau: cadeira/cadeir**inha**.
  Verbais:
  Modo-tempo: cantá**va**mos, vendê**ra**mos.
  Número-pessoa: fize**mos**, compra**stes**.
- **Afixos: conectam-se às raízes dos termos.**
  Prefixos: colocados antes da raiz.
  Infeliz, **des**fazer, **re**tocar.
  Sufixos: colocados após a raiz.
  Feliz**mente**, capac**idade**, igual**dade.**

Também é importante atentar aos termos de ligação. São eles:

- **Vogal de ligação:**
  Gas**ô**metro, bar**ô**metro, caf**e**icultura, carn**í**voro.
- **Consoante de ligação:**
  Gira**s**sol, cafe**t**eira, pau**l**ada, cha**l**eira.

6.2 Radicais gregos e latinos

O conhecimento sobre a origem dos radicais é, muitas vezes, importante para a compreensão e memorização de inúmeras palavras.

6.2.1 Radicais gregos

Os radicais gregos têm uma importância expressiva para a compreensão e fácil memorização de diversas palavras que foram criadas e vulgarizadas pela linguagem científica.

Podemos observar que esses radicais se unem, geralmente, a outros elementos de origem grega e, frequentemente, sofrem alterações fonéticas e gráficas para formarem palavras compostas.

Seguem alguns radicais gregos, seus respectivos significados e algumas palavras de exemplo:

- ***Ácros*** **(alto):** acrópole, acrobacia, acrofobia.
- ***Álgos*** **(dor):** algofilia, analgésico, nevralgia.
- ***Ánthropos*** **(homem):** antropologia, antropófago, filantropo.
- ***Astér, astéros*** **(estrela):** asteroide, asterisco.
- ***Ástron*** **(astro):** astronomia, astronauta.
- ***Biblíon*** **(livro):** biblioteca, bibliografia, bibliófilo.
- ***Chéir, cheirós*** **(mão – cir-, quiro):** cirurgia, cirurgião, quiromante.
- ***Chlorós***, **(verde):** cloro, clorofila, clorídrico.
- ***Chróma, chrómatos***, **(cor):** cromático, policromia.
- ***Dáktylos*** **(dedo):** datilografia, datilografar.
- ***Déka*** **(dez):** decálogo, decâmetro, decassílabo.
- ***Gámos***, **(casamento):** poligamia, polígamo, monogamia.
- ***Gastér, gastrós***, **(estômago):** gastrite, gastrônomo, gástrico.
- ***Glótta, glóssa***, **(língua):** poliglota, epiglote, glossário.
- ***Grámma*** **(letra, escrito):** gramática, anagrama, telegrama.
- ***Grápho*** **(escrevo):** grafia, ortografia, caligrafia.
- ***Heméra*** **(dia):** herneroteca, hernerologia, efêmero.
- ***Híppos*** **(cavalo):** hipódromo, hipismo, hipopótamo.
- ***Kardía*** **(coração):** cardíaco, cardiologia, taquicardia.
- ***Mésos***, **(meio, do meio):** mesocarpo, mesóclise, mesopotâmia.
- ***Mnéme*** **(memória, lembrança):** mnemônico, amnésia, mnemoteste.
- ***Morphé*** **(forma):** morfologia, amorfo, metamorfose.
- ***Nekrós*** **(morto):** necrotério, necropsia, necrológio.
- ***Páis, paidós*** **(criança):** pedagogia, pediatria, pediatra.
- ***Pyr, pyrós*** **(fogo):** pirosfera, pirotécnico, antipirético.
- ***Rhis, rhinós*** **(nariz):** rinite, rinofonia, otorrino.
- ***Theós*** **(deus):** teologia, teólogo, apoteose.
- ***Zóon*** **(animal):** zoologia, zoológico, zoonose.

6.2.2 Radicais latinos

Outras palavras da língua portuguesa possuem radicais latinos. A maioria delas entrou na língua entre os séculos XVIII e XX. Seguem algumas das que vieram por via científica ou literária:

- ***Ager, agri*** **(campo):** agrícola, agricultura.
- ***Ambi*** **(de ambo, ambos):** ambidestro, ambíguo.
- ***Argentum, argenti*** **(prata):** argênteo, argentífero, argentino.
- ***Capillus, capilli*** **(cabelo):** capilar, capiliforme, capilaridade.
- ***Caput, capitis*** **(cabeça:** capital, decapitar, capitoso.
- ***Cola-, colere*** **(habitar, cultivar):** arborícola, vitícola.
- ***Cuprum, cupri*** **(cobre):** cúpreo, cúprico, cuprífero.
- ***Ego*** **(eu):** egocêntrico, egoísmo, ególatra.
- ***Equi-, aequus*** **(igual):** equivalente, equinócio, equiângulo.
- ***-fero, ferre*** **(levar, conter):** aurífero, lactífero, carbonífero.
- ***Fluvius*** **(rio):** fluvial, fluviômetro.
- ***Frigus, frigoris*** **(frio):** frigorífico, frigomóvel.
- ***Lapis, lapidis*** **(pedra):** lápide, lapidificar, lapidar.
- ***Lex, legis*** **(lei):** legislativo, legislar, legista.
- ***Noceo, nocere*** **(prejudicar, causar mal):** nocivo, inocente, inócuo.
- ***Pauper, pauperis*** **(pobre):** pauperismo, depauperar.
- ***Pecus*** **(rebanho):** pecuária, pecuarista, pecúnia.
- ***Pluvia*** **(chuva):** pluvial, pluviômetro.
- ***Radix, radieis*** **(raiz):** radical, radicar, erradicar.
- ***Sidus, sideris*** **(astro):** sideral, sidéreo, siderar.
- ***Stella*** **(estrela):** estelar, constelação.
- ***Triticum, tritici*** **(trigo):** triticultura, triticultor, tritícola.
- ***Vinum, vini*** **(vinho):** vinicultura, vinícola.
- ***Vitis*** **(videira):** viticultura, viticultor, vitícola.
- ***Volo, volare*** **(voar):** volátil, noctívolo.
- ***Vox, vocis*** **(voz):** vocal, vociferar.

6.3 Origem das palavras de Língua Portuguesa

As palavras da Língua Portuguesa têm múltiplas origens, mas a maioria delas veio do latim vulgar, ou seja, o latim que era falado pelo povo duzentos anos antes de Cristo.

No geral, as palavras que formam o nosso léxico podem ser de origem latina, de formação vernácula ou de importação estrangeira.

Quanto às palavras de origem latina, sabe-se que algumas datam dos séculos VI e XI, aproximadamente, e outras foram introduzidas na língua por escritores e letrados ao longo do tempo, sobretudo no período áureo, o século XVI, e de forma ainda mais abundante durante os séculos que o seguiram, por meios literário e científico. As primeiras, as formas populares, foram grandemente alteradas na fala do povo rude, mas as formas eruditas tiveram leves alterações.

Houve, ao longo desses séculos, com incentivo do povo luso-brasileiro, a criação de palavras que colaboraram para enriquecer o vocabulário. Essas palavras são chamadas criações vernáculas.

Desde os primórdios da língua, diversos termos estrangeiros entraram em uso, posteriormente enriquecendo definitivamente o patrimônio léxico, porque é inevitável que palavras de outros idiomas adentrem na língua por meio das relações estabelecidas entre os povos e suas culturas.

Devido a isso, encontramos, no vocabulário português, palavras provenientes:

- Do grego: por influência do cristianismo e do latim literário: anjo, bíblia, clímax. E por criação de sábios e cientistas: nostalgia, microscópio.
- Do hebraico: veiculadas pela Bíblia: aleluia, Jesus, Maria, sábado.
- Do alemão: guerra, realengo, interlância.
- Do árabe: algodão, alfaiate, algema.
- Do japonês: biombo, micado, samurai.
- Do francês: greve, detalhe, pose.
- Do inglês: bife, futebol, tênis.
- Do turco: lacaio, algoz.
- Do italiano: piano, maestro, lasanha.
- Do russo: vodca, esputinique.
- Do tupi: tatu, saci, jiboia, pitanga.
- Do espanhol: cavalheiro, ninharia, castanhola.
- De línguas africanas: macumba, maxixe, marimbondo.

Atualmente, o francês e o inglês são os idiomas com maior influência sobre a língua portuguesa.

6.4 Processos de formação de palavras

Há dois processos mais fortes (presentes) na formação de palavras em Língua Portuguesa: a composição e a derivação. Vejamos suas principais características.

6.4.1 Composição

É uma criação de vocábulo. Pode ocorrer por:

- **Justaposição:** sem perda de elementos.
  Guarda-chuva, girassol, arranha-céu etc.
- **Aglutinação:** com perda de elementos.
  Embora, fidalgo, aguardente, planalto, boquiaberto etc.
- **Hibridismo:** união de radicais oriundos de línguas distintas.
  Automóvel (latim e grego); sambódromo (tupi e grego).

6.4.2 Derivação

É uma transformação no vocábulo. Pode ocorrer das seguintes maneiras:

- **Prefixal (prefixação):** reforma, anfiteatro, cooperação.
- **Sufixal (sufixação):** pedreiro, engenharia, florista.
- **Prefixal – sufixal:** infelizmente, ateísmo, desordenamento.
- **Parassintética:** prefixo e sufixo simultaneamente, sem a possibilidade de remover umas das partes.
  Avermelhado, anoitecer, emudecer, amanhecer.
- **Regressão (regressiva) ou deverbal:** advinda de um verbo.
  Abalo (abalar), luta (lutar), fuga (fugir).
- **Imprópria (conversão):** mudança de classe gramatical.
  O jantar, um não, o seu sim, o pobre.

6.4.3 Estrangeirismo

Pode-se entender como um empréstimo linguístico.

- **Com aportuguesamento:** abajur (do francês *abat-jour*), algodão (do árabe *al-qutun*), lanche (do inglês *lunch*) etc.
- **Sem aportuguesamento:** *networking*, *software*, *pizza*, *show*, *shopping* etc.

6.5 Acrônimo ou sigla

- **Silabáveis:** podem ser separados em sílabas.
  Infraero (Infraestrutura Aeroportuária), **Petrobras** (Petróleo Brasileiro) etc.
- **Não-silabáveis:** não podem ser separados em sílabas.
  FMI, MST, SPC, PT, INSS, MPU etc.

6.6 Onomatopeia ou reduplicação

- **Onomatopeia:** tentativa de representar um som da natureza.
  Pow, paf, tum, psiu, argh.
- **Reduplicação:** repetição de palavra com fim onomatopaico.
  Reco-reco, tique-taque, pingue-pongue.
- **Redução ou abreviação:** eliminação do segmento de alguma palavra.
  Fone (telefone), cinema (cinematógrafo), pneu (pneumático) etc.

7. MORFOLOGIA

Antes de adentrar nas conceituações, veja a lista a seguir para facilitar o estudo. Nela, temos uma classe de palavra seguida de um exemplo.

Artigo: o, a, os, as, um, uma, uns, umas.
Adjetivo: legal, interessante, capaz, brasileiro, francês.
Advérbio: muito, pouco, bem, mal, ontem, certamente.
Conjunção: que, caso, embora.
Interjeição: Ai! Ui! Ufa! Eita!
Numeral: sétimo, vigésimo, terço.
Preposição: a, ante, até, após, com, contra, de, desde, em, entre.
Pronome: cujo, o qual, quem, eu, lhe.
Substantivo: mesa, bicho, concursando, Pablo, José.
Verbo: estudar, passar, ganhar, gastar.

7.1 Substantivos

É a palavra variável que designa qualidades, sentimentos, sensações, ações etc.

Quanto à sua classificação, o substantivo pode ser:

- **Primitivo** (sem afixos): pedra.
- **Derivado** (com afixos): pedreiro/empedrado.
- **Simples** (1 núcleo): guarda.
- **Composto** (mais de 1 núcleo): guarda-roupas.
- **Comum** (designa ser genérico): copo, colher.
- **Próprio** (designa ser específico): Maria, Portugal.
- **Concreto** (existência própria): cadeira, lápis.
- **Abstrato** (existência dependente): glória, amizade.

7.1.1 Substantivos concretos

Designam seres de existência própria, como: padre, político, carro e árvore.

7.1.2 Substantivos abstratos

Nomeiam qualidades ou conceitos de existência dependente, como: beleza, fricção, tristeza e amor.

7.1.3 Substantivos próprios

São sempre concretos e devem ser grafados com iniciais maiúsculas. Alguns substantivos próprios, no entanto, podem vir a se tornar comuns pelo processo de derivação imprópria que, geralmente, ocorre pela anteposição de um artigo e a grafia do substantivo com letra minúscula (um judas = traidor/um panamá = chapéu). As flexões dos substantivos podem se dar em gênero, número e grau.

7.1.4 Gênero dos substantivos

Quanto à distinção entre masculino e feminino, os substantivos podem ser:

- **Biformes:** quando apresentam uma forma para o masculino e outra para o feminino. Por exemplo: gato, gata, homem, mulher.
- **Uniformes:** quando apresentam uma única forma para ambos os gêneros. Nesse caso, eles estão divididos em:
    - **Epicenos:** usados para animais de ambos os sexos (macho e fêmea). Por exemplo: besouro, jacaré, albatroz.
    - **Comum de dois gêneros:** aqueles que designam pessoas. Nesse caso, a distinção é feita por um elemento ladeador (artigo, pronome). Por exemplo: o/a terrícola, o/a estudante, o/a dentista, o/a motorista.
    - **Sobrecomuns:** apresentam um só gênero gramatical para designar seres de ambos os sexos. Por exemplo: o indivíduo, a vítima, o algoz.

Em algumas situações, a mudança de gênero altera também o sentido do substantivo:

- O cabeça (líder).
- A cabeça (parte do corpo).

7.1.5 Número dos substantivos

Tentemos resumir as principais regras de formação do plural nos substantivos.

TERMINAÇÃO	VARIAÇÃO	EXEMPLO
vogal ou ditongo	acréscimo do S	barco - barcos
M	NS	pudim - pudins
ÃO (primeiro caso)	ÕES	ladrão - ladrões
ÃO (segundo caso)	ÃES	pão - pães
ÃO (terceiro caso)	S	cidadão - cidadãos
R	ES	mulher - mulheres
Z	ES	cartaz - cartazes
N	ES	abdômen - abdômenes
S (oxítonos)	ES	inglês - ingleses
AL, EL, OL, ULI	IS	tribunal - tribunais
IL (oxítonos)	S	barril - barris
IL (paroxítonos)	EIS	fóssil - fósseis
ZINHO, ZITO	S	anelzinho - aneizinhos

Alguns substantivos são grafados apenas no plural: alvíssaras, anais, antolhos, arredores, belas-artes, calendas, cãs, condolências, esponsais, exéquias, fastos, férias, fezes, núpcias, óculos, pêsames.

7.1.6 Grau do substantivo

Aumentativo/diminutivo

Analítico: quando se associam os adjetivos ao substantivo. Por exemplo: carro grande, pé pequeno.

Sintético: quando se adiciona ao substantivo sufixos indicadores de grau, carrão, pezinho.

- **Sufixos:**
    - **Aumentativos:** -ÁZIO, -ORRA, -OLA, -AZ, -ÃO, -EIRÃO, -ALHÃO, -ARÃO, -ARRÃO, -ZARRÃO.
    - **Diminutivos:** -ITO, -ULO-, -CULO, -OTE, -OLA, -IM, -ELHO, -INHO, -ZINHO. O sufixo -ZINHO é obrigatório quando o substantivo terminar em vogal tônica ou ditongo: cafezinho, paizinho etc.

O aumentativo pode exprimir tamanho (casarão), desprezo (sabichão, ministraço, poetastro) ou intimidade (amigão); enquanto o diminutivo pode indicar carinho (filhinho) ou ter valor pejorativo (livreco, casebre), além das noções de tamanho (bolinha).

7.2 Artigo

O artigo é a palavra variável que tem por função individualizar algo, ou seja, possui como função primordial indicar um elemento, por meio de definição ou indefinição da palavra que, pela anteposição do artigo, passa a ser substantivada. Os artigos se subdividem em:

- **Artigos definidos (O, A, OS, AS):** definem o substantivo a que se referem. Por exemplo:

  Hoje à tarde, falaremos sobre **a** aula da semana passada.

  Na última aula, falamos **do** conteúdo programático.

- **Artigos indefinidos (um, uma, uns, umas):** indefinem o substantivo a que se referem. Por exemplo:

  Assim que eu passar no concurso, eu irei comprar **um** carro.

  Pela manhã, papai, apareceu **um** homem da loja aqui.

É importante ressaltar que os artigos podem ser contraídos com algumas preposições essenciais, como demonstrado na tabela a seguir:

PREPOSIÇÕES	ARTIGO							
	DEFINIDO				INDEFINIDO			
	O	A	OS	AS	UM	UMA	UNS	UMAS
A	ao	à	aos	às	-	-	-	-
De	do	da	dos	das	dum	duma	duns	dumas
Em	no	na	nos	nas	num	numa	nuns	numas
Per	pelo	pela	pelos	pelas	-	-	-	-
Por	polo	pola	polos	polas	-	-	-	-

O artigo é utilizado para substantivar um termo. Ou seja, quer transformar algo em um substantivo? Coloque um artigo em sua frente.

Cantar alivia a alma. (Verbo)

O **cantar** alivia a alma. (Substantivo)

7.2.1 Emprego do artigo com a palavra "todo"

Quando inserimos artigos ao lado da palavra "todo", em geral, o sentido da expressão passa a designar totalidade. Como no exemplo abaixo:

Pobreza é um problema que acomete **todo país**. (todos os países)

Pobreza é um problema que acomete **todo o país**. (o país em sua totalidade).

7.3 Pronome

Em uma definição breve, podemos dizer que pronome é o termo que substitui um substantivo, desempenhando, na sentença em que aparece, uma função coesiva. Podemos dividir os pronomes em sete categorias, são elas: pessoais, tratamento, demonstrativos, relativos, indefinidos, interrogativos, possessivos.

Antes de partir para o estudo pormenorizado dos pronomes, vamos fazer uma classificação funcional deles quando empregados em uma sentença:

- **Pronomes substantivos:** são aqueles que ocupam o lugar do substantivo na sentença. Por exemplo:

  Alguém apareceu na sala ontem.

  Nós faremos todo o trabalho.

- **Pronomes adjetivos:** são aqueles que acompanham um substantivo na sentença. Por exemplo:

  Meus alunos são os mais preparados.

  Pessoa **alguma** fará tal serviço por **esse** valor.

7.3.1 Pronomes substantivos e adjetivos

É chamado **pronome substantivo** quando um pronome substitui um substantivo.

É chamado **pronome adjetivo** quando determina o substantivo com o qual se encontra.

7.3.2 Pronomes pessoais

Referem-se às pessoas do discurso, veja:

- Quem fala (1ª pessoa).
- Com quem se fala (2ª pessoa).
- De quem se fala (3ª pessoa).

Classificação dos pronomes pessoais (caso **reto** × caso **oblíquo**):

PESSOA GRAMATICAL	RETOS	OBLÍQUOS	
		ÁTONOS	TÔNICOS
1ª - Singular	eu	me	mim, comigo
2ª - Singular	tu	te	ti, contigo
3ª - Singular	ele, ela	o, a, lhe, se	si, consigo
1ª - Plural	nós	nos	nós, conosco
2ª - Plural	vós	vos	vós, convosco
3ª - Plural	eles, elas	os, as, lhes, se	si, consigo
Função	Sujeito	Complemento/Adjunto	

Veja a seguir o emprego de alguns pronomes (**certo** × **errado**).

Eu e tu × mim e ti

1ª regra: depois de preposição essencial, usa-se pronome oblíquo. Observe:

Entre mim e ti, não há acordo.

Sobre Manoel e ti, nada se pode falar.

Devo **a** ti esta conquista.

O presente é **para** mim.

Não saia **sem** mim.

Comprei um livro **para** ti.

Observe a preposição essencial destacada nas sentenças.

2ª regra: se o pronome utilizado na sentença for sujeito de um verbo, deve-se empregar os do caso reto.

Não saia sem **eu** deixar.

Comprei um livro para **tu** leres.

O presente é para **eu** desfrutar.

Observe que o pronome desempenha a função de sujeito do verbo destacado. Ou seja: "mim" não faz nada!

Não se confunda com as sentenças em que a ordem frasal está alterada. Deve-se, nesses casos, tentar colocar a sentença na ordem direta.

Para mim, fazer exercícios é muito bom. → Fazer exercícios é muito bom para mim.

Não é tarefa para mim realizar esta revisão. → Realizar esta revisão não é para mim.

Com causativos e sensitivos

Regra com verbos causativos (mandar, fazer, deixar) ou sensitivos (ver, ouvir, sentir): quando os pronomes oblíquos átonos são empregados com verbos causativos ou sensitivos, pode haver a possibilidade de desempenharem a função de sujeito de uma forma verbal próxima. Veja os exemplos:

Fiz **Juliana** chorar. (Sentença original).

Fi-**la** chorar. (Sentença reescrita com a substituição do termo Juliana pelo pronome oblíquo).

Em ambas as situações, a "Juliana é a chorona". Isso quer dizer que o termo feminino que está na sentença é sujeito do verbo "chorar". Pensando dessa maneira, entenderemos a primeira função da forma pronominal "la" que aparece na sentença reescrita.

Outro fator a ser considerado é que o verbo "fazer" necessita de um complemento, portanto, é um verbo transitivo. Ocorre que o complemento do verbo "fazer" não pode ter outro referente senão "Juliana". Então, entendemos que, na reescrita da frase, a forma pronominal "la" funciona como complemento do verbo "fazer" e sujeito do verbo "chorar".

Si e consigo

Esses pronomes somente podem ser empregados se se referirem ao sujeito da oração, pois possuem função reflexiva. Observe:

Alberto só pensa em si. ("Si" refere-se a "Alberto": sujeito do verbo "pensar").
O aluno levou as apostilas consigo. ("consigo" refere-se ao termo "aluno").

Estão erradas, portanto, frases como estas:

Creio muito em si, meu amigo.
Quero falar consigo.

Corrigindo:

Creio muito em você, meu amigo.
Quero falar contigo.

Conosco e convosco

As formas **"conosco"** e **"convosco"** são substituídas por **"com nós"** e **"com vós"** quando os pronomes pessoais são reforçados por palavras como **outros, mesmos, próprios, todos, ambos** ou **algum numeral**. Por exemplo:

Ele disse que iria com nós três.

Ele(s), ela(s) × o(s), a(s)

É muito comum ouvirmos frases como: "vi **ela** na esquina", "não queremos **eles** aqui". De acordo com as normas da Língua Portuguesa, é errado falar ou escrever assim, pois o pronome em questão está sendo utilizado fora de seu emprego original, ou seja, como um complemento (ao passo que deveria ser apenas sujeito). O certo é: "vi-**a** na esquina", "não **os** queremos aqui".

"O" e "a"

São complementos diretos, ou seja, são utilizados juntamente aos verbos transitivos diretos, ou nos bitransitivos, como no exemplo a seguir:

Comprei **um carro** para minha namorada = Comprei-**o** para ela. (Ocorreu a substituição do objeto direto)

É importante lembrar que há uma especificidade em relação à colocação dos pronomes "o" e "a" depois de algumas palavras:

- Se a palavra terminar em **R, S** ou **Z**: tais letras devem ser suprimidas e o pronome será empregado como **lo, la, los, las**.

  Fazer as tarefas = fazê-**las.**
  Querer o dinheiro = querê-**lo**.

- Se a palavra terminar com **ÃO, ÕE** ou **M**: tais letras devem ser mantidas e o pronome há de ser empregado como **no, na, nos, nas**.

  Compraram a casa = compraram-**na**.
  Compõe a canção = compõe-**na**.

Lhe

É um complemento indireto, equivalente a "a ele" ou "a ela". Ou seja, é empregado juntamente a um verbo transitivo indireto ou a um verbo bitransitivo, como no exemplo:

- Comprei um carro **para minha namorada** = comprei-**lhe** um carro. (Ocorreu a substituição do objeto indireto).

Muitas bancas gostam de trocar as formas "o" e "a" por "lhe", o que não pode ser feito sem que a sentença seja totalmente reelaborada.

7.3.3 Pronomes de tratamento

São pronomes de tratamento **você, senhor, senhora, senhorita, fulano, sicrano, beltrano** e as expressões que integram o quadro seguinte:

PRONOME	ABREVIATURA SINGULAR	ABREVIATURA PLURAL
Vossa Excelência(s)	V. Ex.ª	V. Ex.ªs
USA-SE PARA:		
Presidente (sem abreviatura), ministro, embaixador, governador, secretário de Estado, prefeito, senador, deputado federal e estadual, juiz, general, almirante, brigadeiro e presidente de câmara de vereadores.		
PRONOME	**ABREVIATURA SINGULAR**	**ABREVIATURA PLURAL**
Vossa(s) Magnificência(s)	V. Mag.ª	V. Mag.ªs
USA-SE PARA:		
Reitor de universidade para o qual também se pode usar V. Ex.ª.		

PRONOME	ABREVIATURA SINGULAR	ABREVIATURA PLURAL
Vossa(s) Senhoria(s)	V. Sª	V. S.^{as}
USA-SE PARA:		
Qualquer autoridade ou pessoa civil não citada acima.		
PRONOME	**ABREVIATURA SINGULAR**	**ABREVIATURA PLURAL**
Vossa(s) Santidade(s)	V. S	VV. SS.
USA-SE PARA:		
Papa.		
PRONOME	**ABREVIATURA SINGULAR**	**ABREVIATURA PLURAL**
Vossa(s) Eminência(s)	V. Em.ª	V.Em.^{as}
USA-SE PARA:		
Cardeal.		
PRONOME	**ABREVIATURA SINGULAR**	**ABREVIATURA PLURAL**
Vossa(s) Excelência(s) Reverendíssima(s)	V. Exª. Rev.ma	V. Ex.^{as}. Rev.^{mas}
USA-SE PARA:		
Arcebispo e bispo.		
PRONOME	**ABREVIATURA SINGULAR**	**ABREVIATURA PLURAL**
Vossa(s) Reverendíssima(s)	V. Rev.^{ma}	V.Rev.^{mas}
Usa-se para:		
Autoridade religiosa inferior às acima citadas.		
PRONOME	**ABREVIATURA SINGULAR**	**ABREVIATURA PLURAL**
Vossa(s) Reverência(s)	V. Rev.ª	V. Rev.^{mas}
USA-SE PARA:		
Religioso sem graduação.		
PRONOME	**ABREVIATURA SINGULAR**	**ABREVIATURA PLURAL**
Vossa(s) Majestade(s)	V. M.	VV. MM.
USA-SE PARA:		
Rei e imperador.		
PRONOME	**ABREVIATURA SINGULAR**	**ABREVIATURA PLURAL**
Vossa(s) Alteza(s)	V. A.	VV. AA.
USA-SE PARA:		
Príncipe, arquiduque e duque.		

Todas essas expressões se apresentam também com "Sua" para cujas abreviaturas basta substituir o "V" por "S".

Emprego dos pronomes de tratamento

- **Vossa Excelência** etc. × **Sua Excelência** etc.

Os pronomes de tratamento iniciados com "Vossa(s)" empregam-se em uma relação direta, ou seja, indicam o nosso interlocutor, pessoa com quem falamos:

Soube que V. Ex.ª, Senhor Ministro, falou que não estava interessado no assunto da reunião.

Empregaremos o pronome com a forma "sua" quando a relação não é direta, ou seja, quando falamos sobre a pessoa:

A notícia divulgada é de que Sua Excelência, o Presidente da República, foi flagrado em uma boate.

Utilização da 3ª pessoa

Os pronomes de tratamento são de 3ª pessoa; portanto, todos os elementos relacionados a eles devem ser empregados também na 3ª pessoa, para que se mantenha a uniformidade:

É preciso que V. Ex.ª **diga** qual será o **seu** procedimento no caso em questão, a fim de que seus assessores possam agir a tempo.

Uniformidade de tratamento

No momento da escrita ou da fala, não é possível ficar fazendo "dança das pessoas" com os pronomes. Isso quer dizer que se deve manter a uniformidade de tratamento. Para tanto, se for utilizada 3ª pessoa no início de uma sentença, ela deve permanecer ao longo de todo o texto. Preste atenção para ver como ficou estranha a construção abaixo:

Quando **você** chegar, eu **te** darei o presente.

"Você" é de 3ª pessoa e "te" é de 2ª pessoa. Não há motivo para cometer tal engano. Tome cuidado, portanto. Podemos corrigir a sentença:

Quando tu chegares, eu te darei o presente.
Quando você chegar, eu lhe darei o presente.

7.3.4 Pronomes possessivos

São os pronomes que atribuem posse de algo às pessoas do discurso.

Eles podem estar em:

- **1ª pessoa do singular:** meu, minha, meus, minhas.
- **2ª pessoa do singular:** teu, tua, teus, tuas.
- **3ª pessoa do singular:** seu, sua, seus, suas.
- **1ª pessoa do plural:** nosso, nossa, nossos, nossas.
- **2ª pessoa do plural:** vosso, vossa, vossos, vossas.
- **3ª pessoa do plural:** seu, sua, seus, suas.

Emprego

- Ambiguidade: "seu", "sua", "seus" e "suas" são os reis da ambiguidade (duplicidade de sentido).

  O policial prendeu o maconheiro em **sua** casa. (casa de quem?).
  Meu pai levou meu tio para casa em **seu** carro. (no carro de quem?).
- Corrigindo:

  O policial prendeu o maconheiro na casa **deste**.
  Meu pai, em **seu** carro, levou meu tio para casa.
- Emprego especial: não se usam os possessivos em relação às partes do corpo ou às faculdades do espírito. Devemos, pois, dizer:

  Machuquei a mão. (E não "a minha mão").
  Ele bateu a cabeça. (E não "a sua cabeça").
  Perdeste a razão? (E não "a tua razão").

7.3.5 Pronomes demonstrativos

São os que localizam ou identificam o substantivo ou uma expressão no espaço, no tempo ou no texto.

- **1ª pessoa:**

  Masculino: este(s).
  Feminino: esta(s).
  Neutro: isto.
  No espaço: com o falante.
  No tempo: presente.
  No texto: o que se pretende dizer ou o imediatamente retomado.
- **2ª pessoa**

  Masculino: esse(s).
  Feminino: essa(s).
  Neutro: isso.
  No espaço: pouco afastado.
  No tempo: passado ou futuro próximos.
  No texto: o que se disse anteriormente.
- **3ª pessoa**

  Masculino: aquele(s).
  Feminino: aquela(s).
  Neutro: aquilo.
  No espaço: muito afastado.
  No tempo: passado ou futuro distantes.
  No texto: o que se disse há muito ou o que se pretende dizer.

Quando o pronome retoma algo já mencionado no texto, dizemos que ele possui função **anafórica**. Quando aponta para algo que será dito, dizemos que possui função **catafórica**. Essa nomenclatura começou a ser cobrada em algumas questões de concurso público, portanto, é importante ter esses conceitos na ponta da língua.

Exemplos de emprego dos demonstrativos:

Veja **este** livro que eu trouxe, é muito bom.
Você deve estudar mais! **Isso** é o que eu queria dizer.
Vê **aquele** mendigo lá na rua? Terrível futuro o aguarda.

Há outros pronomes demonstrativos: **o, a, os, as**, quando antecedem o relativo que e podem ser permutados por **aquele(s), aquela(s), aquilo**. Veja os exemplos:

Não entendi o que disseste. (Não entendi aquilo que disseste.).
Esta rua não é a que te indiquei. (Esta rua não é aquela que te indiquei.).

Tal: quando puder ser permutado por qualquer demonstrativo:

Não acredito que você disse **tal** coisa. (Aquela coisa).

Semelhante: quando puder ser permutado por qualquer demonstrativo:

Jamais me prestarei a **semelhante** canalhice. (Esta canalhice).

Mesmo: quando modificar os pronomes eu, tu, nós e vós:

Eu **mesmo** investiguei o caso.

De modo análogo, classificamos o termo "**próprio**" (eu próprio, ela própria).

O termo "**mesmo**" pode ainda funcionar como pronome neutro em frases como: "é o mesmo", "vem a ser o mesmo".

Vejamos mais alguns exemplos:

José e **João** são alunos do ensino médio. Este gosta de matemática, **aquele** gosta de português.

Veja que a verdadeira relação estabelecida pelos pronomes demonstrativos focaliza, por meio do "este" o elemento mais próximo, por meio do "aquele" o elemento mais afastado.

Esta sala precisa de bons professores.
Gostaria de que esse órgão pudesse resolver meu problema.

Este(s), esta(s), isto indicam o local de onde escrevemos. **Esse(s), essa(s), isso** indicam o local em que se encontra o nosso interlocutor.

7.3.6 Pronomes relativos

São termos que relacionam palavras em um encadeamento. Os relativos da Língua Portuguesa são:

- **Que:** quando puder ser permutado por "o qual" ou um de seus termos derivados. Utiliza-se o pronome "que" para referências a pessoas ou coisas.

  O peão a **que** me refiro é Jonas.
- **O qual:** empregado para referência a coisas ou pessoas.

  A casa **na qual** houve o tiroteio foi interditada.
- **Quem:** é equivalente a dois pronomes: "aquele" e "que".

  O homem para **quem** se enviou a correspondência é Alberto.

- **Quanto:** será relativo quando seu antecedente for o termo "tudo".

  Não gastes tudo **quanto** tens.

- **Onde:** é utilizado para estabelecer referência a lugares, sendo permutável por "em que" ou "no qual" e seus derivados.

  O estado para **onde** vou é Minas Gerais.

- **Cujo:** possui um sentido possessivo. Não permite permuta por outro relativo. Também é preciso lembrar que o pronome "cujo" não admite artigo, pois já é variável (cujo/cuja, jamais "cujo o", "cuja a").

  Cara, o pedreiro em **cujo** serviço podemos confiar é Marcelino.

A preposição que está relacionada ao pronome é, em grande parte dos casos, oriunda do verbo que aparece posteriormente na sentença.

7.3.7 Pronomes indefinidos

São os pronomes que se referem, de forma imprecisa e vaga, à 3ª pessoa do discurso.

Eles podem ser:

- **Pronomes indefinidos substantivos:** têm função de substantivo: alguém, algo, nada, tudo, ninguém.
- **Pronomes indefinidos adjetivos:** têm função de adjetivo: cada, certo(s), certa (s).
- **Que variam entre pronomes adjetivos e substantivos:** variam de acordo com o contexto: algum, alguma, bastante, demais, mais, qual etc.

VARIÁVEIS				INVARIÁVEIS
MASCULINO		FEMININO		
SINGULAR	PLURAL	SINGULAR	PLURAL	
Algum	Alguns	Alguma	Algumas	Alguém
Certo	Certos	Certa	Certas	Algo
Muito	Muitos	Muita	Muitas	Nada
Nenhum	Nenhuns	Nenhuma	Nenhumas	Ninguém
Outro	Outros	Outra	Outras	Outrem
Qualquer	Quaisquer	Qualquer	Quaisquer	Cada
Quando	Quantos	Quanta	Quantas	-
Tanto	Tantos	Tanta	Tantas	-
Todo	Todos	Toda	Todas	Tudo
Vário	Vários	Vária	Várias	-
Pouco	Poucos	Pouca	Poucas	-

Fique bem atento para as alterações de sentido relacionadas às mudanças de posição dos pronomes indefinidos.

Alguma pessoa passou por aqui ontem. (Alguma pessoa = ao menos uma pessoa).

Pessoa alguma passou por aqui ontem. (Pessoa alguma = ninguém).

Locuções pronominais indefinidas

"Cada qual", "cada um", "seja qual for", "tal qual", "um ou outro" etc.

7.3.8 Pronomes interrogativos

Chamam-se interrogativos os pronomes **que, quem, qual** e **quanto,** empregados para formular uma pergunta direta ou indireta:

Que conteúdo estão estudando?

Diga-me **que** conteúdo estão estudando.

Quem vai passar no concurso?

Gostaria de saber **quem** vai passar no concurso.

Qual dos livros preferes?

Não sei ***qual*** dos livros preferes.

Quantos de coragem você tem?

Pergunte **quanto** de coragem você tem.

7.4 Verbo

É a palavra com que se expressa uma ação (cantar, vender), um estado (ser, estar), mudança de estado (tornar-se) ou fenômeno da natureza (chover).

Quanto à noção que expressam, os verbos podem ser classificados da seguinte maneira:

- **Verbos relacionais:** exprimem estado ou mudança de estado. São os chamados verbos de ligação.
- **Verbos de ligação: ser, estar, continuar, andar, parecer, permanecer, ficar, tornar-se etc.**
- **Verbos nocionais:** exprimem ação ou fenômeno da natureza. São os chamados verbos significativos.

Os verbos nocionais podem ser classificados da seguinte maneira:

- **Verbo Intransitivo (VI):** diz-se daquele que não necessita de um complemento para que se compreenda a ação verbal. Por exemplo: "morrer", "cantar", "sorrir", "nascer", "viver".
- **Verbo Transitivo (VT):** diz-se daquele que necessita de um complemento para expressar o afetado pela ação verbal. Divide-se em três tipos:
  - **Diretos (VTD):** não possuem preposição para ligar o complemento verbal ao verbo. São exemplos os verbos "querer", "comprar", "ler", "falar" etc.
  - **Indiretos (VTI):** possuem preposição para ligar o complemento verbal ao verbo. São exemplos os verbos "gostar", "necessitar", "precisar", "acreditar" etc.
  - **Diretos e Indiretos (VTDI) ou bitransitivos:** possuem dois complementos, um não preposicionado, outro com preposição. São exemplos os verbos "pagar", "perdoar", "implicar" etc.

Preste atenção na dica que segue:

João morreu. (Quem morre, morre. Não é preciso um complemento para entender o verbo).

Eu quero um aumento. (Quem quer, quer alguma coisa. É preciso um complemento para entender o sentido do verbo).

Eu preciso de um emprego. (Quem precisa, precisa "de" alguma coisa. Deve haver uma preposição para ligar o complemento ao seu verbo).

Mário pagou a conta ao padeiro. (Quem paga, paga algo a alguém. Há um complemento com preposição e um complemento sem preposição).

7.4.1 Estrutura e conjugação dos verbos

Os verbos possuem:

- **Raiz:** o que lhes guarda o sentido (**cantar**, **correr**, **sorrir**).
- **Vogal temática:** o que lhes garante a família conjugacional (AR, ER, IR).
- **Desinências:** o que ajuda a conjugar ou nominalizar o verbo (cant**ando**, cant**ávamos**).

Os verbos apresentam três conjugações, ou seja, três famílias conjugacionais. Em função da vogal temática, podem-se criar três paradigmas verbais. De acordo com a relação dos verbos com esses paradigmas, obtém-se a seguinte classificação:

- **Regulares:** seguem o paradigma verbal de sua conjugação sem alterar suas raízes (amar, vender, partir).
- **Irregulares:** não seguem o paradigma verbal da conjugação a que pertencem. As irregularidades podem aparecer na raiz ou nas desinências (ouvir – ouço/ouve, estar – estou/estão).
- **Anômalos:** apresentam profundas irregularidades. São classificados como anômalos em todas as gramáticas os verbos "ser" e "ir".
- **Defectivos:** não são conjugados em determinadas pessoas, tempo ou modo, portanto, apresentam algum tipo de "defeito" ("falir", no presente do indicativo, só apresenta a 1ª e a 2ª pessoa do plural). Os defectivos distribuem-se em grupos:
  - Impessoais.
  - Unipessoais: vozes ou ruídos de animais, só conjugados nas terceiras pessoas.
  - Antieufônicos: a sonoridade permite confusão com outros verbos – "demolir"; "falir", "abolir" etc.
- **Abundantes:** apresentam mais de uma forma para uma mesma conjugação.

Existe abundância **conjugacional** e **participial**. A primeira ocorre na conjugação de algumas formas verbais, como o verbo "haver", que admite "nós havemos/hemos", "vós haveis/heis". A segunda ocorre com as formas nominais de particípio.

A seguir segue uma lista dos principais abundantes na forma participial.

VERBOS	PARTICÍPIO REGULAR – EMPREGADO COM OS AUXILIARES "TER" E "HAVER"	PARTICÍPIO IRREGULAR – EMPREGADO COM OS AUXILIARES "SER", "ESTAR" E "FICAR"
aceitar	aceitado	aceito
acender	acendido	aceso
benzer	benzido	bento
eleger	elegido	eleito
entregar	entregado	entregue
enxugar	enxugado	enxuto
expressar	expressado	expresso
expulsar	expulsado	expulso
extinguir	extinguido	extinto
matar	matado	morto
prender	prendido	preso
romper	rompido	roto
salvar	salvado	salvo
soltar	soltado	solto
suspender	suspendido	suspenso
tingir	tingido	tinto

7.4.2 Flexão verbal

Relativamente à flexão verbal, anotamos:

- **Número:** singular ou plural.
- **Pessoa gramatical:** 1ª, 2ª ou 3ª.

Tempo: referência ao momento em que se fala (pretérito, presente ou futuro). O modo imperativo só tem um tempo, o presente.

- **Voz:** ativa, passiva, reflexiva e recíproca (que trabalharemos mais tarde).
- **Modo:** indicativo (certeza de um fato ou estado), subjuntivo (possibilidade ou desejo de realização de um fato ou incerteza do estado) e imperativo (expressa ordem, advertência ou pedido).

7.4.3 Formas nominais do verbo

As três formas nominais do verbo (infinitivo, gerúndio e particípio) não possuem função exclusivamente verbal.

- **Infinitivo:** assemelha-se ao substantivo, indica algo atemporal – o nome do verbo, sua desinência característica é a letra R: ama**r**, realça**r**, ungi**r** etc.
- **Gerúndio:** equipara-se ao adjetivo ou advérbio pelas circunstâncias que exprime de ação em processo. Sua desinência característica é **-NDO**: ama**ndo**, realça**ndo**, ungi**ndo** etc.
- **Particípio:** tem valor e forma de adjetivo – pode também indicar ação concluída, sua desinência característica é **-ADO** ou **-IDO** para as formas regulares: am**ado**, realç**ado**, ung**ido** etc.

7.4.4 Tempos verbais

Dentro do **modo indicativo**, anotamos os seguintes tempos:

- **Presente do indicativo:** indica um fato situado no momento ou época em que se fala.

  Eu amo, eu vendo, eu parto.
- **Pretérito perfeito do indicativo:** indica um fato cuja ação foi iniciada e concluída no passado.

  Eu amei, eu vendi, eu parti.
- **Pretérito imperfeito do indicativo:** indica um fato cuja ação foi iniciada no passado, mas não foi concluída ou era uma ação costumeira no passado.

  Eu amava, eu vendia, eu partia.
- **Pretérito mais-que-perfeito do indicativo:** indica um fato cuja ação é anterior a outra ação já passada.

  Eu amara, eu vendera, eu partira.
- **Futuro do presente do indicativo:** indica um fato situado em momento ou época vindoura.

  Eu amarei, eu venderei, eu partirei.
- **Futuro do pretérito do indicativo:** indica um fato possível, hipotético, situado num momento futuro, mas ligado a um momento passado.

  Eu amaria, eu venderia, eu partiria.

Dentro do **modo subjuntivo**, anotamos os seguintes tempos:

- Presente do subjuntivo: indica um fato provável, duvidoso ou hipotético, situado no momento ou época em que se fala. Para facilitar a conjugação, utilize a conjunção "que".

  Que eu ame, que eu venda, que eu parta.

- Pretérito imperfeito do subjuntivo: indica um fato provável, duvidoso ou hipotético, cuja ação foi iniciada, mas não concluída no passado. Para facilitar a conjugação, utilize a conjunção "se".

  Se eu amasse, se eu vendesse, se eu partisse.

- Futuro do subjuntivo: indica um fato provável, duvidoso, hipotético, situado num momento ou época futura. Para facilitar a conjugação, utilize a conjunção "quando".

  Quando eu amar, quando eu vender, quando eu partir.

7.4.5 Tempos compostos da voz ativa

Constituem-se pelos verbos auxiliares "**ter**" ou "**haver**" + particípio do verbo que se quer conjugar, dito principal.

No **modo indicativo**, os tempos compostos são formados da seguinte maneira:

- **Pretérito perfeito:** presente do indicativo do auxiliar + particípio do verbo principal (tenho amado).
- **Pretérito mais-que-perfeito:** pretérito imperfeito do indicativo do auxiliar + particípio do verbo principal (tinha amado).
- **Futuro do presente:** futuro do presente do indicativo do auxiliar + particípio do verbo principal (terei amado).
- **Futuro do pretérito:** futuro do pretérito indicativo do auxiliar + particípio do verbo principal (teria amado).

No **modo subjuntivo,** a formação se dá da seguinte maneira:

- **Pretérito perfeito:** presente do subjuntivo do auxiliar + particípio do verbo principal (tenha amado).
- **Pretérito mais-que-perfeito:** imperfeito do subjuntivo do auxiliar + particípio do verbo principal (tivesse amado).
- **Futuro composto:** futuro do subjuntivo do auxiliar + particípio do verbo principal (tiver amado).

Quanto às **formas nominais**, elas são formadas da seguinte maneira:

- **Infinitivo composto:** infinitivo pessoal ou impessoal do auxiliar + particípio do verbo principal (ter vendido/teres vendido).
- **Gerúndio composto:** gerúndio do auxiliar + particípio do verbo principal (tendo partido).

7.4.6 Vozes verbais

Quanto às vozes, os verbos apresentam voz:

- **Ativa:** o sujeito é agente da ação verbal.

  O corretor vende casas.

- **Passiva:** o sujeito é paciente da ação verbal.

  Casas são vendidas **pelo corretor**.

- **Reflexiva:** o sujeito é agente e paciente da ação verbal.

  A garota feriu-**se** ao cair da escada.

- **Recíproca:** há uma ação mútua descrita na sentença.

  Os amigos entreolh**aram-se**.

Voz passiva: sua característica é possuir um sujeito paciente, ou seja, que é afetado pela ação do verbo.

- **Analítica:** verbo auxiliar + particípio do verbo principal. Isso significa que há uma locução verbal de voz passiva.

  Casas **são *vendidas*** pelo corretor.

  Ele fez o trabalho – O trabalho **foi feito** por ele (mantido o pretérito perfeito do indicativo).

  O vento ia levando as folhas – As folhas iam **sendo levadas** pelo vento (mantido o gerúndio do verbo principal em um dos auxiliares).

  Vereadores entregarão um prêmio ao gari – Um prêmio **será entregue** ao gari por vereadores (veja como a flexão do futuro se mantém na locução).

- **Sintética:** verbo apassivado pelo termo "se" (partícula apassivadora) + sujeito paciente.

  Roubou-se **o dinheiro do povo**.

  Fez-se **o trabalho** com pressa.

É comum observar, em provas de concurso público, questões que mostram uma voz passiva sintética como aquela que é proveniente de uma ativa com sujeito indeterminado.

Alguns verbos da língua portuguesa apresentam **problemas de conjugação**:

Compraram um carro novo (ativa).

Comprou-se um carro novo (passiva sintética).

7.4.7 Verbos com a conjugação irregular

Abolir: defectivo – não possui a 1ª pessoa do singular do presente do indicativo, por isso não possui presente do subjuntivo e o imperativo negativo. (= banir, carpir, colorir, delinquir, demolir, descomedir-se, emergir, exaurir, fremir, fulgir, haurir, retorquir, urgir).

Acudir: alternância vocálica O/U no presente do indicativo – acudo, acodes etc. Pretérito perfeito do indicativo com U. (= bulir, consumir, cuspir, engolir, fugir).

Adequar: defectivo – só possui a 1ª e a 2ª pessoa do plural no presente do indicativo.

Aderir: alternância vocálica E/I no presente do indicativo – adiro, adere etc. (= advertir, cerzir, despir, diferir, digerir, divergir, ferir, sugerir).

Agir: acomodação gráfica G/J no presente do indicativo – ajo, ages etc. (= afligir, coagir, erigir, espargir, refulgir, restringir, transigir, urgir).

Agredir: alternância vocálica E/I no presente do indicativo – agrido, agrides, agride, agredimos, agredis, agridem. (= prevenir, progredir, regredir, transgredir).

Aguar: regular. Presente do indicativo – águo, águas etc. Pretérito perfeito do indicativo – aguei, aguaste, aguou, aguamos, aguastes, aguaram. (= desaguar, enxaguar, minguar).

Aprazer: irregular. Presente do indicativo – aprazo, aprazes, apraz etc. Pretérito perfeito do indicativo – aprouve, aprouveste, aprouve, aprouvemos, aprouvestes, aprouveram.

Arguir: irregular com alternância vocálica O/U no presente do indicativo – arguo (ú), arguis, argui, arguimos, arguis, arguem. Pretérito perfeito – argui, arguiste etc.

Atrair: irregular. Presente do indicativo – atraio, atrais etc. Pretérito perfeito – atraí, atraíste etc. (= abstrair, cair, distrair, sair, subtrair).

Atribuir: irregular. Presente do indicativo – atribuo, atribuis, atribui, atribuímos, atribuís, atribuem. Pretérito perfeito – atribuí, atribuíste, atribuiu etc. (= afluir, concluir, destituir, excluir, instruir, possuir, usufruir).

Averiguar: alternância vocálica O/U no presente do indicativo – averiguo (ú), averiguas (ú), averigua (ú), averiguamos, averiguais, averiguam (ú). Pretérito perfeito – averiguei, averiguaste etc. Presente do subjuntivo – averigue, averigues, averigue etc. (= apaziguar).

Cear: irregular. Presente do indicativo – ceio, ceias, ceia, ceamos, ceais, ceiam. Pretérito perfeito indicativo – ceei, ceaste, ceou, ceamos, ceastes, cearam. (= verbos terminados em -ear: falsear, passear... - alguns apresentam pronúncia aberta: estreio, estreia...).

Coar: irregular. Presente do indicativo – coo, côas, côa, coamos, coais, coam. Pretérito perfeito – coei, coaste, coou etc. (= abençoar, magoar, perdoar).

Comerciar: regular. Presente do indicativo – comercio, comerciais etc. Pretérito perfeito – comerciei etc. (= verbos em -iar, exceto os seguintes verbos: mediar, ansiar, remediar, incendiar, odiar).

Compelir: alternância vocálica E/I. Presente do indicativo – compilo, compeles etc. Pretérito perfeito indicativo – compeli, compeliste.

Compilar: regular. Presente do indicativo – compilo, compilas, compila etc. Pretérito perfeito indicativo – compilei, compilaste etc.

Construir: irregular e abundante. Presente do indicativo – construo, constróis, constrói, construímos, construís, constroem. Pretérito perfeito indicativo – construí, construíste etc.

Crer: irregular. Presente do indicativo – creio, crês, crê, cremos, credes, creem. Pretérito perfeito indicativo – cri, creste, creu, cremos, crestes, creram. Imperfeito indicativo – cria, crias, cria, críamos, críeis, criam.

Falir: defectivo. Presente do indicativo – falimos, falis. Pretérito perfeito indicativo – fali, faliste etc. (= aguerrir, combalir, foragir-se, remir, renhir).

Frigir: acomodação gráfica G/J e alternância vocálica E/I. Presente do indicativo – frijo, freges, frege, frigimos, frigis, fregem. Pretérito perfeito indicativo – frigi, frigiste etc.

Ir: irregular. Presente do indicativo – vou, vais, vai, vamos, ides, vão. Pretérito perfeito indicativo – fui, foste etc. Presente subjuntivo – vá, vás, vá, vamos, vades, vão.

Jazer: irregular. Presente do indicativo – jazo, jazes etc. Pretérito perfeito indicativo – jázi, jazeste, jazeu etc.

Mobiliar: irregular. Presente do indicativo – mobílio, mobílias, mobília, mobiliamos, mobiliais, mobíliam. Pretérito perfeito indicativo – mobiliei, mobiliaste.

Obstar: regular. Presente do indicativo – obsto, obstas etc. Pretérito perfeito indicativo – obtei, obstaste etc.

Pedir: irregular. Presente do indicativo – peço, pedes, pede, pedimos, pedis, pedem. Pretérito perfeito indicativo – pedi, pediste etc. (= despedir, expedir, medir).

Polir: alternância vocálica E/I. Presente do indicativo – pulo, pules, pule, polimos, polis, pulem. Pretérito perfeito indicativo – poli, poliste etc.

Precaver-se: defectivo e pronominal. Presente do indicativo – precavemo-nos, precaveis-vos. Pretérito perfeito indicativo – precavi-me, precaveste-te etc.

Prover: irregular. Presente do indicativo – provejo, provês, provê, provemos, provedes, proveem. Pretérito perfeito indicativo – provi, proveste, proveu etc.

Reaver: defectivo. Presente do indicativo – reavemos, reaveis. Pretérito perfeito indicativo – reouve, reouveste, reouve etc. (verbo derivado do haver, mas só é conjugado nas formas verbais com a letra v).

Remir: defectivo. Presente do indicativo – remimos, remis. Pretérito perfeito indicativo – remi, remiste etc.

Requerer: irregular. Presente do indicativo – requeiro, requeres etc. Pretérito perfeito indicativo – requeri, requereste, requereu etc. (Derivado do querer, diferindo dele na 1ª pessoa do singular do presente do indicativo e no pretérito perfeito do indicativo e derivados, sendo regular).

Rir: irregular. Presente do indicativo – rio, rir, ri, rimos, rides, riem. Pretérito perfeito indicativo – ri, riste. (= sorrir).

Saudar: alternância vocálica. Presente do indicativo – saúdo, saúdas etc. Pretérito perfeito indicativo – saudei, saudaste etc.

Suar: regular. Presente do indicativo – suo, suas, sua etc. Pretérito perfeito indicativo – suei, suaste, sou etc. (= atuar, continuar, habituar, individuar, recuar, situar).

Valer: irregular. Presente do indicativo – valho, vales, vale etc. Pretérito perfeito indicativo – vali, valeste, valeu etc.

Também merecem atenção os seguintes verbos irregulares:

▹ **Pronominais:** apiedar-se, dignar-se, persignar-se, precaver-se.

- **Caber**

Presente do indicativo: caibo, cabes, cabe, cabemos, cabeis, cabem.

Presente do subjuntivo: caiba, caibas, caiba, caibamos, caibais, caibam.

Pretérito perfeito do indicativo: coube, coubeste, coube, coubemos, coubestes, couberam.

Pretérito mais-que-perfeito do indicativo: coubera, couberas, coubera, coubéramos, coubéreis, couberam.

Pretérito imperfeito do subjuntivo: coubesse, coubesses, coubesse, coubéssemos, coubésseis, coubessem.

Futuro do subjuntivo: couber, couberes, couber, coubermos, couberdes, couberem.

- **Dar**

Presente do indicativo: dou, dás, dá, damos, dais, dão.

Presente do subjuntivo: dê, dês, dê, demos, deis, deem.

Pretérito perfeito do indicativo: dei, deste, deu, demos, destes, deram.

Pretérito mais-que-perfeito do indicativo: dera, deras, dera, déramos, déreis, deram.

Pretérito imperfeito do subjuntivo: desse, desses, desse, déssemos, désseis, dessem.

Futuro do subjuntivo: der, deres, der, dermos, derdes, derem.

- **Dizer**

Presente do indicativo: digo, dizes, diz, dizemos, dizeis, dizem.

Presente do subjuntivo: diga, digas, diga, digamos, digais, digam.

Pretérito perfeito do indicativo: disse, disseste, disse, dissemos, dissestes, disseram.

Pretérito mais-que-perfeito do indicativo: dissera, disseras, dissera, disséramos, disséreis, disseram.

Futuro do presente: direi, dirás, dirá etc.

Futuro do pretérito: diria, dirias, diria etc.

Pretérito imperfeito do subjuntivo: dissesse, dissesses, dissesse, disséssemos, dissésseis, dissessem.

Futuro do subjuntivo: disser, disseres, disser, dissermos, disserdes, disserem.

- **Estar**

Presente do indicativo: estou, estás, está, estamos, estais, estão.

Presente do subjuntivo: esteja, estejas, esteja, estejamos, estejais, estejam.

Pretérito perfeito do indicativo: estive, estiveste, esteve, estivemos, estivestes, estiveram.

Pretérito mais-que-perfeito do indicativo: estivera, estiveras, estivera, estivéramos, estivéreis, estiveram.

Pretérito imperfeito do subjuntivo: estivesse, estivesses, estivesse, estivéssemos, estivésseis, estivessem.

Futuro do subjuntivo: estiver, estiveres, estiver, estivermos, estiverdes, estiverem.

- **Fazer**

Presente do indicativo: faço, fazes, faz, fazemos, fazeis, fazem.

Presente do subjuntivo: faça, faças, faça, façamos, façais, façam.

Pretérito perfeito do indicativo: fiz, fizeste, fez, fizemos, fizestes, fizeram.

Pretérito mais-que-perfeito do indicativo: fizera, fizeras, fizera, fizéramos, fizéreis, fizeram.

Pretérito imperfeito do subjuntivo: fizesse, fizesses, fizesse, fizéssemos, fizésseis, fizessem.

Futuro do subjuntivo: fizer, fizeres, fizer, fizermos, fizerdes, fizerem.

Seguem esse modelo os verbos: desfazer, liquefazer e satisfazer.

Os particípios destes verbos e seus derivados são irregulares: feito, desfeito, liquefeito, satisfeito etc.

- **Haver**

Presente do indicativo: hei, hás, há, havemos, haveis, hão.

Presente do subjuntivo: haja, hajas, haja, hajamos, hajais, hajam.

Pretérito perfeito do indicativo: houve, houveste, houve, houvemos, houvestes, houveram.

Pretérito mais-que-perfeito do indicativo: houvera, houveras, houvera, houvéramos, houvéreis, houveram.

Pretérito imperfeito do subjuntivo: houvesse, houvesses, houvesse, houvéssemos, houvésseis, houvessem.

Futuro do subjuntivo: houver, houveres, houver, houvermos, houverdes, houverem.

- **Ir**

Presente do indicativo: vou, vais, vai, vamos, ides, vão.

Presente do subjuntivo: vá, vás, vá, vamos, vades, vão.

Pretérito imperfeito do indicativo: ia, ias, ia, íamos, íeis, iam.

Pretérito perfeito do indicativo: fui, foste, foi, fomos, fostes, foram.

Pretérito mais-que-perfeito do indicativo: fora, foras, fora, fôramos, fôreis, foram.

Pretérito imperfeito do subjuntivo: fosse, fosses, fosse, fôssemos, fôsseis, fossem.

Futuro do subjuntivo: for, fores, for, formos, fordes, forem.

- **Poder**

Presente do indicativo: posso, podes, pode, podemos, podeis, podem.

Presente do subjuntivo: possa, possas, possa, possamos, possais, possam.

Pretérito perfeito do indicativo: pude, pudeste, pôde, pudemos, pudestes, puderam.

Pretérito mais-que-perfeito do indicativo: pudera, puderas, pudera, pudéramos, pudéreis, puderam.

Pretérito imperfeito do subjuntivo: pudesse, pudesses, pudesse, pudéssemos, pudésseis, pudessem.

Futuro do subjuntivo: puder, puderes, puder, pudermos, puderdes, puderem.

- **Pôr**

Presente do indicativo: ponho, pões, põe, pomos, pondes, põem.

Presente do subjuntivo: ponha, ponhas, ponha, ponhamos, ponhais, ponham.

Pretérito imperfeito do indicativo: punha, punhas, punha, púnhamos, púnheis, punham.

Pretérito perfeito do indicativo: pus, puseste, pôs, pusemos, pusestes, puseram.

Pretérito mais-que-perfeito do indicativo: pusera, puseras, pusera, puséramos, puséreis, puseram.

Pretérito imperfeito do subjuntivo: pusesse, pusesses, pusesse, puséssemos, pusésseis, pusessem.

Futuro do subjuntivo: puser, puseres, puser, pusermos, puserdes, puserem.

Todos os derivados do verbo pôr seguem exatamente este modelo: antepor, compor, contrapor, decompor, depor, descompor, dispor, expor, impor, indispor, interpor, opor, pospor, predispor, pressupor, propor, recompor, repor, sobrepor, supor, transpor são alguns deles.

- **Querer**

Presente do indicativo: quero, queres, quer, queremos, quereis, querem.

Presente do subjuntivo: queira, queiras, queira, queiramos, queirais, queiram.

Pretérito perfeito do indicativo: quis, quiseste, quis, quisemos, quisestes, quiseram.

Pretérito mais-que-perfeito do indicativo: quisera, quiseras, quisera, quiséramos, quiséreis, quiseram.

Pretérito imperfeito do subjuntivo: quisesse, quisesses, quisesse, quiséssemos, quisésseis, quisessem.

Futuro do subjuntivo: quiser, quiseres, quiser, quisermos, quiserdes, quiserem.

- **Saber**

Presente do indicativo: sei, sabes, sabe, sabemos, sabeis, sabem.

Presente do subjuntivo: saiba, saibas, saiba, saibamos, saibais, saibam.

Pretérito perfeito do indicativo: soube, soubeste, soube, soubemos, soubestes, souberam.

Pretérito mais-que-perfeito do indicativo: soubera, souberas, soubera, soubéramos, soubéreis, souberam.

Pretérito imperfeito do subjuntivo: soubesse, soubesses, soubesse, soubéssemos, soubésseis, soubessem.

Futuro do subjuntivo: souber, souberes, souber, soubermos, souberdes, souberem.

- **Ser**

Presente do indicativo: sou, és, é, somos, sois, são.

Presente do subjuntivo: seja, sejas, seja, sejamos, sejais, sejam.

Pretérito imperfeito do indicativo: era, eras, era, éramos, éreis, eram.

Pretérito perfeito do indicativo: fui, foste, foi, fomos, fostes, foram.

Pretérito mais-que-perfeito do indicativo: fora, foras, fora, fôramos, fôreis, foram.

Pretérito imperfeito do subjuntivo: fosse, fosses, fosse, fôssemos, fôsseis, fossem.

Futuro do subjuntivo: for, fores, for, formos, fordes, forem.

As segundas pessoas do imperativo afirmativo são: sê (tu) e sede (vós).

- Ter

  Presente do indicativo: tenho, tens, tem, temos, tendes, têm.

  Presente do subjuntivo: tenha, tenhas, tenha, tenhamos, tenhais, tenham.

  Pretérito imperfeito do indicativo: tinha, tinhas, tinha, tínhamos, tínheis, tinham.

  Pretérito perfeito do indicativo: tive, tiveste, teve, tivemos, tivestes, tiveram.

  Pretérito mais-que-perfeito do indicativo: tivera, tiveras, tivera, tivéramos, tivéreis, tiveram.

  Pretérito imperfeito do subjuntivo: tivesse, tivesses, tivesse, tivéssemos, tivésseis, tivessem.

  Futuro do subjuntivo: tiver, tiveres, tiver, tivermos, tiverdes, tiverem.

Seguem esse modelo os verbos: ater, conter, deter, entreter, manter, reter.

- **Trazer**

  Presente do indicativo: trago, trazes, traz, trazemos, trazeis, trazem.

  Presente do subjuntivo: traga, tragas, traga, tragamos, tragais, tragam.

  Pretérito perfeito do indicativo: trouxe, trouxeste, trouxe, trouxemos, trouxestes, trouxeram.

  Pretérito mais-que-perfeito do indicativo: trouxera, trouxeras, trouxera, trouxéramos, trouxéreis, trouxeram.

  Futuro do presente: trarei, trarás, trará etc.

  Futuro do pretérito: traria, trarias, traria etc.

  Pretérito imperfeito do subjuntivo: trouxesse, trouxesses, trouxesse, trouxéssemos, trouxésseis, trouxessem.

  Futuro do subjuntivo: trouxer, trouxeres, trouxer, trouxermos, trouxerdes, trouxerem.

- Ver

  Presente do indicativo: vejo, vês, vê, vemos, vedes, veem.

  Presente do subjuntivo: veja, vejas, veja, vejamos, vejais, vejam.

  Pretérito perfeito do indicativo: vi, viste, viu, vimos, vistes, viram.

  Pretérito mais-que-perfeito do indicativo: vira, viras, vira, víramos, víreis, viram.

  Pretérito imperfeito do subjuntivo: visse, visses, visse, víssemos, vísseis, vissem.

  Futuro do subjuntivo: vir, vires, vir, virmos, virdes, virem.

Seguem esse modelo os derivados antever, entrever, prever, rever. Prover segue o modelo acima apenas no presente do indicativo e seus tempos derivados; nos demais tempos, comporta-se como um verbo regular da segunda conjugação.

- Vir

  Presente do indicativo: venho, vens, vem, vimos, vindes, vêm.

  Presente do subjuntivo: venha, venhas, venha, venhamos, venhais, venham.

  Pretérito imperfeito do indicativo: vinha, vinhas, vinha, vínhamos, vínheis, vinham.

  Pretérito perfeito do indicativo: vim, vieste, veio, viemos, viestes, vieram.

  Pretérito mais-que-perfeito do indicativo: viera, vieras, viera, viéramos, viéreis, vieram.

  Pretérito imperfeito do subjuntivo: viesse, viesses, viesse, viéssemos, viésseis, viessem.

  Futuro do subjuntivo: vier, vieres, vier, viermos, vierdes, vierem.

  Particípio e gerúndio: vindo.

7.4.8 Emprego do infinitivo

Apesar de não haver regras bem definidas, podemos anotar as seguintes ocorrências:

▷ Usa-se o **impessoal:**

- Sem referência a nenhum sujeito:

  É proibido **estacionar** na calçada.
- Nas locuções verbais:

  Devemos **pensar** sobre a sua situação.
- Se o infinitivo exercer a função de complemento de adjetivos:

  É uma questão fácil de **resolver.**
- Se o infinitivo possuir valor de imperativo:

  O comandante gritou: "**marchar**!"

▷ Usa-se o **pessoal:**

- Quando o sujeito do infinitivo é diferente do sujeito da oração principal:

  Eu não te culpo por **seres** um imbecil.
- Quando, por meio de flexão, se quer realçar ou identificar a pessoa do sujeito:

  Não foi bom **agires** dessa forma.

7.5 Adjetivo

É a palavra variável que expressa uma qualidade, característica ou origem de algum substantivo ao qual se relaciona.

- Meu terno é azul, elegante e italiano.

Analisando, entendemos assim:

Azul: característica.
Elegante: qualidade.
Italiano: origem.

7.5.1 Estrutura e a classificação dos adjetivos

Com relação à sua formação, eles podem ser:

- **Explicativos:** quando a característica é comum ao substantivo referido.

  Fogo **quente**, homem **mortal**. (Todo fogo é quente, todo homem é mortal).
- **Restritivos:** quando a característica não é comum ao substantivo, ou seja, nem todo substantivo é assim caracterizado.

  Terno **azul**, casa **grande**. (Nem todo terno é azul, nem toda casa é grande).
- **Simples:** quando possui apenas uma raiz.

  Amarelo, brasileiro, competente, sagaz, loquaz, inteligente, grande, forte etc.
- **Composto:** quando possui mais de uma raiz.

  Amarelo-canário, luso-brasileiro, verde-escuro, vermelho-sangue etc.
- **Primitivo:** quando pode dar origem a outra palavra, não tendo sofrido derivação alguma.

  Bom, legal, grande, rápido, belo etc.
- **Derivado:** quando resultado de um processo de derivação, ou seja, oriundo de outra palavra.

  Bondoso (de bom), grandioso (de grande), maléfico (de mal), esplendoroso (de esplendor) etc.

Os adjetivos que designam origem de algum termo são denominados adjetivos pátrios ou gentílicos.

Adjetivos pátrios de estados:

Acre: acriano.
Alagoas: alagoano.
Amapá: amapaense.
Aracaju: aracajuano ou aracajuense.
Amazonas: amazonense ou baré.
Belém (PA): belenense.
Belo Horizonte: belo-horizontino.
Boa Vista: boa-vistense.
Brasília: brasiliense.
Cabo Frio: cabo-friense.
Campinas: campineiro ou campinense.
Curitiba: curitibano.
Espírito Santo: espírito-santense ou capixaba.
Fernando de Noronha: noronhense.
Florianópolis: florianopolitano.
Fortaleza: fortalezense.
Goiânia: goianiense.
João Pessoa: pessoense.
Macapá: macapaense.
Maceió: maceioense.
Manaus: manauense.
Maranhão: maranhense.
Marajó: marajoara.
Natal: natalense ou papa-jerimum.
Porto Alegre: porto alegrense.
Ribeirão Preto: ribeiropretense.
Rio de Janeiro (estado): fluminense.
Rio de Janeiro (cidade): carioca.
Rio Branco: rio-branquense.
Rio Grande do Norte: rio-grandense-do-norte, norte-riograndense ou potiguar.
Rio Grande do Sul: rio-grandense-do-sul, sul-rio-grandense ou gaúcho.
Rondônia: rondoniano.
Roraima: roraimense.
Salvador: salvadorense ou soteropolitano.
Santa Catarina: catarinense ou barriga verde.
Santarém: santarense.
São Paulo (estado): paulista.
São Paulo (cidade): paulistano.
Sergipe: sergipano.
Teresina: teresinense.
Tocantins: tocantinense.

Adjetivos pátrios de países:

Croácia: croata.
Costa Rica: costarriquense.
Curdistão: curdo.
Estados Unidos: estadunidense, norte-americano ou ianque.
El Salvador: salvadorenho.
Guatemala: guatemalteco.
Índia: indiano ou hindu (os que professam o hinduísmo).
Israel: israelense ou israelita.
Irã: iraniano.
Moçambique: moçambicano.
Mongólia: mongol ou mongólico.
Panamá: panamenho.
Porto Rico: porto-riquenho.
Somália: somali.

Na formação de adjetivos pátrios compostos, o primeiro elemento aparece na forma reduzida e, normalmente, erudita.

Observe alguns exemplos de adjetivos pátrios compostos:

África: afro-americana.
Alemanha: germano- ou teuto-: competições teutoinglesas.
América: Américo-: companhia américo-africana.
Ásia: ásio-: encontros ásio-europeus.
Áustria: austro-: peças austro-búlgaras.
Bélgica: belgo-: acampamentos belgo-franceses.
China: sino-: acordos sino-japoneses.
Espanha: hispano- + mercado: hispano-português.
Europa: euro + negociações euro-americanas.
França: franco- ou galo-: reuniões franco-italianas.
Grécia: greco-: filmes greco-romanos.
Índia: indo-: guerras indo-paquistanesas.
Inglaterra: anglo-: letras anglo-portuguesas.
Itália: ítalo-: sociedade ítalo-portuguesa.
Japão: nipo-: associações nipo-brasileiras.
Portugal: luso-: acordos luso-brasileiros.

7.5.2 Locução adjetiva

Expressão que tem valor adjetival, mas que é formada por mais de uma palavra. Geralmente, concorrem para sua formação uma preposição e um substantivo. Veja alguns exemplos de locução adjetiva seguida de adjetivo:

De águia: aquilino.
De aluno: discente.
De anjo: angelical.
De bispo: episcopal.
De cabelo: capilar.
De cão: canino.
De dedo: digital.
De estômago: estomacal ou gástrico.
De fera: ferino.
De gelo: glacial.
De homem: viril ou humano.
De ilha: insular.
De lago: lacustre.
De madeira: lígneo.
De neve: níveo ou nival.
De orelha: auricular.
De paixão: passional.
De quadris: ciático.
De rio: fluvial.
De serpente: viperino.
De trigo: tritício.
De urso: ursino.
De velho: senil.

7.5.3 Flexão do adjetivo

O adjetivo pode ser flexionado em gênero, número e grau.

Flexão de gênero (masculino/feminino)

Com relação ao gênero, os adjetivos podem ser classificados de duas formas:

- Biformes: quando possuem uma forma para cada gênero.

  Homem **belo**/mulher **bela.**

Contexto **complicado**/questão **complicada.**

- Uniformes: quando possuem apenas uma forma, como se fossem elementos neutros.

Homem **fiel**/mulher **fiel.**

Contexto **interessante**/questão **interessante.**

Flexão de número (singular/plural)

Os adjetivos simples seguem a mesma regra de flexão que os substantivos simples. Serão, por regra, flexionados os adjetivos compostos que, em sua formação, possuírem dois adjetivos. A flexão ocorrerá apenas no segundo elemento da composição.

Guerra greco-**romana** – Guerras greco-**romanas.**

Conflito **socioeconômico** – Análises **socioeconômicas.**

Por outro lado, se houver um substantivo como elemento da composição, o adjetivo fica invariável.

Blusa **amarelo-canário** – Blusas **amarelo-canário.**

Mesa **verde-musgo** – Mesas **verde-musgo.**

O caso em questão também pode ocorrer quando um substantivo passa a ser, por derivação imprópria, um adjetivo, ou seja, também serão invariáveis os "substantivos adjetivados".

Terno cinza – Ternos cinza.

Vestido rosa – Vestidos rosa.

E também:

Surdo mudo – surdos mudos.

Pele vermelha – peles vermelhas.

> Azul- marinho e azul-celeste são invariáveis.

7.5.4 Flexão de grau (comparativo e superlativo)

Há duas maneiras de se estabelecer o grau do adjetivo: por meio do **grau comparativo** e por meio do **grau superlativo.**

Grau comparativo: estabelece um tipo de comparação de características, sendo estabelecido de três maneiras:

- **Inferioridade:** o açúcar é **menos** doce (do) **que** os teus olhos.
- **Igualdade:** o meu primo é **tão** estudioso **quanto** o meu irmão.
- **Superioridade:** gramática **é mais legal** (do) **que** matemática.

Grau superlativo: reforça determinada qualidade em relação a um referente. Pode-se estabelecer o grau superlativo de duas maneiras:

▷ **Relativo:** em relação a um grupo.

- **De superioridade:** José é o **mais** inteligente dos alunos.
- **De inferioridade:** o presidente foi o **menos** prestigiado da festa.

▷ **Absoluto:** sem relações, apenas reforçando as características:

- **Analítico:** com auxílio de algum termo:

  Pedro é muito magro.

  Pedro é magro, magro, magro.

- **Sintético** (com o acréscimo de -íssimo ou -érrimo):

  Pedro é macérrimo.

  Somos todos estudiosíssimos.

Veja, agora, alguns exemplos de superlativos sintéticos:

Ágil: agilíssimo.
Bom: ótimo ou boníssimo.
Capaz: capacíssimo.
Difícil: dificílimo.
Eficaz: eficacíssimo.
Fiel: fidelíssimo.
Geral: generalíssimo.
Horrível: horribilíssimo.
Inimigo: inimicíssimo.
Jovem: juveníssimo.
Louvável: laudabilíssimo.
Mísero: misérrimo.
Notável: notabilíssimo.
Pequeno: mínimo ou pequeníssimo.
Sério: seríssimo.
Terrível: terribilíssimo.
Vão: vaníssimo.

Atente à mudança de sentido provocada pela alteração de posição do adjetivo.

Homem **grande** (alto, corpulento).

Grande homem (célebre).

Mas isso nem sempre ocorre. Se você analisar a construção "giz azul" e "azul giz", perceberá que não há diferença semântica.

7.6 Advérbio

É a palavra invariável que se relaciona ao verbo, ao adjetivo ou a outro advérbio para atribuir-lhes uma circunstância. Veja os exemplos:

Os alunos saíram **apressadamente.**

O caso era muito **interessante.**

Resolvemos **muito bem** o problema.

7.6.1 Classificação do advérbio

- **Afirmação:** sim, certamente, efetivamente etc.
- **Negação:** não, nunca, jamais.
- **Intensidade:** muito, pouco, assaz, bastante, mais, menos, tão, tanto, quão etc.
- **Lugar:** aqui, ali, aí, aquém, acima, abaixo, atrás, dentro, junto, defronte, perto, longe, algures, alhures, nenhures etc.
- **Tempo:** agora, já, depois, anteontem, ontem, hoje, jamais, sempre, outrora, breve etc.
- **Modo:** assim, bem, mal, depressa, devagar, melhor, pior e a maior parte das palavras formadas de um adjetivo, mais a terminação "mente" (leve + mente = levemente; calma + mente = calmamente).
- **Inclusão:** também, inclusive.
- **Designação:** eis.
- **Interrogação:** onde, como, quando, por que.

Também existem as chamadas locuções adverbiais que vêm quase sempre introduzidas por uma preposição: à farta (= fartamente), às pressas (= apressadamente), à toa, às cegas, às escuras, às tontas, às vezes, de quando em quando, de vez em quando etc.

Existem casos em que utilizamos um adjetivo como forma de advérbio. É o que chamamos de adjetivo adverbializado. Veja os exemplos:

Aquele orador fala **belamente.** (Advérbio de modo).

Aquele orador fala **bonito.** (Adjetivo adverbializado que tenta designar modo).

7.7 Conjunção

É a palavra invariável que conecta elementos em algum encadeamento frasal. A relação em questão pode ser de natureza lógico-semântica (relação de sentido) ou apenas indicar uma conexão exigida pela sintaxe da frase.

7.7.1 Coordenativas

São as conjunções que conectam elementos que não possuem dependência sintática, ou seja, as sentenças que são conectadas por meio desses elementos já estão com suas estruturas sintáticas (sujeito / predicado / complemento) completas.

- **Aditivas:** e, nem (= e não), também, que, não só..., mas também, não só... como, tanto ... como, assim... como etc.

  José não foi à aula **nem** fez os exercícios.

  Devemos estudar **e** apreender os conteúdos.
- **Adversativas:** mas, porém, contudo, todavia, no entanto, entretanto, senão, não obstante, aliás, ainda assim.

  Os países assinaram o acordo, **mas** não o cumpriram.

  A menina cantou bem, **contudo** não agradou ao público.
- **Alternativas:** ou... ou, já ... já, seja... seja, quer... quer, ora... ora, agora... agora.

  Ora diz sim, **ora** diz não.

  Ou está feliz, **ou** está no ludibriando.
- **Conclusivas:** logo, pois (depois do verbo), então, portanto, assim, enfim, por fim, por conseguinte, conseguintemente, consequentemente, donde, por onde, por isso.

  O **concursando** estudou muito, **logo**, deverá conseguir seu cargo.

  É professor, **por conseguinte** deve saber explicar o conteúdo.
- **Explicativas:** isto é, por exemplo, a saber, ou seja, verbi gratia, pois (antes do verbo), pois bem, ora, na verdade, depois, além disso, com efeito, que, porque, ademais, outrossim, porquanto etc.

  Deve ter chovido, **pois** o chão está molhado.

  O homem é um animal racional, **porque** é capaz de raciocinar.

  Não converse agora, **que** eu estou explicando.

7.7.2 Subordinativas

São as conjunções que denotam uma relação de subordinação entre orações, ou seja, a conjunção subordinativa evidencia que uma oração possui dependência sintática em relação a outra. O que se pretende dizer com isso é que uma das orações envolvidas nesse conjunto desempenha uma função sintática para com sua oração principal.

Integrantes

- Que, se:

  Sei **que** o dia do pagamento é hoje.

  Vejamos **se** você consegue estudar sem interrupções.

Adverbiais

▷ **Causais:** indicam a causa de algo.

- Já que, porque, que, pois que, uma vez que, sendo que, como, visto que, visto como, como etc.

  Não teve medo do perigo, **já que** estava protegido.

  Passou no concurso, **porque** estudou muito.

▷ **Comparativas:** estabelecem relação de comparação:

- Como, mais... (do) que, menos... (do) que, tão como, assim como, tanto quanto etc.

  Tal como procederes, receberás o castigo.

  Alberto é aplicado **como** quem quer passar.

▷ **Concessivas (concessão):** estabelecem relação de quebra de expectativa com respeito à sentença à qual se relacionam.

- Embora, ainda que, dado que, posto que, conquanto, em que, quando mesmo, mesmo que, por menos que, por pouco que, apesar de (que).

  Embora tivesse estudado pouco, conseguiu passar.

  Conquanto estudasse, não conseguiu aprender.

▷ **Condicionais:** estabelecem relação de condição.

- Se, salvo se, caso, exceto se, contanto que, com tal que, caso, a não ser que, a menos que, sem que etc.

  Se tudo der certo, estaremos em Portugal amanhã.

  Caso você tenha dúvidas, pergunte a seu professor.

▷ **Consecutivas:** estabelecem relação de consequência.

- Tanto que, de modo que, de sorte que, tão...que, sem que etc.

  O aluno estudou **tanto que** morreu.

  Timeto Amon era **tão** feio **que** não se olhava no espelho.

▷ **Conformativas:** estabelecem relação de conformidade.

- Conforme, consoante, segundo, da mesma maneira que, assim como, como que etc.

  Faça a prova **conforme** teu pai disse.

  Todos agem **consoante** se vê na televisão.

▷ **Finais:** estabelecem relação de finalidade.

- Para que, a fim de que, que, porque.

  Estudou muito **para que** pudesse ter uma vida confortável.

  Trabalhei **a fim de que** o resultado seja satisfatório.

▷ **Proporcionais:** estabelecem relação de proporção.

- À proporção que, à medida que, quanto mais... tanto mais, quanto menos... tanto menos, ao passo que etc.

  À medida que o momento de realizar a prova chegava, a ansiedade de todos aumentava.

  Quanto mais você estudar, **tanto mais** terá a chance de ser bem-sucedido.

▷ **Temporais:** estabelecem relação de tempo.

- Quando, enquanto, apenas, mal, desde que, logo que, até que, antes que, depois que, assim que, sempre que, senão quando, ao tempo que, apenas que, antes que, depois que, sempre que etc.

  Quando todos disserem para você parar, continue.

  Depois que terminar toda a lição, poderá descansar um pouco.

  Mal chegou, já quis sair.

7.8 Interjeição

É o termo que exprime, de modo enérgico, um estado súbito de alma. Sem muita importância para a análise a que nos propomos, vale apenas lembrar que elas possuem uma classificação semântica:

- **Dor:** ai! ui!
- **Alegria:** ah! eh! oh!
- **Desejo:** oxalá! tomara!
- **Admiração:** puxa! cáspite! safa! quê!
- **Animação:** eia! sus! coragem!
- **Aplauso:** bravo! apoiado!
- **Aversão:** ih! chi! irra! apre!
- **Apelo:** ó, olá! psit! pitsiu! alô! socorro!
- **Silêncio:** psit! psiu! caluda!
- **Interrogação, espanto:** hem!

Há, também, locuções interjeitivas: **minha nossa! Meu Deus!**

A despeito da classificação acima, o que determina o sentido da interjeição é o seu uso.

7.9 Numeral

É a palavra que indica uma quantidade, multiplicação, fração ou um lugar em uma série. Os numerais podem ser divididos em:

- **Cardinais:** quando indicam um número básico: um, dois, três, cem mil etc.
- **Ordinais:** quando indicam um lugar numa série: primeiro, segundo, terceiro, centésimo, milésimo etc.
- **Multiplicativos:** quando indicam uma quantidade multiplicativa: dobro, triplo, quádruplo etc.
- **Fracionários:** quando indicam parte de um inteiro: meio, metade, dois terços etc.

ALGARISMO		CARDINAIS	ORDINAIS
ROMANOS	ARÁBICOS		
I	1	um	primeiro
II	2	dois	segundo
III	3	três	terceiro
IV	4	quatro	quarto
V	5	cinco	quinto
VI	6	seis	sexto
VII	7	sete	sétimo
VIII	8	oito	oitavo
IX	9	nove	nono
X	10	dez	décimo
XI	11	onze	undécimo ou décimo primeiro
XII	12	doze	duodécimo ou décimo segundo
XIII	13	treze	décimo terceiro
XIV	14	quatorze ou catorze	décimo quarto
XV	15	quinze	décimo quinto
XVI	16	dezesseis	décimo sexto
XVII	17	dezessete	décimo sétimo
XVIII	18	dezoito	décimo oitavo
XIX	19	dezenove	décimo nono
XX	20	vinte	vigésimo
XXI	21	vinte e um	vigésimo primeiro
XXX	30	trinta	trigésimo
XXXL	40	quarenta	quadragésimo
L	50	cinquenta	quinquagésimo
LX	60	sessenta	sexagésimo
LXX	70	setenta	septuagésimo ou setuagésimo
LXXX	80	oitenta	octogésimo
XC	90	noventa	nonagésimo
C	100	cem	centésimo
CC	200	duzentos	ducentésimo
CCC	300	trezentos	trecentésimo
CD	400	quatrocentos	quadringentésimo
D	500	quinhentos	quingentésimo
DC	600	seiscentos	seiscentésimo ou sexcentésimo
DCC	700	setecentos	septingentésimo
DCCC	800	oitocentos	octingentésimo
CM	900	novecentos	nongentésimo ou noningentésimo
M	1.000	mil	milésimo
X'	10.000	dez mil	dez milésimos
C'	100.000	cem mil	cem milésimos
M'	1.000.000	um milhão	milionésimo
M''	1.000.000.000	um bilhão	bilionésimo

Lista de numerais multiplicativos e fracionários:

Algarismos	Multiplicativos	Fracionários
2	duplo, dobro, dúplice	meio ou metade
3	triplo, tríplice	terço
4	quádruplo	quarto
5	quíntuplo	quinto
6	sêxtuplo	sexto
7	sétuplo	sétimo
8	óctuplo	oitavo
9	nônuplo	nono
10	décuplo	décimo
11	undécuplo	onze avos
12	duodécuplo	doze avos
100	cêntuplo	centésimo

7.9.1 Cardinais

Para realizar a leitura dos cardinais, é necessário colocar a conjunção “e” entre as centenas e dezenas, assim como entre as dezenas e a unidade.

Exemplo: 3.068.724 = três milhões, sessenta **e** oito mil, setecentos **e** vinte **e** quatro.

7.9.2 Ordinais

Quanto à leitura do numeral ordinal, há duas possibilidades: quando é inferior a 2.000, lê-se inteiramente segundo a forma ordinal.

- 1.766º = milésimo septingentésimo sexagésimo sexto.

Acima de 2.000, lê-se o primeiro algarismo como cardinal e os demais como ordinais. Hodiernamente, entretanto, tem-se observado a tendência a ler os números redondos segundo a forma ordinal.

- 2.536º = dois milésimos quingentésimo trigésimo sexto.
- 8 000º = oitavo milésimo.

7.9.3 Fracionários

O numerador de um numeral fracionário é sempre lido como cardinal. Quanto ao denominador, há dois casos:

- Primeiro: se for inferior ou igual a 10, ou ainda for um número redondo, será lido como ordinal 2/6 = dois sextos; 9/10 = nove décimos; centésimos (se houver). São exceções: 1/2 = meio; 1/3 = um terço.
- Segundo: se for superior a 10 e não constituir número redondo, é lido como cardinal, seguido da palavra "avos". 1/12 = um doze avos; 4/25 = quatro vinte e cinco avos.

Ao se fazer indicação de reis, papas, séculos, partes de uma obra, usam-se os numerais ordinais até décimo. A partir daí, devem-se empregar os cardinais. Século V (século quinto), século XX (vinte), João Paulo II (segundo), Bento XVI (dezesseis).

7.10 Preposição

É a palavra invariável que serve de ligação entre dois termos de uma oração ou, às vezes, entre duas orações. Costuma-se denominar "regente" o termo que exige a preposição e "regido" aquele que recebe a preposição:

Ele comprou um livro **de** poesia.
Ele tinha medo **de** ficar solitário.

Como se vê, a preposição "de", no primeiro caso, liga termos de uma mesma oração; no segundo, liga orações.

7.10.1 Preposições essenciais

São aquelas que têm como função primordial a conexão das palavras:

- a, ante, até, após, com contra, de, desde, em, entre, para, per, perante, por, sem, sob, sobre, trás.

Veja o emprego de algumas preposições:

Os manifestantes lutaram **contra** a polícia.
O aluno chegou **ao** salão rapidamente.
Aguardo sua decisão **desde** ontem.
Entre mim e ti, não há qualquer problema.

7.10.2 Preposições acidentais

São palavras que pertencem a outras classes, empregadas, porém, eventualmente como preposições: conforme, consoante, durante, exceto, fora, agora, mediante, menos, salvante, salvo, segundo, tirante.

O emprego das preposições acidentais é mais comum do que parece, veja os exemplos:

Todos saíram da sala, **exceto** eu.
Tirante as mulheres, o grupo que estava na sala parou de falar.
Escreveu o livro **conforme** o original.

7.10.3 Locuções prepositivas

Além das preposições simples, existem também as chamadas locuções prepositivas, que terminam sempre por uma preposição simples:

- abaixo de, acerca de, acima de, a despeito de, adiante de, a fim de, além de, antes de, ao lado de, a par de, apesar de, a respeito de, atrás de, através de, de acordo com, debaixo de, de cima de, defronte de, dentro de, depois de, diante de, embaixo de, em cima de, em frente de(a), em lugar de, em redor de, em torno de, em vez de, graças a, junto a (de), para baixo de, para cima de, para com, perto de, por baixo de, por causa de, por cima de, por detrás de, por diante de, por entre, por trás de.

7.10.4 Conectivos

Os conectivos têm a função de ligar palavras ou orações. Eles podem ser coordenativos (ligam orações coordenadas) ou subordinativos (ligam orações subordinadas).

Coordenativos

- Conjunções coordenativas que iniciam as orações coordenadas:

Aditivas: e.
Adversativas: mas.
Alternativas: ou.
Conclusivas: logo.
Explicativas: pois.

Subordinativos

- Pronomes relativos que iniciam as orações adjetivas:

Que.
Quem.
Cujo/cuja.
O qual/a qual.

- Conjunções subordinativas que iniciam as orações adverbiais:

Causais: porque.
Comparativas: como.
Concessivas: embora.
Condicionais: se.
Conformativas: conforme.
Consecutivas: (tão) que.
Finais: para que.
Proporcionais: à medida que.
Temporais: quando.

- **Conjunções subordinativas que iniciam as orações substantivas:**

Integrantes: que, se.

7.10.5 Formas variantes

Algumas palavras possuem mais de uma forma, ou seja, junto à forma padrão existem outras formas variantes.

Em algumas situações, é irrelevante a variação utilizada, mas em outros deve-se escolher a variação mais generalizada.

Exemplos:

Assobiar, assoviar.
Coisa, cousa.
Louro, loiro.
Lacrimejar, lagrimejar.
Infarto, enfarte.
Diabete, diabetes.
Transpassar, traspassar, trespassar.

8. SINTAXE BÁSICA

Sintaxe é a parte da Gramática que estuda a função das palavras ou das expressões em uma oração ou em um período.

Antes de iniciar o estudo da sintaxe, faz-se necessário definir alguns conceitos, tais como: frase, oração e período (conceitos essenciais).

- **Frase**: qualquer sentença dotada de sentido.
  Eu adoro estudar português!
  Fogo! Socorro!
- **Oração**: frase organizada em torno de uma forma verbal.
  Os alunos farão a prova amanhã!
- **Período**: conjunto de orações.
  - Período simples: 1 oração.
    Ex.: **Estudarei** português.
  - Período composto: mais de 1 oração.
    Ex.: **Estudarei** português e **farei** a prova.

8.1 Período simples (oração)

A oração é dividida em termos. Assim, o estudo fica organizado e impossibilita a confusão. São os termos da oração:

- Essenciais.
- Integrantes.
- Acessórios.

8.1.1 Termos essenciais da oração

Sujeito e predicado: são chamados de essenciais, porque são os elementos que dão vida à oração. Quer dizer, sem um deles (o predicado, ao menos) não se pode formar oração.

- O **Brasil** caminha para uma profunda transformação social.
  O Brasil: sujeito.
  Para uma profunda transformação social: predicado.

Sujeito

Sujeito é o termo sintático sobre o qual se declara ou se constata algo. Deve-se observar que há uma profunda relação entre o verbo que comporá o predicado e o sujeito da oração. Usualmente, o sujeito é formado por um substantivo ou por uma expressão substantivada.

O sujeito pode ser: simples; composto; oculto, elíptico ou desinencial; indeterminado; inexistente ou oracional.

- **Sujeito simples:** aquele que possui apenas um núcleo.
  O país deverá enfrentar difíceis rivais na competição.
  A perda de fôlego de algumas das grandes economias também já foi notada por outras gigantes do setor.
- **Sujeito composto:** é aquele que possui mais de um núcleo.
  João e Maria são amigos inseparáveis.
  Eu, meus **amigos** e todo o **resto** dos alunos faremos a prova.
- **Sujeito oculto, elíptico ou desinencial:** aquele que não se encontra expresso na oração, porém é facilmente subentendido pelo verbo apresentado.
  Acord**amos** cedo naquele dia. (Nós)
  Abri o blusão, tirei o 38, e perguntei com tanta raiva que uma gota de meu cuspe bateu na cara dele. (R. Fonseca) (eu)
  Vanderlei caminh**ou** pela manhã. À tarde passe**ou** pelo lago municipal, onde encontr**ou** a Anaconda da cidade. (Ele, Vanderlei)

Perceba que o sujeito não está grafado na sentença, mas é facilmente recuperável por meio da terminação do verbo.

▷ **Sujeito indeterminado:** ocorre quando o verbo não se refere a um núcleo determinado. São situações de indeterminação do sujeito:

- Terceira pessoa do plural sem um referente:
  Nunca lhe **deram** nada.
  Fizeram comentários maldosos a seu respeito.
- Com verbos transitivos indiretos, intransitivo e relacionais (de ligação) acompanhados da partícula "se" que, no caso, será classificada como índice de indeterminação de sujeito:
  Vive-se muito bem.
  Precisa-se de força e coragem na vida de estudante.
  Nem sempre **se está** feliz na riqueza.

▷ **Sujeito inexistente ou oração sem sujeito:** ocorre em algumas situações específicas.

- Com verbos impessoais (principalmente os que denotam fenômeno da natureza).
  Em setembro **chove** muito.
  Nevava em Palotina.
- Com o verbo haver, desde que empregado nos sentidos de existir, acontecer ou ocorrer.
  Há poemas perfeitos, não **há** poetas perfeitos.
  Deveria haver soluções para tais problemas.
- Com os verbos ir, haver e fazer, desde que empregado fazendo alusão a tempo transcorrido.
  Faz um ano que não viajo. (verbo "fazer" no sentido de "tempo transcorrido")
  Há muito tempo que você não aparece. (verbo "haver" no sentido de "tempo")
  Vai para dois meses que não recebo salário. (verbo "ir" no sentido de "tempo")
- Com os verbos ser ou estar indicando tempo.
  Era noite fechada.
  É tarde, eles não vêm!
- Com os verbos bastar e chegar indicando cessamento.
  Basta de tanta corrupção no Senado!
  Chega de ficar calado quando a situação aperta!
- Com o verbo ser indicando data ou horas.
  São dez horas no relógio da torre.
  Amanhã **serão** dez de dezembro.

▷ **Sujeito oracional:** ocorre nas análises do período composto, quando se verifica que o sujeito de um verbo é uma oração.

É preciso **que você estude Língua Portuguesa**.

Predicado

É o termo que designa aquilo que se declara acerca do sujeito. É mais simples e mais prudente para o aluno buscar identificar o predicado antes do sujeito, pois, se assim o fizer, terá mais concretude na identificação do sujeito.

O predicado pode ser nominal, verbal ou verbo-nominal.

- **Predicado Nominal:** o predicado nominal é formado por um verbo relacional (de ligação) + predicativo.

Principais verbos de ligação: ser, estar, permanecer, continuar, ficar, parecer, andar e torna-se.

A economia da Ásia parecia derrotada após a crise.
O deputado, de repente, virou patriota.
Português é legal.

- **Predicado Verbal:** o predicado verbal tem como núcleo um verbo nocional.

  Empresários **investirão R$ 250 milhões em novo berço para o Porto de Paranaguá.**

- **Predicado Verbo-nominal:** ocorre quando há um verbo significativo (nocional) + um predicativo do sujeito.

  O trem chegou atrasado. ("atrasado" é uma qualidade do sujeito que aparece após o verbo, portanto, é um predicativo do sujeito).

  Pedro Paladino já nasceu rico.

  Acompanhei a indignação de meus alunos preocupado.

Predicativo

O predicativo é um termo componente do predicado. Qualifica sujeito ou objeto.

Josefina era **maldosa, ruim, sem valor**. (predicativo do sujeito)

Leila deixou o garoto **louco**. (predicativo do objeto)

O diretor nomeou João **chefe da repartição**. (predicativo do objeto)

8.2 Termos integrantes da oração

Os termos integrantes da oração são: objeto direto (complemento verbal); objeto indireto (complemento verbal); complemento nominal e agente da passiva.

- **Objeto Direto:** é o complemento de um verbo transitivo direto.

  Os bons cidadãos cumprem **as leis**. (quem cumpre, cumpre algo)

  Em resumo: ele queria **uma mulher**. (quem quer, quer algo)

- **Objeto Indireto:** é o complemento de um verbo transitivo indireto.

  Os bons cidadãos obedecem **às leis**. (quem obedece, obedece a algo)

  Necessitamos **de manuais mais práticos** nos dias de hoje. (quem necessita, necessita de algo)

- **Complemento Nominal:** é o complemento, sempre preposicionado, de adjetivos, advérbios e substantivos que, em determinadas circunstâncias, pedem complemento, assim como os verbos transitivos indiretos.

  O filme era impróprio para crianças.

  Finalizou-se a construção do prédio.

  Agiu favoravelmente ao réu.

- **Agente da Passiva:** é o complemento que, na voz passiva, designa o ser praticante da ação sofrida ou recebida pelo sujeito. Veja os exemplos:

  Voz ativa: o zagueiro executou a jogada.

  Voz passiva: a jogada foi executada **pelo zagueiro. (Agente da passiva**)

  Conversas foram interceptadas pela **Polícia Federal**. (Agente da passiva)

8.3 Termos acessórios da oração

Os termos acessórios da oração são: adjunto adnominal; adjunto adverbial; aposto e vocativo.

▷ **Adjunto Adnominal:** a função do adjunto adnominal é desempenhada por qualquer palavra ou expressão que, junto de um substantivo ou de uma expressão substantivada, modifica o seu sentido. Vejamos algumas palavras que desempenham tal função.

- **Artigos: as** alunas serão aprovadas.
- **Pronomes adjetivos: aquela** aluna será aprovada.
- **Numerais adjetivos: duas** alunas serão aprovadas.
- **Adjetivos:** aluno **estudioso** é aprovado.
- **Locuções adjetivas:** aluno **de gramática** passa no concurso.

▷ **Adjunto Adverbial:** o adjunto adverbial é o termo acessório (que não é exigido por elemento algum da sentença) que exprime circunstância ao verbo e, às vezes, ao adjetivo ou mesmo ao advérbio.

- **Advérbios:** os povos antigos trabalhavam mais.
- **Locuções Adverbiais:** li vários livros **durante as férias**.
- **Alguns tipos de adjuntos adverbiais:**

  Tempo: ontem, choveu muito.

  Lugar: gostaria de que me encontrasse **na esquina da padaria**.

  Modo: Alfredo executou a aria **fantasticamente**.

  Meio: fui para a escola **a pé**.

  Causa: por amor, cometem-se loucuras.

  Instrumento: quebrou a **vidraça com uma pedra**.

  Condição: se estudar muito, será aprovado.

  Companhia: faremos sucesso **com essa banda.**

▷ **Aposto:** o aposto é o termo sintático que, possuindo equivalência semântica, esclarece seu referente. Tipos de aposto:

  Explicativo: Alencar, **escritor romântico**, possui uma obra vastíssima.

  Resumitivo ou recapitulativo: estudo, esporte, cinema, **tudo** o chateava.

  Enumerativo: preciso de duas coisas: **saúde e dinheiro**.

  Especificativo: a notícia foi publicada na revista **Veja**.

  Distributivo: havia grupos interessados: **o da direita e o da esquerda.**

  Oracional: desejo só uma coisa: **que vocês passem no concurso**.

  Vocativo: é uma interpelação, é um chamamento. Normalmente, indica com quem se fala.

▷ **Ó mar**, por que não me levas contigo?

- Vem, **minha amiga**, abraçar um vitorioso.

8.4 Período composto

O período composto possui dois processos: coordenação e subordinação.

- **Coordenação:** ocorre quando são unidas orações independentes sintaticamente. Ou seja, são autônomas do ponto de vista estrutural. Vamos a um exemplo:
  - Altamiro pratica esportes e estuda muito.
- **Subordinação:** ocorre quando são unidas orações que possuem dependência sintática. Ou seja, não estão completas em sua estrutura. O processo de subordinação ocorre de três maneiras:
  - **Substantiva:** quando a oração desempenhar a função de um substantivo na sentença (**sujeito, predicativo, objeto direto, objeto indireto, complemento nominal ou aposto**).

- **Adjetiva:** quando a oração desempenhar a função de adjunto adnominal na sentença.
- **Adverbial:** quando a oração desempenhar a função de adjunto adverbial na sentença.

  Eu quero **que vocês passem no concurso.** (Oração subordinada substantiva objetiva direta – a função de objeto direto está sendo desempenhada pela oração)

  O Brasil, **que é um belíssimo país,** possui vegetação exuberante. (Oração subordinada adjetiva explicativa)

  Quando José entrou na sala, Manoel saiu. (Oração subordinada adverbial temporal)

8.4.1 Processo de coordenação

Há dois tipos de orações coordenadas: **assindéticas e sindéticas.**

- **Assindéticas:**

O nome vem da palavra grega *sýndetos,* que significa conjunção, união. Ou seja, oração que não possui conjunção quando está colocada ao lado de outra.

> Valdevino **correu (oração coordenada assindética), correu (oração coordenada assindética), correu (oração coordenada assindética)** o dia todo.

Perceba que não há conjunções para ligar os verbos, ou seja, as orações estão colocadas uma ao lado da outra sem síndeto, portanto, são **orações coordenadas assindéticas.**

- **Sindéticas:**

Contrariamente às assindéticas, as sindéticas possuem conjunção para exprimir uma relação lógico-semântica. Cada oração recebe o nome da conjunção que a introduz. Por isso é necessário decorar as conjunções.

- **Aditivas:** são introduzidas pelas conjunções e, nem, mas também, também, como (após "não só"), como ou quanto (após "tanto"), mais etc., dando a ideia de adição à oração anterior.

  A seleção brasileira venceu a Dinamarca / **e empatou com a Inglaterra.** (Oração coordenada assindética / **oração coordenada sindética aditiva**)

- **Adversativas:** são introduzidas pelas conjunções: mas, porém, todavia, contudo, entretanto, no entanto, não obstante, senão, apesar disso, embora etc., indicando uma relação de oposição à sentença anterior.

  O time batalhou muito, / **mas não venceu o adversário.** (Oração coordenada assindética / **oração coordenada sindética adversativa**)

- **Alternativas:** são introduzidas pelas conjunções ou... ou, ora... ora, já... já, quer... quer, seja... seja, nem... nem etc., indicando uma relação de alternância entre as sentenças.

  Ora estuda, / ora trabalha. **(Oração coordenada sindética alternativa / oração coordenada sindética alternativa)**

- **Conclusivas:** são introduzidas pelas conjunções: pois (posposto ao verbo), logo, portanto, então, por conseguinte, por consequência, assim, desse modo, destarte, com isso, por isto, consequentemente, de modo que, indicando uma relação de conclusão do período anterior.

  Comprei a carne e o carvão, / **portanto podemos fazer o churrasco.** (Oração coordenada assindética / **oração coordenada sindética conclusiva**)

  Estou muito doente, / **não posso, pois, ir à aula.** (Oração coordenada assindética/ **oração coordenada sindética conclusiva**)

- **Explicativas:** são introduzidas pelas conjunções que, porque, porquanto, por, portanto, como, pois (anteposta ao verbo), ou seja, isto é, indicando uma relação de explicação para com a sentença anterior.

  Não converse, / **pois estou estudando.** (Oração coordenada assindética / **oração coordenada sindética explicativa**)

8.4.2 Processo de subordinação

As orações subordinadas substantivas se dividem em seis tipos, introduzidas, geralmente, pelas conjunções "**que**" e "**se**".

- **Subjetiva:** exerce função de sujeito do verbo da oração principal.

  É interessante / **que todos joguem na loteria.** (Oração principal / **oração subordinada substantiva subjetiva**)

- **Objetiva direta:** exerce função de objeto direto.

  Eu quero / **que você entenda a matéria.** Quem quer, quer algo ou alguma coisa. (Oração principal / **oração subordinada substantiva objetiva direta**)

- **Objetiva indireta:** exerce função de objeto indireto.

  Os alunos necessitam / **de que as explicações fiquem claras.** Quem necessita, necessita de algo. (Oração principal / **oração subordinada substantiva objetiva indireta**)

- **Predicativa:** exerce função de predicativo.

  O bom é / **que você faça exercícios todos os dias.** (Oração principal / **oração subordinada substantiva predicativa**)

- **Completiva nominal:** exerce função de complemento nominal de um nome da oração principal.

  Jonas tem vontade / **de que alguém o mande calar a boca.** (Oração principal / **oração subordinada substantiva completiva nominal**)

- **Apositivas:** possuem a função de aposto da sentença principal, geralmente são introduzidas por dois-pontos (:).

  Eu quero apenas isto: / **que você passe no concurso.** (Oração principal / **oração subordinada substantiva apositiva**)

- **Orações subordinadas adjetivas:** dividem-se em dois tipos. Quando desenvolvidas, são introduzidas por um pronome relativo.

O nome oração subordinada adjetiva se deve ao fato de ela desempenhar a mesma função de um adjetivo na oração, ou seja, a função de adjunto adnominal. Na Gramática de Portugal, são chamadas de orações relativas pelo fato de serem introduzidas por pronome relativo.

- **Restritivas:** restringem a informação da oração principal. Não possuem vírgulas.

  O homem / **que mora ao lado** / é mal-humorado. (Oração principal / **oração subordinada adjetiva restritiva** / oração principal)

Para entender basta perguntar: qualquer homem é mal-humorado? Não. Só o que mora ao lado.

- **Explicativas:** explicam ou dão algum esclarecimento sobre a oração principal.

  João, / **que é o ex-integrante da comissão,** / chegou para auxiliar os novos contratados. (Oração principal / **oração subordinada adjetiva explicativa** /oração principal)

- **Orações subordinadas adverbiais:** dividem-se em nove tipos. Recebem o nome da conjunção que as introduz. Nesse caso, teremos uma principal (que não está negritada) e uma subordinada adverbial (que está em negrito).

Essas orações desempenham a função de adjunto adverbial da oração principal.

- **Causais:** exprimem a causa do fato que ocorreu na oração principal. Introduzidas, principalmente, pelas conjunções porque, visto que, já que, uma vez que, como que, como.

  Já que precisamos de dinheiro, vamos trabalhar.

- **Comparativas:** representam o segundo termo de uma comparação. Introduzidas, na maior parte dos casos, pelas conjunções que, do que, como, assim como, (tanto) quanto.

  Tiburcina fala **como uma gralha** (fala - o verbo está elíptico).

- **Concessivas:** indica uma concessão entre as orações. Introduzidas, principalmente, pelas conjunções embora, a menos que, ainda que, posto que, conquanto, mesmo que, se bem que, por mais que, apesar de que. Fique de olho na relação da conjunção com o verbo.

  Embora não tivesse tempo disponível, consegui estudar.

- **Condicionais:** expressa ideia de condição. Introduzidas, principalmente, pelas conjunções se, salvo se, desde que, exceto, caso, desde, contanto que, sem que, a menos que.

  Se ele não se defender, acabará como "boi-de-piranha" no caso.

- **Conformativas:** exprimem acordo, concordância entre fatos ou ideias. Introduzidas, principalmente, pelas conjunções como, consoante, segundo, conforme, de acordo com etc.

  Realize as atividades **conforme eu expliquei**.

- **Consecutivas:** indicam a consequência ou o efeito daquilo que se diz na oração principal. Introduzidas, principalmente, pelas conjunções que (precedida de tal, tão, tanto, tamanho), de sorte que, de modo que.

  Estudei tanto, **que saiu sangue dos olhos**.

- **Finais:** exprimem finalidade da ação primeira. Introduzidas, em grande parte dos casos, pelas conjunções para que, a fim de que, que e porque.

  Estudei muito **para que pudesse fazer a prova**.

- **Proporcionais:** expressa uma relação de proporção entre as orações. Introduzidas, principalmente, pelas conjunções (locuções conjuntivas) à medida que, quanto mais... mais, à proporção que, ao passo que, quanto mais.

  - José piorava, **à medida que abandonava seu tratamento**.

- **Temporais:** indicam circunstância de tempo. Introduzidas, principalmente, pelas conjunções quando, antes que, assim que, logo que, até que, depois que, mal, apenas, enquanto etc.

  Logo que iniciamos o trabalho os alunos ficaram mais tranquilos.

LÍNGUA PORTUGUESA

9. FUNÇÕES DO "SE"

A palavra "se", assim como o "que", possui diversas funções e costuma gerar muitas dúvidas. Por isso, para entender cada função e identificá-las, observe os exemplos a seguir.

9.1 Partícula apassivadora

Vendem-**se** plantas. (É possível passar a oração para a voz passiva analítica: plantas são vendidas).

Neste caso, o "se" nunca será seguido por preposição.

9.2 Pronome reflexivo

Nesse caso, o pronome expressa a igualdade entre o sujeito e o objeto da ação, exercendo a função de complemento verbal.

Penteou-**se** com capricho.

9.3 Pronome recíproco

Denota a ocorrência de que houve uma ação trocada entre os elementos do sujeito.

Amaram-**se** durante anos.

9.4 Partícula expletiva (de realce)

Tem o papel de realçar ou enfatizar um vocábulo ou um segmento da frase. Pode ser retirada da frase sem prejuízo sintático ou semântico.

Foi-**se** o tempo em que confiávamos nos políticos. (Não possui função na oração, apenas realça o que foi dito).

9.5 Pronome indeterminador do sujeito

O pronome "se" serve como índice de indeterminação do sujeito. O sujeito indeterminado é o sujeito que não quer ou não se pode identificar.

Precisa-**se** de secretária. (Não se pode passar a oração para a voz passiva analítica).

Nessa casa, come-**se** muito.

9.6 Parte do verbo pronominal

Alguns verbos exigem a presença da partícula "se" para indicar que a ação é referente ao sujeito que a pratica. Veja os exemplos:

Arrependeu-**se** de ter ligado.

Outros exemplos de verbos pronominais: lembrar-**se**, queixar-**se**, enganar-**se**, suicidar-**se**.

9.7 Conjunção

A conjunção "se" pode assumir várias funções, veja alguns exemplos:

Vou chegar no horário **se** não chover. (Conjunção condicional).

Não sei **se** dormirei em casa hoje. (Conjunção integrante).

Se vai ficar aqui, então fale comigo. (Conjunção adverbial causal).

Se queria ser mãe, nunca demonstrou amor pelas crianças. (Conjunção concessiva).

10. FUNÇÕES DO "QUE"

A palavra "que" possui diversas funções e costuma gerar muitas dúvidas. Por isso, para entender cada função e identificá-las, observe os exemplos a seguir:

10.1 Substantivo

Senti um **quê** de falsidade naquela fala.

Neste caso, o que está precedido por um determinante – um artigo –, e é acentuado, pois assume o papel de um substantivo. Poderia ser substituído por outro substantivo:

Senti um **ar** de falsidade naquela fala.

Quanto atua como substantivo, o quê será sempre acentuado e precedido por um artigo, pronome ou numeral.

10.2 Pronome

Exemplos:

Que beleza de festa! (Pronome exclamativo)

O livro **que** comprei estava em promoção. (Pronome relativo)

Que dia é a prova? (Pronome interrogativo)

10.3 Interjeição

Exemplos:

Quê? Não entendi.

Quê! Ela sabe sim!

10.4 Preposição

Temos **que** chegar cedo.

Observe que a regência do verbo ter exige a preposição "de": *temos de chegar cedo*. No entanto, na fala coloquial, já é aceito o uso do "que" como preposição.

10.5 Advérbio

Que bela está a casa!

Neste caso, antecede um adjetivo, modificando-o: **como** a casa está bela!

Que longe estava da cidade!

Neste caso, antecede um advérbio, intensificando-o: Estava **muito longe** da cidade.

10.6 Conjunção

Exemplos:

Que gostem ou **que** não gostem, tomei minha decisão. (Conjunção alternativa).

Pode entrar na fila **que** não será atendida. (Conjunção adversativa).

Não falte à aula **que** o conteúdo é importante. (Conjunção explicativa).

10.7 Conjunção subordinativa

Exemplos:

Estava tão cansada **que** não quis recebê-lo. (Conjunção subordinativa consecutiva).

Gostei da viagem, cara **que** tenha sido. (Conjunção subordinativa concessiva).

Não corra **que** o chão está molhado! (Conjunção subordinativa causal).

10.8 Partícula expletiva (de realce)

Que bonito **que** está o seu cabelo! (Não tem função na oração, apenas realça o que está sendo falado)

11. CONCORDÂNCIA VERBAL E NOMINAL

Trata-se do processo de flexão dos termos a fim de se relacionarem harmoniosamente na frase. Quando se pensa sobre a relação do verbo com os demais termos da oração, o estudo focaliza a concordância verbal. Quando a análise se volta para a relação entre pronomes, substantivos, adjetivos e demais termos do grupo nominal, diz-se que o foco é concordância nominal.

11.1 Concordância verbal

11.1.1 Regra geral

O verbo concorda com o sujeito em número e pessoa.

O **primeiro-ministro** russo **acusou** seus inimigos.

Dois **parlamentares rebateram** a acusação.

Contaram-se **mentiras** no telejornal.

Vós sois os responsáveis por vosso destino.

Regras para sujeito composto

- Anteposto se colocado antes do verbo, o verbo vai para o plural:

  Eu e meus irmãos vamos à praia.

- Posposto se colocado após o verbo, o verbo concorda com o mais próximo ou vai para o plural:

  Morreu (morreram), no acidente, **o prefeito e o vereador**.

- Formado por pessoas (gramaticais) diferentes: plural da predominante.

  Eu, você e os alunos **estudaremos** para o concurso. (a primeira pessoa é a predominante, por isso, o verbo fica na primeira pessoa do plural).

- Com núcleos em correlação, a concordância se dá com o mais próximo ou fica no plural:

  O professor assim como o monitor auxilia(m) os estudantes.

- **Ligado por NEM o verbo concordará:**
  - No singular: se houver exclusão.

    Nem Josias nem Josué **percebeu** o perigo iminente.

  - No singular: quando se pretende individualizar a ação, aludindo a um termo em específico.

    Nem os esportes nem a leitura **o entretém**.

  - No plural: quando não houver exclusão, ou seja, quando a intenção for aludir ao sujeito em sua totalidade.

    Nem a minha rainha nem o meu mentor **serão** tão convincentes a ponto de me fazerem mudar de ideia.

- **Ligado por COM o verbo concorda com o antecedente do COM ou vai para o plural:**

  O vocalista com os demais integrantes da banda **realizaram (realizou)** o show.

- **Ligado por OU o verbo fica no singular (se houver exclusão) ou no plural (se não houver exclusão):**

  Ou Pedro Amorim ou Jurandir Leitão **será** eleito vereador da cidade.

  O aviso ou o ofício **deveriam** ser expedidos antes da data prevista.

- **Se o sujeito for construído com os termos:** um e outro, nem um nem outro, o verbo fica no singular ou plural, dependendo do sentido pretendido.

  Um e outro **passou (passaram)** no concurso.

  Um ou outro: verbo no singular.

  Um ou outro fez a lição.

- **Expressões partitivas seguidas de nome plural:** verbo no singular ou plural.

  A maior parte das pessoas **fez (fizeram)** o exercício recomendado.

- **Coletivo geral:** verbo no singular.

  O cardume **nadou** rio acima.

- **Expressões que indicam quantidade aproximada seguida de numeral:** o verbo concorda com o substantivo.

  Aproximadamente 20% dos eleitores **compareceram** às urnas.

  Aproximadamente 20% do eleitorado **compareceu** às urnas.

- **Pronomes (indefinidos ou interrogativos) seguidos dos pronomes "nós" e/ou "vós":** o verbo fica no singular ou plural.

  Quem de nós **fará (faremos)** a diferença?

- **Palavra QUE (pronome relativo):** o verbo concorda com o antecedente do pronome "que".

  Fui eu que **fiz** a diferença.

- **Palavra QUEM:** verbo na 3ª pessoa do singular.

  Fui eu *quem* **fez** a diferença.

Pela repetida utilização errônea, algumas gramáticas já toleram a concordância do verbo com a pessoa gramatical distinta da terceira, no caso de se utilizar um pronome pessoal como antecedente do "quem".

- **Um dos que**: verbo no singular ou plural.

  Ele foi *um dos que* **fez (fizeram)** a diferença.

- **Palavras sinônimas**: verbo concorda com o mais próximo ou fica no plural.

  A ruindade, a maldade, a vileza **habita (habitam)** a alma do ser humano.

- **Quando os verbos estiverem acompanhados da palavra "SE":** fique atento à função da palavra "SE".
  - **SE na função de pronome apassivador:** o verbo concorda com o sujeito paciente.

    Vendem-se casas e sobrados em Alta Vista.

    Presenteou-se o aluno aplicado com uma gramática.

  - **SE na função de índice de indeterminação do sujeito:** o verbo fica sempre na 3ª pessoa do singular.

    Precisa-se de empregados com capacidade de aprender.

    Vive-se muito bem na riqueza.

A dica é ficar de olho na transitividade do verbo. Se o verbo for VTI, VI ou VL, o termo "SE" será índice de indeterminação do sujeito.

- **Casos de concordância com o verbo "ser":**
  - **Quando indicar tempo ou distância**: concorda com o predicativo.

    Amanhã **serão** 7 de fevereiro.

    São 890 quilômetros daqui até Florianópolis.

  - **Quando houver sujeito que indica quantidade e predicativo que indica suficiência ou excesso**: concorda com o predicativo.

    Vinte milhões **era** muito por aquela casa.

    Sessenta centavos **é** pouco por aquele lápis.

  - **O verbo "dar", no sentido de "bater" ou "soar", acompanhado do termo "hora(s)":** concorda com o sujeito.

    Deram cinco horas no relógio do juiz.

    Deu cinco horas o relógio juiz.

  - **Verbo "parecer" somado a infinitivo:** flexiona-se um dos dois.

    Os alunos **pareciam** estudar novos conteúdos.

    Os alunos **pareciam estudarem** novos conteúdos.

- **Quando houver sujeito construído com nome no plural,** com artigo no singular ou sem artigo: o verbo fica no singular.

  Memórias Póstumas de Brás Cubas **continua** sendo lido por jovens estudantes.

  Minas Gerais **é** um lindo lugar.

- Com artigo plural: o verbo fica no plural.

  Os Estados Unidos **aceitaram** os termos do acordo assinado.

11.2 Concordância nominal

A concordância nominal está relacionada aos termos do grupo nominal. Ou seja, relaciona-se com o substantivo, o pronome, o artigo, o numeral e o adjetivo. Vamos à regra geral para a concordância.

11.2.1 Regra geral

O artigo, o numeral, o adjetivo e o pronome adjetivo devem concordar com o substantivo a que se referem em gênero e número.

> **Meu belíssimo** e **antigo** carro **amarelo** quebrou, ontem, em **uma** rua **estreita.**

Os termos destacados acima, mantém uma relação harmoniosa com o núcleo de cada expressão. Relação essa que se estabelece em questões de gênero e de número.

A despeito de a regra geral dar conta de grande parte dos casos de concordância, devemos considerar a existência de casos particulares, que merecem atenção.

11.2.2 Casos que devem ser estudados

Dependendo da intencionalidade de quem escreve, pode-se realizar a concordância atrativa, primando por concordar com apenas um termo de uma sequência ou com toda a sequência. Vejamos:

> Vi um carro e uma **moto** *vermelha*. (concordância apenas com o termo "moto")
>
> Vi um carro e uma **moto** *vermelhos*. (concordância com ambos os elementos)

A palavra "**bastante**", por exemplo, varia de acordo com o contexto. Se "bastante" é pronome adjetivo, será variável; se for advérbio (modificando o verbo), será invariável, ou seja, não vai para o plural.

> Há *bastantes* **motivos** para sua ausência. (adjetivo)
>
> Os alunos **falam** *bastante*. (advérbio)

Troque a palavra "bastante" por "muito". Se "muito" for para o plural, "bastante" também irá.

Anexo, incluso, apenso, obrigado, mesmo, próprio: são adjetivos que devem concordar com o substantivo a que se referem.

> O *relatório* segue **anexo** ao documento.
>
> Os *documentos* irão **apensos** ao relatório.

A expressão "em anexo" é invariável (não vai para plural nem para o feminino).

> As planilhas irão **em anexo.**

É bom, é necessário, é proibido, é permitido: variam somente se o sujeito vier antecedido de um artigo ou outro termo determinante.

> Maçã **é bom** para a voz. / A maçã **é boa** para a voz.
>
> É necessário **aparecer** na sala. / É necessária **sua aparição** na sala.

"Menos" e "alerta" são sempre invariáveis, contanto que respeitem sua classe de origem - advérbio: se forem derivadas para substantivo, elas poderão variar.

> Encontramos **menos** alunos na escola. / Encontramos **menos** alunas na escola.
>
> O policial ficou **alerta.** / Os policiais ficaram **alerta.**

"Só" e "sós" variam apenas quando forem adjetivos: quando forem advérbios, serão invariáveis.

> Pedro apareceu **só** (sozinho) na sala. / Os meninos apareceram **sós** (sozinhos) na sala. (adjetivo)
>
> Estamos **só** (somente) esperando sua decisão. (advérbio)

- A expressão "a sós" é invariável.

  A menina ficou **a sós** com seus pensamentos.

Troque "só" por "sozinho" (vai para o plural) ou "somente" (fica no singular).

LÍNGUA PORTUGUESA

12. REGÊNCIA VERBAL E NOMINAL

Regência é a parte da Gramática Normativa que estuda a relação entre dois termos, verificando se um termo serve de complemento a outro e se nessa complementação há uma preposição.

Dividimos a regência em:

- Regência verbal (ligada aos verbos).
- Regência nominal (ligada aos substantivos, adjetivos ou advérbios).

12.1 Regência verbal

Deve-se analisar, nesse caso, a necessidade de complementação, a presença ou ausência da preposição e a possibilidade de mudança de sentido do texto.

Vamos aos casos:

- **Agradar e desagradar:** são transitivos indiretos (com preposição a) nos sentidos de satisfazer, contentar.

  A biografia de Aníbal Machado **agradou/desagradou** à maioria dos leitores.

  A criança **agradava** ao pai por ser muito comportada.

- **Agradar:** pode ser transitivo direto (sem preposição) se significar acariciar, afagar.

  Agradar a esposa.

  Pedro passava o dia todo **agradando** os seus gatos.

- **Agradecer:** transitivo direto e indireto, com a preposição a, no sentido de demonstrar gratidão a alguém.

  Agradecemos a Santo Antônio o milagre alcançado.

  Agradecemos-lhes a benesse concedida.

O verbo em questão também pode ser transitivo direto no sentido de mostrar gratidão por alguma coisa:

  Agradeço a dedicação de todos os estudantes.

  Os pais **agradecem** a dedicação dos professores para com os alunos.

- **Aspirar:** é transitivo indireto (preposição "a") nos sentidos de desejar, pretender ou almejar.

  Sempre **aspirei** a um cargo público.

  Manoel **aspirava** a ver novamente a família na Holanda.

- **Aspirar:** é transitivo direto na acepção de inalar, sorver, tragar, ou seja, mandar para dentro.

  Aspiramos o perfume das flores.

  Vimos a empregada **aspirando** a poeira do sofá.

- **Assistir:** é transitivo direto no sentido de ajudar, socorrer etc.

  O professor **assistia** o aluno.

  Devemos **assistir** os mais necessitados.

- **Assistir:** é transitivo indireto (complemento regido pela preposição "a") no sentido de ver ou presenciar.

  Assisti ao comentário da palestra anterior.

  Você deve **assistir** às aulas do professor!

- **Assistir:** é transitivo indireto (complemento regido pela preposição "a") no sentido de "ser próprio de", "pertencer a".

  O direito à vida **assiste** ao ser humano.

  Esse comportamento **assiste** às pessoas vitoriosas.

- **Assistir:** é intransitivo no sentido de morar ou residir.

  Maneco **assistira** em Salvador.

- **Chegar:** é verbo intransitivo e possui os adjuntos adverbiais de lugar introduzidos pela preposição "a".

  Chegamos a Cascavel pela manhã.

  Este é o ponto a que pretendia **chegar**.

Caso a expressão indique posição em um deslocamento, admite-se a preposição em:

  Cheguei no trem à estação.

Os verbos ir e vir têm a mesma regência de chegar:

  Nós **iremos** à praia amanhã.

  Eles **vieram** ao cursinho para estudar.

- **Custar no sentido de** ter valor ou preço: verbo transitivo direto.

  O avião **custa** 100 mil reais.

- **Custar no sentido de** ter como resultado certa perda ou revés é verbo transitivo direto e indireto:

  Essa atitude **custou**-lhe a vida.

- **Custar no sentido de** ser difícil ou trabalhoso é intransitivo:

  Custa muito entender esse raciocínio.

- **Custar no sentido de** levar tempo ou demorar é intransitivo:

  Custa a vida para aprender a viver.

- **Esquecer/lembrar:** possuem a seguinte regra – se forem pronominais, terão complemento regido pela preposição "de"; se não forem, não haverá preposição.

  Lembrei-**me de** seu nome.

  Esqueci-**me de** seu nome.

  Lembrei seu nome.

  Esqueci seu nome.

- **Gostar:** é transitivo indireto no sentido de apreciar (complemento introduzido pela preposição "de").

  Gosto de estudar.

  Gosto muito de minha mãe.

- **Gostar:** como sinônimo de experimentar ou provar é transitivo direto.

  Gostei a sobremesa apenas uma vez e já adorei.

  Gostei o chimarrão uma vez e não mais o abandonei.

- **Implicar** pode ser:
  - **Transitivo direto** (sentido de acarretar):

    Cada escolha **implica** uma renúncia.

  - **Transitivo direto e indireto** (sentido de envolver alguém em algo):

    Implicou a irmã no crime.

  - **Transitivo indireto** (sentido de rivalizar):

    Joana estava **implicando** com o irmão menor.

- **Informar:** é bitransitivo, ou seja, é transitivo direto e indireto. Quem informa, informa:

  Algo a alguém: **informei** o acontecido para Jonas.

  Alguém de algo: **informei**-o do acontecido.

  Alguém sobre algo: **informei**-o sobre o acontecido.

- **Morar/residir:** verbos intransitivos (ou, como preconizam alguns dicionários, transitivo adverbiado), cujos adjuntos adverbiais de lugar são introduzidos pela preposição "em".

  José **mora** em Alagoas.

  Há boas pessoas **residindo** em todos os estados do Brasil.

- **Obedecer:** é um verbo transitivo indireto.

  Os filhos **obedecem** aos pais.

  Obedeça às leis de trânsito.

Embora transitivo indireto, admite forma passiva:

  Os pais são obedecidos pelos filhos.

O antônimo "desobedecer" também segue a mesma regra.

- **Perdoar:** é transitivo direto e indireto, com objeto direto de coisa e indireto de pessoa.

Jesus **perdoou** os pecados aos pecadores.

Perdoava-lhe a desconsideração.

Perdoar admite a voz passiva:

Os pecadores foram perdoados por Deus.

- **Precisar:** é transitivo indireto (complemento regido pela preposição de) no sentido de "necessitar".

  Precisaremos de uma nova Gramática.

- **Precisar:** é transitivo direto no sentido de indicar com precisão.

  Magali não soube **precisar** quando o marido voltaria da viagem.

- **Preferir:** é um verbo bitransitivo, ou seja, é transitivo direto e indireto, sempre exigindo a preposição a (preferir alguma coisa à outra).

  Adelaide **preferiu** o filé ao risoto.

  Prefiro estudar a ficar em casa descansando.

  Prefiro o sacrifício à desistência.

É incorreto reforçar o verbo "preferir" ou utilizar a locução "do que".

- **Proceder:** é intransitivo na acepção de "ter cabimento":

  Suas críticas são vazias, não **procedem**.

- **Proceder:** é também intransitivo na acepção de "portar-se":

Todas as crianças **procederam** bem ao lavarem as mãos antes do lanche.

- **Proceder:** no sentido de "ter procedência" é utilizado com a preposição de:

  Acredito que a dúvida **proceda** do coração dos curiosos.

- **Proceder:** é transitivo indireto exigindo a preposição a no sentido de "dar início":

  Os investigadores **procederam** ao inquérito rapidamente.

- **Querer:** é transitivo direto no sentido de "desejar":

  Eu **quero** um carro novo.

- **Querer:** é transitivo indireto (com o complemento de pessoa) no sentido de "ter afeto":

  Quero muito a meus alunos que são dedicados.

- **Solicitar:** é utilizado, na maior parte dos casos, como transitivo direto e indireto. Nada impede, entretanto, que se construa como transitivo direto.

  O juiz **solicitou** as provas ao advogado.

  Solicito seus documentos para a investidura no cargo.

- **Visar:** é transitivo direto na acepção de mirar.

  O atirador **visou** o alvo e disparou um tiro certeiro.

- **Visar:** é transitivo direto também no sentido de "dar visto", "assinar".

  O gerente havia **visado** o relatório do estagiário.

- **Visar:** é transitivo indireto, exigindo a preposição a, na acepção de "ter em vista", "pretender", "almejar".

  Pedro **visava** ao amor de Mariana.

  As regras gramaticais **visam** à uniformidade da expressão linguística.

12.2 Regência nominal

Alguns nomes (substantivos, adjetivos e advérbios) são comparáveis aos verbos transitivos indiretos: precisam de um complemento introduzido por uma preposição.

Acompanhemos os principais termos que exigem regência especial.

SUBSTANTIVO		
Admiração a, por	Devoção a, para, com, por	Medo a, de
Aversão a, para, por	Doutor em	Obediência a
Atentado a, contra	Dúvida acerca de, em, sobre	Ojeriza a, por
Bacharel em	Horror a	Proeminência sobre
Capacidade de, para	Impaciência com	Respeito a, com, para com, por
Exceção a	Excelência em	Exatidão de, em
Dissonância entre	Divergência com, de, em, entre, sobre	Referência a
Alusão a	Acesso a	Menção a

ADJETIVOS		
Acessível a	Diferente de	Necessário a
Acostumado a, com	Entendido em	Nocivo a
Afável com, para com	Equivalente a	Paralelo a
Agradável a	Escasso de	Parco em, de
Alheio a, de	Essencial a, para	Passível de
Análogo a	Fácil de	Preferível a
Ansioso de, para, por	Fanático por	Prejudicial a
Apto a, para	Favorável a	Prestes a
Ávido de	Generoso com	Propício a
Benéfico a	Grato a, por	Próximo a
Capaz de, para	Hábil em	Relacionado com
Compatível com	Habituado a	Relativo a
Contemporâneo a, de	Idêntico a	Satisfeito com, de, em, por
Contíguo a	Impróprio para	Semelhante a
Contrário a	Indeciso em	Sensível a
Curioso de, por	Insensível a	Sito em
Descontente com	Liberal com	Suspeito de
Desejoso de	Natural de	Vazio de
Distinto de, em, por	Dissonante a, de, entre	Distante de, para

ADVÉRBIOS		
Longe de	Perto de	Relativamente a
Contemporaneamente a	Impropriamente a	Contrariamente a

É provável que você encontre muitas listas com palavras e suas regências, porém a maneira mais eficaz de se descobrir a regência de um termo é fazer uma pergunta para ele e verificar se, na pergunta, há uma preposição. Havendo, descobre-se a regência.

- A descoberta era **acessível** a todos.

Faz-se a pergunta: algo que é acessível é acessível? (a algo ou a alguém). Descobre-se, assim, a regência de acessível.

13. PARALELISMO

Ocorre quando há uma sequência de expressões com estrutura idêntica.

13.1 Paralelismo sintático

O paralelismo sintático é possível quando a estrutura de termos coordenados entre si é idêntica. Nesse caso, entende-se que "termos coordenados entre si" são aqueles que desempenham a mesma função sintática em um período ou trecho.

João comprou **balas e biscoitos.**

Perceba que "balas" e "biscoitos" têm a mesma função sintática (objeto direto). Além disso, ambas são expressões nominais. Assim, apresentam, na sentença, uma estrutura sintática idêntica.

Os formandos **estão pensando na carreira, isto é, no futuro.**

Tanto "na carreira" quanto "no futuro" são complementos do verbo pensar. Ademais, as duas expressões são formadas por preposição e substantivo.

13.2 Paralelismo semântico

Estrutura-se pela coerência entre as informações.

Lucélia **gosta de maçã e de pera.**

Percebe-se que há uma relação semântica entre maçã e pera, pois ambas são frutas.

Lucélia **gosta de livros de ação e de pizza.**

Observa-se que os termos "livros de ação" e "pizza" não possuem sentidos semelhantes que garantam a sequência lógica esperada no período.

14. COLOCAÇÃO PRONOMINAL

Esta parte do conteúdo é relativa ao estudo da posição dos pronomes oblíquos átonos em relação ao verbo. Antes de iniciar o estudo, memorize os pronomes em questão.

PRONOMES OBLÍQUOS ÁTONOS
me
te
o, a, lhe, se
nos
vos
os, as, lhes, se

Quatro casos de colocação:

- **Próclise** (anteposto ao verbo):
  Nunca **o** vi.
- **Mesóclise** (medial em relação ao verbo):
  Dir-te-ei algo.
- **Ênclise** (posposto ao verbo):
  Passa-**me** a resposta.
- **Apossínclise** (intercalação de uma ou mais palavras entre o pronome e o verbo):
  - Talvez tu **me** já não creias.

14.1 Regras de próclise

- Palavras ou expressões negativas:
  Não **me** deixe aqui neste lugar!
  Ninguém **lhe** disse que seria fácil.
- Pronomes relativos:
  O material de que **me** falaste é muito bom.
  Eis o conteúdo que **me** causa nojo.
- Pronomes indefinidos:
  Alguém **me** disse que você vai ser transferido.
  Tudo **me** parece estranho.
- Conjunções subordinativas:
  Confiei neles, assim que **os** conheci.
  Disse que **me** faltavam palavras.
- Advérbios:
  Sempre **lhe** disse a verdade.
  Talvez **nos** apareça a resposta para essa questão.
- Pronomes interrogativos:
  Quem **te** contou a novidade?
  Que **te** parece essa situação?
- "Em + gerúndio"
  Em **se** tratando de Gramática, eu gosto muito!
  Nesta terra, em **se** plantando, tudo há de nascer.
- Particípio
  Ele havia avisado-**me.** (errado)
  Ele **me** havia avisado. (certo)
- Sentenças optativas:
  Deus **lhe** pague!
  Deus **o** acompanhe!

14.2 Regras de mesóclise

Emprega-se o pronome oblíquo átono no meio da forma verbal, quando ela estiver no futuro do presente ou no futuro simples do pretérito do indicativo.

Chamar-**te**-ei, quando ele chegar.
Se houver tempo, contar-**vos**-emos nossa aventura.
Contar-**te**-ia a novidade.

14.3 Regras de ênclise

Não se inicia sentença, em Língua Portuguesa, por pronome oblíquo átono. Ou seja, o pronome átono não deve ficar no início da frase.

Formas verbais:

- Do **infinitivo impessoal** (precedido ou não da preposição "a");
- Do **gerúndio**;
- Do **imperativo afirmativo**:
  Alcança-**me** o prato de salada, por favor!
  Urge obedecer-**se** às leis.
  O garoto saiu da sala desculpando-**se**.
  Tratando-**se** desse assunto, não gosto de pensar.
  Dá-**me** motivos para estudar.

Se o gerúndio vier precedido da preposição "em", deve-se empregar a próclise.

Em **se** tratando de Gramática, eu gosto muito.

14.4 Casos facultativos

Sujeito expresso, próximo ao verbo.

O menino se machucou **(-se)**.
Eu **me** refiro **(-me)** ao fato de ele ser idiota.

Infinitivo antecedido de "não" ou de preposição.

Sabemos que não se habituar **(-se)** ao meio causa problemas.
O público o incentivou a se jogar **(-se)** do prédio.

LÍNGUA PORTUGUESA

15. CRASE

O acento grave é solicitado nas palavras quando há a união da preposição "a" com o artigo (ou a vogal dependendo do caso) feminino "a" ou com os pronomes demonstrativos (aquele, aquela, aquilo e "a").

- Mário foi **à** festa ontem.

  Tem-se o "a" preposição e o "a" artigo feminino.

  Quem vai, vai a algum lugar. "Festa" é palavra feminina, portanto, admite o artigo "a".
- Chegamos **àquele** assunto (a + aquele).
- A gravata que eu comprei é semelhante **à** que você comprou (a + a).

Decore os casos em que não ocorre crase, pois a tendência da prova é perguntar se há crase ou não. Sabendo os casos proibitivos, fica muito fácil.

15.1 Crase proibitiva

Não se pode usar acento grave indicativo de crase:

- Antes de palavras masculinas.

  Fez uma pergunta **a** Mário.
- Antes de palavras de sentido indefinido.

  Não vai **a** festas, **a** reuniões, **a** lugar algum.
- Antes de verbos.

  Todos estão dispostos **a** colaborar.
- Antes de pronomes pessoais.

  Darei um presente **a ela**.
- Antes de nomes de cidade, estado ou país que não utilizam o artigo feminino.

  Fui **a** Cascavel.

  Vou **a** Pequim.
- Antes da palavra "casa" quando tem significado de próprio lar, ou seja, quando ela aparecer indeterminada na sentença.

  Voltei a casa, pois precisava comer algo.

> Quando houver determinação da palavra casa, ocorrerá crase.
>
> "Voltei à casa de meus pais."

- Da palavra "terra" quando tem sentido de solo.

  Os tripulantes vieram a terra.

> A mesma regra da palavra "casa" se aplica à palavra terra.

- De expressões com palavras repetidas.

  Dia a dia, mano a mano, face a face, cara a cara etc.
- Diante de numerais cardinais referentes a substantivos que não estão determinados pelo artigo.

  Assistirei a duas aulas de Língua Portuguesa.

> No caso de locuções adverbiais que exprimem hora determinada e nos casos em que o numeral estiver precedido de artigo, acentua-se:
>
> "Chegamos às oito horas da noite."
>
> "Assisti às duas sessões de ontem."
>
> No caso dos numerais, há uma dica para facilitar o entendimento dos casos de crase. Se houver o "a" no singular e a palavra posterior no plural, não ocorrerá o acento grave. Do contrário, ocorrerá.

15.2 Crase obrigatória

Deve-se usar acento grave indicativo de crase:

- Antes de locução adverbial feminina.

  À noite, à tarde, às pressas, às vezes, à farta, à vista, à hora certa, à esquerda, à direita, à toa, às sete horas, à custa de, à força de, à espera de, à vontade, à toa.
- Antes de termos femininos ou masculinos com sentido da expressão "à moda de" ou "ao estilo de".

  Filé à milanesa, servir à francesa, brigar à portuguesa, gol à Pelé, conto à Machado de Assis, discurso à Rui Barbosa etc.
- Antes de locuções conjuntivas proporcionais.

  À medida que, à proporção que.
- Antes de locuções prepositivas.

  À procura de, à vista de, à margem de, à beira de, à custa de, à razão de, à mercê de, à maneira de etc.
- Para evitar ambiguidade: receberá o acento o termo afetado pela ação do verbo (objeto direto preposicionado).

  Derrubou a menina **à panela**.

  Matou a vaca **à cobra**.

  Diante da palavra distância quando houver determinação da distância em questão:

  Achava-se à **distância de cem** (ou de alguns) **metros**.
- Antes das formas de tratamento "senhora", "senhorita" e "madame" = não há consenso entre os gramáticos, no entanto, opta-se pelo uso.

  Enviei lindas flores **à senhorita**.

  Josias remeteu uma carta **à senhora**.

15.3 Crase facultativa

- Após a preposição até.

  As crianças foram até **à escola**.
- Antes de pronomes possessivos femininos.

  Ele fez referência **à nossa causa!**
- Antes de nomes próprios femininos.

  Mandei um SMS **à Joaquina**.
- Antes da palavra "Dona".

  Remeti uma carta à **Dona Benta**.

  Não se usa crase antes de nomes históricos ou sagrados.

  O padre fez alusão a Nossa Senhora.

  Quando o professor fez menção a Joana D'Arc, todos ficaram entusiasmados.

16. PONTUAÇÃO

A pontuação assinala a melodia de nossa fala, ou seja, as pausas, a ênfase etc.

16.1 Principais sinais e usos

16.1.1 Vírgula

É o sinal mais importante para concurso público.

Usa-se a vírgula para:

- Separar termos que possuem mesma função sintática no período.

  José, **Maria**, **Antônio** e **Joana** foram ao mercado. (Função de núcleo do sujeito).

- Isolar o vocativo.

  Então, **minha cara**, não há mais o que se dizer!

- Isolar um aposto explicativo (cuidado com essa regra, veja que não há verbo no aposto explicativo).

  O João, **ex-integrante da comissão**, veio fazer parte da reunião.

- Isolar termos antecipados, como: complemento, adjunto ou predicativo.

  Na semana passada, comemos camarão no restaurante português. (Antecipação de adjunto adverbial).

- Separar expressões explicativas, conjunções e conectivos.

  Isto é, ou seja, por exemplo, além disso, pois, porém, mas, no entanto, assim etc.

- Separar os nomes dos locais de datas.

  Cascavel, 2 de maio de 2012.

- Isolar orações adjetivas explicativas (pronome relativo + verbo + vírgula).

  O Brasil, **que é um belíssimo país**, possui ótimas praias.

- Separar termos de uma enumeração.

  Vá ao mercado e traga **cebola**, **alho**, **sal**, **pimenta e coentro**.

- Separar orações coordenadas.

  Esforçou-se muito, **mas não venceu o desafio**. (Oração coordenada sindética adversativa).

  Roubou todo o dinheiro, **e ainda apareceu na casa**. (Oração coordenada sindética aditiva).

A vírgula pode ser utilizada antes da conjunção aditiva "e" caso se queira enfatizar a oração por ela introduzida.

- Omitir um termo, elipse (no caso da elipse verbal, chamaremos "zeugma").
  - De dia era um anjo, de noite um **demônio**. (Omissão do verbo "ser").

- Separar termos de natureza adverbial deslocados dentro da sentença.

  Na semana passada, trinta alunos foram aprovados no concurso. (Locução adverbial temporal)

  Se estudar muito, você será aprovado no concurso. (Oração subordinada adverbial condicional)

16.1.2 Ponto final

Usa-se o ponto final:

- Ao final de frases para indicar uma pausa total; é o que marca o fim de um período.

  Depois de passar no concurso, comprarei um carro.

Em abreviaturas:

Sr., a. C., Ltda., num., adj., obs., máx., *bat.*, *brit. etc.*

16.1.3 Ponto e vírgula

Usam-se ponto e vírgula para:

- Separar itens que aparecem enumerados.
  - Uma boa dissertação apresenta:

    Coesão;

    Coerência;

    Progressão lógica;

    Riqueza lexical;

    Concisão;

    Objetividade;

    Aprofundamento.

- Separar um período que já se encontra dividido por vírgulas.

  Não gostava de trabalhar; queria, no entanto, muito dinheiro no bolso.

- Separar partes do texto que se equilibram em importância.

  Os pobres dão pelo pão o trabalho; os ricos dão pelo pão a fazenda; os de espíritos generosos dão pelo pão a vida; os de nenhum espírito dão pelo pão a alma. (Vieira)

  O capitalismo é a exploração do homem pelo homem; o socialismo é exatamente o contrário.

16.1.4 Dois pontos

São usados dois pontos quando:

- Se vai fazer uma citação ou introduzir uma fala.

  José respondeu:

  – Não, muito obrigado!

- Se quer indicar uma enumeração.

  Quero apenas uma coisa: que vocês sejam aprovados no concurso!

16.1.5 Aspas

São usadas aspas para indicar:

- Citação presente no texto.

  "Há distinção entre categorias do pensamento" – disse o filósofo.

- Expressões estrangeiras, neologismos, gírias.

  Na parede, haviam pintado a palavra "love". (Expressão estrangeira).

  Ficava "bailarinando", como diria Guimarães. (Neologismo).

  "Velho", esconde o "cano" aí e "deixa baixo". (Gíria).

16.1.6 Reticências

São usadas para indicar supressão de um trecho, interrupção na fala, ou dar ideia de continuidade ao que se estava falando.

[...] Profundissimamente hipocondríaco. Este ambiente me causa repugnância. Sobe-me à boca uma ânsia análoga à ânsia. Que se escapa pela boca de um cardíaco [...]

Eu estava andando pela rua quando...

Eu gostei da nova casa, mas da garagem...

16.1.7 Parênteses

- São usados quando se quer explicar melhor algo que foi dito ou para fazer simples indicações.

  Foi o homem que cometeu o crime (o assassinato do irmão).

16.1.8 Travessão

- Indica a fala de um personagem.

  Ademar falou.

  Amigo, preciso contar algo para você.

- Isola um comentário no texto.

  O estudo bem realizado – **diga-se de passagem, que quase ninguém faz** – é o primeiro passo para a aprovação.

- Isola um aposto na sentença.

  A Semântica – **estudo sobre as relações de sentido** – é importantíssima para o entendimento da Língua.

- Reforçar a parte final de um enunciado.

  Para passar no concurso, é preciso estudar muito – **muito mesmo.**

16.1.9 Trocas

A banca, eventualmente, costuma perguntar sobre a possibilidade de troca de termos, portanto, atenção!

Vírgulas, travessões e parênteses, quando isolarem um aposto, podem ser trocados sem prejuízo para a sentença.

Travessões podem ser trocados por dois pontos, a fim de enfatizar um enunciado.

16.1.10 Regra de ouro

Na ordem natural de uma sentença, é proibido:

- Separar sujeito e predicado com vírgulas:

  Aqueles maravilhosos velhos ensinamentos de meu pai foram de grande utilidade. (Certo)

  Aqueles maravilhosos velhos ensinamentos de meu pai, foram de grande utilidade. (Errado)

- Separar verbo de objeto:

  "O presidente do maravilhoso país chamado Brasil assinou uma lei importante. (Certo)

  O presidente do maravilhoso país chamado Brasil assinou, uma lei importante. (Errado)

17. PARÁFRASE

Parafrasear, em sentido lato, significa reescrever uma sequência de texto sem alterar suas informações originais. Isso quer dizer que o texto resultante deve apresentar o mesmo sentido do texto original, modificando, evidentemente, apenas a ordem frasal ou o vocabulário. Há algumas exigências para uma paráfrase competente. São elas:

- Usar a mesma ordem das ideias que aparecem no texto original.
- Em hipótese alguma é possível omitir informações essenciais.
- Não tecer comentários acerca do texto original, apenas parafrasear, sem frescura.
- Usar construções sintáticas e vocabulares que, apesar de manterem o sentido original, sejam distintas das do texto base.

17.1 Passos da paráfrase

Há alguns recursos para parafrasear um texto:

- Utilização de termos sinônimos.

  O presidente assinou o documento, **mas** esqueceu-se de pegar sua caneta.

  O presidente assinou o documento, **contudo** esqueceu-se de pegar sua caneta.

- Uso de palavras antônimas, valendo-se de palavra negativa.

  José era um **covarde.**

  José **não** era um **valente.**

- Emprego de termos anafóricos.

  São Paulo e Palmeiras são dois times brasileiros. O São Paulo venceu o Palmeiras na semana passada.

  São Paulo e Palmeiras são dois times brasileiros. **Aquele** (São Paulo) venceu **este** (Palmeiras) na semana passada.

- Permuta de termo verbal por nominal, e vice-versa.

  É importante que chegue cedo.

  Sua chegada é importante.

- Deixar termos elípticos.

  Eu preciso da colaboração de todos.

  Preciso da colaboração de todos.

- Alteração da ordem frasal.

  Adalberto venceu o último desafio de sua vida ontem.

  Ontem, Adalberto venceu o último desafio de sua vida.

- Transposição de voz verbal.

  Joel cortou a seringueira centenária. A seringueira centenária foi cortada por Joel.

- Troca de discurso.

  Naquela manhã, Oséas dirigiu-se ao pai dizendo: "Cortarei a grama sozinho." (Discurso direto).

  Naquela manhã, Oséas dirigiu-se ao pai dizendo que cortaria a grama sozinho. (Discurso indireto).

- Troca de palavras por expressões perifrásticas.

  O Rei do Futebol esteve presente durante as celebrações.

  Pelé esteve presente durante as celebrações.

- Troca de locuções por palavras de mesmo sentido.

  A turma **da noite** está comprometida com os estudos.

  A turma **noturna** está mais comprometida com os estudos.

18. REESCRITURA DE FRASES

A reescrita de frases é uma paráfrase que visa à mudança da forma de um texto. Para que o novo período esteja correto, é preciso que sejam respeitadas a correção gramatical e o sentido do texto original. Desse modo, quando há qualquer inadequação do ponto de vista gramatical e/ou semântico, o trecho reescrito deve ser considerado incorreto.

Assim, para resolver uma questão que envolve reescrita de trechos ou períodos, é necessário verificar os aspectos gramaticais (principalmente, pontuação, elementos coesivos, ortografia, concordância, emprego de pronomes, colocação pronominal, regência etc.) e aspectos semânticos (significação de palavras, alteração de sentido etc.).

Existem diversas maneiras de se parafrasear uma frase, por isso cada banca examinadora pode formular questões a partir de muitas formas. Nesse sentido, é essencial conhecer e dominar as variadas estruturas que uma sentença pode assumir quando ela é reescrita.

18.1 Substituição de palavras ou de trechos de texto

No processo de reescrita, pode haver a substituição de palavras ou trechos. Ao se comparar o texto original e o que foi reestruturado, é necessário verificar se essa substituição mantém ou altera o sentido e a coerência do primeiro texto.

18.1.1 Locuções × palavras

Em muitos casos, há locuções (expressões formadas por mais de uma palavra) que podem ser substituídas por uma palavra, sem alterar o sentido e a correção gramatical. Isso é muito comum com verbos.

> Os alunos **têm buscado** formação profissional. (Locução: têm buscado).
>
> Os alunos **buscam** formação profissional. (Uma palavra: buscam).

Ambas as frases têm sentido atemporal, ou seja, expressam ações constantes, que não têm fim.

18.1.2 Significação das palavras

Ao avaliarmos a significação das palavras, devemos ficar atentos a alguns aspectos: sinônimos, antônimos, polissemia, homônimos e parônimos.

Sinônimos

Palavras que possuem significados próximos, mas não são totalmente equivalentes.

> Casa – lar – moradia – residência.
>
> Carro – automóvel.

Para verificar a validade da substituição, deve-se também ficar atento ao significado contextual. Por exemplo, na frase "as fronteiras entre o bem e o mal", não há menção a limites geográficos, pois a palavra "fronteira" está em sentido conotativo (figurado).

Além disso, nem toda substituição é coerente. Por exemplo, na frase "eu comprei uma casa", fica incoerente reescrever "eu comprei um lar".

Antônimos

Palavras que possuem significados diferentes, opostos, contrários.

> Mal – bem.
>
> Ausência – presença.
>
> Subir – descer.
>
> Cheio – vazio.
>
> Possível – impossível.

Polissemia

Ocorre quando uma palavra apresenta mais de um significado em diferentes contextos.

> Banco (instituição comercial financeira; assento).
>
> Manga (parte da roupa; fruta).

A polissemia está relacionada ao significado contextual, ou seja, uma palavra tem um sentido específico apenas no contexto em que está inserida. Por exemplo:

> A eleição foi marcada por debates explosivos (ou seja: debates acalorados, e não com sentido de explodir algo).

Homônimos

Palavras com a mesma pronúncia (algumas vezes, a mesma grafia), mas com significados diferentes.

> A**c**ender: colocar fogo. A**sc**ender: subir.
>
> Conce**r**to: sessão musical. Conse**r**to: reparo.

Homônimos perfeitos

Palavras com a mesma grafia e o mesmo som.

> Eu **cedo** este lugar você. (**Cedo** = verbo).
>
> Cheguei **cedo** para jantar. (**Cedo** = advérbio de tempo).

Percebe-se que o significado depende do contexto em que a palavra aparece. Portanto, deve-se ficar atento à ortografia quando a questão é de reescrita.

Parônimos

Palavras que possuem significados diferentes, mas são muito parecidas na pronúncia e na escrita.

> Abso**l**ver: perdoar, inocentar. Abso**r**ver: aspirar.
>
> C**o**mprimento: extensão. C**u**mprimento: saudação.

18.2 Conectores de mesmo valor semântico

Há palavras, principalmente as conjunções, que possuem valores semânticos específicos, os quais devem ser levados em conta no momento de fazer uma substituição.

Logo, pode-se reescrever um período, alterando a conjunção. Para tanto, é preciso que a outra conjunção tenha o mesmo valor semântico. Além disso, é importante verificar como ficam os tempos verbais após a substituição.

> **Embora** fosse tarde, fomos visitá-lo. (Conjunção subordinativa concessiva).
>
> **Apesar de** ser tarde, fomos visitá-lo. (Conjunção subordinativa concessiva).

No exemplo anterior, o verbo também sofreu alteração.

> Toque o sinal **para que** todos entrem na sala. (Conjunção subordinativa final).
>
> Toque o sinal **a fim de que** todos entrem na sala. (Conjunção subordinativa final).

No exemplo anterior, o verbo permaneceu da mesma maneira.

18.3 Retextualização de diferentes gêneros e níveis de formalidade

Na retextualização, pode-se alterar o nível de linguagem do texto, dependendo de qual é a finalidade da transformação proposta. Nesse caso, são possíveis as seguintes alterações: linguagem informal para a formal; tipos de discurso; vozes verbais; oração reduzida para desenvolvida; inversão sintática; dupla regência.

18.3.1 Linguagem formal × linguagem informal

Um texto pode estar escrito em linguagem coloquial (informal) ou formal (norma padrão). A proposta de reescrita pode mudar de uma linguagem para outra. Veja o exemplo:

Pra que serve a política? (Informalidade)

Para que serve a política? (Formalidade)

A oralidade, geralmente, é mais informal. Portanto, fique atento: a fala e a escrita são diferentes, ou seja, a escrita não reproduz a fala e vice-versa.

18.3.2 Tipos de discurso

Discurso está relacionado à construção de textos, tanto orais quanto escritos, portanto, ele é considerado uma prática social.

Em um texto, podem ser encontrados três tipos de discurso: o discurso direto, o indireto e o indireto livre.

Discurso direto

São as falas das personagens. Esse discurso pode aparecer em forma de diálogos e citações, e vêm marcados com alguma pontuação (travessão, dois pontos, aspas etc.). Ou seja, o discurso direto reproduz fielmente a fala de alguém.

O médico disse à paciente:

Você precisa fazer exercícios físicos regularmente.

Discurso indireto

É a reprodução da fala de alguém, a qual é feita pelo narrador. Normalmente, esse discurso é escrito em terceira pessoa.

O médico disse à paciente que ela precisava fazer exercícios regulamente.

Discurso indireto livre

É a ocorrência do discurso direto e indireto ao mesmo tempo. Ou seja, o narrador conta a história, mas as personagens também têm voz própria.

No exemplo a seguir, há um discurso direto: "que raiva", que mostra a fala da personagem.

Retirou as asas e estraçalhou-a. Só tinham beleza. Entretanto, qualquer urubu... que raiva...

(Ana Maria Machado)

No trecho a seguir, há uma fala da personagem, mesclada com a narração: "Para que estar catando defeitos no próximo?".

D. Aurora sacudiu a cabeça e afastou o juízo temerário. Para que estar catando defeitos no próximo? Eram todos irmãos. Irmãos.

(Graciliano Ramos)

Exemplo de uma transposição de discurso direto para indireto:

Ana perguntou:

– Qual é a resposta correta?

Ana perguntou qual era a resposta correta.

Nas questões de reescrita que tratam da transposição de discursos, é mais frequente a substituição do direto pelo indireto. Nesse caso, deve-se ficar atento aos tempos verbais.

18.3.3 Voz verbal

Um verbo pode apresentar-se na voz ativa, passiva ou reflexiva.

Ativa

Ocorre quando o sujeito é agente, ou seja, pratica a ação expressa pelo verbo.

O aluno resolveu o exercício.

Passiva

Ocorre quando o sujeito é paciente, ou seja, recebe a ação expressa pelo verbo.

O exercício foi resolvido pelo aluno.

Reflexiva

Ocorre quando o sujeito é agente e paciente ao mesmo tempo, ou seja, pratica e recebe a ação.

A criança feriu-se com a faca.

Não confunda o emprego reflexivo do verbo com a reciprocidade. Por exemplo:

Os lutadores de MMA feriram-se. (Um ao outro)

Formação da voz passiva

A voz passiva pode ocorrer de forma analítica ou sintética.

- **Voz passiva analítica:** verbo SER + particípio do verbo principal.

  A academia de polícia **será pintada**.

  O relatório é **feito** por ele.

- A variação de tempo é determinada pelo verbo auxiliar (SER), pois o particípio é invariável.

  João **fez** a tarefa. (Pretérito perfeito do indicativo)

  A tarefa **foi** feita por João. (Pretérito perfeito do indicativo)

  João **faz** a tarefa. (Presente do indicativo)

  A tarefa **é** feita por João. (Presente do indicativo)

  João **fará** a tarefa. (Futuro do presente)

  A tarefa **será** feita por João. (Futuro do presente)

- **Voz passiva sintética:** verbo na 3ª pessoa, seguido do pronome apassivador SE.

  Abriram-se as inscrições para o concurso.

Transposição da voz ativa para a voz passiva

Pode-se mudar de uma voz para outra sem alterar o sentido da frase.

Os médicos brasileiros **lançaram** um tratamento para o câncer.

Um tratamento para o câncer **foi lançado** pelos médicos brasileiros.

Nas questões de concursos, costuma-se cobrar a transposição da voz ativa para a passiva, e da voz passiva sintética para a analítica.

Veja os exemplos:

A fiscalização exige o passaporte.

O passaporte é exigido pela fiscalização.

Exige-se comprovante de pagamento.

É exigido comprovante de pagamento.

18.3.4 Oração reduzida × oração desenvolvida

As orações subordinadas podem ser reduzidas ou desenvolvidas. Não há mudança de sentido se houver a substituição de uma pela outra. Veja os exemplos:

Ao terminar a aula, todos podem sair. (Reduzida de infinitivo)

Quando terminarem a prova, todos podem sair. (Desenvolvida)

Os vizinhos ouviram uma criança chorando na rua. (Reduzida de gerúndio)

Os vizinhos ouviram uma criança que chorava na rua. (Desenvolvida)

Terminada a reforma, a família mudou-se para a nova casa. (Reduzida de particípio)

Assim que terminou a reforma, a família mudou-se para a nova casa. (Desenvolvida)

18.3.5 Inversão sintática

Um período pode ser escrito na ordem direta ou indireta. Nesse caso, quando ocorre a inversão sintática, a correção gramatical é mantida. Apenas é necessário ficar atento ao sentido do período.

- Ordem direta: sujeito – verbo – complementos/adjuntos adverbiais.

  Os documentos foram levados para o gerente. (Direta)

  Foram levados os documentos para o gerente. (Indireta)

18.3.6 Dupla regência

Há verbos que exigem a presença da preposição e outros não. Deve-se ficar atento ao fato de que a regência pode influenciar no significado de um verbo.

Verbos transitivos diretos ou indiretos

Sem alterar o sentido, alguns verbos admitem duas construções: uma transitiva direta e outra indireta. Portanto, a ocorrência ou não da preposição mantém um trecho com o mesmo sentido.

- Almejar

  Almejamos **a** paz entre os países que estão em guerra.

  Almejamos **pela** paz entre os países que estão em guerra.

- Atender

  O gerente atendeu **os** meus pedidos.

  O gerente atendeu **aos** meus pedidos.

- Necessitar

  Necessitamos algumas horas para organizar o evento.

  Necessitamos **de** algumas horas para organizar o evento.

Transitividade e mudança de significado

Existem alguns verbos que, conforme a mudança de transitividade, têm o sentido alterado.

- **Aspirar:** é **transitivo direto** no sentido de sorver, inspirar (o ar), inalar.

  Aspirava o suave perfume. (Aspirava-o.)

- **Aspirar:** é **transitivo indireto** no sentido de desejar, ter como ambição.

  Aspirávamos ao cargo de diretor.

19. FIGURAS DE LINGUAGEM

As figuras de linguagem (também chamadas de figuras de pensamento) são construções que se relacionam com a função **poética da linguagem**, ou seja, estão articuladas em razão de modificar o código linguístico para dar ênfase no sentido de uma frase.

É comum vermos exemplos de figuras de linguagem em propagandas publicitárias, poemas, músicas etc. Essas figuras estão presentes em nossa fala cotidiana, principalmente na fala de registro **informal**.

O registro dito informal é aquele que não possui grande preocupação com a situação comunicativa, uma vez que não há tensão para a comunicação entre os falantes. Gírias, erros de concordância e subtração de termos da frase são comuns nesse baixo nível de formalidade comunicativa. Até grandes poetas já escreveram textos sobre esse assunto, veja o exemplo do escritor Oswald de Andrade, que discute a norma gramatical em relação à fala popular do brasileiro:

Pronominais
Dê-me um cigarro
Diz a gramática
Do professor e do aluno
E do mulato sabido
Mas o bom negro e o bom branco
Da Nação Brasileira
Dizem todos os dias
Deixa disso camarada
Me dá um cigarro

ANDRADE, Oswald de Andrade. **Os Cem Melhores Poemas Brasileiros do Século** - Seleção e Organização de Ítalo Moriconi. Rio de Janeiro: Editora Objetiva, 2001.

Vejamos agora algumas das principais figuras de linguagem que costumam ser cobradas em provas de concursos públicos:

- **Metáfora:** uma figura de linguagem, que consiste na comparação de dois termos sem o uso de um conectivo.

  Rosa **é uma flor**. (A pessoa é como uma flor: perfumada, delicada, bela etc.).

  Seus olhos **são dois oceanos**. (Os olhos possuem a profundidade do oceano, a cor do oceano etc.).

  João **é fera**. (João é perito em alguma coisa, desempenha determinada tarefa muito bem etc.).

- **Metonímia:** figura de linguagem que consiste em utilização de uma expressão por outra, dada a semelhança de sentido ou a possibilidade de associação lógica entre elas.

Há vários tipos de metonímia, vejamos alguns deles:

Efeito pela causa: O carrasco ergueu **a morte**. (O efeito é a morte, a causa é o machado)

Marca pelo produto: Vá ao mercado e traga um Nescau. (Achocolatado em pó)

Autor pela obra: Li Camões com entusiasmo. (Quem leu, leu a obra, não o autor)

Continente pelo conteúdo: Comi dois pratos de feijão. (Comeu o feijão, ou seja, o conteúdo do prato)

Parte pelo todo: Peço sua **mão em casamento**. (Pede-se, na verdade, o corpo todo)

Possuidor pelo possuído: Mulher, vou **ao médico**. (Vai-se ao consultório que pertence ao médico, não ao médico em si)

- **Antítese:** figura de linguagem que consiste na exposição de ideias opostas.

*Nasce o **Sol** e **não dura mais que um dia***
*Depois da **Luz** se segue à **noite escura***
*Em **tristes sombras** morre a formosura,*
*Em contínuas **tristezas** e **alegrias**.*

(Gregório de Matos)

Os termos em negrito evidenciam relações semânticas de distinção (oposição). Nascer é o contrário de morrer, assim como sombra é o contrário de luz. Essa figura foi muito utilizada na poesia brasileira, em especial pelo autor dos versos citados anteriormente: Gregório de Matos Guerra.

- **Paradoxo:** expressão que contraria o senso comum. Ilógica.

*Amor é fogo que **arde sem se ver**;*
*É ferida que **dói e não se sente**;*
*É um **contentamento descontente**;*
*É dor que **desatina sem doer**.*

(Luís de Camões)

A construção semântica apresentada é totalmente ilógica, pois é impossível uma ferida doer e não ser sentida, assim como não é possível o contentamento ser descontente.

- **Perífrase:** expressão que tem por função substituir semanticamente um termo:

  A última flor do Lácio anda muito judiada. (Português é a última flor do Lácio)

  O país do futebol é uma grande nação. (Brasil)

  O Bruxo do Cosme Velho foi um grande escritor. (Machado de Assis era conhecido como o Bruxo do Cosme Velho)

  O anjo de pernas tortas foi o melhor jogador do mundo. (Garrincha)

- **Eufemismo:** figura que consiste em atenuar uma expressão desagradável:

  José **pegou emprestado sem avisar**. (Roubou)

  Maurício **entregou a alma a Deus.** (Morreu)

  Coitado, só porque **é desprovido de beleza.** (Feio)

- **Disfemismo:** contrário ao eufemismo, é a figura de linguagem que consiste em tornar uma expressão desagradável em algo ainda pior.

  O homem **abotoou o paletó de madeira**. (Morreu)

  Está chupando cana pela raiz. (Morreu)

  Sentou no colo do capeta. (Morreu)

- **Prosopopeia:** atribuição de características animadas a seres inanimados.

  O vento sussurrou em meus ouvidos.

  Parecia que a **agulha odiava o homem.**

- **Hipérbole:** exagero proposital de alguma característica.

  Estou morrendo de rir.

  Chorou rios de lágrimas.

- **Hipérbato:** inversão sintática de efeito expressivo.

  Ouviram do Ipiranga as margens plácidas. / De um povo heroico o brado e retumbante.

  - **Colocando na ordem direta:**

  As margens plácidas do Ipiranga ouviram o brado retumbante de um povo heroico.

- **Gradação:** figura que consiste na construção de uma escala de termo que fazem parte do mesmo campo semântico.

  Plantou **a semente**, zelou pelo **broto**, regou a **planta** e colheu o **fruto**. (A gradação pode ser do campo semântico da palavra semente – broto, planta e fruto – ou da palavra plantar – zelar, regar, colher)

- **Ironia:** figura que consiste em dizer o contrário do que se pensa.

  Lamento por ter sido eu o vencedor dessa prova. (Evidentemente a pessoa não lamenta ser o vencedor de alguma coisa)

- **Onomatopeia:** tentativa de representar um som da natureza. Figura muito comum em histórias em quadrinhos.

  Pof, tic-tac, click, bum, vrum!

- **Sinestesia:** confusão dos sentidos do corpo humano para produzir efeitos expressivos.

  Ouvi uma **voz suave** saindo do quarto.
  O seu **perfume doce** é extremamente inebriante.

19.1 Vícios de linguagem

Em âmbito geral, vício de linguagem é toda expressão contrária à lógica da norma gramatical. Vejamos quais são os principais deslizes que se transformam em vícios.

- **Pleonasmo vicioso:** consiste na repetição desnecessária de ideias.

  Subir para cima.
  Descer para baixo.
  Entrar para dentro.
  Cardume de peixes.
  Enxame de abelhas.
  Elo de ligação.
  Fato real.

OBSERVAÇÃO

Pode existir o plágio expressivo em um texto poético. Na frase "ele penetrou na escura treva" há pleonasmo, mas não é vicioso.

- **Ambiguidade:** ocorre quando a construção frasal permite que a sentença possua dois sentidos.

  Tenho de buscar **a cadela da sua irmã**.
  A empregada disse para o chefe que o cheque estava sobre **sua mesa**.

- **Cacofonia:** ocorre quando a pronúncia de determinadas palavras permite a construção de outra palavra.

  Dei um beijo na bo**ca dela**. (Cadela)
  No**sso hino** é belo. (Suíno)
  Na **vez passada**, esca**pei de** uma. (Vespa assada)

- **Barbarismo:** é um desvio na forma de falar ou grafar determinada palavra.

  Mortandela (em vez de mortadela).
  Poblema (em vez de problema).
  Mindingo (em vez de mendigo).
  Salchicha (em vez de salsicha).

Esse conteúdo costuma ser simples para quem pratica a leitura de textos poéticos, portanto, devemos sempre ler poesia.

19.2 Funções da linguagem

Deve-se a Roman Jakobson a discriminação das seis funções da linguagem na expressão e na comunicação humanas, conforme o realce particular que cada um dos componentes do processo de comunicação recebe no enunciado. Por isso mesmo, é raro encontrar em uma única mensagem apenas uma dessas funções, ou todas reunidas em um mesmo texto. O mais frequente é elas se superporem, apresentando-se uma ou outra como predominante.

Em que pese tal fato, é preciso considerar que há particularidades com relação às funções da linguagem, ou seja, cada função descreve algo em particular. Com isso, pretendo dizer que, antes de o estudante se ater às funções em si, é preciso que ele conheça o sistema que é um pouco mais amplo, ou seja, o ato comunicativo. Afinal, a teoria de Roman Jakobson se volta à descrição do ato comunicativo em si.

Na obra *Linguística e comunicação*, o linguista Roman Jakobson, pensando sobre o ato comunicativo e seus elementos, identifica seis funções da linguagem.

- Nesse esquema, identificamos:
  - **Emissor:** quem enuncia.
  - **Mensagem:** aquilo que é transmitido pelo emissor.
  - **Receptor:** quem recebe a mensagem.
  - **Código:** o sistema em que a mensagem é codificada. O código deve ser comum aos polos da comunicação.
  - **Canal:** meio físico porque ocorre a comunicação.

Pensando sobre esses elementos, Jakobson percebeu que cada função da linguagem está centrada em um elemento específico do ato comunicativo. É o que veremos agora.

As funções da linguagem são:

- **Referencial:** centrada na mensagem, ou seja, na transmissão do conteúdo. Como possui esse caráter, a objetividade é uma constante para a função referencial. É comum que se busque a imparcialidade quando dela se faz uso. É também conhecida como função denotativa. Como a terceira pessoa do singular é predominante, podem-se encontrar exemplos de tal função em textos científicos, livros didáticos, textos de cunho apenas informativo etc.
- **Emotiva:** centrada no emissor, ou seja, em quem enuncia a mensagem. Basicamente, a primeira pessoa predomina quando o texto se apoia sobre a função emotiva. É muito comum a observarmos em depoimentos, discursos, em textos sentimentais, e mesmo em textos líricos.
- **Apelativa:** centrada no receptor, ou seja, em quem recebe a mensagem. As características comuns a manifestações dessa função da linguagem são os verbos no modo imperativo, a tentativa de persuadir o receptor, a utilização dos pronomes de tratamento que tangenciem o interlocutor. É comum observar a função apelativa em propaganda, em discursos motivacionais etc.
- **Poética:** centrada na transformação da mensagem, ou seja, em como modificar o conteúdo da mensagem a fim de torná-lo mais expressivo. As figuras de linguagem são abundantes nessa função e, por sua presença, convencionou-se chamar, também, função poética de função conotativa. Textos literários, poemas e brincadeiras com a mensagem são fontes em que se pode verificar a presença da função poética da linguagem.
- **Fática:** centrada no canal comunicativo. Basicamente, busca testar o canal para saber se a comunicação está ocorrendo. Expressões como "olá", "psiu" e "alô você" são exemplos dessa função.
- **Metalinguística:** centrada no código. Quando o emissor se vale do código para explicar o próprio código, ou seja, num tipo de comunicação autorreferente. Como exemplo, podemos citar um livro de gramática, que se vale da língua para explicar a própria língua; uma aula de didática (sobre como dar aula); ou mesmo um poema que se refere ao processo de escrita de um poema. O poema a seguir é um ótimo exemplo de função metalinguística.

Catar feijão

Catar feijão se limita com escrever:
jogam-se os grãos na água do alguidar
e as palavras na da folha de papel;
e depois, joga-se fora o que boiar.
Certo, toda palavra boiará no papel,
água congelada, por chumbo seu verbo:
pois para catar esse feijão, soprar nele,
e jogar fora o leve e oco, palha e eco.

Ora, nesse catar feijão entra um risco:
o de que entre os grãos pesados entre
um grão qualquer, pedra ou indigesto,
um grão imastigável, de quebrar dente.
Certo não, quando ao catar palavras:
a pedra dá à frase seu grão mais vivo:
obstrui a leitura fluviante, flutual,
açula a atenção, isca-a com risco.

MELO NETO, João Cabral de. **Obra completa**. Rio de Janeiro: Nova Aguilar, 1995.

20. TIPOLOGIA TEXTUAL

O primeiro item que se deve ter em mente na hora de analisar um texto segundo sua tipologia é o caráter da predominância. Isso quer dizer que um mesmo agrupamento textual pode possuir características de diversas tipologias distintas, porém as questões costumam focalizar qual é o "tipo" predominante, o que mais está evidente no texto. Um pouco de bom-senso e uma pequena dose de conhecimento relativo ao assunto são necessários para obter sucesso nesse conteúdo.

Trabalharemos com três tipologias básicas: **narração, dissertação e descrição.**

20.1 Texto narrativo

Facilmente identificável, a tipologia narrativa guarda uma característica básica: contar algo, transmitir a ocorrência de fatos e/ou ações que possuam um registro espacial e temporal. Quer dizer, a narração necessita, também, de um espaço bem-marcado e de um tempo em que as ações narradas ocorram. Discorramos sobre cada aspecto separadamente.

São elementos de uma narração:

- **Personagem:** quem pratica ação dentro da narrativa, é claro. Deve-se observar que os personagens podem possuir características físicas (altura, aparência, cor do cabelo etc.) e psicológicas (temperamento, sentimentos, emoções etc.), as quais podem ser descritas ao longo do texto.
- **Espaço:** trata-se do local em que a ação narrativa ocorre.
- **Tempo:** é o lapso temporal em que a ação é descrita. O tempo pode ser enunciado por um simples "era uma vez".
- **Ação:** não existe narração sem ação! Ou seja, os personagens precisam fazer algo, ou sofrer algo para que haja ação narrativa.
- **Narrador:** afinal, como será contada uma estória sem uma voz que a narre? Portanto, este é outro elemento estruturante da tipologia narrativa. O narrador pode estar inserido na narrativa ou apenas "observar" e narrar os acontecimentos.

Note-se que, na tipologia narrativa, os verbos flexionados no pretérito são mais evidentes.

Eis um exemplo de narração, tente observar os elementos descritos anteriormente, no texto a seguir:

Um apólogo

Era uma vez uma agulha, que disse a um novelo de linha:

— Por que está você com esse ar, toda cheia de si, toda enrolada, para fingir que vale alguma cousa neste mundo?

— Deixe-me, senhora.

— Que a deixe? Que a deixe, por quê? Por que lhe digo que está com um ar insuportável? Repito que sim, e falarei sempre que me der na cabeça.

— Que cabeça, senhora? A senhora não é alfinete, é agulha. Agulha não tem cabeça. Que lhe importa o meu ar? Cada qual tem o ar que Deus lhe deu. Importe-se com a sua vida e deixe a dos outros.

— Mas você é orgulhosa.

— Decerto que sou.

— Mas por quê?

— É boa! Porque coso. Então os vestidos e enfeites de nossa ama, quem é que os cose, senão eu?

— Você? Esta agora é melhor. Você é que os cose? Você ignora que quem os cose sou eu e muito eu? – Você fura o pano, nada mais; eu é que coso, prendo um pedaço ao outro, dou feição aos babados...

— Sim, mas que vale isso? Eu é que furo o pano, vou adiante, puxando por você, que vem atrás obedecendo ao que eu faço e mando...

— Também os batedores vão adiante do imperador.

— Você é imperador?

— Não digo isso. Mas a verdade é que você faz um papel subalterno, indo adiante; vai só mostrando o caminho, vai fazendo o trabalho obscuro e ínfimo. Eu é que prendo, ligo, ajunto...

Estavam nisto, quando a costureira chegou à casa da baronesa. Não sei se disse que isto se passava em casa de uma baronesa, que tinha a modista ao pé de si, para não andar atrás dela. Chegou à costureira, pegou do pano, pegou da agulha, pegou da linha, enfiou a linha na agulha, e entrou a coser. Uma e outra iam andando orgulhosas, pelo pano adiante, que era a melhor das sedas, entre os dedos da costureira, ágeis como os galgos de Diana – para dar a isto uma cor poética. E dizia a agulha:

— Então, senhora linha, ainda teima no que dizia há pouco? Não repara que esta distinta costureira só se importa comigo; eu é que vou aqui entre os dedos dela, unidinha a eles, furando abaixo e acima...

A linha não respondia; ia andando. Buraco aberto pela agulha era logo enchido por ela, silenciosa e ativa, como quem sabe o que faz, e não está para ouvir palavras loucas. A agulha, vendo que ela não lhe dava resposta, calou-se também, e foi andando. E era tudo silêncio na saleta de costura; não se ouvia mais que o plic-plic-plic-plic da agulha no pano. Caindo o sol, a costureira dobrou a costura, para o dia seguinte. Continuou ainda nessa e no outro, até que no quarto acabou a obra, e ficou esperando o baile.

Veio a noite do baile, e a baronesa vestiu-se. A costureira, que a ajudou a vestir-se, levava a agulha espetada no corpinho, para dar algum ponto necessário. E enquanto compunha o vestido da bela dama, e puxava de um lado ou outro, arregaçava daqui ou dali, alisando, abotoando, acolchetando, a linha para mofar da agulha, perguntou-lhe:

— Ora, agora, diga-me, quem é que vai ao baile, no corpo da baronesa, fazendo parte do vestido e da elegância? Quem é que vai dançar com ministros e diplomatas, enquanto você volta para a caixinha da costureira, antes de ir para o balaio das mucamas? Vamos, diga lá.

Parece que a agulha não disse nada; mas um alfinete, de cabeça grande e não menor experiência, murmurou à pobre agulha:

— Anda, aprende, tola. Cansas-te em abrir caminho para ela e ela é que vai gozar da vida, enquanto aí ficas na caixinha de costura. Faze como eu, que não abro caminho para ninguém. Onde me espetam, fico.

Contei esta história a um professor de melancolia, que me disse, abanando a cabeça:

— Também eu tenho servido de agulha a muita linha ordinária!

ASSIS, Machado de. Um apólogo. In: **Para Gostar de Ler**. v. 9, Contos. São Paulo: Ática, 1984, p. 59.

20.2 Texto dissertativo

O texto dissertativo, também chamado por alguns de informativo, possui a finalidade de discorrer sobre determinado assunto, apresentando fatos, opiniões de especialistas, dados quantitativos ou mesmo informações sobre o assunto da dissertação. É preciso entender que nem sempre a dissertação busca persuadir o seu interlocutor, ela pode simplesmente transmitir informações pertinentes ao assunto dissertado.

Quando a persuasão é objetivada, o texto passa a ter também características argumentativas. A rigor, as questões de concurso público focalizam a tipologia, não seus interstícios, portanto, não precisa ficar desesperado com o fato de haver diferença entre texto dissertativo-expositivo e texto dissertativo-argumentativo. Importa saber que ele é dissertativo.

Ressalta-se que toda boa dissertação possui a **introdução** do tema, o **desenvolvimento** coeso e coerente, que está vinculado ao que se diz na introdução, e uma **conclusão** lógica do texto, evidenciando o que se permite compreender por meio da exposição dos parágrafos de desenvolvimento.

A tipologia dissertativa pode ser facilmente encontrada em editoriais, textos de divulgação acadêmica, ou seja, com caráter científico, ensaios, resenhas, artigos científicos e textos pedagógicos.

Exemplo de dissertação:

> ***Japão foi avisado sobre problemas em usinas dois anos antes, diz Wikileaks***
>
> *O Wikileaks, site de divulgação de informações consideradas sigilosas, vazou um documento que denuncia que o governo japonês já havia sido avisado pela vigilância nuclear internacional que suas usinas poderiam não ser capazes de resistir a terremotos. O relatório, assinado pelo embaixador Thomas Schieffer obtido pelo WikiLeaks foi publicado hoje pelo jornal britânico, The Guardian.*

O documento revela uma conversa de dezembro de 2008 entre o então deputado japonês, Taro Kono, e um grupo diplomático norte-americano durante um jantar. Segundo o relatório, um membro da Agência Internacional de Energia Atômica (AIEA) disse que as normas de segurança estavam obsoletas para aguentar os fortes terremotos, o que significaria "um problema grave para as centrais nucleares". O texto diz ainda que o governo do Japão encobria custos e problemas associados a esse ramo da indústria.

Diante da recomendação da AIEA, o Japão criou um centro de resposta de emergência em Fukushima, capaz de suportar, apenas, tremores até magnitude 7,0.

Como visto anteriormente, conceituar, polemizar, questionar a lógica de algum tema, explicar ou mesmo comentar uma notícia são estratégias dissertativas. Vamos dividir essa tipologia textual em dois tipos essencialmente diferentes: o **dissertativo-expositivo** e o **dissertativo-argumentativo**.

Padrão dissertativo-expositivo

A característica fundamental do padrão expositivo da dissertação é utilizar a estrutura da prosa não para convencer alguém de alguma coisa, e sim para apresentar uma ideia, apresentar um conceito. O princípio do texto expositivo não é a persuasão, é a informação e, justamente por tal fato, ficou conhecido como informativo. Para garantir uma boa interpretação desse padrão textual, é importante buscar a ideia principal (que deve estar presente na introdução do texto) e, depois, entender quais serão os aspectos que farão o texto progredir.

- **Onde posso encontrar esse tipo de texto?** Jornais revistas, sites sobre o mundo de economia e finanças. Diz-se que esse tipo de texto focaliza a função referencial da linguagem.
- **Como costuma ser o tipo de questão relacionada ao texto dissertativo-expositivo?** Geralmente, os elaboradores questionam sobre as informações veiculadas pelo texto. A tendência é que o elaborador inverta as informações contidas no texto.
- **Como resolver mais facilmente?** Toda frase que mencionar o conceito ou a quantidade de alguma coisa deve ser destacada para facilitar a consulta.

Padrão dissertativo-argumentativo

No texto do padrão dissertativo-argumentativo, existe uma opinião sendo defendida e existe uma posição ideológica por detrás de quem escreve o texto. Se analisarmos a divisão dos parágrafos de um texto com características argumentativas, perceberemos que a introdução apresenta sempre uma tese (ou hipótese) que é defendida ao longo dos parágrafos.

Uma vez feito isso, o candidato deve entender qual é a estratégia utilizada pelo produtor do texto para defender seu ponto de vista. Na verdade, agora é o momento de colocar "a mão na massa" para valer, uma vez que aqueles enunciados que iniciam com "infere-se da argumentação do texto", "depreende-se dos argumentos do autor" serão vencidos caso se observem os fatores de interpretação corretos:

- Conexão entre as ideias do texto (atenção para as conjunções).
- Articulação entre as ideias do texto (atenção para a combinação de argumentos).
- Progressão do texto.

Recursos argumentativos

Quando o leitor interage com uma fonte textual, deve observar – tratando-se de um texto com o padrão dissertativo-argumentativo – que o autor se vale de recursos argumentativos para construir seu raciocínio dentro do texto. Vejamos alguns recursos importantes:

- **Argumento de autoridade:** baseado na exposição do pensamento de algum especialista ou alguma autoridade no assunto. Citações, paráfrases e menções ao indivíduo podem ser tomadas ao longo do texto. É importante saber diferenciar se a opinião colocada em foco é a do autor ou se é a do indivíduo que ele cita ao longo do texto.
- **Argumento com base em consenso:** parte de uma ideia tomada como consensual, o que leva o leitor a entender apenas aquilo que o elaborador mostra. Sentenças do tipo "todo mundo sabe que", "é de conhecimento geral que" identificam esse tipo de argumentação.
- **Argumento com fundamentação concreta:** basear aquilo que se diz em algum tipo de pesquisa ou fato que ocorre com certa frequência.
- **Argumento silogístico (com base em um raciocínio lógico):** do tipo hipotético – "Se ... então".
- **Argumento de competência linguística:** consiste em adequar o discurso ao panorama linguístico de quem é tido como possível leitor do texto.
- **Argumento de exemplificação:** utilizar casos ou pequenos relatos para ilustrar a argumentação do texto.

20.3 Texto descritivo

Em um texto descritivo, faz-se um tipo de retrato por escrito de um lugar, uma pessoa, um animal ou um objeto. Os adjetivos são abundantes nessa tipologia, uma vez que a sua função de caracterizar os substantivos é extremamente exigida nesse contexto. É possível existir um texto descritivo que enuncie características de sensações ou sentimentos, porém não é muito comum em provas de concurso público. Não há relação temporal na descrição. Os verbos relacionais são mais presentes para poder evidenciar aspectos e características. Significa "criar" com palavras uma imagem.

Exemplo de texto descritivo:

Texto extraído da prova do BRB (2010) – Banca CESPE/UnB

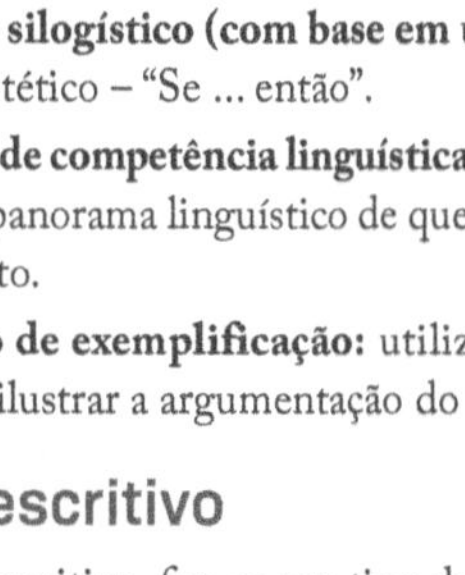

Nome científico: *Ginkgo biloba L.*
Nome popular: *Nogueira-do-japão*
Origem: *Extremo Oriente*

Aspecto: as folhas dispõem-se em leque e são semelhantes ao trevo; a altura da árvore pode chegar a 40 metros; o fruto lembra uma ameixa e contém uma noz que pode ser assada e comida

20.4 Conotação × denotação

É interessante, quando se estuda o conteúdo de tipologia textual, ressaltar a distinção conceitual entre o sentido conotativo e o sentido denotativo da linguagem. Vejamos como se opera essa distinção:

Sentido conotativo: figurado, ou abstrato. Relaciona-se com as figuras de linguagem.

- Adalberto **entregou sua alma a Deus.**
  A ideia de entregar a alma a Deus é figurada, ou seja, não ocorre literalmente, pois não há um serviço de entrega de almas. Essa é uma figura que convencionamos chamar de **metáfora**.

Sentido denotativo: literal, ou do dicionário. Relaciona-se com a função **referencial** da linguagem.

- Adalberto **morreu.**
  Quando dizemos função referencial, entende-se que o falante está preocupado em transmitir precisamente o fato ocorrido, sem apelar para figuras de pensamento. Essa frase do exemplo serviu para mostrar o sinônimo da figura de linguagem anterior.

21. GÊNEROS TEXTUAIS

Os gêneros textuais podem ser textos orais ou escritos, formais ou informais. Eles possuem características em comum, como a intenção comunicativa, mas há algumas características que os distinguem uns dos outros.

21.1 Gêneros textuais e esferas de circulação

Cada gênero textual está vinculado a uma esfera de circulação, ou seja, um lugar comum em que ele pode ser encontrado.

Cotidiana: adivinhas, diário, álbum de família exposição oral, anedotas, fotos, bilhetes, músicas, cantigas de roda, parlendas, carta pessoal, piadas, cartão, provérbios, cartão postal, quadrinhas, causos, receitas, comunicado, relatos de experiências vividas, convites, trava-línguas, *curriculum vitae.*

Literária/artística: autobiografia, letras de músicas, biografias, narrativas de aventura, contos, narrativas de enigma, contos de fadas, narrativas de ficção, contos de fadas contemporâneos, narrativas de humor, crônicas de ficção, narrativas de terror, escultura, narrativas fantásticas, fábulas, narrativas míticas, fábulas contemporâneas, paródias, haicais, pinturas, histórias em quadrinhos, poemas, lendas, romances, literatura de cordel, tankas, memórias, textos dramáticos.

Científica: artigos, relatos históricos, conferências, relatórios, debates, palestras, verbetes, pesquisas.

Escolar: atas, relatos históricos, cartazes, relatórios, debates, regrados, relatos de experiências, diálogos/discussões argumentativas científicas, exposições orais, resenhas, júris simulados, resumos, mapas, seminários, palestras, textos argumentativos, pesquisas, textos de opinião, verbetes de enciclopédias.

Jornalística: imprensas, agendas culturais, fotos, anúncios de emprego, horóscopos, artigos de opinião, infográficos, caricaturas, manchetes, cartas ao leitor, mapas, mesas redondas, cartuns, notícias, charges, reportagens, classificados, resenhas críticas, crônicas jornalísticas, sinopses de filmes, editoriais, tiras, entrevistas (orais e escritas).

Publicidade: anúncios, músicas, caricaturas, **paródias**, cartazes, placas, comerciais para televisão, publicidades comerciais, *e-mails*, publicidades institucionais, *folders*, publicidades oficiais, fotos, textos políticos, *slogans.*

Política: abaixo-assinados, debates regrados, assembleias, discursos políticos, cartas de emprego, fóruns, cartas de reclamação, manifestos, cartas de solicitação, mesas redondas, debates, panfletos.

Jurídica: boletins de ocorrência, estatutos, constituição brasileira, leis, contratos, ofícios, declaração de direitos, procurações, depoimentos, regimentos, discursos de acusação, regulamentos, discursos de defesa, requerimentos.

Social: bulas, relatos históricos, manuais técnicos, relatórios, placas, relatos de experiências científicas, resenhas, resumos, seminários, textos argumentativos, textos de opinião, verbetes de enciclopédias.

Midiática: *blogs*, *realities show*, *chats*, *talks show*, desenhos animados, telejornais, e-mails, telenovelas, entrevistas, torpedos, filmes, vídeos clip, fotoblogs, videoconferências, *home page.*

21.2 Exemplos de gêneros textuais

Artigo: o artigo de opinião é um gênero textual que faz parte da esfera jornalística e tem por finalidade a exposição do ponto de vista sobre um determinado assunto. Assim como a dissertação, ele também se compõe de um título, uma introdução, um desenvolvimento e uma conclusão.

Ata: a ata tem como finalidade registrar ocorrências, resoluções e decisões de reuniões, sessões realizadas por algum órgão, setor, entidade etc.

Estrutura da ata:

- Dia, mês, ano e hora (por extenso);
- Local da reunião;
- Pessoas presentes, devidamente qualificadas;
- Ordem do dia (pauta);
- Fecho.

Observações:

- Não há disposição quanto à quantidade de pessoas que deve assinar a ata; pode ser assinada apenas pelo presidente e pelo secretário.
- A ata deve ser redigida de modo que não sejam possíveis alterações posteriores à assinatura (há o emprego de expressões "digo" e "em tempo").
- Não há parágrafos ou alíneas.
- A ata é o registro fiel.

Atestado: atestado é o documento mediante o qual a autoridade comprova um fato ou situação de que tenha conhecimento em razão do cargo que ocupa ou da função que exerce. Destina-se à comprovação de fatos ou situações passíveis de modificações frequentes. É uma mera declaração, ao passo que a certidão é uma transcrição. Ato administrativo enunciativo, o atestado é, em síntese, afirmação oficial de fatos.

Partes:

- **Título ou epígrafe:** denominação do ato (atestado).
- **Texto:** exposição do objeto da atestação. Pode-se declarar, embora não seja obrigatório, a pedido de quem e com que finalidade o documento é emitido.
- **Local e data:** cidade, dia, mês e ano da emissão do ato, podendo também citar, preferentemente sob forma de sigla, o nome do órgão em que a autoridade signatária do atestado exerce suas funções.
- **Assinatura:** nome e cargo ou função da autoridade que atesta.

Apostila: apostila é a averbação, feita abaixo dos textos ou no verso de decretos e portarias pessoais (nomeação, promoção, ascensão, transferência, readaptação, reversão, aproveitamento, reintegração, recondução, remoção, exoneração, demissão, dispensa, disponibilidade e aposentadoria), para que seja corrigida flagrante inexatidão material do texto original (erro na grafia de nomes próprios, lapso na especificação de datas etc.), desde que essa correção não venha a alterar a substância do ato já publicado.

Tratando-se de erro material em decreto pessoal, a apostila deve ser feita pelo Ministro de Estado que o propôs. Se o lapso houver ocorrido em portaria pessoal, a correção por apostilamento estará a cargo do ministro ou secretário signatário da portaria. Nos dois casos, a apostila deve sempre ser publicada no Boletim de Serviço ou Boletim Interno correspondente e, quando se tratar de ato referente a ministro de Estado, também no Diário Oficial da União.

A finalidade da correção de inexatidões materiais por meio de apostila é evitar que se sobrecarregue o Presidente da República com a assinatura de atos repetidos, e que se onere a Imprensa Nacional com a republicação de atos.

Forma e estrutura:

- Título, em maiúsculas e centralizado sobre o texto.

- Texto, no qual deve constar a correção que está sendo feita, a ser iniciada com a remissão ao decreto que autoriza esse procedimento.
- Local e data, por extenso:
  - Por exemplo: Brasília, em 12 de novembro de 1990.
- Identificação do signatário, abaixo da assinatura:
  - Por exemplo: NOME (em maiúsculas)
    Secretário da Administração Federal

No original do ato normativo, próximo à apostila, deverá ser mencionada a data de publicação da apostila no Boletim de Serviço ou no Boletim Interno.

Carta: pode ter caráter argumentativo quando se trata de uma carta aberta ou carta do leitor. Quando se trata de carta pessoal, há a presença de aspectos narrativos ou descritivos.

Charge: é um gênero textual em que é feita uma ilustração cômica, irônica, por meio de caricaturas, com o objetivo de satirizar, criticar ou fazer um comentário sobre algum acontecimento, que é atual, em sua grande maioria.

A charge é um dos gêneros textuais mais cobrados em questões de concurso. Deve-se dar atenção à crítica feita pelo autor, a qual pode ser percebida pela relação texto verbal e não verbal (palavras e imagens).

Certidão: certidão é o ato pelo qual se procede à publicidade de algo relativo à atividade Cartorária, a fim de que não haja dúvidas. Possui formato padrão próprio, termos essenciais que lhe dão suas características. Exige linguagem formal, objetiva e concisão.

Termos essenciais da certidão:

- **Afirmação:** certidão e dou fé que.
- **Identificação do motivo de sua expedição:** a pedido da parte interessada.
- **Ato a que se refere:** revendo os assentamentos constantes deste cartório, não logrei encontrar ação movida contra (nome).
- **Data:** de sua expedição.
- **Assinatura:** do escrivão.

Circular: é utilizada para transmitir avisos, ordens, pedidos ou instruções, dar ciência de leis, decretos, portarias etc.

- Destina-se a uma ou mais de uma pessoa/órgão/empresa. No caso de mais de um destinatário, todas as vias distribuídas devem ser iguais.
- A paragrafação pode seguir o estilo americano (sem entradas de parágrafo), ou estilo tradicional. No caso de estilo americano, todo o texto, a data e a assinatura devem ser alinhados à margem esquerda. No estilo tradicional, devem ser centralizados.

Partes:

- **Timbre:** impresso no alto do papel.
- **Título e número:** cerca de três linhas do timbre e no centro da folha. O número pode vir seguido do ano.
- **Data:** deve estar próxima do título e número, ao lado ou abaixo, podendo se apresentar de várias formas:
  - Por exemplo:
  - CIRCULAR Nº 01, DE 2 MARÇO DE 2002
  - CIRCULAR Nº 01
  - De 2 de março de 2002
  - CIRCULAR Nº 01/02
  - Rio de Janeiro, 2 de março de 2002
- **Ementa (opcional):** deve vir abaixo do título e data, cerca de três linhas.
  - Ementa: Material de consumo.
  - Ref.: Material de consumo.
- **Invocação:** cerca de quatro linhas do título. Dependendo do assunto e destinatários, a invocação é dispensável.
  - Excelentíssimo Senhor:
  - Senhor Prefeito:
  - Senhores Pais:
- **Texto:** cerca de três linhas do título. Deve conter:
  - Exposição do assunto, desenvolvida a partir dos objetivos.
  - A sensibilização do receptor/destinatário;
  - Convite a agir.
  - Cumprimento final:
  - Respeitosamente,
  - Atenciosamente,
- **Assinatura:** cerca de quatro linhas do cumprimento final. É composta do nome do emissor (só as iniciais maiúsculas) e cargo ou função (todo em maiúscula):
  - Por exemplo:
    Herivelto Nascimento
    DIRETOR
- **Anexos:** quando houver documentos a anexar, escreve-se a palavra anexo à margem esquerda, seguida da relação do que está anexado:
  - Por exemplo:
    Anexo: quadro de horários.
    Anexa: cópia do documento.
    Anexas: tabela de horários e cópia dos documentos.
- **Iniciais:** na última linha útil do papel, à esquerda, devemos escrever as iniciais de quem elaborou o texto (redator), seguidas das iniciais de quem a datilografou/digitou (em maiúscula ou minúscula, tanto faz). Quando o redator e o datilógrafo forem a mesma pessoa, basta colocar a barra seguida das iniciais:
  - PPS/AZ
  - Pps/az
  - /pps
  - /PPS
- **Declaração:** a declaração deve ser fornecida por pessoa credenciada ou idônea que nele assume a responsabilidade sobre uma situação ou a concorrência de um fato. Portanto, é uma comprovação escrita com caráter de documento. A declaração pode ser manuscrita em papel almaço simples ou digitada. Quanto ao aspecto formal, divide-se nas seguintes etapas:
  - **Timbre:** impresso com cabeçalho, contendo o nome do órgão ou empresa. Nas declarações particulares, usa-se papel sem timbre.
  - **Título:** no centro da folha, em caixa alta.
  - **Texto:**
    - Identificação do emissor.
    - O verbo atestar ou declarar deve aparecer no presente do indicativo, terceira pessoa do singular ou do plural.
    - Finalidade do documento: em geral, costuma-se usar o termo "para os devidos fins". Também se pode especificar: "para fins de trabalho", "para fins escolares" etc.
    - Nome e dados de identificação do interessado.

- Citação do fato a ser atestado.
- **Local e data:** deve-se escrevê-lo acerca de três linhas do texto.

Editorial: é um gênero textual dissertativo-argumentativo que apresenta o posicionamento de uma empresa, revista, jornal sobre determinado assunto.

Entrevista: é um gênero textual em que aparece o diálogo entre o entrevistador e o(s) entrevistado(s), para obter informações sobre o entrevistado ou algum assunto. Podem aparecer elementos expositivos, argumentativos e narrativos.

Edital: é um documento em que são apresentados avisos, citações, determinações.

São diversos os tipos de editais, de acordo com o objetivo: pode comunicar uma citação, um proclame, um contrato, uma exoneração, uma licitação de obras, serviços, tomada de preço etc.

Entre eles, os editais mais comuns são os de concursos públicos, que determinam as etapas dos processos seletivos e as competências necessárias para a sua execução.

22. COMPREENSÃO E INTERPRETAÇÃO DE TEXTOS

22.1 Ideias preliminares sobre o assunto

Para interpretar um texto, o indivíduo precisa de muita atenção e de muito treino. Interpretar pode ser comparado com o disparar de uma arma: apenas temos chance de acertar o alvo se treinarmos muito e soubermos combinar todos os elementos externos ao disparo: velocidade do ar, direção, distância etc.

Quando o assunto é texto, o primordial é estabelecer uma relação contextual com aquilo que estamos lendo. Montar o contexto significa associar o que está escrito no texto-base com o que está disposto nas questões. Lembre-se de que as questões são elaboradas com a intenção de testar os concursandos, ou seja, deve ficar atento para todas as palavras e para todas as possibilidades de mudança de sentido que possa haver nas questões.

É preciso, para entender as questões de interpretação de qualquer banca, buscar o raciocínio que o elaborador da questão emprega na redação da questão. Usualmente, objetiva-se a depreensão dos sentidos do texto. Para tanto, destaque os itens fundamentais (as ideias principais contidas nos parágrafos) para poder refletir sobre tais itens dentro das questões.

22.2 Semântica ou pragmática?

Existe uma discussão acadêmica sobre o que possa ser considerado como semântica e como pragmática. Em que pese o fato de os universitários divergirem a respeito do assunto, vamos estabelecer uma distinção simples, apenas para clarear nossos estudos.

- **Semântica:** disciplina que estuda o **significado** dos termos. Para as questões relacionadas a essa área, o comum é que se questione acerca da troca de algum termo e a manutenção do sentido original da sentença.
- **Pragmática:** disciplina que estuda o **sentido** que um termo assume dentro de determinado contexto. Isso quer dizer que a identificação desse sentido depende do entorno linguístico e da intenção de quem exprime a sentença.

Para exemplificar essa situação, vejamos o exemplo a seguir:

- **Pedro está na geladeira.**

Nesse caso, é possível que uma questão avalie a capacidade de o leitor compreender que há, no mínimo, dois sentidos possíveis para essa sentença: um deles diz respeito ao fato de a expressão "na geladeira" poder significar algo como "ele foi até a geladeira buscar algo", o que – coloquialmente – significaria uma expressão indicativa de lugar.

O outro sentido diz respeito ao fato de "na geladeira" significar que "foi apartado de alguma coisa para receber algum tipo de punição".

A questão sobre **semântica** exigiria que o candidato percebesse a possibilidade de trocar a palavra "geladeira" por "refrigerador" – havendo, nesse caso, uma relação de sinonímia.

A questão de **pragmática** exigiria que o candidato percebesse a relação contextualmente estabelecida, ou seja, a criação de uma figura de linguagem (um tipo de metáfora) para veicular um sentido particular.

22.3 Questão de interpretação

Como se faz para saber que uma questão de interpretação é uma questão de interpretação?

Respondendo a essa pergunta, entende-se que há pistas que identificam a questão como pertencente ao rol de questões para interpretação. Os indícios mais precisos que costumam aparecer nas questões são:

- Reconhecimento da intenção do autor.
- Ponto de vista defendido.
- Argumentação do autor.
- Sentido da sentença.

Apesar disso, não são apenas esses os indícios de que uma questão é de intepretação. Dependendo da banca, podemos ter a natureza interpretativa distinta, principalmente porque o critério de intepretação é mais subjetivo que objetivo. Algumas bancas podem restringir o entendimento do texto; outras podem extrapolá-lo.

22.4 Dicas para interpretação

Há três elementos fundamentais para boa interpretação:

- Eliminação dos vícios de leitura.
- Organização.
- Sagacidade.

22.4.1 Vícios de leitura

A pior coisa que pode acontecer com o concursando, quando recebe um texto complexo para ler e interpretar, é cair num vício de leitura. Veja se você possui algum deles. Caso possua, tente eliminar o quanto antes.

Movimento

Como tudo inicia. O indivíduo pega o texto para ler e não para quieto. Troca a maneira de sentar, troca a posição do texto, nada está bom, nada está confortável. Em casa, senta para estudar e o que acontece? Fome. Depois? Sede. Então, a pessoa fica se mexendo para pegar comida, para tomar água, para ficar mais sossegado e o fluxo de leitura vai para o espaço. Fique quieto! O conceito é militar! Sente-se e permaneça assim até acabar a leitura, do contrário, vai acabar com a possibilidade de entender o que está escrito. Estudar com televisão, rádio, redes sociais e qualquer coisa dispersiva desse gênero só vai atrapalhar você.

Apoio

Não é aconselhável utilizar apoios para a leitura, tais como: réguas, acompanhar a linha com a caneta, ler em voz baixa, passar o dedo pelo papel etc. Basta pensar que seus olhos são muito mais rápidos que qualquer movimento ou leitura em voz alta.

"Garoto da borboleta"

Se você possui os vícios anteriores, certamente é um "garoto da borboleta" também. Isso quer dizer que é desatento e fica facilmente (fatalmente) disperso. Tudo chama sua atenção: caneta batendo na mesa, o concorrente barulhento, a pessoa estranha que está em sua frente, o tempo passando etc. Você vai querer ficar voltando ao início do texto porque não conseguiu compreender nada e, finalmente, vai perder as questões de interpretação.

22.4.2 Organização da leitura

Para que ocorra organização, é necessário compreender que todo texto possui:

- **Posto:** aquilo que é dito no texto. O conteúdo expresso.
- **Pressuposto:** aquilo que não está dito, mas que é facilmente compreendido.
- **Subentendido:** o que se pode interpretar por uma soma de dito com não-dito.

Veja um exemplo:

Alguém diz: "felizmente, meu tio parou de beber." É certo que o dito se compõe pelo conteúdo da mensagem: o homem parou de beber. O não-dito, ou pressuposto, fica a cargo da ideia de que o homem bebia e, agora, não bebe mais. Por sua vez, o subentendido pode ser abstraído como "meu tio possuía problemas com a bebida e eu assumo isso por meio da sentença que profiro". Não é difícil! É necessário, no entanto, possuir uma certa "malandragem linguística" para perceber isso de início.

22.5 Dicas para organização

As dicas de organização não são novas, mas são eficazes, vamos lá:

- **Ler mais de uma vez o texto (quando for curto, é lógico)**

A primeira leitura é para tomar contato com o assunto, a segunda, para observar como o texto está articulado.

Ao lado de cada parágrafo, escreva a principal ideia (tópico frasal) ou argumento mais forte do trecho. Isso ajuda você a ter clareza da temática e como ela está sendo desenvolvida.

Se o texto for muito longo, recomenda-se ler primeiro a questão de interpretação, para, então, buscá-la na leitura.

- **Observar as relações entre parágrafos**

Observar que há relações de exemplificação, oposição e causalidade entre os parágrafos do texto, por isso, tente compreender as relações intratextuais nos parágrafos.

Ficar de olho aberto para as conjunções adversativas: *no entanto*, *contudo*, *entretanto* etc.

- **Atentar para o comando da questão**

Responda àquilo que foi pedido.

  - **Dica:** entenda que modificar e prejudicar o sentido não são a mesma coisa.

- **Palavras de alerta (polarizadoras)**

Sublinhar palavras como: *erro*, *incorreto*, *correto* e *exceto*, para não se confundir no momento de responder à questão.

Inaceitável, *incompatível* e *incongruente* também podem aparecer.

- **Limitar os horizontes**

Não imaginar que você sabe o que o autor quis dizer, mas sim entender o que ele disse: o que ele escreveu. Não extrapolar a significação do texto. Para isso, é importante prestar atenção ao significado das palavras.

Pode até ser coerente o que você concluiu, mas se não há base textual, descarte.

> O homem **pode** morrer de infarto. / O homem **deve** morrer de infarto.

- **Busque o tema central do texto**

Geralmente aparece no primeiro parágrafo do texto.

- **Desenvolvimento**

Se o enunciado mencionar a argumentação do texto, você deve buscar entender o que ocorre com o desenvolvimento dos parágrafos.

Verificar se o desenvolvimento ocorre por:

  - Causa e consequência.
  - Enumeração de fatos.
  - Retrospectiva histórica.
  - Fala de especialista.
  - Resposta a um questionamento.
  - Sequência de dados.
  - Estudo de caso.
  - Exemplificação.

- **Relatores**

Atentar para os pronomes relativos e demonstrativos no texto. Eles auxiliam o leitor a entender como se estabelece a coesão textual.

Alguns deles: *que*, *cujo*, *o qual*, *onde*, *esse*, *este*, *isso*, *isto* etc.

- **Entender se a questão é de interpretação ou de compreensão**
  - Interpretação

Parte do texto para uma conclusão. As questões que solicitam uma inferência costumam apresentar as seguintes estruturas:

> "É possível entender que..."
> "O texto possibilita o entendimento de que..."
> "O texto encaminha o leitor para..."
> "O texto possibilita deduzir que..."
> "Depreende-se do texto que..."
> "Com apoio no texto, infere-se que..."
> "Entende-se que..."
> "Compreende-se que..."
> "Compreensão"

Buscam-se as informações solicitadas pela questão no texto. As questões dessa natureza possuem as seguintes estruturas:

> "De acordo com o texto, é possível afirmar..."
> "Segundo o texto..."
> "Conforme o autor..."
> "No texto..."
> "Conforme o texto..."

- **Tome cuidado com as generalizações**

Na maior parte das vezes, o elaborador da prova utiliza a generalização para tornar a questão incorreta.

Atenção para as palavras: *sempre*, *nunca*, *exclusivamente*, *unicamente*, *somente*.

O que você não deve fazer!
"Viajar" no texto: interpretar algo para além do que o texto permite.
Interpretar apenas um trecho do texto.
Entender o contrário: fique atento a palavras como "pode", "não", "deve" etc.

22.5.1 Astúcia da banca

Talvez seja essa a característica mais difícil de se desenvolver no concursando, pois ela envolve o conhecimento do tipo de interpretação e dos limites estabelecidos pelas bancas. Só há uma maneira de ficar esperto estudando para concurso público: realizando provas! Pode parecer estranho, mas depois de resolver 200 questões da mesma banca, você já consegue prever como será a próxima questão. Prever é garantir o acerto! Então, faça exercícios até cansar e, quando cansar, faça mais um pouco.

Vamos trabalhar com alguns exemplos agora:

- **Exemplo I**

> *Entre os maiores obstáculos ao pleno desenvolvimento do Brasil, está a educação. Este é o próximo grande desafio que deve ser enfrentado com paciência, mas sem rodeios. É a bola da vez dentro das políticas públicas prioritárias do Estado. Nos anos 1990 do século passado, o país derrotou a inflação – que corroía salários, causava instabilidade política e irracionalidade econômica. Na primeira década deste século, os avanços deram-se em direção a uma agenda social, voltada para a redução da pobreza e da desigualdade estrutural. Nos próximos anos,*

a questão da melhoria da qualidade do ensino deve ser uma obrigação dos governantes, sejam quais forem os ungidos pelas decisões das urnas.

Jornal do Brasil, Editorial, 21/1/2010 (com adaptações).

Agora o mesmo texto, devidamente marcado.

Entre ***os maiores obstáculos*** *ao pleno desenvolvimento do Brasil, está a educação. Este é o* ***próximo grande desafio*** *que deve ser enfrentado com paciência, mas sem rodeios. É a* ***bola da vez*** *dentro das políticas públicas prioritárias do Estado.* ***Nos anos 90 do século passado,*** *o país derrotou a inflação – que corroía salários, causava instabilidade política e irracionalidade econômica.* ***Na primeira década deste século,*** *os avanços deram-se em direção a uma agenda social, voltada para a redução da pobreza e da desigualdade estrutural.* ***Nos próximos anos,*** *a questão da melhoria da qualidade do ensino deve ser uma* ***OBRIGAÇÃO DOS GOVERNANTES***, *sejam quais forem os ungidos pelas decisões das urnas.*

Observe que destacamos para você elementos que podem surgir, posteriormente como questões. O texto inicia falando que há mais obstáculos além da educação. Também argumenta, posteriormente, que já houve outros desafios além desse que ele chama de "próximo grande desafio". Utilizando uma expressão de sentido **conotativo** (bola da vez), o escritor anuncia que a educação ocupa posição de destaque quando o assunto se volta para as políticas públicas prioritárias do Estado.

No decorrer do texto, que se desenvolve por um tipo de retrospectiva histórica (veja o que está destacado), o redator traça um panorama dessas políticas públicas ao longo da história do país, fazendo uma previsão para os anos vindouros (o que foi destacado em caixa alta).

- **Exemplo II**

Um passo fundamental para que não nos enganemos quanto à ***natureza do capitalismo contemporâneo*** *e o significado das políticas empreendidas pelos países centrais para enfrentar a recente* ***crise econômica*** *é problematizarmos, com cuidado, o termo* ***neoliberalismo****: "começar pelas palavras talvez não seja coisa vã", escreve Alfredo Bosi em Dialética da Colonização.*

A partir da década de 1980, *buscando exprimir a natureza do capitalismo contemporâneo, muitos, principalmente os críticos, utilizaram esta palavra que, por fim, se generalizou. Mas o que, de fato, significa? O prefixo neo quer dizer novo; portanto, novo liberalismo. Ora, durante o século* ***XIX deu-se a construção de um liberalismo*** *que viria encontrar a sua crise definitiva na I Guerra Mundial em 1914 e na crise de 1929. Mas desde o período entre guerras e, sobretudo, depois, com o término da II Guerra Mundial, em 1945, tomou corpo um novo modelo, principalmente na Europa, que de certa forma se contrapunha ao velho liberalismo: era* ***o mundo da socialdemocracia***, *da presença do Estado na vida econômica, das ações políticas inspiradas na reflexão teórica do economista britânico John Keynes, um crítico do liberalismo econômico clássico que viveu na primeira metade do século XX. Quando esse modelo também entrou em crise, no princípio da década de 1970, surgiu a perspectiva de* ***reconstrução da ordem liberal***. *Por isso, novo liberalismo, neoliberalismo.*

Grupo de São Paulo, disponível em: http://www.correiocidadania.com.br/content/view/5158/9/. Acesso em: 28/10/2010. (Adaptado)

- **Exemplo III**

Em Defesa do Voto Obrigatório

O voto, direito duramente conquistado, ***deve ser considerado um dever*** *cívico, sem o exercício do qual o* ***direito se descaracteriza ou se perde***, *afinal liberdade e democracia são fins e não apenas meios. Quem vive em uma comunidade política não pode estar* ***desobrigado*** *de opinar sobre os rumos dela. Nada contra a desobediência civil, recurso legítimo para o protesto cidadão, que, no caso eleitoral, se pode expressar no voto nulo (cuja tecla deveria constar na máquina utilizada para votação). Com o* ***voto facultativo***, *o direito de votar e o de não votar ficam inscritos, em pé de igualdade, no corpo legal. Uma parte do eleitorado deixará voluntariamente de opinar sobre a constituição do poder político. O desinteresse pela política e a descrença no voto são registrados como mera "escolha", sequer como desobediência civil ou protesto.* ***A consagração da alienação política*** *como um direito legal interessa aos conservadores, reduz o peso da soberania popular e desconstitui o sufrágio como universal.*

Para o ***cidadão ativo***, *que, além de votar, se organiza para garantir os direitos civis, políticos e sociais, o enfoque é inteiramente outro. O tempo e o* ***trabalho dedicados ao acompanhamento continuado da política não se apresentam como restritivos da liberdade individual.*** *Pelo contrário, são obrigações auto assumidas no esforço de construção e aprofundamento da democracia e de vigília na defesa das liberdades individuais e públicas. A ideia de que a democracia se constrói nas lutas do dia a dia se contrapõe, na essência, ao modelo liberal. O cidadão escolado na disputa política sabe que a liberdade de não ir votar é uma armadilha. Para que o sufrágio continue universal, para que todo poder emane do povo e não, dos donos do poder econômico, o voto, além de ser um direito,* ***deve conservar a sua condição de dever cívico.***

23. INTERPRETAÇÃO DE TEXTO POÉTICO

Cada vez mais comum em provas de concursos públicos, o texto poético possui suas particularidades. Nem todas as pessoas possuem a capacidade de ler um texto poético, quanto mais interpretá-lo. Justamente por esse fato, ele tem sido o predileto dos examinadores que querem dificultar a vida dos candidatos.

Antes de passar à interpretação propriamente dita, é preciso identificar a nomenclatura das partes de um poema. Cada "linha" do poema é chamada de "**verso**", o conjunto de versos é chamado de "**estrofe**". A primeira sugestão para quem pretende interpretar um poema é segmentar a interpretação por estrofe e anotar o sentido trazido ao lado e cada trecho.

Geralmente, as bancas pecam ao diferenciar **autor** de **eu-lírico**. O primeiro é realmente a pessoa por detrás da caneta, ou seja, é quem efetivamente escreve o texto; o segundo é a "voz" do poema, a "pessoa" fictícia, abstrata que figura como quem traz o poema para o leitor.

Outra dificuldade muito comum é a leitura do texto. Como o texto está em uma disposição que não é mais tão usual, as pessoas têm dificuldade para realizar a leitura. Eis uma dica fundamental: só interrompa a leitura quando chegar a um ponto ou a uma vírgula, porque é dessa maneira que se lê um texto poético. Além disso, é preciso que, mesmo mentalmente, o indivíduo tente dar ênfase na leitura, pois isso pode ajudar na interpretação.

Comumente, o vocabulário do texto poético não é acessível e, em razão disso, costuma haver notas explicativas com o significado das palavras, jamais ignore essa informação! Pode ser a salvação para a interpretação do texto lido.

Veja um exemplo:

Nel mezzo del camin

Cheguei. Chegaste. Vinhas fatigada
E triste, e triste e fatigado eu vinha.
Tinhas a alma de sonhos povoada,
E a alma de sonhos povoada eu tinha...

E paramos de súbito na estrada
Da vida: longos anos, presa à minha
A tua mão, a vista deslumbrada
Tive da luz que teu olhar continha.

Hoje, segues de novo... Na partida
Nem o pranto os teus olhos umedece,
Nem te comove a dor da despedida.
E eu, solitário, volto a face, e tremo,
Vendo o teu vulto que desaparece
Na extrema curva do caminho extremo.

(Olavo Bilac)

Existe outro fator extremamente importante na hora de tentar entender o conteúdo de um texto poético: o **título**! Nem todo poema possui um título, é claro, mas os que possuem ajudam, e muito, na compreensão do "assunto" do poema.

É claro que ter conhecimento do autor e do estilo de escrita por ele adotado é a ferramenta mais importante para que o candidato compreenda com profundidade o que está sendo veiculado pelo texto, porém, como grande parte das bancas ainda não chegou a esse nível de aprofundamento interpretativo, apenas o reconhecimento da superfície do texto já é suficiente para responder às questões.

Vejamos alguns textos para explanar melhor:

Bem no fundo

No fundo, no fundo,
Bem lá no fundo,
A gente gostaria
De ver nossos problemas
Resolvidos por decreto

A partir desta data,
Aquela mágoa sem remédio
É considerada nula
E sobre ela – silêncio perpétuo

Extinto por lei todo o remorso,
Maldito seja quem olhar pra trás,
Lá pra trás não há nada,
E nada mais

Mas problemas não se resolvem,
Problemas têm família grande,
E aos domingos saem todos passear
O problema, sua senhora
E outros pequenos probleminhas

(Paulo Leminski)

Interpretação: por mais que trabalhemos para resolvermos nossos problemas, a única certeza é a de que eles continuarão existindo, pois é isso o que nos move.

23.1 Tradução de sentido

As questões de tradução de sentido costumam ser o "calcanhar de Aquiles" dos candidatos. A maneira mais eficaz de resolvê-las é buscar relações de sinonímia em ambos os lados da sentença. Com isso, fica mais fácil acertar a questão.

Consideremos a relação de sinonímia presente entre "alegria" e "felicidade". Esses dois substantivos não significam, rigorosamente, a mesma coisa, mas são considerados sinônimos contextuais, se considerarmos um texto. Disso, entende-se que o sinônimo é identificado contextualmente e não depende, necessariamente, do conhecimento do sentido de todas as palavras.

Seria bom se fosse sempre dessa maneira. Ocorre que algumas bancas tentam selecionar de maneira não rigorosa os candidatos, cobrando deles o chamado "conhecimento que não é básico". O melhor exemplo é pedir o significado da palavra "adrede", o qual pouquíssimas pessoas conhecem.

23.2 Organização de texto

Em algumas bancas, é comum haver questões que apresentam um texto desordenado, para que o candidato o reordene, garantido a **coesão** e a **coerência**. Além disso, não é raro haver trecho de texto com lacunas para preencher com alguns parágrafos. Para que isso ocorra, é mister saber o que significa coesão e coerência. Vamos a algumas definições simples.

23.2.1 Coesão

Coesão é o conjunto de procedimentos e mecanismos que estabelecem conexão dentro do texto, o que busca garantir a progressão daquilo que se escreve nas sentenças. Pronomes, perífrases e sinônimos estão entre os mecanismos de coesão que podem ser empregados na sentença.

23.2.2 Coerência

Coerência diz respeito à organização de significância do texto, ou seja, o sentido daquilo que se escreve. A sequência temporal e o princípio de não contradição são os dispostos mais emergentes da coerência.

Em questões dessa natureza, busque analisar as sequências de entrada e saída dos textos. Veja se há definições e conectivos que encerram ideias, ou se há pronomes que buscam sequenciar as sentenças. Desse modo, fica mais fácil acertar a questão.

23.3 Significação das palavras

23.3.1 Compreensão, interpretação e intelecção

O candidato que é concurseiro de longa data sabe que, dentre as questões de interpretação de texto, é muito comum surgirem nomenclaturas distintas para fenômenos não tão distintos assim. Quer dizer que, se no seu edital há elementos como leitura, compreensão, intelecção ou interpretação de texto, no fundo, o conceito é o mesmo. Ocorre que, dentro desse processo de interpretação, há elementos importantes para a resolução dos certames.

O que se diz e o que se pode ter dito

Sempre que há um momento de enunciação, o material linguístico serve de base para que os interlocutores negociem o sentido daquilo que está na comunicação. Isso ocorre por meio de vários processos. É possível destacar alguns mais relevantes:

- **Dito:** consiste na superfície do enunciado. O próprio material linguístico que se enuncia.
- **Não-dito:** consiste naquilo que se identifica imediatamente, quando se trabalha com o que está posto (o dito).
- **Subentendido:** consiste nos sentidos ativados por um processo inferencial de análise e síntese do material linguístico somado ao não-dito.

Vejamos isso em uma sentença para compreendermos a teoria.

- "A eleição de Barack Obama não é um evento apenas americano."

  Dito: é o próprio conteúdo da sentença – o fato de a eleição em questão não ser um evento apenas americano.

  Não-dito: alguém poderia pensar que a eleição teria importância apenas para os americanos.

  Subentendido: pode-se concluir que a eleição em questão terá grandes repercussões, a um nível global.

23.4 Inferência

Para a finalidade dos concursos públicos, vamos considerar que a inferência é o resultado do processamento na leitura, ou seja, é aquilo que se pode "concluir" ou "depreender" da leitura de um texto.

No momento de responder a uma questão dessa natureza, recomenda-se prudência. Existe um conceito que parece fundamental para facilitar a resolução dessas questões. Ele se chama **ancoragem lexical.** Basicamente, entende-se como ancoragem lexical a inserção de algum elemento que dispara pressuposições e fomenta inferências, ou seja, se alguma questão pedir se é possível inferir algo, o candidato só poderá responder afirmativamente, se houver uma palavra ou uma expressão (âncora lexical) que permita associar diretamente esses elementos.

Semântica (sentido)

Evidentemente, o conteúdo relativo à significação das palavras deve muito a uma boa leitura do dicionário. Na verdade, o vocabulário faz parte do histórico de leitura de qualquer pessoa: quanto mais você lê, maior é o número de palavras que você vai possuir em seu vocabulário. Como é impossível receitar a leitura de um dicionário, podemos arrolar uma lista com palavras que possuem peculiaridades na hora de seu emprego. Falo especificamente de **sinônimos, antônimos, homônimos e parônimos**. Mãos à obra!

▷ **Sinônimos:**

- Sentido aproximado: não existem sinônimos perfeitos:

  Feliz – alegre – contente.

  Palavra – vocábulo.

  Professor – docente.

  O professor Mário chegou à escola. O **docente** leciona matemática.

▷ **Antônimos:**

- Oposição de sentido:

  Bem – mal.

  Bom – mau.

  Igual – diferente.

▷ **Homônimos:** são palavras com escrita ou pronúncia iguais (semelhantes), porém com significado (sentido) diferente.

  Adoro comer **manga** com sal.

  Derrubei vinho na **manga** da camisa.

Há três tipos de homônimos: homógrafos, homófonos e homônimos perfeitos.

- **Homógrafos** – palavras que possuem a mesma grafia, mas o som é diferente.

  O meu **olho** está doendo.

  Quando eu **olho** para você, dói.

- **Homófonos** – apresentam grafia diferente, mas o som é semelhante.

  A **cela** do presídio foi incendiada.

  A **sela** do cavalo é novinha.

- **Homônimos perfeitos** – possuem a mesma grafia e o mesmo som.

  O **banco** foi assaltado.

  O **banco** da praça foi restaurado ontem.

  Ele não **para** de estudar.

  Ele olhou **para** a prova.

- **Parônimos:** são palavras que possuem escrita e pronúncia semelhantes, mas com significado distinto.

  O professor fez a **descrição** do conteúdo.

  Haja com muita **discrição**, Marivaldo.

Aqui vai uma lista para você se precaver quanto aos sentidos desses termos:

- **Ascender** (subir) e **acender** (pôr fogo, alumiar).

  Quando Nero **ascendeu** em Roma, ele **acendeu** Roma.

- **Acento** (sinal gráfico) e **assento** (lugar de sentar-se).

  O **acento** grave indica crase.

  O **assento** 43 está danificado.

- **Acerca de** (a respeito de) e **cerca de** (aproximadamente).

  Há cerca de (faz aproximadamente).

  Falamos **acerca de** Português ontem.

  José mora **cerca de** mim.

  Há cerca de 10 anos, leciono Português.

- **Afim** (semelhante a) e **a fim de** (com a finalidade de).

  Nós possuímos ideias **afins**.

  Nós estamos estudando **a fim** de passar.

- **Aprender** (instruir-se) e **apreender** (assimilar).

Quando você **apreender** o conteúdo, saberá que **aprendeu** o conteúdo.

- Área (superfície) e **ária** (melodia, cantiga).
  O tenor executou a ária.
  A polícia cercou a área.
- **Arrear** (pôr arreios) e **arriar** (abaixar, descer).
  Precisamos **arrear** o cavalo.
  Joaquim **arriou** as calças.
- **Caçar** (apanhar animais) e **cassar** (anular).
  O veado foi **caçado**.
  O deputado teve sua candidatura **cassada**.
- **Censo** (recenseamento) e **senso** (raciocínio).
  Finalizou-se o **censo** no Brasil.
  Argumentou com bom-**senso**.
- **Cerração** (nevoeiro) **serração** (ato de serrar).
  Nos dias de chuva, pode haver **cerração**.
  Rolou a maior **serração** na madeireira ontem.
- **Cerrar** (fechar) e **serrar** (cortar).
  Cerrou os olhos para a verdade.
  Marina **serrou**, acidentalmente, o nariz na serra.
- **Cessão** (ato de ceder), **seção** (divisão), **secção** (corte) e **sessão** (reunião).
  O órgão pediu a **cessão** do espaço.
  Compareça à **seção** de materiais.
  Fez-se uma **secção** no azulejo.
  Assisti à **sessão** de cinema ontem. Passava "A Lagoa Azul".
- **Concerto** (sessão musical) e **conserto** (reparo).
  Vamos ao **concerto** hoje.
  Fizeram o **conserto** do carro.
- **Mal** (antônimo de bem) e **mau** (antônimo de bom).
  O homem **mau** vai para o inferno.
  O **mal** nunca prevalece sobre o bem.
- **Ratificar** (confirmar) e **retificar** (corrigir).
  O documento **ratificou** a decisão.
  O documento **retificou** a decisão.
- **Tacha** (pequeno prego, mancha) e **taxa** (imposto, percentagem).
  Comprei uma **tacha**.
  Paguei outra **taxa**.
  Bucho (estômago) **e buxo** (arbusto)
- **Calda** (xarope) e **cauda** (rabo)
- **Cela** (pequeno quarto) **e sela** (arreio)
- **Chá** (bebida) e **xá** (título do soberano da Pérsia, atual Irã, antes da revolução islâmica)
- **Cheque** (ordem de pagamento) **e xeque** (lance do jogo de xadrez)
- **Comprimento** (extensão) e **cumprimento** (saudação)
- **Conjetura** (hipótese) **e conjuntura** (situação)
- **Coser** (costurar) e **cozer** (cozinhar)
- **Deferir** (costurar) **e diferir** (distinguir-se)
- **Degredado** (desterrado, exilado) e **degradado** (rebaixado, estragado)
- **Descrição** (ato de descrever) **e discrição** (reserva, qualidade de discreto)
- **Descriminar** (inocentar) e **discriminar** (distinguir)
- **Despensa** (lugar de guardar mantimentos) **e dispensa** (isenção, licença)
- **Despercebido** (não notado) e **desapercebido** (desprovido, despreparado)
- **Emergir** (vir à tona) **e imergir** (mergulhar)
- **Eminente** (notável, célebre) e **iminente** (prestes a acontecer)
- **Esbaforido** (ofegante, cansado) **e espavorido** (apavorado)
- **Esperto** (inteligente) e **experto** (perito)
- **Espiar** (observar) **e expiar** (sofrer castigo)
- **Estada** (ato de estar, permanecer) e **estadia** (permanência, estada por tempo limitado)
- **Estático** (imóvel) **e extático** (pasmo)
- **Estrato** (tipo de nuvem) e **extrato** (resumo)
- **Flagrante** (evidente) **e fragrante** (perfumado)
- **Fluir** (correr) e **fruir** (gozar, desfrutar)
- **Incidente** (episódio) **e acidente** (acontecimento grave)
- **Incipiente** (principiante) e **insipiente** (ignorante)
- **Inflação** (desvalorização do dinheiro) **e infração** (violação, transgressão)
- **Infligir** (aplicar castigo) e **infringir** (transgredir)
- **Intercessão** (ato de interceder) **e interseção ou intersecção** (ato de cortar)
- **Laço** (nó) e **lasso** (frouxo)
- **Mandado** (ordem judicial) **e mandato** (período político)
- **Ótico** (relativo ao ouvido) e **óptico** (relativo à visão)
- **Paço** (palácio) **e passo** (passada)
- **Peão** (empregado/peça de xadrez) e **pião** (brinquedo)
- **Pequenez** (pequeno) **e pequinês** (ração de cão, de Pequim)
- **Pleito** (disputa) e **preito** (homenagem)
- **Proeminente** (saliente) **e preeminente** (nobre, distinto)
- **Prescrição** (ordem expressa) e **proscrição** (eliminação, expulsão)
- **Prostrar-se** (humilhar-se) **e postar-se** (permanecer por muito tempo)
- **Ruço** (grisalho, desbotado) e **russo** (da Rússia)
- **Sexta** (numeral cardinal)**, cesta** (utensílio) **e sesta** (descanso depois do almoço)
- **Sortido** (abastecido) e **surtido** (produzido, causado)
- **Sortir** (abastecer) **e surtir** (efeito ou resultado)
- **Sustar** (suspender) e **suster** (sustentar)
- **Tilintar** (soar) e **tiritar** (tremer)
- **Tráfego** (trânsito) **e tráfico** (comércio ilícito)
- **Vadear** (passa a pé ou a cavalo, atravessar o rio) e **vadiar** (vagabundear)
- **Viagem** (substantivo) **e viajem** (verbo)
- **Vultoso** (volumoso, grande vulto) e **vultuoso** (inchado)

24. TIPOS DE DISCURSO

Discurso está relacionado à construção de textos, tanto orais quanto escritos, portanto, ele é considerado uma prática social.

Em um texto, podem ser encontrados três tipos de discurso: o discurso **direto**, o **indireto** e o **indireto livre**.

24.1 Discurso direto

São as falas das personagens. Esse discurso pode aparecer em forma de diálogos e citações, e vem marcado com alguma pontuação (travessão, dois pontos, aspas etc.). Ou seja, o discurso direto reproduz fielmente a fala de alguém.

- Por exemplo:

  O médico disse à paciente:

  Você precisa fazer exercícios físicos regularmente.

24.2 Discurso indireto

É a reprodução da fala de alguém, a qual é feita pelo narrador. Normalmente, esse discurso é escrito em terceira pessoa.

- Por exemplo:

  O médico disse à paciente que ela precisava fazer exercícios regulamente.

24.3 Discurso indireto livre

É a ocorrência do discurso direto e indireto ao mesmo tempo. Ou seja, o narrador conta a história, mas as personagens também têm voz própria.

No exemplo a seguir, há um discurso direto: "que raiva", que mostra a fala da personagem.

> "Retirou as asas e estraçalhou-a. Só tinham beleza. Entretanto, qualquer urubu... que raiva..." (Ana Maria Machado)

No trecho a seguir, há uma fala da personagem, mesclada com a narração: "Para que estar catando defeitos no próximo?".

> "D. Aurora sacudiu a cabeça e afastou o juízo temerário. Para que estar catando defeitos no próximo? Eram todos irmãos. Irmãos." (Graciliano Ramos)

Exemplo de uma transposição de discurso direto para indireto:

> Ana perguntou:
>
> – Qual a resposta correta?
>
> Ana perguntou qual era a resposta correta.

Ressalta-se que nas questões de reescrita que tratam da transposição de discursos, é mais frequente a substituição do direto pelo indireto.

REDAÇÃO

1 REDAÇÃO PARA CONCURSOS PÚBLICOS

A questão discursiva (redação) assusta muitos candidatos. Afinal, escrever de acordo com a norma culta da Língua Portuguesa, respeitando as inúmeras regras gramaticais, é tarefa que exige muita atenção. Além disso, é necessário que o candidato apresente bons argumentos dentro de uma estrutura na qual as ideias tenham coesão e façam sentido (coerência). Por isso, é importante que a redação seja estudada e treinada ao longo da preparação para o concurso almejado.

1.1 Por que tenho que me preparar com antecedência para a redação?

Quando a redação (questão discursiva) é solicitada, em geral, é uma etapa eliminatória (se o candidato não alcançar a nota mínima, é eliminado do concurso). Então, por ter peso significativo, podendo colocá-lo na lista de classificação ou tirá-lo dela, merece atenção especial.

Entretanto, não se pode dar início ao estudo para concurso pela redação. É necessário que o aluno tenha conhecimento das regras gramaticais, da estrutura sintática das orações e dos períodos, dos elementos de coesão textual, ou seja, é essencial uma maturidade para, então, produzir um texto. Além do domínio da norma culta, deve-se dedicar à disciplina de Atualidades, que, muitas vezes, já vem prevista no edital. Quem tem conhecimento do assunto se sente mais confortável para escrever.

1.2 Os primeiros passos

Antes de começar a praticar a produção de textos, é importante ler o edital de abertura do concurso (quando já tiver sido publicado; quando não, leia o último) para entender os critérios de avaliação da sua prova discursiva e sobre qual assunto o tema versará.

Veja aguns exemplos:

CONCURSO	EDITAL - PROVA DISCURSIVA	ASSUNTO COBRADO - TEMA	A PROPOSTA
DEPEN - 2015	A prova discursiva valerá 20,00 pontos e consistirá da redação de texto dissertativo, de até 30 linhas, acerca de tema de atualidades, constantes do subitem 22.2 deste edital.	Os assuntos que o tema pode abordar foram disponibilizados no edital. Atualidades: 1 Sistema de justiça criminal. 2 Sistema prisional brasileiro. 3 Políticas públicas de segurança pública e cidadania.	**SEGURANÇA PÚBLICA: POLÍCIA E POLÍTICAS PÚBLICAS** Ao elaborar seu texto, faça o que se pede a seguir. > Disserte a respeito da segurança como condição para o exercício da cidadania. [valor: 25,50 pontos] > Dê exemplos de ação do Estado na luta pela segurança pública. [valor: 25,50 pontos] > Discorra acerca da ausência do poder público e a presença do crime organizado. [valor: 25,00 pontos]
PC-PR - 2018	A Redação, com no mínimo 15 e no máximo 25 linhas, versará sobre um tema da atualidade	Tema da atualidade, ou seja, pode ser cobrado qualquer assunto.	Com base na coletânea e nos conhecimentos sobre o tema, redija um texto dissertativo-argumentativo que coloque em discussão **a importância da correta emissão e decodificação da mensagem, bem como o repasse dessa mensagem ao interlocutor, seja na modalidade escrita ou oral.**
PF-2018 PERITO CRIMINAL	Para o cargo de Perito Criminal Federal, a prova discursiva, de caráter eliminatório e classificatório, valerá 13,00 pontos e consistirá da redação de texto dissertativo, de até 30 linhas, a respeito de temas relacionados aos conhecimentos específicos para cada cargo/área.	O tema tratará das matérias de conhecimentos específicos do cargo, ou seja, será um assunto do conteúdo programático.	Considerando que o texto precedente tem caráter unicamente motivador, redija um texto dissertativo acerca do **impacto da LRF na gestão pública**, abordando, necessariamente, os seguintes aspectos: 1. o processo de planejamento; [valor: 4,10 pontos] 2. as receitas e a renúncia fiscal; [valor: 4,10 pontos] 3. as despesas com pessoal. [valor: 4,20 pontos]
PRF - 2018	A prova discursiva valerá 20,00 pontos e consistirá da redação de texto dissertativo, de até 30 linhas, a respeito de temas relacionados aos objetos de avaliação.	O tema tratará de algum assunto relacionado ao conteúdo programático.	**O COMBATE ÀS INFRAÇÕES DE TRÂNSITO NAS RODOVIAS FEDERAIS BRASILEIRAS** Ao elaborar seu texto, aborde os seguintes aspectos: 1. medidas adotadas pela PRF no combate às infrações; [valor: 7,00 pontos] 2. ações da sociedade que auxiliem no combate às infrações; [valor: 6,00 pontos] 3. atitudes individuais para a diminuição das infrações. [valor: 6,00 pontos]
PM-SP - 2019 - SOLDADO	Prova Dissertativa (Parte II), de caráter eliminatório e classificatório, visa avaliar a capacidade do candidato de produzir uma redação que atenda ao tema e ao gênero/tipo de texto propostos, além de seu domínio da norma culta da língua portuguesa e dos mecanismos de coesão e coerência textual;	Não foi informado o tema nem o tipo de texto (dissertativo, narrativo, descritivo).	A popularização da internet ameaça o poder de influência da televisão?

A partir disso, o aluno deve direcionar a sua leitura para temas da atualidade, para matéria do conteúdo programático (conhecimentos específicos) ou para assunto relacionado ao cargo ou à instituição a que está concorrendo. É crucial que conheça a banca examinadora e que tenha contato com as provas anteriores a fim de observar o perfil das propostas de redação.

Em geral, as bancas de concursos públicos exigem textos dissertativos e apontam qual assunto o tema abordará (atualidades ou conteúdo programático). Quando isso não ocorrer, deve-se levar em consideração o perfil da banca e as provas anteriores para o mesmo cargo.

1.3 Orientações para o texto definitivo

a) Não use a 1ª pessoa do singular: os textos formais exigem a impessoalização da linguagem. Isso significa que, às vezes, é necessário omitir os agentes do discurso e as diversas vozes que compõem um texto. Então, empregue a terceira pessoa do singular ou do plural.

Ex.: **Eu acredito** que a pena de morte deve ser aplicada em casos de crimes hediondos. (Incorreto)

Acredita-se que a pena de morte deve ser aplicada em casos de crimes hediondos. (Correto)

Devemos analisar alguns fatores que contribuem para esse problema. (incorreto)

Alguns fatores que contribuem para esse problema devem ser analisados. (Correto)

Atenção!

A primeira pessoa do plural deve ser um sujeito socialmente considerado, como em "Nós (brasileiros) devemos entender que o voto é uma importante ferramenta para se alcançar uma mudança." Não empregue de forma indiscriminada.

Como impessoalizar a linguagem do texto dissertativo-argumentativo?

▹ **Oculte o agente:**

Para deixar o discurso mais objetivo, prefira por ocultar o agente sempre que possível. Isso pode ser feito por meio de expressões como: é importante, é preciso, é indispensável, é urgente, é crucial, é necessário, já que elas não revelam o agente da ação:

Ex.: É necessário discutir alguns aspectos relacionados a essa temática.

É essencial investir em educação para minimizar tais problemas.

▹ **Indetermine o sujeito:**

Indeterminar o sujeito também é uma estratégia de ocultar o agente da ação verbal. A melhor forma de empregar essa técnica é por meio do pronome indeterminador do sujeito (se).

| Muito **se** tem discutido sobre a redução da maioridade penal.

Acredita-se que a desigualdade social contribui para o aumento da violência.

▹ **Empregue a voz passiva:**

Na voz passiva, o sujeito da oração torna-se paciente, isto é, ele sofre a ação expressa pelo fato verbal. Empregá-la é um recurso que também oculta o agente da ação.

Ex.: Devem ser analisados alguns fatores que contribuem para o aumento da violência.

Medidas devem ser tomadas para a pacificação da sociedade.

a) Jamais se dirija ao leitor: o leitor é o examinador e o candidato não deve estabelecer um diálogo com ele.

b) Não use gírias; clichês, provérbios e citações sem critério. você pode acabar errando o autor da expressão (o que pega muito mal), ou até mesmo usá-la fora de contexto, o que pode direcionar a sua redação para um lado que você não quer. Os ditados populares empobrecem o texto. Os examinadores não gostam de ver o senso comum se repetindo.

| Desde os primórdios da humanidade; fechar com chave de ouro.

a) Evite a construção de períodos longos: pode prejudicar a clareza textual. Além disso, procure escrever na ordem direta.

b) Respeite as margens da folha de redação: não ultrapasse o limite estipulado na folha do texto definitivo.

c) Não use corretivo: se errar alguma palavra, risque (com um traço penas) e prossiga. Não use parênteses nem a palavra "digo".

| A sociadade sociedade deve se conscientizar do seu papel.

a) Evite algarismos, a não ser que se trate de anos, décadas, séculos ou referências a textos legais (artigos, decretos, etc.).

b) A letra deve ser legível: pode ser letra cursiva ou de imprensa. Não se esqueça de fazer a distinção entre maiúscula e minúscula.

c) Cuidado com a separação silábica.

Translineação: é a divisão das palavras no fim da linha. Eva em conta não apenas critérios de correção gramatical, mas também recomendações estilísticas (estética textual).

1) Não se isola sílaba forma apenas por uma vogal;

2) Não se isola elemento cacofônico;

3) Na partição de palavras hifenizadas, recomenda-se repetir o hífen na linha seguinte.

Maria foi secretária, ministra e era muito **a-**
miga do antigo presidente. Quando entrou na dis-
puta eleitoral, todos nós esperávamos que, lançando-
se candidata, facilmente ganharia as eleições.
INADEQUADO

Maria foi secretária, ministra e era muito
amiga do antigo presidente. Quando entrou na **disputa**
eleitoral, todos nós esperávamos que, lançando-
-se candidata, facilmente ganharia as eleições.
ADEQUADO

a) Não use as palavras generalizadoras, afinal sempre há uma exceção, um exemplo contrário ou algo assim.

| "Todos jogam lixo no chão" ou "Ninguém faria isso" ou "Isso jamais vai acontecer, é impossível."

a) Não invente dados estatísticos, pesquisas, mentiras convincentes.

b) Não use a ironia. A ironia é uma figura de linguagem que não deve ser utilizada no texto dissertativo argumentativo. Nele nada deve ficar subentendido. A escrita deve ser sempre clara, sem nada oculto, sem gracinha e de forma argumentativa.

c) Não é uma boa ideia usar palavras rebuscadas. Seu texto pode ficar sem fluência e clareza, dificultando a compreensão do corretor. Lembre-se: linguagem formal não é sinônimo de linguagem complicada.

| Hodiernamente, mister, mormente, dessarte, etc.

a) Evite estrangeirismo: empregar palavras estrangeiras em meio à nossa língua de forma desnecessária. Não é necessário fazer isso se há no português uma palavra correspondente que pode ser usada.

| Ex.: Stress em vez de estresse

b) Não se utilize de pergunta retórica.

Pergunta retórica: é uma interrogação que não tem como objetivo obter uma resposta, mas sim estimular a reflexão do indivíduo sobre determinado assunto.

1.4 Temas e textos motivadores

Os textos motivadores - um grupo de textos apresentados junto à proposta de redação - têm a função de situar o candidato acerca do tema proposto, fornecendo elementos que possam ajudá-lo a refletir sobre o assunto abordado. Tais textos servem para estimular ideias para o desenvolvimento do tema e são úteis por ajudar a manter o foco temático.

O papel dos textos motivadores da prova de redação é o de motivar, inspirar e contextualizar o candidato em relação ao tema proposta.

Esses textos não estão ali por acaso, então devem ser utilizados, e podem evitar que o candidato escreva uma redação genérica. Contudo, não podem ser copiados, pois as provas que contêm cópias terão as linhas desconsideradas e podem, quando em excesso, levar à nota zero.

Então, a intenção não é que o aluno reproduza as informações contidas nos textos motivadores. O que se deseja é que o candidato leia os textos, interprete-os e reelabore-os, interligando-os à sua discussão. Assim sendo, o ideal é retirar de cada texto motivador as ideias principais e que podem ser utilizadas na sua produção escrita.

Leia todos com atenção e não se esqueça de procurar estabelecer uma relação entre eles, ou seja, busque os pontos em comum, e os conecte de uma maneira que defina argumentos consistentes para sua redação. Escreva as principais ideias em forma de tópicos e com as suas palavras.

1.4.1 Tipos de textos motivadores

Os textos motivadores podem ser de vários tipos

▷ Matérias jornalísticas/ Reportagens

Um dos tipos mais comuns de textos motivadores são as matérias jornalísticas. Para que haja maior entendimento sobre elas, análise:

O que acontece?

Com quem acontece?

Em que lugar acontece?

Quando acontece?

De que modo acontece?

Por que acontece?

Para que acontece?

▷ Charges/Tirinhas

As charges ou as tirinhas são uma forma curta e, muitas vezes, descontraída de apresentar informações relevantes para a produção do texto. Repare nelas:

Os personagens;

O ambiente;

O assunto principal;

A linguagem utilizada (formal, informal, com figuras de linguagem ou não, com marcas de regionalismo ou não etc.).

▷ Gráficos

Os gráficos possibilitam uma leitura mais ágil das informações. Ao se deparar com eles, observe o seguinte:

O título;

As informações na horizontal e na vertical;

A forma como os índices foram representados (colunas, fatias etc.);

O uso de cores diferentes (caso haja);

A fonte da qual as informações foram coletadas.

▷ Imagens

Muitas vezes as imagens podem vir sem nenhuma palavra. Se isso ocorrer, note:

O que é a imagem (foto, quadro etc.)?

Quem é o autor dela?

Qual é o assunto principal?

O que está sendo retratado?

Há marcas temporais ou regionais na imagem?

Se o aluno não souber nada sobre a temática apresentada, os textos motivadores podem ser um ótimo suporte. Além dos dados expostos, tais textos também provocam a reflexão sobre outros aspectos do problema e jamais devem ser ignorados.

1.5 Título

O título só é obrigatório se for solicitado nas instruções da prova de redação.

Pode ser que a Banca examinadora deixe o espaço para o título, nesse caso, ele também é obrigatório.

Se puser o título e não for obrigatório (não for exigido), não receberá mais pontos por isso e só terá pontos descontados se contiver algum erro nele.

Caso se esqueça de colocar título quando for obrigatório, a redação não será anulada, mas poderá ter pontos (poucos) descontados.

Dicas:

- Nunca utilize tema como título;
- Não coloque ponto final;
- Não escreva todas as palavras com letra maiúscula;
- Não pule linha depois do título;
- Construa-o quando terminar o texto.

1.6 O texto dissertativo

Dissertar significa expor algum assunto. Dependendo da maneira como o esse assunto seja abordado, a dissertação poder ser **expositiva** ou **argumentativa**.

▷ **Dissertação expositiva: apresenta informações sobre assuntos, expõe, explica, reflete ideias de modo objetivo, imparcial. O autor é o porta-voz de uma opinião, ou seja, a intenção é expor fatos, dados estatísticos, informações científicas, argumentos de autoridades etc. Este tipo de texto pode ter duas abordagens:** Estudo de Caso (em que é apresentada uma solução para a situação hipotética apresentada) e Questão Teórica (em que é preciso apresentar conceitos, normas, regras, diretrizes de um determinado conteúdo).

Vejamos um exemplo do tipo expositivo.

A forma temporária como tratam os vídeos criados reflete outro aspecto característico desses apps. Em oposição à noção de que tudo o que é postado na internet fica registrado para a eternidade (e tem potencial de se transformar em viral), os aplicativos querem passar a sensação de efêmero. Quem não viu a transmissão ao vivo dificilmente terá nova chance. Nisso, eles se assemelham a outro app de sucesso, o Snapchat, serviço de troca de mensagens pelo qual o conteúdo é destruído segundos após ser recebido pelo destinatário.

(VE JA, 2015, p. 98)

▷ **Dissertação argumentativa:** defende uma tese (ideia, ponto de vista) por meio de estratégias argumentativas. Tem a intenção de persuadir (convencer) o interlocutor. Em geral, há o predomínio da linguagem denotativa, de conectores de causa-efeito, de verbos no presente.

Vejamos agora um exemplo do tipo argumentativo.

Fazer pesquisa crítica envolve difíceis decisões de cunho ético e político a fim de que, não importa quais sejam os resultados de nossos estudos, nosso compromisso com os sujeitos pesquisados seja mantido. A questão é complexa por causa das múltiplas realidades dos múltiplos participantes envolvidos na pesquisa naturalística da visa social. Por exemplo, no projeto de pesquisa de referência neste artigo, havia um componente que envolvia a observação participante da sala de aula, isto é, a observação à procura das unidades e elementos significativos para os próprios participantes da situação.

(KLEIMAN, 2001, p. 49)

Quando o texto dissertativo se dedica mais a expor ideias, a fazer que o leitor/ouvinte tome conhecimento de informações ou interpretações dos fatos, tem caráter expositivo e podemos classificá-lo como expositivo. Quando as interpretações expostas pelo texto dissertativo vão mais além nas intenções e buscam explicitamente convencer o leitor/ouvinte sobre a validade dessas explicações, classifica-se o texto como argumentativo (COROA , 2008b, p. 121).

Vale mencionar que, muitas, vezes, nos editais, não fica claro se o texto será expositivo ou argumentativo. Quando isso ocorrer, o candidato deve analisar as provas anteriores para traçar o perfil da banca examinadora. Mas não se preocupe, pois a estrutura de ambos é igual, ou seja, os dois tipos de texto devem conter introdução, desenvolvimento e conclusão. Além disso, no primeiro parágrafo, deve haver a apresentação da ideia central que será desenvolvida.

Veja as propostas a seguir:

Foi recentemente publicado no Americam Journal of Preventive Medicine um estudo com adultos jovens, de 19 a 32 anos de idade, apontando que quanto maior o tempo dispendido em mídias sociais de relacionamento, maior a sensação de solidão das pessoas. Além disso, esse estudo demonstrou também que quanto maior a frequência de uso, maior a sensação de isolamento social.

(Adaptado de: ESCOBAR, Ana. Disponível em: http://g1.globo.com)

Com base nas ideias do texto acima, redija uma dissertação sobre o tema:

Isolamento social na era da comunicação virtual

A partir da proposta apresentada, pode-se inferir que o examinador quer saber o ponto de vista (opinião) do candidato em relação ao assunto. A intenção é que seja apontado o que ele pensa a respeito do tema, e não que ele apresente de forma objetiva informações a fim de esclarecer determinado assunto. Então, resta claro que a dissertação terá caráter argumentativo.

Agora veja a proposta seguinte:

A segurança jurídica tem muita relação com a ideia de respeito à boa-fé. Se a administração adotou determinada interpretação como a correta e a aplicou a casos concretos, não pode depois vir a anular atos anteriores, sob o pretexto de que os mesmos foram praticados com base em errônea interpretação. Se o administrado teve reconhecido determinado direito com base em interpretação adotada em caráter uniforme para toda a administração, é evidente que a sua boa-fé deve ser respeitada. Se a lei deve respeitar o direito adquirido, o ato jurídico perfeito e a coisa julgada, por respeito ao princípio da segurança jurídica, não é admissível que os direitos do administrado fiquem flutuando ao sabor de interpretações jurídicas variáveis no tempo.

Maria Sylvia Zanella Di Pietro. Direito administrativo. p. 85 (com adaptações).

Considerando que o texto apresentado tem caráter estritamente motivador, elabore uma dissertação a respeito dos atos administrativos e da segurança jurídica no direito administrativo brasileiro, abordando, necessariamente, os seguintes aspectos:

1. os elementos de validade do ato administrativo e os critérios para sua convalidação; [valor: 14,00 pontos]

2. distinção entre ato administrativo nulo, anulável e inexistente; [valor: 10,00 pontos]

3. o controle exercido de ofício pela administração pública sobre os seus atos e o dever de agir e de prestar contas. [valor: 14,00 pontos]

Considerando o tema proposto e os tópicos apresentados, pode-se perceber que o candidato deve, necessariamente, produzir um texto expositivo, já que o examinador avaliará o conhecimento técnico dele sobre o assunto, e não o seu ponto de vista, a sua opinião. Para isso, deverá fundamentar suas ideias por meio de leis, doutrina, jurisprudência, citação de uma autoridade no assunto.

1.7 Estrutura do texto dissertativo

Não há dúvida de que todo texto dissertativo (expositivo ou argumentativo) deve ter início, meio e fim, ou seja, introdução, desenvolvimento e conclusão.

- **Introdução:** a importância da introdução é evidente, pois é ela que determina o tom do texto, o encaminhamento do desenvolvimento e sua estrutura. Então, ela deve ser vista como um compromisso que o autor assume com o restante do desenvolvimento. Nela haverá a contextualização do assunto que será desenvolvido ao longo do texto, ou seja, apresentação da ideia que será defendida (argumentação) ou esclarecida (exposição).
- **Desenvolvimento:** é a parte da redação em que há o desenvolvimento da ideia apresentada no primeiro parágrafo. Vai ocorrer a comprovação da tese por meio de argumentos – texto argumentativo – ou a exposição de informações a fim de esclarecer um assunto – texto expositivo.

Estrutura dos parágrafos de desenvolvimento:

Tópico frasal: apresentação da ideia-núcleo que será desenvolvida(introdução);

Comprovação da ideia-núcleo (desenvolvimento);

Fechamento do parágrafo (conclusão).

Jamais construa parágrafos com apenas um período. Os parágrafos de desenvolvimento devem ter, no mínimo, três períodos.

- **Conclusão:** consiste no fechamento das ideias apresentadas. Não podem ser expostos argumentos novos nesse parágrafo. O que ocorre é a retomada da ideia central (tese ou tema) e a apresentação das considerações finais.

2 DISSERTAÇÃO EXPOSITIVA E ARGUMENTATIVA

2.1 Dissertação expositiva

A dissertação expositiva tende à simples exposição de ideias, de informações, de definições e de conceitos, sem necessidade de um forte convencimento do leitor.

Quando o texto dissertativo se dedica mais a expor ideias, a fazer que o leitor/ouvinte tome conhecimento de informações ou interpretações dos fatos, tem caráter expositivo e podemos classificá-lo como expositivo. (COROA , 2008b, p. 121).

2.2 Estrutura do texto dissertativo-expositivo

Na introdução, há a apresentação do tema (parágrafo mais curto). Como não há tese, o candidato deve fazer a apresentação do tema (ideia central do texto).

▷ **Tipos de introdução:**

- **Definição:** tem por objetivo expor uma definição, uma ideia, uma expressão. Para isso, é importante ter como referência os sentidos expostos em dicionários, leis, doutrinas, etc.
- **Paráfrase:** é uma reescritura do tema e dos tópicos apresentados na proposta de redação. Não pode haver alteração de sentido e deve ser respeitada a simetria (paralelismo) sintático e semântico.
- **Citações e estatísticas:** neste tipo de introdução, o candidato traz uma frase (citação) de algum especialista no assunto, ou estatísticas a respeito do tema. Importante tomar cuidado para não trazer citações "vazias", que não sejam relacionadas ao assunto, e também se preocupar em fazer uma análise a respeito das estatísticas trazidas, para que elas não fiquem deslocadas.

▷ No desenvolvimento, há a apresentação de informações sobre assuntos, exposição, explicação de ideias de modo objetivo, fundamentação por meio de leis, citação de autores, exemplos etc. Segundo fulano de tal, ...; Segundo a Lei Tal,..., Conforme entendimento do STF, ... Em outras palavras, há presença de dados polifônicos. Não há opinião do candidato aqui, e sim apresentação do seu conhecimento técnico sobre determinado assunto.

ELEMENTOS COESIVOS PARA INCIAR OS PARÁGRAFOS DE DESENVOLVIMENTO

A primeira delas... A primeira dessas questões ... O primeiro desses pontos ... Em primeiro lugar, ...	→	**1º PARÁGRAFO DE DESENVOLVIMENTO**
Outra questão importante é... Também é de suma importância ... O segundo dos aspectos ... Além disso, ... Em segundo lugar, ...	→	**2º PARÁGRAFO DE DESENVOLVIMENTO**
Há de se considerar também, ... Há de se considerar, por último, ... O terceiro dos aspectos, ...	→	**3º PARÁGRAFO DE DESENVOLVIMENTO**

▷ Na conclusão, ocorrerá a retomada da ideia central.

Tipos de conclusão:

- **Síntese:** consiste em sintetizar as ideias que foram abordadas ao longo da dissertação, confirmando a ideia central que aparece na introdução do texto.
- **Proposta de intervenção:** elaborar uma sugestão para solucionar o problema posto em debate na proposta de redação. Essas sugestões precisam ter três características muito importantes. Em primeiro lugar, é preciso que elas sejam aplicáveis ao tema e ao que foi dito no texto. Além disso, as sugestões precisam ser detalhadas. A proposta bem elaborada deve conter um detalhamento do que fazer, como fazer, os meios e os participantes da proposta. Por último, proposta apresentada deve ser executável, ou seja, possível de ser realizada. Não adianta apresentar soluções utópicas e fantasiosas, pois elas não serão realizadas.
- **Dedução:** trata-se de um processo de raciocínio em que a conclusão é alcançada a partir de um conjunto de premissas abordadas em uma afirmação e que constroem um pensamento lógico. Isso se chama "regras de inferência". O candidato vai explorar nos parágrafos dedicados ao desenvolvimento da dissertação, tudo aquilo que sabe sobre o tema, fazer as devidas relações e, no momento da conclusão, manifestar o que se pode deduzir dessas informações.

ELEMENTOS COESIVOS PARA INCIAR O ÚLTIMO PARÁGRAFO

Por fim, ...

Por último, ...

Finalmente, ...

Em último lugar, ...

2.3 Propostas de dissertação expositiva

PROPOSTA I

A remição de pena, ou seja, o direito do condenado de abreviar o tempo imposto em sua sentença penal, pode ocorrer mediante trabalho, estudo e, de forma mais recente, pela leitura, conforme disciplinado pela Recomendação n.º 44/2013 do CNJ. A remição de pena, prevista na Lei de Execução Penal, está relacionada ao direito constitucional de individualização da pena. Dessa forma, as penas devem ser justas e proporcionais, além de particularizadas, levando-se em conta a aptidão à ressocialização demonstrada pelo apenado por meio do estudo ou do trabalho.

A possibilidade de remir a pena por meio da leitura já é realidade em diversos presídios do país. De acordo com a Recomendação n.º 44/2013 do CNJ, deve ser estimulada a remição pela leitura como forma de atividade complementar, especialmente para apenados aos quais não sejam assegurados os direitos ao trabalho, à educação e à qualificação profissional. Para isso, há necessidade de elaboração de um projeto pela autoridade penitenciária estadual ou federal com vistas à remição pela leitura, assegurando-se, entre outros critérios, a participação voluntária do preso e a existência de um acervo de livros dentro da unidade penitenciária. Segundo a norma, o preso deve ter o prazo de 21 a 30 dias para a leitura de uma obra, apresentando, ao final do período, uma resenha a respeito do assunto, que deverá ser avaliada pela comissão organizadora do projeto. Cada obra lida possibilita a remição de quatro dias de pena, com o limite de doze obras por ano, ou seja, no máximo 48 dias de remição por leitura a cada doze meses.

Internet: <www.cnj.jus.br> (com adaptações).

A Assembleia Legislativa do Ceará aprovou projeto de lei que altera o art. 4.º da Lei n.º 15.718/2014, elaborada conforme recomendação do CNJ. O projeto de lei torna expressa a possibilidade da leitura de livros religiosos proporcionarem a remição da pena em execução penal. Segundo a Secretaria de Administração Penitenciária (SAP), atualmente, no projeto Livro Aberto, são 5.100 detentos que leem mensalmente em 17 unidades prisionais do Ceará. O preso escolhe, a cada mês, uma obra literária dentre os títulos selecionados para a leitura, o que agora poderá incluir livros religiosos. Em seguida, o apenado redigirá relatório de leitura ou resenha — a ser elaborados de forma individual, presencial e em local adequado —, devendo atingir nota igual ou superior a 6,0 para ser aprovado pela Secretaria de Educação do Estado do Ceará (SEDUC). Depois, isso é levado para a vara judicial, para ser avaliada a redução da pena.

Internet: <www.ceara.gov.br> (com adaptações).

É indiscutível que a obra literária tem o poder de reorganizar a nossa visão de mundo, nossa mente e nossos sentimentos, tocando nosso espírito por meio das palavras, que não são apenas a forte presença do nosso código; elas comunicam sempre alguma coisa que nos toca, porque obedece a certa ordem. O caos originário dá lugar à ordem e, por conseguinte, a mensagem pode atuar. Uma boa notícia é que toda obra literária pressupõe essa superação do caos, determinada por um arranjo especial das palavras, fazendo uma proposta de sentido.

Maria Luzineide P. da C. Ribeiro e Maria do Rosário C. Rocha. Olhando pelo avesso: reflexões sobre a remição de pena pela leitura e a escolarização nas prisões brasileiras. In: Fernanda Marsaro dos Santos et al. (Org.). Educação nas prisões. 1.ª ed. Jundiaí: Paco, 2019, p. 203 (com adaptações).

A leitura é um poderoso instrumento de ascensão social, de amadurecimento do ser em relação à sua função dentro de uma complexa sociedade, de absorção da sua cultura ao redor (...) é uma atividade essencial a qualquer área do conhecimento e mais essencial ainda à própria vida do ser humano.

Fernanda M. dos Santos, Gesuína de F. E. Leclerc e Luciano C. Barbosa. Leitura que liberta: uma experiência para remição de pena no Distrito Federal. In: Fernanda Marsaro dos Santos et al. (Org.). Educação nas prisões. 1.ª ed. Jundiaí: Paco, 2019, p. 21.

Considerando que os textos anteriormente apresentados têm caráter unicamente motivador, redija um texto dissertativo abordando os seguintes aspectos acerca da remição de pena pela leitura.

1 A remição de pena pela leitura como forma de ressocialização. [valor: 9,50 pontos]

2 A importância da leitura como forma de reorganização da visão de mundo do detento. [valor: 9,50 pontos]

3 Possibilidades e desafios da implementação de projetos de leitura no sistema prisional brasileiro. [valor: 9,50 pontos]

Padrão de resposta da banca

O candidato deve redigir um texto dissertativo em que aborde os aspectos propostos, acerca da remição de pena pela leitura, de maneira clara e coerente, empregando mecanismos de coesão textual. O candidato deve demonstrar conhecer a atualidade do tema da remição de pena pela leitura como forma de ressocialização, bem como discorrer sobre a importância da leitura como possibilidade de ampliação da visão de mundo do participante do projeto dentro do estabelecimento prisional. Para tanto, pode, por exemplo, mencionar a Jornada da Leitura no Cárcere, evento cuja primeira edição ocorreu em fevereiro de 2020, com apoio do CNJ, a fim de identificar, refletir e disseminar as boas práticas de leitura no sistema carcerário. Por fim, o candidato deve discorrer sobre possibilidades de projetos de leitura que podem ser implementados no sistema penitenciário brasileiro e os desafios para que projetos dessa natureza sejam colocados em prática.

PROPOSTA II

Lei n.º 12.305, de 2 de agosto de 2010

Art. 6.º São princípios da Política Nacional de Resíduos Sólidos:

(...)

VI – a cooperação entre as diferentes esferas do poder público, o setor empresarial e demais segmentos da sociedade;

VII – a responsabilidade compartilhada pelo ciclo de vida dos produtos;

VIII – o reconhecimento do resíduo sólido reutilizável e reciclável como um bem econômico e de valor social, gerador de trabalho e renda e promotor de cidadania;

IX – o respeito às diversidades locais e regionais;

(...).

Internet: <mma.gov.br> (com adaptações).

Média da composição gravimétrica dos resíduos sólidos gerados no Brasil resíduos participação

Resíduos	Participação (%)	Quantidade (t por dia)
Material reciclável	31,9	58.527,40
metais	2,9	5.293,50
aço	2,3	4.213,70
alumínio	0,6	1.079,90
papel, papelão e tetrapak	13,1	23.997,40
plástico total	13,5	24.847,90
plástico firme	8,9	16.399,60
plástico rígido	4,6	8.449,30
vidro	2,4	4.388,60
material orgânico	51.4	94.335,10
outros	16,7	30.618,90
total	100	183.481,50

Internet: <www.politize.com.br> (com adaptações).

À proporção em que aumenta o número de habitantes nas cidades, cresce a geração de lixo. Observa-se que as cidades, cada vez mais, apresentam dificuldades para implantar, ordenar e gerenciar de modo sustentável os resíduos por elas gerados. Nesse contexto, em 12/8/2010, foi instituída a Política Nacional de Resíduos Sólidos (PNRS), pela Lei n.º 12.305/2010, que definiu princípios, objetivos, instrumentos e diretrizes relativos à gestão e ao gerenciamento de resíduos sólidos, incluídos os perigosos, em âmbito nacional.

Entre os conceitos introduzidos está o de responsabilidade compartilhada pelo ciclo de vida dos produtos: "conjunto de atribuições individualizadas e encadeadas dos fabricantes, importadores, distribuidores e comerciantes, dos consumidores e dos titulares dos serviços públicos de limpeza urbana e de manejo dos resíduos sólidos, para minimizar o volume de resíduos sólidos e rejeitos gerados, bem como para reduzir os impactos causados à saúde humana e à qualidade ambiental decorrentes do ciclo de vida dos produtos, nos termos desta Lei". Isso quer dizer que a lei exige que as empresas assumam o retorno de seus produtos descartados e cuidem da adequada destinação ao final de seu ciclo de vida útil.

Internet: <oeco.org.br> (com adaptações).

Cerca de 80% do impacto de um produto na natureza está relacionado ao seu design e a toda a cadeia logística. Assim, torna-se necessário rever os tipos de materiais produzidos e repensar suas formas de produção, para que seu destino final seja o começo de um novo ciclo, e não os aterros sanitários e os oceanos. O principal objetivo da economia circular é acabar com os resíduos, ou seja, não gerar desperdício.

Internet: <positiva.eco.br> (com adaptações).

Considerando que os fragmentos de texto precedentes têm caráter motivador, redija um texto dissertativo sobre o seguinte tema.

O DESCARTE DE RESÍDUOS SÓLIDOS NO BRASIL NO SÉCULO XXI

Ao elaborar seu texto, responda aos seguintes questionamentos.

1. Por que o modelo de descarte de resíduos sólidos predominante até o início do século XXI deve ser substituído? [valor: 9,50 pontos]

2. Em que consistem a economia circular e a responsabilidade compartilhada e de que forma esses novos conceitos podem impactar a economia do país? [valor: 19,00 pontos]

Padrão de resposta da banca

Com relação ao aspecto 1, o candidato pode mencionar que o modelo de descarte de resíduos sólidos predominante até o início do século XXI acarreta as consequências como as mencionadas a seguir:

– para o meio ambiente: nos lixões, os resíduos são depositados a céu aberto, sem tratamento ou controle ambiental, o que contribui para o aumento da poluição; há agravamento do efeito estufa em razão da produção de gás metano e contaminação do lençol freático por meio do chorume que é produzido;

– para a saúde pública: os lixos expostos atraem animais vetores de doenças; os catadores de lixo, nos lixões, ficam expostos ao contato direto com agentes físicos, químicos e biológicos potencialmente nocivos; o sentimento de marginalização dos indivíduos que sobrevivem do descarte alheio é intensificado, o que agrava os problemas sociais existentes;

– para a economia: parte da população marginalizada do mercado formal busca a sobrevivência nos restos produzidos pela sociedade; com isso, prejudica-se a economia que gira em torno do mercado formal e aumentam-se os gastos públicos para a recuperação da saúde das pessoas submetidas a essas condições de insalubridade.

Por essas e por outras razões, o modelo de descarte de resíduos sólidos predominante até o início do século XXI precisa ser substituído por outro, que seja sustentável para o planeta.

Com relação ao aspecto 2, o candidato deve explicitar em que consiste a economia circular e a responsabilidade compartilhada. Pode mencionar, por exemplo, que a economia circular visa ao máximo aproveitamento dos materiais, de forma que se produza o mínimo de resíduos (diferentemente da economia linear, em que algo é produzido, consumido e descartado), e que a responsabilidade compartilhada, que envolve o recolhimento de um produto pela empresa fabricante após o seu ciclo de uso, para que se dê a destinação adequada a ele, favorece o reaproveitamento de materiais e a diminuição da produção de resíduos. Assim, a economia circular e a responsabilidade compartilhada impactam o modo de fabricação de produtos, uma vez que visam cada vez mais ao reaproveitamento dos materiais que já existem e cada vez menos ao emprego de novas matérias-primas, o que se reverte em menos danos ao meio ambiente. A economia circular e a responsabilidade compartilhada impactam, ainda, o modo como um produto é consumido e a valorização de suas características: um produto de vida útil mais longa, fabricado com materiais que podem ser reaproveitados ou que se decompõem mais rapidamente, é mais valorizado, em detrimento daquele que não compartilha dessas características, como o produto gerado sob condição de obsolescência programada, por exemplo.

PROPOSTA III

O Estado, como pessoa jurídica, é um ser intangível. Somente se faz presente no mundo jurídico por meio de seus agentes, pessoas físicas cuja conduta é a ele imputada. O Estado, por si só, não pode causar danos a ninguém. Segundo o direito positivo, o Estado é civilmente responsável pelos danos que seus agentes causarem a terceiros. Sendo-o, incumbe-lhe reparar os prejuízos causados, mediante obrigação de pagar as devidas indenizações.

José dos Santos Carvalho Filho. Manual de direito administrativo. 32.ª ed. São Paulo: Atlas, 2018 (com adaptações).

Considerando que o fragmento de texto anteriormente apresentado tem caráter unicamente motivador, redija um texto dissertativo acerca da responsabilidade civil do Estado, abordando, necessariamente, os seguintes tópicos:

1 a teoria da responsabilidade civil do Estado atualmente aplicada no direito brasileiro; [valor: 9,00 pontos]

2 requisitos da responsabilidade civil; [valor: 20,00 pontos]

3 direito de regresso. [valor: 9,00 pontos]

Padrão de resposta da banca

1 A teoria da responsabilidade civil do Estado aplicada atualmente no direito brasileiro é a teoria da responsabilidade objetiva do Estado. Ela dispensa o fator culpa em relação ao fato danoso, ou seja, a culpa é desconsiderada com pressuposto da responsabilidade. Esta teoria é informada pela teoria do risco administrativo e pela teoria do risco integral. Na primeira, é possível aplicar as causas excludentes da responsabilidade do Estado (culpa da vítima, culpa de terceiros ou força maior). Na segunda, não.

2 Os requisitos da responsabilidade civil do Estado são: a) fato administrativo, que é considerado qualquer conduta, comissiva ou omissiva, legítima ou ilegítima, singular ou coletiva, atribuída ao poder público; b) dano, pois não há responsabilidade sem que haja o dano, seja material, seja moral; e c) nexo causal, pois somente haverá responsabilidade se houver uma relação de causalidade entre o fato administrativo e o dano. Ao lesado cabe demonstrar que o prejuízo sofrido se originou da conduta estatal.

3 O direito de regresso é garantido ao Estado no sentido de dirigir sua pretensão indenizatória contra o agente responsável pelo dano, se ele tiver agido com dolo ou culpa, conforme dispõe o § 6.º do art. 37 da Constituição Federal de 1988: "Art. 37. (...) § 6.º As pessoas jurídicas de direito público e as de direito privado prestadoras de serviços públicos responderão pelos danos que seus agentes, nessa qualidade, causarem a terceiros, assegurado o direito de regresso contra o responsável nos casos de dolo ou culpa".

PROPOSTA IV

Art. 215. O Estado garantirá a todos o pleno exercício dos direitos culturais e acesso às fontes da cultura nacional, e apoiará e incentivará a valorização e a difusão das manifestações culturais. § 1.º O Estado protegerá as manifestações das culturas populares, indígenas e afro-brasileiras, e das de outros grupos participantes do processo civilizatório nacional.

Brasil. Constituição da República Federativa do Brasil. Brasília - DF: Senado Federal, 1988.

Os direitos culturais protegem o potencial que cada pessoa possui — individualmente, em comunidade com outros e como grupo de pessoas — para desenvolver e expressar sua humanidade e visão de mundo, os significados que atribui a sua experiência e a maneira como o faz. Os direitos culturais podem ser considerados como algo que protege o acesso ao patrimônio e aos recursos culturais que permitem a ocorrência desses processos de identificação e de desenvolvimento.

Entrevista com Farida Shaheed, da ONU. In: Revista Observatório Itaú Cultural, n.º 11, jan.-abr./2011 (com adaptações).

Integrar os direitos culturais ao rol de direitos humanos — ou seja, considerá-los direitos inerentes ao ser humano — traz consequências importantes ao tratamento desses direitos, que não podem, por exemplo, sofrer nenhum tipo de distinção de raça, cor, sexo, língua, religião, opinião política, origem social ou nacional ou condição de nascimento ou riqueza. Tais direitos incorporam, ainda, outras características dos direitos humanos: são fundados no respeito pela dignidade e no valor de cada pessoa; são universais, ou seja, são aplicados de forma igual e sem discriminação a todas as pessoas; são inalienáveis, de modo que ninguém pode ser privado de seus direitos humanos (apesar de eles poderem ser limitados em situações específicas); são indivisíveis, inter-relacionados e interdependentes, já que não é suficiente respeitar apenas parte dos direitos humanos; e devem ser vistos como de igual importância entre si.

Nicolas Allen. Os direitos culturais como direitos humanos: breve sistematização de tratados internacionais. Internet: <http://institutodea.com> (com adaptações).

Considerando que os fragmentos de textos apresentados anteriormente têm caráter unicamente motivador, redija um texto dissertativo abordando:

1 a importância da cultura para a formação integral do ser humano; [valor: 14,00 pontos]

2 a relação entre cultura e cidadania; [valor: 12,00 pontos]

3 o dever do Estado de garantir o acesso à cultura bem como incentivar a difusão e preservação das manifestações culturais. [valor: 12,00 pontos]

Padrão de resposta da banca

Espera-se que o candidato seja capaz de apresentar argumentos coerentes e determinantes para a defesa do importante papel das manifestações culturais na formação integral do ser humano, mostrando como a cultura é um meio essencial de enriquecimento da maneira como o sujeito enxerga a si mesmo e ao mundo que o cerca. Também se espera que o candidato seja capaz de relacionar a cultura à cidadania, mostrando, mediante argumentos e exemplos consistentes, que fazer da cultura um aspecto de destaque nas sociedades é relevante para a convivência social e para o pleno exercício dos direitos dos cidadãos. Por fim, espera-se que o candidato seja capaz de discorrer acerca do dever do Estado de garantir o acesso à cultura bem como incentivar a difusão e preservação das manifestações culturais, como forma de assegurar o pleno exercício da cidadania pelo povo.

PROPOSTA V

A Lei n.º 11.705/2008, conhecida como Lei Seca, por reduzir a tolerância com motoristas que dirigem embriagados, colocou o Brasil entre os países com legislação mais severa sobre o tema. No entanto, a atitude dos motoristas pouco mudou nesses dez anos. Um levantamento, por meio da Lei de Acesso à Informação, indicou mais de 1,7 milhão de autuações, com crescimento contínuo desde 2008. O avanço das infrações nos últimos cinco anos ficou acima do aumento da frota de veículos e de pessoas habilitadas: o número de motoristas flagrados bêbados continua crescendo, em vez de diminuir com o endurecimento das punições ao longo desses anos.

Internet: <g1.globo.com> (com adaptações).

Nas estradas federais que cortam o estado de Pernambuco, durante o feriadão de Natal, a PRF registrou cento e três acidentes de trânsito, com cinquenta e dois feridos e sete mortos. Segundo a corporação, seis motoristas foram presos por dirigir bêbados e houve oitenta e sete autuações pela Lei Seca. Os números são parte da Operação Integrada Rodovia, deflagrada pela PRF. Em 2017, foram registrados noventa acidentes. No ano passado, a ação da polícia teve um dia a menos.

Internet: <g1.globo.com> (com adaptações).

Considerando que os fragmentos de texto acima têm caráter unicamente motivador, redija um texto dissertativo acerca do seguinte tema.

O COMBATE ÀS INFRAÇÕES DE TRÂNSITO NAS RODOVIAS FEDERAIS BRASILEIRAS

Ao elaborar seu texto, aborde os seguintes aspectos:

1 medidas adotadas pela PRF no combate às infrações; [valor: 7,00 pontos]

2 ações da sociedade que auxiliem no combate às infrações; [valor: 6,00 pontos]

3 atitudes individuais para a diminuição das infrações. [valor: 6,00 pontos]

Padrão de resposta da banca

Quanto ao desenvolvimento do tema, o candidato deve, a partir dos textos motivadores, abordar o tema e os aspectos propostos, de maneira clara e coerente, empregando os mecanismos de coesão textual. A abordagem dada ao tema pode variar, mas o candidato deve demonstrar conhecer a atualidade do tema das infrações nas rodovias, que vitimam inúmeras pessoas, além dos próprios ilícitos cometidos.

Com relação ao aspecto 1, espera-se que o candidato aborde medidas que podem ser implementadas ou que já são adotadas pela Polícia Rodoviária Federal no combate às infrações nas rodovias, como o aumento de efetivo, a ampliação do uso de equipamentos eletrônicos, o incremento de operações integradas no combate aos ilícitos, as campanhas institucionais, entre outras.

No aspecto 2, espera-se que o candidato aborde ações que podem ser feitas pela sociedade para diminuição das infrações, como campanhas de iniciativa privada para aumento da conscientização da conduta a ser praticada, palestras em entidades privadas com ampla divulgação, envolvimento com escolas públicas e privadas em busca da conscientização da sociedade, entre outras.

No que se refere ao aspecto 3, espera-se que o candidato aborde atitudes que o indivíduo pode realizar para combater as infrações, como a própria conscientização da conduta correta a ser praticada, a participação de atividades educativas de trânsito, o envolvimento em atividades de ajuda a vítimas de trânsito, entre outras.

Observação: foram citadas algumas medidas, ações e atitudes neste padrão de resposta apenas como exemplos.

2.4 Dissertação argumentativa

A dissertação argumentativa tem o objetivo de convencer o leitor sobre uma tese, por meio de fortes articulações lógicas entre os significados.

Quando as interpretações expostas pelo texto dissertativo vão mais além nas intenções e buscam explicitamente convencer o leitor/ouvinte sobre a validade dessas explicações, classifica-se o texto como argumentativo (COROA , 2008b, p. 121).

2.5 Estrutura do texto dissertativo-argumentativo

Na Introdução, deve haver a contextualização do tema. Em seguida, deve ser apresentada a tese que será desenvolvida (ponto de vista). Por fim, podem ser apresentados os argumentos para a defesa dessa opinião (opcional).

Tipos de introdução

- O candidato pode utilizar a definição ou citações e estatísticas, mas deve, em seguida, apresentar a tese (opinião).
- **Roteiro:** tem por objetivo apresentar ao leitor o roteiro que será seguido durante o desenvolvimento do seu texto tese + argumentos); assim, ao citar o roteiro na introdução, o autor deve segui-lo até o final, para que não haja incoerências.
- **Exemplo:** Em virtude da onda de conservadorismo que o Brasil vive na atualidade, tornam-se comuns as discussões sobre direitos coletivos. Nesse cenário, é importante analisar as causas do conservadorismo moderno e os reflexos dele nos direitos da coletividade.
- **Alusão histórica:** representa um tipo de introdução em que um fato passado se relaciona de algum modo a um fato presente, servindo de ponto de reflexão ou ela semelhanças entre eles, ou pelas diferenças. Após a contextualização, deve ser apresentada a tese.
- **Exemplo:** Por ter pecado nos excessos do liberalismo, a Revolução Francesa foi talvez a que mais contribuiu com o surgimento do conservadorismo. Do mesmo modo, no Brasil esse mesmo processo volta a emergir depois de anos de governo liberal no poder.

▷ O desenvolvimento é o parágrafo em que serão desenvolvidos argumentos para comprovar a tese exposta na introdução. Na primeira frase do parágrafo, ou seja, no tópico frasal é apresentada a ideia central do parágrafo (o argumento). Depois do tópico frasal (introdução), há a comprovação dessa ideia (desenvolvimento) e, por fim, o fechamento do parágrafo (conclusão).

Os diversos argumentos deverão ser sustentados com exemplos e provas que os validem, tornando-os indiscutíveis, como:

- Exemplos;
- Enumeração de fatos;
- Causa e efeito;
- Dados estatísticos;
- Citações de autores renomados;
- Depoimentos de personalidades renomadas;
- Alusões históricas.

▷ Na conclusão há a retomada e a reafirmação da tese inicial, já defendida pelos diversos argumentos apresentados no desenvolvimento.

▷ **Retomada da tese:** a melhor forma de fazer isso é parafraseando a sua tese, ou seja, passando exatamente a mesma ideia, mas com outras palavras.

▷ Os mesmos tipos de conclusão do texto expositivo podem ser usados aqui.

2.6 Propostas de dissertação argumentativa

PROPOSTA I

A partir da leitura do Texto Motivador abaixo e com base em seu conhecimento de mundo, escolha um dos temas e desenvolva um texto dissertativo-argumentativo. Seu texto deverá ser produzido em prosa e conter no mínimo 20 e no máximo 30 linhas.

TEMA: O excesso de imagens e sua relação com a realidade

O mundo das imagens

Talvez se possa dizer que o que predomina na mídia mundial é a imagem. Com frequência, as outras "linguagens" aparecem de maneira complementar [...] ou propriamente subordinada à imagem. Tanto assim que a mídia apresenta aspectos e fragmentos das configurações e movimentos da sociedade global como se fosse um vasto espetáculo de videoclipe [...] Ao lado da montagem, colagem, bricolagem, simulacro e virtualidade, muitas vezes combinando tudo isso, a mídia parece priorizar o espetáculo do videoclipe. Tanto é assim que guerras e genocídios parecem festivais pop, departamentos do shopping center global, cenas da Disneylândia mundial. Os mais graves e dramáticos acontecimentos da vida de indivíduos e coletividades aparecem, em geral, como um videoclipe eletrônico informático, desterritorializado entretenimento de todo o mundo.

Fonte: IANNI, Octávio. O mundo do trabalho. In: FREITAS, Marcos Cezar de. (Org.). A reinvenção do futuro. São Paulo: Cortez, 1996. p. 39

PROPOSTA II

A partir da leitura do Texto Motivador abaixo e com base em seu conhecimento de mundo, escolha um dos temas e desenvolva um texto dissertativo-argumentativo. Seu texto deverá ser produzido em prosa e conter no mínimo 20 e no máximo 30 linhas.

Tema: O cuidado com o corpo e com a mente e sua relação com o trabalho

Cuidar do corpo e da mente

Conciliar trabalho, estudo, rotina doméstica e os cuidados com o corpo e a mente pode, à primeira vista, parecer impossível. Por isso, o G1 conversou com especialistas para apontar passos essenciais para quem quer levar uma vida mais equilibrada. Eles concordaram em três pontos: fazer exercícios, comer bem, cuidar da saúde mental e buscar acompanhamento médico.

[...] Faça exercícios físicos. Fazer exercícios é a primeira recomendação. É simples: mexa-se. "Só de você não ser sedentário já está mil pontos à frente da pessoa sedentária", diz o clínico geral e médico de família Alfredo Salim Helito, do Hospital Sírio-Libanês, em São Paulo. "Se você tiver a opção entre ser magro e fazer atividade física, escolha a atividade física. O sedentarismo não pode acompanhar o ser humano", frisa.

Alimente-se bem. A alimentação saudável e equilibrada também é essencial. A alimentação foi outro ponto de consenso entre os especialistas ouvidos pelo G1 como chave para uma vida melhor. E a primeira dica de como nutrir melhor o corpo é: beber água.[...]

Cuide da saúde mental. Terapias, tradicionais ou alternativas, ajudam a melhorar a saúde mental. As intervenções tradicionais — como a psicoterapia ou a psicanálise — podem ajudar a prestar mais atenção às próprias emoções, pensamentos ou padrões de comportamento. Para a psicóloga Gláucia Flores, que atende em Brasília, o momento de buscar ajuda profissional é quando a pessoa percebe que está tendo prejuízos na vida.

"Vamos pensar nossa vida como uma pizza: uma fatia é o trabalho, uma é a família, uma é o casamento, os filhos, o lazer. Quando a gente dá mais importância pra uma do que pra outra, essa balança fica desigual. É importante, sim, que a gente encontre prazer no trabalho, mas também ter outros interesses para também aprender outras coisas", analisa Gláucia.

Vá ao médico. Encontrar um médico de confiança também é essencial. Além de adotar bons hábitos, fazer um acompanhamento médico pelo menos uma vez por ano também é recomendável, explica a clínica geral Sílvia Souto, da Aliança Instituto de Oncologia, em Brasília. Para começar, ela recomenda procurar, primeiro, um médico generalista.

Fonte: https://g1.globo.com/ciencia-e-saude/vivavoce/noticia/2019/02/01/cuidar-do-corpo-e-da-mente-veja-4-passos-paralevar-uma-vida-saudavel-e-equilibrada.ghtml. Adaptado. Acessado em 06/12/19

PROPOSTA III

Motivado pela leitura dos textos seguintes, sem, contudo, copiá-los ou parafraseá-los, redija um texto DISSERTATIVO-ARGUMENTATIVO com, no mínimo, 20 e, no máximo, 30 linhas, em modalidade e limites solicitados.

Tema: DESAFIOS DAS POLÍTICAS DE SEGURANÇA PÚBLICA PARA COMBATER A VIOLÊNCIA NA SOCIEDADE.

TEXTO 1

Constituições Federais e contexto político-institucional

O termo segurança "pública" parece ter sido usado pela primeira vez na Constituição Federal (CF) de 1937. Em outras Constituições, como a de 1934, aparece o termo segurança "interna" para tratar com matérias atinentes ao controle da ordem, fato que irá gerar vários dilemas organizacionais no país e em seu pacto federativo. É interessante constatar que, na CF de 1937, cabia exclusivamente à União a competência de regular a matéria e garantir "o bemestar, a ordem, a tranquilidade e a segurança públicas, quando o exigir a necessidade de uma regulamentação uniforme" (artigo 16, inciso V).

Nota-se aqui uma primeira tensão conceitual e que terá impacto direto nos mandatos e atribuições das polícias brasileiras. A Lei nº 192, de 17 de janeiro de 1936 regulava as atividades das polícias militares e as vinculava às unidades da federação, cabendo à União apenas um papel de supervisão e controle, por meio do Exército. Por essa lei, as polícias militares eram as responsáveis pela segurança "interna", enquanto a CF de 1937 fala de segurança "pública", atividade que formalmente não foi assumida por nenhuma instituição até a CF de 1988. O significativo é que essa lei só foi revogada pelo Decreto-Lei nº 317, de 13 de março de 1967, que regulamentou a CF de 1967 no que tange à atuação das polícias. O conceito criado pela CF de 1937 parece não ter conseguido se institucionalizar e não teve força para mudar, mesmo após o Estado Novo, as estruturas que organizavam as polícias estaduais. E ainda mais emblemático dessa dificuldade é que a CF de 1967 restabeleceu a competência das polícias militares para a "manutenção da ordem e segurança interna nos Estados, nos Territórios e no Distrito Federal" (grifo nosso).

Será somente a CF de 1988 que irá resgatar o conceito de 1937 e trará um capítulo específico sobre segurança "pública", não obstante repetir a CF de 1937 e não definir o significado desse conceito. A CF de 1988, em seu artigo 144, definirá tão somente quais são as instituições públicas encarregadas de prover segurança "pública" (LIMA, 2011). Em suma, nossa atual Constituição não define o que vem a ser segurança pública, apenas delimita quais organizações pertencem a esse campo.

Disponível em: <http://www.scielo.br/pdf/rdgv/v12n1/1808-2432-rdgv-12-10049.pdf> Acesso em: 20 de junho de 2019. Texto adaptado

TEXTO 2

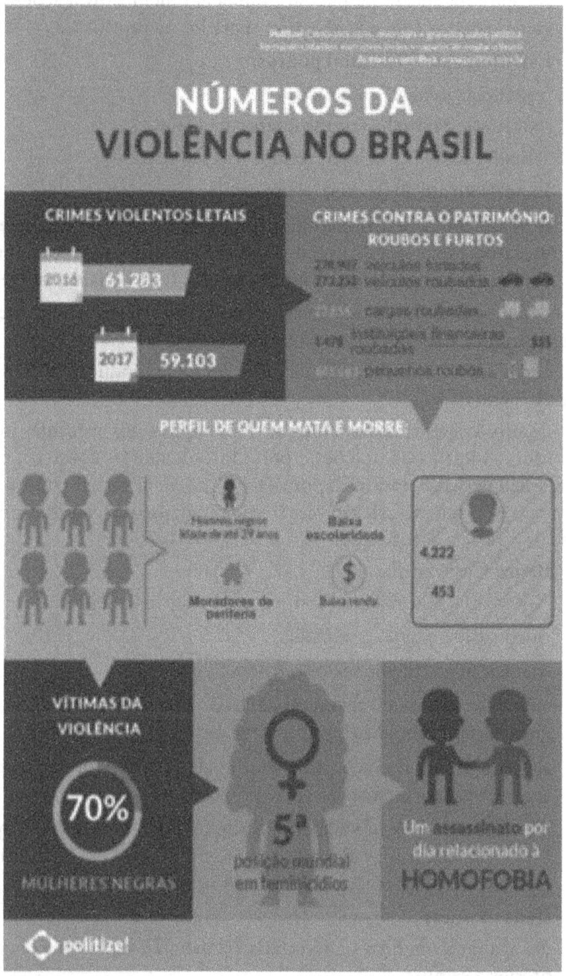

Disponível em: https://www.politize.com.br/seguranca-publica-brasileiraentenda. Acesso em 20 de junho de 2019. Texto adaptado.

PROPOSTA IV

Texto 01

Pela primeira vez, a população deve consumir mais conteúdo midiático na internet do que pela TV, de acordo com relatório da agência de mídia Zenith. Conforme a previsão, já em 2019 as pessoas devem passar mais horas navegando pela internet, fazendo compras, assistindo a filmes, séries e vídeos, conversando ou ouvindo música, do que assistindo à televisão.

("Internet irá ultrapassar TV já em 2019, indica relatório", 18.06.2018. https://epocanegocios.globo.com. Adaptado)

Texto 02

De acordo com estudo divulgado pela empresa Morrison Foster, as pessoas passam, em média, sete horas por dia nas redes sociais. E é exatamente esse o local ocupado pelos influenciadores, que também estão conectados e produzindo conteúdos para seus seguidores a todo tempo. Segundo uma outra pesquisa, publicada pela Sprout Social, 74% dos consumidores guiam suas decisões de compra com base nas redes sociais. Ou seja, o público está atento às opiniões da internet e, principalmente, aos depoimentos de canais influentes e de credibilidade.

("A contribuição dos influenciadores digitais para a decisão de compra". 02.02.2018. https://franpress.com.br. Adaptado)

Texto 03

Nos últimos 10 anos, o tempo médio de consumo domiciliar de televisão passou de 8h18 para 9h17. Um crescimento de 12%. Vale ressaltar que esse foi um período de forte ascensão da internet como plataforma de distribuição de conteúdo. Os conteúdos da TV, além de entreter e informar, também exercem um papel importante na dinâmica social. Eles influenciam a pauta de conversas tanto com material que gera engajamento entre os telespectadores, como com publicidades criativas. O levantamento da Kantar IBOPE Media aponta que 51% das pessoas acham que a propaganda na TV é interessante e proporciona assunto para conversar. E, entre os que acessam a internet enquanto veem TV, 23% comentam nas redes sociais o que assistem – mostrando que a televisão segue marcando presença no dia a dia do brasileiro.

(João Paulo Reis. "Televisão: a abrangência e a influência do meio mais presente na vida dos brasileiros", 24.12.2018. https://observatoriodatelevisao.bol.uol.com.br. Adaptado)

Com base nas informações dos textos e em seus próprios conhecimentos, escreva um texto dissertativo, de acordo com a norma-padrão da língua portuguesa, sobre o tema:

A popularização da internet ameaça o poder de influência da televisão?

PROPOSTA V

Em visita aos Estados Unidos, em 1970, Margaret Thatcher fez o seguinte pronunciamento:

"Uma das razões por que valorizamos indivíduos não é porque sejam todos iguais, mas porque são todos diferentes. Permitamos que nossos filhos cresçam, alguns mais altos que outros, se tiverem neles a capacidade de fazê-lo. Pois devemos construir uma sociedade na qual cada cidadão possa desenvolver plenamente seu potencial, tanto para seu próprio benefício quanto para o da comunidade como um todo."

A premissa crucial que leva a afirmação de Thatcher a parecer quase evidente em si mesma - a suposição de que a "comunidade como um todo" seria adequadamente servida por todo cidadão dedicado a seu "próprio benefício" - acabou por ser admitida como ponto pacífico. Assim, no fim do século passado, tornou-se aceita a noção de que, ao agir egoisticamente, de algum modo as pessoas beneficiariam as outras.

(Adaptado de: ZYGMUNT, Bauman. A riqueza de poucos beneficia todos nós? Rio de Janeiro: Zahar, 2015, p.30)

II

Segundo a ortodoxia econômica, uma boa dose de desigualdade leva a economias mais eficientes e crescimento mais rápido. Isso se dá porque retornos mais altos e impostos menores no topo da escala - segundo afirmam - fomentariam o empreendedorismo e engendrariam um bolo econômico maior.

Assim, terá dado certo a experiência de fomento da desigualdade? Os indícios sugerem que não. A disparidade de riqueza atingiu dimensões extraordinárias, mas sem o progresso econômico prometido.

(Adaptado de: LANSEY, Stewart apud ZYGMUNT, Bauman. A riqueza de poucos beneficia todos nós? Rio de Janeiro: Zahar, 2015, p.24-25)

Considerando os textos acima, escreva uma dissertação argumentativa em que você discuta a seguinte questão:

A realização individual fomentaria maior igualdade social?

2.7 Elementos de coesão

Prioridade, relevância: em primeiro lugar, antes de mais nada, antes de tudo, em princípio, primeiramente, acima de tudo, principalmente, primordialmente, sobretudo.

Tempo: atualmente, hoje, frequentemente, constantemente às vezes, eventualmente, por vezes, ocasionalmente, sempre, raramente, não raro, ao mesmo tempo, simultaneamente, nesse ínterim, enquanto, quando, antes que, depois que, logo que, sempre que, assim que, desde que, todas as vezes que, cada vez que, então, enfim, logo, logo depois, imediatamente, logo após, a princípio, no momento em que, pouco antes, pouco depois, anteriormente, posteriormente, em seguida, afinal, por fim, finalmente, agora.

Semelhança, comparação, conformidade: de acordo com, segundo, conforme, sob o mesmo ponto de vista, tal qual, tanto quanto, como, assim como, como se, bem como, igualmente, da mesma forma, assim também, do mesmo modo, semelhantemente, analogamente, por analogia, de maneira idêntica, de conformidade com.

Condição, hipótese: se, caso, desde que, eventualmente.

Adição, continuação: além disso, demais, ademais, outrossim, ainda mais, por outro lado, também, e, nem, não só ... mas também, não só... como também, não apenas ... como também, não só ... bem como, com, ou (quando não for excludente).

Dúvida: talvez, provavelmente, possivelmente, quiçá, quem sabe, é provável, não é certo, se é que.

Certeza, ênfase: certamente, decerto, por certo, inquestionavelmente, sem dúvida, inegavelmente, com toda a certeza.

Ilustração, esclarecimento: por exemplo, só para ilustrar, só para exemplificar, isto é, quer dizer, em outras palavras, ou por outra, a saber, ou seja, aliás.

Propósito, intenção, finalidade: com o fim de, a fim de, com o propósito de, com a finalidade de, com o intuito de, para que, a fim de que, para.

Resumo, recapitulação, conclusão: em suma, em síntese, em conclusão, enfim, em resumo, portanto, assim, dessa forma, dessa maneira, desse modo, logo, dessa forma, dessa maneira, assim sendo.

Explicação: por consequência, por conseguinte, como resultado, por isso, por causa de, em virtude de, assim, de fato, com efeito, tão (tanto, tamanho)... que, porque, porquanto, pois, já que, uma vez que, visto que, como (= porque), portanto, logo, que (= porque), de tal sorte que, de tal forma que, haja vista.

Contraste, oposição, restrição: pelo contrário, em contraste com, salvo, exceto, menos, mas, contudo, todavia, entretanto, no entanto, embora, apesar de, apesar de que, ainda que, mesmo que, posto que, conquanto, se bem que, por mais que, por menos que, só que, ao passo que, por outro lado, em contrapartida, ao contrário do que se pensa, em compensação.

Contraposição: é possível que... no entanto... É certo que... entretanto... É provável que ... porém...

Sequenciação dos parágrafos: em primeiro lugar ..., em segundo ..., por último ...; por um lado ..., por outro ...; primeiramente, ...,em seguida, ..., finalmente, ...

Enumeração: é preciso considerar que ...; Também não devemos esquecer que ...; Não podemos deixar de lembrar que...

Reafirmação/Retomada: compreende-se, então, que ... É bom acrescentar ainda que ... É interessante reiterar ...

2.8 Critérios de avaliação das bancas

Banca Cespe

Aspectos Macroestruturais

1. Apresentação (legibilidade, respeito às margens e indicação de parágrafos) e estrutura textual (organização das ideais em texto estruturado).

2. Desenvolvimento do tema: tópicos da proposta

Aspectos Microestruturais

Ortografia

Morfossintaxe

Propriedade vocabular

Quando forem apresentados tópicos, deve-se construir 1 (um) parágrafo para cada tópico.

Banca FCC

O candidato deverá desenvolver texto dissertativo a partir de proposta única, sobre assunto de interesse geral. Considerando que o texto é único, os itens discriminados a seguir serão avaliados em estreita correlação:

- **Conteúdo: até 40 (quarenta) pontos:**

perspectiva adotada no tratamento do tema;

capacidade de análise e senso crítico em relação ao tema proposto;

consistência dos argumentos, clareza e coerência no seu encadeamento.

Obs.: A nota será prejudicada, proporcionalmente, caso ocorra abordagem tangencial, parcial ou diluída em meio a divagações e/ou colagem de textos e de questões apresentados na prova.

- **Estrutura: até 30 (trinta) pontos:**

respeito ao gênero solicitado;

progressão textual e encadeamento de ideias;

articulação de frases e parágrafos (coesão textual).

- **Expressão: até 30 (trinta) pontos:**
- **A avaliação da expressão não será feita de modo estanque ou mecânico, mas sim de acordo com sua estreita correlação com o conteúdo desenvolvido. A avaliação será feita considerando-se:**

desempenho linguístico de acordo com o nível de conhecimento exigido para o cargo/área/especialidade;

adequação do nível de linguagem adotado à produção proposta e coerência no uso;

domínio da norma culta formal, com atenção aos seguintes itens: estrutura sintática de orações e períodos, elementos coesivos; concordância verbal e nominal; pontuação; regência verbal e nominal; emprego de pronomes; flexão verbal e nominal; uso de tempos e modos verbais; grafia e acentuação.

Banca Cesgranrio

A Redação será avaliada conforme os critérios a seguir:

- adequação ao tema proposto;
- adequação ao tipo de texto solicitado;
- emprego apropriado de mecanismos de coesão (referenciação, sequenciação e demarcação das partes do texto);
- capacidade de selecionar, organizar e relacionar de forma coerente argumentos pertinentes ao tema proposto; e
- pleno domínio da modalidade escrita da norma-padrão (adequação vocabular, ortografia, morfologia, sintaxe de concordância, de regência e de colocação).

Banca Vunesp

Na avaliação da Prova Dissertativa (Parte II), serão considerados os critérios a seguir:

- **Tema:** considera-se se o texto do candidato atende ao tema proposto. A fuga completa ao tema proposto é motivo suficiente para que a redação não seja corrigida em qualquer outro de seus aspectos, recebendo nota 0 (zero);
- **Estrutura (gênero/tipo de texto e coerência): consideram-se aqui, conjuntamente, os aspectos referentes ao gênero/tipo de texto proposto e à coerência das ideias. A fuga completa ao gênero/tipo de texto é motivo suficiente para que a redação não seja corrigida em qualquer outro de seus aspectos, recebendo nota 0 (zero). Avalia-se aqui como o candidato sustenta sua tese em termos argumentativos e como essa argumentação está organizada, considerando-se a macroestrutura do texto dissertativo (introdução, desenvolvimento e conclusão). No gênero/tipo de texto, avalia-se também o tipo de interlocução construída: por se tratar de uma dissertação, deve-se prezar pela objetividade, sendo assim, o uso de primeira pessoa do singular e de segunda pessoa (singular e plural) poderá ser penalizado. Será considerado aspecto negativo a referência direta à situação imediata de produção textual (ex.:** como afirma o autor do primeiro texto/da coletânea/do texto I; como solicitado nesta prova/proposta de redação). Na coerência, será observada, além da pertinência dos argumentos mobilizados para a defesa do ponto de vista, a capacidade do candidato de encadear as ideias de forma lógica e coerente (progressão textual). Serão considerados aspectos negativos a presença de contradições entre as ideias, a falta de partes da macroestrutura dissertativa, a falta de desenvolvimento das ideias ou a presença de conclusões não decorrentes do que foi previamente exposto;

- **Expressão (coesão e modalidade):** consideram-se neste item os aspectos referentes à coesão textual e ao domínio da norma-padrão da língua portuguesa. Na coesão, avalia-se a utilização dos recursos coesivos da língua (anáforas, catáforas, substituições, conjunções etc.) de modo a tornar a relação entre frases e períodos e entre os parágrafos do texto mais clara e precisa. Serão considerados aspectos negativos as quebras entre frases ou parágrafos e o emprego inadequado de recursos coesivos. Na modalidade, serão examinados os aspectos gramaticais como ortografia, morfologia, sintaxe e pontuação, bem como a escolha lexical (precisão vocabular) e o grau de formalidade/informalidade expressa em palavras e expressões.

Banca IBFC

Para o desenvolvimento da Redação, o candidato deverá redigir, observando os critérios de correção estabelecidos no quadro abaixo:

Critérios de Correção

1 Conhecimento do tema (cobertura dos tópicos apresentados: domínio e interrelação entre os conceitos centrais do tema proposto);

2 Habilidade argumentativa (atualização, originalidade e relevância das informações);

3 Sequência lógica e de organização do pensamento (introdução, desenvolvimento e considerações finais);

4 Coerência e Coesão (pontuação, continuidade e progressão de ideias, uso apropriado de articuladores);

5 Morfossintaxe (relação entre as palavras, concordância verbal e nominal, regência verbal e nominal, organização e estruturação dos períodos e orações, emprego dos tempos e modos verbais e colocação de pronome);

6 Acentuação e ortografia.

Banca FGV

Na avaliação da Prova Escrita Discursiva, a redação será corrigida segundo os critérios a seguir:

PARTE 1 - ESTRUTURA TEXTUAL GLOBAL

(A) ABORDAGEM DO TEMA

Considera a capacidade de o candidato selecionar argumentos convenientes, dentro do perfil esperado, assim como a boa seleção desses argumentos.

(B) PROGRESSÃO TEXTUAL

Considera a capacidade de o candidato mostrar coesão e coerência entre os parágrafos componentes do texto por ele redigido, assim como a distribuição do tema por uma evolução adequada de suas partes.

PARTE 2 - CORREÇÃO GRAMATICAL

A correção gramatical será considerada sob o aspecto da melhor expressão escrita do ponto de vista comunicativo, ou seja, de sua adequação à situação comunicativa.

(A) SELEÇÃO VOCABULAR

Considera problemas de inadequação vocabular, troca entre parônimos, emprego de palavras gerais por específicas, emprego de vocábulos de variação linguística inadequada, marcas de oralidade.

(B) NORMA CULTA

Considera problemas gerais de construção frasal do ponto de vista comunicativo.

QUESTÕES

Text for the next 15 questions.

Text

The end of life on Earth?

It weighted about 10,000 tons, entered the atmosphere at a speed of 64,000 km/h and exploded over a city with a blast of 500 kilotons. But on 15 February 2013, we were lucky. The meteorite that showered pieces of rock over Chelyabinsk, Russia, was relatively small, at only about 17 metres wide. Although many people were injured by falling glass, the damage was nothing compared to what had happened in Siberia nearly one hundred years ago, when a relatively small object (approximately 50 metres in diameter) exploded in mid-air over a forest region, flattening about 80 million trees. If it had exploded over a city such as Moscow or London, millions of people would have been killed.

By a strange coincidence, the same day that the meteorite terrified the people of Chelyabinsk, another 50m-wide asteroid passed relatively close to Earth. Scientists were expecting that visit and know that the asteroid will return to fly close by us in 2046, but the Russian meteorite earlier in the day had been too small for anyone to spot.

Most scientists agree that comets and asteroids pose the biggest natural threat to human existence. It was probably a large asteroid or comet colliding with Earth which wiped out the dinosaurs about 65 million years ago. An enormous object, 10 to 16 km in diameter, struck the Yucatan region in Mexico with the force of 100 megatons. That is the equivalent of one Hiroshima bomb for every person alive on Earth today.

Many scientists, including the late Stephen Hawking, say that any comet or asteroid greater than 20km in diameter that hits Earth will result in the complete destruction of complex life, including all animals and most plants. As we have seen even a much smaller asteroid can cause great damage.

The Earth has been kept fairly safe for the last 65 million years by good fortune and the massive gravitational field of the planet Jupiter. Our cosmic guardian, with its stable circular orbit far from the sun, sweeps up and scatters away most of the dangerous comets and asteroids which might cross Earth's orbit.

After the Chelyabinsk meteorite, scientists are now monitoring potential hazards even more carefully but, as far as they know, there is no danger in the foreseeable future.

Types of space rocks

• Comet – a ball of rock and ice that sends out a tail of gas and dust behind it. Bright comets only appear in our visible night sky about once every ten years.

• Asteroid – a rock a few feet to several kms in diameter. Unlike comets, asteroids have no tail. Most are to small to cause any damage and burn up in the atmosphere.

• Meteoroid – part of an asteroid or comet.

• Meteorite – what a meteoroid is called when it hits Earth.

Taken from: http://learningenglishteens.britishcouncil.org - Access on 29/06/2020

01. **(AERONÁUTICA - 2020 - AFA - CADETE)** The damage caused by the Russian meteorite:

a) could be impossible to calculate.

b) was not as bad as the one in Siberia.

c) was much worse than the one in Siberia.

d) had its impact reduced by the early warning system.

A questão pede para achar, entre as alternativas, aquela que fala sobre os danos causados pelo meteorito russo.

A: Incorreta. A alternativa diz "could be impossible to calculate" (pode ser impossível de calcular), porém está errada, pois os danos foram considerados pequenos aos serem comparados com o que aconteceu na Sibéria.

B: Correta. A alternativa diz "was not as bad as the one in Siberia" (não foi tão ruim quanto o da Sibéria) e, conforme o texto, essa foi a comparação estabelecida, conforme diz o trecho: "The metereorite that showered pieces of rock over Chelyabinsk, Russia, was relatively small, at only about 17 metres wide. Although many people were injured by falling glass, the damage was nothing compared to what had happened in Siberia..."

C: Incorreta. A alternativa diz "was much worse than the one in Siberia" (foi muito pior do que o da Sibéria), porém, como diz o texto, não foi nada comparado com o que aconteceu na Sibéria há cem anos.

D: Incorreta. A alternativa diz "had its impact reduced by the early warning system" (teve seu impacto reduzido pelo sistema de alerta precoce), porém, no texto, se diz que não conseguiu ser percebido anteriormente, conforme o trecho "[...] but the Russian meteorite earlier in the day had been too small for anyone to spot."

GABARITO: B.

---

02. **(AERONÁUTICA - 2020 - AFA - CADETE)** The statement "many people were injured by falling glass" [line 7] stands for:

Falling glass _______ many people.

a) have injured.

b) has injured.

c) had injured.

d) injured.

A questão pede para que se encontre, entre as alternativas, aquela que completa a lacuna da melhor forma possível. É uma questão de gramática, que aborda o uso das vozes verbais.

A sentença "many people were injured by falling glass" (muitas pessoas foram feridas por estilhaços caindo) está na voz passiva, em que enfatiza o sujeito que sobre a ação:

sujeito paciente + verbo auxiliar to be + verbo principal no particípio passado.

A sentença em que está faltando a lacuna está na voz ativa, em que o sujeito realiza a ação, sendo o destaque:

sujeito + verbo auxiliar + verbo principal + objeto

Portanto, ao passar a frase para a voz ativa, temos "Falling glass injured many people".

Assim, a única alternativa que corresponde a essa opção é a D.

GABARITO: D.

---

03. **(AERONÁUTICA - 2020 - AFA - CADETE)** The passage "the damage was nothing compared to what had happened in Siberia nearly one hundred years ago" [lines 7 to 9] states that the incident occurred _______ a century ago.

a) actually
b) precisely
c) approximately
d) exactly

A questão pede conhecimento de vocabulário. Ela pede que se encontre, entre as alternativas, a expressão que melhor preencha a lacuna e que consiga explicar a expressão "the damage was nothing compared to what had happened in Siberia nearly one hundred years ago" (o dano não foi nada comparado ao que aconteceu na Sibéria quase cem anos atrás). A lacuna é o seguinte: o incidente ocorreu _____ um século atrás.

A: Incorreta. A questão traz actually, que pode ser traduzido por "na realidade", o que não cabe na lacuna.

B: Incorreta. A questão traz precisely, que pode ser traduzido por "precisamente", o que não cabe na lacuna.

C: Correta. A questão traz approximately, que pode ser traduzido por "aproximadamente", que preenche a lacuna corretamente.

D: Incorreta. A questão traz exactly, que pode ser traduzido por "exatamente", o que não cabe na lacuna.

GABARITO: C.

04. **(AERONÁUTICA - 2020 - AFA - CADETE)** The Siberian meteorite:

a) damaged trees when it exploded.
b) caused glass to shower over people.
c) has the destructive power of a nuclear bomb.
d) exploded over a big city.

A questão pede para que se localize, entre as alternativas, aquela que melhor completa o enunciado, segundo o texto.

A: Correta. A alternativa traz "damaged trees when it exploded" (danificou árvores quando explodiu), que está de acordo com o trecho: "The meteorite that showered pieces of rock over Chelyabinsk, Russia, was relatively small, at only about 17 metres wide. Although many people were injured by falling glass, the damage was nothing compared to what had happened in Siberia nearly one hundred years ago, when a relatively small object (approximately 50 metres in diameter) exploded in mid-air over a forest region, flattening about 80 million trees. If it had exploded over a city such as Moscow or London, millions of people would have been killed" (O meteorito que espalhou pedaços de rocha sobre Chelyabinsk, Rússia, era relativamente pequeno, com apenas 17 metros de largura. Embora muitas pessoas tenham se ferido pela queda de vidro, o dano não foi nada comparado ao que aconteceu na Sibéria há quase cem anos, quando um objeto relativamente pequeno (aproximadamente 50 metros de diâmetro) explodiu no ar sobre uma região de floresta, achatando-se sobre 80 milhões de árvores. Se tivesse explodido sobre uma cidade como Moscou ou Londres, milhões de pessoas teriam morrido).

B: Incorreta. A alternativa traz "caused glass to shower over people" (fez com que o vidro caísse sobre as pessoas), porém está errada, pois o meteorito caiu sobre Cheyabinsk.

C: Incorreta. A alternativa traz "has the destructive power of a nuclear bomb" (tem o poder destrutivo de uma bomba nuclear), porém não temos, em nenhum momento, essa informação no texto.

D: Incorreta. A alternativa traz "exploded over a big city" (explodiu sobre uma grande cidade) mas não há informação sobre isso, apenas que caiu na Sibéria, sem especificações de cidade.

GABARITO: A.

05. **(AERONÁUTICA - 2020 - AFA - CADETE)** "If it had exploded over a city such as Moscow or London, millions of people would have been killed" (lines 12 and 13). We can conclude from the information in this passage that:

a) because of an explosion, millions of people died.
b) experts managed to save people from an explosion.
c) an explosion will hit both cities killing millions of people.
d) the explosion and the millions of deaths are hypothetical.

A questão pede para achar, entre as alternativas, aquela que explica a passagem "If it had exploded over a city such as Moscow or London, millions of people would have been killed" (Se tivesse explodido sobre uma cidade como Moscou ou Londres, milhões de pessoas teriam sido mortas).

As conditional sentences, formadas pelas if clauses, são usadas para descrever situações reais ou hipotéticas. Portanto, aqui temos uma hipótese. Analisando as alternativas, temos:

A: Incorreta. A alternativa traz "because of an explosion, millions of people died" (por causa de uma explosão, milhões de pessoas morreram), que demonstra uma causa, portanto não é o correto,

B: Incorreta. A alternativa diz "experts managed to save people from an explosion" (os especialistas conseguiram salvar as pessoas de uma explosão), que demonstra uma ação já realizada.

C: Incorreta. A alternativa diz "an explosion will hit both cities killing millions of people" (uma explosão atingirá ambas as cidades, matando milhões de pessoas), que demonstra um fato.

D: Correta. A alternativa diz "the explosion and the millions of deaths are hypothetical" (a explosão e os milhões de mortes são hipóteses), o que representa a frase que está descrita no enunciado.

GABARITO: D.

06. **(AERONÁUTICA - 2020 - AFA - CADETE)** On the same day as the meteorite exploded over Chelyabinsk:

a) scientists were terrified.
b) experts issued a warning for 2046.
c) another linked asteroid incident happened.
d) there was another, unrelated, asteroid event.

A questão pede que se localize, entre as alternativas, aquela que fala sobre o ocorrido no mesmo dia que o meteorito explodiu em Chelyabinsk.

A: Incorreta. A alternativa diz "scientists were terrified" (cientistas ficaram apavorados), porém o texto não diz isso, além de afirmar em muitos momentos que os cientistas estão sempre monitorando as probabilidades.

B: Incorreta. A alternativa diz "experts issued a warning for 2046" (especialistas emitiram um alerta para 2046), porém o que o texto diz sobre essa data era que o asteroide possível voltaria, conforme o trecho "Scientists were expecting that visit and know that the asteroid will return to fly close by us in 2046".

C: Incorreta. A alternativa diz "another linked asteroid incident happened" (outro incidente de asteroide relacionado aconteceu), porém, conforme o texto, não foi isso que aconteceu, a informação diz que um outro meteorito passou próximo à terra, conforme o trecho "By a strange coincidence, the same day that the meteorite terrified the people of Chelyabinsk, another 50m-wide asteroid passed relatively close to Earth".

D: Correta. A alternativa diz "there was another, unrelated, asteroid event" (houve outro evento de asteroide não relacionado) e está correta, conforme confirma o trecho "By a strange coincidence, the same day that the meteorite terrified the people of Chelyabinsk, another 50m-wide asteroid passed relatively close to Earth" (Por uma estranha coincidência, no mesmo dia em que o meteorito aterrorizou o povo de Chelyabinsk, outro asteroide de 50 m de largura passou relativamente perto da Terra).

GABARITO: D.

07. (AERONÁUTICA - 2020 - AFA - CADETE) In "Scientists were expecting <u>that</u> visit" (line 17), the underlined word has the same use as in:

a) the meteorite that showered pieces of rock (lines 4 and 5).

b) the same day that the meteorite (lines 14 and 15).

c) that is the equivalent of one Hiroshima bomb (line 27).

d) any comet or asteroid [...] that hits Earth (lines 30 and 31).

A questão pede para achar, entre as alternativas, aquela frase que faz o uso de that de forma equivalente. A sentença presente no enunciado é "scientists were expecting that visit" (os cientistas estavam esperando aquela visita). É possível notar que a palavra that está como pronome demonstrativo "aquela visita".

A: Incorreta. A alternativa traz "the meteorite that showered pieces of rock" (o meteorito que derramou pedaços de rocha), e o uso de that aqui tem função de pronome relativo.

B: Incorreta. A alternativa traz "the same day that the meteorite" (no mesmo dia que o meteorito), que traz também o that na função de pronome relativo.

C: Correta. A alternativa traz "that is the equivalent of one Hiroshima bomb" (isso é o equivalente a uma bomba de Hiroshima), e o that aqui tem função de pronome demonstrativo, conforme a frase do enunciado.

D: Incorreta. A alternativa traz "any comet or asteroid [...] that hits Earth" (qualquer cometa ou asteroide [...] que atingir a Terra), e o that aqui tem função de pronome relativo.

GABARITO: C.

---

08. (AERONÁUTICA - 2020 - AFA - CADETE) The Russian meteorite:

a) will come close to Earth again.

b) was too small to cause damage.

c) had been predicted by scientists.

d) was not noticed before exploding.

A questão pede para completarmos o enunciado, de acordo com o texto, com as alternativas fornecidas. O enunciado diz "The Russian meteorite.." (o meteorito russo).

A: Incorreta. A alternativa diz "will come close to Earth again" (se aproximará da Terra novamente), porém não temos essa informação no texto.

B: Incorreta. A alternativa diz "was too small to cause damage" (muito pequeno para causar danos), porém, como podemos ver no texto, algumas pessoas ficaram machucadas: "The meteorite that showered pieces of rock over Chelyabinsk, Russia, was relatively small, at only about 17 metres wide. Although many people were injured by falling glass [...]".

C: Incorreta. A alternativa diz "had been predicted by scientists" (foi previsto pelos cientistas), porém não temos essa informação no texto sobre o meteorito russo.

D: Correta. A alternativa diz "was not noticed before exploding" (não foi notado antes de explodir), que é uma informação que temos no texto, conforme o trecho "but the Russian meteorite earlier in the day had been too small for anyone to spot".

GABARITO: D.

---

09. (AERONÁUTICA - 2020 - AFA - CADETE) Experts maintain that comets and asteroids could:

a) wipe out only animal life.

b) put an end to both animal and great part of plant life.

c) cause as much damage as the Hiroshima bomb.

d) kill a significant proportion of the human population.

A questão pede que se encontre, entre as alternativas, aquela que melhor completa a frase do enunciado, de acordo com o texto. A frase diz "Experts maintain that comets and asteroids could..." (Especialistas afirmam que cometas e asteroides podem...).

A: Incorreta. A alternativa traz "wipe out only animal life" (eliminar apenas a vida animal), porém temos que "will result in the complete destruction of complex life, including all animals and most plants. As we have seen even a much smaller asteroid can cause great damage" (resultará na destruição completa de vidas complexas, incluindo todos os animais e a maioria das plantas).

B: Correta. A alternativa traz "put an end to both animal and great part of plant life" (acabar com a vida animal e grande parte da vida vegetal), que é o que o texto traz de informação, caso tenha mais de 20 km de diâmetro.

C: Incorreta. A alternativa diz "cause as much damage as the Hiroshima bomb" (causar tantos danos quanto a bomba de Hiroshima), porém eles comparam a bomba de Hiroshima ao evento que matou os dinossauros.

D: Incorreta. A alternativa diz "kill a significant proportion of the human population" (matar uma proporção significativa da população humana), porém isso não é falado, apenas que será destruição completa de vidas complexas, incluindo todos os animais e a maioria das plantas.

GABARITO: B.

---

10. (AERONÁUTICA - 2020 - AFA - CADETE) A relatively small asteroid:

a) is not a problem if seen early.

b) can still cause a lot of damage.

c) cannot cause any significant harm.

d) is in fact more dangerous than a large one.

A questão pede para achar, entre as alternativas, aquela que, de acordo com o texto, consiga completar o enunciado: "A relatively small asteroid..." (Um asteroide relativamente pequeno...). A informação está no parágrafo 4:

"Many scientists, including the late Stephen Hawking, say that any comet or asteroid greater than 20km in diameter that hits Earth will result in the complete destruction of complex life, including all animals and most plants. As we have seen even a much smaller asteroid can cause great damage". (Muitos cientistas, incluindo o falecido Stephen Hawking, dizem que qualquer cometa ou asteroide maior que 20 km de diâmetro que atinge a Terra resultará na destruição completa da vida complexa, incluindo todos as animais e a maioria das plantas. Como vimos, até muitos asteroides menores podem causar grandes danos).

A: Incorreta. Is not a problem if seen early (não é um problema se visto cedo).

B: Correta. Can still cause a lot of damage (ainda pode causar muitos danos).

C: Incorreta. Cannot cause any significant harm (não pode causar nenhum dano significativo).

D: Incorreta. Is in fact more dangerous than a large one (é de fato mais perigoso do que um grande).

GABARITO: B.

---

11. (AERONÁUTICA - 2020 - AFA - CADETE) Earth has been relatively safe thanks to:

a) luck and the protective force of another planet.

b) early warning systems set up by NASA.

c) researches and our position to the sun.

d) the foreseeable future.

A questão pede para que se localize, dentre as alternativas, aquela que, de acordo com o texto, completa a afirmativa do enunciado: "Earth has been relatively safe thanks to..." (A Terra tem sido relativamente segura graças a...). A informação está contida no parágrafo 5:

QUESTÕES

"The Earth has been kept fairly safe for the last 65 million years by good fortune and the massive gravitational field of the planet Jupiter. Our cosmic guardian, with its stable circular orbit far from the sun, sweeps up and scatters away most of the dangerous comets and asteroids which might cross Earth's orbit" (A Terra foi mantida razoavelmente segura nos últimos 65 milhões de anos pela boa sorte e pelo enorme campo gravitacional do planeta Júpiter. Nosso guardião cósmico, com sua órbita circular estável longe do sol, varre e espalha a maioria dos cometas e asteroides perigosos que podem cruzar a órbita da Terra).

A: Correta. Luck and the protective force of another planet (sorte e a força protetora de outro planeta).

B: Incorreta. Early warning systems set up by NASA (sistemas de alerta precoce criados pela NASA).

C: Incorreta. Researches and our position to the sun (pesquisas e nossa posição ao sol).

D: Incorreta. The foreseeable future (o futuro previsível).

GABARITO: A.

12. **(AERONÁUTICA - 2020 - AFA - CADETE)** "Which" [line 40] refers to:

a) the sun.
b) comets and asteroids.
c) cosmic guardian.
d) Earth.

A questão pede para que se localize, entre as alternativas, aquela em que o pronome relativo which se refere no texto. Analisando a parte do texto, temos:

"Our cosmic guardian, with its stable circular orbit far from the sun, sweeps up and scatters away most of the dangerous comets and asteroids which might cross Earth's orbit" (Nosso guardião cósmico, com sua órbita circular estável longe do sol, varre e espalha a maior parte dos perigosos cometas e asteroides que podem cruzar a órbita da Terra). Portanto, ao traduzir a sentença, vemos que o pronome relativo which está se referindo aos cometas e asteroides.

A: Incorreta. The sun (o sol).

B: Correta. Comets and asteroids (cometas e asteroides).

C: Incorreta. Cosmic guardian (guardião cósmico).

D: Incorreta. Earth (Terra).

GABARITO: B.

13. **(AERONÁUTICA - 2020 - AFA - CADETE)** In the sentence "the dangerous comets and asteroids which <u>might</u> cross Earth's orbit" (lines 39 and 40), the underlined word is similar to:

a) must.
b) should.
c) could.
d) shall.

A questão pede para achar, entre as alternativas, aquela que pode substituir o might sem alterar o sentido. Os modal verbs (verbos modais) em inglês são verbos auxiliares utilizados para complementar ou mudar o sentido dos verbos principais nas frases. O might presente na sentença expressa uma possibilidade, então é preciso pensar em verbos modais que possuem essa mesma função.

A: Incorreta. O verbo modal apresentado nessa alternativa é o must, que expressa obrigação, proibição.

B: Incorreta. O verbo modal apresentado nessa alternativa é o should, que expressa conselho, recomendação ou sugestão.

C: Correta. O verbo modal apresentado nessa alternativa é o could, que expressa possibilidade e permissão, portanto, equivalente ao que procuramos.

D: Incorreta. O verbo modal apresentado nessa alternativa é o shall, que expressa convite, sugestão, uma ação futura.

GABARITO: C.

14. **(AERONÁUTICA - 2020 - AFA - CADETE)** Scientists support the idea that:

a) we are not in any danger for the moment.
b) NASA early warning systems will protect the planet.
c) a meteorite is likely to hit Earth sooner or later.
d) it's impossible to monitor potential hazards.

A questão pede para que se escolha, entre as alternativas, aquela que traga a ideia na qual os cientistas acreditam.

A: Correta. A alternativa diz "we are not in any danger for the moment" (não estamos em perigo no momento) e está correta, conforme diz o trecho "After the Chelyabinsk meteorite, scientists are now monitoring potential hazards even more carefully but, as far as they know, there is no danger in the foreseeable future" (Depois do meteorito de Chelyabinsk, os cientistas agora monitoram os riscos potenciais com ainda mais cuidado, mas, pelo que sabem, não há perigo no futuro).

B: Incorreta. A alternativa diz "NASA early warning systems will protect the planet" (Os sistemas de alerta precoce da NASA protegerão o planeta), porém não há essa informação no texto.

C: Incorreta. A alternativa diz "a meteorite is likely to hit Earth sooner or later" (um meteorito provavelmente atingirá a Terra mais cedo ou mais tarde) não existe essa informação no texto, mas fala que

D: Incorreta. A alternativa diz "it's impossible to monitor potential hazards" (é impossível monitorar riscos potenciais), porém, no texto, vimos que isso vem sendo feito diariamente, apesar de às vezes não conseguirem predizer o futuro, conforme o trecho "After the Chelyabinsk meteorite, scientists are now monitoring potential hazards even more carefully but, as far as they know, there is no danger in the foreseeable future".

GABARITO: A.

15. **(AERONÁUTICA - 2020 - AFA - CADETE)** According to the text:

a) meteoroids and meteorites are the same object.
b) dinosaurs were certainly wiped out by a space rock.
c) asteroids and comets are exactly alike.
d) meteorites are harmless.

A questão pede para que se localize, entre as alternativas, aquela que está de acordo com o texto.

A: Correta. A alternativa diz "meteoroids and meteorites are the same object" (meteoroides e meteoritos são o mesmo objeto) e, de acordo com o texto: "Meteoroid – part of an asteroid or comet/ Meteorite – what a meteoroid is called when it hits Earth".

B: Incorreta. A alternativa diz "dinosaurs were certainly wiped out by a space rock" (os dinossauros certamente foram exterminados por uma rocha espacial), porém não é a informação que está no texto.

C: Incorreta. A alternativa diz "asteroids and comets are exactly alike" (asteroides e cometas são exatamente iguais), porém não é a informação que está no texto.

D: Incorreta. A alternativa diz "meteorites are harmless" (meteoritos são inofensivos), porém não é a informação que está no texto.

GABARITO: A.

16. (AERONÁUTICA - 2020 - AFA - CADETE) Dados:

- massa atômica do hidrogênio: $m_H = 1,67 \cdot 10^{-27}$ kg
- massa atômica do hélio: $m_{He} = 6,65 \cdot 10^{-27}$ kg
- velocidade da luz no vácuo: $c = 3 \cdot 10^8$ m/s
- constante de *Planck*: $h = 6 \cdot 10^{-34}$ J · s
- $1 \text{ eV} = 1,6 \cdot 10^{-19}$ J
- constante eletrostática do vácuo: $k_0 = 9,0 \cdot 10^9$ N · m² / C²
- aceleração da gravidade: $g = 10$ m/s²
- $\cos 30° = \text{sen } 60° = \frac{\sqrt{3}}{2}$
- $\cos 60° = \text{sen } 30° = \frac{1}{2}$
- $\cos 45° = \text{sen } 45° = \frac{\sqrt{2}}{2}$

A partir do instante $t_0 = 0$, uma partícula com velocidade inicial v_0 é uniformemente acelerada.

No instante t, a aceleração cessa e a partícula passa a se movimentar com velocidade constante v. Do instante 2t ao instante 4t, uma nova aceleração constante atua sobre a partícula, de tal forma que, ao final desse intervalo, sua velocidade vale -v.

Nessas condições, a velocidade média da partícula, no intervalo de 0 a 4t, é igual a:

a) $5v + v_0$

b) $\frac{3v + v_0}{8}$

c) $\frac{2v + 4v_0}{3}$

d) $v + 2v_0$

Colocando as informações num gráfico, temos:

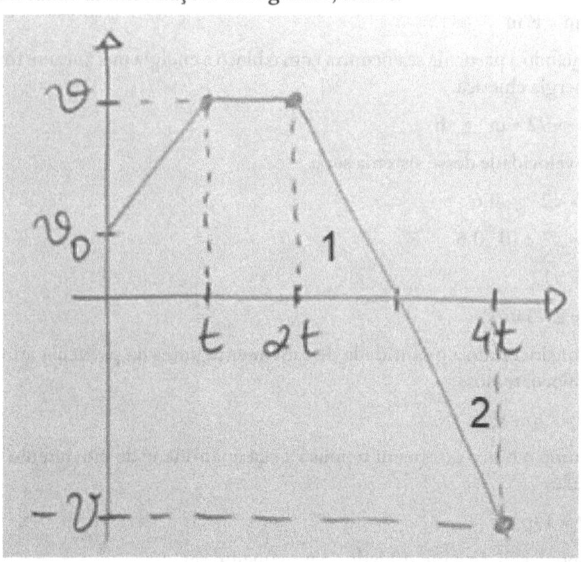

Considerando que os triângulos 1 e 2 são opostos e congruentes, podemos eliminá-los.

Calculando as áreas que restou temos:

Primeira área (trapézio):

$A1 = (V + V_0) \cdot t/2$

Segunda área (retângulo):

$A2 = t \cdot V$

Somando as áreas para descobrir o espaço percorrido, temos:

$\Delta S = (V + V_0) \cdot t/2 + t \cdot V$

$\Delta S = Vt + V_0t + 2Vt/2$

$\Delta S = 3Vt + V_0t/2$

Calculando a velocidade média:

$Vm = \Delta S/\Delta t$

$Vm = 3Vt + V_0t/2 + 1/4t$

$Vm = 3V + V_0/8$

GABARITO: B.

17. (AERONÁUTICA - 2020 - AFA - CADETE) Dados:

- massa atômica do hidrogênio: mH = $1,67 \cdot 10^{-27}$ kg
- massa atômica do hélio: mHe = $6,65 \cdot 10^{-27}$ kg
- velocidade da luz no vácuo: $c = 3 \cdot 10^8$ m/s
- constante de Planck: $h = 6 \cdot 10^{-34}$ J · s
- $1 \text{ eV} = 1,6 \cdot 10^{-19}$ J
- constante eletrostática do vácuo: k0 = $9,0 \cdot 10^9$ N · m2 / C2
- aceleração da gravidade: g = 10 m/s2
- $\cos 30° = \text{sen } 60° = \frac{\sqrt{3}}{2}$
- $\cos 60° = \text{sen } 30° = \frac{1}{2}$
- $\cos 45° = \text{sen } 45° = \frac{\sqrt{2}}{2}$

Numa partida de vôlei, certo atleta dá um mergulho na quadra, a uma distância x = 2,5 m da rede, defendendo um ataque adversário, conforme figura a seguir

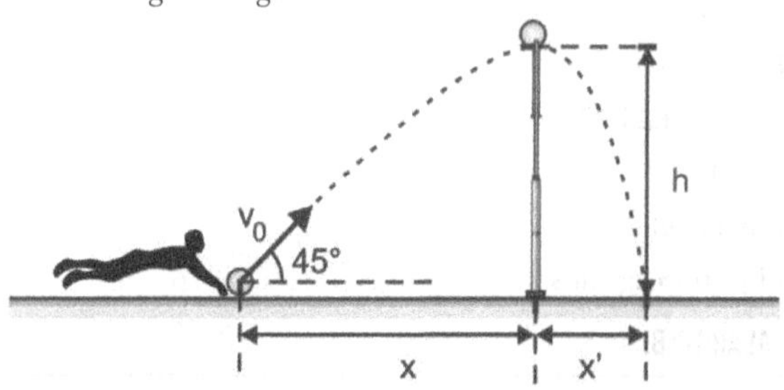

Após essa defesa, considere que a bola é lançada de uma altura desprezível em relação ao chão, de forma que sua velocidade faz um ângulo de 45° com a direção horizontal. Ao longo de sua trajetória, essa bola toca a fita da rede caindo, posteriormente, do outro lado da quadra. Imediatamente antes e imediatamente após tocar a fita, a velocidade da bola tem direção horizontal. A distância x', onde a bola cai na quadra, é igual à metade da altura h da fita.

Despreze a resistência do ar e considere a bola uma partícula de massa 200g, cujo movimento se dá no plano da figura. O módulo do impulso, aplicado pela fita sobre a bola, em N · s, vale:

a) 0,50.

b) 0,75.

c) 1,00.

d) 1,25.

Calculando a altura máxima:

$H_{max} = Vo^2 \cdot \text{sen}^2\theta/2g$

$H_{max} = Vo^2 \cdot (\sqrt{2}/2)^2/2g$

$H_{max} = Vo^2 \cdot 1/2/2g$

$H_{max} = Vo^2/4g$

Calculando o alcance:

$A_{max} = Vo^2 \cdot \text{sen}2\theta/g$

$A_{max} = Vo^2 \cdot sen90°/g$

$A_{max} = Vo^2/g$

Sabendo que:

$H_{max} = 1/4\ A_{max}$

$h = 1/4 \cdot 2x$

$h = 1/4 \cdot 5$

$h = 1{,}25$ m

Calculando o tempo de queda:

$Tq = \sqrt{2h/g}$

$Tq = \sqrt{2 \cdot 1{,}25/10}$

$Tq = \sqrt{0{,}25}$

$Tq = 0{,}5$ s

Calculando a velocidade antes de tocar a fita:

$Vx = x/Tq$

$Vx = 2{,}5/0{,}5$

$Vx = 5$ m/s

Calculando a velocidade após tocar a fita:

$Vx' = x'/Tq$

$x' = 1{,}25/2 = 0{,}625$ m

$Vx' = 0{,}625/0{,}5$

$Vx' = 1{,}25$ m/s

Calculando o impulso:

$I = \Delta Q$

$I = m \cdot (Vx' - Vx)$

$I = 0{,}2 \cdot (1{,}25 - 5)$

$I = -0{,}75$

Em módulo:

$| I | = 0{,}75$ kg · m/s.

GABARITO: B.

---

18. (AERONÁUTICA – 2020 – AFA – CADETE) Dados:
   - massa atômica do hidrogênio: $m_H = 1{,}67 \cdot 10^{-27}$ kg
   - massa atômica do hélio: $m_{He} = 6{,}65 \cdot 10^{-27}$ kg
   - velocidade da luz no vácuo: $c = 3 \cdot 10^8$ m/s
   - constante de *Planck*: $h = 6 \cdot 10^{-34}$ J · s
   - $1\ eV = 1{,}6 \cdot 10^{-19}$ J
   - constante eletrostática do vácuo: $k_0 = 9{,}0 \cdot 10^9$ N · m² / C²
   - aceleração da gravidade: $g = 10$ m/s²
   - $\cos 30° = \text{sen } 60° = \frac{\sqrt{3}}{2}$
   - $\cos 60° = \text{sen } 30° = \frac{1}{2}$
   - $\cos 45° = \text{sen } 45° = \frac{\sqrt{2}}{2}$

   Uma partícula de massa M é lançada obliquamente com sua velocidade inicial $\overrightarrow{V_0}$ fazendo um ângulo de 30° com a direção horizontal, conforme indica a figura a seguir.

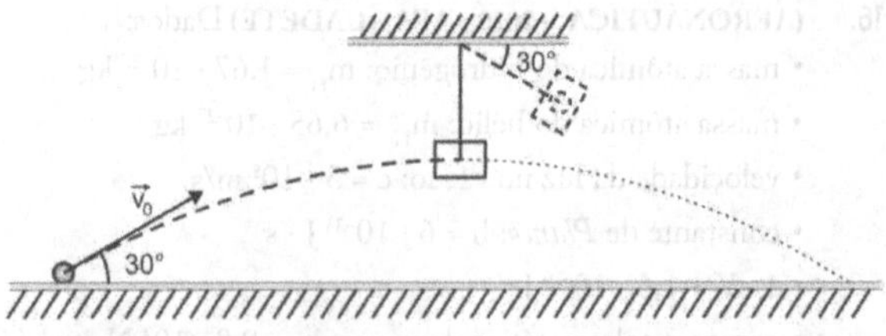

   Ao atingir a altura máxima de sua trajetória parabólica, essa partícula colide inelasticamente com um bloco de massa 5M. Esse bloco, de dimensões desprezíveis, está preso ao teto por um fio ideal, de comprimento 1,2 m, formando um pêndulo balístico. Inicialmente o fio do pêndulo está na vertical. Após a colisão, o pêndulo atinge uma altura máxima, na qual o fio tem uma inclinação de 30° em relação à direção horizontal.

   Desprezando a resistência do ar, o módulo da velocidade inicial da partícula, v_0, em m/s, é igual a:

   a) 0,50.
   b) 10.
   c) 15.
   d) 24.

Calculando a altura do bloco:

sen 30° = h/L

$h = L \cdot 1/2$

$h = L/2$

Sendo L = 1,2 temos:

$h = 1{,}2/2$

$h = y = 0{,}6$ m

Considerando que a energia mecânica do pêndulo em movimento deve ser a mesma de quando ele atinge a altura máxima.

$Em = E'm$

Quando a partícula se encontra com o bloco a energia mecânica se torna energia cinética.

$m \cdot v^2/2 = m \cdot g \cdot h$

A velocidade desse sistema será:

$v = \sqrt{2 \cdot g \cdot 0{,}6}$

$v = \sqrt{2 \cdot 10 \cdot 0{,}6}$

$v = \sqrt{12}$

$v = 2\sqrt{3}$ m/s

Considerando a quantidade de movimento antes da partícula atingir o bloco, temos:

$Q = Qp + Qb$

Como o bloco estava em repouso a sua quantidade de movimento era nula.

$Q = Qp$

Após a colisão a quantidade de movimento será:

$Qdepois = Qp + Qb$

$Qdepois = 5m \cdot v + m.v$

$Qdepois = 6m \cdot v$

$Qdepois = 6 \cdot 2\sqrt{3} \cdot m$

$Qdepois = 12\sqrt{3} \cdot m$

Pela conservação da quantidade de movimento:

$Q = Qdepois$

Se o trajeto da partícula é um lançamento oblíquo e ele atinge o bloco em sua altura máxima então:

$m.vx = 12\sqrt{3} \cdot m$

$Vx = 12\sqrt{3}$

Calculando a velocidade inicial:

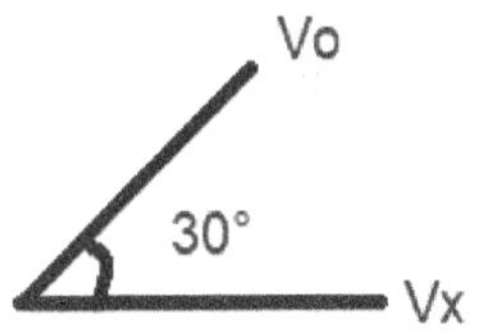

Pela decomposição de vetores:

$Vx = Vo \cdot \cos 30°$

$12\sqrt{3} = Vo \cdot 1/2$

$Vo = 12\sqrt{3} \cdot 2/\sqrt{3}$

Vo = 24 m/s.

GABARITO: D.

---

19. (AERONÁUTICA - 2020 - AFA - CADETE) Dados:

- massa atômica do hidrogênio: $m_H = 1{,}67 \cdot 10^{-27}$ kg
- massa atômica do hélio: $m_{He} = 6{,}65 \cdot 10^{-27}$ kg
- velocidade da luz no vácuo: $c = 3 \cdot 10^8$ m/s
- constante de *Planck*: $h = 6 \cdot 10^{-34}$ J · s
- 1 eV $= 1{,}6 \cdot 10^{-19}$ J
- constante eletrostática do vácuo: $k_0 = 9{,}0 \cdot 10^9$ N · m² / C²
- aceleração da gravidade: $g = 10$ m/s²
- $\cos 30° = \text{sen } 60° = \frac{\sqrt{3}}{2}$
- $\cos 60° = \text{sen } 30° = \frac{1}{2}$
- $\cos 45° = \text{sen } 45° = \frac{\sqrt{2}}{2}$

O sistema ilustrado na figura a seguir é composto de três blocos, A, B e C, de dimensões desprezíveis e de mesma massa, duas roldanas e dois fios, todos ideais.

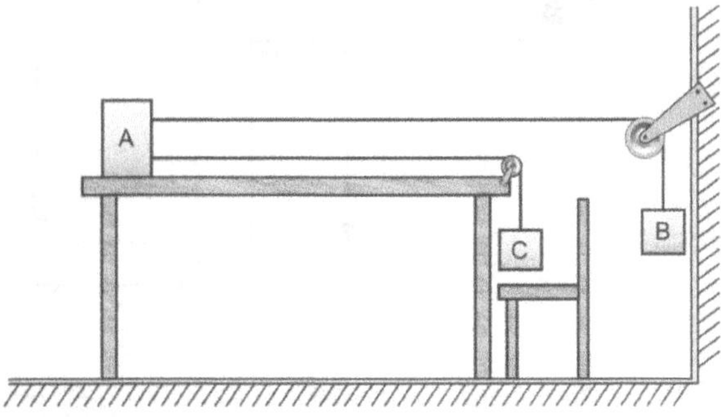

Quando o sistema é abandonado, a partir da configuração indicada na figura, o bloco A passa, então, a deslizar sobre o plano horizontal da mesa, enquanto os blocos B e C descem na vertical e a tração estabelecida no fio que liga os blocos A e B vale T_B.

Em determinado instante, o bloco C se apoia sobre uma cadeira, enquanto B continua descendo e puxando A, agora através de uma tração T'_B.

Desprezando quaisquer resistências durante o movimento dos blocos, pode-se afirmar que a razão $\frac{T'_B}{T_B}$ vale:

a) $\frac{1}{3}$.

b) 1.

c) $\frac{3}{2}$.

d) 2.

Considerando as forças horizontais:

Bloco A: $Tb + Tc = m \cdot a$

Bloco B: $Pb + Tb = m \cdot a$

Bloco C: $Pc - Tc = m \cdot a$

Somando as três equações, temos:

$Pb + Pc = 3m \cdot a$

$m \cdot g + m \cdot g = 3m \cdot a$

$a = 2g/3$

Substituindo na equação do bloco B:

$m \cdot g + Tb = m \cdot 2g/3$

$Tb = mg \cdot (1 - 2/3)$

$Tb = mg/3$

Calculando T'b:

Bloco A: $T'b = m \cdot a'$

Bloco B: $Pb - Tb = m \cdot a'$

Somando as equações:

$m \cdot g = 2m \cdot a'$

$a' = g/2$

Substituindo na equação do bloco A:

$T'b = m \cdot g/2$

Calculando a razão entre T'b/Tb:

$m \cdot g/2/mg/3$

$m \cdot g/2 \cdot 3/mg$

$T'b/Tb = 3/2.$

GABARITO: C.

---

20. (AERONÁUTICA - 2020 - AFA - CADETE) Dados:

- massa atômica do hidrogênio: $m_H = 1{,}67 \cdot 10^{-27}$ kg
- massa atômica do hélio: $m_{He} = 6{,}65 \cdot 10^{-27}$ kg
- velocidade da luz no vácuo: $c = 3 \cdot 10^8$ m/s
- constante de *Planck*: $h = 6 \cdot 10^{-34}$ J · s
- 1 eV $= 1{,}6 \cdot 10^{-19}$ J
- constante eletrostática do vácuo: $k_0 = 9{,}0 \cdot 10^9$ N · m² / C²
- aceleração da gravidade: $g = 10$ m/s²
- $\cos 30° = \text{sen } 60° = \frac{\sqrt{3}}{2}$
- $\cos 60° = \text{sen } 30° = \frac{1}{2}$
- $\cos 45° = \text{sen } 45° = \frac{\sqrt{2}}{2}$

Duas partículas idênticas, A e B, se movimentam ao longo de uma mesma trajetória x, sendo suas posições, em função do tempo, dadas por $X_A = 2t$ e $X_B = 4 + t$, respectivamente, com x em metros e t em segundos. Em determinado instante, as partículas, que formam um sistema isolado, sofrem uma colisão parcialmente elástica, com coeficiente de restituição e = 0,5.

Nessas condições e desprezando o deslocamento dessas partículas durante a colisão, quando a partícula A estiver na posição 28 m, a partícula B estará na posição, em m,

a) 18.
b) 28.
c) 36.
d) 46.

Tratando-se de colisão:

xa = xb

2t = 4 + t

t = 4s

Calculando o momento da colisão:

xa = xb

2 · 4 = 8 m

Calculando a velocidade após a colisão:

Qi = Qf

ma · 2 + mb · 1 = mV'a + mV'b

V'a + V'b = 3 (I)

Calculando o coeficiente de restituição:

e = 0,5

e = |Vafastamento|/|aproximação|

e = V'b – V'a/2 – 1 = 0,5

V'b – V'a = 0,5 (II)

Montando o sistema:

V'a + V'b = 3

- V'a + V'b = 0,5

Somando as equações:

2V'b = 3,5

V'b = 1,75

Calculando V'a:

V'a = 3 – 1,75

V'a = 1,25

Calculando Δxa:

xa = 28 m

Δxa = v · Δt

28 – 8 = 1,25 · Δt

Δt = 20/1,25

Δt = 16s

Calculando Δxb:

Δxb = v · Δt

Δxb = 1,75 · 16

Δxb = 28 m

Calculando xb:

Δxb = xb – x'b

28 = xb – 8

xb = 28 + 8

xb = 36 m.

GABARITO: C.

21. (AERONÁUTICA – 2020 – AFA – CADETE) Dados:

- massa atômica do hidrogênio: $m_H = 1,67 \cdot 10^{-27}$ kg
- massa atômica do hélio: $m_{He} = 6,65 \cdot 10^{-27}$ kg
- velocidade da luz no vácuo: $c = 3 \cdot 10^8$ m/s
- constante de *Planck*: $h = 6 \cdot 10^{-34}$ J · s
- $1 \text{ eV} = 1,6 \cdot 10^{-19}$ J
- constante eletrostática do vácuo: $k_0 = 9,0 \cdot 10^9 \text{ N} \cdot \text{m}^2 / \text{C}^2$
- aceleração da gravidade: $g = 10 \text{ m/s}^2$
- $\cos 30° = \text{sen } 60° = \dfrac{\sqrt{3}}{2}$
- $\cos 60° = \text{sen } 30° = \dfrac{1}{2}$
- $\cos 45° = \text{sen } 45° = \dfrac{\sqrt{2}}{2}$

Considere uma barra homogênea, retilínea e horizontal fixa em uma de suas extremidades pelo ponto O, e submetida à ação de uma força $\vec{F}$ na outra extremidade, no ponto P, conforme mostra a Figura 1.

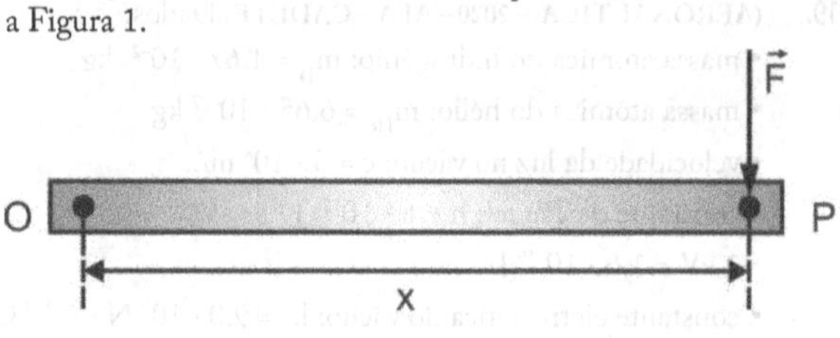

Figura 1

A distância entre os pontos O e P vale x, e a ação da força $\vec{F}$ gera um torque M_1 na barra, em relação ao ponto de fixação.

Dobrando-se a barra, de acordo com a Figura 2, e aplicando-se novamente a mesma força $\vec{F}$ no ponto P, um novo torque M_2 é gerado em relação ao ponto O.

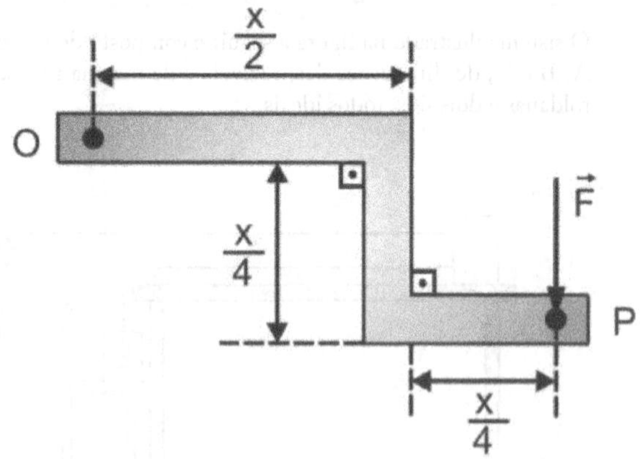

Figura 2

Considere que a barra não possa ser deformada por ação da força $\vec{F}$.

Nestas condições, a razão $\dfrac{M_1}{M_2}$ entre os torques gerados pela força $\vec{F}$, nas duas configurações apresentadas, é:

a) $\frac{3}{4}$

b) $\frac{1}{3}$

c) $\frac{2}{3}$

d) $\frac{4}{3}$

Calculando o momento da força, temos:

M1 = F · x · senα

Considerando que a segunda barra foi totalmente deformada e teve a mesma força aplicada, depreende-se que o ângulo formado é o mesmo do anterior.

Calculando o novo momento da força:

M2 = F · 3x/4 · senα

Fazendo a razão entre os momentos:

M1/M2 = F · x · senα/F · 3x/4 · senα

M1/M2 = F · x · senα · 4/3F · x · senα

M1/M2 = 4/3.

GABARITO: D.

---

22. (AERONÁUTICA - 2020 - AFA - CADETE) Dados:

- massa atômica do hidrogênio: $m_H = 1{,}67 \cdot 10^{-27}$ kg
- massa atômica do hélio: $m_{He} = 6{,}65 \cdot 10^{-27}$ kg
- velocidade da luz no vácuo: $c = 3 \cdot 10^8$ m/s
- constante de *Planck*: $h = 6 \cdot 10^{-34}$ J · s
- 1 eV = $1{,}6 \cdot 10^{-19}$ J
- constante eletrostática do vácuo: $k_0 = 9{,}0 \cdot 10^9$ N · m² / C²
- aceleração da gravidade: g = 10 m/s²
- $\cos 30° = \text{sen } 60° = \frac{\sqrt{3}}{2}$
- $\cos 60° = \text{sen } 30° = \frac{1}{2}$
- $\cos 45° = \text{sen } 45° = \frac{\sqrt{2}}{2}$

Um sistema massa-mola é composto de uma mola ideal de constante elástica k e de um recipiente, de volume interno V e massa desprezível, que é totalmente preenchido com um líquido homogêneo X de densidade constante e desconhecida.

Verifica-se que, ao se colocar esse primeiro sistema para oscilar, seu período de oscilação se iguala ao período de oscilação de um segundo sistema, formado de um pêndulo simples de comprimento L e massa m.

Considere que os dois sistemas oscilam em movimento harmônico simples em um local em que a aceleração gravitacional vale g; e que o recipiente preenchido pelo líquido comporte-se como uma massa pontual.

Nessas condições, a densidade do líquido X pode ser expressa por:

a) $\frac{VL}{gk}$.

b) $\frac{kL}{gV}$.

c) $\frac{gk}{LV}$.

d) $\frac{Vk}{gL}$.

Considerando que o período de oscilação de um oscilador de massa mola é:

$$T = 2\pi \frac{\sqrt{m}}{K}$$

Considerando que o período de oscilação de um pêndulo simples é:

$$T = 2\pi \frac{\sqrt{L}}{g}$$

Se os períodos são iguais, temos:

$$2\pi \frac{\sqrt{m}}{K} = 2\pi \frac{\sqrt{L}}{g}$$

$$2\pi \frac{\sqrt{m}}{K} - 2\pi = \frac{\sqrt{L}}{g}$$

$$\left(\frac{\sqrt{m}}{K}\right)^2 = \left(\frac{\sqrt{L}}{g}\right)^2$$

m/K = L/g

Como m é a massa do pêndulo e ela não tem importância para o que precisamos, vamos substituir pela equação da densidade:

d = m/V

m = d · V

Substituindo na equação que estamos trabalhando:

d · V/K = L/g

Isolando d:

d = L · K/g · V.

GABARITO: B.

---

23. (AERONÁUTICA - 2020 - AFA - CADETE) Dados:

- massa atômica do hidrogênio: $m_H = 1{,}67 \cdot 10^{-27}$ kg
- massa atômica do hélio: $m_{He} = 6{,}65 \cdot 10^{-27}$ kg
- velocidade da luz no vácuo: $c = 3 \cdot 10^8$ m/s
- constante de *Planck*: $h = 6 \cdot 10^{-34}$ J · s
- 1 eV = $1{,}6 \cdot 10^{-19}$ J
- constante eletrostática do vácuo: $k_0 = 9{,}0 \cdot 10^9$ N · m² / C²
- aceleração da gravidade: g = 10 m/s²
- $\cos 30° = \text{sen } 60° = \frac{\sqrt{3}}{2}$
- $\cos 60° = \text{sen } 30° = \frac{1}{2}$
- $\cos 45° = \text{sen } 45° = \frac{\sqrt{2}}{2}$

Considere uma dada massa gasosa de um gás perfeito que pode ser submetida a três transformações cíclicas diferentes I, II e III, como mostram os respectivos diagramas a seguir.

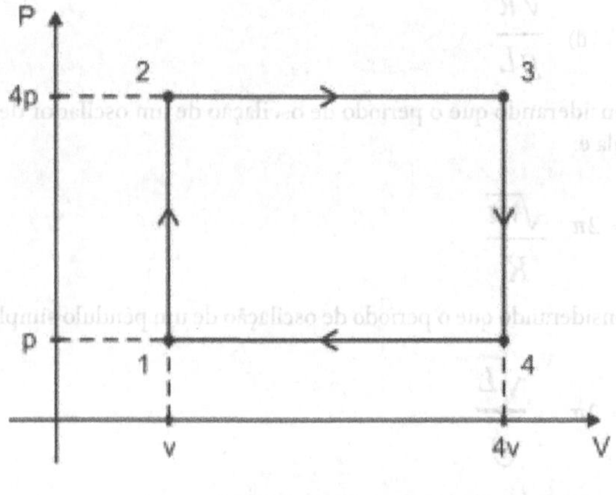

Transformação I

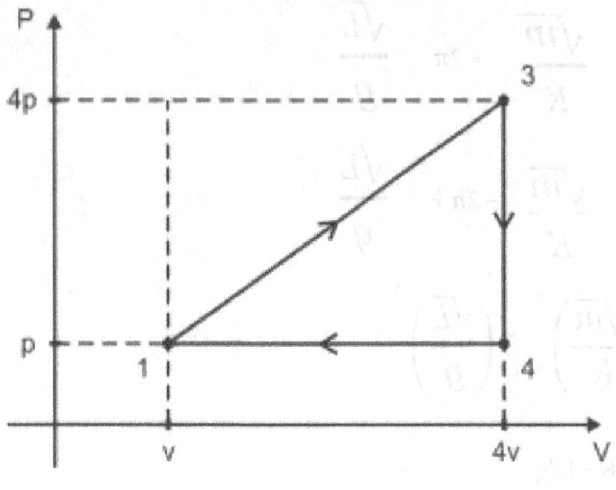

Transformação II

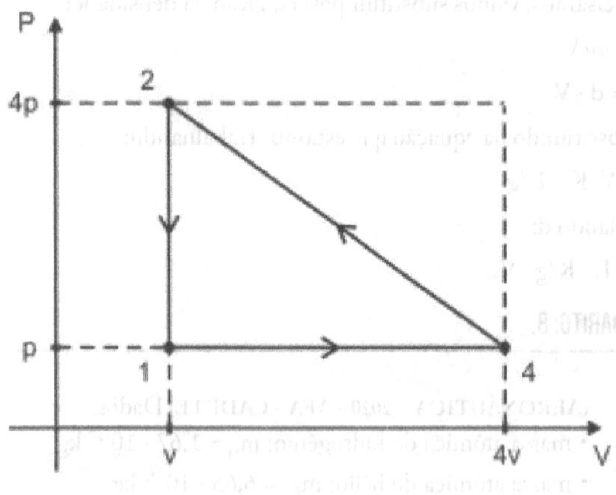

Transformação III

O gás realiza trabalhos totais τ_I, τ_{II} e τ_{III} respectivamente nas transformações I, II e III.

Nessas condições, é correto afirmar que:

a) nas transformações I e II, há conversão de calor em trabalho pelo gás e $\tau_I > \tau_{II}$.

b) na transformação III, há conversão de trabalho em calor pelo gás e $\tau_{III} > \tau_I > \tau_{II}$.

c) as quantidades de calor trocadas pelo gás com o meio externo nas transformações I, II e III são iguais.

d) o trabalho total τ_I é positivo enquanto que τ_{III} e τ_{II} são negativos.

Considerando que a variação de energia interna é sempre 0, definição de transformação cíclica.

Logo:

$Q = \tau$

Para calcular o valor numérico do trabalho, é necessário avaliar as áreas.

Analisando as áreas, percebe-se que a primeira área é a maior e que a segunda e terceira possuem o mesmo valor.

Logo, os gráficos 1 e 2 demonstram trabalho positivo e o primeiro o trabalho maior que o segundo.

GABARITO: A.

---

24. **(AERONÁUTICA - 2020 - AFA - CADETE)** Dados:

- massa atômica do hidrogênio: $m_H = 1{,}67 \cdot 10^{-27}$ kg
- massa atômica do hélio: $m_{He} = 6{,}65 \cdot 10^{-27}$ kg
- velocidade da luz no vácuo: $c = 3 \cdot 10^8$ m/s
- constante de *Planck*: $h = 6 \cdot 10^{-34}$ J · s
- $1 \text{ eV} = 1{,}6 \cdot 10^{-19}$ J
- constante eletrostática do vácuo: $k_0 = 9{,}0 \cdot 10^9 \text{ N} \cdot \text{m}^2/\text{C}^2$
- aceleração da gravidade: $g = 10 \text{ m/s}^2$
- $\cos 30° = \text{sen } 60° = \dfrac{\sqrt{3}}{2}$
- $\cos 60° = \text{sen } 30° = \dfrac{1}{2}$
- $\cos 45° = \text{sen } 45° = \dfrac{\sqrt{2}}{2}$

Um observador O visualiza uma placa com a inscrição AFA através de um periscópio rudimentar construído com dois espelhos planos E_1 e E_2 paralelos e inclinados de 45° em relação ao eixo de um tubo opaco, conforme figura a seguir.

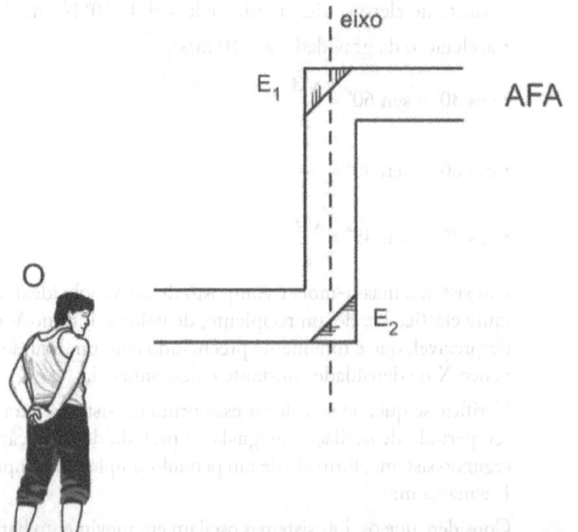

Nessas condições, a opção que melhor representa, respectivamente, a imagem da palavra AFA conjugada pelo espelho E_1 e a imagem final que o observador O visualiza através do espelho E_2 é:

a) 

b) 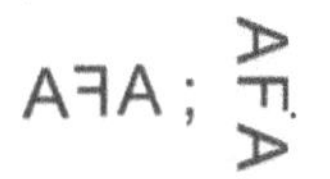

c) 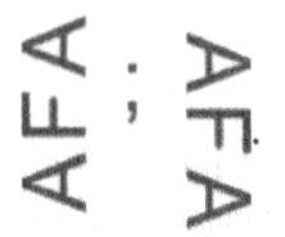

d) 

Se o espelho está rotacionado 45°, então a imagem estará rotacionada 90°.

Logo, a palavra AFA estaria escrita de forma enantiomorfa, ou seja, invertida.

Considerando o segundo espelho, aconteceria a mesma inversão que houve no primeiro, logo a palavra voltaria ao normal.

Sendo assim, voltaria a ser AFA.

GABARITO: D.

---

25. (AERONÁUTICA - 2020 - AFA - CADETE) Dados:

- massa atômica do hidrogênio: $m_H = 1{,}67 \cdot 10^{-27}$ kg
- massa atômica do hélio: $m_{He} = 6{,}65 \cdot 10^{-27}$ kg
- velocidade da luz no vácuo: $c = 3 \cdot 10^8$ m/s
- constante de *Planck*: $h = 6 \cdot 10^{-34}$ J · s
- 1 eV = $1{,}6 \cdot 10^{-19}$ J
- constante eletrostática do vácuo: $k_0 = 9{,}0 \cdot 10^9$ N · m² / C²
- aceleração da gravidade: $g = 10$ m/s²
- $\cos 30° = \text{sen } 60° = \dfrac{\sqrt{3}}{2}$
- $\cos 60° = \text{sen } 30° = \dfrac{1}{2}$
- $\cos 45° = \text{sen } 45° = \dfrac{\sqrt{2}}{2}$

Considere um dioptro plano constituído de dois meios homogêneos e transparentes de índices de refração $n_1 = 1$ e $n_2 = \dfrac{4}{3}$, separados por uma superfície S perfeitamente plana.

No meio de índice de refração n_1 encontra-se um objeto pontual B, distante d, da superfície S, assim como, no outro meio encontra-se um objeto idêntico A, também distante d, da superfície do dioptro como mostra a figura a seguir.

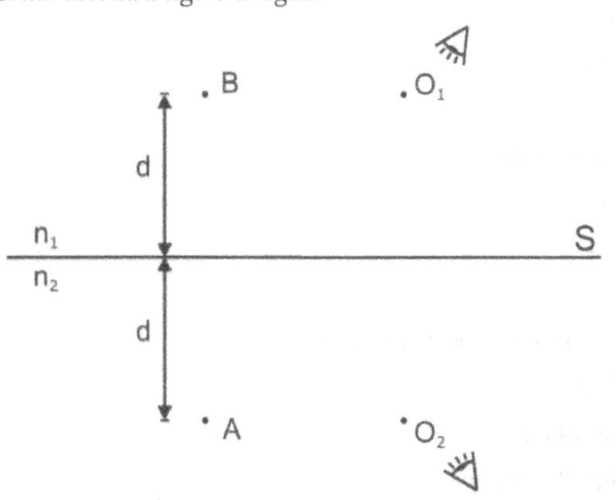

A imagem A_1 de A é vista por um observador O_1 que se encontra no meio n_1; por sua vez, a imagem B_1 de B é vista por um observador O_2 que se encontra no meio n_2.

O dioptro plano é considerado perfeitamente estigmático e os raios que saem de A e B são pouco inclinados em relação à vertical que passa pelos dois objetos.

Considere que A e B sejam aproximados verticalmente da superfície S de uma distância $\dfrac{d}{2}$ e suas novas imagens, A_2 e B_2, respectivamente, sejam vistas pelos observadores O_1 e O_2.

Nessas condições, a razão $\dfrac{d_A}{d_B}$ entre as distâncias, d_A e d_B, percorridas pelas imagens dos objetos A e B, é:

a) $\dfrac{9}{16}$

b) $\dfrac{3}{8}$

c) $\dfrac{3}{4}$

d) $\dfrac{8}{3}$

Escrevendo a relação entre os observadores:

n1/n2 = h1/h2

1/4/3 = h1/d

h1 = 3d/4

Fazendo a segunda relação:

n1/n2 = h1/h2

1/4/3 = d/h2

h2 = 4d/3

Aproximando os objetos da superfície:

1/4/3 = h'1/d

h'1 = 3d/4/2

h'1 = 3d/8

Da = 3d/4 – 3d/8

Da = 3d/8

Fazendo a relação com o segundo observador:

1/4/3 = d/2/h'2

h'2 = 2d/3

Db = 4d/3 – 2d/3

Db = 2d/3

Fazendo a razão entre as distâncias:

Da/Db = 3d/8/2d/3

Da/Db = 9/16.

GABARITO: A.

26. **(AERONÁUTICA – 2020 – AFA – CADETE)** Dados:

- massa atômica do hidrogênio: $m_H = 1{,}67 \cdot 10^{-27}$ kg
- massa atômica do hélio: $m_{He} = 6{,}65 \cdot 10^{-27}$ kg
- velocidade da luz no vácuo: $c = 3 \cdot 10^8$ m/s
- constante de *Planck*: $h = 6 \cdot 10^{-34}$ J · s
- $1 \text{ eV} = 1{,}6 \cdot 10^{-19}$ J
- constante eletrostática do vácuo: $k_0 = 9{,}0 \cdot 10^9 \text{ N} \cdot \text{m}^2 / \text{C}^2$
- aceleração da gravidade: $g = 10 \text{ m/s}^2$
- $\cos 30° = \text{sen } 60° = \dfrac{\sqrt{3}}{2}$
- $\cos 60° = \text{sen } 30° = \dfrac{1}{2}$
- $\cos 45° = \text{sen } 45° = \dfrac{\sqrt{2}}{2}$

Uma partícula eletrizada positivamente com uma carga igual a 5 μC é lançada com energia cinética de 3 J, no vácuo, de um ponto muito distante e em direção a uma outra partícula fixa com a mesma carga elétrica.

Considerando apenas interações elétricas entre estas duas partículas, o módulo máximo da força elétrica de interação entre elas é, em N, igual a:

a) 15.
b) 25.
c) 40.
d) 85.

Considerando que a partícula foi lançada, a energia cinética vai se perdendo ao longo do caminho, ou seja, transforma-se em energia potencial elétrica.

Como as partículas estão no vácuo, temos:

$Ko = 9 \cdot 10^9 \text{ Nm}^2/\text{C}^2$

Pela conservação de energia mecânica:

$Ep = Ec$

$k \cdot Q \cdot g/d = 3$

$9 \cdot 10^9 \cdot (5 \cdot 10^{-6})^2/d = 3$

$d = 3 \cdot 25 \cdot 10^9 \cdot 10^{-12}$

$d = 75 \cdot 10^{-3}$ m

Calculando a força elétrica:

$F = k \cdot Q \cdot g/d^2$

$F = 9 \cdot 10^9 \cdot (5 \cdot 10^{-6})/75 \cdot 10^{-3}$

$F = 9 \cdot 10^9 \cdot 10^{-6}/15 \cdot 15$

$F = 9 \cdot 10^9/15 \cdot 15$

$F = 1000/25$

$F = 40$ N.

GABARITO: C.

27. **(AERONÁUTICA – 2020 – AFA – CADETE)** Dados:

- massa atômica do hidrogênio: $m_H = 1{,}67 \cdot 10^{-27}$ kg
- massa atômica do hélio: $m_{He} = 6{,}65 \cdot 10^{-27}$ kg
- velocidade da luz no vácuo: $c = 3 \cdot 10^8$ m/s
- constante de *Planck*: $h = 6 \cdot 10^{-34}$ J · s
- $1 \text{ eV} = 1{,}6 \cdot 10^{-19}$ J
- constante eletrostática do vácuo: $k_0 = 9{,}0 \cdot 10^9 \text{ N} \cdot \text{m}^2 / \text{C}^2$
- aceleração da gravidade: $g = 10 \text{ m/s}^2$
- $\cos 30° = \text{sen } 60° = \dfrac{\sqrt{3}}{2}$
- $\cos 60° = \text{sen } 30° = \dfrac{1}{2}$
- $\cos 45° = \text{sen } 45° = \dfrac{\sqrt{2}}{2}$

No circuito a seguir, a bateria possui fem igual a ε e resistência interna r constante e a lâmpada incandescente L apresenta resistência elétrica ôhmica igual a 2r. O reostato R tem resistência elétrica variável entre os valores 2r e 4r.

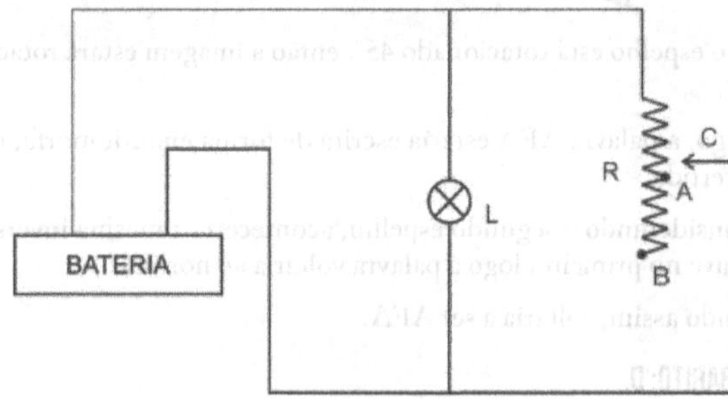

Ao deslocar o cursor C do reostato de A até B, verifica-se que o brilho de L:

a) aumenta enquanto a potência dissipada por R diminui.
b) fica constante enquanto a potência dissipada por R aumenta.
c) e a potência dissipada por R diminuem.
d) e a potência dissipada por R aumentam.

Calculando o reostato em A:

$Req = r + r = 2r$

$I = ε/2r$

$i = I/2 = ε/4r$

Calculando a potência em A:

$Pa = 2r \cdot i^2$

$Pa = 2r \cdot (ε/4r)^2$

$Pa = ε^2/8r$

Calculando a potência do reostato em A:

$Pra = 2r \cdot (ε/4r)^2 = ε^2/8r = 0{,}125ε^2$

Calculando o reostato em B:

$R = 2r \cdot 4r/2r + 4r$

$R = 8r/6 = 4r/3$

$R'eq = r + 4r/3$

$R'eq = 7r/3$

$i' = ε/7r/3$

$i' = 3ε/7$

Calculando a DDP:

$U = ε - r \cdot i'$

$U = ε - 3ε/7$

$U = 4ε/7$

Calculando a potência da lâmpada:

$Plb = U^2/2r$

$Plb = 16ε^2/49/2r$

$Plb = 16ε^2/98 = 8ε/49$

$Plb \approx 0{,}16\varepsilon^2$

Calculando a potência no resistor:

$Prb = U^2/4r$

$Prb = 16\varepsilon^2/4r \cdot 49$

$Prb = 4\varepsilon^2/49r \approx 0{,}08\varepsilon^2/r$

Logo, a potência da lâmpada aumenta e a do resistor diminui.

GABARITO: A.

---

28. (AERONÁUTICA - 2020 - AFA - CADETE) Dados:

- massa atômica do hidrogênio: $m_H = 1{,}67 \cdot 10^{-27}$ kg
- massa atômica do hélio: $m_{He} = 6{,}65 \cdot 10^{-27}$ kg
- velocidade da luz no vácuo: $c = 3 \cdot 10^8$ m/s
- constante de *Planck*: $h = 6 \cdot 10^{-34}$ J · s
- 1 eV = $1{,}6 \cdot 10^{-19}$ J
- constante eletrostática do vácuo: $k_0 = 9{,}0 \cdot 10^9$ N · m² / C²
- aceleração da gravidade: g = 10 m/s²
- $\cos 30° = \text{sen } 60° = \dfrac{\sqrt{3}}{2}$
- $\cos 60° = \text{sen } 30° = \dfrac{1}{2}$
- $\cos 45° = \text{sen } 45° = \dfrac{\sqrt{2}}{2}$

A figura a seguir ilustra dois resistores de imersão dentro de recipientes termicamente isolados e com capacidades térmicas desprezíveis, contendo as mesmas quantidades de água. Os resistores R_1 e R_2 estão ligados, respectivamente, a uma associação de geradores em série e em paralelo.

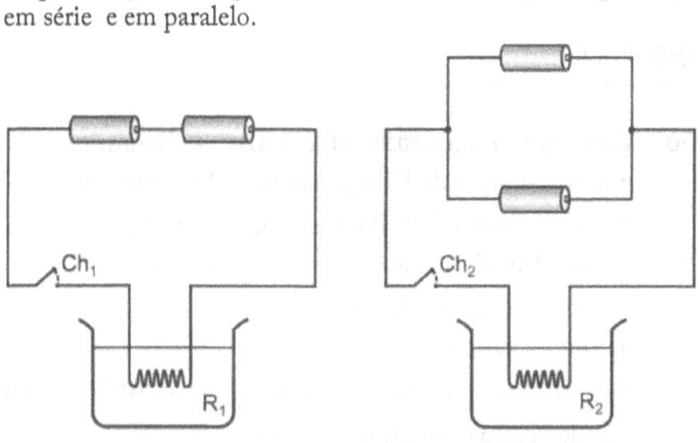

Recipiente 1 Recipiente 2

Os valores das resistências elétricas de R_1 e R_2 foram ajustados adequadamente de tal forma que cada associação de geradores transfere a máxima potência a cada um dos resistores.

Despreze a influência da temperatura na resistência elétrica e no calor específico da água e considere que todos os geradores apresentem a mesma fem e a mesma resistência interna.

Fecha-se simultaneamente as chaves Ch_1 e Ch_2 e, após 5 min, verifica-se que a variação de temperatura da água no recipiente 1 foi de 20 °C. Nesse mesmo intervalo, a água no recipiente 2 apresenta uma variação de temperatura, em °C, igual a:

a) 5.

b) 10.

c) 15.

d) 20.

Calculando as resistências e geradores:

Série:

$\varepsilon q = 2\varepsilon$

$req = 2r$

Paralelo:

$\varepsilon q = 2\varepsilon$

$req = r/2$

Calculando a potência máxima:

$Pot = \varepsilon^2/4r$

Série:

$Pot = (2\varepsilon)^2/4 \cdot 2 \cdot r$

$Pot = 4\varepsilon^2/4 \cdot 2 \cdot r$

$Pot = \varepsilon^2/2r$

Paralelo:

$Pot = \varepsilon^2/4 \cdot r/2$

$Pot = \varepsilon^2/2r$

Como as potências são iguais em ambos os circuitos e o tempo também é o mesmo, então, a temperatura também é igual.

Logo, 20 °C.

GABARITO: D.

---

29. (AERONÁUTICA - 2020 - AFA - CADETE) Dados:

- massa atômica do hidrogênio: $m_H = 1{,}67 \cdot 10^{-27}$ kg
- massa atômica do hélio: $m_{He} = 6{,}65 \cdot 10^{-27}$ kg
- velocidade da luz no vácuo: $c = 3 \cdot 10^8$ m/s
- constante de *Planck*: $h = 6 \cdot 10^{-34}$ J · s
- 1 eV = $1{,}6 \cdot 10^{-19}$ J
- constante eletrostática do vácuo: $k_0 = 9{,}0 \cdot 10^9$ N · m² / C²
- aceleração da gravidade: g = 10 m/s²
- $\cos 30° = \text{sen } 60° = \dfrac{\sqrt{3}}{2}$
- $\cos 60° = \text{sen } 30° = \dfrac{1}{2}$
- $\cos 45° = \text{sen } 45° = \dfrac{\sqrt{2}}{2}$

Considere um circuito ôhmico com capacitância e autoindução desprezíveis. Através de uma superfície fixa delimitada por este circuito (Figura 1) aplica-se um campo magnético $\vec{B}$ cuja intensidade varia no tempo t de acordo com o gráfico mostrado na Figura 2.

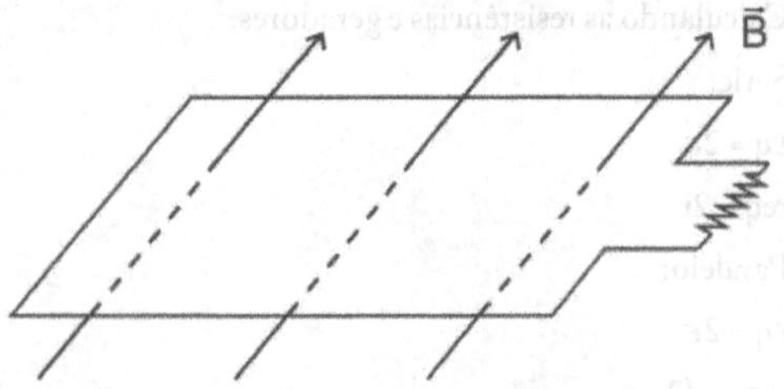

Figura 1

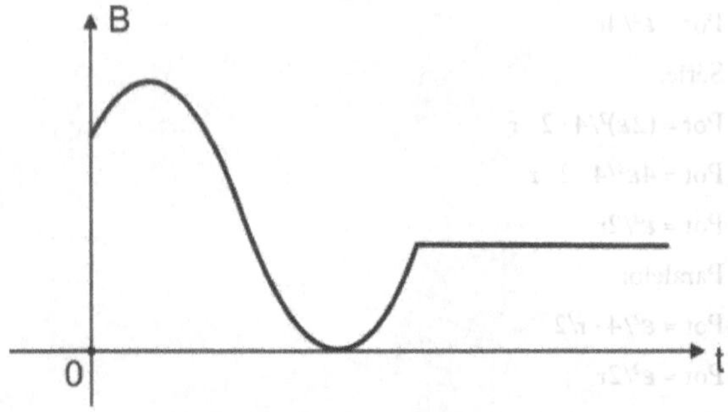

Figura 2

Nessas condições, a corrente induzida i no circuito esquematizado na Figura 1, em função do tempo t, é melhor representada pelo gráfico:

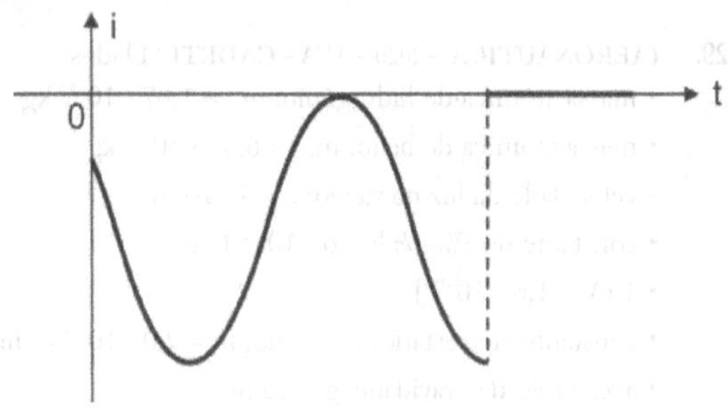

a)

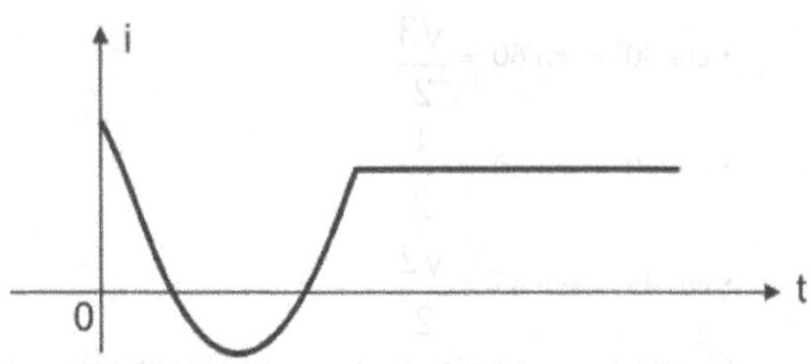

b)

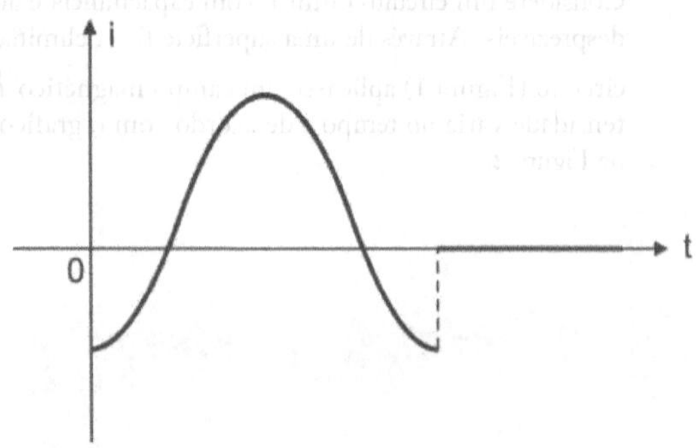

c)

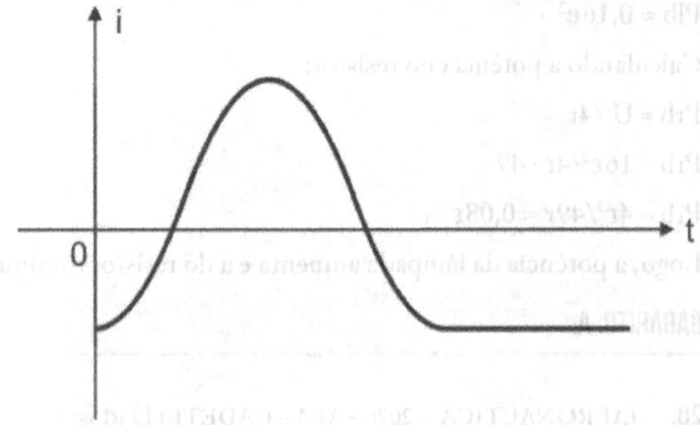

d)

Considerando que a corrente é:

i = U/R

Se a resistência é constante, então, a corrente depende de U.

Pela Lei de Faraday:

$\varepsilon = -\Delta\phi/\Delta t$

Considerando o fluxo:

$\phi = B \cdot A \cdot \cos\alpha$

Se B aumenta, o fluxo também aumenta.

Se B diminui, então, o fluxo também diminui.

Analisando o gráfico, a primeira parte indica um aumento. Substituindo esse valor positivo na Lei de Faraday, temos um resultado negativo.

Considerando o ponto máximo do gráfico até o ponto de mínimo, temos uma queda, logo o fluxo é negativo, tendo um resultado positivo.

Considerando do ponto mínimo em diante, temos um fluxo positivo, logo o resultado será negativo.

Analisando essas informações, temos que a melhor representação é o gráfico C.

GABARITO: C.

---

30. (AERONÁUTICA – 2020 – AFA – CADETE) Dados:

- massa atômica do hidrogênio: $m_H = 1,67 \cdot 10^{-27}$ kg
- massa atômica do hélio: $m_{He} = 6,65 \cdot 10^{-27}$ kg
- velocidade da luz no vácuo: $c = 3 \cdot 10^8$ m/s
- constante de *Planck*: $h = 6 \cdot 10^{-34}$ J · s
- 1 eV = $1,6 \cdot 10^{-19}$ J
- constante eletrostática do vácuo: $k_0 = 9,0 \cdot 10^9$ N · m² / C²
- aceleração da gravidade: g = 10 m/s²
- $\cos 30° = \text{sen } 60° = \dfrac{\sqrt{3}}{2}$
- $\cos 60° = \text{sen } 30° = \dfrac{1}{2}$
- $\cos 45° = \text{sen } 45° = \dfrac{\sqrt{2}}{2}$

No interior do Sol, reações nucleares transformam quantidades enormes de núcleos de átomos de hidrogênio (H), que se combinam e produzem núcleos de átomos de hélio (He), liberando energia.

A cada segundo ocorrem 10^{38} reações de fusão onde quatro átomos de hidrogênio se fundem para formar um átomo de hélio, conforme esquematizado:

4H → He + Energia.

A energia liberada pelo Sol, a cada segundo, seria capaz de manter acesas um certo número de lâmpadas de 100 W. Nessas condições, a ordem de grandeza desse número de lâmpadas é igual a:

a) 10^{12}.
b) 10^{18}.
c) 10^{24}.
d) 10^{56}.

Calculando a quantidade de energia:

$E = \Delta m \cdot c^2$

Calculando Δm:

$\Delta m = 4 \cdot m(H) - m(He)$

$\Delta m = 10^{-27} \cdot (4 \cdot 1{,}67 - 6{,}65)$

$\Delta m = 0{,}03 \cdot 10^{-27}$

$E = 0{,}03 \cdot 10^{-27} \cdot (3 \cdot 18^{8})^2$

$E = 0{,}27 \cdot 10^{-11} J$

Calculando a potência do Sol:

$P = 10^{38}/s \cdot 0{,}27 \cdot 10^{-4} J$

$P = 2{,}7 \cdot 10^{26} W$

Calculando a quantidade de lâmpadas:

$x = 2{,}27 \cdot 10^{26}/10^2$

$x = 2{,}27 \cdot 10^{24}$

Logo, 10^{24}.

GABARITO: C.

---

31. (AERONÁUTICA – 2020 – AFA – CADETE) Dados:

- massa atômica do hidrogênio: $m_H = 1{,}67 \cdot 10^{-27}$ kg
- massa atômica do hélio: $m_{He} = 6{,}65 \cdot 10^{-27}$ kg
- velocidade da luz no vácuo: $c = 3 \cdot 10^8$ m/s
- constante de *Planck*: $h = 6 \cdot 10^{-34}$ J · s
- 1 eV = $1{,}6 \cdot 10^{-19}$ J
- constante eletrostática do vácuo: $k_0 = 9{,}0 \cdot 10^9$ N · m² / C²
- aceleração da gravidade: g = 10 m/s²
- $\cos 30° = \text{sen } 60° = \frac{\sqrt{3}}{2}$
- $\cos 60° = \text{sen } 30° = \frac{1}{2}$
- $\cos 45° = \text{sen } 45° = \frac{\sqrt{2}}{2}$

O ozônio (O_3) é naturalmente destruído na estratosfera superior pela radiação proveniente do Sol.

Para cada molécula de ozônio que é destruída, um átomo de oxigênio (O) e uma molécula de oxigênio (O_2) são formadas, conforme representado a seguir:

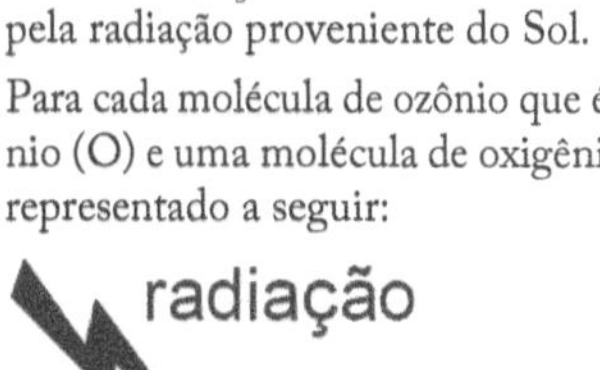

Sabendo-se que a energia de ligação entre o átomo de oxigênio e a molécula O_2 tem módulo igual a 3,75 eV, então o comprimento de onda dos fótons da radiação necessária para quebrar uma ligação do ozônio e formar uma molécula O_2 e um átomo de oxigênio vale, em nm,

a) 50.
b) 100.
c) 150.
d) 300.

Calculando a energia do fóton para quebrar a energia de 3,74 Ev, tem-se que:

$Ef = h \cdot c/\lambda$

$h \cdot c/\lambda = 3{,}75$

Convertendo em Joules:

$h \cdot c/\lambda = 3{,}75 \cdot 1/1{,}6 \cdot 10^{-19}$

$\lambda = 6 \cdot 10^{-34} \cdot 3 \cdot 10^{8} \cdot 1{,}6 \cdot 10^{-19}/3{,}75$

$\lambda = 3 \cdot 10^{-7}$

$\lambda = 300 \cdot 10^{-9}$

$\lambda = 300$ nm.

GABARITO: D.

Texto para as próximas 3 questões.

Texto I

As mulheres são vítimas de violência porque são mulheres

Wânia Pasinato

Nos últimos anos, a violência contra as mulheres no Brasil vem se tornando assunto público e reconhecido como problema ao qual qualquer mulher, independentemente de raça, cor, etnia, idade ou classe social pode estar sujeita. Trata-se de reconhecer que a violência não é um infortúnio pessoal, mas tem origem na constituição desigual dos lugares de homens e mulheres nas sociedades – a desigualdade de gênero -, que tem implicações não apenas nos papéis sociais do masculino e feminino e nos comportamentos sexuais, mas também em uma relação de poder. Em outras palavras, significa dizer que a desigualdade é estrutural. Ou seja, social, histórica e culturalmente a sociedade designa às mulheres um lugar de submissão e menor poder em relação aos homens. Qualquer outro fator – o desemprego, o alcoolismo, o ciúme, o comportamento da mulher, seu jeito de vestir ou exercer sua sexualidade – não são causas, mas justificativas socialmente aceitas para que as mulheres continuem a sofrer violência.

(...) Em anos recentes, esse reconhecimento foi acompanhado por mudanças na forma como devemos responder a essa violência, atacando não as justificativas, mas as causas. O país tornou-se referência internacional com a Lei 11.340/2006 – a Lei Maria da Penha, cujo diferencial é a forma de abordar o problema, propondo a criminalização e a aplicação de penas para os agressores, mas também medidas que são dirigidas às mulheres para a proteção de sua integridade física e de seus direitos, além de medidas de prevenção destinadas a modificar as relações entre homens e mulheres na sociedade, campo no qual a educação desempenha papel estratégico. Apesar de tudo, o Brasil segue sendo um país violento para as mulheres. Anualmente são registradas centenas de ocorrências de violência doméstica, de violência sexual, além das elevadas taxas de homicídios de mulheres que, quando motivadas pelas razões de gênero, são tipificadas como feminicídios. Esses números expressam uma parte do problema e comumente dizemos que a subnotificação é uma característica dessas situações.

O medo, a dúvida, a vergonha são algumas explicações para esse silêncio, mas novamente nos contentamos em olhar para as justificativas e não para as causas. (...)

De modo geral, mudamos as leis, mas não a forma como as instituições funcionam. O Sistema de Justiça segue atuando de forma seletiva e distribuindo de forma desigual o acesso à Justiça. Existem poucos serviços especializados para atender as mulheres em situação de violência. Faltam protocolos que orientem o atendimento. Falta capacitação para os profissionais cuja atuação é muitas vezes balizada por convicções pessoais e julgamentos de valor que nada têm a ver com os direitos humanos. (...)

Disponível em: https://revistagalileu.globo.com/Sociedade/noticia/2018/02/violencia-contra-mulher-wania-pasinato.html. Acesso em: 30/06/2020.

32. (AERONÁUTICA - 2020 - AFA - CADETE) Após a leitura e análise do texto I, é correto afirmar que:

a) o objetivo do texto é explicitar as causas e as justificativas para a violência contra as mulheres no Brasil nos últimos anos.

b) a tese do texto é a de que a violência contra as mulheres é um problema ao qual toda e qualquer uma está sujeita, tendo como causa primordial a desigualdade de gênero que é estrutural em nossa sociedade.

c) o diferencial da Lei Maria da Penha, em relação a leis anteriores na defesa das mulheres, é que ela ataca não somente as justificativas, mas também as causas do feminicídio.

d) a subnotificação dos casos de violência contra as mulheres é a causa de o problema do feminicídio não ser solucionado, por isso há poucos serviços especializados para atender às mulheres que sofrem violências.

A: Incorreta. No título do texto "As mulheres são vítimas de violência porque são mulheres", não há uma causa específica, a não ser o fato de elas serem mulheres. O texto aborda as causas e não as justificativas. A questão é a prevenção.

B: Correta. Qualquer mulher está sujeita a algum tipo de violência. O texto aborda somente a causa primordial, que é a desigualdade de gênero.

C: Incorreta. A Lei Maria da Penha não ataca as justificativas, mas aborda as causas, justamente para atuar na prevenção.

D: Incorreta. A subnotificação não é a causa do feminicídio, visto que a autora afirma que a causa do feminicídio é a desigualdade de gêneros.

GABARITO: B.

---

33. (AERONÁUTICA - 2020 - AFA - CADETE) No primeiro parágrafo do texto I, ao utilizar o vocábulo "infortúnio" (L. 06), para se referir ao comportamento violento imposto à mulher, a autora expressa, principalmente, que:

a) a violência é um processo subjetivo desigual que se intensifica dependendo das relações estabelecidas no meio social.

b) a intersubjetividade, construída em torno dos papéis masculino e feminino, é fator exclusivo para a promoção da violência.

c) as atitudes violentas impostas às mulheres são geradas por aspectos que ultrapassam apenas o teor subjetivo das relações.

d) a ação violenta sobre a mulher é uma conduta que não se associa a particularidades íntimas da vítima.

Infortúnio significa "falta de sorte, azar".

A: Incorreta. Segundo a autora, não é um processo subjetivo (particular) nem existe essa dependência das relações estabelecidas no meio social.

B: Incorreta. Conforme a autora, não há intersubjetividade, sendo a "desigualdade estrutural, ou seja, social, histórica e cultural".

C: Incorreta. Não há teor subjetivo no texto.

D: Correta. O infortúnio não é algo particular (subjetivo), conforme aborda a autora: "[...] Qualquer outro fator – o desemprego, o alcoolismo, o ciúme, o comportamento da mulher, seu jeito de vestir ou exercer sua sexualidade – não são causas, mas justificativas socialmente aceitas para que as mulheres continuem a sofrer violência [...]".

GABARITO: D.

---

34. (AERONÁUTICA - 2020 - AFA - CADETE) No texto I [L. 41 a 47] foram empregados verbos na 1ª pessoa do plural. Essa utilização pode ser justificada porque

a) o objetivo central é enfatizar o canal comunicativo entre os agentes da interlocução.

b) o propósito primordial é criar uma relação de total intimidade com o interlocutor, facilitando a montagem da tese demonstrada.

c) o texto almeja envolver o leitor na construção do ponto de vista defendido.

d) a função principal do texto é impor postura consensual em torno de um tema.

A: Incorreta. O objetivo central é mostrar que existe uma atitude que é comum na sociedade, levando o leitor a refletir. Logo, o objetivo não é só chamar atenção, mas persuadir o outro.

B: Incorreta. A autora quer até se aproximar do leitor, mas não com "total intimidade".

C: Correta. A autora tenta envolver o leitor para conduzir o raciocínio dele e para que ele entenda o que ela quer dizer.

D: Incorreta. Não há como impor um consenso.

GABARITO: C.

---

35. (AERONÁUTICA - 2020 - AFA - CADETE) **Texto III**

Mulheres de Atenas

Mirem-se no exemplo
Daquelas mulheres de Atenas
Vivem pros seus maridos
Orgulho e raça de Atenas

Quando amadas, se perfumam
Se banham com leite, se
Arrumam
Suas melenas
Quando fustigadas não choram
Se ajoelham, pedem, imploram
Mais duras penas; cadenas

Mirem-se no exemplo
Daquelas mulheres de Atenas
Sofrem pros seus maridos

Poder e Força de Atenas
(...)
Elas não têm gosto ou vontade
Nem defeito, nem qualidade
Têm medo apenas
Não têm sonhos, só têm
Presságios
O seu homem, mares,
Naufrágios
Lindas sirenas, morenas

Mirem-se no exemplo
Daquelas mulheres de Atenas
Temem por seus maridos
Heróis e amantes de Atenas

As jovens viúvas marcadas
E as gestantes abandonadas
Não fazem cenas
Vestem-se de negro, se
Encolhem
Se conformam e se recolhem
Às suas novenas, serenas

(HOLANDA, Chico Buarque de. **Meus caros amigos**. LP, 1976. Phonogram/ Philips)

36. Em relação à composição linguística do texto III, é incorreto afirmar que

a) as formas verbais "mirem" (v. 1), "vivem" (v. 3), "sofrem" (v. 14) e "têm" (v. 16) estão conjugadas no mesmo modo e tempo, além de possuírem o mesmo sujeito.

b) levando em consideração o contexto, é possível considerar o sentido da palavra "fustigadas" (v. 09) como **castigadas**.

c) em "vivem **pros seus maridos**" (v. 3), o termo sublinhado é classificado pela gramática normativa como adjunto adverbial.

d) na última estrofe, em todas as ocorrências, o vocábulo "se" é classificado como pronome reflexivo.

O verbo "mirem" está no modo imperativo afirmativo. Já os verbos "vivem", "sofrem" e "têm" estão no presente do indicativo, possuindo o mesmo sujeito.

GABARITO: A.

---

37. **(AERONÁUTICA - 2020 - AFA - CADETE) Texto II**

Porém igualmente

É uma santa. Diziam os vizinhos. E D. Eulália apanhando. É um anjo. Diziam os parentes. E D. Eulália sangrando. Porém igualmente se surpreenderam na noite em que, mais bêbado que de costume, o marido, depois de surrá-la, jogou-a pela janela, e D. Eulália rompeu em asas o voo de sua trajetória.

(COLASANTI, Marina. **Um espinho de marfim e outras histórias.** Porto Alegre: L&PM, 1999.) **Texto III**

Mulheres de Atenas

Mirem-se no exemplo
Daquelas mulheres de Atenas
Vivem pros seus maridos
Orgulho e raça de Atenas

Quando amadas, se perfumam
Se banham com leite, se
Arrumam
Suas melenas
Quando fustigadas não choram
Se ajoelham, pedem, imploram
Mais duras penas; cadenas

Mirem-se no exemplo
Daquelas mulheres de Atenas
Sofrem pros seus maridos
Poder e Força de Atenas
(...)
Elas não têm gosto ou vontade
Nem defeito, nem qualidade
Têm medo apenas
Não têm sonhos, só têm
Presságios
O seu homem, mares,
Naufrágios
Lindas sirenas, morenas

Mirem-se no exemplo
Daquelas mulheres de Atenas
Temem por seus maridos
Heróis e amantes de Atenas

As jovens viúvas marcadas
E as gestantes abandonadas
Não fazem cenas
Vestem-se de negro, se
Encolhem
Se conformam e se recolhem
Às suas novenas, serenas

(HOLANDA, Chico Buarque de. **Meus caros amigos**. LP, 1976. Phonogram/ Philips)

Sobre o texto II, de Marina Colasanti, e o texto III, de Chico Buarque, é correto afirmar que:

a) há a construção de um discurso explícito em torno da desvalorização feminina no ambiente familiar e público.

b) enquanto o texto III se utiliza de uma linguagem mais metafórica e musical, o texto II prioriza uma linguagem mais enfática e prioritariamente denotativa.

c) os dois apresentam posturas discursivas distintas ao abordar o universo feminino, pois, em "Porém Igualmente", há uma ênfase na condescendência das pessoas e não na figura da mulher, o que não acontece em "Mulheres de Atenas".

d) ambos compartilham de um propósito semelhante ao denunciarem, por exemplo, a violência física a que as mulheres são submetidas.

A: Incorreta. No texto II da Marina Colasanti, Eulália é uma santa porque ela sofre calada. Então, não há desvalorização da mulher, mas o enaltecimento da mulher que sofre calada. No caso de "Mulheres de Atenas" também, pois elas são exemplos, vivem para os maridos.

B: Incorreta. No texto II, há metáfora ("um anjo, uma santa") – linguagem conotativa, além do eufemismo composto na oração: "[...] rompeu em asas o voo de sua trajetória".

C: Incorreta. As posturas discursivas não são distintas, elas são iguais. Existe uma relação de condescendência entre os dois textos, pois as pessoas sabem, mas não fazem nada.

D: Correta. De acordo com o texto II: "É uma santa. Diziam os vizinhos. E D. Eulália apanhando [...]". E no texto III: "[...] Quando fustigadas não choram / Se ajoelham, pedem, imploram / Mais duras penas; cadenas [...]".

GABARITO: D.

---

38. **(AERONÁUTICA – 2020 – AFA – CADETE) Texto III**

Mulheres de Atenas

Mirem-se no exemplo
Daquelas mulheres de Atenas
Vivem pros seus maridos
Orgulho e raça de Atenas

Quando amadas, se perfumam
Se banham com leite, se
Arrumam
Suas melenas
Quando fustigadas não choram
Se ajoelham, pedem, imploram
Mais duras penas; cadenas

Mirem-se no exemplo
Daquelas mulheres de Atenas
Sofrem pros seus maridos
Poder e Força de Atenas
(...)
Elas não têm gosto ou vontade
Nem defeito, nem qualidade
Têm medo apenas
Não têm sonhos, só têm
Presságios
O seu homem, mares,
Naufrágios
Lindas sirenas, morenas

Mirem-se no exemplo
Daquelas mulheres de Atenas
Temem por seus maridos
Heróis e amantes de Atenas

As jovens viúvas marcadas
E as gestantes abandonadas
Não fazem cenas
Vestem-se de negro, se
Encolhem
Se conformam e se recolhem
Às suas novenas, serenas

(HOLANDA, Chico Buarque de. **Meus caros amigos.** LP, 1976. Phonogram/Philips)

Considere as afirmativas acerca da canção de Chico Buarque, texto III.

I. Na segunda estrofe, há a presença de uma gradação que reforça o grau de submissão da postura feminina.

II. Todas as ocorrências do pronome "se", ao longo do texto, justificam-se pelo seu teor de reflexividade, realçando, assim, as ações e os gestos próprios das mulheres.

III. Os últimos versos da 1ª e 3ª estrofes destacam atributos da cidade de Atenas, por meio da utilização de prosopopeia, recurso recorrente em textos poéticos e musicais.

IV. Na quarta estrofe, há uma estrutura antitética que se dá no plano imaginário e inconsciente das mulheres.

Estão corretas apenas:

a) I e III.
b) I, II e III.
c) I e IV.
d) III e IV.

I: Correta. Em: "[...] Quando fustigadas não choram / Se ajoelham, pedem, imploram / Mais duras penas [...]", a gradação é uma figura de linguagem que traz um efeito expressivo, com base na ordenação de ações do grau maior para o menor ou do menor para o maior.

II: Incorreta. Expressões como "banhar-se e perfumar-se" não são gestos próprios das mulheres.

III: Incorreta. "[...] Vivem pros seus maridos / Orgulho e raça de Atenas [...]" (são orgulho dos atenienses e não da cidade de Atenas) e "[...] Sofrem pros seus maridos / Poder e Força de Atenas [...]" (é a cidade que se mantém segura). Nesses versos não há prosopopeia (sentimentos humanos atribuídos a seres inanimados), mas, sim, metonímia (substituição de uma palavra por outra, havendo entre elas uma ligação).

IV: Correta. "[...] Elas não têm gosto ou vontade / Nem defeito, nem qualidade [...]". Há antíteses nesses versos ("gosto ou vontade" e "defeito e qualidade").

GABARITO: C.

Texto para as próximas 2 questões.

Texto IV

Apelo

Amanhã faz um mês que a Senhora está longe de casa. Primeiros dias, para dizer a verdade, não senti falta, bom chegar tarde, esquecido na conversa de esquina. Não foi ausência por uma semana: o batom ainda no lenço, o prato na mesa por engano, a imagem de relance no espelho.

Com os dias, Senhora, o leite primeira vez coalhou. A notícia de sua perda veio aos poucos: a pilha de jornais ali no chão, ninguém os guardou debaixo da escada. Toda a casa era um corredor deserto, até o canário ficou mudo. Não dar parte de fraco, ah, Senhora, fui beber com os amigos. Uma hora da noite eles se iam. Ficava só, sem o perdão de sua presença, última luz na varanda, a todas as aflições do dia.

Sentia falta da pequena briga pelo sal no tomate – meu jeito de querer bem. Acaso é saudade, Senhora? Às suas violetas, na janela, não lhes poupei água e elas murcham. Não tenho botão na camisa. Calço a meia furada. Que fim levou o saca-rolha? Nenhum de nós sabe, sem a Senhora, conversar com os outros: bocas raivosas mastigando. Venha para casa, Senhora, por favor.

(TREVISAN, Dalton. **Mistérios de Curitiba**. 5. ed. Record. Rio de Janeiro, 1996.)

39. (AERONÁUTICA - 2020 - AFA - CADETE) Em relação à organização textual e aspectos sintáticos do texto IV, assinale a alternativa que apresenta uma análise correta.

a) O texto é uma carta pessoal cujo emitente é o marido e o destinatário, a mulher, o que se comprova pelo vocativo e pelo desfecho com o pedido de volta da Senhora.

b) O sinal de dois pontos (L. 8) tem a função de introduzir uma oração explicativa para o fato mencionado anteriormente.

c) O travessão (L. 16) tem a função de separar o aposto do termo principal ao qual ele se refere.

d) O sujeito da primeira oração do período " Às violetas, na janela, não lhes poupei água e elas murcham" está marcado na desinência verbal.

A: Incorreta. O texto é um pequeno conto que usa a linguagem e a estrutura de uma carta.

B: Incorreta. Em: "[...] A notícia de sua perda veio aos poucos: a pilha de jornais ali no chão (período 1), ninguém os guardou debaixo da escada (período 2) [...]", o sinal de dois-pontos não introduz uma oração explicativa.

C: Incorreta. Em: "[...] Sentia falta da pequena briga pelo sal no tomate – meu jeito de querer bem [...]", o travessão introduz um comentário do narrador.

D: Correta. A desinência verbal de "poupei" indica que ele está na 1ª pessoa do singular do pretérito perfeito do indicativo ("eu poupei").

GABARITO: D.

---

40. (AERONÁUTICA - 2020 - AFA - CADETE) As escolhas das palavras e expressões são estratégias importantes na construção semântica do texto, principalmente em se tratando de um texto literário em que os vocábulos são, minuciosamente, selecionados. A partir disso, assinale a alternativa que apresenta informação incorreta quanto ao texto de Dalton Trevisan.

a) A construção do período "não lhes poupei água e elas murcham", (L. 17 e 18), demonstra, por meio de uma catacrese, uma das consequências da ausência da mulher.

b) O uso reiterado de sujeito elíptico para marcar as ações do narrador sugere um sentimento de pequenez e de sofrimento do homem em relação à sua amada.

c) O emprego da expressão "última luz na varanda" (L. 14) estabelece também um sentido metafórico, ao expressar o estado de espírito do narrador sem a presença da Senhora.

d) A presença frequente do vocativo reforça o propósito principal do texto, explicitando, assim, o discurso persuasivo construído pelo narrador.

A: Incorreta. A catacrese é uma metáfora já consolidada na língua portuguesa. Nesse caso, há eufemismo na oração, já que ele acabou afogando as flores por ter colocado muita água, ou hipérbole quando ele relata que não poupou água.

B: Correta. Sujeito elíptico é o sujeito oculto. O autor mostrou que não conseguiu lidar com a casa, por isso o sentimento de pequenez.

C: Correta. A expressão pode assumir sentido metafórico, já que o narrador sente falta da Senhora.

D: Correta. O narrador quer convencer a Senhora a voltar.

GABARITO: A.

---

41. (AERONÁUTICA - 2020 - AFA - CADETE)

Texto I

As mulheres são vítimas de violência porque são mulheres

Wânia Pasinato

Nos últimos anos, a violência contra as mulheres no Brasil vem se tornando assunto público e reconhecido como problema ao qual qualquer mulher, independentemente de raça, cor, etnia, idade ou classe social pode estar sujeita. Trata-se de reconhecer que a violência não é um infortúnio pessoal, mas tem origem na constituição desigual dos lugares de homens e mulheres nas sociedades – a desigualdade de gênero -, que tem implicações não apenas nos papéis sociais do masculino e feminino e nos comportamentos sexuais, mas também em uma relação de poder. Em outras palavras, significa dizer que a desigualdade é estrutural. Ou seja, social, histórica e culturalmente a sociedade designa às mulheres um lugar de submissão e menor poder em relação aos homens. Qualquer outro fator – o desemprego, o alcoolismo, o ciúme, o comportamento da mulher, seu jeito de vestir ou exercer sua sexualidade – não são causas, mas justificativas socialmente aceitas para que as mulheres continuem a sofrer violência.

(...) Em anos recentes, esse reconhecimento foi acompanhado por mudanças na forma como devemos responder a essa violência, atacando não as justificativas, mas as causas. O país tornou-se referência internacional com a Lei 11.340/2006 – a Lei Maria da Penha, cujo diferencial é a forma de abordar o problema, propondo a criminalização e a aplicação de penas para os agressores, mas também medidas que são dirigidas às mulheres para a proteção de sua integridade física e de seus direitos, além de medidas de prevenção destinadas a modificar as relações entre homens e mulheres na sociedade, campo no qual a educação desempenha papel estratégico. Apesar de tudo, o Brasil segue sendo um país violento para as mulheres. Anualmente são registradas centenas de ocorrências de violência doméstica, de violência sexual, além das elevadas taxas de homicídios de mulheres que, quando motivadas pelas razões de gênero, são tipificadas como feminicídios. Esses números expressam uma parte do problema e comumente dizemos que a subnotificação é uma característica dessas situações.

O medo, a dúvida, a vergonha são algumas explicações para esse silêncio, mas novamente nos contentamos em olhar para as justificativas e não para as causas. (...)

De modo geral, mudamos as leis, mas não a forma como as instituições funcionam. O Sistema de Justiça segue atuando de forma seletiva e distribuindo de forma desigual o acesso à Justiça. Existem poucos serviços especializados para atender as mulheres em situação de violência. Faltam protocolos que orientem o atendimento. Falta capacitação para os profissionais cuja atuação é muitas vezes balizada por convicções pessoais e julgamentos de valor que nada têm a ver com os direitos humanos. (...)

Disponível em: https://revistagalileu.globo.com/Sociedade/noticia/2018/02/violencia-contra-mulher-wania-pasinato.html. Acesso em: 30/06/2020.

Texto II

Porém igualmente

É uma santa. Diziam os vizinhos. E D. Eulália apanhando. É um anjo. Diziam os parentes. E D. Eulália sangrando. Porém igualmente se surpreenderam na noite em que, mais bêbado que de costume, o marido, depois de surrá-la, jogou-a pela janela, e D. Eulália rompeu em asas o voo de sua trajetória.

(COLASANTI, Marina. **Um espinho de marfim e outras histórias.** Porto Alegre: L&PM, 1999.)

Texto V

Disponível em: https://amarildocharge.wordpress.com/2018/10/27/janelas/. Acesso em: 30/06/2020.

Texto VI

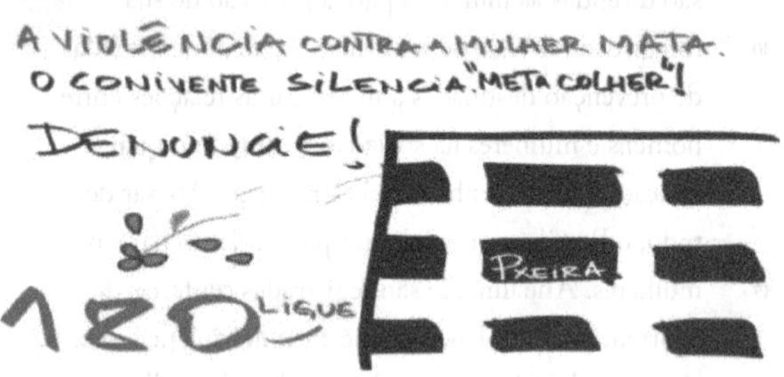

Disponível em: https://www.humorpolitico.com.br/pxeira/precisamos-lutarjunts-contra-essa-barbarie-eumetoacolher/. Acesso em: 30/06/2020.

A atitude do indivíduo observador no texto V evidencia seu comportamento diante da violência contra a mulher. A referência a esse mesmo tipo de comportamento pode ser verificada nos seguintes trechos de outros textos desta prova, exceto:

a) "...social, histórica e culturalmente a sociedade designa às mulheres um lugar de submissão e menor poder em relação aos homens." (texto I, L. 13 a 15)

b) "O medo, a dúvida, a vergonha são algumas explicações para esse silêncio..." (texto I, L. 43 e 44)

c) "É uma santa. Diziam os vizinhos. E D. Eulália apanhando." (texto II, L. 01 e 02)

d) "O conivente silencia. "Meta colher"!" (texto VI)

A questão aborda a assertiva que não apresenta intertextualidade com o texto V.

O trecho: "[...] O medo, a dúvida, a vergonha são algumas explicações para esse silêncio [...]" expõe algumas causas que fazem as mulheres não pedirem ajuda.

GABARITO: B.

42. (AERONÁUTICA – 2020 – AFA – CADETE) Texto V

Disponível em: https://amarildocharge.wordpress.com/2018/10/27/janelas/. Acesso em: 30/06/2020.

Texto VI

Disponível em: https://www.humorpolitico.com.br/pxeira/precisamos-lutarjunts-contra-essa-barbarie-eumetoacolher/. Acesso em: 30/06/2020

Sobre os textos V e VI, assinale a alternativa incorreta.

a) Diferentemente do texto V, no texto VI, a linguagem não verbal, embora contribua para enriquecer o texto, não é imprescindível à compreensão da temática central.

b) Percebe-se que a expressão "Meta colher" é referência intertextual a um ditado popular largamente difundido em nossa cultura.

c) A função apelativa está explícita somente no texto VI e por meio do uso de verbos de comando dirigidos ao leitor.

d) Tanto o texto V quanto o texto VI retratam a violência contra a mulher e ambos apontam saídas para a resolução desse problema.

A: Correta. A linguagem não verbal do texto VI (a flor e o prédio) não é imprescindível à compreensão da temática central. Se não existisse, o texto continuaria fazendo sentido.

B: Correta. O ditado é "Em briga de marido e mulher ninguém mete a colher", logo, "Meta colher" é referência intertextual a um ditado popular.

C: Correta. A função apelativa é aquela que quer persuadir o outro. No texto, os verbos "Meta" e "Denuncie" abordam essa função.

D: Incorreta. No texto V, ao invés de a pessoa ajudar a resolver o problema, ela fecha a janela. Somente no texto VI há uma saída para a resolução do problema.

GABARITO: D.

43. (AERONÁUTICA - 2020 - AFA - CADETE) **Texto V**

Disponível em: https://amarildocharge.wordpress.com/2018/10/27/janelas/. Acesso em: 30/06/2020.

Texto VI

Disponível em: https://www.humorpolitico.com.br/pxeira/precisamos-lutarjunts--contra-essa-barbarie-eumetoacolher/. Acesso em: 30/06/2020

Considerando os elementos visuais e verbais do texto V e VI, é correto afirmar que:

a) o texto VI se utiliza de um procedimento paródico, como recurso argumentativo.

b) o emprego do presente do indicativo, no texto VI, intensifica o discurso da campanha, uma vez que atribui à violência um caráter de regularidade e/ou norma.

c) a função principal da linguagem dos dois textos é referencial, por se tratar de campanhas de conscientização e de informação.

d) o segundo quadro do texto V constrói um artifício antitético para expressar a postura crítica da personagem.

A: Incorreta. A paródia consiste na releitura cômica de uma obra já existente, o que não ocorre no texto VI.

B: Correta. Em: "A violência contra a mulher mata", o verbo no presente do indicativo tem como objetivo demonstrar a constância da violência no dia a dia, impactando ainda mais a mensagem ao leitor.

C: Incorreta. A função principal dos dois textos é conativa, tentando convencer o leitor a não se omitir diante dos abusos cometidos contra a mulher.

D: Incorreta. No segundo quadro do texto V, há uma crítica à ação do personagem em se omitir.

GABARITO: B.

---

44. (AERONÁUTICA - 2020 - AFA - CADETE) **Texto I**

As mulheres são vítimas de violência porque são mulheres

Wânia Pasinato

Nos últimos anos, a violência contra as mulheres no Brasil vem se tornando assunto público e reconhecido como problema ao qual qualquer mulher, independentemente de raça, cor, etnia, idade ou classe social pode estar sujeita. Trata-se de reconhecer que a violência não é um infortúnio pessoal, mas tem origem na constituição desigual dos lugares de homens e mulheres nas sociedades – a desigualdade de gênero -, que tem implicações não apenas nos papéis sociais do masculino e feminino e nos comportamentos sexuais, mas também em uma relação de poder. Em outras palavras, significa dizer que a desigualdade é estrutural. Ou seja, social, histórica e culturalmente a sociedade designa às mulheres um lugar de submissão e menor poder em relação aos homens. Qualquer outro fator – o desemprego, o alcoolismo, o ciúme, o comportamento da mulher, seu jeito de vestir ou exercer sua sexualidade – não são causas, mas justificativas socialmente aceitas para que as mulheres continuem a sofrer violência.

(...) Em anos recentes, esse reconhecimento foi acompanhado por mudanças na forma como devemos responder a essa violência, atacando não as justificativas, mas as causas. O país tornou-se referência internacional com a Lei 11.340/2006 – a Lei Maria da Penha, cujo diferencial é a forma de abordar o problema, propondo a criminalização e a aplicação de penas para os agressores, mas também medidas que são dirigidas às mulheres para a proteção de sua integridade física e de seus direitos, além de medidas de prevenção destinadas a modificar as relações entre homens e mulheres na sociedade, campo no qual a educação desempenha papel estratégico. Apesar de tudo, o Brasil segue sendo um país violento para as mulheres. Anualmente são registradas centenas de ocorrências de violência doméstica, de violência sexual, além das elevadas taxas de homicídios de mulheres que, quando motivadas pelas razões de gênero, são tipificadas como feminicídios. Esses números expressam uma parte do problema e comumente dizemos que a subnotificação é uma característica dessas situações.

O medo, a dúvida, a vergonha são algumas explicações para esse silêncio, mas novamente nos contentamos em olhar para as justificativas e não para as causas. (...)

De modo geral, mudamos as leis, mas não a forma como as instituições funcionam. O Sistema de Justiça segue atuando de forma seletiva e distribuindo de forma desigual o acesso à Justiça. Existem poucos serviços especializados para atender as mulheres em situação de violência. Faltam protocolos que orientem o atendimento. Falta capacitação para os profissionais cuja atuação é muitas vezes balizada por convicções pessoais e julgamentos de valor que nada têm a ver com os direitos humanos. (...)

Disponível em: https://revistagalileu.globo.com/Sociedade/notícia/2018/02/violencia-contra-mulher-wania-pasinato.html. Acesso em: 30/06/2020.

Texto II

Porém igualmente

É uma santa. Diziam os vizinhos. E D. Eulália apanhando. É um anjo. Diziam os parentes. E D. Eulália sangrando. Porém igualmente se surpreenderam na noite em que, mais bêbado que de costume, o marido, depois de surrá-la, jogou-a pela janela, e D. Eulália rompeu em asas o voo de sua trajetória.

(COLASANTI, Marina. **Um espinho de marfim e outras histórias.** Porto Alegre: L&PM, 1999.) **Texto III**

Mulheres de Atenas

Mirem-se no exemplo
Daquelas mulheres de Atenas
Vivem pros seus maridos
Orgulho e raça de Atenas

Quando amadas, se perfumam
Se banham com leite, se
Arrumam
Suas melenas
Quando fustigadas não choram
Se ajoelham, pedem, imploram
Mais duras penas; cadenas

Mirem-se no exemplo
Daquelas mulheres de Atenas
Sofrem pros seus maridos
Poder e Força de Atenas
(...)
Elas não têm gosto ou vontade
Nem defeito, nem qualidade
Têm medo apenas
Não têm sonhos, só têm
Presságios
O seu homem, mares,
Naufrágios
Lindas sirenas, morenas

Mirem-se no exemplo
Daquelas mulheres de Atenas
Temem por seus maridos
Heróis e amantes de Atenas

As jovens viúvas marcadas
E as gestantes abandonadas
Não fazem cenas
Vestem-se de negro, se
Encolhem
Se conformam e se recolhem
Às suas novenas, serenas

(HOLANDA, Chico Buarque de. **Meus caros amigos.** LP, 1976. Phonogram/ Philips) **Texto IV**

Apelo

Amanhã faz um mês que a Senhora está longe de casa. Primeiros dias, para dizer a verdade, não senti falta, bom chegar tarde, esquecido na conversa de esquina. Não foi ausência por uma semana: o batom ainda no lenço, o prato na mesa por engano, a imagem de relance no espelho.

Com os dias, Senhora, o leite primeira vez coalhou. A notícia de sua perda veio aos poucos: a pilha de jornais ali no chão, ninguém os guardou debaixo da escada. Toda a casa era um corredor deserto, até o canário ficou mudo. Não dar parte de fraco, ah, Senhora, fui beber com os amigos. Uma hora da noite eles se iam. Ficava só, sem o perdão de sua presença, última luz na varanda, a todas as aflições do dia.

Sentia falta da pequena briga pelo sal no tomate – meu jeito de querer bem. Acaso é saudade, Senhora? Às suas violetas, na janela, não lhes poupei água e elas murcham. Não tenho botão na camisa. Calço a meia furada. Que fim levou o saca-rolha? Nenhum de nós sabe, sem a Senhora, conversar com os outros: bocas raivosas mastigando. Venha para casa, Senhora, por favor.

(TREVISAN, Dalton. **Mistérios de Curitiba.** 5. ed. Record. Rio de Janeiro, 1996.) **Texto V**

Disponível em: https://amarildocharge.wordpress.com/2018/10/27/janelas/. Acesso em: 30/06/2020.

Após analisar as afirmativas a seguir sobre os textos, é correto afirmar que:

a) as mulheres dos textos I, II e IV são donas de casa, submissas aos seus parceiros e, embora esbocem algum tipo de reação, têm consciência de seu papel, por isso se mantêm resignadas.

b) no texto IV, o marido, por reconhecer o papel da mulher e sua importância no lar, trata-a por "Senhora", grafado com maiúscula, e suplica sua volta, mesmo não a amando.

c) o primeiro quadrinho do texto V dialoga com o texto II na medida em que a mulher nele representada pode ser associada a D. Eulália. E o último parágrafo do texto I mostra um descompromisso com a situação também retratado no segundo quadrinho no texto V.

d) o texto III representa o modelo de mulher que histórica e socialmente se construiu e que está representado por D. Eulália no texto II e, no texto I, esse modelo é referido como gerador e causador da subnotificação dos casos de violência contra a mulher.

A: Incorreta. No texto I, o título é "As mulheres são vítimas de violência porque são mulheres", demonstrando a única causa, e não por serem donas de casa. No texto II, o título é "Porém igualmente", e não há informação sobre D. Eulália ter consciência do papel dela na sociedade. Por fim, no texto IV, cujo título é "Apelo", a mulher vai embora.

B: Incorreta. O marido não reconhece o papel da mulher e sua importância no lar, ele quer uma empregada doméstica que arrume sua casa e suas roupas. Além disso, não há como saber se ele a amava.

C. Correta. D. Eulália apanha, e o vizinho olha pela janela, achando que está tudo bem.

D: Incorreta. O título do texto III é "Mulheres de Atenas". A mulher não é a causadora da subnotificação. Nesses casos de violência doméstica, a subnotificação é consequência do medo das mulheres.

GABARITO: C.

---

45. (AERONÁUTICA - 2020 - AFA - CADETE)

Texto II

Porém igualmente

É uma santa. Diziam os vizinhos. E D. Eulália apanhando. É um anjo. Diziam os parentes. E D. Eulália sangrando. Porém igualmente se surpreenderam na noite em que, mais bêbado que de costume, o marido, depois de surrá-la, jogou-a pela janela, e D. Eulália rompeu em asas o voo de sua trajetória.

(COLASANTI, Marina. **Um espinho de marfim e outras histórias.** Porto Alegre: L&PM, 1999.)

Texto III

Mulheres de Atenas

Mirem-se no exemplo
Daquelas mulheres de Atenas
Vivem pros seus maridos
Orgulho e raça de Atenas

Quando amadas, se perfumam
Se banham com leite, se
Arrumam
Suas melenas
Quando fustigadas não choram
Se ajoelham, pedem, imploram
Mais duras penas; cadenas

Mirem-se no exemplo
Daquelas mulheres de Atenas
Sofrem pros seus maridos
Poder e Força de Atenas
(...)
Elas não têm gosto ou vontade
Nem defeito, nem qualidade
Têm medo apenas
Não têm sonhos, só têm
Presságios
O seu homem, mares,
Naufrágios
Lindas sirenas, morenas

Mirem-se no exemplo
Daquelas mulheres de Atenas
Temem por seus maridos
Heróis e amantes de Atenas

As jovens viúvas marcadas
E as gestantes abandonadas
Não fazem cenas
Vestem-se de negro, se
Encolhem
Se conformam e se recolhem
Às suas novenas, serenas

(HOLANDA, Chico Buarque de. **Meus caros amigos.** LP, 1976. Phonogram/ Philips)

Texto IV

Apelo

Amanhã faz um mês que a Senhora está longe de casa. Primeiros dias, para dizer a verdade, não senti falta, bom chegar tarde, esquecido na conversa de esquina. Não foi ausência por uma semana: o batom ainda no lenço, o prato na mesa por engano, a imagem de relance no espelho.

Com os dias, Senhora, o leite primeira vez coalhou. A notícia de sua perda veio aos poucos: a pilha de jornais ali no chão, ninguém os guardou debaixo da escada. Toda a casa era um corredor deserto, até o canário ficou mudo. Não dar parte de fraco, ah, Senhora, fui beber com os amigos. Uma hora da noite eles se iam. Ficava só, sem o perdão de sua presença, última luz na varanda, a todas as aflições do dia.

Sentia falta da pequena briga pelo sal no tomate – meu jeito de querer bem. Acaso é saudade, Senhora? Às suas violetas, na janela, não lhes poupei água e elas murcham. Não tenho botão na camisa. Calço a meia furada. Que fim levou o saca-rolha? Nenhum de nós sabe, sem a Senhora, conversar com os outros: bocas raivosas mastigando. Venha para casa, Senhora, por favor.

(TREVISAN, Dalton. **Mistérios de Curitiba.** 5. ed. Record. Rio de Janeiro, 1996.)

Texto VI

Disponível em: https://www.humorpolitico.com.br/pxeira/precisamos-lutarjunts-contra-essa-barbarie-eumetoacolher/. Acesso em: 30/06/2020.

Assinale a alternativa que analisa de modo incorreto a relação entre sentido e construção linguística dos textos.

a) As estruturas linguísticas de oposição, de antíteses, são fundamentais na construção do sentido do texto II, o que se expressa já no título, com o emprego da conjunção "porém".

b) O texto III emprega marcas de linguagem coloquial – como "Se banham", "pros" – com o objetivo de direcionar o conteúdo a grupos de mulheres menos escolarizadas, que, em geral, são a maior parte das vítimas de violência.

c) O texto IV emprega a metonímia como um importante recurso de linguagem para a construção de sentido. Com essa figura, ao longo de toda a narrativa, a ausência da mulher é expressa pela referência aos espaços e objetos da casa relacionados a ela.

d) O emprego dos pontos de exclamação no texto VI contribui para que o conteúdo se apresente de forma enfática ao leitor, visando a que esse tome uma atitude e não se mantenha passivo diante de casos de violência contra a mulher.

A: Correta. O conectivo "porém" vincula-se a um período de coordenação adversativo, trazendo ideias de oposição e de antítese.

B: Incorreta. De fato, na música, o autor emprega a linguagem coloquial, mas ele faz isso porque está contando uma história, fazendo uma ironia para se aproximar dos ouvintes e não para se aproximar das mulheres de pouca escolaridade.

C: Correta. O narrador expõe que só percebeu que a mulher não estava em casa quando as coisas começaram a se avolumar. Existe uma relação entre a casa e a mulher: "[...] Não tenho botão (quem coloque) na camisa / Calço a meia furada (não tenho ninguém para costurá-la) / Que fim levou o saca-rolha? [...]". Esses trechos dão ideia de metonímia.

D: Correta. "Meta a colher!", ou seja, Faça alguma coisa!. O ponto de exclamação serve para dar ênfase à oração.

GABARITO: B.

---

46. **(AERONÁUTICA – 2020 – AFA – CADETE)**

Texto I

As mulheres são vítimas de violência porque são mulheres

Wânia Pasinato

Nos últimos anos, a violência contra as mulheres no Brasil vem se tornando assunto público e reconhecido como problema ao qual qualquer mulher, independentemente de raça, cor, etnia, idade ou classe social pode estar sujeita. Trata-se de reconhecer que a violência não é um infortúnio pessoal, mas tem origem na constituição desigual dos lugares de homens e mulheres nas sociedades – a desigualdade de gênero -, que tem implicações não apenas nos papéis sociais do masculino e feminino e nos comportamentos sexuais, mas também em uma relação de poder. Em outras palavras, significa dizer que a desigualdade é estrutural. Ou seja, social, histórica e culturalmente a sociedade designa às mulheres um lugar de submissão e menor poder em relação aos homens. Qualquer outro fator – o desemprego, o alcoolismo, o ciúme, o comportamento da mulher, seu jeito de vestir ou exercer sua sexualidade – não são causas, mas justificativas socialmente aceitas para que as mulheres continuem a sofrer violência.

(...) Em anos recentes, esse reconhecimento foi acompanhado por mudanças na forma como devemos responder a essa violência, atacando não as justificativas, mas as causas. O país tornou-se referência internacional com a Lei 11.340/2006 – a Lei Maria da Penha, cujo diferencial é a forma de abordar o problema, propondo a criminalização e a aplicação de penas para os agressores, mas também medidas que são dirigidas às mulheres para a proteção de sua integridade física e de seus direitos, além de medidas de prevenção destinadas a modificar as relações entre homens e mulheres na sociedade, campo no qual a educação desempenha papel estratégico. Apesar de tudo, o Brasil segue sendo um país violento para as mulheres. Anualmente são registradas centenas de ocorrências de violência doméstica, de violência sexual, além das elevadas taxas de homicídios de mulheres que, quando motivadas pelas razões de gênero, são tipificadas como feminicídios. Esses números expressam uma parte do problema e comumente dizemos que a subnotificação é uma característica dessas situações.

O medo, a dúvida, a vergonha são algumas explicações para esse silêncio, mas novamente nos contentamos em olhar para as justificativas e não para as causas. (...)

De modo geral, mudamos as leis, mas não a forma como as instituições funcionam. O Sistema de Justiça segue atuando de forma seletiva e distribuindo de forma desigual o acesso à Justiça. Existem poucos serviços especializados para atender as mulheres em situação de violência. Faltam protocolos que orientem o atendimento. Falta capacitação para os profissionais cuja atuação é muitas vezes balizada por convicções pessoais e julgamentos de valor que nada têm a ver com os direitos humanos. (...)

Disponível em: https://revistagalileu.globo.com/Sociedade/notícia/2018/02/violencia-contra-mulher-wania-pasinato.html. Acesso em: 30/06/2020.

Texto III

Mulheres de Atenas

Mirem-se no exemplo
Daquelas mulheres de Atenas
Vivem pros seus maridos
Orgulho e raça de Atenas

Quando amadas, se perfumam
Se banham com leite, se
Arrumam
Suas melenas
Quando fustigadas não choram
Se ajoelham, pedem, imploram
Mais duras penas; cadenas

Mirem-se no exemplo
Daquelas mulheres de Atenas
Sofrem pros seus maridos
Poder e Força de Atenas
(...)
Elas não têm gosto ou vontade

Nem defeito, nem qualidade
Têm medo apenas
Não têm sonhos, só têm
Presságios
O seu homem, mares,
Naufrágios
Lindas sirenas, morenas

Mirem-se no exemplo
Daquelas mulheres de Atenas
Temem por seus maridos
Heróis e amantes de Atenas

As jovens viúvas marcadas
E as gestantes abandonadas
Não fazem cenas
Vestem-se de negro, se
Encolhem
Se conformam e se recolhem
Às suas novenas, serenas

(HOLANDA, Chico Buarque de. **Meus caros amigos**. LP, 1976. Phonogram/ Philips) **Texto IV**

Apelo

Amanhã faz um mês que a Senhora está longe de casa. Primeiros dias, para dizer a verdade, não senti falta, bom chegar tarde, esquecido na conversa de esquina. Não foi ausência por uma semana: o batom ainda no lenço, o prato na mesa por engano, a imagem de relance no espelho.

Com os dias, Senhora, o leite primeira vez coalhou. A notícia de sua perda veio aos poucos: a pilha de jornais ali no chão, ninguém os guardou debaixo da escada. Toda a casa era um corredor deserto, até o canário ficou mudo. Não dar parte de fraco, ah, Senhora, fui beber com os amigos. Uma hora da noite eles se iam. Ficava só, sem o perdão de sua presença, última luz na varanda, a todas as aflições do dia.

Sentia falta da pequena briga pelo sal no tomate – meu jeito de querer bem. Acaso é saudade, Senhora? Às suas violetas, na janela, não lhes poupei água e elas murcham. Não tenho botão na camisa. Calço a meia furada. Que fim levou o saca-rolha? Nenhum de nós sabe, sem a Senhora, conversar com os outros: bocas raivosas mastigando. Venha para casa, Senhora, por favor.

(TREVISAN, Dalton. **Mistérios de Curitiba**. 5. ed. Record. Rio de Janeiro, 1996.)

Observe o emprego do conectivo "E" no seguinte enunciado e assinale a alternativa em que ele foi empregado no mesmo sentido.

"É uma santa. Diziam os vizinhos. **E** D. Eulália apanhando."

a) "Às sua violetas, na janela, não lhes poupei água e elas murcham." (texto IV, L. 17 e 18)

b) "O Sistema de Justiça segue atuando de forma seletiva e distribuindo de forma desigual o acesso à Justiça." (texto I, L. 48 a 50)

c) "Se conformam e se recolhem / Às suas novenas, serenas" (texto III, v. 33 e 34)

d) "Esses números expressam uma parte do problema e comumente dizemos que a subnotificação é uma característica dessas situações." (texto I, L. 39 a 42)

"É uma santa. Diziam os vizinhos. E (MAS) D. Eulália apanhando." O conectivo foi empregado com sentido de adversidade.

"Às suas violetas, na janela, não lhes poupei água E (MAS) elas murcham". Apesar de colocar muita água, as flores murcharam.

GABARITO: A.

---

47. (AERONÁUTICA - 2020 - AFA - CADETE) Fevereiro de 2020 destacou-se por uma quantidade expressiva de chuva em quase todo território nacional. Entre os dias 8 e 14, foram registradas significativas concentrações de chuvas na região Sudeste do Brasil.

A atuação da Zona de Convergência do Atlântico Sul (ZCAS), do Vértice Ciclônico de Altos Níveis (VCAN), da Zona de Convergência Intertropical (ZCIT), combinadas com a termodinâmica, proporcionaram áreas de instabilidades, favorecendo acumulados de chuvas significativos.

No gráfico a seguir, estão destacadas algumas cidades do Sudeste e a quantidade acumulada de chuva no período mencionado.

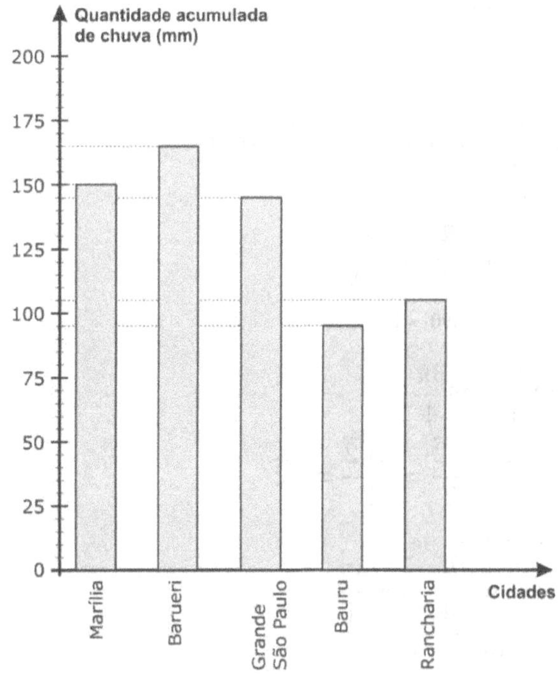

Para melhor visualização e comparação dos dados apresentados, foi construído um gráfico de setores. Considere x o ângulo central correspondente à cidade de Barueri no gráfico de setores.

Em relação a x é correto afirmar que:

a) $\text{sen}\,\frac{2\pi}{3} > \text{sen}\,x$

b) $\cos x > \cos\,\frac{\pi}{6}$

c) $\text{sen}\,x = \text{sen}\,\frac{\pi}{4} + \text{sen}\,\frac{3\pi}{4}$

d) $\cos x = \text{sen}\,\frac{\pi}{4} + \cos\,\frac{3\pi}{4}$

Calculando o total de chuva nas cinco cidades:

Total = 150 + 165 + 145 + 95 + 105

Total = 660

Para calcular o setor no gráfico de setores, faremos uma regra de três:

660 — 360°

165 — x

$660 \cdot x = 360 \cdot 165$

$$x = \frac{59400}{660}$$

$$x = 90° = \frac{\pi}{2}$$

A: Incorreta.

$$\text{sen}\frac{2\pi}{3} > \text{senx}$$

$$\text{sen}120° = \frac{1}{2}$$

$$\text{sen}\frac{\pi}{2} = \text{sen}90° = 1$$

B: Incorreta.

$$\cos x > \cos\frac{\pi}{6}$$

$$\cos\frac{\pi}{2} = \cos 90° = 0$$

$$\cos\frac{\pi}{6} = \cos 30° = \frac{\sqrt{3}}{2} \approx \frac{1{,}73}{2} = 0{,}87$$

C: Incorreta.

$$\text{sen } x = \text{sen}\frac{\pi}{4} + \text{sen}\frac{3\pi}{4}$$

$$\text{sen}\frac{\pi}{2} = \text{sen}90° = 1$$

$$\text{sen}\frac{\pi}{4} + \text{sen}\frac{3\pi}{4}$$

$$\frac{\sqrt{2}}{2} + \frac{\sqrt{2}}{2} = \frac{2\sqrt{2}}{2} = \sqrt{2}$$

D: Correta.

$$\cos x = \text{sen}\frac{\pi}{4} + \cos\frac{3\pi}{4}$$

$$\cos x = \cos\frac{\pi}{2} = 0$$

$$\text{sen}\frac{\pi}{4} + \cos\frac{3\pi}{4}$$

$$\frac{\sqrt{2}}{2} - \frac{\sqrt{2}}{2} = 0$$

GABARITO: D.

---

48. **(AERONÁUTICA – 2020 – AFA – CADETE)** Em uma aula de topografia, o professor queria medir a largura de um rio. Para tal, ele tomou dois pontos A e B em uma margem do rio e outro ponto C na margem oposta, de modo que o segmento $\overline{CA}$ ficasse perpendicular ao segmento $\overline{AB}$, como indicado na figura a seguir.

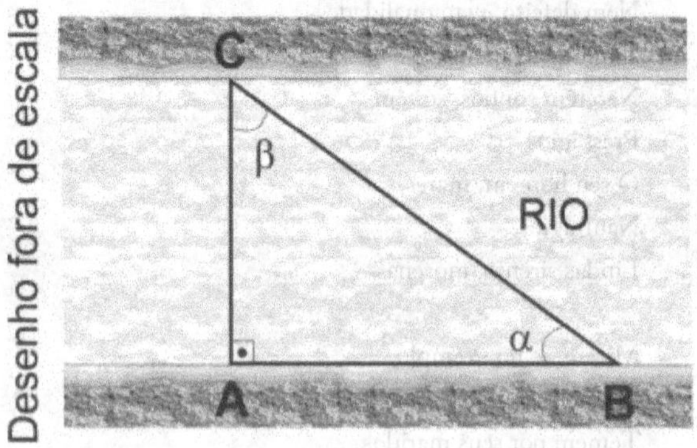

Considere que:

- a distância entre os pontos A e B é de 30 m;
- os ângulos agudos α e β podem ser obtidos por meio da equação $(\text{sen}^2\alpha)x^2 - 9(\text{sen}\alpha)\cos\beta + \frac{5}{2}\cos\beta = 0$, na qual x = 2 é uma de suas raízes;
- $\sqrt{2} = 1{,}4$ e $\sqrt{3} = 1{,}7$.

A largura aproximada do rio, em m, é igual a:

a) 15.

b) 17.

c) 21.

d) 51.

Quando dois ângulos são complementares (somam 90°), o seno de um é igual ao cosseno de outro e vice-versa.

No triângulo apresentado, sen(α) = cos(β) e sen(β) = cos(α).

Portanto, podemos reescrever a expressão dada dessa forma:

$(\text{sen}^2\alpha) \cdot x^2 - 9(\text{sen}\alpha) \cdot \text{sen}\alpha + {}^5/_2 \cdot \text{sen}\alpha = 0$

$(\text{sen}^2\alpha) \cdot x^2 - 9\,\text{sen}^2\alpha + {}^5/_2 \cdot \text{sen}\alpha = 0$

$(\text{sen}^2\alpha) \cdot 2^2 - 9\,\text{sen}^2\alpha + {}^5/_2 \cdot \text{sen}\alpha = 0$

$4 \cdot \text{sen}^2\alpha - 9\,\text{sen}^2\alpha + {}^5/_2 \cdot \text{sen}\alpha = 0$

$-5 \cdot \text{sen}^2\alpha + {}^5/_2 \cdot \text{sen}\alpha = 0$

$\text{sen}\alpha \cdot (-5\,\text{sen}\alpha + {}^5/_2) = 0$

sen α = 0 (não é possível, pois o ângulo só pode ser 0° ou 180°, porém α é um ângulo agudo).

$-5\text{sen}\alpha + {}^5/_2 = 0$

$$\text{sen}\alpha = \frac{-\frac{5}{2}}{-5}$$

$$\text{sen}\alpha = \frac{5}{2} \cdot \frac{1}{5}$$

$$\text{sen}\alpha = \frac{1}{2}$$

Logo, α = 30°

$$\text{tg}30° = \frac{L}{30}$$

$$\frac{\sqrt{3}}{3} = \frac{L}{30}$$

$3 \cdot L = 30 \cdot \sqrt{3}$

$L = 10 \cdot 1{,}7$

L = 17

GABARITO: B.

49. **(AERONÁUTICA - 2020 - AFA - CADETE)** Para construir um viaduto, a prefeitura de uma cidade precisará desapropriar alguns locais de uma determinada quadra da cidade.

Para identificar o que precisará ser desapropriado, fez-se um esboço da plant`a dessa quadra no qual os locais foram representados em um plano cartesiano e nomeados de A_1 até A_{10}, conforme figura a seguir.

Esboço da Planta:

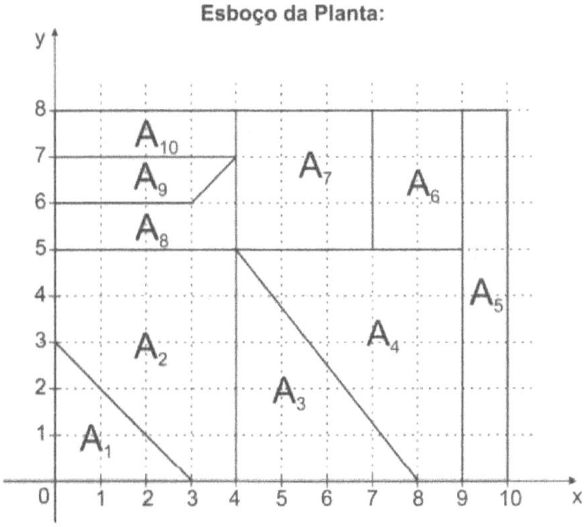

O viaduto estará representado pela região compreendida entre as retas de equações r: $-\frac{1}{2}x - y + 8 = 0$ e s: $-x - 2y + 10 = 0$.

Um local será inteiramente desapropriado se o viaduto passar por qualquer trecho de seu território.

Se cada unidade do plano no esboço da planta equivale a 10 m na situação real, então a área total dos locais dessa quadra que precisará ser desapropriada, em m², é igual a:

a) 5.950.

b) 6.450.

c) 6.950.

d) 7.450.

Para resolver esse problema será necessário o domínio de funções e áreas.

Para resolver a questão, primeiro é preciso localizar o viaduto.

Tome as equações r e s.

Encontre dois pontos de cada reta, pois assim é possível ver quais áreas estão entre o viaduto.

Equação r: $\frac{-x}{2} - y + 8 = 0.$

Quando x = 0, y será igual a 8. E quando x = 16, y = 0.

Equação s: -x - 2y + 10 = 0.

Quando x = 0, y será igual a 5. E quando x = 10, y = 0.

Agora é possível ver em quais pontos as retas interceptam.

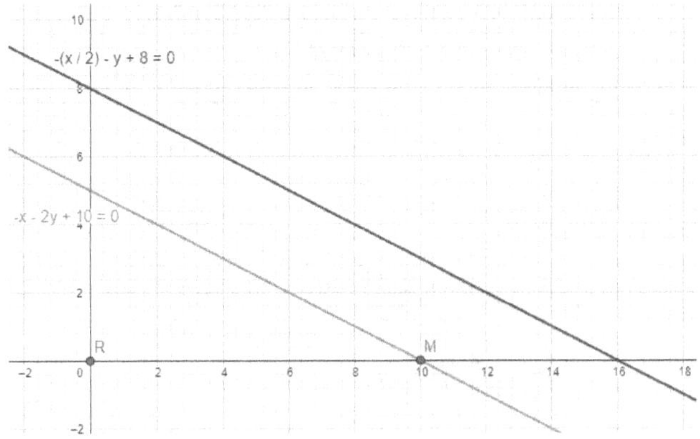

Analisando quais áreas não são interceptadas pelas retas, temos que as únicas áreas que não precisam ser desapropriadas são A6 e A1.

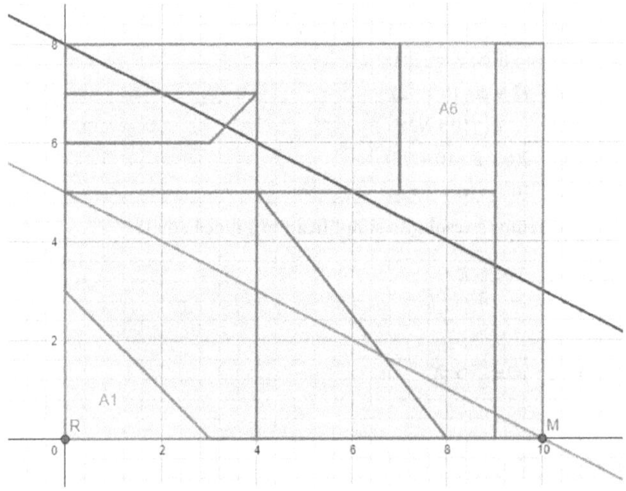

Calculando as outras áreas, temos:

A2 + A3 + A4 + A5 + A7 + A8 + A9 + A10 =

Juntando algumas áreas é possível calcular apenas a área de retângulos:

A3 + A4 = Retângulo 5 x 5

A8 + A9 + A10 = Retângulo 3 x 4

A2 + (5 · 5) + (8 · 1) + (3 · 3) + (4 · 3) =

A2 = área do retângulo + área do trapézio.

Para calcular a área de A2 será preciso utilizar a fórmula do trapézio:

$$AI = \frac{(b + B).h}{2} = \frac{(2 + 5)3}{2} = \frac{21}{2} = 10{,}5$$

AII = 5 · 1 = 5

A2 = 10,5 + 5 = 15,5.

Logo, temos

15,5 + (5 · 5) + (8 · 1) + (3 · 3) + (4 · 3) = 15,5 + 25 + 8 + 9 + 12 = 69,5.

Para finalizar, o enunciado diz que o esboço da planta equivale a 10 m na situação real, portanto, converta para metros quadrados.

69,5 · 100 = 6.950.

GABARITO: C.

50. (AERONÁUTICA – 2020 – AFA – CADETE) No gráfico, $\overline{MN} = 2$ e a curva representa a função f(x) = $-2log_1$ x.

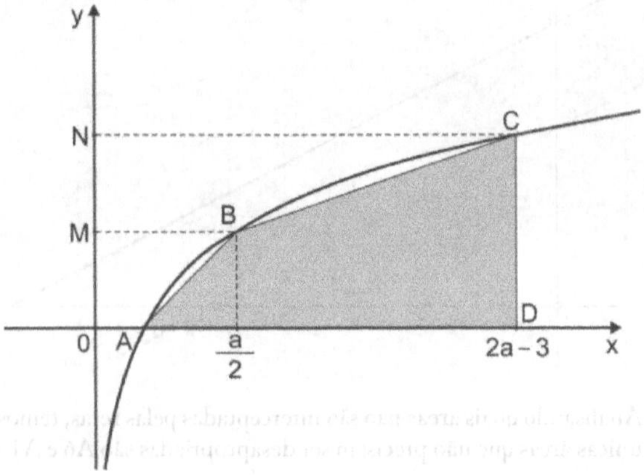

No polígono ABCD, a soma $\overline{AB} + \overline{BC} + \overline{CD} + \overline{DA}$, em unidade de medida, é igual a:

a) $12 + 2(\sqrt{10} + \sqrt{2})$
b) $12 + (\sqrt{10} + \sqrt{2})$
c) $2(6 + 2\sqrt{10} + \sqrt{2})$
d) $10 + \sqrt{10} + 2\sqrt{2}$

Começaremos a resolução simplificando a função dada:

$f(x) = -2 \cdot \log_{\frac{1}{3}} x$

$f(x) = -2 \cdot \log_{3^{-1}} x$

$f(x) = \frac{-2}{-1} . \log_3 x$

$f(x) = 2 \cdot \log_3 x$

O ponto A, em que: y = 0.

$2 \cdot \log_3 x = 0$

$\log_3 x = 0$

$x = 3^0$

$x = 1$

O ponto M, teremos $x = \frac{a}{2}$

Então, nosso par ordenado será: $(2 \cdot log_3^{\frac{a}{2}}$, M)

O ponto N, teremos x = 2a – 3

Então, nosso par ordenado será: $(2 \cdot log_3^{2a-3}$, M)

Sabemos que do ponto M para o ponto N é igual a 2, ou seja, M – N = 2 (podemos resolver as abcissas).

$2 \cdot log_3^{2a-3} - log_3^{\frac{a}{2}} = 2$

$2 \cdot (log_3^{2a-3} - log_3^{\frac{a}{2}}) = 2$

$log_3^{2a-3} - log_3^{\frac{a}{2}} = 1$

$log_3^{\frac{2a-3}{\frac{a}{2}}} = 1$

$log_3^{(2a-3).\frac{2}{a}} = 1$

$log_3^{\frac{4a-12}{a}} = 1$

$\frac{4a-6}{a} = 3$

$4a - 6 = 3a$

$a = 6$

Voltando ao gráfico, sabemos então:

$\frac{a}{2} = \frac{6}{2} = 3$

$2a - 3 = 2 \cdot 6 - 3 = 12 - 3 = 9$

Para encontrar do ponto B até o ponto 3, basta calcularmos:

$2 \cdot log_3^{\frac{6}{2}} = 2 \cdot log_3^{3} = 2 \cdot 1 = 2$

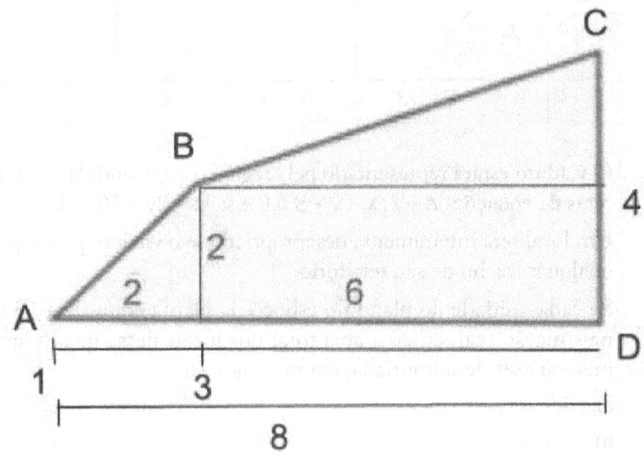

Lados

$\overline{AD} = 9 - 1 = 8$

$\overline{CD} = 2 \cdot log_3^{2a-3} = 2 \cdot log_3^{2.6-3} = 2 \cdot log_3^{9} = 2 \cdot 2 = 4$

$\overline{AB}^2 = 2^2 + 2^2$	$\overline{BC}^2 = 6^2 + 2^2$
$\overline{AB}^2 = 8$	$\overline{BC}^2 = 40$
$\overline{AB} = \sqrt{8}$	$\overline{BC} = \sqrt{40}$
$\overline{AB} = 2\sqrt{2}$	$\overline{BC} = 2\sqrt{10}$

Perímetro será:

$8 + 4 + 2\sqrt{2} + 2\sqrt{10}$

$12 + 2(\sqrt{2} + \sqrt{10})$

GABARITO: A.

51. (AERONÁUTICA - 2020 - AFA - CADETE) Seja D o conjunto domínio mais amplo da função real $f(x) = \sqrt{\dfrac{(x-4)(x^2-25)}{-x^2+5x-4}}$ e S ⊂ IR o conjunto solução da inequação $x + 6 \leq x(x + 6)$.

O conjunto D ∩ S é:

a)]-∞, - 6]∪] 1,5]-{4}.

b)]- ∞,- 5]∪] 1,4 [∪] 4,5].

c)]- ∞, - 6 [∪ [1,4 [∪ [5,∞[.

d)]1,4 [∪ [5,∞[.

Seja f(x) = $\sqrt{\dfrac{(x-4)(x^2-25)}{-x^2+5x-4}}$

Para encontrar o conjunto D ∩ S, precisamos encontrar o conjunto domínio de D e de S.

Encontrando o conjunto domínio de D.

Como f(x) é igual uma função quociente, antes precisamos analisar o domínio do numerador e denominador.

Analisando o domínio do numerador:

O domínio do numerador também é resultado de um produto de (x - 4) e $(x^2 - 25)$, sendo assim:

Seja x – 4

x – 4 = 0

x = 4.

Portanto, o domínio de x – 4 serão todos os números maiores que 4.

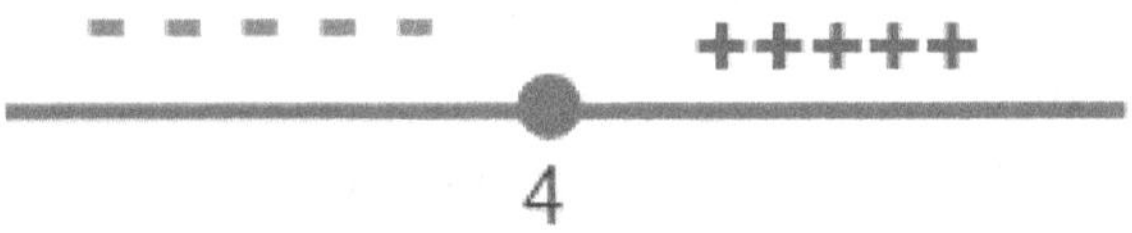

Agora, seja $x^2 – 25$

$x^2 – 25 = 0$

$x^2 = 2 = (\pm 5)^2$

x= ±5

Logo, o domínio do produto será] -5, 4[U]5, ∞)

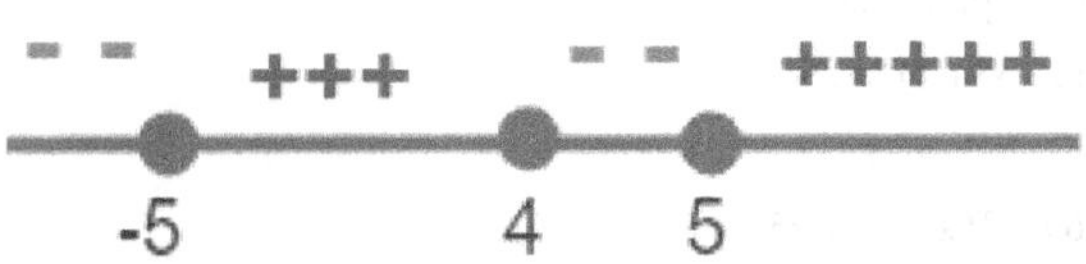

Analisando o domínio do denominador.

O dominador é uma função do segundo grau, como essa função está no denominador, o domínio será todos os valores de x que não são as raízes.

Sendo assim, encontre as raízes por soma e produto.

5 = x1 + x2

-4 = x1 · x2

Logo x1 = 4 e x2 = 1.

Portanto, o domínio será todos os números reais entre 1 e 4. No entanto, não incluindo 1 e 4.

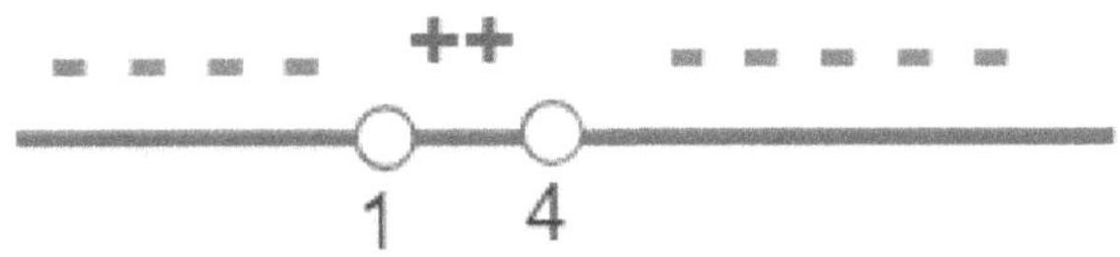

Para finalizar f(x), calcule o domínio quociente. O domínio quociente tem raciocínio análogo aos outros. Logo,

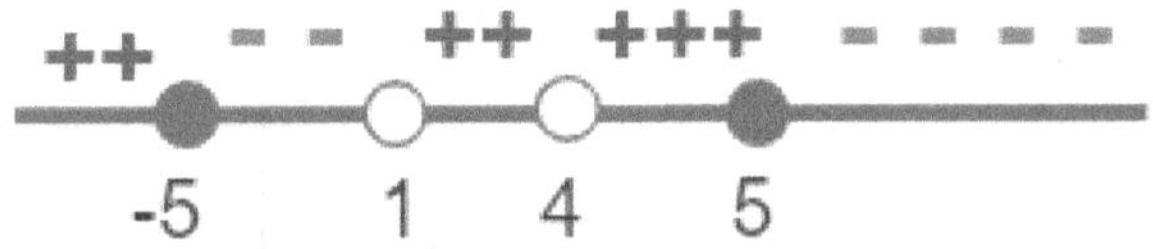

Com o domínio de f(x), encontre o domínio de S.

x + 6 ≤ x(x + 6)

$x + 6 \leq x^2 + 6x$

$6 \leq x^2 + 5x$

$0 \leq x^2 + 5x – 6$.

Encontrando as raízes da inequação por soma e produto.

-5 = x1 + x2

-6 = x1 · x2

Logo, x1 = -6 e x2 = 1.

Sendo assim, S terá o seguinte domínio:

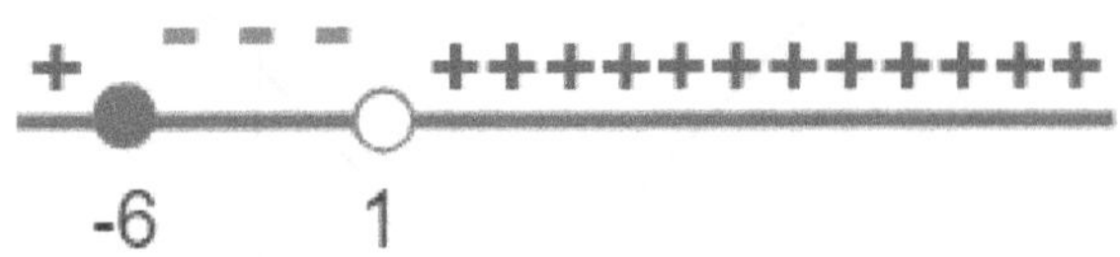

Encontrados os conjuntos domínio de D e S, encontre o conjunto domínio interseção.

Ainda utilizando a regra dos sinais para encontrar o domínio, temos:

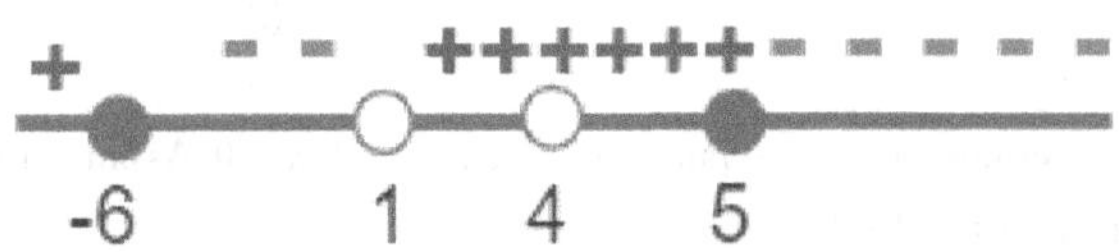

Portanto, o domínio da intersecção será (-∞, 6] U]1, 5] -{4}.

GABARITO: A.

QUESTÕES

52. **(AERONÁUTICA – 2020 – AFA – CADETE) Considere a função real f definida por $f(x) = |-|-c+x|+c|$, com $c \in IR$.**

Dos gráficos apresentados nas alternativas a seguir, o único que não pode representar a função **f** é:

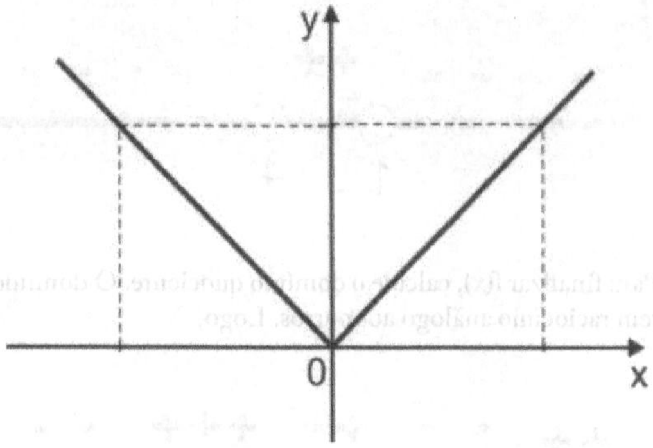

a)

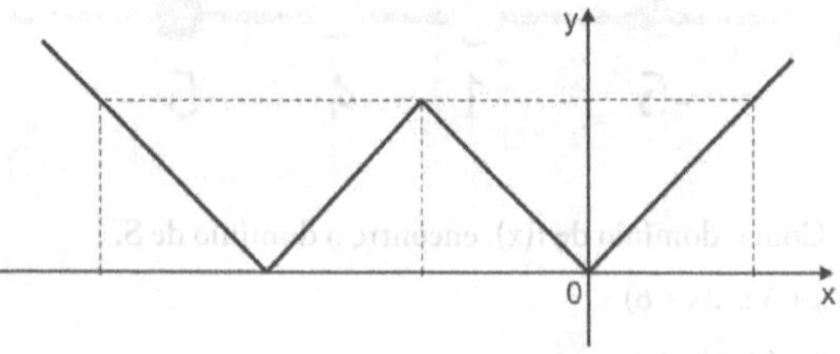

b)

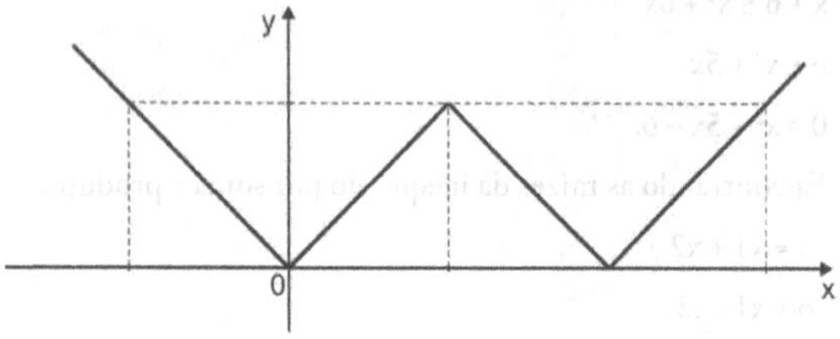

c)

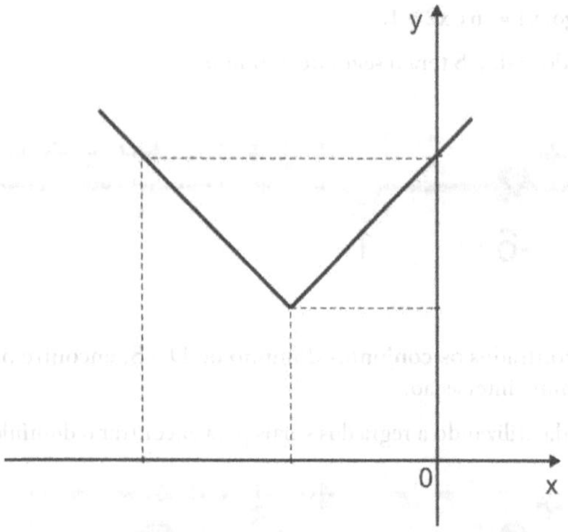

d)

Basta vermos quais são as raízes, ou seja, quando F(x) = 0. Assim, temos:

$|-|-c+x|+c| = 0$

$|-c+x| = c$

Caso "c" seja negativo, é impossível, pois um módulo não dá resultado negativo.

Então, não terá raízes (não corta o eixo X).

A alternativa D está certa, então.

Caso "c" seja = 0, temos que x = 0

Isso vemos na alternativa A, que está certa, então.

Caso c > 0, devemos resolver $|-c+x| = c$

$-c + x = c$ ...... E ...... $-c + x = -c$

$x = 2c$ .... E .... $x = 0$

Na alternativa C encontramos que uma raiz é 0 e a outra é maior que 0 (não determinada).

A alternativa C está certa então.

Apenas a alternativa B está errada!

GABARITO: B.

53. **(AERONÁUTICA – 2020 – AFA – CADETE)** Considere no plano de *Argand Gauss* os números complexos $z = x + yi$, em que **x** e **y** são números reais e $\sqrt{-1} = i$, tais que

$$\begin{cases} |z+i| = 5 \\ Im(z) + z^2 + |\bar{z}|^2 - Re(z) \cdot [Re(z) + 2 \cdot (i^{1093}) \cdot Im(z)] = 12 \end{cases}$$

É correto afirmar que os pontos P(x, y), afixos de **z**, podem formar um:

a) trapézio isósceles.

b) trapézio retângulo.

c) pentágono regular.

d) quadrado.

Analisando a primeira condição:

$|z + i| = 5$

$|x + yi + i| = 5$

$|x + (y + 1)i| = 5$

$x^2 + (y + 1)^2 = 5^2 \longrightarrow$ círculo centrado: C (0,-1), de raio 5.

Logo, os complexos estão sobre um círculo.

Vamos interpretar a segunda parte:

$$\begin{cases} |z+i| = 5 \\ Im(z) + z^2 + |\bar{z}|^2 - Re(z) \cdot [Re(z) + 2 \cdot (i^{1093}) \cdot Im(z)] = 12 \end{cases}$$

Im (z) = y

$z^2 = x^2 + 2 \cdot x \cdot yi - y^2$ $\qquad (y_i)^2 = y^2i^2 = y^2(-1) = -y^2$

$|z^2| = |x - y_i| = \sqrt{x^2 + y^2}$, portanto, $|z^2| = x^2 + y^2$

Re(z) = x

i^{1093}: $\dfrac{1093}{4} = 23$

Resta: 1, ou seja, $i^{1093} = i^1 = i$

Im (z) = y

Ou seja,

$y + x^2 + 2 \cdot x \cdot yi - y^2 + x^2 + y^2 - x(x + 2i \cdot y) = 12$

$y + 2x^2 + 2 \cdot x \cdot yi - x^2 - 2xyi = 12$

$y + x^2 = 12$

$y = 12 - x^3$

$x^2 + (y + 1)^2 = 5^2$ círculo.

$y = 12 - x^2$ parábola.

$x^2 + (12 - x^2 + 1)^2 = 25$

$x^2 + (13 - x^2)^2 = 25$

$x^2 + 169 - 26x^2 + x^4 = 25$

$-25x^2 + 144 + x^4 = 0$

$x^4 - 25x^2 + 144 = 0$

$(x^2)^2 - 25x^2 + 144 = 0$

$x^2 = y$

$(y)^2 - 25y + 144 = 0$

$\Delta = (-25)^2 - 4(1)(144)$

$\Delta = 625 - 576$

$\Delta = 49$

$y_1 = \frac{25+7}{2}$

$y_1 = 16$

$y_2 = \frac{25-7}{2}$

$y_2 = 9$

$x_1 = 16$

$x = \pm 4$

$x_2 = 9$

$x = \pm 3$

$x_1 = 4$

$y = 12 - x^2$

$y = 12 - 4^2$

$y = -4$

$x_2 = -4$

$y = 12 - x^2$

$y = 12 - (-4)^2$

$y = -4$

$x_3 = 3$

$y = 12 - x^2$

$y = 12 - 3^2$

$y = 4$

$x_4 = -3$

$y = 12 - x^2$

$y = 12 - (-3)^2$

$y = 4$

Desenhando o gráfico, chegamos a um trapézio isósceles e sabemos que é isósceles pois é simétrico em relação a x e simétrico em relação a y.

GABARITO: A.

---

54. (AERONÁUTICA - 2020 - AFA - CADETE) Considere no plano de *Argand Gauss* os números complexos z e = A(cosα + i senα) e w = B(cosβ + i senβ) conforme gráfico a seguir.

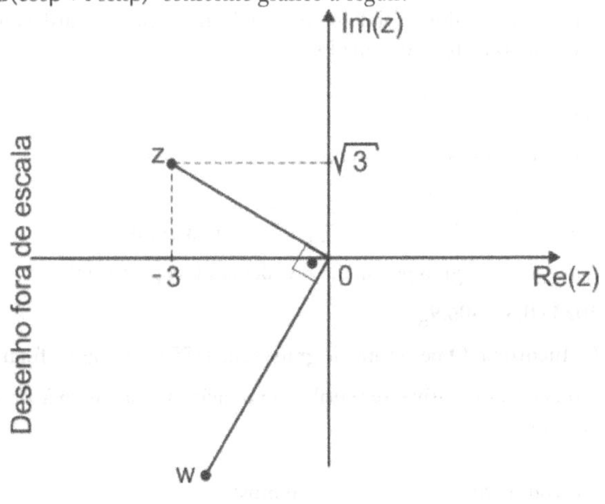

Se $w = z^4$, então B é igual a:

a) 12.

b) $12\sqrt{3}$

c) 144.

d) $144\sqrt{3}$

$W = Z^4$

Pela Lei de De Moivre

$Z^4 = A^4 \cdot (\cos 4\alpha + i \cdot \text{sen} 4\beta)$

$Z^4 = W$

$A^4 = B$

$Z = A = -3 + \sqrt{3}$

O módulo de Z, então, será:

$$\sqrt{(-3)^2 + (\sqrt{3})^2} = \sqrt{9+3} = \sqrt{12} = 2\sqrt{3}$$

Teremos: $2\sqrt{3}$.

Então, como $W = Z^4$, mas queremos apenas saber quem será o valor de B, faremos:

$(2\sqrt{3})^4 = 16 \cdot 9 = 144$

GABARITO: C.

---

55. (AERONÁUTICA - 2020 - AFA - CADETE) O polinômio de raízes reais distintas e coeficientes reais, $P(x) = 6x^3 + mx^2 - 18x + n$, é divisível por $(x - \alpha)$ e possui duas raízes simétricas.

Se $P(P(\alpha)) = 9$, então P(1) é igual a:

a) -9.

b) -6.

c) -3.

d) 0.

1º passo: encontrando o valor de n.

Seja $P(x) = 6x^3 + mx^2 - 18x + n$.

Segundo o enunciado, P(x) é divisível por (x-a). Sendo assim, p(a) = a.

Como p(a) = 0 e p(p(a)) = 9, temos:

$6 \cdot 0^3 + m \cdot 0^2 - 18 \cdot 0 + n = 9$

$0 + 0 - 0 + n = 9$

n = 9.

2º passo: encontrando as raízes.

Segundo o enunciado, P(x) possui duas raízes simétricas.

Sendo assim, são a, b e -b raízes de P(x).

3º passo: encontrando m.

Utilizando as relações de Girard, é possível encontrar o valor do coeficiente do termo x^2

$x1 + x2 + x3 = \frac{-coeficiente\ de\ x^2}{coeficiente\ de\ x^3}$

Substituindo os valores, temos:

$a + b - b = \frac{-m}{6}$

$a = \frac{-m}{6}$

m = -6a.

4º passo: encontrando valor de a.

Utilizando P(a) = 0, temos:

$P(a) = 6a^3 + (-6a)a^2 - 18a + 9 = 0$

$6a^3 - 6a^3 - 18a + 9 = 0$

$-18a + 9 = 0$

$18a = 9$

$a = \dfrac{9}{18} = \dfrac{1}{2}$

5º passo: encontrando o valor de P(1).

$P(1) = 6 \cdot 1^3 + (-6 \cdot {}^1/_2) - 18 \cdot 1 + 9$

$P(1) = 6 - 3 - 18 + 9 = -3 - 3 = -6$

Portanto, P(1) = -6.

GABARITO: B.

---

56. **(AERONÁUTICA - 2020 - AFA - CADETE)** Sejam as curvas $\lambda : x^2 + y^2 = r^2$ e $\beta : y^2 - x^2 = 4$ tangentes em dois pontos distintos do plano cartesiano.

Considere **S** o conjunto de pontos P(x, y) tais que $x^2 + y^2 \leq r^2$.

Se for realizada uma rotação de 90º dos pontos de **S** em torno de uma das assíntotas de β, então o sólido formado tem uma superfície cuja área total, em unidade de área, mede:

a) $\frac{16}{3}\pi$.

b) 8π.

c) 12π.

d) 16π.

Sejam as curvas λ e β, tais que:

$\lambda : x^2 + y^2 = r^2$ e $\beta : y^2 - x^2 = 4$.

Analisando as duas curvas, é possível afirmar que λ é um círculo e β é uma hipérbole.

Além disso, pela expressão da hipérbole é possível afirmar que os seus vértices são (0,2) e (0, -2). No eixo y, pois 4 é maior que 0.

Como as curvas são tangentes, o circule estará situado entre as assíntotas da seguinte forma:

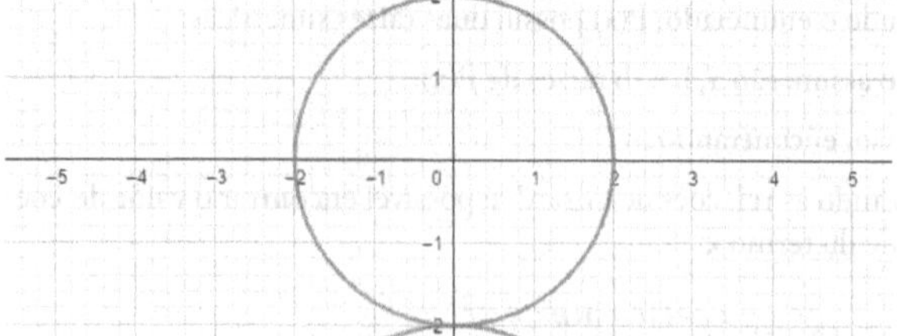

Como S são os pontos em que não fazem parte da borda da circunferência. Mesmo que S seja rotacionado no plano, a figura não se deforma, sendo o mesmo círculo. Dessa maneira, é preciso calcular a área do círculo com r = 2.

Área do círculo = $4\pi r^2 = 4\pi 4 = 16\pi$.

GABARITO: D.

---

57. **(AERONÁUTICA - 2020 - AFA - CADETE)** O jogo árabe chamado *Quirkat ou Al-Quirg* é semelhante ao jogo de damas moderno, no qual há um tabuleiro de 25 casas (5x5).

Esse jogo foi mencionado na obra *Kitab Al-Aghani* do século X. O *Al-Quirg* era também o nome para o jogo que atualmente é conhecido como trilha.

Certo dia, um caixeiro viajante apresentou esse jogo a um rei que ficou encantado com ele e decidiu que iria comprá-lo. Pediu ao viajante que colocasse preço no produto.

O caixeiro disse:

"__ *Vossa Majestade, posso lhe vender o jogo por uma simples barganha! Basta me dar 1 grão de milho para a 1ª casa do jogo, 2 grãos de milho para a 2ª casa do jogo, 4 grãos de milho para a 3ª casa do jogo, 8 grãos de milho para a 4ª casa do jogo e assim por diante até a 25ª casa do tabuleiro!*"

O rei, imediatamente, ordenou o pagamento para o caixeiro viajante em troca do jogo que tanto lhe agradou.

Levando em consideração que o peso médio de um grão de milho seja de 0,30 g pode-se afirmar que

a) pelo pagamento referente a 13ª casa, considerando o peso médio do grão do milho, o caixeiro recebeu 1,2288 kg.

b) até a décima casa do tabuleiro, se considerado o peso médio do grão de milho, o viajante tinha recebido um total de 307,2 g.

c) a quantidade de grãos recebido pelo caixeiro viajante é um número terminado em 7.

d) a quantidade de grãos recebido pelo viajante é um número múltiplo de 2.

Para resolver o problema, será necessário o domínio de progressões geométricas (PG).

A: Correta. Para calcular o pagamento referente a 13ª casa será utilizada a fórmula do termo geral de uma PG. Sendo assim, temos:

$an = a1 \cdot q^{n-1}$

Substituindo as informações dadas, tais que n = 13, a1 = 1 e q = 2.

$a13 = 1 \cdot 2^{13-1}$

$a13 = 2^{12} = 4096$ grãos

Sabe-se que 1 grão possui 0,3g, transformando para quilograma(kg), 1 grão terá 0,0003kg.

Como temos 4096 grãos, calculando o peso total:

$4096 \cdot 0{,}0003 = 1{,}2288$kg.

B: Incorreta. O peso total de grãos será 306,9g.

Para achar o valor total do peso até a décima casa, será utilizado a fórmula de soma total de uma PG.

$Sn = \dfrac{a1.(1-q^n)}{1-q}$

Substituindo os valores, temos:

$S10 = \dfrac{1.(1-2^{10})}{1-2} = \dfrac{1-1024}{-1} = 1023$ grãos

Sabe-se que 1 grão possui 0,3g. Calculando o peso total:

$1023 \cdot 0{,}3 = 306{,}9$g

C: Incorreta. O peso total de grãos será 33554431, logo o final é 1.

Para essa alternativa, será utilizado o raciocínio análogo à alternativa anterior.

Utilizando $Sn = \dfrac{a1.(1-q^n)}{1-q}$, temos:

$S25 = \dfrac{1.(1-2^{25})}{1-2} = \dfrac{1-33554432}{-1} = 33554431$ grãos

D: Incorreta. O total de grãos dá um valor ímpar e não par.

GABARITO: A.

58. (AERONÁUTICA - 2020 - AFA - CADETE) Sequências têm relevância para estudos em matemática, mas também habitam o imaginário das pessoas na observação de possíveis coincidências. Um exemplo foi a data de 02 de fevereiro deste ano de 2020. Esse foi o 33º dia do ano e estava a 333 dias do fim de 2020.

Além disso, 02/02/2020 é uma capicua, ou seja, uma sequência de números que tanto pode ser lida da direita para a esquerda como da esquerda para direita sem alteração de significado.

Considere todas as combinações numéricas capicuas no formato DD/MM/AAAA, em que DD é dia com dois algarismos, MM é mês com dois algarismos e AAAA é ano com quatro algarismos.

A diferença entre o número de capicuas possíveis de 01 de janeiro de 2000 a 31 de dezembro de 2999 e de 01 de janeiro de 3000 a 31 de dezembro de 3999, nessa ordem, é um número do intervalo:

a) [22, 27[.

b) [27, 32[.

c) [32, 37[.

d) [37, 42[.

1º passo: achar as datas capicuas de 01/01/2000 a 31/12/2999.

Seja o intervalo de 01/01/2000 a 31/12/2999.

Para que uma data seja capicua, precisamos encontrar uma data que satisfaça a seguinte lógica:

ab/cd/dcba.

Como o intervalo está de 2000 a 2999, "d" só poderá ser 2.

ab/c2/2cba.

Além disso, c está representando o número de meses, logo c só pode ser 0 ou 1.

ab/02/20ba e ab/12/21ba.

Agora analise os meses:

Fevereiro possui 28 dias, podendo chegar a 29 quando os anos forem bissextos.

Dezembro possui 31 dias.

Sendo assim, em fevereiro é possível formar 29 datas e em dezembro 31 datas.

Somando as duas possibilidades

29 + 31 = 60 datas.

2º passo: achar as datas capicuas de 01/01/3000 a 31/12/3999.

Utilizando o raciocínio análogo ao item 1, temos:

Como o intervalo está de 3000 a 3999, "d" só poderá ser 3.

ab/c3/3cba.

Como d = 3, c só pode ser zero. Pois não existem 13 meses em um ano.

ab/03/30ba.

Analisando março, é possível afirmar que março possui 31 dias. Sendo assim, em março é possível formar 31 datas.

3º passo: diferença entre a quantidade de datas.

Calculando a diferença entre o primeiro intervalo e o segundo, temos:

60 – 31 = 29.

4º passo: localizando 29 nos intervalos.

29 é maior que 27, logo não está no intervalo da alternativa a.

29 é menor que 32 e 37, logo não está nos intervalos das alternativas c e d.

Como 29 está entre 27 e 32, portanto a diferença entre o número de capicuas possíveis estará no intervalo [22,27[.

GABARITO: B.

59. (AERONÁUTICA - 2020 - AFA - CADETE) No início do mês de março de 2020, dias após a identificação do primeiro caso do novo coronavírus no Brasil, ainda não se podia dizer com certeza um conjunto específico de sinais e/ou sintomas clínicos que fosse suficiente para garantir possíveis indivíduos infectados.

Fontes ligadas a órgãos governamentais de saúde destacavam os sete sinais e/ou sintomas clínicos listados a seguir:

- febre;
- coriza;
- cefaleia;
- adinamia;
- irritabilidade;
- dor de garganta;
- batimento de asas nasais.

Devido à falta de testes no Brasil, no início da pandemia, sugeria-se que a coleta de fluidos corporais para exames em laboratório fosse feita apenas em indivíduos que apresentassem um conjunto de, no mínimo, quatro desses sinais e/ou sintomas.

Nesse contexto, considere **P** a probabilidade de um indivíduo, que apresenta um ou mais dos sintomas listados, ter seu fluido corporal recolhido para realização de exames em laboratório. Considere, também, que a ocorrência de cada sintoma é equiprovável.

P é um número do intervalo:

a) $\left]0, \frac{1}{4}\right[$

b) $\left]\frac{1}{4}, \frac{1}{2}\right[$

c) $\left]\frac{1}{2}, \frac{3}{4}\right[$

d) $\left]\frac{3}{4}, 1\right[$

Chamaremos cada sintoma de uma letra, ou seja, A, B, C, E, F, G.

Para que a coleta fosse permitida, era necessário que a pessoa apresentasse no mínimo 4 sintomas.

Logo,

$$P = \frac{\text{nº de maneiras de eu ter 4 ou mais sintomas}}{\text{nº de maneiras de 1 ou mais sintomas}}$$

Vamos descobrir primeiro os:

- números de maneiras de um ou mais sintomas = total – nenhum sintomas (ou seja, se tiramos do total as pessoas que não apresentam nenhum sintomas, teremos as pessoas que apresentam pelo menos um sintoma ou mais).

Perceba que para cada sintoma temos a chance de ter e a chance de não ter (logo, 2 possibilidades para cada sintoma).

A, B, C, D, E, F, G

$2 \cdot 2 \cdot 2 \cdot 2 \cdot 2 \cdot 2 \cdot 2 = 2^7$

A chance de não termos nenhum desses sintomas, será 1 para cada sintoma.

A, B, C, D, E, F, G

$1 \cdot 1 \cdot 1 \cdot 1 \cdot 1 \cdot 1 \cdot 1 = 1$

nº de maneiras de um ou mais sintomas = total – nenhum sintomas

nº de maneiras de um ou mais sintomas = $2^7 - 1$

- número de casos de 4 ou mais, portanto, somaremos as combinações $C_{7,4} + C_{7,5} + C_{7,6} + C_{7,7}$:

$$\frac{7!}{4!.3!} + \frac{7!}{5!.2!} + \frac{7!}{6!.1!} + 1$$

$$\frac{7.6.5.4!}{4!.3.2.1} + \frac{7.6.5!}{5!.2.1} + \frac{7.6!}{6!} + 1$$

$$\frac{7.6.5}{6} + \frac{7.6}{2.1} + 7 + 1$$

$35 + 21 + 7 + 1$

$65 = 2^6$

$$P = \frac{2^6}{2^7 - 1} \approx \frac{2^6}{2^7} \approx \frac{1}{2} \approx 0{,}5$$

Encontrando 0,5, ficamos entre as alternativas B e C, como $\frac{2^6}{2^7 - 1} > \frac{2^6}{2^7}$, logo, a probabilidade é um pouco maior que 0,5, ou seja, como na alternativa C temos 1/2 e 3/4, considera-se essa a alternativa correta, pois vai do menor para o maior.

GABARITO: C.

---

60. **(AERONÁUTICA – 2020 – AFA – CADETE)** Considere a figura a seguir.

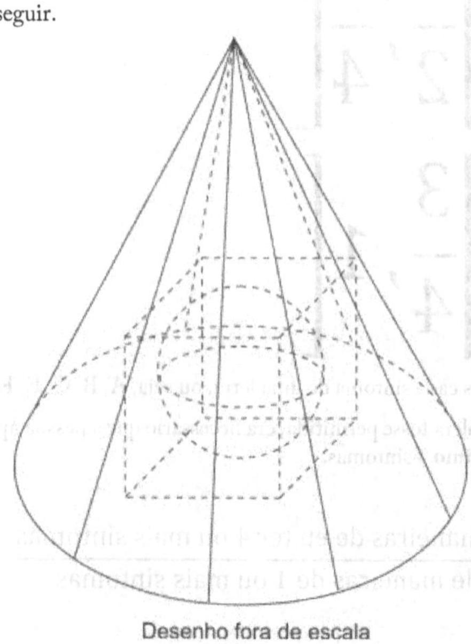

Desenho fora de escala

Nela está representada a inscrição de uma esfera em um cubo que, por sua vez, está inscrito em um cone equilátero, de tal forma que uma de suas faces está apoiada na base do cone e os vértices da face oposta estão na lateral do cone.

A projeção ortogonal do vértice do cone à sua base contém dois pontos de tangência da esfera com o cubo.

Se R e r são, respectivamente, as medidas do raio da base do cone e do raio da esfera, em cm, então:

a) $\frac{R}{r} = \frac{3 + 2\sqrt{3}}{3}$

b) $\frac{r}{R} = \frac{3\sqrt{2} - 2\sqrt{3}}{2}$

c) $\frac{R}{r} = \frac{2\sqrt{6} + 3\sqrt{2}}{3}$

d) $\frac{r}{R} = \frac{2\sqrt{6} - 3\sqrt{2}}{2}$

Da figura apresentada conseguimos visualizar a figura plana a seguir:

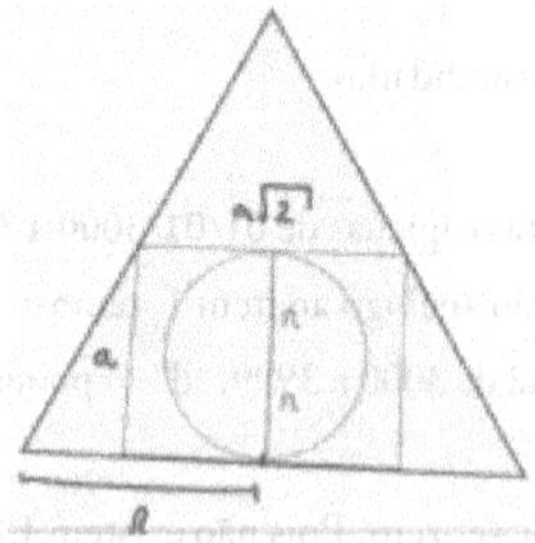

Se o cone é equilátero, este triângulo também será e, portanto, g = 2R.

$2r = a$

$r = \frac{a}{2}$

Dividindo o triângulo ao meio, teremos o seguinte:

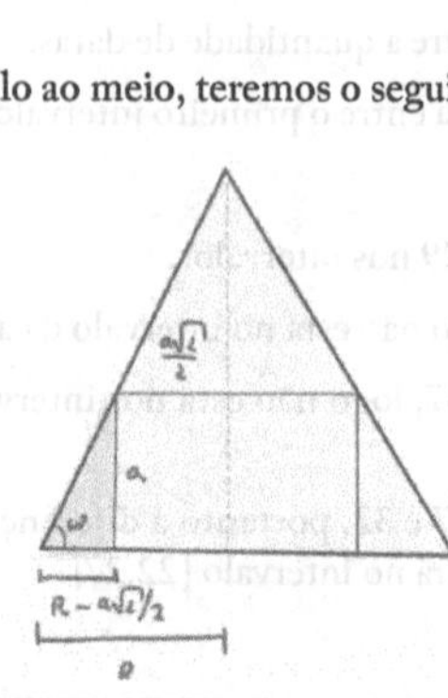

tg60° = $\dfrac{a}{R - \dfrac{a\sqrt{2}}{2}} = \sqrt{3}$

$R\sqrt{3} - \dfrac{a\sqrt{6}}{2}$ = a

$$R\sqrt{3} = a + \frac{a\sqrt{6}}{2} = \frac{2a + a\sqrt{6}}{2}$$

R = $\dfrac{2a + a\sqrt{6}}{2\sqrt{3}} = a.\dfrac{2\sqrt{3} + 3\sqrt{2}}{6}$

$$\frac{r}{R} = \frac{\frac{a}{2}}{a.\frac{2\sqrt{3} + 3\sqrt{2}}{6}} = \frac{1}{2}.\frac{6}{2\sqrt{3} + 3\sqrt{2}} = \frac{3.(3\sqrt{2} - 2\sqrt{3})}{(3\sqrt{2})^2 - (2\sqrt{3})^2} = \frac{3.(3\sqrt{2} - 2\sqrt{3})}{6} = \frac{3\sqrt{2} - 2\sqrt{3}}{2}$$

GABARITO: B.

---

61. **(AERONÁUTICA - 2020 - AFA - CADETE)** Considere as funções f: IR* → IR - {2} e g: IR* → IR - {2} definidas por f(x) = 2+ $\dfrac{1}{2x}$ e g(x) = x + 2 e, também, a função real **h** definida por h(x) = f^{-1} (g(x)). É correto afirmar que:

a) a função h é par.

b) h(1) = 2.

c) a função h não é injetora.

d) h(x) = -2 ⇔ x = $-\dfrac{1}{4}$

f(x) = 2 + $\dfrac{1}{2x}$

y = 2 + $\dfrac{1}{2x}$

x = 2 + $\dfrac{1}{2y}$

x – 2 = $\dfrac{1}{2y}$

2x – 4 = $\dfrac{1}{y}$

y = $\dfrac{1}{2x - 4}$

f^{-1}(x) = $\dfrac{1}{2x - 4}$

f^{-1}(g(x)) = $\dfrac{1}{2(x - 2) - 4}$

f^{-1}(g(x)) = $\dfrac{1}{2x + 4 - 4}$

f^{-1}(g(x)) = $\dfrac{1}{2x}$

h(x) = $\dfrac{1}{2x}$

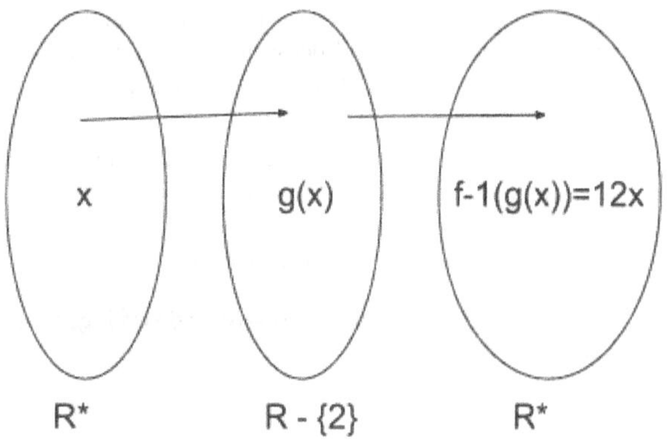

A: Incorreta. Para a função h ser par:

h(x) = h(-x)

h(x) = $\dfrac{1}{2x}$

h(-x) = $\dfrac{1}{2(-x)}$

(-x) = $-\dfrac{1}{2x}$

B: Incorreta.

h(1) = 2

h(1) = $\dfrac{1}{2(1)}$

h(1) = $\dfrac{1}{2}$

C: Incorreta.

h(m) = h(n) (se provarmos que m = n então a função é injetora)

h(m) = $\dfrac{1}{2m}$

h(n) = $\dfrac{1}{2n}$

$$\frac{1}{2m} = \frac{1}{2n}$$

2n = 2m

n = m

D: Correta.

h(x) = -2 ⇔ x = $-\dfrac{1}{4}$

$$h\left(-\frac{1}{4}\right) = \frac{1}{2\left(-\frac{1}{4}\right)}$$

$$h\left(-\frac{1}{4}\right) = \frac{1}{-\frac{1}{2}}$$

$h\left(-\dfrac{1}{4}\right)$ = -2

GABARITO: D.

---

62. **(AERONÁUTICA - 2020 - AFA - CADETE)** A organização de um festival de *rock n' roll* decidiu que os ingressos seriam disponibilizados para venda em quantidades sequencialmente estabelecidas. No 1º dia, foram vendidas 30 caixas com 400 ingressos em cada uma.

Do 2º dia de venda em diante, foram disponibilizadas 3 caixas a mais em cada dia, porém, em cada caixa, do total de caixas do dia, havia 10 ingressos a menos.

O quadro apresenta a sequência até o 4º dia.

Dia de venda	Quantidade de caixas	Quantidade de ingressos por caixa
1º	30	400
2º	33	390
3º	36	380
4º	39	370

A disponibilização diária de ingressos para venda seguiu a sequência acima até o 38º dia, último dia de vendas.

Dia a dia, o total de ingressos disponibilizados era integralmente vendido a R$ 50, cada unidade.

Assim, o maior valor apurado em um único dia de venda dos ingressos foi, em reais, de:

a) 924.000.
b) 931.500.
c) 937.500.
d) 938.100.

Observe que a quantidade de caixas por dia forma uma progressão aritmética de razão 3:

$(30, 33, 36, 39, ...)\ a_x = 30 + (x - 1) \cdot 3$

A quantidade de ingressos por caixa por dia forma uma progressão aritmética de razão -10:

$(400, 390, 380, 370, ...)\ b_x = 400 + (x - 1)(-10)$

Assim, a receita é dada por:

$R(x) = a_x b_x (50) = (30 + 3(x - 1))(400 - 10(x - 1)) \cdot 50$

$R(x) = (3x + 27)(410 - 10x) \cdot 50$

$R(x) = 50 \cdot 3 \cdot 10(x + 9)(41 - x)$

$R(x) = 1.500(x + 9)(41 - x)$

Note que as raízes são x = -9 e x = 41. Além disso, a função R corresponde a uma parábola com concavidade para baixo.

O máximo valor será dado pelo seu vértice:

$$x_v = \frac{-9 + 41}{2} = 16$$

$R_{máx} = y_v = R(16) = 1.500(16 + 9)(41 - 16) = 1.500(25)(25) = 937.500.$

GABARITO: C.

Impresso por:

META
www.metabrasil.com.br